I0888192

Statistiques des recettes publiques 2021

L'IMPACT INITIAL DU COVID-19 SUR LES RECETTES FISCALES DE L'OCDE

1965-2020

OCDE
DES POLITIQUES MEILLEURES
POUR UNE VIE MEILLEURE

Ce document, ainsi que les données et cartes qu'il peut comprendre, sont sans préjudice du statut de tout territoire, de la souveraineté s'exerçant sur ce dernier, du tracé des frontières et limites internationales, et du nom de tout territoire, ville ou région.

Les données statistiques concernant Israël sont fournies par et sous la responsabilité des autorités israéliennes compétentes. L'utilisation de ces données par l'OCDE est sans préjudice du statut des hauteurs du Golan, de Jérusalem-Est et des colonies de peuplement israéliennes en Cisjordanie aux termes du droit international.

Merci de citer cet ouvrage comme suit :
OCDE (2021), *Statistiques des recettes publiques 2021 : L'impact initial du COVID-19 sur les recettes fiscales de l'OCDE*, Éditions OCDE, Paris, *https://doi.org/10.1787/ed5596c6-fr*.

ISBN 978-92-64-74004-4 (imprimé)
ISBN 978-92-64-88803-6 (pdf)

Statistiques des recettes publiques
ISSN 2522-7084 (imprimé)
ISSN 2522-7092 (en ligne)

Crédits photo : Couverture © some of the graphic elements in the main cover illustration were adapted from Freepik.com.

Les corrigenda des publications sont disponibles sur : *www.oecd.org/about/publishing/corrigenda.htm*.
© OCDE 2021

L'utilisation de ce contenu, qu'il soit numérique ou imprimé, est régie par les conditions d'utilisation suivantes : *http://www.oecd.org/fr/conditionsdutilisation*.

Avant-propos

Cette publication annuelle fournit des informations sur les niveaux d'imposition et la structure de la fiscalité dans les pays de l'OCDE. Elle a été préparée sous les auspices du Groupe de travail sur l'analyse des politiques et des statistiques fiscales du Comité des affaires fiscales; elle est publiée sous la responsabilité du Secrétaire général de l'OCDE.

Remerciements

Les Statistiques des recettes publiques sont une publication annuelle du Centre de politique et d'administration fiscales (CTPA) de l'Organisation de coopération et de développement économiques (OCDE), préparée sous les auspices du Groupe de travail n° 2 sur l'analyse des politiques et les statistiques fiscales (GT2) du Comité des affaires fiscales. La présente édition a été établie par Michelle Harding, Nicolás Miranda et Michael Sharratt. L'étude spéciale a été écrite par Michelle Harding, Nicolás Miranda and Jingjing Xia.

Les auteurs tiennent à remercier leurs collègues de l'OCDE pour leurs observations précieuses ainsi que leur aide lors de la finalisation de cette publication, notamment David Bradbury, Karena Garnier, Natalie Lagorce, et Violet Sochay au sein du CTPA ; John Mitchell, Bettina Wistrom et Jorrit Zwijnenburg, de la Direction des statistiques et des données ; ainsi que l'équipe des éditeurs de données statistiques et de gestion du contenu de la Direction des relations extérieures et de la communication. Stephanie Coic, de la Direction de la coopération pour le développement (DCD), en a réalisé la couverture. Les auteurs souhaitent également remercier les délégués du GT2 et leurs collègues travaillant dans les différentes administrations nationales pour leurs contributions et observations avisées.

Table des matières

GRAPHIQUES

TABLEAUX

Chapitres supplémentaires

Deux chapitres supplémentaires sont disponibles en ligne: https://doi.org/10.1787/ed5596c6-fr

- Chapitre 5. Tableaux détaillés par pays
- Chapitre 6. Recettes fiscales par sous-secteur d'administration

Suivez les publications de l'OCDE sur :

http://twitter.com/OECD_Pubs

http://www.facebook.com/OECDPublications

http://www.linkedin.com/groups/OECD-Publications-4645871

http://www.youtube.com/oecdilibrary

http://www.oecd.org/oecddirect/

Ce livre contient des... *StatLinks*

Accédez aux fichiers Excel® à partir des livres imprimés !

En bas des tableaux ou graphiques de cet ouvrage, vous trouverez des *StatLinks*. Pour télécharger le fichier Excel® correspondant, il vous suffit de retranscrire dans votre navigateur internet le lien commençant par : *https://doi.org*, ou de cliquer sur le lien depuis la version PDF de l'ouvrage.

Résumé

En 2020, le ratio impôts/PIB moyen dans la zone l'OCDE a augmenté de 0.1 point de pourcentage, passant ainsi à 33.5 % dans le contexte de la pandémie de COVID-19. Si les recettes fiscales nominales ont décliné dans la plupart des pays de l'OCDE, le recul du PIB a été encore marqué, d'où une modeste hausse de ce ratio impôts/PIB moyen.

Dans la présente publication, les impôts désignent les versements obligatoires sans contrepartie aux administrations publiques ou à une autorité supranationale. Les impôts sont sans contrepartie, car les prestations fournies par les administrations aux contribuables ne sont généralement pas proportionnelles à leurs paiements. Les impôts sont ventilés en fonction de l'assiette : revenu, bénéfices et gains en capital ; salaires ; patrimoine ; biens et services ; et autres impôts. Les cotisations obligatoires de sécurité sociale versées aux administrations publiques sont aussi traitées comme des impôts. Les recettes sont analysées par niveau d'administration : État fédéral ou administration centrale, administration d'un État fédéré, administrations locales et caisses de sécurité sociale. Le Guide d'interprétation à l'annexe A contient des informations détaillées sur la classification des impôts.

Niveaux d'imposition en 2020

Dans les pays de l'OCDE, le ratio des recettes fiscales rapportées au PIB s'échelonne en 2020 de 17.9 % au Mexique à 46.5 % au Danemark. Entre 2019 et 2020, le ratio impôts/PIB, qui a augmenté dans 20 pays de l'OCDE et diminué dans 16 autres, a progressé en moyenne dans la zone OCDE, passant de 33.4 % à 33.5 %.

- Les recettes fiscales rapportées au PIB ont ainsi progressé sur cette période dans 20 des 36 pays pour lesquels on dispose de données préliminaires pour 2020. C'est en Espagne que la hausse de ce ratio a été la plus importante (1.9 point de pourcentage). Cette évolution s'explique en grande partie par l'accroissement des contributions de sécurité sociale exprimées en pourcentage du PIB, les recettes nominales tirées de ces contributions ayant diminué moins fortement que le PIB nominal. La deuxième hausse la plus marquée a été observée au Mexique (1.6 point). L'Islande est le seul autre pays affichant une hausse supérieure à un point de pourcentage.
- C'est en Irlande que la baisse a été la plus forte (1.7 point), ce qui s'explique par le recul des recettes de TVA consécutif à la réduction temporaire des taux de cette taxe en 2020 et par le ralentissement de l'activité économique qu'a entraîné la pandémie de COVID-19. Ce repli s'explique aussi dans une moindre mesure par des baisses plus modestes des impôts sur le revenu des personnes physiques, des cotisations de sécurité sociale, les impôts sur le patrimoine et des droits d'accise. D'autres diminutions importantes ont été observées au Chili (1.6 point) et en Norvège (1.3 point). Treize autres pays ont enregistré des baisses inférieures à un point de pourcentage.

En prenant comme période de référence les dix dernières années, on s'aperçoit que 30 pays de l'OCDE affichent, en 2020, des ratios impôts/PIB supérieurs à ce qu'ils étaient en 2010, les progressions les plus marquées concernant la République slovaque et la Grèce (6.7 et 6.5 points, respectivement). Parmi les huit pays restants, le ratio des recettes fiscales rapportées au PIB de 2020 demeure inférieur de plus de cinq points à celui de 2010, de plus de cinq points en Irlande et de plus de trois points en Norvège.

Impact initial du COVID-19 sur les recettes fiscales dans la zone OCDE

La présente publication contient une Étude spéciale consacrée aux premiers effets de la crise du Covid-19 sur les recettes fiscales dans la zone OCDE, qui s'intéresse à l'impact de la crise économique et des changements politiques intervenus pour venir en aide aux entreprises et aux ménages. Les auteurs examinent l'évolution des recettes nominales et du PIB nominal, de même que les variations constatées selon les types d'impôts, afin de comprendre quels sont les facteurs à l'origine de la hausse du ratio des recettes fiscales rapportées au PIB et les catégories d'impôt les plus touchées.

Le constat est que les mesures fiscales mises en œuvre pour aider les ménages et les entreprises ont souvent eu pour effet direct de réduire les recettes en raison des reports ou des réductions d'impôt, de l'augmentation des crédits d'impôt et des abattements fiscaux et des diminutions temporaires ou permanentes des taux d'imposition. La forte contraction de l'activité économique imputable aux confinements et aux autres restrictions a également freiné le taux d'activité, la consommation des ménages et les bénéfices des sociétés, érodant davantage encore les recettes fiscales. Toutefois, les mesures de soutien public ont peut-être eu un effet indirect positif sur les recettes dans la mesure où elles ont contribué à endiguer les destructions d'emplois et les fermetures d'entreprises. Ces mesures ont par conséquent contribué à contenir la baisse nominale des recettes fiscales, par rapport à ce qui avait été observé pendant la crise financière mondiale de 2008-2009.

L'étude spéciale indique en conclusion que les impôts directs sur le revenu ont été davantage pénalisés que les impôts indirects ou les impôts sur le patrimoine. En 2020, les recettes fiscales tirées de l'impôt sur le revenu des personnes physiques (IRPP) et des cotisations de sécurité sociale (CSS) ont augmenté, en moyenne dans les pays de l'OCDE ; l'impôt sur les bénéfices des sociétés (IS) est en revanche la catégorie d'impôt qui a enregistré la plus forte baisse, même si ce repli a été moins marqué que celui observé pendant la crise financière mondiale. Les impôts sur le patrimoine et la TVA, exprimés en pourcentage du PIB, sont restés inchangés, en moyenne, et l'on observe une baisse réduite mais généralisée des droits d'accise, en particulier ceux provenant de la consommation de carburant du fait des restrictions de déplacement.

Composition des recettes fiscales en 2019

En 2019, dernière année pour laquelle on dispose de données définitives pour tous les pays, les cotisations de sécurité sociale ont représenté la part la plus importante du total des recettes fiscales dans la zone OCDE, soit un peu plus d'un quart de ce montant (25.9 %), en moyenne. Ces cotisations, ajoutées aux impôts sur le revenu des personnes (23.5 %), sont à l'origine de près de la moitié des recettes fiscales des pays de l'OCDE. Un cinquième supplémentaire du total des recettes (20.3 %) provient des taxes sur la valeur ajoutée. Quant aux autres impôts sur la consommation et aux impôts sur les bénéfices des sociétés, leur contribution a été moindre (12.3 % et 9.6 %, respectivement), de même que celle des impôts sur le patrimoine (5.5 %) et des autres impôts dont provient la part résiduelle des recettes fiscales.

Depuis 2018, la part des recettes provenant de l'impôt sur le revenu dans le total des recettes fiscales est restée stable, à 34.0 %. Cela tient en grande partie au fait que la hausse de 0.4 point de la part de l'impôt sur le revenu des personnes physiques a été compensée par une diminution de même ampleur des recettes de l'impôt sur les bénéfices des sociétés. En revanche, la fraction des recettes fiscales imputable aux impôts sur les biens et les services s'est repliée de 0.2 point de pourcentage en 2019 : bien que les recettes de TVA soient restées inchangées à 20.3 % du total des recettes, celles tirées des impôts sur des biens et services déterminés se sont inscrites en recul.

Variations par niveau d'administration

En moyenne, la part des recettes perçues par les administrations infranationales a légèrement augmenté entre 2018 et 2019. En 2019, la part des recettes de l'administration fédérale a reculé de 53.3 % à 53.0 % du total des recettes des administrations publiques dans les pays fédéraux, et de 63.3 % à 63.2 % dans les pays unitaires. Dans les pays fédéraux, 25.4 % des recettes étaient perçues par les administrations infranationales en moyenne (dans un intervalle compris entre 5.2 % en Autriche et 49.3 % au Canada), approximativement les deux tiers des recettes revenant aux administrations des états fédérés et un tiers aux collectivités locales. Dans les pays unitaires, la part des recettes perçues par les collectivités locales s'établissait à 10.9 % en moyenne, l'éventail allant de moins de 0.8 % en Estonie à 35.5 % en Suède.

Introduction

Le but de cette publication annuelle est de présenter des données permettant d'effectuer des comparaisons internationales sur les niveaux d'imposition et la structure de la fiscalité dans les différents pays membres de l'OCDE. Les impôts perçus dans chaque pays sont présentés sous une forme normalisée selon le modèle de classification des impôts de l'OCDE et son guide d'interprétation qui figure à l'Annexe A de ce rapport.

Les données utilisées ont été fournies pour la plupart par les Délégués du Groupe de travail n°2 du Comité des affaires fiscales sur l'analyse des politiques et les statistiques fiscales. L'OCDE remercie de sa coopération le Fonds monétaire international dont la classification des recettes publiques — bien qu'elle soit, à certains égards, moins détaillée — est à bien des égards semblable à celle de l'OCDE[1]. Parmi les autres classifications actuellement utilisées, les plus importantes sont le Système de comptabilité nationale (appelé ci-après SCN) et le Système européen de comptes économiques intégrés des États membres de l'Union européenne (appelé ci-après SEC) qui constitue essentiellement un approfondissement du SCN bien qu'il en diffère à certains égards. Sous réserve de quelques exceptions mineures, les chiffres du SCN ou du SEC peuvent être rattachés directement à ceux de la présente étude car les critères et définitions du SCN ont été adoptées sauf mention contraire expresse.

Cette publication comprend six chapitres. Le chapitre 1 indique succinctement l'évolution de la fiscalité au cours des 50 dernières années en mettant l'accent successivement sur les niveaux d'imposition (section 1.1), sur les structures fiscales (section 1.2) et sur la répartition des impôts par niveau d'administration (section 1.3). La section 1.4 discute l'impact des différents traitements des crédits d'impôts récupérables et la section 1.5 fournit des informations sur le financement des prestations de sécurité sociale. La publication de cette année comporte également dans son chapitre 2 une étude spéciale sur «L'impact initial du COVID-19 sur les recettes fiscales de l'OCDE». Le chapitre 3 contient une série de tableaux statistiques comparatifs pour les années 1965-2020. Le chapitre 4 contient des tableaux statistiques comportant pour chaque pays une ventilation des recettes fiscales et des ratios impôts/PIB pour une sélection de catégories d'impôts et par niveau d'administration pour les années comprises entre 1965 et 2019 (section 4.1)[2]. Deux tableaux pour mémoire indiquent comment les pays financent leurs régimes de prestations sociales et comment ils reportent les impôts et cotisations sociales versés par les administrations (section 4.2). Le chapitre 5, qui est disponible en ligne uniquement, contient des tableaux statistiques comportant une ventilation détaillée des recettes fiscales par pays pour les années comprises entre 1965 et 2019 (section 5.1). Deux tableaux pour mémoire indiquent comment les pays financent leurs régimes de prestations sociales et comment ils reportent les impôts et cotisations sociales versés par les administrations (section 4.2). Le chapitre 6, qui est lui aussi disponible en ligne uniquement, ventile les recettes publiques entre les sous-secteurs ci-après : administration fédérale ou centrale, administration des États, administrations locales et de sécurité sociale. Il contient une série de tableaux statistiques comportant une ventilation détaillée des recettes fiscales par pays pour les années comprises entre 1975 et 2019 (section 6.1).

Notes

[1] Voir, FMI, Government Finance Statistics Manual 2014 (Washington D.C.: Fonds Monétaire International 2014).

[2] En raison du manque de place, les données indiquées concernent une sélection d'années entre 1965 et 2019. Les données portant sur les autres années sont disponibles en ligne.

1 Tendances des recettes fiscales, 1965-2020

Le chapitre 1 donne un aperçu des tendances des recettes fiscales dans les pays membres de l'OCDE, dont les évolutions des ratios impôts/PIB, la composition des recettes fiscales, la répartition des recettes fiscales par niveau d'administration, les crédits d'impôts récupérables et le financement des prestations de sécurité sociale.

Les *Statistiques des recettes publiques 2021* présentent des données détaillées permettant de comparer, à l'échelle internationale, les recettes fiscales perçues par tous les niveaux d'administration dans les pays de l'OCDE. La dernière édition fournit des informations définitives sur les recettes fiscales au cours de la période 1965-2019. En outre, des estimations provisoires relatives aux recettes fiscales pour l'année 2020 sont indiquées pour la plupart des pays de l'OCDE[1].

Encadré 1.1. Statistiques des recettes publiques dans les pays de l'OCDE – définitions et classifications

Dans les *Statistiques des recettes publiques 2021*, les impôts désignent les versements obligatoires sans contrepartie aux administrations publiques ou à une autorité supranationale. Les impôts sont sans contrepartie en ce sens que les prestations fournies par les administrations ne sont pas normalement proportionnelles à leurs paiements.

Dans la classification de l'OCDE, les impôts sont ventilés en fonction de leur base :

- Revenus et bénéfices (rubrique 1000) ;
- Cotisations obligatoires de sécurité sociale versées aux administrations publiques, qui sont traitées comme des impôts (rubrique 2000) ;
- Salaires et main-d'œuvre (rubrique 3000) ;
- Patrimoine (rubrique 4000) ;
- Biens et services (rubrique 5000) ;
- Autres impôts (rubrique 6000).

On trouvera des précisions sur la notion d'impôt, la classification des impôts et l'enregistrement sur la base des droits constatés dans le Guide d'interprétation de l'OCDE qui figure à l'Annexe A du présent rapport.

Les moyennes présentées dans ce rapport ne sont pas pondérées.

Ratios impôts/PIB

Niveaux d'imposition pour 2020 (données provisoires)

Les nouvelles données de l'OCDE qui figurent dans les *Statistiques des recettes publiques 2021* montrent qu'en moyenne les recettes fiscales exprimées en pourcentage du PIB (c'est-à-dire le ratio impôts/PIB) étaient de 33.5 % en 2020, soit une hausse de 0.1 point de pourcentage (p.p.) du PIB par rapport à 2019. La hausse modeste, en 2020, du ratio moyen des recettes fiscales au PIB des pays de l'OCDE est intervenue dans le contexte de la pandémie de COVID-19, qui s'est traduite par une baisse généralisée des recettes fiscales nominales tout comme du PIB nominal, mais dans une moindre mesure pour les recettes fiscales dans la plupart des pays, ce qui explique cette hausse. Le chapitre 2 de cette publication fournit des informations complémentaires sur la variation des recettes fiscales pour chaque pays, et pour différentes catégories d'impôts. Le ratio impôts/PIB a augmenté dans 20 des pays pour lesquels des données pour 2020 sont disponibles, et a diminué dans 16 autres. Les hausses comme les baisses enregistrées ont été d'ampleur similaire (0.7 point).

Graphique 1.1. Tendances des ratios impôts/PIB, 1965-2020p (en % du PIB)

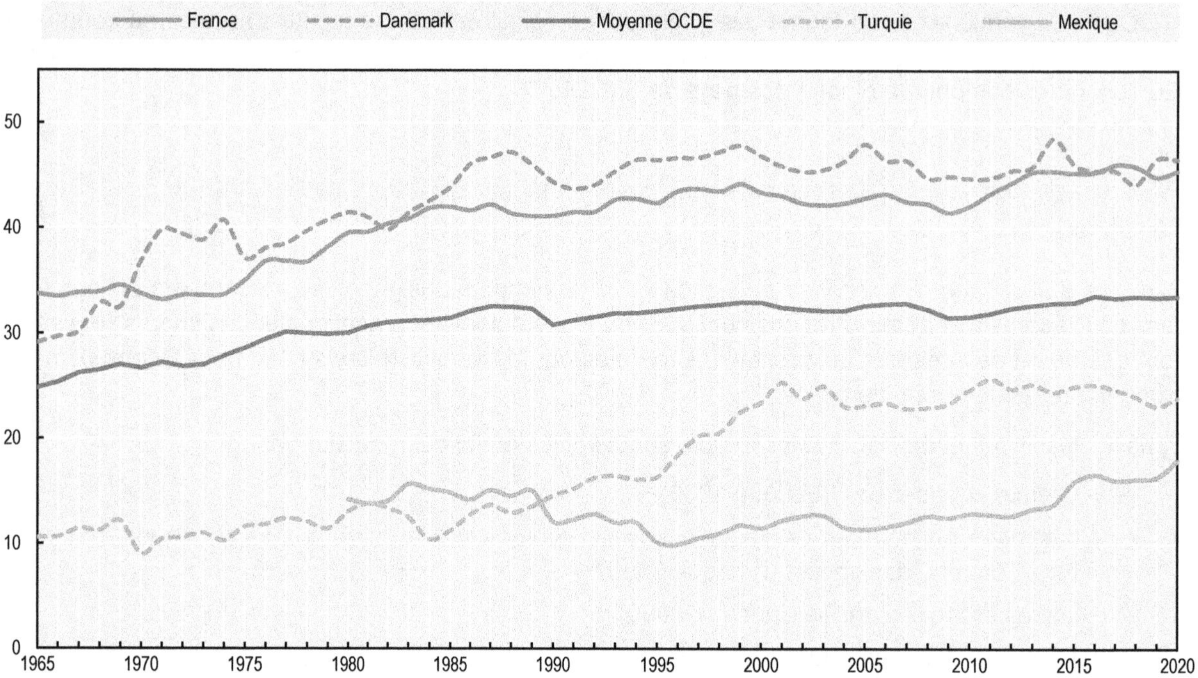

Notes : Les données pour 2020 sont préliminaires. La moyenne de l'OCDE en 2019 est calculée en appliquant le pourcentage moyen non pondéré de variation pour 2020 dans les 36 pays qui ont communiqué des données pour cette année au ratio moyen global impôts/PIB en 2019. Le ratio impôts/PIB moyen des pays de l'OCDE en 2016 tient compte des recettes exceptionnelles générées par les contributions à la stabilité en Islande. Sans ces recettes, la moyenne du ratio impôts/PIB aurait été de 33.2 % en 2016[2].
Source : Tableau 3.1.

StatLink https://stat.link/t81ai2

Tableau 1.1. Statistiques des recettes publiques : vue d'ensemble

	Recettes fiscales en % du PIB				Recettes fiscales en % du total des recettes fiscales en 2019						
	2020p	2019	2018	2000	1100 Impôts sur le revenu, personnes physiques	1200 Impôts sur le revenu, sociétés	2000 Cotisations de sécurité sociale (CSS)	4000 Impôts sur le patrimoine	5111 Taxes sur la valeur ajoutée	Autres impôts sur la con-sommation[3]	Ensemble des autres impôts[4]
Moyenne - OCDE[1]	**33.5**	**33.4**	**33.5**	**32.9**	**23.5**	**9.6**	**25.9**	**5.5**	**20.3**	**12.3**	**2.8**
Australie	..	27.7	28.5	30.5	42.0	17.1	0.0	9.8	11.7	14.6	4.7
Autriche[2]	42.1	42.6	42.3	42.3	22.6	6.4	34.9	1.3	18.0	9.5	7.3
Belgique[2]	43.1	42.7	43.9	43.8	26.5	8.7	31.0	8.0	15.6	10.1	0.0
Canada	34.4	33.8	33.5	34.7	36.0	12.3	13.9	11.4	13.3	9.5	3.6
Chili	19.3	20.9	21.1	18.8	7.2	23.4	7.3	5.5	39.9	13.2	3.7
Colombie	18.7	19.7	19.3	15.7	6.8	24.0	9.5	9.1	29.6	13.3	7.7
Costa Rica	22.9	23.6	23.2	21.1	6.1	11.9	34.2	1.9	18.5	16.3	11.1
République tchèque	34.4	34.8	35.0	32.3	12.7	10.1	44.2	1.2	21.6	10.2	0.0
Danemark[2]	46.5	46.6	44.2	46.9	52.1	6.7	0.1	4.3	20.1	10.2	6.5
Estonie	34.5	33.5	33.0	31.1	16.5	5.5	35.0	0.6	26.7	15.7	0.0
Finlande	41.9	42.3	42.4	45.8	29.0	6.0	27.9	3.4	21.7	12.0	0.1
France[2]	45.4	44.9	45.9	43.4	20.7	4.9	33.0	8.7	15.9	11.6	5.1
Allemagne	38.3	38.6	38.4	36.4	27.4	5.2	37.9	2.9	18.2	8.4	0.0
Grèce	38.8	39.5	40.0	33.4	15.2	5.6	30.8	7.7	21.3	18.6	0.8
Hongrie	35.7	36.5	36.8	38.5	14.2	3.5	32.0	2.6	26.1	18.5	3.1
Islande	36.1	34.8	36.4	35.9	41.0	5.9	9.2	6.0	22.9	9.4	5.6
Irlande	20.2	21.9	22.4	30.8	31.7	14.0	16.8	5.7	19.6	11.3	1.0
Israël	29.7	30.2	30.8	34.8	20.9	10.1	17.4	10.2	23.9	12.0	5.6
Italie	42.9	42.4	41.7	40.5	25.8	4.6	31.2	5.7	14.7	13.6	4.3
Japon	..	31.4	31.6	25.3	18.8	12.0	41.1	8.2	13.2	6.5	0.3
Corée	28.0	27.3	26.7	20.9	17.5	15.7	26.7	11.4	15.7	10.1	2.8
Lettonie	31.9	31.2	31.1	29.1	20.8	0.5	30.6	3.0	27.7	17.3	0.0
Lituanie[2]	31.2	30.3	30.2	30.8	23.9	5.1	31.8	1.0	26.1	12.1	0.0
Luxembourg[2]	38.3	38.9	39.5	36.9	23.9	15.2	27.7	9.8	15.0	8.4	0.1
Mexique	17.9	16.3	16.1	11.5	20.8	20.1	13.8	2.0	23.4	14.3	5.7
Pays-Bas	39.7	39.3	38.8	36.9	21.6	9.4	34.2	3.8	18.2	12.5	0.2
Nouvelle-Zélande	32.2	31.5	32.2	32.5	39.5	12.4	0.0	6.2	30.3	8.4	3.2
Norvège	38.6	39.9	39.4	41.7	26.0	14.7	26.5	3.2	21.6	7.9	0.1
Pologne[2]	36.0	35.1	35.1	32.9	15.1	6.3	37.6	3.6	22.6	13.9	0.9
Portugal	34.8	34.5	34.7	30.9	18.4	9.0	27.8	4.1	25.4	14.4	0.8
République slovaque	34.8	34.6	34.2	33.6	10.9	8.8	43.4	1.2	21.0	14.0	0.8
Slovénie	36.9	37.2	37.3	37.7	14.2	5.3	42.2	1.7	21.6	14.9	0.1
Espagne	36.6	34.7	34.7	33.0	22.7	6.0	35.3	7.1	18.7	10.2	0.0
Suède	42.6	42.8	43.8	50.0	28.7	7.0	21.4	2.2	21.3	7.0	12.5
Suisse[2]	27.6	27.4	26.8	27.0	30.6	11.4	23.7	7.7	11.2	8.6	6.8
Turquie	23.9	23.1	24.0	23.5	16.3	7.9	31.4	4.2	18.1	20.9	1.2
Royaume-Uni	32.8	32.7	32.9	32.8	27.6	7.0	19.7	12.4	21.3	11.5	0.4
États-Unis	25.5	25.0	24.9	28.3	41.1	5.4	24.5	11.5	0.0	17.5	0.1

1. Moyenne 2020 provisoire calculée en appliquant le pourcentage moyen non pondéré de variation pour 2019 dans les 35 pays qui ont communiqué des données pour cette année au ratio moyen global impôts/PIB en 2019.

2. Le total des recettes fiscales a été diminué du montant de tout transfert en capital représentant les impôts non perçus.

3. Calculé comme la différence entre les rubriques 5000 Impôts sur les biens et services et 5111 Taxes sur la valeur ajoutée.

4. Inclut les rubriques 1300 Non ventilables entre l'impôt sur le revenu des personnes physiques et des sociétés, 3000 Impôts sur les salaires ou main d'œuvre et 6000 Autres impôts.

StatLink https://stat.link/4s1i02

En 2020, les ratios impôts/PIB ont beaucoup varié (Tableau 1.1) d'un pays à l'autre, mais aussi par rapport à 2019. Les principales observations sont les suivantes :

- En 2019, le Danemark enregistrait le ratio le plus élevé (46.5 %) et à l'exception des années 2017 et 2018, où le ratio de la France était plus élevé, ce pays affiche le ratio le plus élevé des pays de l'OCDE depuis 2002. La France avait le deuxième ratio le plus élevé en 2020 (45.4 %). Le Mexique enregistrait le ratio impôts/PIB le plus faible (17.9 %).
- Sur les 36 pays pour lesquels on dispose de données se rapportant à 2020, le ratio des recettes fiscales rapportées au PIB a, depuis 2018, augmenté dans 20 pays et diminué dans 16.
- Entre 2019 et 2020, la hausse la plus prononcée du ratio a été constatée en Espagne (+1.9 point). Cette évolution s'explique en grande partie par une hausse des recettes provenant des cotisations de sécurité sociale exprimées en pourcentage du PIB (1.5 point), qui fait suite à une diminution plus faible de ces recettes que du PIB (voir le chapitre 2 pour de plus amples informations). La deuxième hausse la plus marquée a été observée au Mexique (1.6 point), qui a enregistré des hausses dans toutes les grandes catégories d'impôt, tant en termes nominaux qu'en pourcentage du PIB. L'Islande est le seul autre pays affichant une hausse supérieure à 1 point (Graphique 1.2).
- Le recul le plus marqué du ratio impôts/PIB entre 2019 et 2020 a été constaté en Irlande, avec 1.7 point. Cette baisse tient en grande partie au recul des recettes de TVA, suite à la réduction temporaire des taux de cette taxe en 2020 et au ralentissement de l'activité économique qu'a entraîné la pandémie de COVID-19. Elle s'explique aussi dans une moindre mesure par des baisses plus modestes des impôts sur le revenu, des cotisations de sécurité sociale et des impôts sur le patrimoine.
- Des baisses supérieures à un point ont également été observées au Chili (1.6 point) et en Norvège (1.3 point). En Norvège, cette baisse s'explique par un net recul des recettes tirées de l'impôt sur les bénéfices des sociétés (3.5 points), sous l'effet de modifications temporaires de la loi sur la taxation du pétrole visant à aider les compagnies pétrolières et gazières à mener à bien les investissements prévus, et de la possibilité d'imputer les pertes en 2020 sur les excédents taxés des deux années précédentes. Cette baisse a été compensée par des hausses dans toutes les autres catégories principales d'impôt.

Sur la dernière décennie, le ratio moyen impôts/PIB des pays de l'OCDE a été plus élevé en 2020 qu'en 2010, année où il s'établissait à 31.6 % du PIB en moyenne. Le ratio impôts/PIB a été plus élevé en 2020 qu'en 2010 dans 30 pays. C'est en République slovaque (6.7 points) et en Grèce (6.5 points) que les hausses ont été les plus marquées. Des augmentations supérieures à 5 points ont aussi été enregistrées en Corée, en Espagne, au Japon (données de 2019) et au Mexique. Depuis 2010, des baisses ont été observées dans les huit pays restants. La diminution la plus importante s'est produite en Irlande, où le ratio est passé de 27.7 % du PIB en 2010 à 20.2 % du PIB en 2020, en grande partie sous l'effet de l'augmentation exceptionnelle du PIB en 2015, bien que le ratio recettes/PIB ait continué de s'inscrire dans une tendance légèrement moins marquée à la baisse depuis 2015. La deuxième baisse la plus importante a été constatée en Norvège (3.2 points) et tient essentiellement au recul des recettes fiscales tirées de l'imposition des bénéfices des sociétés(Graphique 1.2)

Graphique 1.2. Variations des ratios impôts/PIB, p.p., 2019-20p et 2010-20p

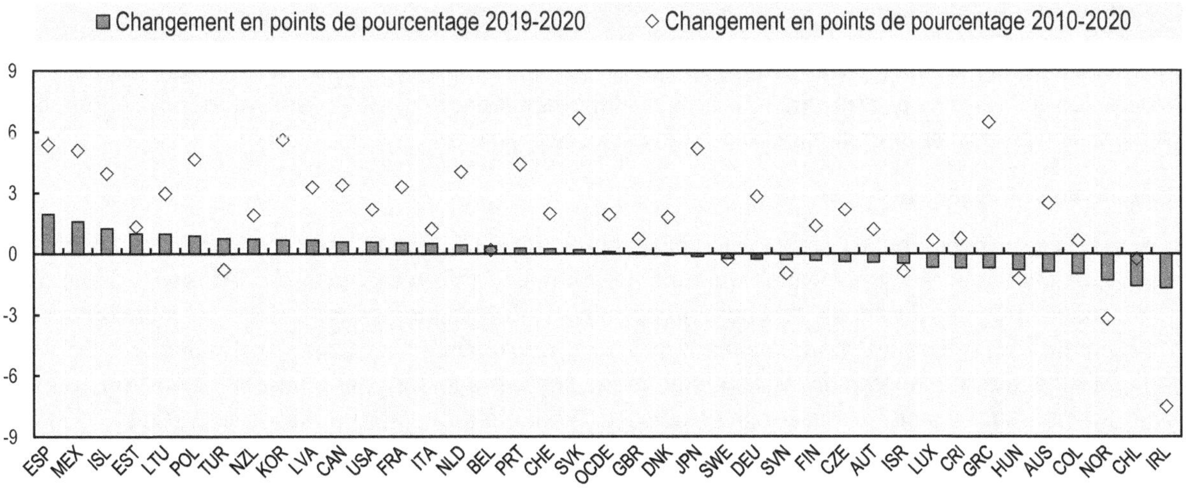

Note : Les données provisoires pour 2020 n'étaient pas disponibles dans le cas de l'Australie et du Japon. Pour ces pays, la comparaison porte sur les données relatives aux années 2018 à 2019 et 2010 à 2019.
Source : Calculs du Secrétariat basés sur le Tableau 3.1.

StatLink https://stat.link/ql3pbj

Les évolutions du ratio des recettes fiscales rapportées au PIB s'expliquent par les variations relatives des recettes fiscales nominales et du PIB nominal. Si les recettes fiscales augmentent plus (ou baissent moins) que le PIB d'une année sur l'autre, le ratio impôts/PIB augmentera. Si, à l'inverse, les recettes fiscales augmentent moins que le PIB, ou baissent plus que le PIB, le ratio diminuera. Aussi, le ratio impôts/PIB ne signifie pas forcément que le montant total des recettes fiscales a augmenté en valeur nominale, voire même en valeur réelle.

En 2020, 20 pays de l'OCDE ont vu leur ration impôts/PIB augmenter par rapport à 2019. Néanmoins, cette augmentation s'explique par une hausse des recettes fiscales nominales dans seulement six de ces pays. Elle est due dans les quatorze autres, à une diminution des recettes fiscale comme du PIB (avec une baisse plus marquée pour le PIB). Sur les 16 pays de l'OCDE qui ont enregistré un recul de leur ratio impôts/PIB en 2020, seul le Danemark affichait des niveaux plus élevés de recette fiscales en valeur nominale par rapport à l'année précédente, mais cette hausse était légèrement inférieure à la croissance du PIB nominal. Onze de ces pays ont enregistré un recul de leurs recettes fiscales nominales comme de leur PIB nominal, avec une baisse plus marquée pour les recettes fiscales ; les quatre autres (Irlande, Chili, Hongrie et Luxembourg) ont vu leurs recettes fiscales nominales diminuer tandis que leur PIB nominal augmentait (Graphique 1.3). En outre, le Graphique 1.3 illustre les variations intervenues entre 2018 et 2019 en Australie et au Japon, où le ratio impôts/PIB n'est pas disponible pour 2020. Dans ces deux pays, les recettes fiscales nominales ont reculé tandis que le PIB a augmenté, entraînant un recul du ratio impôts/PIB.

Encadré 1.2. Méthodologie : le ratio impôts/PIB

Les ratios impôts/PIB indiqués dans ce rapport expriment les recettes fiscales globales en pourcentage du PIB. La valeur de ce ratio dépend de son dénominateur (PIB) et de son numérateur (recettes fiscales), le dénominateur étant sujet à des révisions historiques.

Le numérateur (recettes fiscales)

- En ce qui concerne le numérateur, le Secrétariat de l'OCDE utilise pour ce Rapport les données relatives aux recettes fiscales qui lui sont fournies annuellement par les correspondants des ministères des Finances, des administrations fiscales nationales ou des services nationaux de statistiques. Bien que pour la plupart des pays, des chiffres provisoires soient disponibles avec un décalage d'environ six mois, les données finalisées le sont dans un délai d'environ dix-huit mois. Ainsi, les données définitives pour 2019 ont été reçues entre mai et août 2021.
- Dans trente-cinq pays de l'OCDE, l'année fiscale coïncide avec l'année civile. Elle en diffère dans trois pays : Australie, Japon et Nouvelle-Zélande. Les déclarations pour l'année 2018 couvrent respectivement la période T2/2018-T1/2019 (Japon) et la période T3/2018-T2/2019 (Australie, Nouvelle-Zélande) (T = trimestre).

Le dénominateur (PIB)

- En ce qui concerne le dénominateur, ce Rapport utilise les chiffres du PIB les plus récents dont on disposait en septembre 2021. À cette date, les chiffres du PIB pour 2019 et 2020 étaient disponibles pour tous les pays de l'OCDE.
- L'utilisation de ces PIB harmonisés assure un maximum de cohérence et de comparabilité internationale aux ratios impôts/PIB.
- Les chiffres du PIB proviennent des Comptes nationaux annuels des pays membres de l'OCDE (CNA-SCN) pour les pays où l'année fiscale coïncide avec l'année civile.
- Lorsque l'année fiscale diffère de l'année civile, les estimations annuelles du PIB sont obtenues par l'agrégation des données fournies par la Direction des statistiques de l'OCDE pour les trimestres correspondants aux années fiscales de chacun des pays.

La moyenne indiquée dans cette publication est une moyenne non pondérée pour tous les pays dans lesquels des données sont disponibles. La moyenne provisoire de 2020 est calculée en appliquant le pourcentage de variation moyen non pondéré pour 2020 dans les 36 pays fournissant des données pour cette année-là au ratio moyen global des impôts par rapport au PIB en 2019. La série historique de la moyenne de l'OCDE présentée dans cette publication est inférieure à celle des éditions précédentes en raison de l'inclusion du Costa Rica dans la moyenne de l'OCDE pour la première fois dans cette édition, après que ce pays est devenu membre de l'OCDE en mai 2021.

Graphique 1.3. Variations relatives des recettes fiscales nominales et du PIB nominal, en %, 2019-20p

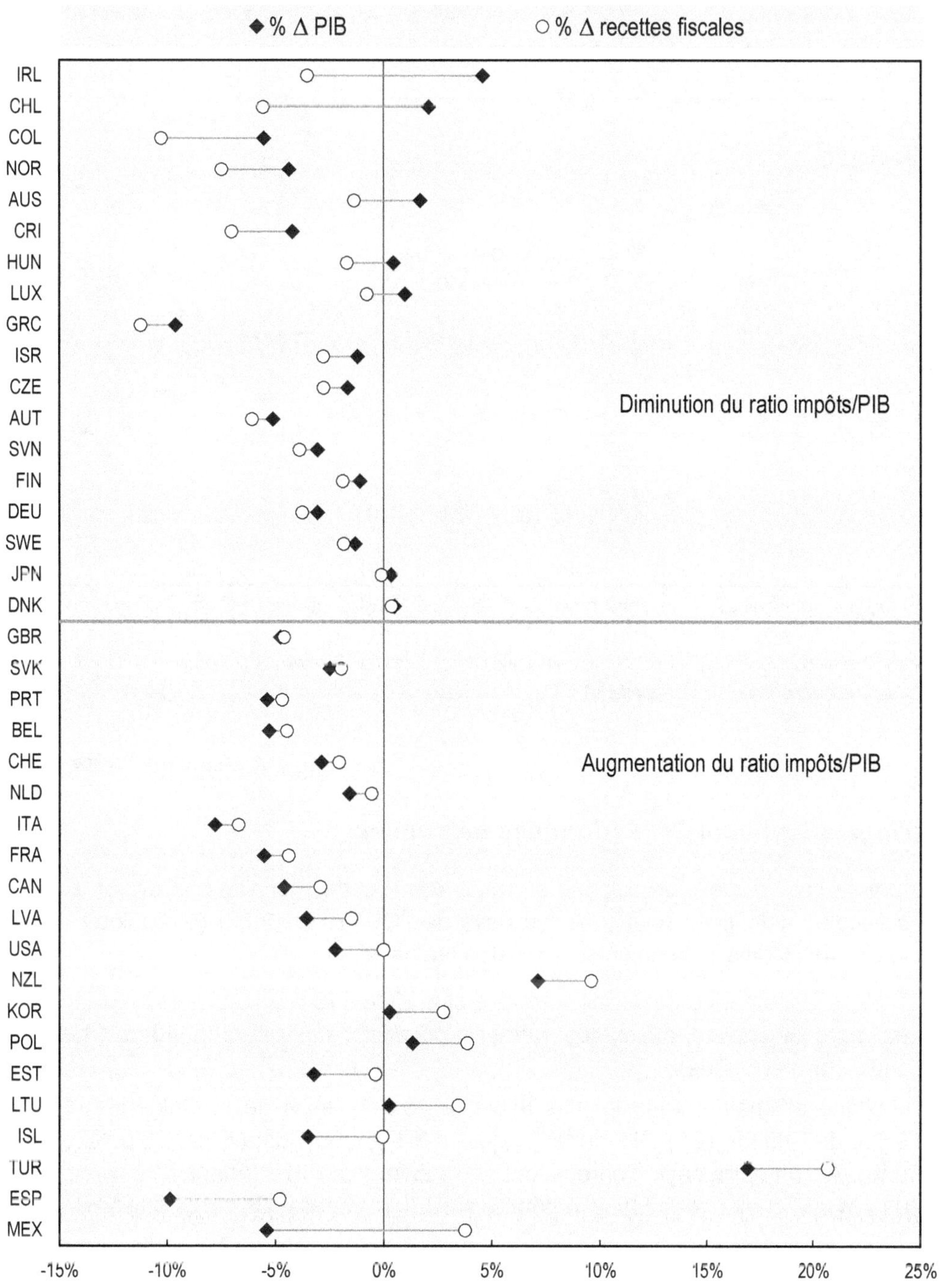

Notes : Les données concernant l'Australie et le Japon illustrent l'évolution intervenue entre 2018 et 2019, car les données préliminaires pour 2020 ne sont pas disponibles dans le cas de ces deux pays.
Source : Calculs du Secrétariat basés sur le chapitre 4 (recettes fiscales) et sur le Tableau 3.19 (PIB)

StatLink https://stat.link/nfi1o3

Graphique 1.4. Ratios impôts/PIB en 2019 et 2020p (en % du PIB)

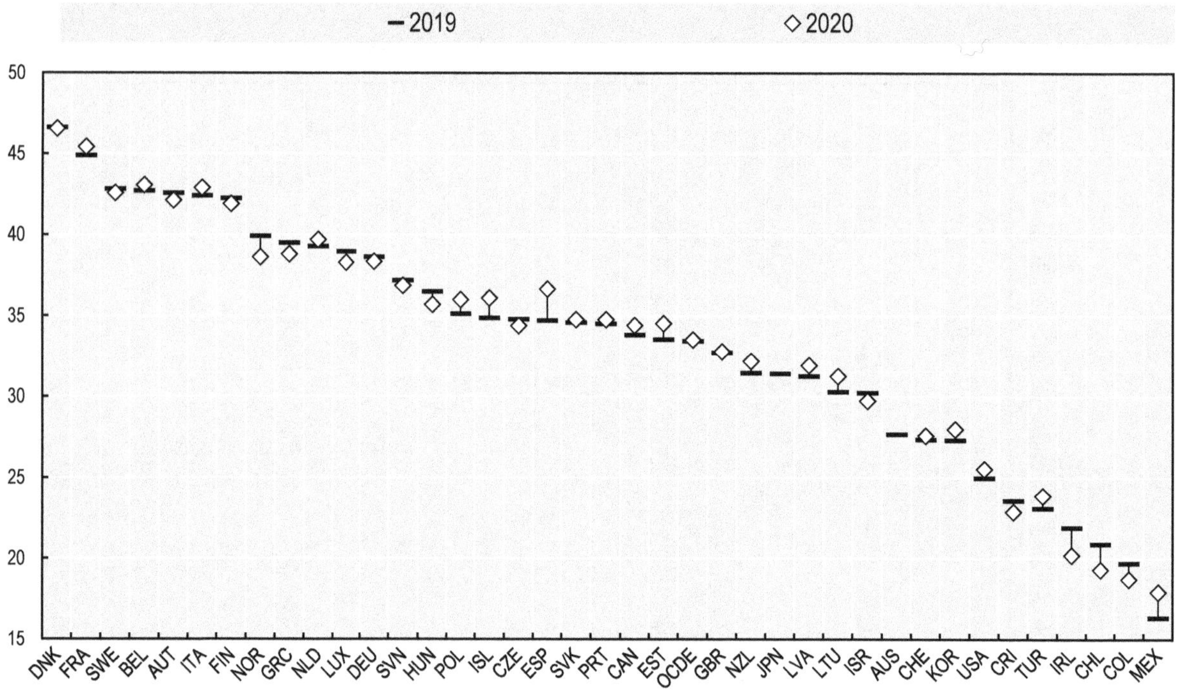

Notes : Les données provisoires pour 2020 n'étaient pas disponibles dans le cas de l'Australie et du Japon.
Source : Calculs du Secrétariat basés sur le Tableau 3.1.

StatLink https://stat.link/fc328z

Niveaux d'imposition pour 2019 (données définitives)

La dernière année pour laquelle on dispose de ratios des recettes fiscales rapportées au PIB fondés sur des recettes fiscales définitives pour tous les pays de l'OCDE est 2019 (Graphique 1.4). Les chiffres montrent que ces ratios diffèrent sensiblement selon les pays :

- En 2019, le Danemark enregistrait le ratio le plus élevé (46.6 %), suivi de la France (44.9 %). Cinq autres pays affichaient aussi des ratios impôts/PIB supérieurs à 40 % (Autriche, Belgique, Finlande, Italie et Suède).
- Le Mexique affichait le ratio le plus faible, à 16.3 %, suivi de la Colombie (19.7 %), du Chili (20.9 %), de l'Irlande (21.9 %), de la Turquie (23.1 %), du Costa Rica (23.6 %) et des États-Unis (25.0 %). Aucun autre pays n'enregistrait un ratio impôts/PIB inférieur à 25 % en 2019, mais trois autres pays affichaient des ratios inférieurs à 30 % (Australie, Corée et Suisse).
- Le ratio des recettes fiscales rapportées au PIB de la zone OCDE (moyenne non pondérée) atteignait 33.4 % en 2019. Il s'établissait à 33.5 % en 2018.
- Par rapport à 2018, la charge fiscale globale a augmenté dans 18 pays membres de l'OCDE et a diminué dans 20.
- L'augmentation la plus importante du ratio a été constatée au Danemark (2.4 points). Les hausses ont dans tous les autres pays été inférieures à un point de pourcentage.
- Les plus fortes baisses ont été observées en Islande (1.6 point) et en Belgique (1.2 point).

Entre 2018 et 2019, les diminutions du ratio des recettes fiscales rapportées au PIB s'expliquent en grande partie par une baisse des recettes générées par les impôts sur les bénéfices des sociétés et les droits d'accise (0.1 point), compensée par une hausse des recettes générées par l'impôt sur le revenu des personnes physiques.

Tableau 1.2. Structure fiscale dans la zone OCDE, années retenues (moyenne non pondérée en % du PIB)

Pour cent

	1965	1990	2000	2007	2010	2015	2017	2018	2019
Recettes fiscales totales	24.8	30.8	32.9	32.9	31.6	32.9	33.4	33.5	33.4
1000 Impôts sur le revenu, les bénéfices et les gains en capital	8.7	11.5	11.5	11.7	10.2	10.9	11.2	11.3	11.3
dont :									
1100 Impôts sur le revenu, les bénéfices et les gains en capital des personnes physiques	6.8	9.0	8.3	7.8	7.2	7.9	7.9	7.9	8.0
1200 Impôts sur le revenu, les bénéfices et les gains en capital des sociétés	2.1	2.3	3.1	3.6	2.7	2.8	3.0	3.1	3.0
2000 Cotisations de sécurité sociale (CSS)	4.5	7.1	8.4	8.2	8.6	8.8	8.9	9.0	8.9
3000 Impôts sur les salaires et la main-d'oeuvre	0.3	0.4	0.4	0.4	0.4	0.4	0.4	0.4	0.5
4000 Impôts sur le patrimoine	1.9	1.7	1.7	1.7	1.6	1.8	1.9	1.8	1.8
5000 Impôts sur les biens et services	9.4	9.9	10.8	10.6	10.5	10.8	10.9	10.8	10.8
dont :									
5111 Taxes sur la valeur ajoutée	0.7	5.1	6.3	6.5	6.4	6.6	6.7	6.7	6.7
5121 Accises	3.5	2.5	2.8	2.6	2.6	2.5	2.5	2.4	2.3
6000 Autres impôts	0.1	0.4	0.2	0.2	0.2	0.2	0.2	0.2	0.2

Note : Part des principales catégories d'impôts dans le PIB (en pourcentage). Les données sont incluses depuis 1965 pour l'Australie, l'Autriche, la Belgique, le Canada, le Danemark, la Finlande, la France, l'Allemagne, la Grèce, l'Islande, l'Irlande, l'Italie, le Japon, le Luxembourg, les Pays-Bas, la Nouvelle- Zélande, la Norvège, le Portugal, l'Espagne, la Suède, la Suisse, la Turquie, le Royaume-Uni et les États-Unis. Les données sont incluses depuis 1972 pour la Corée, depuis 1980 pour le Mexique, depuis 1990 pour le Chili, la Colombie et le Costa Rica, depuis 1991 pour la Hongrie et la Pologne, depuis 1993 pour la République tchèque, depuis 1995 pour l'Estonie, Israël, la Lettonie, la Lituanie, la République slovaque et la Slovénie. La moyenne de l'OCDE en 2016 inclut les recettes ponctuelles des contributions à la stabilité en Islande.

Source : OECD (2021), « Recettes fiscales: Tableaux comparatifs », Statistiques fiscales de l'OCDE (database), DOI : http://dx.doi.org/10.1787/data-00262-fr

StatLink https://stat.link/8yigv3

Variations de la charge fiscale entre 1965 et 2019

Le coefficient moyen dans la zone OCDE a augmenté de 24.8 % à 33.4 % (soit une hausse de 8.6 points, la différence étant due à l'arrondi) entre 1965 et 2019 (Graphique 1.1).

Avant le premier choc pétrolier (1973-74), une croissance des revenus forte et presque ininterrompue a permis aux niveaux d'imposition d'augmenter dans tous les pays de l'OCDE. Les niveaux d'imposition ont augmenté automatiquement sous l'effet de la progressivité des barèmes de l'impôt sur le revenu des personnes physiques. Entre 1975 et 1985, la charge fiscale dans la zone OCDE a augmenté de 2.9 points. Après le milieu des années 70, le ralentissement de la croissance des revenus réels, combiné à l'augmentation du chômage, a limité la capacité des pouvoirs publics à prélever des recettes. Cependant, à partir de la profonde récession qui a suivi le second choc pétrolier (1980), les pays européens ont été amenés à augmenter leurs impôts pour financer la hausse des dépenses de sécurité sociale et s'efforcer de maîtriser les déficits budgétaires.

Après le milieu des années 80, la plupart des pays de l'OCDE ont sensiblement réduit les taux de leurs impôts sur le revenu des personnes physiques et sur les bénéfices des sociétés, mais l'incidence sur les recettes publiques des vastes réformes fiscales qui ont été engagées est restée limitée dans la mesure où, en même temps, la base de ces impôts était élargie par une réduction ou une suppression des déductions fiscales. En 1999, le taux moyen d'imposition dans la zone OCDE avait atteint 33.0 %, soit le niveau le plus élevé enregistré à cette époque. Il s'est ensuite légèrement replié entre 2001 et 2004, avant de repartir à la hausse entre 2005 et 2007, puis de retomber sous l'effet de la crise financière mondiale en 2008 et 2009. En résumé, la charge fiscale moyenne dans la zone OCDE a augmenté de 1.3 point entre 1995 et 2019 (Graphique 1.1).

La moyenne de l'OCDE masque de grandes variations des ratios nationaux. En 1965, les ratios des pays de l'OCDE étaient compris entre 10.6 % en Turquie et 33.7 % en France. En 2019, ces niveaux oscillaient entre 16.3 % au Mexique et 46.6 % au Danemark. La tendance continue à l'augmentation des niveaux d'imposition reflète le besoin de financer l'augmentation considérable des dépenses du secteur public dans presque tous les pays de l'OCDE.

Structures fiscales

Les structures fiscales sont mesurées par la part des principaux impôts dans les recettes fiscales totales. En 2019, les structures fiscales des pays de l'OCDE affichaient des différences. Dix-sept pays ont tiré l'essentiel de leurs recettes des impôts sur le revenu des personnes physiques et sur les bénéfices des sociétés, dix pays des cotisations de sécurité sociale, et onze pays des impôts sur la consommation (TVA comprise). En 2019, les impôts sur le patrimoine et les impôts sur les salaires jouaient un faible rôle dans la structure des recettes des pays de l'OCDE, tant en moyenne que dans la plupart des pays (Graphique 1.5).

Graphique 1.5. Structures fiscales en 2019 (en % du total des recettes fiscales)

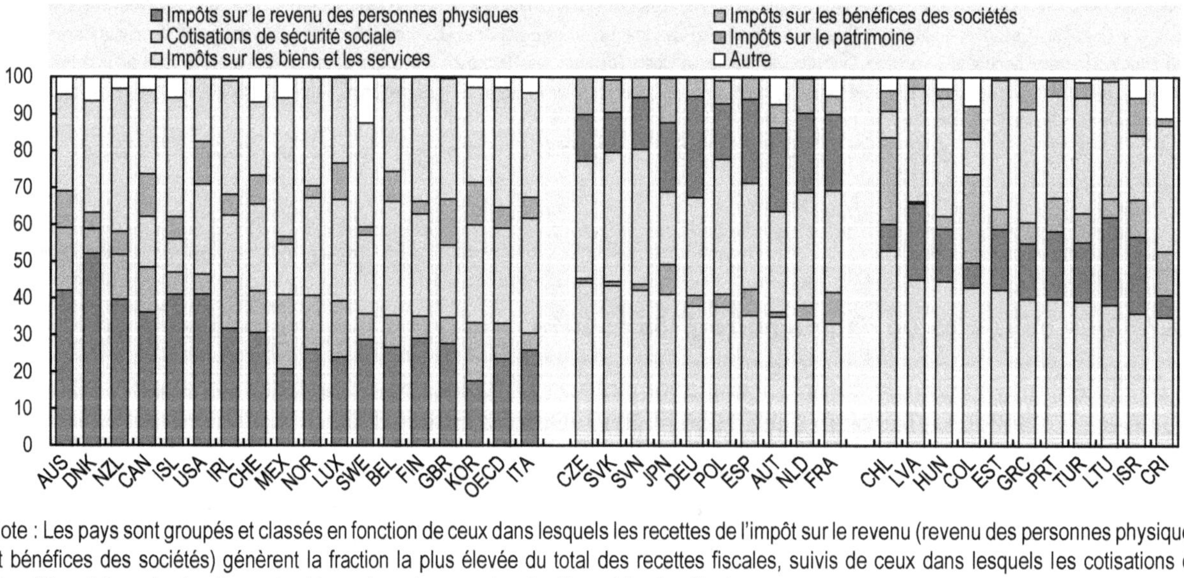

Note : Les pays sont groupés et classés en fonction de ceux dans lesquels les recettes de l'impôt sur le revenu (revenu des personnes physiques et bénéfices des sociétés) génèrent la fraction la plus élevée du total des recettes fiscales, suivis de ceux dans lesquels les cotisations de sécurité sociale ou les impôts sur les biens et services représentent la part la plus élevée.
Calculs du Secrétariat basés sur le chapitre 4.

StatLink https://stat.link/alukwq

Si, en moyenne, les niveaux d'imposition ont généralement augmenté, la structure fiscale ou le « dosage » des impôts a fait preuve d'une stabilité remarquable dans le temps. Néanmoins, plusieurs tendances se manifestent jusqu'en 2019 (dernière année pour laquelle on dispose de données concernant les 38 pays de l'OCDE). Ces deux approches sont examinées plus en détail ci-dessous.

Impôts sur le revenu et les bénéfices

En moyenne, en 2019, les pays de l'OCDE collectaient 33.1 % de leurs recettes fiscales via les impôts sur le revenu et les bénéfices (somme des impôts sur le revenu des personnes physiques et sur les bénéfices des sociétés). Ces impôts restent la principale source de recettes utilisées pour financer les dépenses publiques dans 17 des pays de l'OCDE, tandis que dans dix d'entre eux – Australie, Canada, Danemark, États-Unis, Irlande, Islande, Mexique, Norvège, Nouvelle-Zélande et Suisse – leur part dans le total des impôts en 2019 excède 40 %.

Graphique 1.6. Tendances des structures fiscales (1965-2019, en % du total des recettes fiscales)

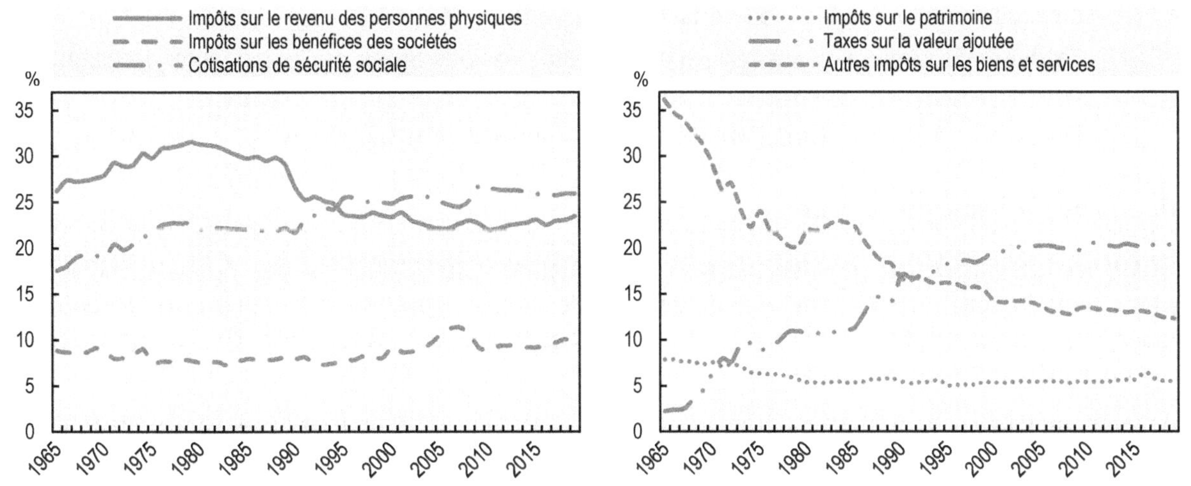

1. Les recettes publiques moyennes de l'OCDE en 2016 pour les catégories principales incluent les recettes ponctuelles des contributions à la stabilité en Islande. Ce facteur concerne principalement les recettes moyennes provenant de l'impôt sur le patrimoine, exprimées en pourcentage du total des recettes fiscales au cours de cette année uniquement.
Source : Calculs du Secrétariat basés sur les Tableaux 3.8 à 3.14.

StatLink https://stat.link/0b1vng

Au sein de la catégorie des impôts sur le revenu et les bénéfices, la part de l'IRPP et de l'IS varie :

- En 2019, les recettes issues de l'impôt sur le revenu des personnes physiques représentent en moyenne 23.5 % du total des recettes, contre 30 % environ au cours des années 1980. Dans cette baisse, deux points environ peuvent être attribués à l'inclusion dans la zone OCDE de pays d'Europe de l'Est et d'Amérique latine pour lesquels les données relatives aux recettes fiscales ne sont disponibles qu'à partir des années 90. Dans ces pays, les recettes générées par l'impôt sur le revenu sont relativement faibles, alors que celles liées aux cotisations de sécurité sociale ou à l'impôt sur les bénéfices des sociétés sont plus élevées, mais l'effet de l'inclusion de ces pays concerne seulement les données postérieures à l'année 1990.
- Les différences observées entre les pays sont considérables pour ce qui est de l'importance de l'impôt sur le revenu des personnes physiques. En 2019, la part de cet impôt allait d'un minimum de 6.8 % en Colombie à 42.0 % en Australie et aux États-Unis et 52.1 % au Danemark (Graphique 1.5).

- Les recettes provenant de l'impôt sur les bénéfices des sociétés représentaient entre 7 % et 9 % du total des recettes fiscales en moyenne au cours de la période 1965 à 2003. Elles ont ensuite augmenté pour atteindre un maximum de 11.3 % en 2007, avant de retomber à 9.0 % en 2010, tout de suite après la crise financière. Elles sont restées relativement stables, oscillant entre 9.0 % et 10.0 % du total des recettes fiscales jusqu'en 2018, avant de revenir à 9.6 % des recettes fiscales en 2020.
- La part des impôts sur les bénéfices des sociétés dans les recettes fiscales totales affiche une dispersion considérable, de moins de 5 % environ (France, Hongrie, Italie et Lettonie) à plus de 20 % au Mexique (20.1 %), au Chili (23.4 %) et en Colombie (24.0 %) en 2019. Hormis la dispersion des taux légaux d'imposition des sociétés, ces différences sont au moins partiellement imputables à des facteurs institutionnels ou spécifiques aux pays, tels que :
  - La proportion des entreprises constituées sous forme de sociétés,
  - L'érosion de la base d'imposition des sociétés consécutive, par exemple, à des méthodes généreuses de calcul de l'amortissement et à des incitations fiscales,
  - Le caractère cyclique du système de l'impôt sur les sociétés, conditionné en partie par les dispositions relatives à la compensation des pertes,
  - Le degré de dépendance à l'égard des recettes fiscales tirées de l'exploitation de gisements pétroliers et/ou de minerais, et
  - D'autres instruments permettant de différer l'imposition des bénéfices.

Cotisations de sécurité sociale

En 2019, les cotisations de sécurité sociale représentaient 25.9 % du total des recettes fiscales en moyenne dans la zone OCDE. Elles étaient les plus élevées en République tchèque et en République slovaque (respectivement 44.2 % et 43.4 %). En revanche, l'Australie et la Nouvelle-Zélande ne collectent pas de cotisations de sécurité sociale.

On observe par ailleurs de grandes différences entre les pays de l'OCDE pour ce qui est des parts relatives des cotisations de sécurité sociale versées par les salariés et par les employeurs (Graphique 1.7) :

- Neuf pays (Chili, Danemark, Grèce, Hongrie, Israël, Lituanie, Luxembourg, Pologne et Slovénie mobilisent davantage de recettes grâce aux cotisations salariales de sécurité sociale, tandis que les autres pays en collectent davantage grâce aux cotisations patronales.
- C'est en Lituanie que la part des recettes provenant des cotisations salariales de sécurité sociale est la plus élevée, puisqu'elle atteint 24.2 % du total des recettes. L'Allemagne, la Grèce, la Hongrie, le Japon, la Pologne et la Slovénie) enregistrent également des recettes issues des cotisations salariales supérieures à 15 % du total des recettes fiscales. C'est au Danemark que cette part est la plus faible, à 0.1 % du total des recettes. Outre le Danemark, l'Estonie est le seul autre pays où les cotisations salariales de sécurité sociale généraient moins de 5 % du total des recettes.
- L'Estonie est le pays où la part des recettes fiscales totales générées par les cotisations patronales de sécurité sociale est la plus élevée (33.3 %). Cette part dépasse également 25 % des recettes totales en République tchèque (28.3 %), en République slovaque (26.3 %) et en Espagne (26.0 %). Le Danemark et le Chili enregistrent les parts les plus faibles, respectivement à 0.03 % et 0.2 % du total des recettes.
- C'est aux Pays-Bas et en Pologne que la part des cotisations de sécurité sociale acquittée par les travailleurs indépendants et les chômeurs dans le total des recettes fiscales est la plus élevée, à respectivement 7.8 % et 7.3 %.

Graphique 1.7. Composition des cotisations de sécurité sociale, en pourcentage du total des cotisations de sécurité sociale, 2019

Note : L'Australie, la Colombie, l'Islande, le Mexique et la Nouvelle-Zélande ne sont pas inclus dans le graphique 1.7. Bien que la Colombie, l'Islande et le Mexique collectent des cotisations de sécurité sociale, les données désagrégées ne sont pas disponibles. L'Australie et la Nouvelle-Zélande ne prélèvent pas de cotisations de sécurité sociale.
Calculs du Secrétariat basés sur le chapitre 4.

StatLink https://stat.link/n8p1fi

Impôts sur le patrimoine

Entre 1965 et 2019, la part des impôts sur le patrimoine a été ramenée de 7.9 % à 5.5 % du total des recettes fiscales en moyenne dans les pays de l'OCDE (Graphique 1.6). Les recettes provenant des impôts sur le patrimoine représentaient plus de 10 % des recettes totales au Canada, en Corée, en Israël, aux États-Unis et au Royaume-Uni. Par comparaison, les impôts sur le patrimoine ont représenté moins de 1 % du total des recettes en Estonie et en Lituanie.

Impôts sur la consommation

- La part des impôts sur la consommation (impôts généraux sur la consommation plus impôts spécifiques sur la consommation) a diminué de 38.4 % à 32.6 % entre 1965 et 2019 (Graphique 1.6).
- Pendant cette période, la composition des taxes sur les biens et services s'est profondément modifiée. Les impôts généraux sur la consommation ont vu leur importance en tant que source de recettes s'affirmer rapidement, notamment pour la taxe sur la valeur ajoutée (TVA) qui est prélevée dans 37 des 38 pays de l'OCDE.[3]
- Les impôts généraux sur la consommation représentent 21.0 % des recettes fiscales totales, contre seulement 11.9 % au milieu des années 1960. En 2019, elles provenaient principalement de la TVA (20.3 % du total des recettes fiscales) (Graphique 1.6).
- La montée en puissance de la taxe sur la valeur ajoutée a contribué à compenser la diminution de la part des impôts spécifiques sur la consommation, tels que les droits d'accise et les droits de douane.
- Entre 1975 et 2019, la part des impôts spécifiques sur la consommation (surtout sur le tabac, les boissons alcoolisées et le carburant, ainsi que certaines taxes environnementales) a été réduite

de près de moitié, passant de 17.7 % à 9.5 % du total des recettes. En 2019, les droits d'accise constituaient la principale catégorie et généraient 7.2 % du total des recettes (Graphique 1.8).

- Les taux des impôts sur les produits importés ont fortement baissé dans tous les pays de l'OCDE, ce qui s'explique par la tendance générale à la suppression des obstacles aux échanges.
- Néanmoins, des pays tels que le Costa Rica, l'Estonie, la Grèce, la Hongrie, la Lettonie, la Lituanie, le Mexique, la Pologne, le Portugal, la République slovaque, la Slovénie (entre 11 % et 15 %) et la Turquie (19.3 %) collectent encore une fraction relativement importante de leurs recettes fiscales totales grâce aux taxes sur des biens et services spécifiques.

Graphique 1.8. Part des recettes tirées des impôts généraux sur la consommation (gauche) et impôts spécifiques sur la consommation (droite) en % du total des recettes fiscales, 1975-2019

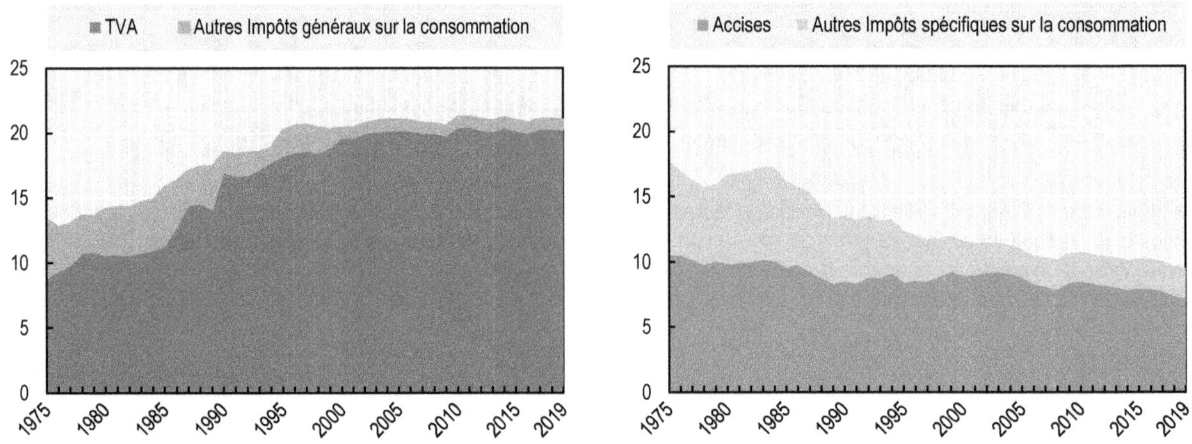

1. La moyenne non pondérée pour chaque année comprend tous les pays qui communiquent des chiffres sur les recettes dans les catégories indiquées cette même année. Les moyennes de l'OCDE pour 2016 incluent les recettes ponctuelles des contributions à la stabilité en Islande.
Source : Calculs du Secrétariat basés sur le chapitre 4.

StatLink https://stat.link/o0m42s

Répartition des impôts par niveaux d'administration

Cette section examine la part relative des recettes fiscales attribuées aux différents sous-secteurs des administrations publiques en 2019. Les sous-secteurs sont les suivants :

- Administration centrale
- Collectivités régionales ou provinciales (pays fédéraux ou régionaux uniquement)
- Collectivités locales
- Caisses de sécurité sociale
- Autorité supranationale (pays de l'UE uniquement)

Les directives suivies pour attribuer ces parts des recettes aux différents niveaux d'administration s'appuient sur la version finale du Système des comptes nationaux de 2008. Ces directives sont examinées dans l'Étude spéciale S.1 de l'édition 2011 des *Statistiques des recettes publiques* de l'OCDE.

Recettes des administrations infranationales dans les pays fédéraux et non fédéraux

Huit pays de l'OCDE ont une structure fédérale. Dans ces pays, en 2019, les administrations centrales ont perçu 53.0 % des recettes totales en moyenne. Viennent ensuite les caisses de sécurité sociale, qui constituent un sous-secteur de l'administration centrale et qui ont reçu 21.4 % des recettes totales, suivies des collectivités régionales ou provinciales (17.7 %) et des collectivités locales (7.7 %) (Tableau 1.3). Toutefois, on constate des variations considérables par rapport à ces moyennes dans les différents pays :

- En 2019, dans les huit pays fédéraux de l'OCDE, la part des recettes de l'administration centrale variait de 29.3 % en Allemagne à 80.8 % en Australie.
- En 2019, la part des collectivités régionales ou provinciales s'échelonnait entre 2.0 % en Autriche, 4.1 % au Mexique, 10.6 % en Belgique et 39.5 % au Canada. La part des collectivités locales était comprise entre 1.7 % au Mexique et 14.6 % aux États-Unis et 15.7 % en Suisse.
- Entre 1975 et 2019, la part des recettes de l'administration fédérale a reculé de plus de 14 points en Belgique, et de cinq à six points au Canada et aux États-Unis.
- La part des recettes de l'administration fédérale a augmenté en Autriche de 13 points environ. Il y a eu peu de changement en Australie et au Mexique.
- Sur les sept pays fédéraux dotés de caisses de sécurité sociale, cinq ont vu la part des recettes de ces caisses augmenter entre 1975 et 2019. Les exceptions sont le Canada et le Mexique, où la part des recettes a légèrement diminué entre 1975 (1980 pour le Mexique en raison de la disponibilité des données) et 2019.

La Colombie et l'Espagne sont constitutionnellement des pays non fédéraux, mais avec une structure politique très décentralisée, et très variable selon le niveau d'administration. En 2019, la part des recettes en Colombie de l'administration centrale s'élevait à 73.0 %, contre 5.0 % pour les collectivités régionales et 12.5 % pour les collectivités locales. En 2019, la part des recettes en Espagne de l'administration centrale s'élevait à 40.2 %, contre 15.4 % pour les collectivités régionales et 9.2 % pour les collectivités locales.

Tableau 1.3. Recettes fiscales des sous-secteurs des administrations publiques en % du total des recettes fiscales, pays fédéraux

Pour cent

	Supranationale			Administration centrale			Administrations d'États fédérés/Régions			Administrations locales			Administrations de sécurité sociale		
	1975	1995	2019	1975	1995	2019	1975	1995	2019	1975	1995	2019	1975	1995	2019
Pays fédéraux															
Australie	..	..	..	80.1	77.5	80.8	15.7	19.0	15.6	4.2	3.4	3.6	0.0	0.0	0.0
Autriche	..	0.4	0.4	51.7	64.7	65.0	10.6	1.8	2.0	12.4	4.1	3.2	25.3	29.0	29.4
Belgique[1]	1.4	1.0	1.0	65.3	60.1	50.8	..	1.8	10.6	4.4	4.8	4.9	28.8	32.2	32.8
Canada	..	..	..	47.6	39.1	41.7	32.5	37.1	39.5	9.9	9.8	9.8	10.0	14.0	9.0
Allemagne	1.2	0.6	0.5	33.5	31.4	29.3	22.3	21.6	23.8	9.0	7.4	8.5	34.0	39.0	37.9
Mexique	..	..	..	..	73.9	80.4	..	2.8	4.1	..	1.5	1.7	..	21.8	13.8
Suisse[1]	..	..	..	30.7	31.7	35.7	27.0	24.0	24.9	20.3	17.5	15.7	22.0	26.8	23.7
États-Unis	..	..	..	45.4	41.4	40.2	19.5	20.0	20.6	14.7	13.3	14.6	20.5	25.2	24.5
Moyenne non pondérée	1.3	0.7	0.6	50.6	52.5	53.0	21.3	16.0	17.7	10.7	7.7	7.7	20.1	23.5	21.4
Pays régionaux															
Colombie[2]	..	..	..	..	63.2	73.0	..	5.5	5.0	..	8.6	12.5	..	22.7	9.5
Espagne[2]	..	0.8	0.6	48.2	51.1	40.2	..	5.0	15.4	4.3	8.6	9.2	47.5	34.6	34.5

1. Le total des recettes fiscales a été diminué du montant de tout transfert en capital représentant les impôts non perçus.
2. La Colombie et l'Espagne ne sont pas des pays constitutionnellement fédéraux, mais tous deux ont une structure politique très décentralisée, avec une autonomie importante de leurs entités territoriales.

StatLink https://stat.link/c5036v

Les vingt-huit autres pays de l'OCDE ont une structure unitaire. Dans ces pays, 63.2 % des recettes en moyenne provenaient de l'administration centrale, tandis que les caisses de sécurité sociale généraient

25.5 % des recettes et que 10.9 % étaient recouvrées par les collectivités locales. Dans les pays unitaires de l'OCDE :

- La part des recettes de l'administration centrale en 2019 se situait entre 32.6 % en France et 93,1 % en Nouvelle-Zélande.
- La part des collectivités locales variait de 0.8 % en Estonie à 35.5 % en Suède.
- Entre 1975 et 2019, la part des collectivités locales a augmenté de 5 points ou plus dans six pays – Corée, France, Islande, Italie, Portugal et Suède. Une diminution de la part des collectivités locales de 5 points ou plus a été enregistrée dans trois pays – Irlande, Norvège et Royaume-Uni.[4]
- Entre 1975 et 2019, la part des caisses de sécurité sociale a progressé de 7 points ou plus dans quatre pays – Corée, Finlande, France et Japon – tandis qu'elle enregistrait des baisses du même ordre de grandeur dans quatre autres pays – Italie, Norvège, Portugal et Suède.

Tableau 1.4. Recettes fiscales des sous-secteurs des administrations publiques en % du total des recettes fiscales, pays unitaires

Pour cent

	Supranationale			Administration centrale			Administrations d'États fédérés/Régions			Administrations locales			Administrations de sécurité sociale		
	1975	1995	2019	1975	1995	2019	1975	1995	2019	1975	1995	2019	1975	1995	2019
Pays unitaires															
Chili	..	..	..	..	89.9	85.6	..	..	..	..	6.5	8.3	..	3.6	6.1
Costa Rica	..	..	..	..	65.5	57.8	..	..	..	..	1.6	3.0	..	33.0	39.2
République tchèque	..	..	0.4	..	57.7	54.4	..	..	..	..	0.9	1.0	..	41.4	44.2
Danemark[1]	1.0	0.5	0.3	69.1	68.2	73.9	..	..	..	29.8	31.3	25.7	0.1	0.0	0.0
Estonie	..	..	0.6	..	84.3	82.0	..	..	..	..	0.8	0.8	..	14.9	16.6
Finlande	..	0.4	0.4	56.0	46.6	48.9	..	..	..	23.5	22.3	22.8	20.4	30.8	27.9
France[1]	0.7	0.7	0.4	51.2	42.5	32.6	..	..	..	7.6	11.0	13.6	40.6	45.8	53.4
Grèce	..	0.6	0.5	67.1	66.3	66.2	..	..	..	3.4	2.0	2.4	29.5	31.0	30.9
Hongrie	..	..	0.4	..	63.8	62.7	..	..	..	..	2.5	5.8	..	33.6	31.2
Islande	..	..	..	81.3	79.2	71.7	..	..	..	18.7	20.8	28.3	0.0	0.0	0.0
Irlande	2.3	1.5	0.6	77.4	83.1	82.5	..	..	..	7.3	2.7	2.0	13.1	12.7	15.0
Israël	..	..	..	..	79.7	74.7	..	..	..	..	6.4	7.9	..	14.0	17.4
Italie	..	0.4	0.4	53.2	62.7	57.0	..	..	..	0.9	5.4	11.4	45.9	31.5	31.2
Japon	..	..	..	45.5	41.2	35.5	..	..	..	25.6	25.2	23.5	29.0	33.6	41.1
Corée	..	..	..	89.0	69.2	56.0	..	..	..	10.1	18.7	17.3	0.9	12.1	26.7
Lettonie	..	..	0.5	..	43.5	50.5	..	..	..	..	19.5	19.3	..	36.9	29.7
Lituanie[1]	..	..	0.9	..	71.7	66.1	..	..	..	..	2.3	1.1	..	26.1	31.8
Luxembourg[1]	0.8	0.4	0.7	63.6	66.4	67.6	..	..	..	6.7	6.5	4.8	29.0	26.6	26.9
Pays-Bas	1.5	1.3	1.1	58.9	56.0	61.2	..	..	..	1.2	3.1	3.4	38.4	39.5	34.2
Nouvelle-Zélande	..	..	..	92.3	94.7	93.1	..	..	..	7.7	5.3	6.9	0.0	0.0	0.0
Norvège	..	..	..	50.6	57.6	84.5	..	..	..	22.4	20.0	15.5	27.0	22.4	0.0
Pologne[1]	..	..	0.6	..	61.2	49.3	..	..	..	..	8.5	12.6	..	30.3	37.6
Portugal	..	0.8	0.5	65.4	72.3	65.8	..	..	..	0.0	5.4	7.2	34.6	21.5	26.6
République slovaque	..	..	0.4	..	62.6	55.5	..	..	..	..	1.3	1.8	..	36.1	42.3
Slovénie	..	..	0.4	..	50.5	48.9	..	..	..	..	6.2	8.9	..	43.3	41.7
Suède	..	0.4	0.3	51.3	46.9	51.9	..	..	..	29.2	30.9	35.5	19.5	21.8	12.3
Turquie	..	..	..	..	75.1	59.5	..	..	..	..	12.8	9.2	..	12.1	31.4
Royaume-Uni	1.0	1.0	0.5	70.5	77.5	74.6	..	..	..	11.1	3.7	5.2	17.5	17.8	19.7
Moyenne non pondérée	1.2	0.7	0.5	65.2	65.6	63.2	..	..	..	12.8	10.1	10.9	21.6	24.0	25.5

1. Le total des recettes fiscales a été diminué du montant de tout transfert en capital représentant les impôts non perçus.

StatLink https://stat.link/h8gql4

Composition des recettes de l'administration centrale et des administrations infranationales

Le Graphique 1.9 montre la répartition des recettes de l'administration centrale et des administrations infranationales pour chacune des principales catégories de recettes fiscales. Pour les pays à structure fédérale et régionale, le niveau infranational englobe les recettes perçues à la fois par les collectivités régionales et locales. Le Graphique 1.9 montre que :

- Dans pratiquement tous les pays de l'OCDE, les recettes de l'administration centrale proviennent essentiellement des impôts sur le revenu et des impôts sur les biens et services, tandis que les impôts sur le patrimoine ne représentent qu'une part négligeable.
- Au niveau infranational, les recettes issues des impôts sur le patrimoine procurent une part des recettes totales beaucoup plus élevée qu'au niveau central, et représentent plus de 90 % du total dans quatre pays (Irlande, Israël, Grèce et Royaume-Uni).
- À l'inverse, la part des impôts sur le revenu et des impôts sur les biens et services est plus faible au niveau infranational, à l'exception de la Finlande, du Luxembourg et de la Suède, où plus de 90 % des recettes perçues par les administrations infranationales proviennent des impôts sur le revenu.

Graphique 1.9. Composition des recettes de l'administration fédérale ou centrale (gauche) et des administrations infranationales (droite), 2019

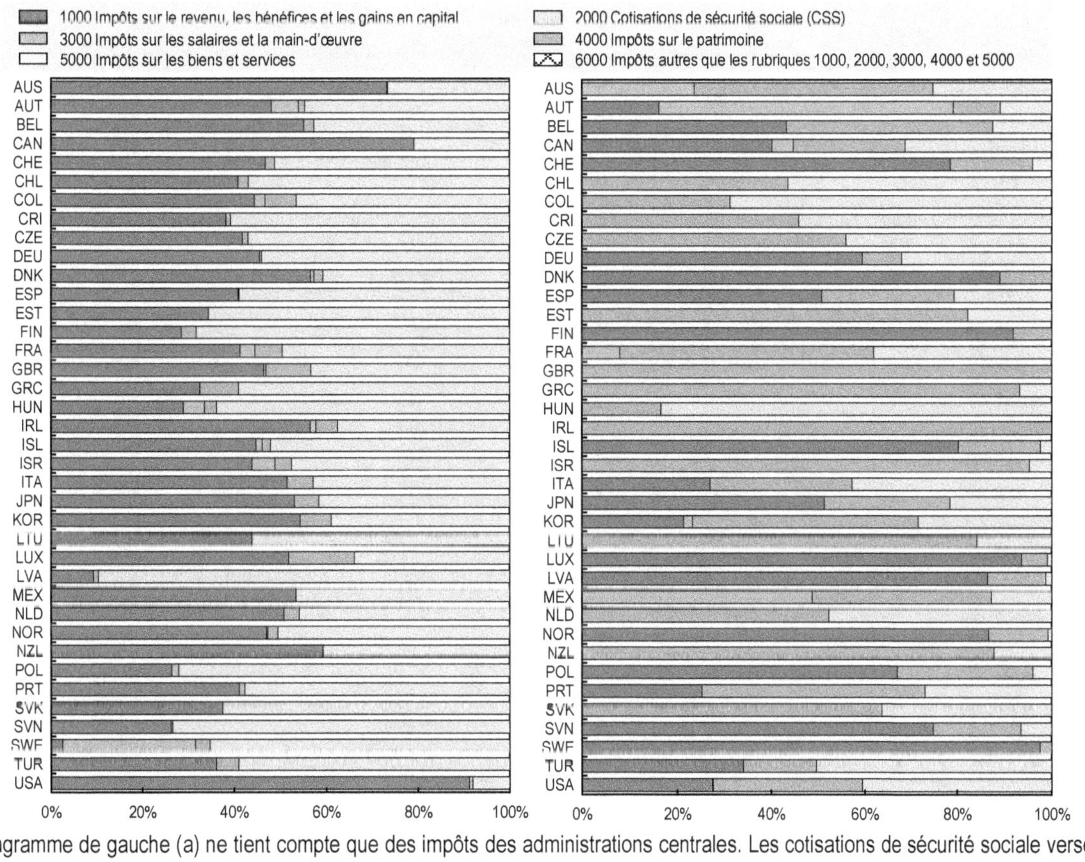

1. Le diagramme de gauche (a) ne tient compte que des impôts des administrations centrales. Les cotisations de sécurité sociale versées au profit des caisses de sécurité sociale sont exclues. Le diagramme de droite (b) ne tient compte que des impôts des administrations infranationales (impôts des collectivités locales et, le cas échéant, régionales ou provinciales). Les cotisations de sécurité sociale versées au profit des caisses de sécurité sociale sont exclues.

Source : Calculs du Secrétariat basés sur les Tableaux 3.16 à 3.18.

StatLink https://stat.link/vg8j5b

Recettes collectées pour le compte d'organisations supranationales

Les vingt-deux États membres de l'UE qui sont également membres de l'OCDE collectent des impôts pour le compte de l'Union européenne (UE), tout comme le faisait le Royaume-Uni avant 2020. Ces impôts se composent principalement des droits de douane et des contributions au fonds de résolution unique[5]. Ces deux impôts sont collectés pour le compte de l'UE par les administrations fiscales nationales et sont inclus dans le total des impôts sous les rubriques 5123 et 5126 au niveau SUPRA de l'administration. En outre, ils sont mentionnés pour mémoire séparément des chiffres principaux, car ils représentent un impôt prélevé par l'UE et perçu par les administrations nationales.[6]

Le Tableau 1.5 indique le niveau des impôts perçus pour le compte d'organisations supranationales dans les pays de l'UE qui sont également membres de l'OCDE, en distinguant les pays de l'UE qui sont membres de la zone euro et ceux qui ne le sont pas.

Tableau 1.5. Contributions collectées pour le compte de l'UE, en % du PIB

Pour cent

	2000	2005	2010	2014	2015	2016	2017	2018	2019	2020p
Euro zone										
Autriche, total supranational	0.2	0.1	0.1	0.1	0.2	0.2	0.2	0.2	0.2	0.2
dont : Droits de douane	0.2	0.1	0.1	0.1	0.1	0.1	0.1	0.1	0.1	0.1
dont : Contributions au Fonds de résolution unique	..	..	..	..	0.1	0.1	0.1	0.1	0.0	0.1
Belgique, total supranational	0.4	0.4	0.4	0.3	0.4	0.4	0.4	0.4	0.4	0.4
dont : Droits de douane	0.4	0.4	0.3	0.3	0.3	0.4	0.4	0.4	0.4	0.3
dont : Contributions au Fonds de résolution unique	..	..	..	0.0	0.1	0.1	0.1	0.1	0.1	0.1
Estonie, total supranational	..	0.2	0.2	0.2	0.2	0.2	0.2	0.2	0.2	0.2
dont : Droits de douane	..	0.2	0.2	0.2	0.2	0.2	0.2	0.2	0.2	0.2
dont : Contributions au Fonds de résolution unique	..	..	..	..	..	0.0	0.0	0.0	0.0	0.0
Finlande, total supranational	0.1	0.1	0.1	0.1	0.1	0.1	0.1	0.1	0.2	0.2
dont : Droits de douane	0.1	0.1	0.1	0.1	0.1	0.1	0.1	0.1	0.1	0.1
dont : Contributions au Fonds de résolution unique	..	..	..	..	0.0	0.1	0.1	0.0	0.1	0.1
France, total supranational	0.1	0.1	0.1	0.1	0.1	0.2	0.2	0.2	0.2	0.2
dont : Droits de douane	0.1	0.1	0.1	0.1	0.1	0.1	0.1	0.1	0.1	0.1
dont : Contributions au Fonds de résolution unique	..	..	..	..	0.0	0.1	0.1	0.1	0.1	0.1
Allemagne, total supranational	0.2	0.2	0.2	0.2	0.2	0.2	0.2	0.2	0.2	0.2
dont : Droits de douane	0.2	0.2	0.2	0.2	0.2	0.2	0.2	0.1	0.1	0.1
dont : Contributions au Fonds de résolution unique	..	..	..	..	0.1	0.1	0.1	0.1	0.1	0.1
Grèce, total supranational	0.2	0.1	0.1	0.1	0.2	0.2	0.2	0.2	0.2	0.2
dont : Droits de douane	0.1	0.1	0.1	0.1	0.1	0.1	0.2	0.1	0.2	0.2
dont : Contributions au Fonds de résolution unique	..	..	..	..	0.1	0.1	0.1	0.1	0.0	0.1
Irlande, total supranational	0.2	0.1	0.1	0.1	0.1	0.2	0.1	0.1	0.1	0.1
dont : Droits de douane	0.2	0.1	0.1	0.1	0.1	0.1	0.1	0.1	0.1	0.1
dont : Contributions au Fonds de résolution unique[1]	..	..	..	..	..	0.1	0.0	0.0	0.0	0.0
Italie, total supranational	0.1	0.1	0.1	0.1	0.3	0.2	0.3	0.2	0.2	0.2
dont : Droits de douane	0.1	0.1	0.1	0.1	0.1	0.1	0.1	0.1	0.1	0.1
dont : Contributions au Fonds de résolution unique[2]	..	..	..	..	0.1	0.0	0.1	0.1	0.0	0.1
Lituanie, total supranational	..	0.2	0.2	0.2	0.3	0.3	0.3	0.3	0.3	0.3

	2000	2005	2010	2014	2015	2016	2017	2018	2019	2020p
dont : Droits de douane	..	0.2	0.2	0.2	0.3	0.2	0.2	0.3	0.3	0.3
dont : Contributions au Fonds de résolution unique	..	..	..	..	0.0	0.0	0.0	0.0	0.0	0.0
Lettonie, total supranational	..	0.2	0.1	0.2	0.2	0.2	0.2	0.2	0.2	0.1
dont : Droits de douane	..	0.2	0.1	0.2	0.2	0.2	0.2	0.2	0.1	0.1
dont : Contributions au Fonds de résolution unique	..	..	..	..	0.0	0.0	0.0	0.0	0.0	0.0
Luxembourg, total supranational	0.1	0.1	0.0	0.0	0.1	0.2	0.2	0.3	0.3	0.3
dont : Droits de douane	0.1	0.1	0.0	0.0	0.0	0.0	0.0	0.0	0.0	0.0
dont : Contributions au Fonds de résolution unique	..	..	..	..	0.1	0.1	0.2	0.2	0.2	0.3
Pays-Bas, total supranational	0.4	0.3	0.3	0.4	0.4	0.4	0.4	0.4	0.4	0.4
dont : Droits de douane	0.3	0.2	0.3	0.3	0.3	0.3	0.3	0.3	0.3	0.3
dont : Contributions au Fonds de résolution unique	..	..	..	..	0.1	0.1	0.1	0.1	0.1	0.1
Portugal, total supranational	0.2	0.1	0.1	0.1	0.1	0.2	0.2	0.2	0.2	0.2
dont : Droits de douane	0.1	0.1	0.1	0.1	0.1	0.1	0.1	0.1	0.1	0.1
dont : Contributions au Fonds de résolution unique	..	..	..	..	..	0.1	0.1	0.1	0.1	0.1
République slovaque, total supranational	..	0.1	0.2	0.2	0.1	0.2	0.2	0.2	0.2	0.1
dont : Droits de douane	..	0.1	0.2	0.2	0.1	0.2	0.2	0.2	0.1	0.1
dont : Contributions au Fonds de résolution unique	..	..	..	..	..	0.0	0.0	0.0	0.0	0.0
Slovénie, total supranational	..	0.1	0.2	0.1	0.2	0.2	0.1	0.1	0.1	0.2
dont : Droits de douane	..	0.1	0.2	0.1	0.1	0.1	0.1	0.1	0.1	0.1
dont : Contributions au Fonds de résolution unique	..	..	..	..	0.0	0.0	0.0	0.0	0.0	0.0
Espagne, total supranational	0.2	0.2	0.1	0.2	0.2	0.2	0.2	0.2	0.2	0.2
dont : Droits de douane	0.1	0.2	0.1	0.2	0.2	0.2	0.2	0.2	0.2	0.1
dont : Contributions au Fonds de résolution unique	..	..	..	..	0.1	0.1	0.1	0.1	0.1	0.1
Non-euro zone										
Republique czech, total supranational	..	0.2	0.2	0.2	0.2	0.2	0.2	0.2	0.2	0.1
dont : Droits de douane	..	0.2	0.2	0.2	0.2	0.2	0.2	0.2	0.2	0.1
Danemark, total supranational	0.2	0.2	0.2	0.2	0.2	0.1	0.1	0.1	0.1	0.1
dont : Droits de douane	0.2	0.2	0.2	0.2	0.2	0.1	0.1	0.1	0.1	0.1
Hongrie, total supranational	..	0.1	0.1	0.1	0.1	0.1	0.1	0.1	0.1	0.1
dont : Droits de douane	..	0.1	0.1	0.1	0.1	0.1	0.1	0.1	0.1	0.1
Pologne, total supranational	..	0.1	0.1	0.1	0.2	0.2	0.2	0.2	0.2	0.2
dont : Droits de douane	..	0.1	0.1	0.1	0.2	0.2	0.2	0.2	0.2	0.2
Suède, total supranational	0.2	0.2	0.2	0.1	0.1	0.1	0.1	0.1	0.1	0.1
dont : Droits de douane	0.1	0.1	0.2	0.1	0.1	0.1	0.1	0.1	0.1	0.1
Royaume-Uni, total supranational3	0.2	0.2	0.2	0.2	0.2	0.2	0.2	0.2	0.2	0.2
dont : Droits de douane	0.2	0.1	0.2	0.2	0.2	0.2	0.2	0.2	0.2	0.1

Note : Ces chiffres peuvent différer légèrement de ceux publiés sur le site Web du CRU. Ces différences sont principalement dues aux écarts temporaires dans le traitement des données. Les détails sur ces recettes pour chaque pays se trouvent dans les chapitres 4 et 5.

1. En 2016, le chiffre inclut le paiement de 2016 de 99,12 et également un paiement de 75,89 qui était dû au quatrième trimestre de 2015 mais qui a été payé au premier trimestre de 2016. Les chiffres figurant dans ce tableau ont été communiqués par l'Office central des statistiques et sont des montants bruts ; par conséquent, en raison d'ajustements, ils diffèrent des chiffres figurant sur le site Web du CRU, qui sont des chiffres nets.

2. Le montant de la "contribution de la banque au fonds européen de résolution unique" comprend non seulement le fonds européen mais aussi le fonds national de résolution, comme l'exige la classification Eurostat.

3. Les recettes fiscales supranationales déclarées par le Royaume-Uni continuent d'être déclarées pour 2020 dans Les statistiques des recettes publiques, comme les années précédentes. À partir de 2021, à la fin de la période de transition du Brexit, cela prendra fin et les taxes introduites ultérieurement par le Royaume-Uni seront reflétées dans la catégorie de taxe appropriée au niveau national ou infranational des administrations publiques, selon le cas.
Source : Statistiques des recettes publiques 2021, complétées par des discussions avec les délégués.StatLink 2 https://doi.org/10.1787/888934209666

StatLink https://stat.link/stew13

En 2019, c'est en Belgique et aux Pays-Bas que le total cumulé des paiements perçus pour le compte de l'UE a été le plus élevé en pourcentage du PIB (plus de 0.4 %). Des niveaux supérieurs à 0.2 % du PIB ont également été observés en Estonie, en Grèce, en Lituanie, au Luxembourg, en Espagne et en Allemagne. Dans tous les autres pays de l'UE également membres de l'OCDE, les recettes perçues pour le compte de l'UE représentaient entre 0.1 et 0.2 % du PIB. Les droits de douane constituaient la principale source de ces recettes dans tous les pays à l'exception de la Finlande, de la France et du Luxembourg.

Crédits d'impôts récupérables

Il existe deux types de crédits d'impôt qui s'appliquent aux impôts sur le revenu (revenu des personnes physiques et bénéfices des sociétés) :

- Les crédits d'impôt non récupérables (ou non remboursables) ne peuvent être utilisés que pour réduire ou éliminer le montant de l'impôt à payer. Ils ne peuvent donner lieu à un versement sous forme d'avantage monétaire au profit des contribuables, qu'ils soient imposables ou non. Ils sont donc équivalents aux abattements ou déductions fiscales.
- Au contraire, il existe deux sortes de crédits d'impôt récupérables (ou remboursables). L'une sert à réduire, voire éliminer, le montant de l'impôt à payer de la même manière qu'un crédit d'impôt non remboursable. L'autre peut donner lieu à un paiement direct au récipiendaire sous forme monétaire dès lors que le montant de l'avantage fiscal dépasse celui de l'impôt à payer.

La méthode employée par l'OCDE pour le classement des crédits d'impôt récupérables est décrite dans les paragraphes 25 et 26 du Guide d'interprétation. Elle prévoit que seule la fraction du crédit d'impôt récupérable qui sert à réduire ou éliminer le montant de l'impôt dû par un contribuable doit être déduite dans la déclaration des recettes fiscales. Elle est appelée « composante fiscale » ou « élément de dépense fiscale » du crédit d'impôt. À l'inverse, la fraction du crédit d'impôt qui excède le montant de l'impôt dû par ce contribuable et qui lui est payée est considérée comme une dépense et n'est pas déduite dans la déclaration des recettes fiscales. Cette partie est appelée « composante transfert » ou « élément de transfert ».

Le Tableau 1.6 livre des informations sur les crédits d'impôt récupérables en 2019 pour les pays qui les déclarent dans les *Statistiques des recettes publiques 2021* (bien qu'il soit possible que certains pays accordant des crédits d'impôt récupérables n'apparaissent pas dans ce tableau). Ce tableau indique le montant des crédits d'impôt récupérables et de leurs deux composantes, ainsi que les résultats de l'utilisation des chiffres pour calculer le montant des recettes fiscales et les ratios recettes fiscales-PIB. Le Tableau 1.6 fait également ressortir deux traitements possibles :

- La « comptabilisation en chiffres nets », qui assimile les crédits d'impôt récupérables à des dispositions fiscales, de telle sorte que la totalité du crédit d'impôt réduit le montant des recettes fiscales déclarées, comme le montrent les colonnes 4 et 7.
- La « comptabilisation en chiffres bruts » en est l'exact opposé ; elle considère la totalité des crédits d'impôts récupérables comme des dépenses directes, de sorte que, comme le montrent les colonnes 6 et 9, ni l'élément de transfert, ni l'élément de dépense fiscale ne sont déduits des recettes fiscales. C'est l'approche suivie par le Manuel de statistiques des finances publiques (MSFP) du FMI et par le système des comptes nationaux (SCN).

Tableau 1.6. Effets des différents traitements possibles des crédits d'impôts récupérables, 2019

	Crédits d'impôts récupérables en milliards de monnaie nationale			Recettes fiscales totales en milliards de monnaie nationale			Recettes fiscale totales en pourcentage du PIB		
	Valeur totale	Élément de transfert	Élément de dépense fiscale	Base nette	Base décomposée	Base brute	Base nette	Base décomposée	Base brute
Australie	10.0	6.6	3.5	543.0	549.5	553.0	27.3	27.7	27.8
Autriche[1]	0.3	0.1	0.2	169.1	169.2	169.4	42.5	42.6	42.6
Belgique[2]	1.1	0.2	0.9	203.2	203.4	204.3	42.7	42.7	42.9
Canada[3]	18.2	14.2	4.0	767.0	781.2	785.2	33.2	33.8	34.0
Chili[4]	278.8	200.6	78.2	41 025.5	41 226.1	41 304.3	20.9	21.0	21.0
République tchèque	39.9	7.8	32.1	2 006.1	2 013.9	2 046.0	34.6	34.8	35.3
Danemark[2]	3.1	0.2	2.9	1 080.1	1 080.3	1 083.2	46.6	46.6	46.7
France[2]	35.4	18.5	16.9	1 075.7	1 094.1	1 111.0	44.1	44.9	45.6
Allemagne	45.2	15.9	29.3	1 325.4	1 341.3	1 370.6	38.2	38.6	39.5
Islande	3.6	3.0	0.6	1 059.0	1 061.9	1 062.6	34.7	34.8	34.9
Irlande	0.4	0.0	0.4	..	78.1	78.5	..	21.9	22.0
Israël	1.3	0.0	1.3	428.5	428.5	429.9	30.2	30.2	30.3
Italie	10.4	1.4	8.9	758.2	759.6	768.6	42.3	42.4	42.9
Luxembourg[2, 5]	0.2	..	..	..	..	24.7	..	..	38.9
Mexique	50.6	1.3	49.4	3 994.4	3 995.7	4 045.0	16.3	16.3	16.5
Nouvelle-Zélande	2.8	1.4	1.4	98.4	99.8	101.2	31.0	31.5	31.9
Norvège	4.2	3.4	0.8	1 420.7	1 424.1	1 424.9	39.8	39.9	39.9
République slovaque[5]	0.3	..	..	..	..	32.5	..	..	34.6
Espagne	2.6	1.4	1.1	430.1	431.6	432.7	34.6	34.7	34.8
Royaume-Uni[6]	25.3	21.4	3.9	704.2	725.6	729.5	31.8	32.7	32.9
États-Unis	256.0	153.0	103.0	5 183.5	5 336.5	5 439.5	24.3	25.0	25.5

Note : Dans les Statistiques des recettes publiques, sauf indication contraire, les recettes fiscales sont comptabilisées avec la méthode de la base décomposée.

1. Le crédit d'impôt pour enfant à charge n'est pas considéré comme un crédit d'impôt dans les Statistiques des recettes publiques et est traité entièrement comme une provision de dépense.
2. Le total des recettes fiscales a été diminué du montant de tout transfert en capital représentant les impôts non perçus.
3. Certains crédits d'impôts récupérables au Canada ne peuvent pas être ventilés entre l'élément de transfert et l'élément de dépense fiscale. Leur valeur totale a été ajoutée à l'élément de transfert.
4. Dans les Statistiques des recettes publiques, les recettes fiscales concernant le Chili sont comptabilisées avec la méthode de la base nette.
5. Dans les Statistiques des recettes publiques, les recettes fiscales concernant le Luxembourg et le République slovaque sont comptabilisées avec la méthode de la base brute.
6. Veuillez noter que les données relatives aux crédits d'impôt récupérables pour le Royaume-Uni sont en droits constatés et incluent des estimations pour certaines années. Veuillez consulter les notes de bas de page du tableau pour le Royaume-Uni au chapitre 5 pour plus d'informations.

StatLink https://stat.link/15bnsm

Le Tableau 1.6 montre cependant que, à quelques exceptions près, le choix de la méthode de comptabilisation des crédits d'impôt récupérables n'a qu'une faible incidence sur le ratio recettes fiscales-PIB. Dans les pays pour lesquels des données sont disponibles, l'écart entre les ratios calculés sur la base du solde net et du montant brut n'est supérieur ou égal à un point qu'en Allemagne, aux États-Unis, en France, et au Royaume-Uni et il est compris entre un demi-point et un point en Australie, au Canada, en Italie, en Nouvelle-Zélande et en République tchèque.

Financement des prestations de sécurité sociale dans les pays de l'OCDE

Un tableau fourni pour mémoire[7] dans les *Statistiques des recettes publiques 2020* décrit le financement des prestations de sécurité sociale dans les pays de l'OCDE. Contrairement aux prestations d'aide sociale, qui sont financées par les recettes des administrations publiques, les prestations de sécurité sociale sont financées par des cotisations à la sécurité sociale ou à des régimes d'assurance privés, ou par d'autres sources de financement préaffectées. Ces sources de financement comprennent :

- Les recettes fiscales affectées au financement des prestations de sécurité sociale :
  1. Cotisations de sécurité sociale (CSS, catégorie 2000 dans la classification OCDE)
  2. Autres impôts affectés aux prestations de sécurité sociale
- Les recettes non fiscales affectées au financement des prestations de sécurité sociale :
  3. Cotisations facultatives à l'administration
  4. Cotisations obligatoires au secteur privé

Le Graphique 1.10 montre la part relative de chacune de ces sources dans le financement des prestations de sécurité sociale au sein des pays de l'OCDE. Le graphique est basé sur les données fournies par les pays pour inclusion dans tableau fourni pour mémoire pour les *Statistiques des recettes publiques 2020*.

Graphique 1.10. Ventilation des différentes catégories dans le financement des prestations de sécurité sociale, 2019

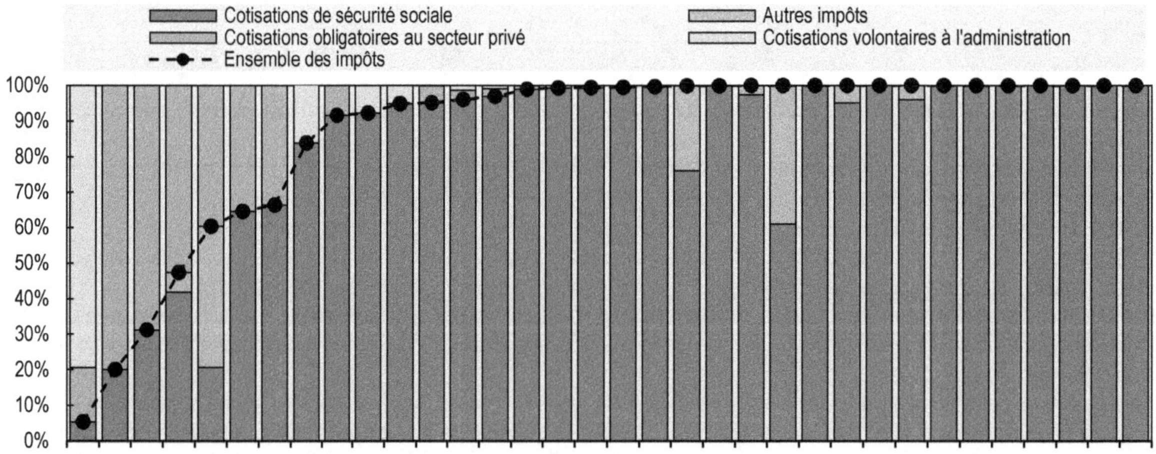

Note : Dans deux pays (l'Australie et la Nouvelle-Zélande) les prestations sociales passent par l'aide sociale plutôt que le prélèvement de cotisations de la sécurité sociale. Ces deux pays ne sont donc pas inclus dans le graphique. En outre, les données complètes sur le financement de la sécurité sociale au Costa Rica et aux Pays-Bas n'étant pas disponibles, ces pays ne sont pas non plus inclus dans le graphique. Les chiffres pour le Danemark doivent être interprétés avec prudence, car le niveau des prestations de sécurité sociale est très faible par rapport au niveau des prestations d'aide sociale. De plus, il peut y avoir des cas limites dans certains pays lorsqu'il s'agit de distinguer entre les régimes quasi obligatoires et les régimes volontaires.
Source : Calculs du Secrétariat basés sur le chapitre 4.

StatLink https://stat.link/49vd1p

Les impôts représentent la principale source de financement affecté aux prestations de sécurité sociale, principalement par le biais des cotisations de sécurité sociale. Ensemble, les cotisations de sécurité sociale et les autres impôts affectés représentent plus de 90 % du financement des prestations de sécurité sociale dans 26 pays de l'OCDE, et 100 % dans 11 autres pays. Dans les neuf pays restants de l'OCDE, les cotisations obligatoires au secteur privé représentent une part plus importante du financement de ces prestations, avec 80.0 % au Chili, 68.8 % en Colombie, et 52.6 % en Suisse, et une part plus modeste en Islande, au Mexique et en Israël. Rares sont les pays où la part des contributions volontaires est importante : celles-ci représentent plus de 10 % du financement uniquement au Royaume-Uni et au Danemark.

Le Graphique 1.11 montre les ratios impôts/PIB (comme dans le Tableau 1.1 et le Graphique 1.4), à la fois *hors* financement préaffecté aux prestations de sécurité sociale (c'est-à-dire les ratios impôts/PIB *diminués* des cotisations de sécurité sociale et autres impôts préaffectés) et financements hors impôts préaffectés aux prestations de sécurité sociale *inclus* (c'est-à-dire les ratios impôts/PIB - cotisations de sécurité sociale et autres impôts préaffectés compris- *plus* les cotisations obligatoires au secteur privé et les contributions volontaires au secteur public).

Les pays où la part des régimes de sécurité sociale financés par des contributions non fiscales préaffectées est la plus importante sont la Suisse (8.2 % du PIB), le Chili et l'Islande (6.1 % dans les deux cas), ce qui influe sensiblement sur leur classement :

- La Suisse affiche un ratio impôts/PIB relativement faible, à 27.4 %, mais son ratio combiné se situe à peu près à mi-chemin dans la distribution de l'OCDE ;
- L'Islande a un ratio impôts/PIB de 34.8 %, qui la place dans le tiers supérieur des pays de l'OCDE, et un ratio combiné de 41.0 %, ce qui est le huitième ratio le plus élevé de la zone OCDE.
- Le Chili a le troisième ratio impôts/PIB le plus bas et le sixième ratio combiné le plus faible.

Graphique 1.11. Ratios impôts/PIB et financement de la sécurité sociale par des fonds préaffectés (% du PIB, 2019)

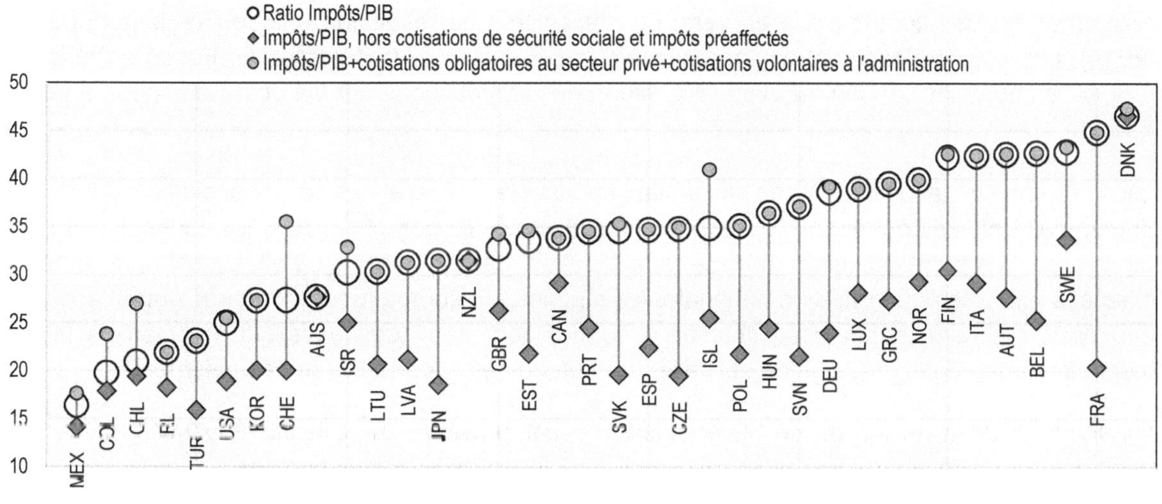

Note : Le Costa Rica et les Pays-Bas ne sont pas inclus dans le graphique, car les données complètes sur le financement de la sécurité sociale dans ces deux pays n'étaient pas disponibles.
Source : Calculs du Secrétariat basés sur le chapitre 4.

StatLink https://stat.link/qvo5fn

La déduction des fonds affectés au financement des prestations de sécurité sociale du ratio impôts/PIB n'affecte pas l'Australie, le Danemark et la Nouvelle-Zélande, où les prestations sont financées en dehors de la fiscalité générale. Le Graphique 1.11 montre que c'est en France que la part des fonds préaffectés aux prestations de sécurité sociale est la plus grande, à 24.5 % du PIB, comme l'indique l'écart entre les points les plus élevés et les points les plus bas du graphique. La Belgique, l'Islande, la République slovaque et la Suisse se situent juste après la France, avec des parts comprises entre 15 % et 18 % du PIB.

Notes

[1]Dans les *Statistiques des recettes publiques 2021*, les données provisoires concernant l'Australie et les cotisations de sécurité sociale au Japon ne sont pas disponibles pour l'année 2020.

[2] En 2016, l'Islande a perçu des recettes provenant de contributions à la stabilité, de nature exceptionnelle, acquittées par des entités qui exerçaient des activités de banque commerciale ou de caisse d'épargne par le passé, et qui cessaient leurs activités. Les recettes provenant de ces contributions ont entraîné une augmentation particulièrement forte des recettes fiscales en 2016. Le ratio islandais des recettes fiscales rapportées au PIB est ainsi passé de 35.1 % en 2015, à 50.3 % en 2016, avant de se replier à 37.1 % en 2017. Il en est résulté un niveau artificiellement élevé de 33.6 % du ratio moyen impôts/PIB de la zone OCDE en 2016. Sans ces recettes exceptionnelles en Islande, la moyenne du ratio des recettes fiscales rapportées au PIB aurait été de 33.2 %, soit une augmentation de 0,3 point par rapport à 2015.

[3] Les expressions « taxe sur la valeur ajoutée » et « TVA » désignent toute taxe nationale qui présente les caractéristiques fondamentales d'une taxe sur la valeur ajoutée, quel que soit son nom ou son acronyme, par exemple « taxe sur les produits et services » (« TPS »).

[4] Pour 1975, veuillez consulter le Tableau 1.4 des *Statistiques des recettes publiques 2021*.

[5] Le Fonds de résolution unique (FRU) a été mis en place en 2015 et les pays de la zone euro sont tenus de l'alimenter par des contributions en vertu du mécanisme de résolution unique (Règlement (UE) no 806/2014). Les contributions sont versées sur une base ex ante et transférées au Fonds de résolution unique par les autorités nationales. Jusqu'à présent, des contributions ont été collectées pour la période 2015-2020.

[6]De plus, les fonctionnaires européens payent un impôt sur le revenu et des cotisations de sécurité sociale directement à l'Union européenne. Ces recettes ne sont prises en compte ni dans les données ni dans les totaux des recettes fiscales figurant dans cette publication, dans la mesure où elles ne sont ni versées à, ni collectées par, une administration nationale. Néanmoins, un compte pour mémoire figurant à la fin du tableau par pays correspondant au chapitre 5 donne, pour deux des pays qui comptent le plus de fonctionnaires européens (la Belgique et l'Italie), un aperçu de l'importance de ces paiements.

Le financement des prestations de sécurité sociale est présenté dans le tableau 4.77 en données comparables (pourcentage du PIB) et dans le tableau 5.39 en monnaies nationales.

2 L'impact initial du COVID-19 sur les recettes fiscales dans les pays de OCDE

Le chapitre 2 examine l'impact initial du COVID-19 sur les recettes fiscales dans les pays de l'OCDE. À partir de données préliminaires sur les recettes ventilées par catégorie d'impôt, elle analyse les répercussions de la pandémie sur l'impôt sur le revenu des personnes physiques, l'impôt sur les bénéfices des sociétés, les cotisations de sécurité sociale, les impôts sur le patrimoine, la TVA et les droits d'accise, en mesurant les variations en valeur nominale et en pourcentage du PIB.

Introduction

La crise du COVID-19 a lourdement touché les pays de l'OCDE, entraînant une contraction de l'activité et un creusement des inégalités, avec des conséquences particulièrement graves sur les ménages modestes et sur d'autres catégories vulnérables de la population. La pandémie a également érodé les recettes fiscales dans les deux tiers des pays de l'OCDE, à la fois sous l'effet des mesures de soutien fournies par le système fiscal et des répercussions de la crise économique sur les recettes. Sous l'effet conjugué de la chute des recettes non fiscales, du coût des mesures de soutien engagées dans d'autres domaines de l'action publique et de l'augmentation des dépenses sociales et de santé, les comptes publics se sont fortement détériorés. En 2020, les pays de l'OCDE ont emprunté 18 000 milliards USD sur les marchés, soit près de 29 % du PIB. Par rapport à 2019, ce chiffre représente une hausse de 60 % en valeur absolue et une augmentation de 12 points de PIB (OCDE, 2021[1]).

Toutefois, à la différence de la crise financière mondiale et malgré les baisses généralisées des recettes fiscales nominales, la pandémie n'a pas provoqué l'effondrement des ratios impôts/PIB dans les pays de l'OCDE. Ce chapitre s'appuie sur les données préliminaires pour 2020 pour analyser l'impact initial de la crise sur les recettes fiscales, la relation entre les variations du niveau des recettes et du PIB, les catégories d'impôt les plus touchées par la crise et les similitudes et différences avec les évolutions des recettes enregistrées au cours de la première année de la crise financière mondiale.

Vue d'ensemble : Variations des recettes fiscales totales, du PIB et du ratio impôts/PIB

Impact du COVID-19 : variations en 2020 par rapport à 2019

Comme le chapitre 1 l'explique, le ratio impôts/PIB moyen dans les pays de l'OCDE a augmenté de 0.1 point de pourcentage en 2020 par rapport à 2019. Le ratio impôts/PIB a progressé dans 20 pays de l'OCDE sur 38 (graphique 1.2). Toutefois, dans 31 pays de l'OCDE, les recettes fiscales nominales ont reculé, entre 2019 et 2020, avec une baisse moyenne (sur l'ensemble des pays pour lesquels des données sont disponibles) de 2.1 %. Bien que les recettes fiscales nominales aient décliné dans la plupart des pays de l'OCDE, leur repli a été moins marqué que celui du PIB nominal dans 14 de ces pays (graphique 1.3), aboutissant à une hausse de leur ratio impôts/PIB. Aussi, bien que la part des impôts dans le PIB total soit plus élevée en 2020 qu'en 2019, cela s'explique par le fait que le PIB (le dénominateur) a baissé davantage que les recettes fiscales (le numérateur) dans la plupart des pays pendant la crise liée au COVID-19.

Le Graphique 2.1 illustre les diminutions relatives des recettes fiscales nominales et du PIB nominal entre 2019 et 2020 pour l'ensemble des pays de l'OCDE. Cinq pays de l'OCDE seulement ont enregistré une augmentation à la fois de leurs recettes fiscales et de leur PIB (Corée, Danemark, Lituanie, Pologne et Turquie), et tous à l'exception du Danemark affichent une progression plus forte de leurs recettes fiscales nominales que de leur PIB, et donc une hausse de leur ratio impôts/PIB. Le PIB nominal s'est accru dans onze pays, y compris les cinq mentionnés ci-avant, et les recettes fiscales nominales ont progressé dans six d'entre eux. Les 25 autres pays de l'OCDE ont enregistré un recul à la fois de leur PIB et de leurs recettes fiscales, l'impact consécutif sur leur ratio impôts/PIB étant fonction de celle des deux composantes qui a baissé le plus.

Graphique 2.1. Variations des recettes nominales et du PIB nominal, 2019-20

Pourcentage de variation en glissement annuel

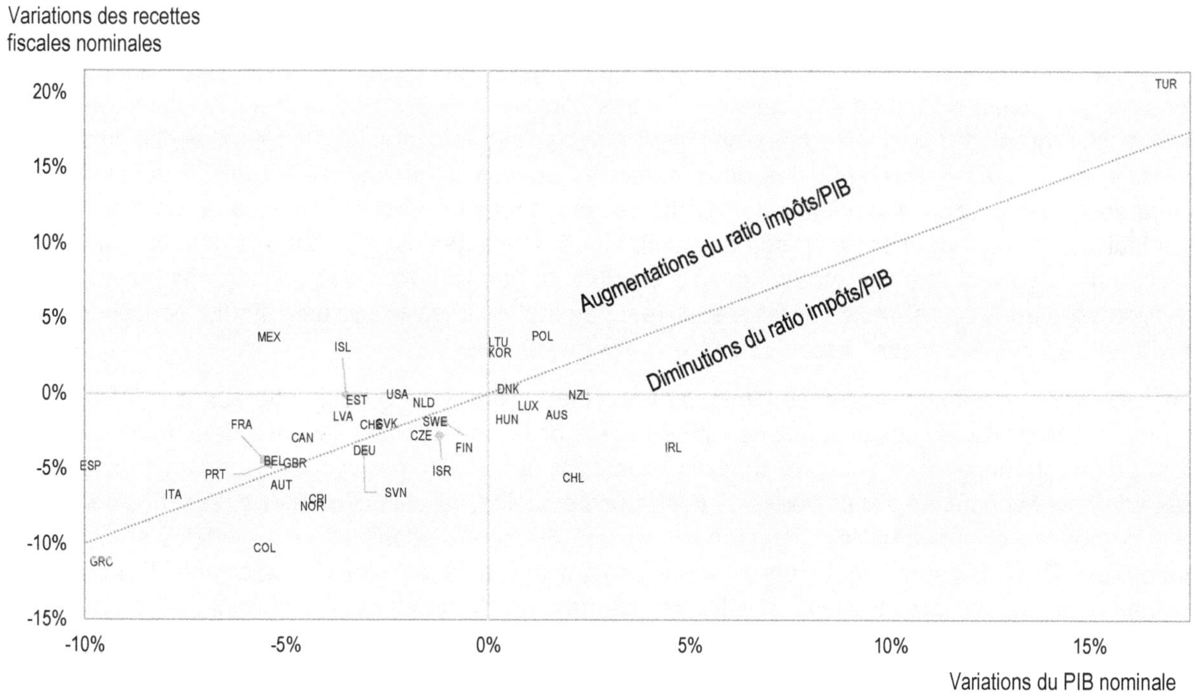

Note : Les données pour 2020 sont préliminaires et doivent être interprétées avec précaution ; voir l'Encadré 2.1 pour plus de détails. Les données relatives à l'Australie et à la Nouvelle-Zélande illustrent l'évolution intervenue entre les exercices 2018 et 2019 (ces deux pays communiquent leurs recettes fiscales sur la base de l'année fiscale qui englobe le deuxième trimestre de 2020 dans l'année 2019) ; les données relatives au Japon ne sont pas incluses faute d'informations sur les recettes tirées des CSS. Voir l'Encadré 2.2 pour plus d'informations. La diagonale sur le graphique indique le point auquel l'amplitude de la variation des recettes fiscales et du PIB est identique, et donc le point auquel le ratios impôts/PIB reste inchangé. Les pays qui se situent au-dessus de la diagonale ont vu leur ratio impôts/PIB augmenter ; il a baissé pour les pays qui se situent au-dessous.
Source : Statistiques des recettes publiques 2021 et calculs des auteurs.

StatLink https://stat.link/98jn3v

Comparaison de l'impact du COVID-19 sur les recettes fiscales et de la crise financière mondiale

La crise du COVID-19 a provoqué un recul généralisé du PIB dans les pays de l'OCDE en 2020 (Graphique 2.1). Avant 2020, la crise financière mondiale a été le dernier grand choc subi par les économies de l'OCDE. En 2008, la croissance économique globale est restée positive dans la plupart des pays de l'OCDE, en dépit de la chute brutale survenue au quatrième trimestre qui s'est traduite par des taux de croissance annuelle négatifs, en termes réels, dans environ un tiers des pays de l'OCDE. En 2009, l'onde de choc de la crise s'est propagée, et tous les pays de l'OCDE à l'exception de l'Australie, de la Colombie, de la Corée, d'Israël, de la Nouvelle-Zélande et de la Pologne ont enregistré un taux de croissance du PIB réel fortement négatif entre 2008 et 2009. En 2009, le taux de croissance moyen (pondéré) du PIB de la zone OCDE était de -3.4 %, contre 0.3 % en 2008 et 3.0 % en 2010 (OCDE, 2021[2]).

Encadré 2.1. Mises en garde pour l'interprétation des résultats basés sur des données préliminaires de 2020

Les indicateurs utilisés dans ce chapitre s'appuient sur des données préliminaires communiquées pour l'année 2020 dans le cadre du cycle de collecte de données pour l'édition 2021 des *Statistiques des recettes publiques*. Normalement, cette publication n'insiste pas sur ces données préliminaires car celles-ci feront l'objet de révisions lors d'années futures qui peuvent modifier l'ampleur, et plus rarement le sens, des changements entre les deux dernières années de données. Toutefois, parce qu'elle s'intéresse à l'impact de la pandémie de COVID-19 sur les recettes fiscales, cette étude spéciale utilise ces indicateurs pour donner un aperçu de l'évolution des recettes fiscales pendant la crise. Même si ces données doivent être interprétées avec précaution et que l'ampleur des conclusions pourrait être révisée dans les éditions futures, elles n'en livrent pas moins un éclairage utile sur les conséquences du COVID-19 sur les recettes fiscales dans les pays de l'OCDE.

De nombreux indicateurs macroéconomiques importants, comme le produit intérieur brut (PIB), sont soumis à des révisions. Les estimations initiales sont généralement diffusées un à deux mois après la période de référence, dans le but de concilier exactitude et actualité des résultats, afin de contribuer à des analyses économiques et à la prise de décisions de qualité. Dans la plupart des pays, des données plus complètes et plus détaillées deviennent progressivement disponibles et les offices statistiques nationaux (OSN) révisent régulièrement leurs estimations dans un souci d'exactitude. Pour mieux connaître l'impact de ces révisions, l'OCDE réalise fréquemment des études portant sur l'ampleur et l'orientation des révisions dans les pays de l'OCDE, la dernière datant de 2018.

En conséquence des mesures mises en place par les pouvoirs publics pour contenir la propagation de l'épidémie de COVID-19, de nombreux OSN se trouvent confrontés à des difficultés sans précédent en termes de collecte, de compilation et de méthodologie. Ces difficultés sont en partie conceptuelles, par exemple pour déterminer le traitement approprié des services d'éducation et des autres services publics qui ont été temporairement suspendus, fortement réduits ou convertis au format virtuel. En outre, des difficultés pratiques, telles que l'incapacité à réunir certaines sources de données ou une forte diminution des taux de réponse aux enquêtes auprès des entreprises et des ménages, n'ont pas manqué d'affecter la qualité des données. Aussi, les estimations initiales diffusées pendant la pandémie pourraient faire l'objet de révisions plus importantes et plus fréquentes qu'à l'accoutumée.

Cela étant, la compilation des estimations du PIB fait intervenir de nombreuses sources de données, qui pour beaucoup ne sont pas contraignantes. Il en résulte que les OSN ont souvent pu trouver des sources de données alternatives ou de substitution pour surmonter ces lacunes. Dans bien des cas, ces sources de données temporaires mais souvent plus récentes ont pu être confrontées et mises en adéquation avec la méthodologie existante afin de maintenir la qualité de nombreux postes de la comptabilité nationale, y compris du PIB. En outre, les professionnels de la statistique à l'échelle mondiale ont élaboré des orientations supplémentaires pour relever les défis spécifiques soulevés par la pandémie, par exemple sur la manière de comptabiliser les programmes d'aide publique spécifiques et de traiter les variations saisonnières pendant la pandémie. Aussi, bien que les révisions puissent être légèrement plus importantes qu'à la normale, ces efforts supplémentaires déployés par les professionnels de la statistique ont contribué à minimiser leur ampleur.

Il se peut aussi que la pandémie ait eu des conséquences sur la précision des statistiques des recettes publiques. Si les autorités fiscales ont pour leur part continué de fournir les informations nécessaires, plusieurs pays ont accordé des délais à leurs entités déclarantes pendant la pandémie, qui se sont parfois répercutés sur les estimations initiales. Les données concernées pourraient être révisées dans des proportions plus importantes que d'habitude. En outre, les données préliminaires pour 2020 pourraient aussi subir des révisions plus importantes que d'ordinaire en raison des mesures de soutien prises par les pouvoirs publics pour aider les ménages et les entreprises à faire face à la crise, y compris l'utilisation généralisée des reports d'impôt, l'extension des délais de déclaration et la souplesse renforcée pour le traitement des déficits fiscaux. Enfin, si les recettes fiscales sont comptabilisées au moment où la charge fiscale est déterminée plutôt qu'au moment où l'activité économique est exercée (méthode des droits constatés), un décalage ou un écart peut se produire entre le moment où le changement de conjoncture survient et le moment où les recettes fiscales sont comptabilisées. C'est notamment le cas lorsqu'un choc économique se produit et lorsque des dispositions sur le report de pertes sur les exercices antérieurs sont mises en place ou étendues.

Source : Direction des statistiques et des données de l'OCDE, contributions des pays et des auteurs.

Par rapport à la crise financière mondiale, la pandémie de COVID-19 a entraîné une récession mondiale plus grave à court terme, mais devrait générer moins de pertes à moyen terme. En 2020, le PIB mondial s'est contracté d'environ 3.5 % tandis que le PIB de la zone OCDE s'est replié d'environ 4.8 % en termes réels[1], soit beaucoup plus que la baisse mondiale de 0.5 % et celle de 3.4 % dans les pays de l'OCDE enregistrées en 2009 (OCDE, 2021[2]). La contraction a été particulièrement prononcée au deuxième trimestre de 2020, lorsque les économies de l'OCDE ont reculé de 11.6 % (taux de croissance en glissement annuel basé sur des données en volume corrigées des variations saisonnières), une baisse beaucoup plus forte que les 4.7 % observés au premier trimestre de 2009 (le trimestre durant lequel l'impact de la crise financière mondiale a été le plus marqué). Malgré la brutalité du choc économique immédiat survenu en 2020, les pertes à moyen terme pour la production mondiale devraient être plus limitées que pendant la crise financière mondiale (FMI, 2021[3]). Selon les projections, la production mondiale en 2024 devrait être inférieure d'environ 3 % aux prévisions établies avant la crise du COVID-19, alors que l'ajustement à la baisse avoisinait 10 % après la crise financière mondiale. Cela tient principalement au fait que les secteurs de la banque et de la finance étaient au cœur de la crise financière mondiale et entretenaient des liens étroits avec le reste de l'économie (FMI, 2021[3]). La trajectoire de reprise en V de la production manufacturière mondiale au cours du second semestre de 2020, dans les pays avancés comme dans les pays en développement, n'a pas été observée pendant la crise financière mondiale, et est le signe que le choc de la pandémie de COVID-19 s'atténue plus rapidement (FMI, 2021[3]). Néanmoins, l'incertitude plane sur la crise actuelle en raison du caractère évolutif de la pandémie, qui pourrait entraver la reprise économique mondiale.

Les pays et les secteurs affectés constituent une autre différence entre la crise financière mondiale et la pandémie de COVID-19. La crise financière s'est propagée à la faveur de l'interconnexion du monde de la finance et des secteurs bancaires. Les économies avancées étaient l'épicentre de la crise et ont été les plus durement touchées, tandis que les pays en développement ont été davantage épargnés et se sont rétablis plus rapidement (Kose, Sugawara and Terrones, 2020[4]). Au cours de la crise du COVID-19, les économies de marché émergentes et les pays en développement devraient souffrir davantage, en partie parce qu'ils disposent de moins de ressources financières pour atténuer les conséquences négatives : les pays qui ont élaboré des programmes budgétaires ambitieux en réponse à la pandémie ont généralement supporté des pertes plus limitées (FMI, 2021[3]). Alors que les secteurs de la banque et de la finance ont été les plus durement touchés pendant la crise financière mondiale, les secteurs de services reposant sur les contacts avec la clientèle comme le tourisme et l'hôtellerie ont payé le plus lourd tribut à la pandémie de COVID-19. Aussi, les pays les plus dépendants de ces secteurs de services, comme les petits États insulaires, ont subi des pertes plus lourdes.

La pandémie de COVID-19 est à la fois une crise sanitaire et une crise économique qui a touché une grande partie de la population, et notamment les segments modestes et vulnérables, les petites entreprises et les travailleurs indépendants. Les mesures de soutien budgétaire prises par les autorités nationales face à la pandémie ont été beaucoup plus ambitieuses que pendant les crises précédentes. Au niveau mondial, ces mesures se sont chiffrées à 13 800 milliards USD en 2020, dont 7 800 milliards USD représentaient des dépenses supplémentaires ou un manque à gagner et 6 000 milliards USD des injections de liquidité, des prêts, des rachats d'actifs ou des dettes, des garanties et des opérations quasi-budgétaires (FMI, 2021[5]). Par comparaison, le montant cumulé des programmes de relance budgétaire adoptés par les économies du G20[2] avoisinait 820 milliards USD en 2009 (FMI, 2009[6]). En outre, en raison de l'impact territorial différent de la pandémie, les administrations infranationales ont joué un rôle plus important dans l'élaboration de réponses différenciées et adaptées aux besoins locaux. Par exemple, les mesures concernant les masques, les fermetures d'entreprise, les confinements et les programmes de vaccination ont été conçues et mises en œuvre en étroite coordination avec les autorités infranationales dans de nombreux pays (OCDE, 2021[7]).

Graphique 2.2. Variations des recettes nominales et du PIB nominal, toutes les années

Pourcentage de variation en glissement annuel

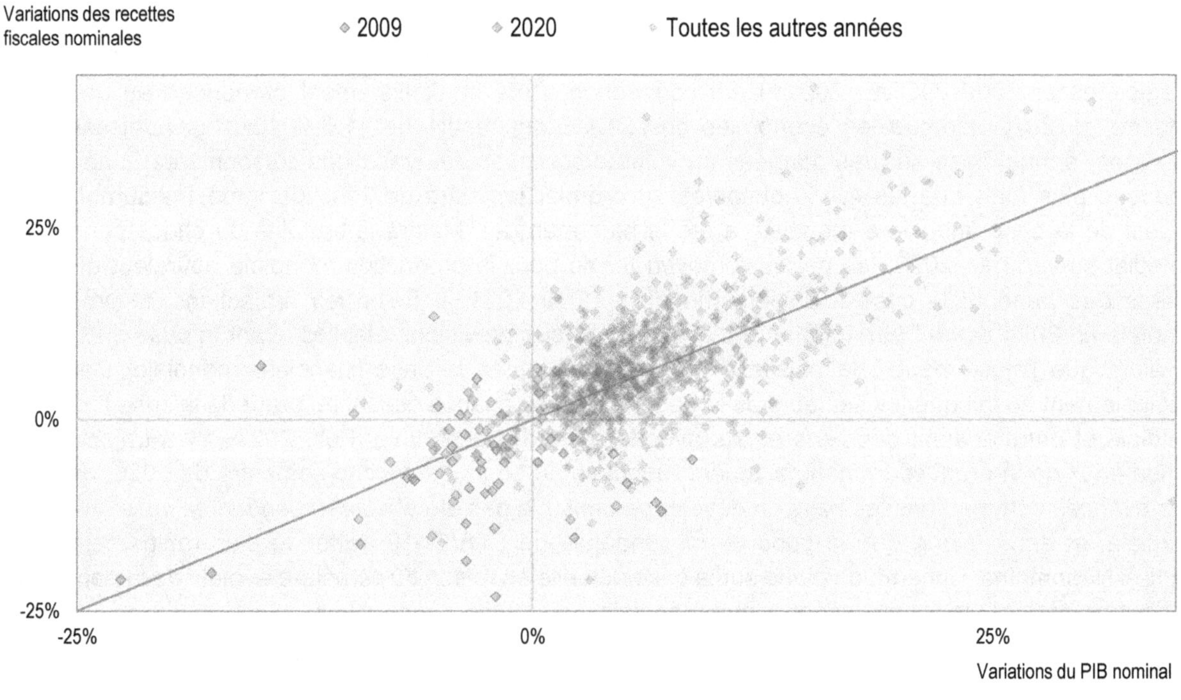

Note : Les données pour 2020 sont préliminaires et doivent être interprétées avec précaution ; voir l'Encadré 2.1 pour plus de détails. Les valeurs extrêmes ont été exclues afin d'améliorer la lisibilité du graphique.
Source : Statistiques des recettes publiques 2021 et calculs des auteurs.

StatLink https://stat.link/0zvrwk

Les deux crises n'ont pas eu le même impact sur les recettes publiques, même si elles expliquent pour l'essentiel les baisses de recettes fiscales nominales constatées dans les pays de l'OCDE depuis 1995 (Graphique 2.2). En moyenne, le ratio impôts/PIB dans la zone OCDE a baissé de 0.7 point de pourcentage en 2009, sous l'effet d'un recul des recettes fiscales plus marqué (5.3 % en moyenne) que celui du PIB (Tableau 2.1). En 2009, le ratio impôts/PIB s'est replié dans 29 pays de l'OCDE : dans 20 d'entre eux, parce que les recettes fiscales ont diminué plus vite que le PIB ; dans 7, parce que les recettes fiscales ont diminué tandis que le PIB augmentait ; et dans les 2 derniers pays, parce que les recettes fiscales ont augmenté plus lentement que le PIB. À l'inverse, en 2020, le ratio impôts/PIB a baissé dans 18 pays : dans 11 d'entre eux, parce que les recettes fiscales ont diminué plus vite que le PIB ; dans 6, parce que les recettes fiscales ont baissé tandis que le PIB augmentait ; et dans 1 pays (Danemark), parce que les recettes fiscales ont augmenté marginalement plus lentement que le PIB (tableau 1.3).

Tableau 2.1. Comparaison des variations des recettes nominales et du PIB nominal

Pourcentage de variation en glissement annuel

		Moyenne	Quartile inférieur	Médiane	Quartile supérieur
Recettes fiscales	2009	-5.3	-7.2	-4.4	-2.4
	2020	-2.1	-4.6	-2.1	-0.4
PIB	2009	-2.7	-4.3	-2.4	-0.1
	2020	-2.1	-4.7	-2.7	0.3
Impôts/PIB	2009	-0.7	-1.3	-0.5	0.1
	2020	0.0	-0.6	0.0	0.6

Note : Les données pour 2020 sont préliminaires et doivent être interprétées avec précaution ; voir l'Encadré 2.1 pour plus de détails. Le ratio moyen impôts/PIB en 2020 dans ce tableau diffère de celui indiqué dans les autres chapitres du rapport en raison de l'utilisation des années fiscales 2019 pour l'Australie et la Nouvelle-Zélande dans ce chapitre, pour les raisons indiquées dans l'Encadré 2.2.
Source : *Statistiques des recettes publiques 2021* et calculs des auteurs.

Impact de la crise du COVID-19 sur différentes catégories d'impôt

La pandémie de COVID-19 s'est répercutée sur les recettes fiscales par différents canaux. Les mesures fiscales mises en œuvre pour aider les ménages et les entreprises ont souvent eu pour effet direct de réduire les recettes en raison des reports ou des réductions d'impôt, de l'augmentation des crédits d'impôt et des abattements fiscaux et des diminutions temporaires ou permanentes des taux d'imposition. La forte contraction de l'activité économique imputable aux confinements et aux autres restrictions a également freiné le taux d'activité, la consommation des ménages et les bénéfices des sociétés, érodant davantage encore les recettes fiscales. Toutefois, les mesures de soutien public ont peut-être eu un effet indirect positif sur les recettes dans la mesure où elles ont contribué à endiguer les destructions d'emplois et les fermetures d'entreprise.

Utilisation des mesures de soutien et principales évolutions économiques influençant les recettes

Dans le domaine de la fiscalité du travail, de nombreux pays ont engagé une série de réformes fiscales visant à aider les ménages, le plus souvent assorties d'un coût budgétaire. Les mesures les plus fréquentes étaient de nature administrative, avec le report partiel ou total des paiements de l'impôt sur le revenu des personnes physiques (IRPP) et des cotisations de sécurité sociale (CSS) et l'annulation d'intérêts et de pénalités (Graphique 2.3). Les délais de dépôt des déclarations ont été prolongés dans de nombreux pays et quelques pays ont accéléré les remboursements. Ces reports ont entraîné des décalages temporels dans les paiements d'impôts et pourraient aussi conduire à des révisions de plus grande ampleur à l'avenir. Une deuxième mesure fréquente a été l'introduction de nouveaux abattements et crédits d'impôt ou l'augmentation de ceux existants, soit pour l'ensemble des contribuables, soit plus couramment en faveur des travailleurs les plus touchés par la pandémie. Quelques pays de l'OCDE ont également eu recours à une majoration des allégements au titre des dépenses liées au télétravail et à des dispositions en faveur des travailleurs indépendants. Troisièmement, un petit nombre de pays ont baissé les taux de l'IRPP ou modifié les seuils d'imposition. Ces mesures ont généralement eu pour effet d'alléger la charge fiscale pesant sur les titulaires de bas revenu. Par exemple, l'Australie a relevé les seuils pour les bas revenus, une réforme qui avait été programmée avant la crise, tandis que l'Autriche a réduit le taux minimum de l'IRPP et reporté l'application du taux maximum jusqu'en 2025. À l'inverse, plusieurs pays de l'OCDE ont relevé les taux d'imposition sur les hauts revenus en créant une nouvelle tranche supérieure, et la République tchèque est passée d'un système d'imposition forfaitaire à un système progressif. Enfin, environ un quart des pays de l'OCDE ont instauré des exonérations de CSS limitées dans le temps, souvent ciblées sur les secteurs ou les régions les plus touchés (OCDE, 2021[8]; OCDE, 2021[9]).

Outre les mesures du système fiscal visant à soutenir les ménages, les dispositifs de maintien dans l'emploi y compris les mesures de réduction du temps de travail et les subventions salariales ont été largement utilisés dans les pays de l'OCDE pendant la crise. De nombreux pays ont introduit de nouveaux dispositifs ou élargi les dispositions disponibles dans le cadre des dispositifs existants en réponse à la crise, et le recours à ces dispositifs a été important : en avril 2020, environ 20 % des salariés des pays de l'OCDE étaient soutenus par ces dispositifs (OCDE, 2021). Ces dispositifs ont protégé les salaires et les emplois, ce qui a eu des répercussions positives sur l'impôt sur le revenu des personnes physiques et les cotisations sociales à long terme. Dans de nombreux pays (mais pas tous), les paiements effectués aux salariés dans le cadre de ces dispositifs étaient également imposables, ce qui a fait augmenter artificiellement les recettes de l'impôt sur le revenu des personnes physiques et des cotisations sociales pour ces pays en 2020 (OCDE, 2021).

La crise économique a également affecté les recettes tirées de l'IRPP et des CSS. La pandémie a provoqué une flambée de chômage, notamment au deuxième trimestre. Bien que cette hausse se soit inversée en 2020, les niveaux de chômage sont restés plus élevés dans la zone OCDE fin 2020 qu'en 2019. Le taux d'activité a baissé dans tous les pays, tandis que le nombre moyen d'heures travaillées par les salariés a fortement reculé. Ces pertes d'emplois et réductions du nombre d'heures travaillées se sont concentrées dans les secteurs les plus éprouvés et parmi les titulaires de bas revenu, alors que l'impact sur l'emploi, les heures travaillées et le revenu a été beaucoup moins prononcé pour les travailleurs bien rémunérés (OCDE, 2021[10]).

Les mesures fiscales visant à soutenir la liquidité et la trésorerie des entreprises ont été largement employées en 2020, avec des conséquences sur les recettes de l'impôt sur les bénéfices des sociétés (IS). Parmi les mesures fréquentes, on peut citer :

Les reports du paiement de l'impôt, l'allongement des délais de dépôt des déclarations et l'établissement d'échéanciers de paiement souples, appliqués dans plus de 70 % des pays de l'OCDE (Graphique 2.3). Plusieurs pays de l'OCDE ont suspendu ou minoré les acomptes de l'IS, souvent en faveur des PME, et les remboursements d'acomptes et de crédits d'IS ont été accélérés dans de nombreuses juridictions. Une poignée de pays de l'OCDE, dont la Corée, l'Italie et le Portugal, ont octroyé des exonérations limitées aux PME et aux travailleurs indépendants (OCDE, 2021[8]).

- Les baisses de taux de l'impôt sur les bénéfices des sociétés (IS) ont été contenues et les taux dans les pays de l'OCDE sont restés relativement stables. Quelques pays ont poursuivi leur programme de baisse du taux légal d'imposition (ex. Colombie et France), tandis que d'autres ont instauré des réductions de taux ciblées pour les petites entreprises (ex. Chili et Hongrie).
- Plusieurs pays ont mis en place des dispositions visant à améliorer la liquidité des entreprises, y compris des mesures fiscales destinées à alléger les charges locatives en Corée, Espagne, France et Italie. Certains pays ont relevé temporairement le seuil de radiation d'actifs de faible valeur afin de soutenir la liquidité et l'investissement.
- Les régimes de compensation des pertes ont souvent été aménagés, et 38 % des pays de l'OCDE ont introduit de nouvelles règles de report de pertes sur les exercices antérieurs ou ont généralisé celles existantes en 2020 (Graphique 2.3). Dans un petit nombre de pays, ces dispositions relatives au report de pertes se sont accompagnées d'une accélération des remboursements. On a constaté

un recours accru aux dispositions sur le report en avant de pertes dans quelques pays de l'OCDE, notamment au Portugal et en République slovaque.

- Les mesures fiscales d'appui à l'investissement ont été largement utilisées, notamment la passation en charges immédiate d'investissements importants (ex. Australie, Norvège et République tchèque), les plans d'amortissement fiscal accéléré et la majoration des déductions pour investissement dans de nouveaux matériels et équipements. Les incitations étaient souvent ciblées par secteur, région ou impact environnemental, ou conçues pour promouvoir les activités de recherche et développement (R-D) ou l'investissement direct étranger (IDE).

De même, des reports du paiement de la taxe sur la valeur ajoutée (TVA) ont été établis dans pratiquement tous les pays de l'OCDE, souvent combinés à la suspension ou la réduction des intérêts et pénalités, ciblant des secteurs en particulier, les PME et les travailleurs indépendants. Les remboursements de TVA ont été accélérés dans 15 pays de l'OCDE afin d'étoffer la trésorerie des entreprises, et les mécanismes d'exonération pour créances irrécouvrables ont souvent été étendus. Enfin, diverses initiatives de simplification administrative et d'extension des délais de dépôt des déclarations ont été lancées par un certain nombre de pays afin d'alléger les coûts de conformité (OCDE, 2021[8]).

Des aménagements temporaires des taux de TVA ont été largement pratiqués dans les pays de l'OCDE, souvent axés sur les secteurs de l'hôtellerie, de la restauration, de la culture et des sports, ou d'application plus générale. De nombreuses réductions étaient initialement limitées à une période de trois à six mois. L'Allemagne et l'Irlande ont baissé leur taux normal de TVA pendant six mois : de 19 % à 16 % jusqu'à fin 2020 en Allemagne et de 23 % à 21 % jusqu'à fin février 2021 en Irlande. Dans ces deux pays, cette mesure a contribué à éroder les recettes de TVA en termes nominaux comme en pourcentage du PIB. En Allemagne, les taux réduits de TVA ont également été revus à la baisse. De même, la Norvège a abaissé ses taux réduits de TVA en réponse à la crise. Plus de la moitié des pays de l'OCDE ont instauré temporairement des taux zéro ou réduits pour les équipements médicaux et de protection individuelle[3]. Aucun pays de l'OCDE n'a relevé son taux normal de TVA en 2020 (OCDE, 2021[8]; OCDE, 2021[11]).

En outre, tous les pays de l'OCDE ont désormais adopté les règles et mécanismes recommandés par les Principes directeurs internationaux de l'OCDE pour l'application de la TVA/TPS visant à assurer la taxation effective des ventes transfrontières de services et de biens incorporels. Ces règles et mécanismes sont particulièrement pertinents au regard de l'essor du volume des ventes en ligne réalisées par des fournisseurs à l'étranger, effectuées directement aux consommateurs et par le biais de plateformes numériques, survenu en 2020. La tendance au recouvrement de la TVA sur les importations de biens de faible valeur se poursuit et de plus en plus de pays suppriment leur régime d'exonération de TVA sur ces importations compte tenu de la croissance rapide de leurs volumes (OCDE, 2021[8]).

Graphique 2.3. Principales mesures relatives à l'IRPP, aux CSS, à l'IS et à la TVA/TPS en réponse à la pandémie de COVID-19

Nombre de pays de l'OCDE ayant indiqué chaque type de mesure

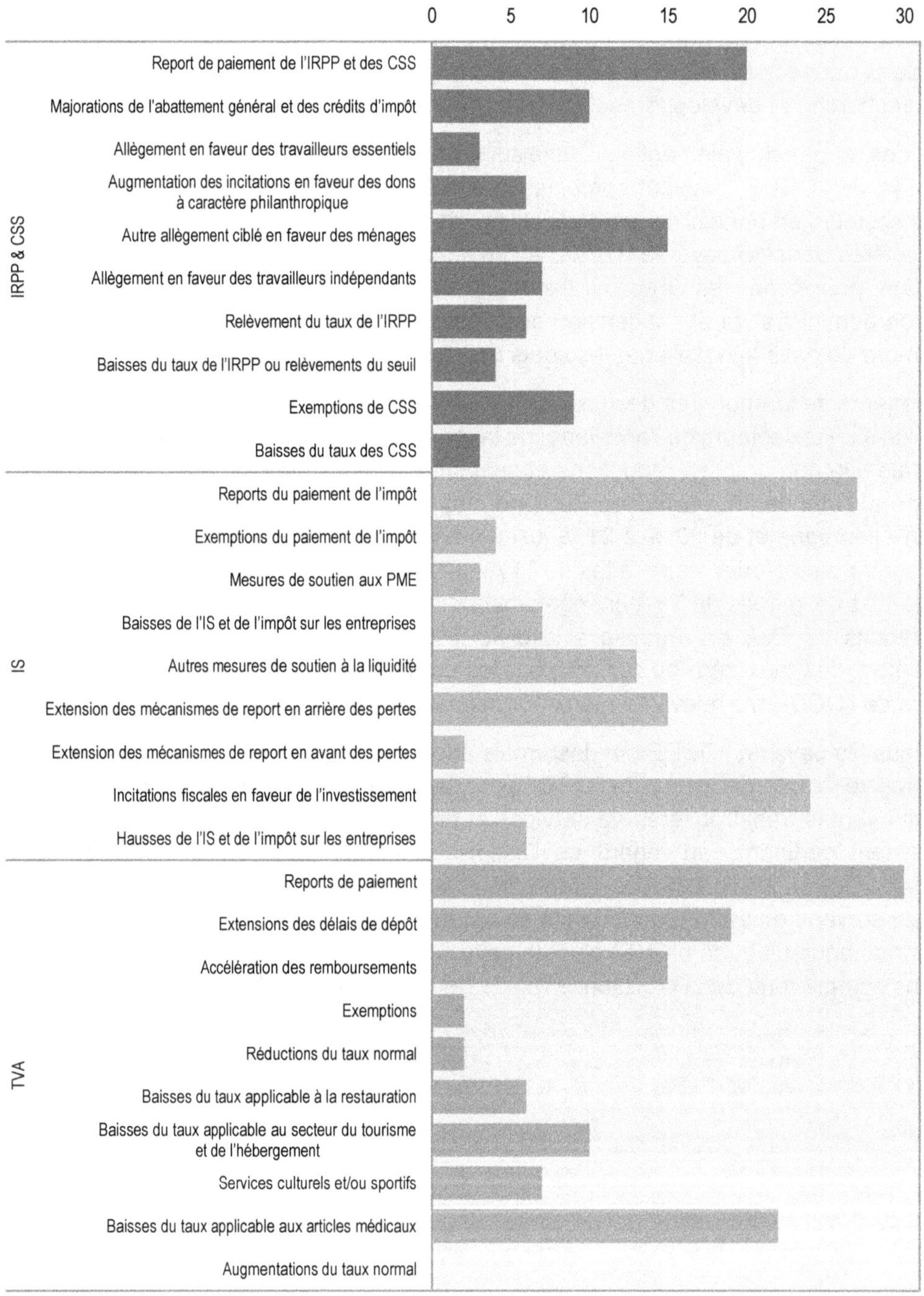

Note : Le graphique englobe 37 pays de l'OCDE.
Source : OECD Tax Policy Reforms (OCDE, 2021) et calculs des auteurs.

StatLink https://stat.link/jfqp5v

Le COVID-19 a aussi eu des effets considérables sur le niveau et la composition de la consommation dans l'économie :

- La consommation des ménages, et notamment de produits de luxe, a été brutalement freinée par les confinements et autres restrictions destinées à enrayer la propagation du COVID-19, ce qui s'est traduit par une forte récession au deuxième trimestre de 2020 dans pratiquement toutes les économies de l'OCDE. La consommation finale totale a fléchi en moyenne de 1.9 % en termes nominaux dans les 33 pays pour lesquels ces données sont disponibles, encore que ce recul soit moindre que la baisse moyenne non pondérée du PIB nominal dans ces pays (2.3 %), entraînant une légère augmentation de la consommation en pourcentage du PIB. Toutefois, la chute de la consommation finale des ménages a été beaucoup plus marquée (4.8 %), bien que compensée par la hausse de la consommation des administrations publiques de 6.1 %. Ces changements ont été plus prononcés que ceux constatés pendant la crise financière mondiale, lorsque la consommation totale a cédé 0.1 % en moyenne (contre une baisse du PIB nominal (non pondéré) de 3.3 %), avec un recul de la consommation des ménages de 1.6 % et une progression plus modeste de la consommation des administrations publiques, de 4.3 %.
- La composition de la consommation des ménages a radicalement changé en 2020. Dans les dix pays pour lesquels des données sont disponibles, la part des dépenses de consommation des ménages consacrées aux biens de première nécessité[4] s'est accrue de 0.7 point en 2020, passant de 8.5 % à 9.2 %, tandis que les dépenses liées aux produits de luxe[5] ont baissé de 3.1 points, reculant de 63.0 % à 59.9 %. En 2009[6], la part des produits de première nécessité est restée globalement inchangée (10.5 %) et celle des produits de luxe s'est effritée de 1.0 point (63.7 % à 62.7 %).
- Les taux d'épargne des ménages sont montés en flèche dans les pays de l'OCDE en 2020, dans des proportions beaucoup plus importantes qu'en 2008 (OCDE, 2020[12]). Cette tendance a pesé sur la consommation des ménages dans la plupart des pays et contribué au recul du PIB.

La crise du COVID-19 a entraîné un basculement de la composition du PIB en 2020. Mesurées selon la méthode des dépenses, les parts moyennes des dépenses des ménages et de l'investissement en pourcentage du PIB dans la zone OCDE ont diminué entre 2019 et 2020, tandis que les parts des dépenses publiques et des exportations nettes ont augmenté (Graphqiue 2.4)[7].

Graphique 2.4. Composition du PIB (approche fondée sur les dépenses), 2008-2009, 2019-2020

Parts moyennes dans les pays de l'OCDE

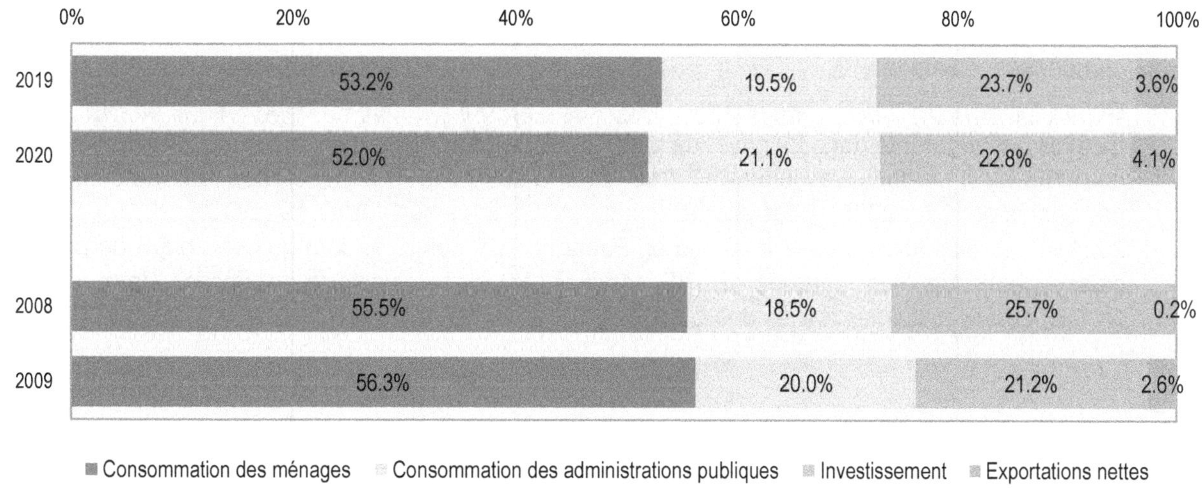

Note : Les données pour 2020 représentent la moyenne des 33 pays de l'OCDE pour lesquels ces données étaient disponibles.
Source : Base de données des comptes nationaux de l'OCDE et calculs des auteurs.

StatLink https://stat.link/2mkx7c

Variations des recettes issues de différents types d'impôts, 2019-2020

Cette section donne un aperçu des variations des recettes par type d'impôt entre 2019 et 2020, en pourcentage du PIB comme en valeur nominale. L'Encadré 2.2 livre plus d'informations sur les catégories d'impôts étudiées.

Variations des recettes par type d'impôt en pourcentage du PIB

Entre 2019 et 2020, les impôts directs sur le revenu ont été davantage pénalisés que les impôts indirects ou les impôts sur le patrimoine. En 2020, ce sont les recettes tirées de l'IRPP et des CSS qui ont le plus augmenté en pourcentage du PIB, avec une hausse moyenne de 0.3 point. La plus forte baisse a concerné l'IS, dont les recettes ont fléchi de 0.4 point en moyenne (Graphique 2.5). Les impôts sur le patrimoine ou la TVA sont restés stables en proportion du PIB, en moyenne, tandis que les accises ont légèrement diminué (0.1 point).

S'agissant de l'IRPP et des CSS, la distribution globale des augmentations était similaire dans l'ensemble des pays de l'OCDE (Graphique 2.5), avec une hausse moyenne de 0.3 point pour les deux catégories d'impôt :

- Environ un quart (9) des pays de l'OCDE ont enregistré une diminution de leurs recettes tirées de l'IRPP en pourcentage du PIB, la moitié (18) ont vu ces recettes augmenter entre 0 et 0.5 point, tandis que le quart restant (10 pays) a enregistré une progression supérieure à ce niveau. Le pays qui a subi la plus forte baisse des recettes issues de l'IRPP était la Turquie, en raison des baisses et des reports d'impôts liés au COVID-19[8], conjugués aux pertes d'emplois et au recul du revenu total des personnes physiques. L'Autriche et la Lettonie ont elles aussi connu des baisses (de 0.4 point dans les deux cas). En Autriche, cette évolution s'explique par la conjonction de facteurs économiques et de la baisse des revenus salariaux et du capital imputable au COVID-19, ainsi que par l'impact de plusieurs mesures destinées à soutenir les ménages pendant la pandémie. En Lettonie, ce recul est dû en partie au ralentissement de la croissance des salaires et aux pertes d'emplois (Central Statistical Bureau of Latvia, 2021[13]) ainsi qu'aux mesures prises en réponse au COVID-19. Le Danemark est le pays qui a enregistré la hausse la plus marquée, qui s'explique en grande partie par la distribution des indemnités de congés payés accumulées entre le 1er septembre 2019 et le 31 août 2020, qui n'étaient auparavant accessibles que lorsqu'on quittait le marché du travail danois (par exemple, en prenant sa retraite ou en quittant le pays) (Lønmodtagernes Feriemidler, s.d.). Cette distribution a été mise en œuvre en tant que mesure COVID-19 et était imposée comme un revenu personnel lorsqu'elle était perçue. En outre, les revenus personnels au Danemark étaient fortement soutenus par un programme temporaire de compensation salariale.
- Dans sept pays de l'OCDE, les recettes liées aux CSS ont diminué en pourcentage du PIB, tandis qu'elles ont augmenté dans 29 pays, de plus de 0.5 point dans 13 d'entre eux. La plus forte baisse des CSS s'est produite en Hongrie (0.7 point), à la suite d'une réduction des taux de cotisations patronales en juillet 2020 et des exonérations de CSS liées au COVID-19 (OCDE, 2021[8]; OCDE, 2021[9])[9]. La plus forte hausse a eu lieu en Espagne (1.5 point), encore qu'elle s'explique par une baisse beaucoup plus marquée du PIB nominal (9.9 %, la plus forte contraction dans la zone OCDE) que des recettes issues des CSS (4.8 %)

Graphique 2.5. Variations des recettes fiscales par catégorie en pourcentage du PIB, 2019-2020

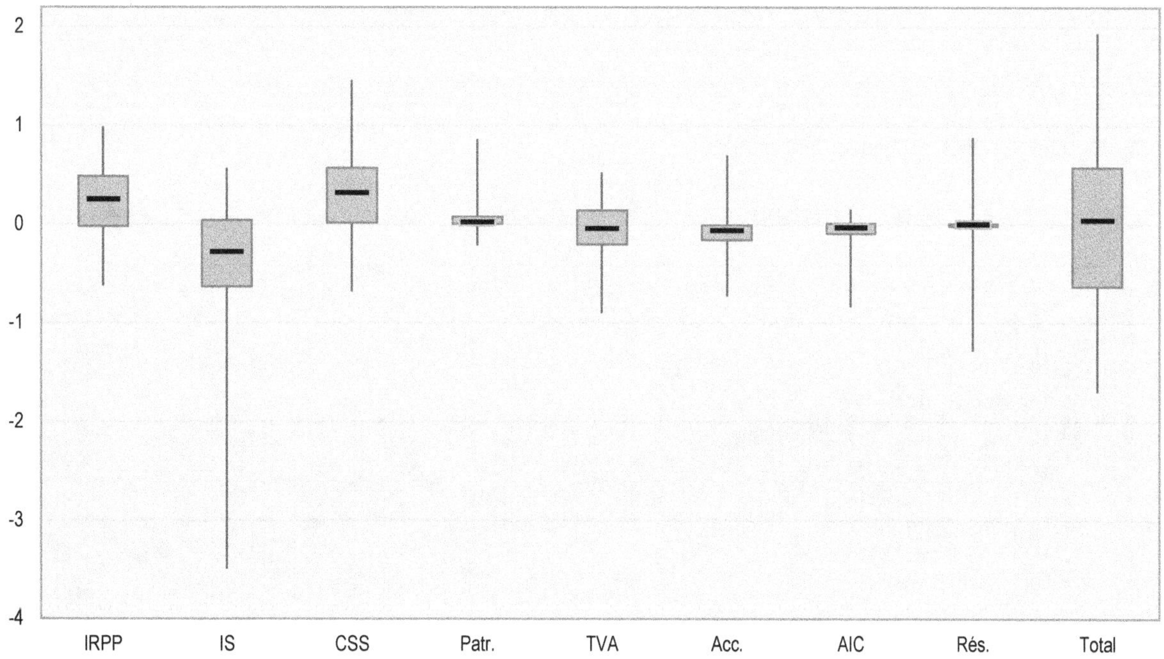

Note : Les données pour 2020 sont préliminaires et doivent être interprétées avec précaution ; voir l'Encadré 2.1 pour plus de détails. Dans ce graphique, le point le plus bas correspond à la variation minimale survenue dans un pays pour ce type d'impôt entre 2019 et 2020 ; la case représente les variations pour les pays qui se situent entre le quartile inférieur et le quartile supérieur (50 % des pays de l'OCDE ont connu des variations comprises dans l'intervalle matérialisé par chaque case) ; et le point le plus haut pour chaque type d'impôt correspond à la variation maximale survenue dans un pays. La ligne dans chaque case représente la variation médiane (la moitié des pays de l'OCDE se situaient à la fois au-dessus et en dessous de cette ligne).
Source : Statistiques des recettes publiques 2021 et calculs des auteurs.

StatLink https://stat.link/69y4sp

Les recettes des impôts sur les bénéfices des sociétés ont diminué dans la plupart des pays de l'OCDE en 2020, avec une baisse moyenne de 0.37 point et 26 pays concernés. La baisse la plus marquée s'est produite en Norvège (3.5 points), sous l'effet de modifications temporaires de la loi sur la taxation du pétrole visant à aider les compagnies pétrolières et gazières à mener à bien les investissements prévus, et de la possibilité d'imputer les pertes en 2020 sur les excédents taxés des deux années précédentes. La République tchèque a elle aussi enregistré une baisse supérieure à 1 point (1.3) à cause du COVID-19 et d'une série d'incitations fiscales en faveur des entreprises, y compris un mécanisme de report des pertes en arrière et d'amortissement accéléré de certains actifs. Treize pays ont vu leurs recettes de l'IS s'accroître en 2020 par rapport à 2019 : la plus forte progression concernait la Lettonie, où les recettes fiscales se sont redressées après un niveau élevé de remboursements d'acomptes en 2019, qui faisait suite à la mise en place du nouveau régime d'imposition des sociétés en 2019.

Aucune variation majeure de la part moyenne des recettes de l'impôt sur le patrimoine dans le PIB ne s'est produite en 2020 par rapport à 2019 (la hausse a été très faible, de l'ordre de 0.05 point de PIB). Vingt-neuf pays de l'OCDE ont vu la part des recettes tirées des impôts sur le patrimoine s'accroître, dans un intervalle de 0 à 0.7 point pour 18 d'entre eux. La plus forte augmentation est survenue en Corée (0.9 point) grâce à la progression des recettes générées par la taxe sur les transactions boursières consécutive à une hausse des volumes de transactions. Parmi les 9 pays de l'OCDE où les recettes issues des impôts sur le patrimoine ont reculé en pourcentage du PIB, les plus fortes baisses (0.2 point) se sont produites en

République tchèque et au Royaume-Uni, sous l'effet de la suppression de la taxe sur les transferts de biens immobiliers de décembre 2019 en République tchèque, et de la généralisation des taux réduits appliqués aux locaux non résidentiels au Royaume-Uni en réponse au COVID-19.

Graphique 2.6. Décomposition des variations du ratio impôts/PIB par catégorie d'impôt, 2019-2020

Pourcentage de variation en glissement annuel

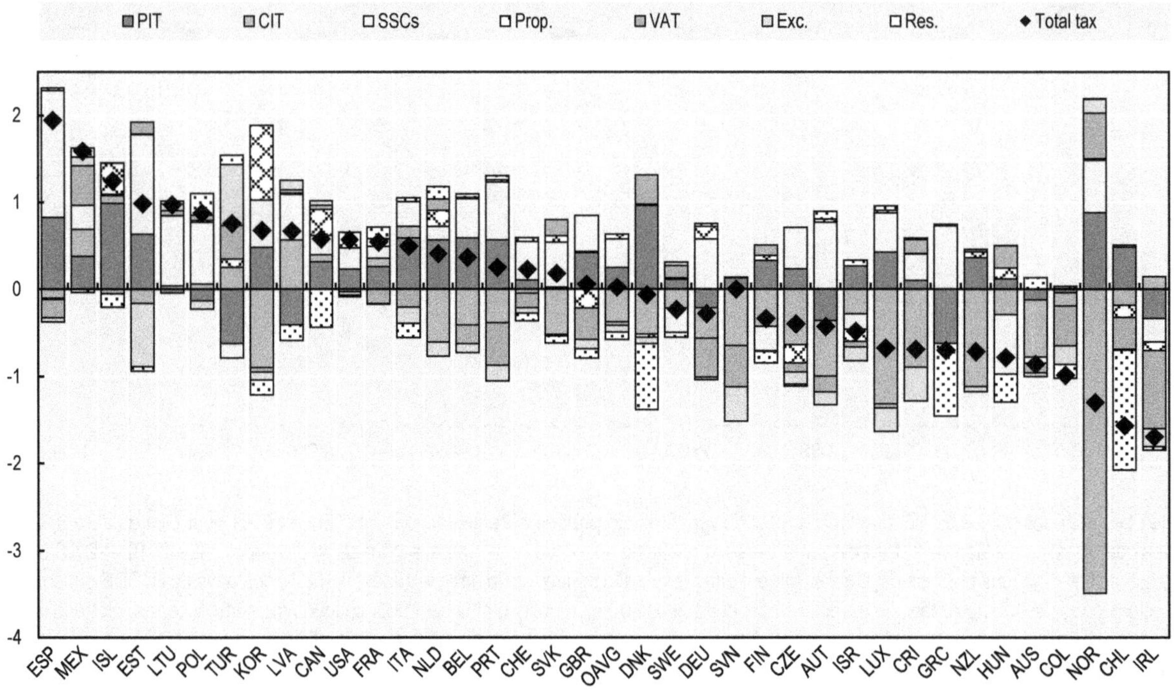

Note : Les données pour 2020 sont préliminaires et doivent être interprétées avec précaution ; voir l'Encadré 2.1 pour plus de détails. Ce graphique tient compte de la variation entre 2018 et 2019 pour l'Australie et la Nouvelle-Zélande, car ces deux pays communiquent leurs recettes fiscales sur la base de l'année fiscale qui englobe le deuxième trimestre de 2020 dans l'exercice 2019. Faute de données disponibles, la moyenne exclut le Japon pour les CSS (catégorie 2000) et pour le total des recettes fiscales ; elle exclut également la Grèce pour l'IRPP (catégorie 1100), l'IS (catégorie 1200), la TVA (catégorie 5111) et les accises (5121) par manque de données désagrégées sur ces catégories.
Source : Statistiques des recettes publiques 2021 et calculs des auteurs.

StatLink https://stat.link/kop497

Là encore, aucune variation majeure de la part moyenne des recettes de TVA dans le PIB ne s'est produite en 2020 (la baisse a été très faible, de l'ordre de 0.04 point de PIB). Les recettes de TVA ont diminué en pourcentage du PIB dans 19 pays et augmenté dans les 17 autres pays qui appliquent une TVA ; la moitié de ces variations étaient comprises entre -0.2 et +0.1 point de PIB. La plus forte baisse s'est produite en Irlande (0.9 point) en raison de la réduction temporaire du taux de TVA en réponse à la pandémie de COVID-19, ainsi que du ralentissement de l'activité économique. La plus forte hausse a été observée en Norvège, à 0.5 p.p..

Les recettes générées par les droits d'accise ont légèrement reculé en pourcentage du PIB en moyenne en 2020, et c'est dans cette catégorie d'impôt que les baisses de recettes ont été les plus fréquentes, avec 28 pays concernés. La plupart du temps, ces diminutions étaient dues au recul des recettes générées par les accises sur les carburants en raison des restrictions à la mobilité et des confinements imposés pendant la pandémie de COVID-19. La baisse la plus marquée concernait l'Estonie (-0.7 point) en partie du fait de la fermeture de la frontière avec la Lettonie et de la réduction temporaire du taux de l'impôt sur le gaz naturel utilisé comme carburant (OCDE, 2021[8]), et la hausse la plus conséquente s'est produite en Turquie (0.7 point), sous l'effet de l'augmentation des ventes de véhicules à moteur et de biens durables au deuxième semestre de 2020. En dehors de l'Estonie et de la Turquie, l'ampleur des variations était relativement minime, traduisant en partie la faible part des droits d'accise dans le total des recettes fiscales. Aucune autre variation des recettes tirées des accises n'a dépassé 0.5 point de PIB en 2020.

Encadré 2.2. Catégories d'impôts étudiées et hypothèses relatives aux pays

Catégories d'impôt examinées dans l'analyse

Ce chapitre analyse les variations du total des recettes fiscales et dans plusieurs catégories individuelles de recettes fiscales ayant une taille ou une importance politique particulière. Il s'agit des impôts suivants :

Tableau 2.2. Catégories d'impôt étudiées dans ce chapitre

Catégorie détaillée	Acronyme	Codes correspondants dans les *Statistiques des recettes publiques*
Impôt sur le revenu des personnes physiques	IRPP	1100 Impôt sur le revenu des personnes physiques
Impôt sur les bénéfices des sociétés	IS	1200 Impôt sur les bénéfices des sociétés
Cotisations de sécurité sociale et impôts sur les salaires	CSS	2000 Cotisations de sécurité sociale ; 3000 Impôts sur les salaires
Impôts sur le patrimoine	Patr.	4000 Impôts sur le patrimoine
Taxes sur la valeur ajoutée	TVA	5111 Taxes sur la valeur ajoutée
Accises	Acc.	5121 Accises
Autres impôts sur la consommation	AIC	Tous les autres impôts relevant de la catégorie 5000 (5112, 5113, 5122, 5123, 5124, 5125, 5126, 5127, 5128, 5200, 5300)
Divers	Div.	1300 Non ventilables entre 1100 et 1200 ; 6000 Autres impôts

Les informations sont présentées pour deux indicateurs différents : les recettes fiscales en valeur nominale et les recettes fiscales en pourcentage du PIB. Les données sur le PIB utilisées pour chaque pays sont les mêmes que celles contenues dans le tableau 3.19 de cette publication, hormis les ajustements effectués au titre des hypothèses relatives aux années fiscales indiquées ci-dessous. Les années couvertes dans ce chapitre sont celles comprises entre 1995 et 2020, qui sont disponibles pour tous les pays de l'OCDE.

Les moyennes présentées dans ce chapitre ne sont pas pondérées. Pour les raisons mentionnées ci-dessous, elles peuvent différer des autres moyennes pour 2020 présentées dans d'autres sections du rapport.

Hypothèses propres aux différents pays

Tous les pays de l'OCDE fournissent des données basées sur l'année civile, à l'exception de l'Australie, du Japon et de la Nouvelle-Zélande. En Australie et en Nouvelle-Zélande, l'année fiscale va du 1er juillet de l'année en cours au 30 juin de l'année suivante, tandis qu'au Japon, l'année fiscale va du 1er avril de l'année en cours au 31 mars de l'année suivante. Le deuxième trimestre de 2020 tombait dans l'année fiscale 2019 pour l'Australie et la Nouvelle-Zélande, et correspondait à l'année 2020 pour tous les autres pays, sauf le Japon. Dans ce chapitre, les variations indiquées pour l'Australie et la Nouvelle-Zélande sont celles intervenues entre les années fiscales 2018 et 2019.

Dans un petit nombre de pays, les données préliminaires pour l'année 2020 n'étaient que partiellement disponibles au moment de la préparation de ce rapport. Ces données comprennent :

- Les cotisations de sécurité sociale au Japon : dans ce chapitre, les données relatives aux CSS (catégorie 2000) ou au total des recettes fiscales ne sont pas présentées pour le Japon, et le Japon n'est pas inclus dans les moyennes pour ces deux rubriques. Les données relatives au Japon sont incluses dans les moyennes pour toutes les autres catégories d'impôt.
- Une ventilation des recettes des impôts sur le revenu (entre les recettes de l'IRPP (catégorie 1100) et celles de l'IS (catégorie 1200) et des impôts sur des produits et services (y compris la TVA (catégorie 5111) et les accises (catégorie 5121)) en Grèce : dans ce chapitre, les données sont indiquées pour tous les impôts sur le revenu (catégorie 1000) et tous les impôts sur les produits et services (catégorie 5000). La Grèce n'est pas incluse dans les moyennes pour l'IRPP, l'IS, la TVA ou les accises.

Les données sur les recettes fiscales sont disponibles pour la plupart des pays de l'OCDE sur la base des droits constatés, à l'exception du Chili, de la Colombie, du Costa Rica, d'Israël, de la Corée, du Mexique et de la Turquie, qui utilisent la base des encaissements. Les informations sur l'impôt sur le revenu des personnes physiques au Canada sont également communiquées sur la base des encaissements. En outre, les données préliminaires de 2020 pour la Hongrie sont également sur la base des encaissements, tandis que les données définitives pour les années jusqu'à 2019 inclus, sont sur la base de droits constatés. De plus amples informations sont disponibles dans le tableau 2A de l'annexe de ce chapitre et dans les tableaux détaillés par pays du chapitre 5 de la publication.

Variations des recettes fiscales nominales par type d'impôt

En valeur nominale, les recettes tirées de l'IRPP et des CSS ont augmenté en moyenne, et les variations constatées dans les pays n'étaient que faiblement corrélées avec les variations du PIB nominal (Tableau 2.3)[10]. Cette évolution donne à penser que la base d'imposition était relativement stable compte tenu des fluctuations plus marquées du PIB, ou que les mesures des pouvoirs publics ont permis de limiter l'impact des changements de conjoncture sur les recettes provenant de ces bases d'imposition (ex. en stabilisant la base ou en relevant le taux effectif d'imposition). Dix-sept pays de l'OCDE ont enregistré une hausse des recettes nominales au titre de l'IRPP et vingt ont vu les recettes liées aux CSS s'accroître en valeur nominale. En outre, dans de nombreux pays où ces recettes ont diminué en valeur nominale, la baisse a été plus lente que celle du PIB.

Les recettes nominales tirées de la TVA, qui étaient relativement stables en proportion du PIB, ont légèrement diminué en valeur nominale (de 2.6 %) en moyenne, moins que la baisse moyenne du PIB nominal. Dans 24 pays de l'OCDE, les recettes nominales de la TVA ont diminué en 2020. Les variations des recettes de la TVA au niveau national étaient plus étroitement corrélées aux variations du PIB, ce qui a contribué à leur relative stabilité en proportion du PIB en moyenne ; tandis que les variations des recettes des impôts sur le patrimoine étaient très faiblement corrélées au PIB (Tableau 2.3).

Les recettes nominales provenant des droits d'accise et de l'IS ont été les plus pénalisées en moyenne et en termes de nombre de pays touchés. Les recettes nominales issues des droits d'accise ont reculé de 5.4 % en moyenne, 31 pays étant concernés par cette baisse, tandis que les recettes de l'IS ont chuté de 12.1 %, avec 30 pays concernés. Les variations des recettes nominales tirées des droits d'accise dans les pays de l'OCDE étaient les plus étroitement corrélées avec les variations du PIB, principalement sous l'effet de la chute des recettes provenant des accises sur les carburants à cause des restrictions de mobilité en lien avec le COVID-19. En revanche, bien que les recettes de l'IS soient celles qui ont accusé la plus forte baisse en valeur nominale dans les pays de l'OCDE, les variations des recettes de l'IS et du PIB dans chaque pays étaient peu corrélées. Tous les pays dont le PIB nominal a reculé sauf deux ont également enregistré une diminution des recettes nominales de l'IS, d'une ampleur généralement plus prononcée que la baisse du PIB nominal. Les recettes nominales de l'IS ont également diminué dans 7 des 11 pays de l'OCDE où le PIB nominal a augmenté.

Tableau 2.3. Ventilation des variations des recettes nominales par catégorie d'impôt et corrélation avec le PIB

	2019-2020					2008-2009				
	Moyenne	Quartile inférieur	Médiane	Quartile supérieur	Corrélation avec le PIB	Moyenne	Quartile inférieur	Médiane	Quartile supérieur	Corrélation avec le PIB
IRPP	1.4	-1.9	-0.4	3.5	29.0	-5.0	-7.9	-5.6	-0.6	66.6
IS	-12.1	-20.0	-13.0	-2.5	44.5	-18.7	-30.1	-17.7	-8.1	54.0
CSS	2.0	-2.1	0.9	3.9	42.7	0.8	-3.6	0.9	5.1	41.3
Patr.	0.0	-4.1	-1.2	3.1	41.9	-3.0	-8.3	-1.8	0.5	5.5
TVA	-2.6	-8.3	-2.0	0.2	71.6	-6.1	-10.8	-4.3	0.7	45.3
Acc.	-5.4	-9.8	-5.9	-1.3	73.9	1.6	-4.0	0.3	4.1	-0.2
Total	-2.1	-4.6	-2.1	-0.4	78.4	-5.3	-7.2	-4.4	-2.4	64.3
PIB	-2.1	-4.7	-2.7	0.3	-	-2.7	-4.3	-2.4	-0.1	-

Note : Les données pour 2020 sont préliminaires et doivent être interprétées avec précaution ; voir l'Encadré 2.1 pour plus de détails.
* La corrélation entre les recettes de l'IS et le PIB en 2020 exclut la Lettonie, où les recettes de l'IS en valeur nominale ont fortement augmenté (346.4 %) sous l'effet de la correction consécutive à des niveaux de remboursements anormalement élevés en 2019 (voir l'explication ci-dessus pour plus de précisions) et du pourcentage relativement faible des recettes de l'IS dans le PIB en Lettonie (0.2 % en 2019 et 0.7 % en 2020). Si la Lettonie avait été incluse dans la corrélation entre les recettes nominales de l'IS et le PIB en 2020, le résultat serait de 4.7 %.
Source : *Statistiques des recettes publiques 2021* et calculs des auteurs.

Bien que cette édition ne procède pas à des estimations de l'élasticité de l'impôt, les variations des recettes fiscales survenues entre 2019 et 2020 sont de prime abord cohérentes avec le constat, établi dans les ouvrages consacrés à l'élasticité de l'impôt, selon lequel les recettes de l'IS sont les plus réactives au changement de conjoncture (Encadré 2.3), tandis que les recettes de l'IRPP, des CSS et des impôts sur le patrimoine sont moins élastiques. Toutefois, les résultats pour 2020 dérogent quelque peu à certaines études qui concluent que les réponses fiscales aux variations du PIB sont plus prononcées en période de récession économique.

Encadré 2.3. Élasticité de l'impôt et relation entre les variations des recettes fiscales et du PIB pendant les périodes de crise

L'élasticité de l'impôt mesure le rapport entre l'évolution globale des recettes fiscales et les variations du PIB : $\acute{E}lasticit\acute{e}\ de\ l'imp\hat{o}t\ = \%\Delta Recettes\ fiscales\ \div \%\Delta PIB$. Une élasticité de l'impôt égale à un signifie qu'une variation du PIB de un pour cent entraînerait une variation des recettes fiscales de un pour cent également, ce qui n'aurait donc aucune incidence sur le ratio impôts/PIB, cependant qu'une élasticité supérieure ou inférieure à un se traduirait par une variation respectivement plus importante ou plus faible des recettes fiscales. L'élasticité de l'impôt tient compte des conséquences de l'évolution des conditions économiques et des décisions des pouvoirs publics sur le niveau des recettes fiscales[11]. L'élasticité de l'impôt à long terme est un élément important pour appréhender les effets de la croissance économique sur la viabilité au long cours des finances publiques, tandis qu'à court terme, elle renseigne sur la variabilité conjoncturelle des recettes fiscales, et est étroitement liée à la fonction de stabilisation de la politique budgétaire (Belinga et al., 2014).

L'élasticité de l'impôt à court et long terme dans les économies avancées et en développement a fait l'objet de nombreuses études, tant pour ce qui est des recettes fiscales totales que des recettes par catégorie d'impôt :

- (Belinga et al., 2014[14]) élabore un modèle à correction d'erreur qui permet d'évaluer l'élasticité de l'impôt à la fois à court et long terme dans 34 pays membres de l'OCDE entre 1965 et 2012. Le modèle tient compte des retards sur la variable dépendante (les recettes fiscales) et sur la variable indépendante (le PIB). L'étude montre que l'élasticité de l'impôt à court terme ne s'écarte pas sensiblement de un dans la plupart des pays étudiés, cependant qu'à long terme, elle est supérieure à un dans environ la moitié d'entre eux. Les recettes de l'impôt sur les bénéfices des sociétés (IS) sont les plus élastiques, et partant les plus réactives aux variations du PIB, tandis que celles qui proviennent des droits d'accise et de l'impôt sur le patrimoine sont les moins élastiques. Il apparaît également que l'élasticité des recettes de l'impôt sur le revenu des personnes physiques (IRPP) et des cotisations de sécurité sociale (CSS) a diminué au fil du temps, et se situe désormais en deçà de un. Les auteurs observent enfin que l'élasticité à court terme des recettes fiscales totales est plus importante durant les phases de contraction économique que pendant les périodes de croissance. Cette conclusion tend à montrer que les systèmes fiscaux dans la moyenne des pays membres de l'OCDE semblent mieux jouer leur rôle de stabilisateur automatique durant les périodes de récession.
- (Dudine and Jalles, 2017[15]) utilise un modèle ARDL à correction d'erreur sans restrictions avec un retard d'un an à la fois pour les recettes fiscales et le PIB, et examine les données de 107 pays, dont 31 économies avancées, 38 économies émergentes, et 38 pays à faible revenu, entre 1980 et 2014. Les auteurs observent que l'élasticité à court terme n'est statistiquement pas différente de un dans les économies avancées, tandis qu'elle est généralement supérieure à un dans les pays émergents et à faible revenu. L'étude montre qu'en moyenne l'élasticité à long terme des recettes fiscales totales ne s'écarte pas de un dans tous les groupes de pays. Par type d'impôt, l'étude note que l'élasticité à long terme est supérieure à un en ce qui concerne l'IS dans les économies avancées, l'IRPP et les CSS dans les économies émergentes, et les taxes sur les biens et services dans les pays à faible revenu. Contrairement aux conclusions de la précédente étude, les auteurs déduisent que l'élasticité de l'impôt à court terme est en règle générale plus faible en période de contraction économique que durant les phases d'expansion, et que seuls l'IS (tous groupes de pays confondus), et les taxes sur les biens et les services (dans les économies émergentes) affichent une élasticité plus importante en période de contraction.

- (Deli et al., 2018[16]) utilise un modèle ARDL à correction d'erreur pour estimer l'élasticité à court et à long terme d'un échantillon de 25 pays avancés membres de l'OCDE entre 1965 et 2015. Les auteurs observent que l'élasticité de l'impôt à court et à long terme ne s'écarte pas de un s'agissant des recettes fiscales totales, est supérieure à un pour ce qui est de l'IS, et inférieure à un dans le cas de l'IRPP. L'étude montre que l'élasticité à court terme des recettes fiscales totales, de l'IS et de l'IRPP est supérieure à un en période de contraction économique. En outre, l'élasticité à court terme, quel que soit le type d'impôt concerné, est plus importante en période de contraction économique qu'en phase d'expansion.
- Une étude plus récente de (Lagravinese, Liberati and Sacchi, 2020[17]) examine les données de 35 pays de l'OCDE sur la période 1995-2016, et estime l'élasticité de l'impôt à court et à long terme à l'aide d'un modèle à correction d'erreur en une étape. Cette étude a recours à une méthodologie différente de celle utilisée dans les études précédentes, et démontre que l'élasticité de l'impôt à court comme à long terme est systématiquement inférieure à un, une conclusion qui contraste avec celle des autres études.

Le présent rapport n'estime pas l'élasticité de l'impôt dans les pays de l'OCDE, même si cela pourrait s'avérer utile pour les recherches futures une fois que des données plus définitives pour 2020 seront disponibles (voir Encadré 2.1). Il décrit toutefois des corrélations simples entre les variations annuelles des recettes fiscales nominales et du PIB nominal dans les pays de l'OCDE qui donnent des indications sur l'évolution du ratio moyen impôts/PIB observée dans les pays de l'OCDE en ce qui concerne les recettes fiscales totales et les différents types d'impôts, entre 2019-2020 et entre 2008-2009.

Comparaison avec les variations des différents types d'impôts au cours de la crise financière internationale

Différences concernant les variations nominales et les types d'impôts en pourcentage du PIB

Les deux crises ont eu des effets initiaux très différents sur les recettes générées par les différents types d'impôts. Entre 2008 et 2009, les recettes fiscales nominales provenant de chaque type d'impôt ont affiché des variations moyennes considérablement plus importantes qu'en 2020 (Tableau 2.3). Les recettes nominales de l'IS et de la TVA ont diminué au cours des deux crises, mais de manière plus significative durant la crise financière mondiale ; les recettes de l'IRPP et de l'impôt sur le patrimoine ont diminué en 2009, mais ont augmenté en moyenne en 2020 ; les recettes provenant des CSS ont augmenté au cours des deux crises, mais moins fortement en moyenne en 2009 par rapport à 2020 ; et les recettes tirées des droits d'accise ont augmenté en 2009, mais ont diminué en 2020. Dans l'ensemble, l'ampleur plus limitée de la baisse des recettes de l'IS et de la TVA, et la hausse des recettes de l'IRPP, des CSS et de l'impôt sur le patrimoine expliquent que la diminution des recettes fiscales nominales totales a été, entre 2019 et 2020, deux fois moins importante qu'entre 2008 et 2009.

La corrélation entre l'évolution du PIB et du produit des différents types d'impôts varie également entre les deux périodes (Tableau 2.3). On observe que les variations des recettes de l'impôt sur le revenu (impôt sur le revenu des personnes physiques comme impot sur les bénéfices) ont été, en 2020, beaucoup moins étroitement corrélées avec les variations du PIB qu'en 2009, ce qui laisse à penser que l'assiette de l'impôt sur le revenu a été plus stable durant la crise du COVID-19 qu'au cours de la crise financière mondiale. L'évolution des recettes provenant des contributions indirectes a été en revanche plus étroitement corrélée avec les variations PIB en 2020 qu'en 2009. Au cours de la crise financière mondiale, les recettes de la TVA ont diminué davantage en valeur nominale, avec des baisses souvent supérieures à celles du PIB, cependant qu'en 2020, les variations du PIB et des recettes de la TVA ont été globalement similaires.

En 2009, les variations des recettes tirées des droits d'accise étaient décorrélées des variations du PIB, ce qui témoigne de l'inélasticité de nombreux produits soumis à accise (notamment le carburant et le tabac), alors qu'en 2020, les droits d'accise ont constitué le type d'impôt le plus étroitement corrélé, ce qui s'explique par les spécificités de la crise du COVID-19 et les restrictions imposées en matière de mobilité. On observe une corrélation à peu près identique entre les variations des recettes des CSS et les variations du PIB au cours des deux périodes. Le fait que la corrélation des recettes de l'IRPP, de la TVA, des droits d'accise et de l'impôt sur le patrimoine varie sensiblement entre les deux crises influe sur la manière dont les responsables de la politique fiscale appréhendent le comportement de ces impôts en période de récession économique, ainsi que sur l'effet des mesures d'accompagnement sur la stabilisation des recettes.

Graphique 2.7. Répartition des variations des recettes par type d'impôt

Variations en pourcentage du PIB, du point le plus bas au point le plus haut : minimum, quartile inférieur, médiane, quartile supérieur, maximum

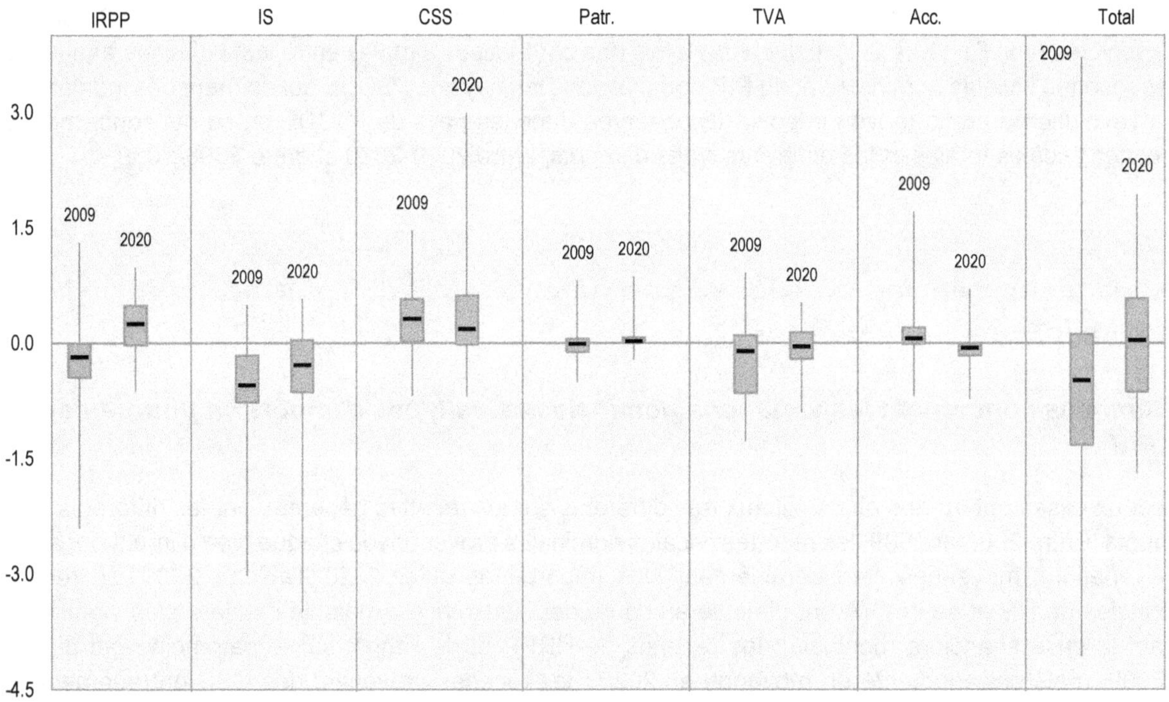

Note : Les données pour 2020 sont préliminaires et doivent être interprétées avec précaution ; voir l'Encadré 2.1 pour plus de détails. Dans ce graphique, le point le plus bas correspond à la variation minimale survenue dans le pays pour ce type d'impôt entre 2019 et 2020 ; la case représente les variations pour les pays qui se situent entre le quartile inférieur et le quartile supérieur (50 % des pays de l'OCDE ont connu des variations comprises dans l'intervalle matérialisé par chaque case) ; et le point le plus haut pour chaque type d'impôt correspond à la variation maximale survenue dans le pays. La ligne dans chaque case représente la variation médiane (la moitié des pays de l'OCDE se situaient à la fois au-dessus et en dessous de cette ligne).

Source : *Statistiques des recettes publiques 2021* et calculs des auteurs.

StatLink https://stat.link/tauh18

Par conséquent, la variation des recettes tirées de chaque type d'impôt en pourcentage du PIB présente des différences significatives entre 2020 et 2009 (Graphique 2.7). Les recettes de l'IRPP ont augmenté dans les trois quarts des pays de l'OCDE en 2020, alors qu'elles avaient baissé en 2009. On observe que la tendance s'est également inversée en ce qui concerne les recettes provenant des droits d'accise, qui ont baissé dans la plupart des pays en 2020, alors qu'elles avaient d'une manière générale augmenté en 2009. Les recettes de la TVA ont également évolué différemment : alors qu'elles avaient diminué dans la plupart des pays en 2009, elles n'ont en moyenne pas varié en 2020, avec une répartition à peu près égale entre les augmentations et les diminutions. Les recettes de l'IS et des CSS présentent des variations analogues au cours des deux crises, avec une diminution pour les premières et une augmentation pour les secondes.

Réflexion sur les différences entre la crise du COVID-19 et la crise financière mondiale

Les différences entre les variations des recettes fiscales lors de la crise financière mondiale et de la crise du COVID-19 résultent des éléments mentionnés plus haut qui distinguent les deux crises, notamment la brièveté et la brutalité du choc provoqué par la pandémie, son caractère sectoriel plus marqué, et son impact relativement disproportionné sur les ménages à faibles revenus.

Comme on l'a vu, les recettes de l'IRPP et des CSS ont augmenté en 2020 dans la majorité des pays membres de l'OCDE en pourcentage du PIB (28 et 29 pays respectivement). Au cours de la crise financière mondiale, le produit de l'IRPP avait diminué en pourcentage du PIB dans 28 pays de l'OCDE, ce qui peut s'expliquer par un certain nombre de différences fondamentales entre les deux crises :

- **Des pertes d'emploi plus limitées en 2020 par rapport à 2009** : bien que les taux d'emploi aient fortement diminué au cours du deuxième trimestre de 2020, les pertes d'emplois ont été, dans l'ensemble, plus importantes en 2009 (par rapport à 2008) qu'en 2020 (par rapport à 2019). Cette situation s'explique probablement par la brièveté du choc initial en 2020, comme on l'a vu plus haut, ainsi que par les effets des dispositifs de maintien dans l'emploi, qui se sont révélés efficaces pour protéger les emplois. Dans les pays membres de l'OCDE, environ 20 % des emplois ont bénéficié d'aides au maintien dans l'emploi en avril 2020, ce qui représente approximativement 60 millions d'emplois, soit dix fois plus que durant la crise financière mondiale[12]. En 2020, le taux de chômage moyen a rapidement diminué dans les pays de l'OCDE, après avoir atteint un sommet à 8.6 % au second semestre, et il était inférieur à 7.0 % à la fin de l'année. En revanche, la crise financière mondiale a été marquée par un chômage plus persistant, avec un taux supérieur à 8.0 % pendant la majeure partie de 2009 et toute l'année 2010 (OCDE, 2021[18]).
- **Des différences concernant la composition des emplois détruits** : en 2020, les pertes d'emplois, de même que la diminution du nombre d'heures travaillées, se sont concentrées sur la partie inférieure de l'échelle de distribution des revenus. Comme les contribuables à faible niveau de revenus paient moins d'impôts dans presque tous les pays de l'OCDE du fait de la progressivité des systèmes fiscaux, cela a limité l'impact de la crise du COVID-19 sur les recettes fiscales par rapport à la crise financière mondiale, au cours de laquelle les pertes d'emplois et la réduction du nombre d'heures travaillées avaient touché plus de secteurs (OCDE, 2021[10]). De même, les pertes d'emplois ont été plus concentrées sur certains secteurs en 2020 par rapport à 2009. Enfin, il est possible que l'augmentation des taux d'imposition sur les contribuables à revenu élevé dans certains pays ait permis de limiter la baisse globale des recettes de l'IRPP.
- **Des baisses de rémunération plus limitées** : les salariés ont vu leur rémunération (c'est-à-dire la somme des salaires et traitements) diminuer au cours de chacune des deux crises, mais la baisse a été plus prononcée en 2008-09. La rémunération du travail a diminué de 3.14 % en moyenne en 2009, et de 0.54 % en 2020. Lors des deux crises, la baisse de la rémunération du travail a été inférieure à celle du PIB, ce qui a entraîné une hausse de la part de la rémunération du travail en pourcentage du PIB, plus prononcée en 2020 qu'en 2009 (+1.3 p.p., contre +0.9 p.p.), et partant une augmentation de l'assiette de l'impôt en proportion du PIB (OCDE, 2021).

Les recettes de l'IS ont diminué au cours des deux crises, mais dans une moindre mesure en 2009 par rapport à 2020. Bien que plusieurs des mesures d'accompagnement (décrites plus haut) aient entraîné une baisse des recettes fiscales, le niveau plus faible des faillites d'entreprises a probablement permis de protéger en partie les recettes de l'IS (OCDE, 2021[2]). Dans les Perspectives économiques de l'OCDE, les auteurs font observer que le nombre de faillites d'entreprises a été plus faible en 2020 qu'au cours des années précédentes, en raison notamment des mesures d'accompagnement et des restrictions imposées aux créanciers et aux établissements bancaires en ce qui concerne les procédures de saisie, et notent la brutalité et le caractère sectoriel plus marqué du recul de l'activité économique. La crise financière mondiale a eu un impact négatif plus important que la crise du COVID-19 sur l'excédent net d'exploitation, qui est un indicateur des bénéfices des entreprises. Dans les 19 pays membres de l'OCDE pour lesquels des données sont disponibles pour l'année 2020, le taux de croissance nominale de l'excédent net d'exploitation et du revenu mixte a été de -7.8 % en 2009 et de -5.5 % en 2020 (OCDE, 2021). Enfin, si l'impact de la crise financière mondiale s'est manifesté en 2009, le ralentissement de l'activité économique et la baisse du chiffre d'affaires des entreprises étaient déjà une réalité au quatrième trimestre de l'année 2008. Autrement dit, il est probable que les pertes de l'année précédente aient été incluses dans les déclarations fiscales déposées en 2009, contribuant ainsi à réduire davantage les bénéfices. Par comparaison, les premiers effets de la crise du COVID-19 ont été ressentis dans la plupart des pays au cours du deuxième trimestre de l'année 2020, ce qui a peut-être réduit les pertes au cours de la première année civile de la crise.

Il est moins évident d'appréhender les différences entre la variation des recettes de la TVA et celle de l'IRPP au cours des deux crises. Malgré le recours fréquent à des mesures de soutien dans le domaine de la TVA, et l'évolution de la consommation privée, plus significative qu'en 2008-2009 (Simon and Harding, 2020[19]), les recettes de la TVA n'ont pas connu de baisse généralisée en 2020. En valeur nominale, elles ont diminué dans 24 pays de l'OCDE, de 2.3 % en moyenne. En pourcentage du PIB, la baisse s'élève à 0.03 p.p. en moyenne dans 19 pays membres de l'OCDE. Les variations des recettes de la TVA ont été relativement corrélées aux variations du PIB en 2020, de sorte qu'en pourcentage du PIB, on observe une dispersion relativement minime et homogène aux alentours de zéro. Le caractère limité des variations des recettes de la TVA en pourcentage du PIB en 2020 diffère nettement de la situation observée lors de la crise financière mondiale (Graphique 2.7). Les recettes avaient à l'époque diminué de 0.2 p.p. en moyenne dans 23 pays. Les variations nominales des recettes de la TVA ont aussi été beaucoup plus fortement corrélées aux variations du PIB en 2020, de sorte qu'en pourcentage du PIB, l'effet sur les recettes de la TVA s'est avéré plus neutre. En 2020, le rapport de corrélation entre les variations des recettes de la TVA s'est établi à 71.6 %, contre 45.3 % en 2009.

Facteurs susceptibles d'avoir contribué à limiter la baisse des recettes de la TVA :

- **Faible taux de faillites d'entreprises :** comme la TVA est collectée et reversée par les entreprises, l'impact de la crise sur la solvabilité des entreprises peut avoir des conséquences importantes sur les recettes de la TVA. Les pertes de recettes de TVA résultant des faillites et des défaillances d'entreprises peuvent représenter une part importante du déficit de TVA d'un pays. Une étude réalisée par la Commission européenne a fait observer qu'au Royaume-Uni, les difficultés de paiement dues à des procédures de faillite et d'insolvabilité représentaient un cinquième du déficit total lié au non-respect des obligations fiscales en 2010, et qu'en Australie, jusqu'à un tiers de ce déficit constaté entre 2009 et 2010 était imputable à des questions d'endettement, contre 15 % au cours des années précédentes (Commission européenne, 2012[20]). Comme on l'a vu plus haut, le nombre plus faible de faillites constatées en 2020 par rapport au chiffre enregistré durant la crise financière mondiale peut expliquer que les pertes liées à la TVA non reversée résultant des faillites d'entreprise ont été moins importantes.
- **Augmentation de la consommation publique :** bien que la part globale de la consommation en proportion du PIB ait progressé en 2020, la hausse est moins forte qu'en 2009, et s'explique principalement par une augmentation plus importante de la consommation publique qui a compensé la baisse de la consommation des ménages. Même si les dépenses publiques sont exonérées de TVA dans tous les pays à l'exception de la Nouvelle-Zélande, les administrations publiques s'acquittent en pratique d'une TVA en amont sur la plupart de leurs achats. Si la hausse de la consommation publique reposait davantage sur les achats d'intrants soumis au taux plein de

TVA, plutôt que sur les dépenses de personnel ou sur les services ou biens taxés à des taux nuls ou réduits, l'augmentation des dépenses publiques pourrait entraîner une hausse des recettes de TVA en proportion du PIB. Une augmentation de la consommation intermédiaire d'entités non assujetties à la TVA, y compris dans le secteur de la santé, aurait le même effet.

- **Début de la crise en cours d'année :** l'impact de la crise du COVID-19 sur les recettes fiscales de l'année 2020 pourrait être moins fort qu'au cours de la crise financière mondiale en 2009, étant donné que la crise actuelle a essentiellement pesé sur la consommation au deuxième trimestre, et que ses effets ont été plus limités aux troisième et quatrième trimestres. Lors de la crise de 2008-09, le PIB avait baissé de manière ininterrompue au cours de chaque trimestre de l'année, ce qui avait provoqué des variations des bénéfices des entreprises et des recettes de la TVA qui avaient été globalement plus importantes.
- **Nature des déclarations :** lorsque les données sont déclarées sur la base des droits constatés plutôt que des règlements effectifs de la TVA due, il peut arriver que des entreprises indiquent dans les déclarations préliminaires préparées selon la méthode des droits constatés des montants de TVA importants qu'elles pourraient ne pas reverser à l'administration fiscale. Il est possible que les reports de paiement de la TVA accordés par de nombreux pays durant la crise puissent avoir pour conséquence de soustraire certaines recettes de TVA qui ne seront pas reversées à l'administration à l'avenir. L'impact sera plus prononcé en 2020 compte tenu du recours plus massif à une telle mesure par rapport à la crise de 2008-09. Pareillement, un petit nombre de pays ont assoupli leur régime d'exonération de la TVA sur les créances irrécouvrables afin de permettre aux entreprises de ne pas avoir à reverser à l'administration la TVA facturée sur les factures impayées. Autrement dit, il se peut que des entreprises déclarent la TVA sur des factures impayées, dont elles demanderont ensuite l'effacement une fois rétabli le régime normal. Cela pourrait aussi contribuer à accroître artificiellement les recettes de TVA déclarées à court terme.

Enfin, une autre différence essentielle entre la crise financière mondiale et la crise actuelle concerne l'évolution des droits d'accise, qui ont légèrement augmenté dans la plupart des pays en 2009, mais ont diminué en 2020. La variation des recettes tirées des droits d'accise s'explique principalement par les restrictions de mobilité sans précédent imposées à la population au cours des périodes de confinement liées à la pandémie de COVID-19, provoquant une baisse des recettes tirées des droits d'accise sur le carburant routier et d'aviation. La fermeture des frontières a également réduit les échanges dans certains pays.

Références

Aberdeenshire Council (2021), *Understanding Planning Advice*, http://aberdeenshire.gov.uk/planning/plans-and-policies/planning-advice/. [73]

Actu-Environnement (2020), *La Mayenne annonce être le premier département à se doter d'un budget vert*, https://www.actu-environnement.com/ae/news/mayenne-premier-departement-budget-vert-2021-36772.php4. [89]

Argyll and Bute Council (2020), *Argyll and Bute Biodiversity Duty Action Plan - Annual Monitoring Report 2020*, https://www.argyll-bute.gov.uk/sites/default/files/argyll_and_bute_biodiversity_duty_action_plan_annual_monitoring_report_2020_002_2.0.pdf. [72]

Argyll and Bute Council (2016), *Argyll and Bute Local Development Plan Supplementary Guidance*, https://www.argyll-bute.gov.uk/sites/default/files/supplementary_guidance_adopted_march_2016_env_9_added_june_2016_ac2.pdf. [71]

Belinga, V. et al. (2014), "Tax Buoyancy in OECD Countries", *IMF Working Papers*, No. 14/110, IMF, Washington D.C, https://www.imf.org/en/Publications/WP/Issues/2016/12/31/Tax-Buoyancy-in-OECD-Countries-41661 (accessed on 19 October 2021). [14]

Besnault, H. (2018), "La mobilisation du foncier au service de la compensation écologique. Quelles solutions envisager?", *Sciences de l'environnement*, http://ffdumas-02094956f. [70]

BPS (2014), *Village Potential Statistics of Indonesia*, Statistics Indonesia, Jakarta, https://microdata.bps.go.id/mikrodata/index.php/citations/228. [109]

C40 Cities (2018), *Athens: City Solution Platform 2018*, https://www.c40.org/other/athens_city_solutions_2018. [103]

Cairngorms National Park Authority (2021), *Additional £300,000 funding to help with Green Recovery*, https://cairngorms.co.uk/additional-300000-funding-to-help-with-green-recovery/. [104]

CBD (n.d.), *Subnational and Local Biodiversity Strategies and Action Plans*, Convention on Biological Diversity, https://www.cbd.int/nbsap/related-info/sbsap/. [69]

Central Statistical Bureau of Latvia (2021), *Changes of wages and salaries in 2020*, https://www.csb.gov.lv/en/statistics/statistics-by-theme/social-conditions/wages/search-in-theme/2944-changes-wages-and-salaries-2020 (accessed on 19 October 2021). [13]

Chan, L. et al. (2014), *User's Manual on the Singapore Index on Cities' Biodiversity*. [68]

City of Edinburgh Council (2019), *Edinburgh Biodiversity Action 2019-2021*, http://www.edinburgh.gov.uk/downloads/file/26216/edinburgh-biodiversity-action-plan-2019-2021. [67]

City of Mulhouse (n.d.), *Mulhouse Diagonales: reconnecting water and nature with the city*, http://www.mulhouse.fr/ma-ville/grands-projets-urbains/mulhouse-diagonales-en/. [84]

Commission européenne (2012), *Study to quantify and analyse the VAT Gap in the EU-27 Member States*, Commission européenne, http://gesd.free.fr/vatgap12.pdf. [20]

Dee Catchment Partnership (n.d.), *Dee Catchment Partnership*, http://www.deepartnership.org. [96]

Deli, Y. et al. (2018), "Dynamic tax revenue buoyancy estimates for a panel of OECD countries Dynamic tax revenue buoyancy estimates for a panel of OECD countries", *ESRI Working Paper*, No. 592, http://hdl.handle.net/10419/193929www.econstor.eu (accessed on 19 October 2021). [16]

Dudine, P. and J. Jalles (2017), "How Buoyant is the Tax System? New Evidence from a Large Heterogeneous Panel", *IMF Working Papers*, No. 17/4, IMF, Washington D.C, https://www.imf.org/en/Publications/WP/Issues/2017/01/20/How-Buoyant-is-the-Tax-System-New-Evidence-from-a-Large-Heterogeneous-Panel-44551 (accessed on 19 October 2021). [15]

Duval, L. et al. (2019), *Favoriser le déploiement des paiements pour services environnementaux (PSE) en agriculture*. [66]

East Lothian Council (n.d.), *Biodiversity and The Curriculum for Excellence*, https://www.eastlothian.gov.uk/downloads/file/23322/biodiversity_teachers_guide. [65]

European Union (2020), *Connecting Nature Framework Guidebook*, https://connectingnature.eu/guidebooks. [64]

Fife Council (2021), *Fife Council Biodiversity Duty Report 2018-2020*. [63]

Fife Council (2021), *Fife Council Biodiversity Duty Report 2018-2020*, https://www.fife.gov.uk/__data/assets/pdf_file/0019/191260/Fife-Council-Biodiversity-Duty-Report-2018-2020.pdf. [93]

FMI (2021), *Fiscal Monitor Database of Country Fiscal Measures in Response to the COVID-19 Pandemic*, https://www.imf.org/en/Topics/imf-and-covid19/Fiscal-Policies-Database-in-Response-to-COVID-19 (accessed on 19 October 2021). [5]

FMI (2021), *Perspectives de l'économie mondiale - Reprise : des situations divergentes à gérer*, IMF, Washington D.C, https://www.imf.org/fr/Publications/WEO/Issues/2021/03/23/world-economic-outlook-april-2021 (accessed on 19 October 2021). [3]

FMI (2009), *IMF Update on Fiscal Stimulus and Financial Sector Measures*, https://www.imf.org/external/np/fad/2009/042609.htm (accessed on 19 October 2021). [6]

FNAB (2021), *Paiements pour services environnementaux : Eau de Paris crée son propre régime d'aide notifié*, https://territoiresbio.fr/favoriser-les-conversions-en-bio/paiements-pour-services-environnementaux-eau-de-paris-cree-son-propre-regime-daide-notifie/. [62]

FRB (2021), *Comment développer les Obligations réelles environnementales (ORE) en France?*, https://www.fondationbiodiversite.fr/wp-content/uploads/2021/03/FRB-ORE-2021.pdf. [61]

French national office of biodiversity (n.d.), *Les Agences régionales de la biodiversité*, https://ofb.gouv.fr/les-agences-regionales-de-la-biodiversite. [87]

Glasgow and Clyde Valley Green Network Partnership (n.d.), *Our Blueprint*, https://www.gcvgreennetwork.gov.uk/what-we-do/our-blueprint. [81]

Glasgow City Council (2020), *Glasgow's Open Space Strategy*, https://www.glasgow.gov.uk/CHttpHandler.ashx?id=47093&p=0. [92]

Glasgow City Council (2016), *Natural Environment Supplementary Guidance*, https://www.glasgowconsult.co.uk/KMS/dmart.aspx?strTab=PublicDMartCompleted&PageContext=PublicDMart&PageType=item&DMartId=746&breadcrumb_pc=PublicDMartCompleted&breadcrumb_pg=search&breadcrumb_pn=dmart.aspx&filter_Status=2. [58]

Glasgow City Council (n.d.), *Glasgow Local Biodiversity Action Plan*, http://www.glasgow.gov.uk/CHttpHandler.ashx?id=31719&p=0. [60]

Glasgow City Council (n.d.), *Glasgow's Climate Plan*, https://www.glasgow.gov.uk/CHttpHandler.ashx?id=50623&p=0. [59]

Gosseman Avocats (2020), *Obligation réelle environnementale (ORE) : un contrat pour protéger la biodiversité*, http://www.arnaudgossement.com/archive/2020/02/15/obligation-reelle-environnementale-le-cadre-juridique-du-con-6212941.html. [57]

Government of France (2021), *Taxe gestion des milieux aquatiques et de prévention des inondations*, https://www.collectivites-locales.gouv.fr/finances-locales/taxe-gestion-des-milieux-aquatiques-et-de-prevention-des-inondations. [53]

Government of France (2020), *Le budget vert français : une première mondiale*, https://www.gouvernement.fr/le-budget-vert-francais-une-premiere-mondiale. [88]

Government of France (2019), *Taxe d'Aménagement*, https://www.cohesion-territoires.gouv.fr/taxe-damenagement. [54]

Government of France (2015), *Biodiversity Action Plan*, https://biodiversite.gouv.fr/sites/default/files/2019-07/18xxx_Plan-biodiversite-04072018_28pages_FromPdf_date_web_PaP_GB.pdf. [56]

Government of France (2011), *National Biodiversity Strategy 2011-2020*, https://www.cbd.int/doc/world/fr/fr-nbsap-v2-en.pdf). [55]

Government of Scotland (2020), *Scotland's Fourth National Planning Framework Position Statement*, https://www.gov.scot/publications/scotlands-fourth-national-planning-framework-position-statement/. [77]

Government of Scotland (2013), *2020 Challenge for Scotlands Biodiversity.*, https://www.gov.scot/publications/2020-challenge-scotlands-biodiversity-strategy-conservation-enhancement-biodiversity-scotland/. [52]

Hunter, P. (2014), "Brown is the new green", *EMBO reports*, Vol. 15/12, pp. 1238-1242, http://dx.doi.org/10.15252/embr.201439736. [51]

Institut Paris Region (2019), "LES CAHIERS N° 176 CITIES CHANGE THE WORLD", *Les Cahiers*, No. 176, L'institut Paris Region, https://en.institutparisregion.fr/fileadmin/NewEtudes/000pack2/Etude_2247/C176_EN_web.pdf (accessed on 14 June 2021). [50]

IPBES (2019), *Global assessment report on biodiversity and ecosystem services of the Intergovernmental Science-Policy Platform on Biodiversity and Ecosystem Services*, https://doi.org/10.5281/zenodo.3553579. [49]

IUCN (2016), *Nature-based solutions to address climate change*, L'Union Internationale pour la Conservation de la Nature: Comité Francaise, https://uicn.fr/wp-content/uploads/2016/09/Plaquette-Solutions-EN-07.2016.web1_.pdf (accessed on 14 June 2021). [48]

IUCN (2015), *Etat des lieux synthétique des politiques ou stratégies de préservation de la biodiversité des régions de France métropolitaine et en outre-mer*, https://uicn.fr/wp-content/uploads/2016/09/UICN_Fr_-_Plaquette_SRB_2015.pdf. [95]

IUCN France (2018), *Communities and Biodiversity: Towards Innovative Initiatives*, https://uicn.fr/wp-content/uploads/2018/06/cb.initiates-innovantes-uicn.pdf. [98]

Kose, M., N. Sugawara and M. Terrones (2020), "Global Recessions", No. 9172, Groupe de la Banque mondiale, https://documents1.worldbank.org/curated/en/185391583249079464/pdf/Global-Recessions.pdf (accessed on 19 October 2021). [4]

Label Haie (2021), *Label Haie*, https://labelhaie.fr/. [47]

Lagravinese, R., P. Liberati and A. Sacchi (2020), "Tax buoyancy in OECD countries: New empirical evidence", *Journal of Macroeconomics*, Vol. 63, p. 103189, http://dx.doi.org/10.1016/J.JMACRO.2020.103189. [17]

Loch Lomond and The Trossachs National Park (2018), *Biodiversity and Climate Education Pack*, https://www.lochlomond-trossachs.org/wp-content/uploads/2018/09/Climate-Change-Education-Pack.pdf. [46]

Lucas, M. (2017), "Collectivités locales et compensation écologique, quelles perspectives ?", *Droit et Ville*, Vol. N° 83/1, pp. 3-43, http://dx.doi.org/10.3917/dv.083.0003. [45]

Midlothian Council (2021), *Nature Conservation Planning Guidance*, https://www.midlothian.gov.uk/download/downloads/id/4201/nature_conservation_planning_guidance_2021.pdf. [44]

MSDG (2021), *The Metropolitan Glasgow Strategic Drainage Partnership*, https://www.mgsdp.org/. [43]

MTES and CEREMA (2018), *Obligation Réelle Environnementale Fiche de synthèse*, https://www.ecologie.gouv.fr/sites/default/files/Guide-methodologique-obligation-reelle-environnementale.pdf. [42]

NatureScot (2019), *Scotland's Biodiversity Progress to 2020 Aichi Targets*, https://www.nature.scot/sites/default/files/2021-02/Scotland%27s%20Biodiversity%20Progress%20Report%20to%202020%20Aichi%20Targets.pdf. [76]

NatureScot (n.d.), *The Scottish Borders Biodiversity Offsets*, https://www.nature.scot/sites/default/files/2017-10/A2394889-Biodiversity-Duty-local-authority-case-studies-The-Scottish-Borders-Biodiversity-Offsets-Scheme.pdf. [41]

Occitanie, L. (2020), *La Stratégie régionale pour la Biodiversité de la Région Occitanie*, http://www.laregion.fr/SrB-Occitanie. [40]

OCDE (2021), *Examen de l'OCDE des pêcheries 2020*, Éditions OCDE, Paris, https://dx.doi.org/10.1787/6d369b02-fr. [94]

OCDE (2021), *Indicateurs économiques clés à court-terme*, https://stats.oecd.org/index.aspx?DatasetCode=KEI (accessed on 19 October 2021). [18]

OCDE (2021), "L'impact territorial du COVID-19 : Gérer la crise et la reprise aux différents niveaux d'administration", Éditions OCDE, Paris, https://doi.org/10.1787/ebdcc1e1-fr (accessed on 19 October 2021). [7]

OCDE (2021), *Les impôts sur les salaires 2021*, Éditions OCDE, Paris, https://dx.doi.org/10.1787/24d05263-fr. [9]

OCDE (2021), *OECD Sovereign Borrowing Outlook 2021*, Éditions OCDE, Paris, https://dx.doi.org/10.1787/48828791-en. [1]

OCDE (2021), *Perspectives de l'emploi de l'OCDE 2021 : Affronter la crise du COVID-19 et préparer la reprise*, Éditions OCDE, Paris, https://dx.doi.org/10.1787/40fac915-fr. [10]

OCDE (2021), *Perspectives économiques de l'OCDE, Volume 2021 Numéro 1*, Éditions OCDE, Paris, https://dx.doi.org/10.1787/631c1b44-fr. [2]

OCDE (2021), *Tax Policy Reforms 2021: Special Edition on Tax Policy during the COVID-19 Pandemic*, Éditions OCDE, Paris, https://www.oecd.org/fr/fiscalite/tax-policy-reforms-26173433.htm (accessed on 11 October 2021). [8]

OCDE (2021), *Tendances des impôts sur la consommation 2020 : TVA/TPS et droits d'accises – taux, tendances et questions stratégiques*, Éditions OCDE, Paris, https://dx.doi.org/10.1787/3f06ea4d-fr. [11]

OCDE (2020), *Accélérer l'action pour le climat : Remettre le bien-être des personnes au centre des politiques publiques*, Éditions OCDE, Paris, https://dx.doi.org/10.1787/deb94cd3-fr. [105]

OCDE (2020), *Statistical Insights: How did the first wave of the COVID-19 pandemic affect the household sector and public finances?*, https://www.oecd.org/fr/sdd/cn/statistical-insights-how-did-the-first-wave-of-the-covid-19-pandemic-affect-the-household-sector-and-public-finances.htm (accessed on 11 October 2021). [12]

OCDE (2020), *Vers une utilisation durable des terres : Aligner les politiques en matière de biodiversité, de climat et d'alimentation*, Éditions OCDE, Paris, https://dx.doi.org/10.1787/9a64358a-fr. [74]

OCDE (2019), *Panorama des administrations publiques 2019*, Éditions OCDE, Paris, https://dx.doi.org/10.1787/8be847c0-fr. [80]

OCDE/CGLU (2016), *Subnational governments around the world: Structure and finance*, Éditions OCDE, Paris, http://www.oecd.org/regional/regional-policy/Subnational-Governments-Around-the-World- Part-I.pdf. [108]

OCDE/FAO (2021), *Perspectives agricoles de l'OCDE et de la FAO 2021-2030*, Éditions OCDE, Paris, https://dx.doi.org/10.1787/e32fb104-fr. [79]

OECD (2021), "Biodiversity, natural capital and the economy : A policy guide for finance, economic and environment ministers", *OECD Environment Policy Papers*, No. 26, OECD Publishing, Paris, https://dx.doi.org/10.1787/1a1ae114-en. [101]

OECD (2021), *Scaling up Nature-based Solutions to Tackle Water-related Climate Risks : Insights from Mexico and the United Kingdom*, OECD Publishing, Paris, https://dx.doi.org/10.1787/736638c8-en. [78]

OECD (2020), *Biodiversity and the economic response to COVID-19: Ensuring a green and resilient recovery*, https://www.oecd.org/coronavirus/policy-responses/biodiversity-and-the-economic-response-to-covid-19-ensuring-a-green-and-resilient-recovery-d98b5a09/. [39]

OECD (2020), "Nature-based solutions for adapting to water-related climate risks", *OECD Environment Policy Paper*, No. 21, OECD, Paris, https://www.oecd-ilibrary.org/docserver/2257873d-en.pdf?expires=1600939544&id=id&accname=guest&checksum=36B3B4819C11C091FF89D817E72F97CE (accessed on 25 September 2020). [37]

OECD (2020), *Nature-based solutions for adapting to water-related climate risks*, https://www.oecd-ilibrary.org/docserver/2257873d-en.pdf?expires=1628854752&id=id&accname=guest&checksum=061CEB1F7872FF9A10DABEBC0BB89A78. [38]

OECD (2019), *The post-2020 Biodiversity Framework: Targets, indicators and measurability implications at global and national level.*, https://www.oecd.org/environment/resources/biodiversity/post-2020-biodiversity-framework.htm. [36]

OECD (2018), "Innovative Approaches to Building Resilient Coastal Infrastructure", *OECD Environment Policy Papers*, No. 13, OECD Publishing, Paris, https://dx.doi.org/10.1787/9c8a13a0-en. [90]

OECD (2018), *Mainstreaming Biodiversity for Sustainable Development*, OECD Publishing, Paris, https://dx.doi.org/10.1787/9789264303201-en. [85]

OECD (2018), *Mainstreaming Biodiversity for Sustainable Development*, OECD Publishing, Paris, https://dx.doi.org/10.1787/9789264303201-en. [86]

OECD (2016), *Biodiversity Offsets : Effective Design and Implementation*, OECD Publishing, Paris, https://dx.doi.org/10.1787/9789264222519-en. [102]

OECD (2012), *Compact City Policies : A Comparative Assessment*, OECD Green Growth Studies, OECD Publishing, Paris, https://dx.doi.org/10.1787/9789264167865-en. [97]

OECD/European Commission (2020), *Cities in the World : A New Perspective on Urbanisation*, OECD Urban Studies, OECD Publishing, Paris, https://dx.doi.org/10.1787/d0efcbda-en. [99]

OECD/UN-HABITAT/UNOPS (2021), *Global State of National Urban Policy 2021 : Achieving Sustainable Development Goals and Delivering Climate Action*, OECD Publishing, Paris, https://dx.doi.org/10.1787/96eee083-en. [91]

OFB (2021), *Les Atlas de la biodiversité communale*, https://ofb.gouv.fr/les-atlas-de-la-biodiversite-communale. [34]

OFB (2020), *Le projet Life integré ARTISAN*, https://ofb.gouv.fr/le-projet-life-integre-artisan. [35]

Oppla (n.d.), *Oslo BiodiverCity - Maintaining ecosystem services in a rapidly developing but biodiversity rich city*, https://oppla.eu/casestudy/19231. [82]

Paris, V. (2018), *Plan biodiversité de Paris 2018-2024*, https://cdn.paris.fr/paris/2021/02/17/fbb551749cd3dabdf2b730d5f4097629.pdf. [33]

Région Haut de France (2021), *Guide des aides: Génération+ Biodiv(GBIO)*, https://guide-aides.hautsdefrance.fr/aide724. [32]

Région Ile de France (2021), *Reconquête de la Biodiversité*, https://www.iledefrance.fr/reconquete-de-la-biodiversite. [31]

RSPB (2013), *Planning naturally. Spatial planning with nature in mind: in the UK and beyond*, http://ww2.rspb.org.uk/Images/planningnaturally_tcm9-349413.pdf (accessed on 16 June 2021). [30]

Scottish Government (2020), *Scotland's Fourth National Planning Framework Position*, https://www.gov.scot/binaries/content/documents/govscot/publications/progress-report/2020/11/scotlands-fourth-national-planning-framework-position-statement/documents/scotlands-fourth-national-planning-framework-position-statement/scotlands-fourth-nationa. [29]

Scottish Government (2015), *Scotland's biodiversity: A route map to 2020*, https://www.gov.scot/publications/scotlands-biodiversity-route-map-2020/. [28]

Simon, H. and M. Harding (2020), "What drives consumption tax revenues?: Disentangling policy and macroeconomic drivers", *Documents de travail de l'OCDE sur la fiscalité*, No. 47, OCDE, Paris, https://www.oecd-ilibrary.org/taxation/what-drives-consumption-tax-revenues_94ed8187-en (accessed on 19 October 2021). [19]

SSN, NatureScot, COSLA (2021), *Elected member briefing note: Nature-based Solutions*, https://www.improvementservice.org.uk/__data/assets/pdf_file/0019/26434/EM-Briefing-Nature-Based-Solutions.pdf. [27]

The High Line (n.d.), *Sustainable Practices*, https://www.thehighline.org/sustainable-practices/. [75]

The Nature Conservancy (2020), *Playbook for Climate Action CLIMATE ACTION Pathways for Countries and Businesses to Help Address Climate Change Today*, The Nature Conservatory, https://www.nature.org/content/dam/tnc/nature/en/documents/TNC_PlaybookClimateAction.pdf (accessed on 14 June 2021). [26]

Trading Economics (2021), *Denmark - Labour costs: Wages and salaries (total)*, https://tradingeconomics.com/denmark/labour-costs-wages-salaries-total-eurostat-data.html (accessed on 19 October 2021). [107]

UK Department for Levelling Up, Housing and Communities (2012), *National Planning Policy Framework*, https://www.gov.uk/guidance/national-planning-policy-framework/13-protecting-green-belt-land. [83]

UK Peatland Code (n.d.), *UK Peatland Carbon Code*, https://www.iucn-uk-peatlandprogramme.org/peatland-code-0. [25]

UK Woodland Carbon Code (n.d.), *The UK Woodland Carbon Code*, https://woodlandcarboncode.org.uk/. [24]

UNFCCC (n.d.), *Cinturon Verde Metropolitano - Jardín Circunvalar De Medellín - Colombia*, https://unfccc.int/climate-action/momentum-for-change/activity-database/cinturon-verde-metropolitano-jardin-circunvalar-de-medellin-colombia. [100]

Ville de Paris (2019), *Plan biodiversité de Paris 2018-2024*, https://cdn.paris.fr/paris/2021/02/17/fbb551749cd3dabdf2b730d5f4097629.pdf. [23]

WEF (2021), *Global Risks Report*, https://www.weforum.org/agenda/2021/01/global-risks-report-2021. [22]

White, H. and D. Raitzer (2017), *Impact Evaluation of Development Interventions: A Practical Guide*, Banque asiatique de développement, Manille, https://www.adb.org/sites/default/files/publication/392376/impact-evaluation-development-interventions-guide.pdf. [106]

Wunder, S. (2015), “Revisiting the concept of payments for environmental services”, *Ecological Economics*, Vol. 117, pp. 234-243, http://dx.doi.org/10.1016/j.ecolecon.2014.08.016. [21]

Annex 2.A. Variations des ratios impôts/PIB par pays et par type d'impôt

Tableau d'annexe 2.A.1. Variations des ratios impôts/PIB, 2019-2020

Variation en glissement mensuel, en points de pourcentage

	IRPP	IS	CS	Patr.	TVA	Acc.	AIC	Résidus	Total des impôts	Bases de comptabilisation
Australie	-0.1	-0.7	0.0	0.0	-0.1	0.0	0.1	-0.1	-0.9	Droits constatés (1998)
Autriche	-0.4	-0.6	0.7	0.0	-0.2	-0.1	0.1	0.0	-0.4	Droits constatés
Belgique	0.6	-0.4	0.5	0.0	-0.2	-0.1	0.0	0.0	0.4	Droits constatés
Canada	0.3	0.1	0.2	0.3	0.0	0.1	-0.4	0.0	0.6	Droits constatés (1999)*
Chili	0.5	-0.2	0.0	-0.1	-0.4	0.0	-0.1	-1.3	-1.6	Encaissements
Colombie	0.0	-0.1	0.0	0.0	-0.5	-0.2	0.0	-0.1	-1.0	Encaissements
Costa Rica	0.1	-0.9	0.2	0.0	0.2	-0.4	-0.3	0.5	-0.7	Encaissements
République tchèque	0.2	-0.6	0.5	-0.2	-0.1	-0.1	0.0	0.0	-0.4	Droits constatés
Danemark	1.0	-0.5	0.0	0.0	0.3	-0.1	-0.1	-0.7	-0.1	Droits constatés
Estonie	0.6	-0.2	1.1	0.0	0.1	-0.7	-0.1	0.0	1.0	Droits constatés
Finlande	0.3	-0.4	-	0.1	0.1	0.0	-0.1	0.0	-0.3	Droits constatés
France	0.3	0.1	0.0	0.1	-0.2	0.0	0.1	0.2	0.5	Droits constatés
Allemagne	-0.2	-0.3	0.6	0.1	-0.4	0.0	0.0	0.0	-0.3	Droits constatés (2002)
Grèce	-0.6		0.7	0.0			-0.8	0.0	-0.7	Droits constatés (1998)
Hongrie	0.1	-0.3	-	0.1	0.3	0.0	-0.4	0.0	-0.8	Droits constatés (2002)*
Islande	1.0	0.1	0.0	0.4	0.0	0.0	0.0	-0.1	1.2	Droits constatés (1998)
Irlande	-0.3	0.2	-	-0.1	-0.9	-0.2	0.0	0.0	-1.7	Droits constatés (1998)
Israël	0.3	-0.3	-	-0.1	-0.1	-0.2	0.0	0.1	-0.5	Encaissements
Italie	0.6	0.1	0.3	0.0	-0.2	-0.2	-0.1	-0.1	0.5	Droits constatés (2000)
Japon	0.1	-0.6		0.1	0.4	-0.1	0.0	0.0		Droits constatés
Corée	0.5	-0.9	0.5	0.9	0.0	-0.1	-0.1	-0.1	0.7	Encaissements
Lettonie	-0.4	0.6	0.5	0.0	0.0	0.1	-0.2	0.0	0.7	Droits constatés
Lituanie	0.0	0.0	0.8	0.0	0.1	0.1	0.0	0.0	1.0	Droits constatés
Luxembourg	0.4	-1.3	0.4	0.0	0.0	-0.3	0.1	0.0	-0.7	Droits constatés
Mexique	0.4	0.3	0.3	0.0	0.5	0.1	0.0	0.1	1.6	Encaissements
Pays-Bas	0.6	-0.6	0.2	0.2	0.1	-0.2	0.0	0.1	0.4	Droits constatés (1999)
Nouvelle-Zélande	0.4	-1.1	0.0	0.1	0.0	-0.1	0.0	0.0	-0.7	Droits constatés
Norvège	0.9	-3.5	0.6	0.0	0.5	0.2	0.0	0.0	-1.3	Droits constatés (2000)
Pologne	-0.1	0.1	0.6	0.0	0.1	-0.1	-0.6	1.0	0.9	Droits constatés (2002)
Portugal	0.6	-0.4	0.7	0.0	-0.5	-0.2	0.0	0.1	0.3	Droits constatés
République	0.0	-0.5	0.5	0.1	0.2	0.0	-0.1	0.0	0.2	Droits constatés
Slovénie	0.1	-0.6	1.2	0.0	-0.5	-0.4	-0.1	0.0	-0.3	Droits constatés
Espagne	0.8	-0.1	1.5	0.0	-0.2	0.0	0.0	0.0	1.9	Droits constatés (2000)
Suède	0.1	-0.2	0.0	0.0	0.1	0.0	-0.1	-0.2	-0.2	Droits constatés (2000)
Suisse	0.1	0.0	0.4	0.0	-0.2	-0.1	0.0	-0.1	0.2	Droits constatés
Turquie	-0.6	0.3	-	0.1	0.4	0.7	0.2	0.0	0.8	Encaissements*
Royaume-Uni	0.4	0.0	0.4	-0.2	-0.4	-0.1	-0.1	0.0	0.1	Droits constatés
États-Unis	0.2	0.0	0.2	0.2	0.0	0.0	0.0	0.0	0.6	Droits constatés
Moyenne	**0.3**	**-0.4**	**0.3**	**0.1**	**0.0**	**-0.1**	**-0.1**	**0.0**	**0.1**	

Note : Les données pour 2020 sont préliminaires et doivent être interprétées avec précaution ; voir l'encadré 2.1 pour plus de détails. Ce graphique tient compte de la variation entre 2018 et 2019 pour l'Australie et la Nouvelle-Zélande, car ces deux pays communiquent leurs recettes fiscales sur la base de l'année fiscale qui englobe le deuxième trimestre de 2020 dans l'annexe 2019. Faute de données disponibles, la moyenne exclut le Japon pour les CSS (catégorie 2000) et pour le total des recettes fiscales ; elle exclut également la Grèce pour l'IRPP (catégorie 1100), l'IS (catégorie 1200), la TVA (catégorie 5111) et les accises (5121) par manque de données désagrégées sur ces catégories.

La base de comptabilisation indiquée ici est celle qui figure au chapitre 5 sous le tableau de chaque pays. L'année indiquée entre parenthèses est l'année à partir de laquelle les données sur la base des droits constatés sont disponibles si celle-ci est postérieure à 1995. Veuillez également noter : CAN : les données sont sur la base de la comptabilité des droits constatés, à l'exception des impôts sur le revenu des personnes physiques qui sont sur une base des encaissements modifiée ; HUN : les données préliminaires pour 2020 sont sur la base des encaissements ; TUR : les CSS sont déclarées sur la base des cotisations.

Source : Statistiques des recettes publiques 2021 et calculs des auteurs.

Graphique d'annexe 2.A.1. Variations des ratios impôts/PIB, par type d'impôt, 2019-2020

Glissement annuel en pourcentage

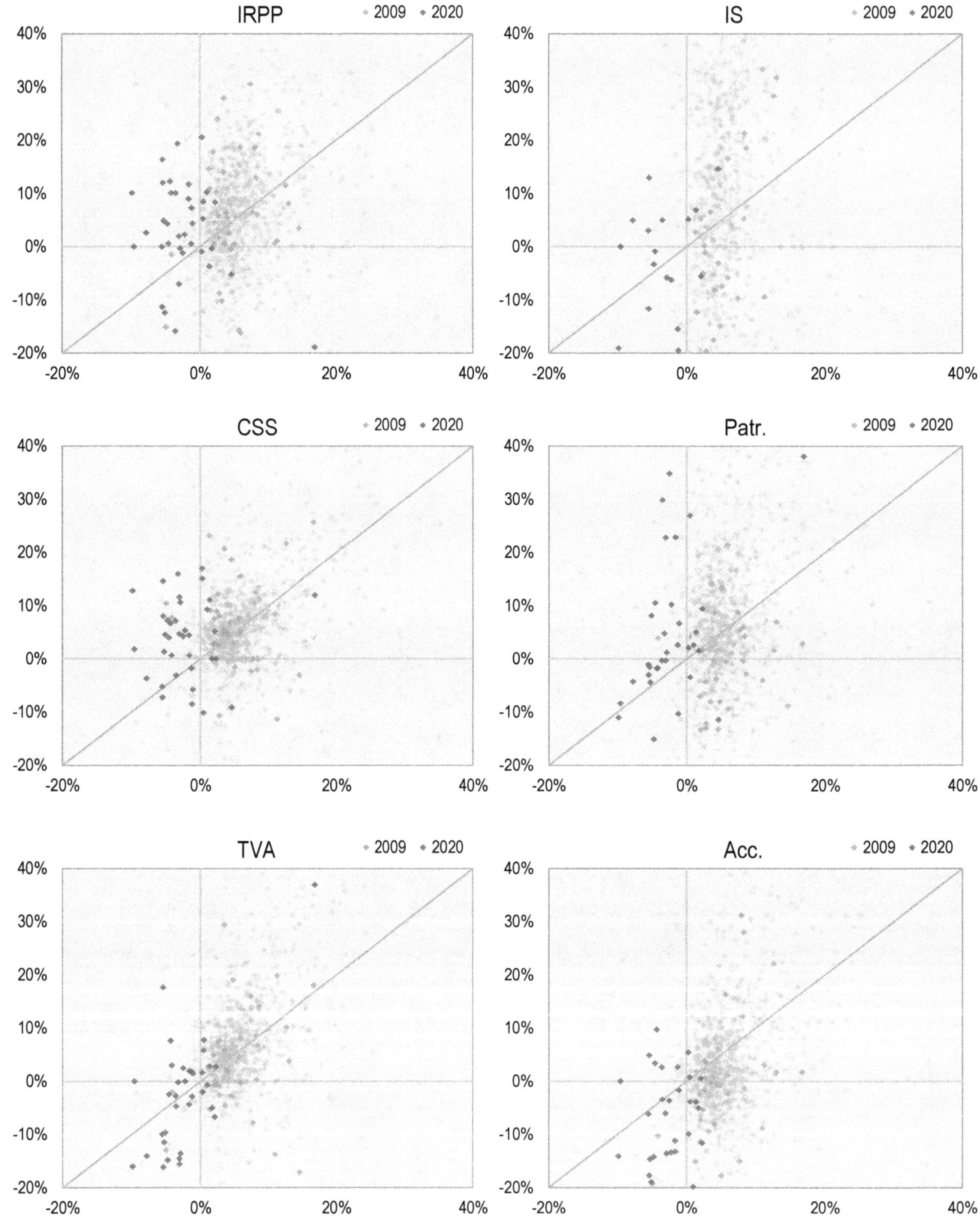

Note : Les données pour 2020 sont préliminaires et doivent être interprétées avec précaution ; voir l'encadré 2.1 pour plus de détails.
Source : Statistiques des recettes publiques 2021 et calculs des auteurs.

Notes

[1] La moyenne est une moyenne pondérée des chiffres de croissance du PIB réel, à partir des *Perspectives économiques de l'OCDE*.

[2] Les économies du G20 représentaient plus de 95 % du soutien budgétaire total en 2020.

[3] Le tableau 2.2 de (OCDE, 2021) donne un aperçu complet des réductions et exemptions ciblées dans les pays de l'OCDE.

[4] La part des dépenses de consommation privée consacrées aux produits alimentaires et aux boissons non alcoolisées sert d'indicateur de la part des biens et services de première nécessité.

[5] La consommation privée hors achats de biens et services de première nécessité sert d'indicateur des dépenses consacrées aux biens et services de luxe.

[6] Des données étaient disponibles pour 36 pays de l'OCDE pour la période 2008-09.

[7] L'accroissement des exportations nettes était dû à une baisse moyenne des exportations légèrement plus faible que celle des importations, bien que les importations aient beaucoup moins reculé en moyenne en 2020 qu'en 2009, de sorte que la part moyenne des exportations nettes dans le PIB a beaucoup moins progressé en 2020.

[8] La Turquie déclare ses recettes sur la base des encaissements, ce qui est susceptible d'augmenter l'impact des reports d'impôts et autres mesures par rapport à une base de droits constatés. Veuillez consulter le tableau 2A pour de plus amples informations.

[9] Étant donné que la Hongrie déclare ses recettes sur la base des encaissements pour l'année préliminaire (c'est-à-dire 2020 - voir le tableau 2A pour plus d'informations), ces chiffres peuvent changer dans les prochaines éditions de la publication une fois que les données sur la base des droits constatés seront disponibles pour 2020.

[10] L'annexe illustre les variations détaillées des recettes nominales pour chaque type d'impôt en proportion du PIB dans chaque pays en 2020.

[11] L'élasticité des recettes fiscales est un concept similaire à celui de l'élasticité de l'impôt. Elle permet de mesurer la réponse spontanée des recettes fiscales aux changements de conjoncture, et ne tient pas compte des effets des décisions des pouvoirs publics, telles que les modifications légales des taux d'imposition ou de la base imposable, l'instauration de nouveaux impôts et la mise en œuvre de réformes administratives (Mansfield, 1972).

[12] Comme indiqué précédemment, les paiements effectués dans le cadre de programmes de maintien dans l'emploi étaient également imposables dans de nombreux pays de l'OCDE, mais pas dans tous, ce qui a également contribué à protéger les recettes de l'IRPP et des CSS dans ces pays. Par exemple, les paiements versés aux employés dans le cadre de programmes de maintien dans l'emploi étaient considérés comme imposables en Australie, au Danemark, en France, en Nouvelle-Zélande et au Royaume-Uni, alors qu'ils étaient exonérés d'impôt en Allemagne et en Suède (OCDE, 2021[9]).

3 Niveaux et structures des impôts, 1965-2020

Le chapitre 3 fournit un aperçu des niveaux et structures des impôts dans les pays membres de l'OCDE.

Dans tous les tableaux suivants, le symbole (..) signifie que l'information n'est pas disponible ou qu'elle n'est pas applicable. La principale série chronologique dans ce chapitre couvre une sélection d'années entre 1990 et 2019. Des séries complètes sont, cependant, disponible en ligne. La partie V dans l'édition 1998 de ce Rapport fournit des données pour les années 1955 et 1960 (pour dix-neuf pays de l'OCDE).

Les chiffres du Produit Intérieur Brut (PIB) se fondent sur le Système de comptabilité nationale de 2008 (SCN 2008) pour tous les pays membres de l'OCDE.

Encadré 3.1. Traitements des transferts en capital

Les notes de bas de page des tableaux 3.1 à 3.18 se réfèrent au traitement des transferts en capital que certains pays effectuent pour tenir compte des impôts qui ont été évalués mais non recouvrés. Le transfert en capital a été soustrait des recettes fiscales totales pour la France, le Luxembourg et la Pologne et cette réduction a été répartie entre les différentes rubriques en pourcentage de leurs recettes au niveau de l'administration par rapport à laquelle ces transferts ont été enregistrés. Dans le cas de l'Autriche, de la Belgique, du Danemark, de la Lituanie et de la Suisse, le transfert en capital a plutôt été soustrait directement des impôts spécifiques auxquels il se rapporte.

Les pays déclarant des transferts en capital sont les suivants :

- Autriche pour 2020.
- Belgique à partir de 1995.
- Danemark à partir de 1971.
- France à partir de 1992.
- Lituanie à partir de 1999.
- Luxembourg à partir de 2013.
- Pologne de 1995 à 2019.
- Suisse à partir de 1990.

Tableau 3.1. Total des recettes fiscales en % du PIB

	1965	1990	2000	2007	2010	2013	2015	2018	2019	2020p
Allemagne	31.7	34.8	36.4	35.4	35.5	37.0	37.3	38.4	38.6	38.3
Australie	20.6	28.1	30.5	29.5	25.2	27.0	27.7	28.5	27.7	..
Autriche[1]	33.5	39.3	42.3	40.5	41.0	42.6	43.1	42.3	42.6	42.1
Belgique[1]	30.8	41.4	43.8	42.9	42.9	45.0	44.1	43.9	42.7	43.1
Canada	25.0	35.1	34.7	32.5	31.0	31.1	32.8	33.5	33.8	34.4
Chili	..	16.9	18.8	22.7	19.6	19.9	20.4	21.1	20.9	19.3
Colombie	..	11.3	15.7	19.3	18.1	20.0	19.9	19.3	19.7	18.7
Corée	..	18.6	20.9	23.7	22.4	23.1	23.7	26.7	27.3	28.0
Costa Rica	..	22.4	21.1	23.1	22.1	23.0	22.9	23.2	23.6	22.9
Danemark[1]	29.1	44.4	46.9	46.4	44.8	45.9	46.1	44.2	46.6	46.5
Espagne	14.3	31.5	33.0	36.4	31.3	33.1	33.8	34.7	34.7	36.6
Estonie	..	..	31.1	31.0	33.2	31.7	33.3	33.0	33.5	34.5
États-Unis	23.6	26.0	28.3	26.7	23.4	25.5	26.2	24.9	25.0	25.5
Finlande	30.0	42.9	45.8	41.4	40.6	43.4	43.5	42.4	42.3	41.9
France[1]	33.7	41.2	43.4	42.5	42.1	45.4	45.3	45.9	44.9	45.4
Grèce	17.1	25.2	33.4	31.8	32.3	35.9	36.6	40.0	39.5	38.8
Hongrie	..	..	38.5	39.3	36.9	38.5	38.7	36.8	36.5	35.7
Irlande	24.5	32.4	30.8	30.8	27.7	28.7	23.2	22.4	21.9	20.2
Islande	25.7	30.5	35.9	38.3	32.1	34.3	35.1	36.4	34.8	36.1
Israël	..	..	34.8	34.1	30.6	30.6	31.2	30.8	30.2	29.7
Italie	24.6	36.3	40.5	41.6	41.7	43.8	43.0	41.7	42.4	42.9
Japon	17.3	27.7	25.3	27.2	26.2	28.6	30.2	31.6	31.4	..
Lettonie	..	..	29.1	28.2	28.6	29.2	29.9	31.1	31.2	31.9
Lituanie[1]	..	..	30.8	30.1	28.3	26.7	28.7	30.2	30.3	31.2
Luxembourg[1]	26.4	33.5	36.9	36.2	37.6	38.2	36.2	39.5	38.9	38.3
Mexique	..	12.1	11.5	12.0	12.8	13.3	15.9	16.1	16.3	17.9
Norvège	29.4	40.2	41.7	42.0	41.8	39.8	38.4	39.4	39.9	38.6
Nouvelle-Zélande	24.5	36.2	32.5	33.9	30.3	30.5	31.5	32.2	31.5	32.2
Pays-Bas	30.5	39.7	36.9	35.7	35.7	36.1	37.0	38.8	39.3	39.7
Pologne[1]	..	..	32.9	34.6	31.3	32.1	32.4	35.1	35.1	36.0
Portugal	15.7	26.5	30.9	31.8	30.4	34.0	34.4	34.7	34.5	34.8
République slovaque	..	..	33.6	29.2	28.1	31.0	32.7	34.2	34.6	34.8
République tchèque	..	..	32.3	34.1	32.2	33.7	33.1	35.0	34.8	34.4
Royaume-Uni	30.1	32.9	32.8	32.9	32.1	31.9	31.8	32.9	32.7	32.8
Slovénie	..	..	37.7	38.1	37.8	37.2	37.3	37.3	37.2	36.9
Suède	30.9	48.8	50.0	44.9	42.9	42.5	42.6	43.8	42.8	42.6
Suisse[1]	16.0	23.1	27.0	25.4	25.6	26.0	26.6	26.8	27.4	27.6
Turquie	10.6	14.5	23.5	22.9	24.7	25.2	25.0	24.0	23.1	23.9
Moyenne non pondérée										
Moyenne OCDE[2]	**24.8**	**30.8**	**32.9**	**32.9**	**31.6**	**32.7**	**32.9**	**33.5**	**33.4**	**33.5**

.. Non disponible

Note : Les séries temporelles complètes sont accessibles sur le site web http://oe.cd/series-temporelles-completes.

1. Le transferts en capital ont été directement diminués des impôts spécifiques auxquels ils se rapportent, sauf pour la France, le Luxembourg et la Pologne, où le transferts en capital ont été répartis entre les différentes rubriques en proportion des recettes fiscales.
2. 2020 : calculé en appliquant le pourcentage moyen non pondéré de variation pour 2020 dans les 36 pays qui ont communiqué des données pour cette année au ratio moyen global impôts/PIB en 2019.

StatLink https://stat.link/ri9xud

Tableau 3.2. Total des recettes fiscales en milliards de dollars des É-U au taux de change du marché

	1965	1990	2000	2007	2010	2013	2015	2018	2019	2020p
Allemagne	..	577.4	706.9	1 210.4	1 206.8	1 379.1	1 250.9	1 527.5	1 501.4	1 471.1
Australie	5.6	90.8	117.3	289.9	346.5	401.9	344.3	401.2	380.0	..
Autriche[1]	..	68.6	83.2	157.6	160.5	183.3	164.7	192.2	189.4	181.1
Belgique[1]	..	89.4	103.6	201.9	206.2	234.9	204.0	238.3	227.7	221.4
Canada	14.2	210.1	260.0	477.2	501.4	574.9	511.1	576.8	588.7	565.3
Chili	..	5.8	14.6	39.4	42.8	55.3	49.7	62.8	58.3	48.9
Colombie	..	5.1	14.7	39.8	51.9	76.5	58.4	64.4	63.7	50.8
Corée	..	52.6	120.5	278.2	256.2	317.2	347.9	460.4	449.7	456.3
Costa Rica	..	1.3	3.2	6.2	8.3	11.7	13.0	14.5	15.1	14.1
Danemark[1]	3.0	61.4	76.9	148.3	144.2	157.6	139.5	157.7	162.0	165.7
Espagne	..	131.6	197.3	536.1	444.4	448.5	404.6	492.2	483.1	468.1
Estonie	..	..	1.8	7.0	6.5	7.9	7.6	10.1	10.4	10.6
États-Unis	167.0	1 552.4	2 900.5	3 868.6	3 517.1	4 291.8	4 773.7	5 110.0	5 336.5	5 336.0
Finlande	..	49.6	57.5	106.0	101.1	117.7	102.1	116.8	113.6	113.4
France[1]	..	550.7	591.8	1 130.7	1 113.7	1 275.1	1 104.3	1 279.6	1 224.8	1 192.1
Grèce	..	14.6	43.5	101.3	95.9	85.7	71.6	84.8	81.1	73.3
Hongrie	..	..	18.2	55.0	48.7	52.2	48.4	59.1	59.6	55.3
Irlande	0.7	15.6	30.7	83.2	61.5	68.3	67.5	86.0	87.4	85.8
Islande	0.1	2.0	3.2	8.3	4.4	5.5	6.2	9.6	8.7	7.8
Israël	..	..	46.2	61.1	71.9	90.1	93.7	114.9	120.2	121.1
Italie	..	336.6	463.6	918.8	889.9	938.3	788.9	872.4	850.3	807.6
Japon	17.1	920.0	1 224.6	1 281.0	1 545.1	1 469.0	1 386.4	1 594.7	1 616.8	..
Lettonie	..	..	1.8	8.8	6.8	8.9	8.1	10.7	10.6	10.7
Lituanie[1]	..	..	3.8	11.9	10.5	12.4	11.9	16.2	16.5	17.4
Luxembourg[1]	..	4.7	7.8	18.4	20.0	23.6	20.9	28.0	27.7	28.0
Mexique	..	35.9	81.2	126.5	135.9	169.6	186.1	198.0	207.9	193.7
Norvège	2.4	48.2	71.4	168.5	179.3	208.1	148.2	172.0	161.9	140.0
Nouvelle-Zélande	1.4	16.1	17.3	46.0	47.0	59.5	56.8	67.4	65.2	71.0
Pays-Bas	..	132.6	153.7	302.5	301.9	316.6	283.3	354.4	357.3	361.7
Pologne[1]	..	..	56.6	148.7	150.4	167.1	154.9	206.5	209.7	214.4
Portugal	..	18.8	36.6	76.5	72.2	76.9	68.5	83.9	82.6	80.2
République slovaque	..	..	9.8	25.3	25.4	30.6	28.9	36.1	36.3	36.3
République tchèque	..	..	20.0	64.9	67.4	71.4	62.3	87.1	87.8	84.3
Royaume-Uni	30.6	359.4	544.0	1 018.0	795.1	889.1	933.8	939.5	926.0	887.8
Slovénie	..	..	6.6	18.3	18.2	18.0	16.1	20.2	20.1	19.7
Suède	7.8	127.7	131.5	220.7	212.7	249.4	215.5	243.2	228.7	230.5
Suisse[1]	2.6	61.6	75.5	125.4	154.6	185.3	187.1	197.2	200.2	207.5
Turquie	1.3	30.2	64.5	156.2	192.0	240.8	215.5	186.3	175.7	171.6
Moyenne non pondérée										
Moyenne OCDE	**19.5**	**192.1**	**220.1**	**356.4**	**347.8**	**394.0**	**382.5**	**430.9**	**432.7**	..

.. Non disponible

Note : Les séries temporelles complètes sont accessibles sur le site web http://oe.cd/series-temporelles-completes.

1. Le transferts en capital ont été directement diminués des impôts spécifiques auxquels ils se rapportent, sauf pour la France, le Luxembourg et la Pologne, où le transferts en capital ont été répartis entre les différentes rubriques en proportion des recettes fiscales.

StatLink https://stat.link/7bz80f

Tableau 3.3. Recettes fiscales sous les principales rubriques en % du PIB, 2019

	1000 Revenu & bénéfices	2000 Sécurité sociale	3000 Salaires	4000 Patrimoine	5000 Biens & services[2]	6000 Autres	Pour mémoire : revenus supranationaux
Allemagne	12.6	14.6	0.0	1.1	10.3	0.0	0.2
Australie	16.4	0.0	1.3	2.7	7.3	0.0	..
Autriche	12.5	14.9	2.7	0.5	11.7	0.2	0.2
Belgique[1]	15.1	13.2	0.0	3.4	11.0	0.0	0.4
Canada	16.8	4.7	0.7	3.9	7.7	0.0	..
Chili	7.3	1.5	0.0	1.1	11.1	-0.1	..
Colombie	6.4	1.9	0.3	1.8	8.5	0.9	..
Corée	9.1	7.3	0.1	3.1	7.0	0.7	..
Costa Rica	4.9	8.1	1.4	0.4	8.2	0.5	..
Danemark[1]	30.1	0.0	0.3	2.0	14.1	0.0	0.1
Espagne	9.9	12.3	0.0	2.5	10.0	0.0	0.2
Estonie	7.4	11.7	0.0	0.2	14.2	0.0	0.2
États-Unis	11.6	6.1	0.0	2.9	4.4	0.0	..
Finlande	14.8	11.8	0.0	1.4	14.2	0.0	0.2
France[1]	11.5	14.8	1.8	3.9	12.4	0.5	0.2
Grèce	8.5	12.2	0.0	3.1	15.7	0.0	0.2
Hongrie	6.5	11.7	1.0	0.9	16.3	0.1	0.1
Irlande	10.0	3.7	0.2	1.2	6.8	0.0	0.1
Islande	17.4	3.2	0.3	2.1	11.3	0.6	..
Israël	9.9	5.2	1.1	3.1	10.8	0.0	..
Italie	13.4	13.3	0.0	2.4	12.0	1.4	0.2
Japon	9.7	12.9	0.0	2.6	6.2	0.1	..
Lettonie	6.7	9.6	0.0	0.9	14.1	0.0	0.2
Lituanie[1]	8.8	9.6	0.0	0.3	11.6	0.0	0.3
Luxembourg[1]	15.2	10.8	0.0	3.8	9.1	0.0	0.3
Mexique	6.9	2.3	0.4	0.3	6.2	0.3	..
Norvège	16.3	10.6	0.1	1.3	11.7	0.0	..
Nouvelle-Zélande	17.3	0.0	0.0	1.9	12.2	0.0	..
Pays-Bas	12.2	13.4	0.0	1.5	12.1	0.1	0.4
Pologne[1]	7.5	13.2	0.3	1.3	12.8	0.0	0.2
Portugal	9.5	9.6	0.0	1.4	13.7	0.3	0.2
République slovaque	7.1	15.0	0.0	0.4	12.1	0.0	0.2
République tchèque	7.9	15.4	0.0	0.4	11.1	0.0	0.2
Royaume-Uni	11.3	6.5	0.1	4.1	10.7	0.0	0.2
Slovénie	7.2	15.7	0.0	0.6	13.6	0.0	0.1
Suède	15.3	9.2	5.3	0.9	12.1	0.0	0.1
Suisse[1]	13.2	6.5	0.0	2.1	5.4	0.1	..
Turquie	5.6	7.2	0.0	1.0	9.0	0.3	..
Moyenne non pondérée							
Moyenne OCDE	**11.3**	**8.9**	**0.5**	**1.8**	**10.8**	**0.2**	**0.2**

.. Non disponible

1. Le transferts en capital ont été directement diminués des impôts spécifiques auxquels ils se rapportent, sauf pour la France, le Luxembourg et la Pologne, où le transferts en capital ont été répartis entre les différentes rubriques en proportion des recettes fiscales.
2. Les chiffres de la catégorie 5000 incluent les revenus supranationaux, qui sont également présentés séparément sous la rubrique Supranationale.

StatLink https://stat.link/05aefq

Tableau 3.4. Recettes fiscales sous les principales rubriques en % du total des recettes fiscales, 2019

	1000 Revenu & bénéfices	2000 Sécurité sociale	3000 Salaires	4000 Patrimoine	5000 Biens & services[2]	6000 Autres	Pour mémoire : revenus supranationaux
Allemagne	32.6	37.9	0.0	2.9	26.6	0.0	0.5
Australie	59.2	0.0	4.7	9.8	26.3	0.0	..
Autriche	29.5	34.9	6.4	1.3	27.5	0.5	0.4
Belgique[1]	35.3	31.0	0.0	8.0	25.6	0.0	1.0
Canada	49.6	13.9	2.2	11.4	22.8	0.1	..
Chili	34.8	7.3	0.0	5.5	53.0	-0.6	..
Colombie	32.3	9.5	1.7	9.1	43.0	4.4	..
Corée	33.2	26.7	0.3	11.4	25.8	2.5	..
Costa Rica	20.9	34.2	5.9	1.9	34.8	2.3	..
Danemark[1]	64.7	0.1	0.6	4.3	30.3	0.0	0.3
Espagne	28.7	35.3	0.0	7.1	28.9	0.0	0.6
Estonie	21.9	35.0	0.0	0.6	42.4	0.0	0.6
États-Unis	46.4	24.5	0.1	11.5	17.5	0.0	..
Finlande	35.0	27.9	0.0	3.4	33.7	0.1	0.4
France[1]	25.7	33.0	4.0	8.7	27.6	1.1	0.4
Grèce	21.6	30.8	0.0	7.7	39.9	0.0	0.5
Hongrie	17.7	32.0	2.9	2.8	44.7	0.2	0.4
Irlande	45.6	16.8	1.0	5.7	30.8	0.0	0.6
Islande	49.9	9.2	0.9	6.0	32.3	1.8	..
Israël	32.8	17.4	3.8	10.2	35.9	0.0	..
Italie	31.6	31.2	0.0	5.7	28.3	3.2	0.4
Japon	30.8	41.1	0.0	8.2	19.7	0.3	..
Lettonie	21.3	30.6	0.0	3.0	45.0	0.0	0.5
Lituanie[1]	29.0	31.8	0.0	1.0	38.2	0.0	0.9
Luxembourg[1]	39.1	27.7	0.0	9.8	23.3	0.1	0.7
Mexique	42.4	13.8	2.5	2.0	37.6	1.6	..
Norvège	40.7	26.5	0.1	3.2	29.4	0.0	..
Nouvelle-Zélande	55.1	0.0	0.0	6.2	38.7	0.0	..
Pays-Bas	31.0	34.2	0.0	3.8	30.7	0.2	1.1
Pologne[1]	21.4	37.6	0.7	3.6	36.5	0.1	0.6
Portugal	27.4	27.8	0.0	4.1	39.8	0.8	0.5
République slovaque	20.4	43.4	0.0	1.2	35.0	0.0	0.4
République tchèque	22.8	44.2	0.0	1.2	31.9	0.0	0.4
Royaume-Uni	34.7	19.7	0.4	12.4	32.8	0.0	0.5
Slovénie	19.5	42.2	0.1	1.7	36.6	0.0	0.4
Suède	35.7	21.4	12.4	2.2	28.2	0.1	0.3
Suisse[1]	48.2	23.7	0.0	7.7	19.9	0.5	..
Turquie	24.2	31.4	0.0	4.2	39.0	1.2	..
Moyenne non pondérée							
Moyenne OCDE	**34.0**	**25.9**	**1.3**	**5.5**	**32.6**	**0.5**	**0.5**

.. Non disponible

1. Le transferts en capital ont été directement diminués des impôts spécifiques auxquels ils se rapportent, sauf pour la France, le Luxembourg et la Pologne, où le transferts en capital ont été répartis entre les différentes rubriques en proportion des recettes fiscales.
2. Les chiffres de la catégorie 5000 incluent les revenus supranationaux, qui sont également présentés séparément sous la rubrique Supranationale.

StatLink https://stat.link/a9qstf

Tableau 3.5. Recettes fiscales sous les principales rubriques en % du PIB, 2020p

	1000 Revenu & bénéfices	2000 Sécurité sociale	3000 Salaires	4000 Patrimoine	5000 Biens & services[2]	6000 Autres	Pour mémoire : revenus supranationaux
Allemagne	12.0	15.2	0.0	1.3	9.8	0.0	0.2
Australie	..	..	..	..	..	..	..
Autriche[1]	11.6	15.6	2.7	0.6	11.5	0.2	0.2
Belgique[1]	15.2	13.7	0.0	3.4	10.7	0.0	0.4
Canada	17.1	4.9	0.8	4.2	7.4	0.0	..
Chili	6.3	1.5	0.0	1.0	10.6	-0.1	..
Colombie	6.2	1.9	0.4	1.8	7.8	0.8	..
Corée	8.7	7.8	0.1	4.0	6.8	0.6	..
Costa Rica	4.6	8.3	1.5	0.5	7.6	0.5	..
Danemark[1]	29.9	0.1	0.3	2.0	14.3	0.0	0.1
Espagne	10.7	13.7	0.0	2.4	9.8	0.0	0.2
Estonie	7.8	12.9	0.0	0.2	13.6	0.0	0.2
États-Unis	11.8	6.3	0.0	3.0	4.3	0.0	..
Finlande	14.7	11.5	0.0	1.5	14.2	0.0	0.2
France[1]	11.9	14.8	1.9	4.0	12.3	0.5	0.2
Grèce	7.9	12.9	0.0	3.1	14.9	0.0	0.2
Hongrie	6.3	11.1	1.0	1.1	16.2	0.1	0.1
Irlande	9.8	3.4	0.2	1.1	5.6	0.0	0.1
Islande	18.3	3.2	0.3	2.4	11.2	0.7	..
Israël	10.0	5.1	1.2	2.9	10.6	0.0	..
Italie	14.2	13.5	0.0	2.5	11.5	1.2	0.2
Japon	9.2	..	0.0	2.6	6.6	0.1	..
Lettonie	6.8	10.1	0.0	0.9	14.0	0.0	0.1
Lituanie[1]	8.8	10.4	0.0	0.3	11.7	0.0	0.3
Luxembourg[1]	14.4	11.2	0.0	3.8	8.8	0.0	0.3
Mexique	7.6	2.5	0.5	0.3	6.7	0.4	..
Norvège	13.6	11.2	0.1	1.3	12.4	0.0	..
Nouvelle-Zélande	17.8	0.0	0.0	1.9	12.5	0.0	..
Pays-Bas	12.1	13.6	0.0	1.7	12.0	0.2	0.4
Pologne	7.5	13.8	0.3	1.3	12.2	0.9	0.2
Portugal	9.6	10.3	0.0	1.5	13.0	0.3	0.2
République slovaque	6.6	15.5	0.0	0.5	12.2	0.0	0.1
République tchèque	7.5	15.8	0.0	0.2	10.8	0.0	0.1
Royaume-Uni	11.8	6.9	0.1	3.9	10.1	0.0	0.2
Slovénie	6.7	16.8	0.0	0.6	12.6	0.0	0.2
Suède	15.2	9.1	5.1	1.0	12.2	0.0	0.1
Suisse[1]	13.2	6.9	0.0	2.2	5.2	0.1	..
Turquie	5.2	7.1	0.0	1.1	10.2	0.2	..

.. Non disponible

1. Le transferts en capital ont été directement diminués des impôts spécifiques auxquels ils se rapportent, sauf pour la France et le Luxembourg, où le transferts en capital ont été répartis entre les différentes rubriques en proportion des recettes fiscales.
2. Les chiffres de la catégorie 5000 incluent les revenus supranationaux, qui sont également présentés séparément sous la rubrique Supranationale.

StatLink https://stat.link/vaqnsl

Tableau 3.6. Recettes fiscales sous les principales rubriques en % du total des recettes fiscales, 2020p

	1000 Revenu & bénéfices	2000 Sécurité sociale	3000 Salaires	4000 Patrimoine	5000 Biens & services[2]	6000 Autres	Pour mémoire : revenus supranationaux
Allemagne	31.3	39.7	0.0	3.3	25.7	0.0	0.5
Australie	..	..	..	..	..	..	..
Autriche[1]	27.4	37.0	6.5	1.4	27.2	0.4	0.4
Belgique[1]	35.4	31.8	0.0	8.0	24.8	0.0	0.9
Canada	49.7	14.2	2.2	12.1	21.6	0.1	..
Chili	32.4	8.0	0.0	5.2	54.9	-0.5	..
Colombie	32.9	9.9	2.0	9.7	41.4	4.1	..
Corée	30.9	28.0	0.3	14.2	24.4	2.1	..
Costa Rica	20.1	36.1	6.5	2.0	33.3	2.0	..
Danemark[1]	64.3	0.1	0.6	4.2	30.7	0.0	0.3
Espagne	29.1	37.5	0.0	6.7	26.7	0.0	0.6
Estonie	22.7	37.3	0.0	0.6	39.3	0.0	0.5
États-Unis	46.2	24.8	0.1	11.9	16.9	0.0	..
Finlande	35.0	27.5	0.0	3.6	33.9	0.1	0.4
France[1]	26.2	32.7	4.2	8.8	27.0	1.2	0.5
Grèce	20.4	33.2	0.0	7.9	38.5	0.0	0.5
Hongrie	17.7	31.0	2.7	3.0	45.4	0.3	0.4
Irlande	48.6	17.0	1.0	5.7	27.8	0.0	0.5
Islande	50.7	8.9	0.9	6.8	31.0	1.8	..
Israël	33.5	17.0	3.9	9.9	35.7	0.0	..
Italie	33.0	31.5	0.0	5.7	26.9	2.9	0.4
Japon	..	..	..	..	..	..	..
Lettonie	21.4	31.6	0.0	3.0	44.0	0.0	0.5
Lituanie[1]	28.1	33.4	0.0	1.0	37.5	0.0	0.9
Luxembourg[1]	37.5	29.3	0.0	10.0	23.0	0.1	0.9
Mexique	42.7	13.9	2.5	1.6	37.2	2.1	..
Norvège	35.3	28.9	0.2	3.4	32.2	0.0	..
Nouvelle-Zélande	55.2	0.0	0.0	5.9	38.8	0.0	..
Pays-Bas	30.6	34.3	0.0	4.2	30.3	0.6	1.1
Pologne	20.7	38.4	0.9	3.6	33.8	2.6	0.4
Portugal	27.8	29.5	0.0	4.2	37.5	1.0	0.5
République slovaque	18.9	44.6	0.0	1.4	35.1	0.0	0.4
République tchèque	21.9	46.1	0.0	0.6	31.5	0.0	0.4
Royaume-Uni	35.9	20.9	0.4	11.8	31.0	0.0	0.5
Slovénie	18.3	45.7	0.1	1.7	34.2	0.0	0.4
Suède	35.7	21.5	11.9	2.2	28.6	0.1	0.3
Suisse[1]	47.8	25.1	0.0	7.8	18.8	0.5	..
Turquie	21.9	29.7	0.0	4.4	43.0	1.0	..

.. Non disponible

1. Le transferts en capital ont été directement diminués des impôts spécifiques auxquels ils se rapportent, sauf pour la France et le Luxembourg, où le transferts en capital ont été répartis entre les différentes rubriques en proportion des recettes fiscales.
2. Les chiffres de la catégorie 5000 incluent les revenus supranationaux, qui sont également présentés séparément sous la rubrique Supranationale.

StatLink https://stat.link/l03mnd

Tableau 3.7. Impôts sur le revenu et les bénéfices (1000) en % du PIB et en % du total des recettes fiscales

	% du PIB					% du total des recettes fiscales				
	1990	2000	2010	2018	2019	1990	2000	2010	2018	2019
Allemagne	11.3	11.0	10.1	12.6	12.6	32.4	30.1	28.3	32.7	32.6
Australie	16.1	17.6	14.3	17.1	16.4	57.1	57.9	56.7	60.1	59.2
Autriche	10.0	12.0	11.5	12.4	12.5	25.5	28.3	28.1	29.3	29.5
Belgique[1]	15.3	16.9	14.7	16.1	15.1	36.9	38.6	34.2	36.8	35.3
Canada	17.0	17.4	14.5	16.5	16.8	48.6	50.1	46.6	49.2	49.6
Chili	3.9	4.4	7.5	7.6	7.3	23.2	23.3	38.1	35.8	34.8
Colombie	3.4	3.6	4.8	6.5	6.4	29.9	23.2	26.6	33.7	32.3
Corée	6.1	6.0	6.3	9.1	9.1	32.8	28.8	28.0	34.1	33.2
Costa Rica	2.3	2.8	3.8	4.7	4.9	10.0	13.2	17.1	20.4	20.9
Danemark[1]	27.2	28.8	27.5	27.4	30.1	61.2	61.4	61.5	62.1	64.7
Espagne	9.7	9.3	8.7	10.1	9.9	30.6	28.1	28.0	29.3	28.7
Estonie	..	7.7	6.6	7.5	7.4	..	24.8	19.8	22.6	21.9
États-Unis	11.8	14.2	9.9	11.4	11.6	45.2	50.1	42.3	45.9	46.4
Finlande	16.8	19.7	14.4	14.8	14.8	39.2	43.1	35.5	34.9	35.0
France[1]	6.6	10.8	9.5	11.5	11.5	16.1	24.8	22.6	25.1	25.7
Grèce	5.0	9.0	7.1	9.2	8.5	19.9	26.8	22.0	22.9	21.6
Hongrie	..	9.4	7.6	6.7	6.5	..	24.3	20.7	18.2	17.7
Irlande	12.3	13.4	11.1	10.2	10.0	38.0	43.6	40.1	45.7	45.6
Islande	9.0	14.3	14.3	18.0	17.4	29.7	39.9	44.4	49.4	49.9
Israël	..	13.8	8.9	10.1	9.9	..	39.6	29.2	32.7	32.8
Italie	13.2	13.4	13.6	13.0	13.4	36.5	33.2	32.7	31.0	31.6
Japon	13.9	8.8	7.9	10.1	9.7	50.2	34.8	30.2	31.9	30.8
Lettonie	..	7.0	7.2	7.0	6.7	..	24.1	25.0	22.6	21.3
Lituanie[1]	..	8.3	4.6	5.8	8.8	..	27.0	16.2	19.1	29.0
Luxembourg[1]	13.5	13.5	13.6	15.6	15.2	40.2	36.5	36.2	39.6	39.1
Mexique	4.1	4.1	5.1	7.1	6.9	34.0	36.0	39.8	44.0	42.4
Norvège	14.2	18.9	19.8	16.4	16.3	35.2	45.3	47.3	41.8	40.7
Nouvelle-Zélande	21.6	19.5	16.3	18.1	17.3	59.6	60.0	53.8	56.3	55.1
Pays-Bas	12.8	9.6	9.9	11.5	12.2	32.3	25.9	27.9	29.6	31.0
Pologne[1]	..	6.7	6.3	7.4	7.5	..	20.4	20.1	21.1	21.4
Portugal	6.8	9.1	8.1	9.8	9.5	25.7	29.4	26.7	28.3	27.4
République slovaque	..	6.9	5.3	7.1	7.1	..	20.5	18.8	20.8	20.4
République tchèque	..	7.4	6.5	7.9	7.9	..	22.8	20.2	22.6	22.8
Royaume-Uni	12.9	13.0	12.0	11.6	11.3	39.3	39.6	37.4	35.2	34.7
Slovénie	..	6.8	7.4	7.3	7.2	..	18.0	19.6	19.6	19.5
Suède	20.3	21.4	15.3	15.8	15.3	41.6	42.7	35.7	36.0	35.7
Suisse[1]	10.8	11.8	11.7	12.8	13.2	46.8	43.8	45.7	47.6	48.2
Turquie	4.9	6.9	5.3	5.8	5.6	33.5	29.5	21.3	24.1	24.2
Moyenne non pondérée										
Moyenne OCDE	**11.5**	**11.5**	**10.2**	**11.3**	**11.3**	**36.2**	**33.9**	**32.2**	**34.0**	**34.0**

.. Non disponible

Note : Les séries temporelles complètes sont accessibles sur le site web http://oe.cd/series-temporelles-completes.

1. Le transferts en capital ont été directement diminués des impôts spécifiques auxquels ils se rapportent, sauf pour la France, le Luxembourg et la Pologne, où le transferts en capital ont été répartis entre les différentes rubriques en proportion des recettes fiscales.

StatLink https://stat.link/n9w0mx

Tableau 3.8. Impôts sur le revenu des personnes physiques (1100) en % du PIB et en % du total des recettes fiscales

	% du PIB					% du total des recettes fiscales				
	1990	2000	2010	2018	2019	1990	2000	2010	2018	2019
Allemagne	9.6	9.2	8.6	10.5	10.6	27.6	25.3	24.1	27.2	27.4
Australie	12.1	11.5	9.8	11.7	11.6	43.0	37.7	38.7	41.2	42.0
Autriche	8.2	9.3	9.2	9.4	9.6	21.0	22.0	22.4	22.2	22.6
Belgique[1]	13.2	13.8	12.1	11.8	11.3	32.0	31.4	28.2	26.9	26.5
Canada	14.3	12.8	10.9	12.0	12.2	40.8	36.8	35.0	35.7	36.0
Chili	0.9	1.4	1.3	1.4	1.5	5.6	7.6	6.8	6.7	7.2
Colombie	0.2	0.8	1.0	1.2	1.3	1.8	4.9	5.3	6.4	6.8
Corée	3.7	3.1	3.2	4.9	4.8	20.0	14.6	14.2	18.4	17.5
Costa Rica	0.0	0.0	1.0	1.3	1.4	0.0	0.0	4.6	5.8	6.1
Danemark[1]	24.0	24.7	23.3	24.1	24.3	54.0	52.6	52.0	54.5	52.1
Espagne	6.9	6.4	6.9	7.7	7.9	21.7	19.3	22.1	22.1	22.7
Estonie	..	6.8	5.3	5.5	5.5	..	22.0	15.9	16.5	16.5
États-Unis	9.8	11.9	8.1	10.1	10.3	37.7	42.2	34.8	40.6	41.1
Finlande	14.9	14.0	12.0	12.2	12.2	34.7	30.6	29.5	28.9	29.0
France[1]	4.4	7.8	7.2	9.4	9.3	10.7	17.9	17.0	20.5	20.7
Grèce	3.6	4.3	4.0	6.4	6.0	14.1	13.0	12.4	16.1	15.2
Hongrie	..	7.2	6.4	5.4	5.2	..	18.6	17.4	14.7	14.2
Irlande	10.7	9.8	8.8	7.0	6.9	33.1	31.9	31.6	31.4	31.7
Islande	8.2	12.5	11.7	14.5	14.3	26.9	34.8	36.5	39.8	41.0
Israël	..	10.1	5.5	6.3	6.3	..	29.1	18.0	20.6	20.9
Italie	9.5	10.1	11.2	10.7	11.0	26.3	24.8	26.9	25.7	25.8
Japon	7.7	5.3	4.9	6.0	5.9	27.8	21.0	18.6	19.1	18.8
Lettonie	..	5.5	6.2	6.0	6.5	..	18.8	21.6	19.2	20.8
Lituanie[1]	..	7.6	3.6	4.3	7.2	..	24.8	12.7	14.1	23.9
Luxembourg[1]	8.1	6.8	7.9	9.3	9.3	24.1	18.5	20.9	23.6	23.9
Mexique	..	..	2.3	3.4	3.4	..	..	18.3	21.2	20.8
Norvège	10.5	10.1	9.9	10.0	10.4	26.2	24.2	23.7	25.4	26.0
Nouvelle-Zélande	17.4	14.0	11.4	12.1	12.4	48.0	43.1	37.7	37.5	39.5
Pays-Bas	9.8	5.6	7.7	8.0	8.5	24.7	15.1	21.5	20.5	21.6
Pologne[1]	..	4.3	4.3	5.3	5.3	..	13.2	13.9	15.1	15.1
Portugal	4.2	5.3	5.4	6.5	6.3	15.9	17.0	17.7	18.7	18.4
République slovaque	..	3.3	2.6	3.6	3.8	..	9.9	9.3	10.5	10.9
République tchèque	..	4.2	3.3	4.3	4.4	..	12.9	10.2	12.2	12.7
Royaume-Uni	9.7	9.5	9.2	9.0	9.0	29.4	29.0	28.6	27.4	27.6
Slovénie	..	5.5	5.6	5.4	5.3	..	14.6	14.7	14.4	14.2
Suède	18.8	17.7	12.1	12.9	12.3	38.5	35.4	28.1	29.5	28.7
Suisse[1]	7.5	7.9	8.1	8.2	8.4	32.3	29.4	31.8	30.7	30.6
Turquie	3.9	5.2	3.5	3.7	3.8	26.8	22.2	14.0	15.4	16.3
Moyenne non pondérée										
Moyenne OCDE	**9.0**	**8.3**	**7.2**	**7.9**	**8.0**	**26.6**	**23.4**	**22.0**	**23.1**	**23.5**

.. Non disponible

Note : Les séries temporelles complètes sont accessibles sur le site web http://oe.cd/series-temporelles-completes.

1. Le transferts en capital ont été directement diminués des impôts spécifiques auxquels ils se rapportent, sauf pour la France, le Luxembourg et la Pologne, où le transferts en capital ont été répartis entre les différentes rubriques en proportion des recettes fiscales.

StatLink https://stat.link/b0htwi

Tableau 3.9. Impôts sur les bénéfices des sociétés (1200) en % du PIB et en % du total des recettes fiscales

	% du PIB					% du total des recettes fiscales				
	1990	2000	2010	2018	2019	1990	2000	2010	2018	2019
Allemagne	1.7	1.8	1.5	2.1	2.0	4.8	4.8	4.2	5.6	5.2
Australie	4.0	6.2	4.5	5.4	4.7	14.1	20.2	17.9	18.9	17.1
Autriche	1.4	1.9	1.9	2.7	2.7	3.6	4.6	4.6	6.4	6.4
Belgique[1]	2.0	3.1	2.5	4.3	3.7	4.8	7.2	5.9	9.8	8.7
Canada	2.5	4.2	3.2	4.1	4.2	7.0	12.2	10.5	12.2	12.3
Chili	2.1	2.1	4.0	4.7	4.9	12.4	11.2	20.4	22.1	23.4
Colombie	1.6	2.6	3.8	4.9	4.7	13.9	16.7	20.7	25.6	24.0
Corée	2.4	3.0	3.1	4.2	4.3	12.8	14.1	13.8	15.7	15.7
Costa Rica	0.0	0.0	2.3	2.5	2.8	0.0	0.0	10.3	11.0	11.9
Danemark[1]	1.7	3.2	2.3	2.8	3.1	3.9	6.8	5.1	6.2	6.7
Espagne	2.8	2.9	1.8	2.5	2.1	8.8	8.8	5.9	7.1	6.0
Estonie	..	0.9	1.3	2.0	1.8	..	2.8	4.0	6.1	5.5
États-Unis	2.0	2.2	1.8	1.3	1.3	7.5	7.9	7.5	5.3	5.4
Finlande	1.9	5.7	2.4	2.5	2.5	4.5	12.5	6.0	6.0	6.0
France[1]	2.2	3.0	2.3	2.1	2.2	5.3	6.9	5.5	4.6	4.9
Grèce	1.4	4.0	2.6	2.2	2.2	5.5	11.9	7.9	5.6	5.6
Hongrie	..	2.2	1.2	1.3	1.3	..	5.7	3.3	3.6	3.5
Irlande	1.6	3.6	2.4	3.2	3.1	4.9	11.7	8.5	14.3	14.0
Islande	0.8	1.2	0.9	2.4	2.1	2.8	3.3	2.7	6.5	5.9
Israël	..	3.3	2.6	3.2	3.1	..	9.6	8.6	10.4	10.1
Italie	3.6	2.8	2.3	1.9	2.0	10.0	6.9	5.5	4.4	4.6
Japon	6.2	3.5	3.0	4.1	3.8	22.4	13.7	11.6	12.9	12.0
Lettonie	..	1.5	1.0	1.1	0.2	..	5.3	3.4	3.4	0.5
Lituanie[1]	..	0.7	1.0	1.5	1.6	..	2.2	3.5	5.0	5.1
Luxembourg[1]	5.4	6.6	5.8	6.3	5.9	16.1	18.0	15.3	16.0	15.2
Mexique	..	..	1.8	3.4	3.3	..	..	14.4	21.3	20.1
Norvège	3.6	8.8	9.9	6.5	5.9	9.0	21.0	23.6	16.4	14.7
Nouvelle-Zélande	2.3	4.0	3.7	5.0	3.9	6.5	12.4	12.2	15.6	12.4
Pays-Bas	3.0	4.0	2.3	3.5	3.7	7.5	10.9	6.4	9.0	9.4
Pologne[1]	..	2.4	1.9	2.1	2.2	..	7.3	6.2	5.9	6.3
Portugal	2.1	3.7	2.7	3.3	3.1	8.0	11.9	9.0	9.6	9.0
République slovaque	..	2.6	2.4	3.3	3.0	..	7.6	8.7	9.6	8.8
République tchèque	..	3.2	3.2	3.6	3.5	..	9.9	10.0	10.4	10.1
Royaume-Uni	3.3	3.5	2.8	2.6	2.3	9.9	10.6	8.9	7.8	7.0
Slovénie	..	1.1	1.8	1.9	2.0	..	3.0	4.9	5.2	5.3
Suède	1.5	3.6	3.2	2.8	3.0	3.1	7.3	7.6	6.5	7.0
Suisse[1]	1.7	2.4	2.6	3.0	3.1	7.3	8.8	10.1	11.4	11.4
Turquie	1.0	1.7	1.8	2.1	1.8	6.7	7.3	7.3	8.7	7.9
Moyenne non pondérée										
Moyenne OCDE	**2.3**	**3.1**	**2.7**	**3.1**	**3.0**	**8.0**	**9.3**	**9.0**	**10.1**	**9.6**

.. Non disponible

Note : Les séries temporelles complètes sont accessibles sur le site web http://oe.cd/series-temporelles-completes.

1. Le transferts en capital ont été directement diminués des impôts spécifiques auxquels ils se rapportent, sauf pour la France, le Luxembourg et la Pologne, où le transferts en capital ont été répartis entre les différentes rubriques en proportion des recettes fiscales.

StatLink https://stat.link/zu43x0

Tableau 3.10. Cotisations de sécurité sociale (2000) en % du PIB et en % du total des recettes fiscales

	% du PIB					% du total des recettes fiscales				
	1990	2000	2010	2018	2019	1990	2000	2010	2018	2019
Allemagne	13.0	14.2	13.8	14.5	14.6	37.5	39.0	38.9	37.7	37.9
Australie	0.0	0.0	0.0	0.0	0.0	0.0	0.0	0.0	0.0	0.0
Autriche	12.9	14.3	14.0	14.7	14.9	32.9	33.8	34.2	34.8	34.9
Belgique[1]	13.7	13.5	13.9	13.3	13.2	33.2	30.8	32.4	30.2	31.0
Canada	4.3	4.7	4.6	4.6	4.7	12.1	13.6	14.9	13.8	13.9
Chili	1.5	1.4	1.3	1.5	1.5	9.0	7.3	6.8	6.9	7.3
Colombie	0.9	2.6	2.1	1.8	1.9	7.9	16.3	11.7	9.6	9.5
Corée	1.9	3.5	5.2	6.8	7.3	10.1	16.7	23.3	25.4	26.7
Costa Rica	6.5	6.4	7.3	8.0	8.1	28.9	30.4	33.1	34.3	34.2
Danemark[1]	0.0	0.6	0.1	0.0	0.0	0.0	1.4	0.2	0.1	0.1
Espagne	11.2	11.5	11.9	11.7	12.3	35.4	34.9	37.9	33.9	35.3
Estonie	..	10.9	12.7	11.5	11.7	..	35.1	38.4	34.9	35.0
États-Unis	6.7	6.7	6.1	6.1	6.1	25.6	23.6	26.1	24.5	24.5
Finlande	11.0	11.5	12.0	11.8	11.8	25.6	25.2	29.7	27.9	27.9
France[1]	18.1	15.6	16.1	16.0	14.8	44.1	35.8	38.2	34.9	33.0
Grèce	7.6	10.1	11.0	11.9	12.2	30.2	30.3	34.2	29.9	30.8
Hongrie	..	11.3	11.6	11.6	11.7	..	29.4	31.4	31.6	32.0
Irlande	4.6	3.7	5.1	3.7	3.7	14.1	11.9	18.2	16.6	16.8
Islande	1.0	2.8	3.8	3.5	3.2	3.1	7.7	11.8	9.5	9.2
Israël	..	5.1	5.2	5.3	5.2	..	14.6	16.9	17.1	17.4
Italie	11.9	11.6	13.0	13.0	13.3	32.9	28.5	31.1	31.1	31.2
Japon	7.3	8.9	10.8	12.7	12.9	26.5	35.2	41.1	40.2	41.1
Lettonie	..	9.8	8.6	9.1	9.6	..	33.5	30.1	29.3	30.6
Lituanie[1]	..	9.9	11.6	12.6	9.6	..	32.2	41.1	41.8	31.8
Luxembourg[1]	9.2	9.6	10.9	10.8	10.8	27.5	26.1	29.0	27.3	27.7
Mexique	2.0	2.1	2.1	2.2	2.3	16.8	18.0	16.2	13.4	13.8
Norvège	10.6	8.8	9.4	10.1	10.6	26.3	21.0	22.4	25.5	26.5
Nouvelle-Zélande	0.0	0.0	0.0	0.0	0.0	0.0	0.0	0.0	0.0	0.0
Pays-Bas	14.9	14.3	12.9	14.0	13.4	37.4	38.7	36.3	36.0	34.2
Pologne[1]	..	12.9	10.8	13.1	13.2	..	39.2	34.4	37.2	37.6
Portugal	7.2	7.9	8.6	9.3	9.6	27.2	25.6	28.4	26.9	27.8
République slovaque	..	13.9	12.0	14.7	15.0	..	41.4	42.6	43.0	43.4
République tchèque	..	14.3	14.4	15.3	15.4	..	44.3	44.8	43.8	44.2
Royaume-Uni	5.6	5.5	6.1	6.3	6.5	17.0	16.8	18.9	19.2	19.7
Slovénie	..	15.0	15.8	15.4	15.7	..	39.7	41.9	41.4	42.2
Suède	13.3	12.7	10.8	9.6	9.2	27.2	25.5	25.1	21.9	21.4
Suisse[1]	5.4	6.5	6.1	6.4	6.5	23.3	24.2	23.7	23.8	23.7
Turquie	2.9	4.4	6.1	7.2	7.2	19.7	18.7	24.9	29.9	31.4
Moyenne non pondérée										
Moyenne OCDE	**7.1**	**8.4**	**8.8**	**9.0**	**8.9**	**21.8**	**24.9**	**26.6**	**25.9**	**25.9**

.. Non disponible

Note : Les séries temporelles complètes sont accessibles sur le site web http://oe.cd/series-temporelles-completes.

1. Le transferts en capital ont été directement diminués des impôts spécifiques auxquels ils se rapportent, sauf pour la France, le Luxembourg et la Pologne, où le transferts en capital ont été répartis entre les différentes rubriques en proportion des recettes fiscales.

StatLink https://stat.link/8mkwgy

Tableau 3.11. Impôts sur les salaires ou la main-d'oeuvre (3000) en % du PIB et en % du total des recettes fiscales

	% du PIB					% du total des recettes fiscales				
	1990	2000	2010	2018	2019	1990	2000	2010	2018	2019
Allemagne	0.0	0.0	0.0	0.0	0.0	0.0	0.0	0.0	0.0	0.0
Australie	1.7	1.4	1.3	1.4	1.3	6.1	4.5	5.2	4.8	4.7
Autriche	2.4	2.7	2.8	2.7	2.7	6.0	6.4	6.9	6.4	6.4
Belgique[1]	0.0	0.0	0.0	0.0	0.0	0.0	0.0	0.0	0.0	0.0
Canada	0.8	0.7	0.6	0.7	0.7	2.3	2.1	2.1	2.0	2.2
Chili	0.0	0.0	0.0	0.0	0.0	0.0	0.0	0.0	0.0	0.0
Colombie	0.0	0.7	0.7	0.4	0.3	0.0	4.2	4.1	1.8	1.7
Corée	0.1	0.0	0.1	0.1	0.1	0.4	0.2	0.2	0.3	0.3
Costa Rica	1.4	1.3	1.3	1.4	1.4	6.4	6.3	5.9	6.0	5.9
Danemark[1]	0.3	0.2	0.2	0.3	0.3	0.7	0.4	0.5	0.6	0.6
Espagne	0.0	0.0	0.0	0.0	0.0	0.0	0.0	0.0	0.0	0.0
Estonie	..	0.0	0.0	0.0	0.0	..	0.0	0.0	0.0	0.0
États-Unis	0.0	0.0	0.0	0.0	0.0	0.0	0.0	0.1	0.0	0.1
Finlande	0.0	0.0	0.0	0.0	0.0	0.0	0.0	0.0	0.0	0.0
France[1]	0.8	1.0	1.3	1.5	1.8	1.9	2.3	3.2	3.3	4.0
Grèce	0.2	0.0	0.0	0.0	0.0	0.7	0.0	0.0	0.0	0.0
Hongrie	..	1.4	0.4	0.9	1.0	..	3.6	1.1	2.6	2.9
Irlande	0.4	0.0	0.2	0.2	0.2	1.3	0.0	0.7	0.8	1.0
Islande	1.1	0.0	0.2	0.3	0.3	3.5	0.1	0.5	0.8	0.9
Israël	..	1.3	1.2	1.2	1.1	..	3.6	3.8	3.8	3.8
Italie	0.1	0.0	0.0	0.0	0.0	0.3	0.0	0.0	0.0	0.0
Japon	0.0	0.0	0.0	0.0	0.0	0.0	0.0	0.0	0.0	0.0
Lettonie	..	0.0	0.0	0.0	0.0	..	0.0	0.1	0.0	0.0
Lituanie[1]	..	0.0	0.0	0.0	0.0	..	0.0	0.0	0.0	0.0
Luxembourg[1]	0.0	0.0	0.0	0.0	0.0	0.0	0.0	0.0	0.0	0.0
Mexique	0.2	0.2	0.3	0.4	0.4	1.8	1.5	2.2	2.5	2.5
Norvège	0.0	0.0	0.0	0.1	0.1	0.0	0.0	0.0	0.1	0.1
Nouvelle-Zélande	0.0	0.0	0.0	0.0	0.0	0.0	0.0	0.0	0.0	0.0
Pays-Bas	0.0	0.0	0.0	0.0	0.0	0.0	0.0	0.0	0.0	0.0
Pologne[1]	..	0.2	0.3	0.2	0.3	..	0.7	0.8	0.6	0.7
Portugal	0.0	0.0	0.0	0.0	0.0	0.0	0.0	0.0	0.0	0.0
République slovaque	..	0.0	0.0	0.0	0.0	..	0.0	0.0	0.0	0.0
République tchèque	..	0.0	0.0	0.0	0.0	..	0.0	0.0	0.0	0.0
Royaume-Uni	0.0	0.0	0.0	0.1	0.1	0.0	0.0	0.0	0.4	0.4
Slovénie	..	1.5	0.1	0.0	0.0	..	4.1	0.2	0.1	0.1
Suède	1.2	2.1	3.0	5.1	5.3	2.5	4.2	7.0	11.6	12.4
Suisse[1]	0.0	0.0	0.0	0.0	0.0	0.0	0.0	0.0	0.0	0.0
Turquie	0.0	0.0	0.0	0.0	0.0	0.0	0.0	0.0	0.0	0.0
Moyenne non pondérée										
Moyenne OCDE	**0.4**	**0.4**	**0.4**	**0.4**	**0.5**	**1.2**	**1.2**	**1.2**	**1.3**	**1.3**

.. Non disponible

Note : Les séries temporelles complètes sont accessibles sur le site web http://oe.cd/series-temporelles-completes.

1. Le transferts en capital ont été directement diminués des impôts spécifiques auxquels ils se rapportent, sauf pour la France, le Luxembourg et la Pologne, où le transferts en capital ont été répartis entre les différentes rubriques en proportion des recettes fiscales.

StatLink https://stat.link/ecuh8b

Tableau 3.12. Impôts sur le patrimoine (4000) en % du PIB et en % du total des recettes fiscales

	% du PIB					% du total des recettes fiscales				
	1990	2000	2010	2018	2019	1990	2000	2010	2018	2019
Allemagne	1.2	0.8	0.8	1.1	1.1	3.4	2.3	2.3	2.8	2.9
Australie	2.5	2.7	2.4	2.7	2.7	9.0	8.8	9.4	9.5	9.8
Autriche	1.1	0.6	0.5	0.5	0.5	2.7	1.3	1.3	1.3	1.3
Belgique[1]	1.6	2.1	3.1	3.4	3.4	3.8	4.7	7.2	7.8	8.0
Canada	3.5	3.3	3.8	3.9	3.9	10.0	9.5	12.3	11.5	11.4
Chili	1.0	1.3	0.8	1.1	1.1	6.2	7.0	4.1	5.2	5.5
Colombie	0.2	1.0	1.6	1.5	1.8	2.2	6.6	8.7	8.0	9.1
Corée	2.2	2.6	2.5	3.1	3.1	11.8	12.4	11.3	11.6	11.4
Costa Rica	0.3	0.2	0.3	0.4	0.4	1.3	0.9	1.5	1.8	1.9
Danemark[1]	1.9	1.6	1.9	1.8	2.0	4.3	3.3	4.1	4.1	4.3
Espagne	1.7	2.1	2.1	2.5	2.5	5.5	6.5	6.6	7.3	7.1
Estonie	..	0.4	0.3	0.2	0.2	..	1.2	1.0	0.7	0.6
États-Unis	3.1	2.9	3.1	2.9	2.9	11.7	10.3	13.5	11.8	11.5
Finlande	1.1	1.1	1.1	1.4	1.4	2.4	2.4	2.7	3.4	3.4
France[1]	2.6	3.0	3.5	4.0	3.9	6.3	6.9	8.4	8.7	8.7
Grèce	1.2	2.6	1.7	3.1	3.1	4.6	7.7	5.2	7.7	7.7
Hongrie	..	0.7	1.1	1.0	0.9	..	1.7	3.1	2.6	2.6
Irlande	1.5	1.8	1.4	1.3	1.2	4.6	5.7	5.1	5.9	5.7
Islande	2.6	2.8	2.3	2.0	2.1	8.4	7.9	7.0	5.5	6.0
Israël	..	3.1	3.3	3.2	3.1	..	9.0	10.7	10.2	10.2
Italie	0.8	1.9	2.0	2.5	2.4	2.3	4.6	4.8	6.0	5.7
Japon	2.6	2.7	2.6	2.6	2.6	9.4	10.5	9.7	8.1	8.2
Lettonie	..	1.1	0.9	0.9	0.9	..	3.8	3.0	3.0	3.0
Lituanie[1]	..	0.5	0.4	0.3	0.3	..	1.5	1.3	1.0	1.0
Luxembourg[1]	2.8	3.9	2.6	3.9	3.8	8.4	10.7	7.0	9.8	9.8
Mexique	0.2	0.2	0.3	0.3	0.3	1.9	1.8	2.3	2.0	2.0
Norvège	1.2	1.0	1.1	1.2	1.3	2.9	2.3	2.6	3.1	3.2
Nouvelle-Zélande	2.5	1.7	2.0	1.9	1.9	6.8	5.3	6.6	5.8	6.2
Pays-Bas	1.5	1.9	1.4	1.6	1.5	3.7	5.3	3.8	4.0	3.8
Pologne[1]	..	1.4	1.3	1.3	1.3	..	4.3	4.2	3.7	3.6
Portugal	0.7	1.1	1.1	1.4	1.4	2.7	3.7	3.7	4.2	4.1
République slovaque	..	0.6	0.4	0.4	0.4	..	1.8	1.4	1.2	1.2
République tchèque	..	0.5	0.4	0.5	0.4	..	1.4	1.3	1.3	1.2
Royaume-Uni	2.7	3.8	3.8	4.1	4.1	8.2	11.4	12.0	12.6	12.4
Slovénie	..	0.6	0.6	0.6	0.6	..	1.7	1.6	1.6	1.7
Suède	1.7	1.7	1.0	0.9	0.9	3.5	3.3	2.4	2.2	2.2
Suisse[1]	2.1	2.6	2.0	2.0	2.1	8.9	9.7	7.7	7.5	7.7
Turquie	0.3	0.7	1.0	1.0	1.0	2.3	3.2	4.1	4.3	4.2
Moyenne non pondérée										
Moyenne OCDE	**1.7**	**1.7**	**1.6**	**1.8**	**1.8**	**5.5**	**5.3**	**5.4**	**5.5**	**5.5**

.. Non disponible

Note : Les séries temporelles complètes sont accessibles sur le site web http://oe.cd/series-temporelles-completes.

1. Le transferts en capital ont été directement diminués des impôts spécifiques auxquels ils se rapportent, sauf pour la France, le Luxembourg et la Pologne, où le transferts en capital ont été répartis entre les différentes rubriques en proportion des recettes fiscales.

StatLink https://stat.link/7gxo09

Tableau 3.13. Impôts sur les biens et services (5000) en % du PIB en % du total des recettes fiscales

	% du PIB					% du total des recettes fiscales				
	1990	2000	2010	2018	2019	1990	2000	2010	2018	2019
Allemagne	9.3	10.4	10.8	10.3	10.3	26.7	28.5	30.5	26.7	26.6
Australie	7.8	8.8	7.2	7.3	7.3	27.8	28.8	28.8	25.5	26.3
Autriche	12.4	12.4	11.7	11.7	11.7	31.5	29.3	28.7	27.7	27.5
Belgique[1]	10.8	11.3	11.2	11.1	11.0	26.1	25.9	26.1	25.2	25.6
Canada	9.1	8.4	7.4	7.8	7.7	25.8	24.2	24.0	23.4	22.8
Chili	10.6	12.0	10.0	11.3	11.1	62.9	63.8	51.2	53.3	53.0
Colombie	6.1	7.3	8.2	8.2	8.5	53.8	46.3	45.1	42.8	43.0
Corée	8.2	8.0	7.5	7.0	7.0	44.3	38.4	33.7	26.3	25.8
Costa Rica	10.2	9.9	8.9	8.1	8.2	45.5	46.7	40.3	35.0	34.8
Danemark[1]	15.0	15.7	15.0	14.6	14.1	33.9	33.5	33.6	33.0	30.3
Espagne	9.0	10.1	8.6	10.2	10.0	28.4	30.6	27.5	29.5	28.9
Estonie	..	12.1	13.5	13.8	14.2	..	38.8	40.7	41.8	42.4
États-Unis	4.5	4.5	4.2	4.4	4.4	17.5	16.0	18.1	17.7	17.5
Finlande	14.0	13.4	13.0	14.3	14.2	32.5	29.2	32.0	33.8	33.7
France[1]	11.7	11.5	11.2	12.3	12.4	28.4	26.4	26.6	26.9	27.6
Grèce	11.2	11.8	12.5	15.8	15.7	44.5	35.2	38.6	39.5	39.9
Hongrie	..	15.6	16.0	16.5	16.3	..	40.6	43.3	44.8	44.7
Irlande	13.6	11.9	9.9	6.9	6.8	41.9	38.8	35.8	31.0	30.8
Islande	15.6	15.8	11.3	12.1	11.3	51.3	44.1	35.2	33.2	32.3
Israël	..	11.5	12.0	11.1	10.8	..	33.1	39.4	36.2	35.9
Italie	10.2	11.4	11.1	12.0	12.0	28.0	28.2	26.6	28.7	28.3
Japon	3.8	4.9	4.9	6.2	6.2	13.7	19.3	18.7	19.5	19.7
Lettonie	..	11.2	12.0	14.0	14.1	..	38.6	41.8	45.1	45.0
Lituanie[1]	..	12.1	11.7	11.5	11.6	..	39.4	41.4	38.1	38.2
Luxembourg[1]	7.9	9.8	10.4	9.1	9.1	23.6	26.6	27.6	23.2	23.3
Mexique	5.3	4.8	4.9	5.9	6.2	44.0	41.7	38.0	36.4	37.6
Norvège	14.3	13.1	11.6	11.6	11.7	35.5	31.4	27.7	29.4	29.4
Nouvelle-Zélande	12.1	11.3	12.0	12.2	12.2	33.6	34.7	39.6	37.9	38.7
Pays-Bas	10.5	10.9	11.2	11.7	12.1	26.4	29.7	31.5	30.1	30.7
Pologne[1]	..	11.6	12.6	13.1	12.8	..	35.3	40.3	37.2	36.5
Portugal	11.7	12.6	12.3	13.8	13.7	44.2	40.7	40.4	39.7	39.8
République slovaque	..	12.2	10.5	11.9	12.1	..	36.3	37.2	34.9	35.0
République tchèque	..	10.2	10.9	11.3	11.1	..	31.5	33.8	32.3	31.9
Royaume-Uni	10.2	10.6	10.1	10.7	10.7	31.0	32.2	31.6	32.7	32.8
Slovénie	..	13.8	13.9	13.9	13.6	..	36.6	36.7	37.2	36.6
Suède	12.2	12.1	12.7	12.4	12.1	25.0	24.2	29.7	28.2	28.2
Suisse[1]	4.8	6.0	5.8	5.5	5.4	20.9	22.2	22.5	20.5	19.9
Turquie	4.1	9.9	11.8	9.7	9.0	27.9	42.0	47.7	40.5	39.0
Moyenne non pondérée										
Moyenne OCDE	**9.9**	**10.8**	**10.5**	**10.8**	**10.8**	**33.7**	**33.9**	**34.0**	**32.8**	**32.6**

.. Non disponible

Note : Les séries temporelles complètes sont accessibles sur le site web http://oe.cd/series-temporelles-completes.

1. Le transferts en capital ont été directement diminués des impôts spécifiques auxquels ils se rapportent, sauf pour la France, le Luxembourg et la Pologne, où le transferts en capital ont été répartis entre les différentes rubriques en proportion des recettes fiscales.

StatLink https://stat.link/j9fyvr

Tableau 3.14. Taxes sur la valeur ajoutée (5111) en % du PIB en % du total des recettes fiscales

	% du PIB					% du total des recettes fiscales				
	1990	2000	2010	2018	2019	1990	2000	2010	2018	2019
Allemagne	5.8	6.7	7.0	7.0	7.0	16.6	18.4	19.8	18.2	18.2
Australie	0.0	3.4	3.3	3.3	3.2	0.0	11.1	13.1	11.7	11.7
Autriche	8.2	7.9	7.7	7.6	7.7	20.8	18.7	18.7	18.0	18.0
Belgique[1]	6.8	7.1	7.0	6.7	6.7	16.4	16.1	16.2	15.4	15.6
Canada	0.0	3.2	4.2	4.5	4.5	0.0	9.2	13.7	13.6	13.3
Chili	6.3	7.9	7.5	8.5	8.3	37.4	41.8	38.5	40.2	39.9
Colombie	2.6	4.3	5.3	5.7	5.8	22.6	27.6	29.3	29.4	29.6
Corée	3.5	3.6	3.9	4.1	4.3	18.7	17.0	17.5	15.3	15.7
Costa Rica	4.1	4.8	4.6	4.1	4.4	18.1	22.8	21.0	17.8	18.5
Danemark[1]	8.3	9.1	9.4	9.5	9.3	18.7	19.5	20.9	21.5	20.1
Espagne	5.0	5.8	5.2	6.6	6.5	15.7	17.6	16.5	19.0	18.7
Estonie	..	8.4	8.5	9.0	9.0	..	27.1	25.7	27.3	26.7
États-Unis	0.0	0.0	0.0	0.0	0.0	0.0	0.0	0.0	0.0	0.0
Finlande	8.3	8.0	8.3	9.2	9.2	19.3	17.4	20.4	21.6	21.7
France[1]	7.6	7.2	6.8	7.1	7.1	18.4	16.7	16.1	15.4	15.9
Grèce	6.2	6.3	7.1	8.5	8.4	24.6	18.9	22.0	21.3	21.3
Hongrie	..	8.7	8.5	9.5	9.5	..	22.5	23.0	25.9	26.1
Irlande	6.6	7.0	6.0	4.3	4.3	20.4	22.9	21.7	19.4	19.6
Islande	8.7	10.2	7.3	8.6	8.0	28.4	28.5	22.7	23.6	22.9
Israël	..	7.4	7.5	7.4	7.2	..	21.2	24.4	24.1	23.9
Italie	5.3	6.2	6.1	6.2	6.2	14.7	15.4	14.5	14.8	14.7
Japon	1.2	2.3	2.5	4.0	4.1	4.4	9.1	9.6	12.8	13.2
Lettonie	..	6.9	6.7	8.4	8.7	..	23.9	23.3	27.0	27.7
Lituanie[1]	..	7.5	7.8	7.7	7.9	..	24.4	27.5	25.6	26.1
Luxembourg[1]	4.0	4.9	6.5	5.8	5.8	12.1	13.2	17.3	14.8	15.0
Mexique	3.2	2.8	3.8	3.9	3.8	26.1	24.7	29.4	24.3	23.4
Norvège	7.6	8.2	7.8	8.4	8.6	18.8	19.8	18.6	21.2	21.6
Nouvelle-Zélande	8.1	8.1	9.3	9.5	9.5	22.4	24.9	30.7	29.6	30.3
Pays-Bas	6.5	6.4	6.7	6.8	7.1	16.5	17.3	18.7	17.6	18.2
Pologne[1]	..	6.9	7.6	8.1	7.9	..	21.0	24.2	23.1	22.6
Portugal	5.2	7.6	7.5	8.7	8.8	19.6	24.5	24.8	25.1	25.4
République slovaque	..	6.8	6.1	7.1	7.3	..	20.4	21.8	20.7	21.0
République tchèque	..	5.9	6.6	7.6	7.5	..	18.3	20.5	21.6	21.6
Royaume-Uni	5.5	5.9	6.1	7.0	7.0	16.9	18.1	19.0	21.2	21.3
Slovénie	..	8.5	8.1	8.2	8.0	..	22.6	21.3	22.0	21.6
Suède	7.3	8.2	9.0	9.2	9.1	14.9	16.4	21.1	21.1	21.3
Suisse[1]	2.7	3.5	3.3	3.1	3.1	11.5	13.0	12.7	11.7	11.2
Turquie	2.7	5.7	5.4	4.8	4.2	18.3	24.2	21.7	19.8	18.1
Moyenne non pondérée										
Moyenne OCDE	**5.1**	**6.3**	**6.4**	**6.7**	**6.7**	**17.0**	**19.6**	**20.5**	**20.3**	**20.3**

.. Non disponible

Note : Les séries temporelles complètes sont accessibles sur le site web http://oe.cd/series-temporelles-completes.

1. Le transferts en capital ont été directement diminués des impôts spécifiques auxquels ils se rapportent, sauf pour la France, le Luxembourg et la Pologne, où le transferts en capital ont été répartis entre les différentes rubriques en proportion des recettes fiscales.

StatLink https://stat.link/5n830v

Tableau 3.15. Recettes fiscales des sous-secteurs de l'administration en % du PIB

	Supranationale			Administration centrale			Administrations d'États fédérés/Régions			Administrations locales			Administrations de sécurité sociale		
	1975	1995	2019	1975	1995	2019	1975	1995	2019	1975	1995	2019	1975	1995	2019
Pays fédéraux															
Allemagne	0.4	0.2	0.2	11.5	11.4	11.3	7.6	7.9	9.2	3.1	2.7	3.3	11.7	14.1	14.6
Australie	..	..	..	20.3	21.9	22.4	4.0	5.4	4.3	1.1	1.0	1.0	0.0	0.0	0.0
Autriche	..	0.2	0.2	18.8	26.7	27.6	3.9	0.7	0.9	4.5	1.7	1.3	9.2	12.0	12.5
Belgique[1]	0.6	0.4	0.4	25.4	25.8	21.7	..	0.8	4.5	1.7	2.0	2.1	11.2	13.8	14.0
Canada	..	..	..	14.8	13.5	14.1	10.1	12.8	13.4	3.1	3.4	3.3	3.1	4.8	3.0
États-Unis	..	..	..	11.2	11.0	10.0	4.8	5.3	5.2	3.6	3.5	3.7	5.0	6.7	6.1
Mexique	..	..	..	..	7.5	13.1	..	0.3	0.7	..	0.2	0.3	..	2.2	2.3
Suisse[1]	..	..	..	6.7	7.9	9.8	5.9	6.0	6.8	4.4	4.4	4.3	4.8	6.7	6.5
Moyenne non pondérée	0.5	0.3	0.3	15.5	15.7	16.3	6.0	4.9	5.6	3.1	2.4	2.4	6.4	7.5	7.4
Pays régionaux															
Colombie[2]	..	..	..	..	10.1	14.4	..	0.9	1.0	..	1.4	2.5	..	3.6	1.9
Espagne[2]	..	0.2	0.2	8.6	16.0	14.0	..	1.6	5.4	0.8	2.7	3.2	8.5	10.8	12.0
Pays unitaires															
Chili	..	..	..	..	16.5	17.9	..	..	..	..	1.2	1.7	..	0.7	1.3
Corée	..	..	..	13.2	13.0	15.3	..	..	..	1.5	3.5	4.7	0.1	2.3	7.3
Costa Rica	..	..	..	..	12.4	13.6	..	..	..	..	0.3	0.7	..	6.2	9.2
Danemark[1]	0.4	0.2	0.1	25.6	31.7	34.5	..	..	..	11.0	14.6	12.0	0.0	0.0	0.0
Estonie	..	..	0.2	..	29.5	27.5	..	..	..	..	0.3	0.3	..	5.2	5.6
Finlande	..	0.2	0.2	20.3	20.7	20.6	..	..	..	8.5	9.9	9.6	7.4	13.7	11.8
France[1]	0.2	0.3	0.2	17.9	18.0	14.6	..	..	..	2.6	4.7	6.1	14.2	19.4	24.0
Grèce	..	0.2	0.2	12.5	18.8	26.1	..	..	..	0.6	0.6	1.0	5.5	8.8	12.2
Hongrie	..	..	0.1	..	26.0	22.9	..	..	..	..	1.0	2.1	..	13.7	11.4
Irlande	0.6	0.5	0.1	21.6	26.4	18.1	..	..	..	2.0	0.8	0.4	3.6	4.0	3.3
Islande	..	..	..	24.0	24.3	25.0	..	..	..	5.5	6.4	9.9	0.0	0.0	0.0
Israël	..	..	..	..	28.1	22.6	..	..	..	..	2.2	2.4	..	4.9	5.2
Italie	..	0.1	0.2	13.0	24.1	24.2	..	..	..	0.2	2.1	4.8	11.2	12.1	13.3
Japon	..	..	..	9.0	10.5	11.1	..	..	..	5.1	6.4	7.4	5.7	8.5	12.9
Lettonie	..	..	0.2	..	12.9	15.8	..	..	..	..	5.8	6.0	..	11.0	9.3
Lituanie[1]	..	..	0.3	..	19.8	20.0	..	..	..	..	0.6	0.3	..	7.2	9.6
Luxembourg[1]	0.2	0.2	0.3	20.0	23.1	26.3	..	..	..	2.1	2.3	1.9	9.1	9.3	10.5
Norvège	..	..	..	19.7	22.7	33.7	..	..	..	8.7	7.9	6.2	10.5	8.8	0.0
Nouvelle-Zélande	..	..	..	27.7	33.7	29.3	..	..	..	2.3	1.9	2.2	0.0	0.0	0.0
Pays-Bas	0.6	0.5	0.4	22.2	20.9	24.0	..	..	..	0.4	1.2	1.3	14.5	14.7	13.4
Pologne[1]	..	..	0.2	..	22.4	17.3	..	..	..	..	3.1	4.4	..	11.1	13.2
Portugal	..	0.2	0.2	12.3	21.2	22.7	..	..	..	0.0	1.6	2.5	6.5	6.3	9.2
République slovaque	..	..	0.2	..	24.7	19.2	..	..	..	..	0.5	0.6	..	14.2	14.6
République tchèque	..	..	0.2	..	19.9	18.9	..	..	..	..	0.3	0.3	..	14.3	15.4
Royaume-Uni	0.3	0.3	0.2	24.1	22.7	24.4	..	..	..	3.8	1.1	1.7	6.0	5.2	6.5
Slovénie	..	..	0.1	..	19.8	18.2	..	..	..	..	2.4	3.3	..	17.0	15.5
Suède	..	0.2	0.1	19.7	21.1	22.2	..	..	..	11.2	13.9	15.2	7.5	9.8	5.3
Turquie	..	..	..	..	12.3	13.7	..	..	..	..	2.1	2.1	..	2.0	7.2
Moyenne non pondérée	0.4	0.3	0.2	18.9	21.3	21.4	..	..	..	4.1	3.5	4.0	6.4	8.2	8.8

.. Non disponible

1. Le transferts en capital ont été directement diminués des impôts spécifiques auxquels ils se rapportent, sauf pour la France, le Luxembourg et la Pologne, où le transferts en capital ont été répartis entre les différentes rubriques en proportion des recettes fiscales.
2. La Colombie et l'Espagne ne sont pas des pays constitutionnellement fédéraux, mais tous deux ont une structure politique très décentralisée, avec une grande autonomie de leurs entités territoriales.

StatLink https://stat.link/ctge4u

Tableau 3.16. Principales recettes de l'administration centrale en % du total des recettes fiscales de l'administration centrale, 2019

	1000 Revenu & bénéfices	2000 Sécurité sociale[3]	3000 Salaires	4000 Patrimoine	5000 Biens & services	6000 Autres
Pays fédéraux						
Allemagne	45.6	0.0	0.0	0.4	54.0	0.0
Australie	73.2	0.0	0.2	0.0	26.6	0.0
Autriche	44.2	7.8	5.3	1.3	40.9	0.5
Belgique[1]	55.2	0.1	0.0	2.2	42.6	0.0
Canada	73.4	7.2	0.0	0.0	19.4	0.0
États-Unis	91.2	0.0	0.0	0.8	8.1	0.0
Mexique	52.7	0.0	0.0	0.0	46.0	1.3
Suisse[1]	46.8	0.0	0.0	2.0	51.1	0.1
Moyenne non pondérée	60.3	1.9	0.7	0.8	36.1	0.2
Pays régionaux						
Colombie[2]	44.2	0.0	2.4	6.7	46.3	0.4
Espagne[2]	40.1	2.0	0.0	0.2	57.7	0.1
Pays unitaires						
Chili	40.7	1.4	0.0	2.2	56.5	-0.7
Corée	53.3	0.0	0.0	6.6	38.1	2.0
Costa Rica	36.2	1.5	0.0	0.9	57.4	3.9
Danemark[1]	50.5	0.1	0.8	2.0	40.0	0.0
Estonie	26.8	22.5	0.0	0.0	50.8	0.0
Finlande	28.6	0.0	0.0	3.2	68.1	0.1
France[1]	40.3	2.3	3.1	5.7	48.2	0.3
Grèce	32.6	0.1	0.0	8.3	59.0	0.0
Hongrie	28.2	2.6	4.5	2.6	61.9	0.2
Irlande	55.4	2.1	1.2	4.6	36.7	0.0
Islande	37.9	12.8	1.2	1.5	44.1	2.4
Israël	43.9	0.0	5.0	3.6	47.5	0.0
Italie	51.5	0.0	0.0	5.7	42.8	0.0
Japon	53.1	0.0	0.0	5.3	41.6	0.0
Lettonie	9.1	2.1	0.1	1.0	87.7	0.0
Lituanie[1]	43.9	0.0	0.0	0.0	56.1	0.0
Luxembourg[1]	51.2	1.1	0.0	14.1	33.5	0.2
Norvège	32.3	31.4	0.2	1.5	34.7	0.0
Nouvelle-Zélande	59.2	0.0	0.0	0.1	40.7	0.0
Pays-Bas	50.6	0.0	0.0	3.3	45.6	0.4
Pologne[1]	26.5	0.0	1.5	0.0	72.0	0.0
Portugal	38.9	4.2	0.0	1.0	54.7	1.2
République slovaque	36.8	2.0	0.0	0.0	61.2	0.0
République tchèque	41.8	0.0	0.0	1.2	57.0	0.0
Royaume-Uni	46.5	0.0	0.5	9.7	43.3	0.0
Slovénie	26.1	0.9	0.3	0.0	72.7	0.0
Suède	2.1	17.5	23.9	2.6	53.7	0.1
Turquie	35.0	0.0	0.0	4.0	50.4	1.1
Moyenne non pondérée	38.8	3.7	1.5	3.3	52.3	0.4

Note : Sont exclues les cotisations de sécurité sociale versées aux administrations de sécurité sociale.

1. Le transferts en capital ont été directement diminués des impôts spécifiques auxquels ils se rapportent, sauf pour la France, le Luxembourg et la Pologne, où le transferts en capital ont été répartis entre les différentes rubriques en proportion des recettes fiscales.
2. La Colombie et l'Espagne ne sont pas des pays constitutionnellement fédéraux, mais tous deux ont une structure politique très décentralisée, avec une grande autonomie de leurs entités territoriales.
3. Ne sont incluses que les cotisations de sécurité sociale versées à l'administration centrale.

StatLink https://stat.link/4tph8s

Tableau 3.17. Principaux impôts des administrations d'États fédérés en % du total des recettes fiscales des administrations d'États fédérés, 2019

	1000 Revenu & bénéfices	2000 Sécurité sociale	3000 Salaires	4000 Patrimoine	5000 Biens & services	6000 Autres
Pays fédéraux						
Allemagne[1]	52.2	0.0	0.0	7.6	40.1	0.0
Australie	0.0	0.0	29.1	40.1	30.8	0.0
Autriche[1]	36.7	13.5	32.0	1.5	13.5	2.9
Belgique[1, 2]	46.5	1.2	0.0	37.6	14.7	0.0
Canada	48.1	4.7	5.6	4.9	36.8	0.0
États-Unis	43.2	0.0	0.3	3.3	53.3	0.0
Mexique	0.0	0.0	61.9	17.8	15.4	4.9
Suisse[2]	75.8	0.0	0.0	17.4	6.0	0.7
Moyenne non pondérée	37.8	2.4	16.1	16.3	26.3	1.1
Pays régionaux						
Colombie[3]	0.0	0.0	0.0	0.0	71.6	28.4
Espagne[1, 3]	70.5	0.0	0.0	19.2	10.3	0.0
Pays unitaires						
Chili	..	..	..	..	..	..
Corée	..	..	..	..	..	..
Costa Rica	..	..	..	..	..	..
Danemark	..	..	..	..	..	..
Estonie	..	..	..	..	..	..
Finlande	..	..	..	..	..	..
France	..	..	..	..	..	..
Grèce	..	..	..	..	..	..
Hongrie	..	..	..	..	..	..
Irlande	..	..	..	..	..	..
Islande	..	..	..	..	..	..
Israël	..	..	..	..	..	..
Italie	..	..	..	..	..	..
Japon	..	..	..	..	..	..
Lettonie	..	..	..	..	..	..
Lituanie	..	..	..	..	..	..
Luxembourg	..	..	..	..	..	..
Norvège	..	..	..	..	..	..
Nouvelle-Zélande	..	..	..	..	..	..
Pays-Bas	..	..	..	..	..	..
Pologne	..	..	..	..	..	..
Portugal	..	..	..	..	..	..
République slovaque	..	..	..	..	..	..
République tchèque	..	..	..	..	..	..
Royaume-Uni	..	..	..	..	..	..
Slovénie	..	..	..	..	..	..
Suède	..	..	..	..	..	..
Turquie	..	..	..	..	..	..
Moyenne non pondérée	..	..	..	..	..	..

.. Non disponible

1. Les versements à L'Union européenne ne sont pas retenus dans ces comparaisons.
2. Le total des recettes fiscales a été diminué du montant de tout transfert en capital représentant les impôts non perçus. Le transfert en capital a été réparti entre les différentes rubriques en proportion des recettes fiscales, sauf pour la Belgique, où le transfert en capital a été directement diminué des impôts spécifiques auxquels il se rapporte.
3. La Colombie et l'Espagne ne sont pas des pays constitutionnellement fédéraux, mais tous deux ont une structure politique très décentralisée, avec une grande autonomie de leurs entités territoriales.

StatLink https://stat.link/g9w5uc

Tableau 3.18. Principaux impôts locaux en % du total des recettes fiscales des administrations locales, 2019

	1000 Revenu & bénéfices	2000 Sécurité sociale	3000 Salaires	4000 Patrimoine	5000 Biens & services	6000 Autres
Pays fédéraux						
Allemagne[1]	79.8	0.0	0.0	11.4	8.6	0.3
Australie	0.0	0.0	0.0	100.0	0.0	0.0
Autriche[1]	0.0	4.6	71.7	13.5	7.3	2.9
Belgique[1, 2]	35.2	0.2	0.0	57.2	7.4	0.0
Canada	0.0	0.0	0.0	97.0	1.8	1.2
États-Unis	5.7	0.0	0.0	71.8	22.5	0.0
Mexique	0.0	0.0	0.0	75.1	1.8	23.2
Suisse[2]	80.5	0.0	0.0	16.8	0.7	2.0
Moyenne non pondérée	25.1	0.6	9.0	55.4	6.3	3.7
Pays régionaux						
Colombie[3]	0.0	0.0	0.0	33.5	44.7	21.8
Espagne[1, 3]	17.9	0.0	0.0	44.1	37.9	0.1
Pays unitaires						
Chili	0.0	0.0	0.0	43.6	56.4	0.0
Corée	19.6	0.0	1.8	44.6	25.9	8.2
Costa Rica	0.0	0.0	0.0	46.0	54.0	0.0
Danemark[1, 2]	89.0	0.0	0.0	11.0	0.0	0.0
Estonie[1]	0.0	0.0	0.0	82.2	17.8	0.0
Finlande[1]	91.9	0.0	0.0	8.1	0.0	0.0
France[1, 2]	0.0	0.0	7.5	50.1	35.4	7.1
Grèce[1]	0.0	0.0	0.0	93.2	6.8	0.0
Hongrie[1]	0.0	0.0	0.0	16.6	83.4	0.0
Irlande[1]	0.0	5.3	0.0	94.7	0.0	0.0
Islande	80.2	0.0	0.0	17.4	2.4	0.0
Israël	0.0	0.0	0.0	95.3	4.7	0.0
Italie[1]	19.5	0.0	0.0	21.7	30.7	28.1
Japon	50.9	0.0	0.0	26.7	21.3	1.1
Lettonie[1]	86.4	0.0	0.0	12.3	1.2	0.0
Lituanie[2]	0.0	0.0	0.0	84.2	15.8	0.0
Luxembourg[1, 2]	93.5	0.0	0.0	5.5	0.9	0.1
Norvège	86.6	0.0	0.0	12.7	0.8	0.0
Nouvelle-Zélande	0.0	0.0	0.0	87.7	12.3	0.0
Pays-Bas[1]	0.0	0.0	0.0	52.4	47.6	0.0
Pologne[1, 2]	66.4	0.0	0.0	28.6	3.9	1.1
Portugal[1]	25.3	0.0	0.0	47.7	26.7	0.2
République slovaque[1]	0.0	0.0	0.0	63.7	36.3	0.0
République tchèque[1]	0.0	0.0	0.0	56.0	44.0	0.0
Royaume-Uni[1]	0.0	0.0	0.0	100.0	0.0	0.0
Slovénie[1]	75.0	0.0	0.0	18.5	6.5	0.0
Suède[1]	97.6	0.0	0.0	2.4	0.0	0.0
Turquie	31.9	0.0	0.0	14.7	40.9	0.0
Moyenne non pondérée	32.6	0.2	0.3	44.2	20.8	1.9

1. Les versements à L'Union européenne ne sont pas retenus dans ces comparaisons.
2. Le transferts en capital ont été directement diminués des impôts spécifiques auxquels ils se rapportent, sauf pour la France, le Luxembourg et la Pologne, où le transferts en capital ont été répartis entre les différentes rubriques en proportion des recettes fiscales.
3. La Colombie et l'Espagne ne sont pas des pays constitutionnellement fédéraux, mais tous deux ont une structure politique très décentralisée, avec une grande autonomie de leurs entités territoriales.

StatLink https://stat.link/xzl2t1

Tableau 3.19. Produit intérieur brut pour les années de déclaration fiscale au prix du marché, en milliards de monnaie nationale

		1965	1990	2000	2007	2010	2013	2015	2018	2019	2020p
Allemagne	EUR	234.8	1 306.7	2 109.1	2 499.6	2 564.4	2 811.4	3 026.2	3 367.9	3 473.4	3 367.6
Australie[1]	AUD	24.3	414.5	705.1	1 177.3	1 416.6	1 598.5	1 660.7	1 952.7	1 985.8	2 068.1
Autriche	EUR	18.5	137.5	213.6	284.0	295.9	323.9	344.3	385.4	397.6	377.3
Belgique	EUR	20.9	170.1	256.4	343.6	363.1	392.9	416.7	460.4	476.3	451.2
Canada	CAD	61.3	696.1	1 125.5	1 577.7	1 666.0	1 902.2	1 990.4	2 231.2	2 310.7	2 204.9
Chili	CLP	..	10 522.7	42 005.2	90 702.9	111 508.6	137 876.2	159 553.3	190 825.8	196 379.3	200 512.4
Colombie	COP	..	22 731.4	195 108.6	428 506.0	544 060.0	714 093.0	804 692.0	987 791.0	1 061 119.0	1 002 587.2
Corée[2]	KRW	831.4	200 556.2	651 634.4	1 089 660.2	1 322 611.2	1 500 819.1	1 658 020.4	1 898 192.6	1 919 039.9	1 924 453.0
Costa Rica[3]	CRC	..	525.3	4 627.1	13 889.1	19 802.0	25 463.0	30 171.9	35 966.1	37 558.1	35 983.5
Danemark	DKK	71.5	855.6	1 326.9	1 738.8	1 810.9	1 929.7	2 036.4	2 253.3	2 318.0	2 329.6
Espagne	EUR	8.7	328.7	647.9	1 075.5	1 072.7	1 020.3	1 077.6	1 203.3	1 244.4	1 121.7
Estonie	EUR	..	..	6.2	16.4	14.7	18.9	20.6	25.8	27.7	26.8
États-Unis	USD	709.0	5 963.1	10 251.0	14 474.2	15 049.0	16 843.2	18 206.0	20 527.2	21 372.6	20 893.7
Finlande	EUR	4.5	91.0	136.4	187.1	188.1	204.3	211.4	233.5	240.1	237.5
France	EUR	76.4	1 053.5	1 478.6	1 941.4	1 995.3	2 117.2	2 198.4	2 363.3	2 437.6	2 302.9
Grèce	EUR	0.7	45.5	141.2	232.7	224.1	179.6	176.1	179.7	183.4	165.8
Hongrie	HUF	..	..	13 324.1	25 701.4	27 431.3	30 290.9	34 937.3	43 350.4	47 524.0	47 743.5
Irlande	EUR	1.3	37.9	108.5	197.1	167.4	179.4	262.8	326.0	356.5	372.9
Islande	ISK	0.2	377.0	709.6	1 387.0	1 681.0	1 970.1	2 310.8	2 844.7	3 047.7	2 941.1
Israël	ILS	..	119.2	540.1	736.0	877.4	1 062.2	1 166.4	1 341.6	1 418.4	1 401.4
Italie	EUR	22.4	730.9	1 241.5	1 614.8	1 611.3	1 612.8	1 655.4	1 771.6	1 790.9	1 651.6
Japon[1]	JPY	35 750.7	472 519.8	537 616.3	538 483.9	504 872.1	512 685.7	540 739.3	556 419.0	558 313.1	536 637.9
Lettonie	EUR	..	..	6.9	22.7	18.0	22.9	24.6	29.1	30.4	29.3
Lituanie	EUR	..	..	13.4	29.0	28.0	35.0	37.3	45.5	48.8	48.9
Luxembourg	EUR	1.0	11.0	23.1	37.2	40.2	46.5	52.1	60.1	63.5	64.1
Mexique	MXN	..	843.6	6 693.7	11 504.1	13 366.4	16 277.2	18 572.1	23 523.2	24 443.0	23 122.0
Norvège	NOK	57.2	749.9	1 507.3	2 350.2	2 591.5	3 071.2	3 111.2	3 553.9	3 568.5	3 413.5
Nouvelle-Zélande[1]	NZD	4.1	75.9	122.2	188.8	205.7	237.0	258.7	310.3	317.2	339.9
Pays-Bas	EUR	35.6	263.0	452.0	619.2	639.2	660.5	690.0	774.0	813.1	800.1
Pologne	PLN	..	62.7	748.5	1 187.5	1 446.8	1 646.7	1 801.1	2 121.6	2 293.2	2 323.9
Portugal	EUR	0.6	56.0	128.4	175.5	179.6	170.5	179.7	205.2	213.9	202.4
République slovaque	EUR	..	10.0	31.7	63.2	68.2	74.4	79.8	89.4	93.9	91.6
République tchèque	CZK	..	731.2	2 386.3	3 859.5	3 992.9	4 142.8	4 625.4	5 409.7	5 790.3	5 694.6
Royaume-Uni	GBP	36.4	615.7	1 095.9	1 546.1	1 606.0	1 780.3	1 919.6	2 141.8	2 217.8	2 112.0
Slovénie	EUR	..	0.9	18.9	35.1	36.4	36.5	38.9	45.9	48.4	46.9
Suède	SEK	129.3	1 549.8	2 408.2	3 320.3	3 573.6	3 822.7	4 260.5	4 828.3	5 049.6	4 983.4
Suisse	CHF	70.1	369.5	472.6	592.4	629.3	660.6	675.7	719.3	727.2	706.2
Turquie	TRY	0.0	0.5	171.5	887.7	1 167.7	1 823.4	2 350.9	3 758.8	4 317.8	5 046.9

.. Non disponible

1. PIB se référant à l'année fiscale.L'année A est calculée (taux annuel) comme la moyenne de: T2(A) à T1(A+1) pour le Japon; et T3(A) à T2(A+1) pour l'Australie et la Nouvelle-Zélande.
2. Le PIB de la Corée pour 2020 est extrait des Comptes nationaux de l'OCDE, consultés en septembre 2021, et est estimé.
3. Le PIB indiqué pour 1990 pour le Costa Rica est tiré du FMI (World Economic Outlook Database, consulté en octobre 2021). Le PIB pour toutes les autres années est tiré des Comptes nationaux des pays de l'OCDE.

Source : Comptes nationaux de l'OCDE.

StatLink https://stat.link/w7lv4p

Tableau 3.20. Taux de change utilisés, unités de monnaie nationale par dollar des É-U au taux de change du marché

		1965	1990	2000	2007	2010	2013	2015	2018	2019	2020p
Allemagne	EUR	..	0.8	1.1	0.7	0.8	0.8	0.9	0.8	0.9	0.9
Australie	AUD	0.9	1.3	1.8	1.2	1.0	1.1	1.3	1.4	1.4	1.5
Autriche	EUR	..	0.8	1.1	0.7	0.8	0.8	0.9	0.8	0.9	0.9
Belgique	EUR	..	0.8	1.1	0.7	0.8	0.8	0.9	0.8	0.9	0.9
Canada	CAD	1.1	1.2	1.5	1.1	1.0	1.0	1.3	1.3	1.3	1.3
Chili	CLP	0.0	304.9	539.4	522.2	510.0	495.3	654.3	641.9	703.3	791.7
Colombie	COP	10.5	502.3	2 087.9	2 078.3	1 898.6	1 868.8	2 741.9	2 955.7	3 280.8	3 694.9
Corée	KRW	266.3	708.0	1 130.6	929.5	1 155.4	1 094.9	1 131.3	1 100.2	1 165.3	1 180.1
Costa Rica	CRC	6.6	91.6	308.2	516.6	525.8	499.8	534.6	577.0	587.3	584.9
Danemark	DKK	6.9	6.2	8.1	5.4	5.6	5.6	6.7	6.3	6.7	6.5
Espagne	EUR	..	0.8	1.1	0.7	0.8	0.8	0.9	0.8	0.9	0.9
Estonie	EUR	..	0.8	1.1	0.7	0.8	0.8	0.9	0.8	0.9	0.9
États-Unis	USD	1.0	1.0	1.0	1.0	1.0	1.0	1.0	1.0	1.0	1.0
Finlande	EUR	..	0.8	1.1	0.7	0.8	0.8	0.9	0.8	0.9	0.9
France	EUR	..	0.8	1.1	0.7	0.8	0.8	0.9	0.8	0.9	0.9
Grèce	EUR	..	0.8	1.1	0.7	0.8	0.8	0.9	0.8	0.9	0.9
Hongrie	HUF	..	63.2	282.3	183.6	207.8	223.6	279.2	270.2	290.6	308.0
Irlande	EUR	0.5	0.8	1.1	0.7	0.8	0.8	0.9	0.8	0.9	0.9
Islande	ISK	0.4	58.4	78.8	64.1	122.2	122.2	131.9	108.3	122.6	135.4
Israël	ILS	0.0	2.0	4.1	4.1	3.7	3.6	3.9	3.6	3.6	3.4
Italie	EUR	..	0.8	1.1	0.7	0.8	0.8	0.9	0.8	0.9	0.9
Japon	JPY	361.7	142.2	111.2	114.2	85.7	99.7	118.0	110.1	108.5	106.8
Lettonie	EUR	..	0.8	1.1	0.7	0.8	0.8	0.9	0.8	0.9	0.9
Lituanie	EUR	..	0.8	1.1	0.7	0.8	0.8	0.9	0.8	0.9	0.9
Luxembourg	EUR	..	0.8	1.1	0.7	0.8	0.8	0.9	0.8	0.9	0.9
Mexique	MXN	0.0	2.8	9.5	10.9	12.6	12.8	15.9	19.2	19.2	21.4
Norvège	NOK	7.2	6.3	8.8	5.9	6.0	5.9	8.1	8.1	8.8	9.4
Nouvelle-Zélande	NZD	0.7	1.7	2.3	1.4	1.3	1.2	1.4	1.5	1.5	1.5
Pays-Bas	EUR	..	0.8	1.1	0.7	0.8	0.8	0.9	0.8	0.9	0.9
Pologne	PLN	0.0	1.0	4.3	2.8	3.0	3.2	3.8	3.6	3.8	3.9
Portugal	EUR	..	0.8	1.1	0.7	0.8	0.8	0.9	0.8	0.9	0.9
République slovaque	EUR	..	0.8	1.1	0.7	0.8	0.8	0.9	0.8	0.9	0.9
République tchèque	CZK	..	..	38.6	20.3	19.1	19.6	24.6	21.7	22.9	23.2
Royaume-Uni	GBP	0.4	0.6	0.7	0.5	0.6	0.6	0.7	0.7	0.8	0.8
Slovénie	EUR	..	0.8	1.1	0.7	0.8	0.8	0.9	0.8	0.9	0.9
Suède	SEK	5.2	5.9	9.2	6.8	7.2	6.5	8.4	8.7	9.5	9.2
Suisse	CHF	4.3	1.4	1.7	1.2	1.0	0.9	1.0	1.0	1.0	0.9
Turquie	TRY	0.0	0.0	0.6	1.3	1.5	1.9	2.7	4.8	5.7	7.0

.. Non disponible
Source : Indicateurs financiers de l'OCDE.

StatLink https://stat.link/nhg93f

4 Tableaux par pays, 1990-2019

Le Chapitre 4 fournit un aperçu des recettes fiscales par catégorie et par sous-secteur d'administration pour chaque pays membre de l'OCDE.

4.1 Recettes fiscales et % du PIB pour une sélection de catégories d'impôts et par niveau d'administration

Dans tous les tableaux suivants, le symbole (..) signifie que l'information n'est pas disponible ou qu'elle n'est pas applicable. La principale série chronologique dans ce chapitre couvre une sélection d'années entre 1990 et 2019. Des séries complètes sont, cependant, disponible en ligne. La partie V dans l'édition 1998 de ce Rapport fournit des données pour les années 1955 et 1960 (pour dix-neuf pays de l'OCDE).

Les chiffres du Produit Intérieur Brut (PIB) se fondent sur le Système de comptabilité nationale de 2008 (SCN 2008) pour tous les pays membres de l'OCDE.

Encadré 4.1. Traitements des transferts en capital.

Les notes de bas de page de certains tableaux se réfèrent au traitement des transferts en capital que certains pays effectuent pour tenir compte des impôts qui ont été évalués mais non recouvrés. Le transfert en capital a été soustrait des recettes fiscales totales pour la France, le Luxembourg et la Pologne et cette réduction a été répartie entre les différentes rubriques en pourcentage de leurs recettes au niveau de l'administration par rapport à laquelle ces transferts ont été enregistrés. Dans le cas de l'Autriche, de la Belgique, du Danemark, de la Lituanie et de la Suisse, le transfert en capital a plutôt été soustrait directement des impôts spécifiques auxquels il se rapporte.

Les pays déclarant des transferts en capital sont les suivants :

- Autriche pour 2020.
- Belgique à partir de 1995.
- Danemark à partir de 1971.
- France à partir de 1992.
- Lituanie à partir de 1999.
- Luxembourg à partir de 2013.
- Pologne de 1995 à 2019.
- Suisse à partir de 1990.

Tableau 4.1. Australie, recettes fiscales et % du PIB (sélection de catégories d'impôts)

	Milliard AUD					% du PIB				
	1990	2000	2010	2018	2019	1990	2000	2010	2018	2019
Recettes fiscales totales	**116.5**	**214.8**	**356.7**	**557.2**	**549.5**	**28.1**	**30.5**	**25.2**	**28.5**	**27.7**
1000 Impôts sur le revenu, les bénéfices et les gains en capital	**66.5**	**124.4**	**202.2**	**334.9**	**325.1**	**16.1**	**17.6**	**14.3**	**17.1**	**16.4**
1100 Des personnes physiques	50.1	81.0	138.2	229.4	230.9	12.1	11.5	9.8	11.7	11.6
1200 Des sociétés	16.5	43.4	64.0	105.4	94.2	4.0	6.2	4.5	5.4	4.7
1300 Non-ventilables entre 1100 et 1200	0.0	0.0	0.0	0.0	0.0	0.0	0.0	0.0	0.0	0.0
2000 Cotisations de sécurité sociale	**0.0**	**0.0**	**0.0**	**0.0**	**0.0**	**0.0**	**0.0**	**0.0**	**0.0**	**0.0**
2100 À la charge des salariés	0.0	0.0	0.0	0.0	0.0	0.0	0.0	0.0	0.0	0.0
2200 À la charge des employeurs	0.0	0.0	0.0	0.0	0.0	0.0	0.0	0.0	0.0	0.0
2300 À la charge des indép. ou sans emploi	0.0	0.0	0.0	0.0	0.0	0.0	0.0	0.0	0.0	0.0
2400 Non-ventilables entre 2100, 2200 et 2300	0.0	0.0	0.0	0.0	0.0	0.0	0.0	0.0	0.0	0.0
3000 Sur les salaires ou main d'oeuvre	**7.1**	**9.6**	**18.5**	**26.9**	**26.0**	**1.7**	**1.4**	**1.3**	**1.4**	**1.3**
4000 Impôts sur le patrimoine	**10.4**	**18.8**	**33.5**	**53.1**	**54.0**	**2.5**	**2.7**	**2.4**	**2.7**	**2.7**
4100 Impôts périodiques sur la propriété immobilière	6.1	9.1	19.9	32.7	33.8	1.5	1.3	1.4	1.7	1.7
4200 Impôts périodiques sur l'actif net	0.0	0.0	0.0	0.0	0.0	0.0	0.0	0.0	0.0	0.0
4300 Impôts sur mut. par décès, succ. et donations	0.0	0.0	0.0	0.0	0.0	0.0	0.0	0.0	0.0	0.0
4400 Impôts sur transact. mobilières et immob.	4.3	9.8	13.6	20.4	20.2	1.0	1.4	1.0	1.0	1.0
4500 Impôts non périodiques sur	0.0	0.0	0.0	0.0	0.0	0.0	0.0	0.0	0.0	0.0
4600 Autres impôts périodiques sur patrimoine	0.0	0.0	0.0	0.0	0.0	0.0	0.0	0.0	0.0	0.0
5000 Impôts sur les biens et services	**32.4**	**61.9**	**102.6**	**142.3**	**144.4**	**7.8**	**8.8**	**7.2**	**7.3**	**7.3**
5100 Impôts sur production, vente, transfert, etc.	27.2	56.2	90.8	122.1	123.6	6.6	8.0	6.4	6.3	6.2
5110 Impôts généraux	9.4	25.8	48.1	66.8	65.7	2.3	3.7	3.4	3.4	3.3
5111 Taxes sur la valeur ajoutée	0.0	23.9	46.9	65.1	64.0	0.0	3.4	3.3	3.3	3.2
5120 Impôts sur biens et services déterminés	17.8	30.3	42.7	55.2	57.9	4.3	4.3	3.0	2.8	2.9
5121 Accises	12.0	19.8	26.7	24.5	24.1	2.9	2.8	1.9	1.3	1.2
5200 Impôts sur utilisation des biens et exerc. activités	5.2	5.7	11.7	20.2	20.8	1.3	0.8	0.8	1.0	1.0
5300 Non-ventilables entre 5100 et 5200	0.0	0.0	0.0	0.0	0.0	0.0	0.0	0.0	0.0	0.0
6000 Autres impôts	**0.0**	**0.0**	**0.0**	**0.0**	**0.0**	**0.0**	**0.0**	**0.0**	**0.0**	**0.0**
Crédits d'impôts récupérables										
Crédits d'impôts récupérables contre 1000	..	0.2	6.7	10.4	10.0	..	0.0	0.5	0.5	0.5
Composante transfert	..	0.0	4.4	6.6	6.6	..	0.0	0.3	0.3	0.3
Composante fiscale	..	0.2	2.4	3.8	3.5	..	0.0	0.2	0.2	0.2

.. Non disponible

Note : Des données et des notes plus détaillées par pays sont disponibles dans le chapitre 5 "Tableaux détaillés par pays" accessible en ligne : https://doi.org/10.1787/df3c3b17-fr. Les séries temporelles complètes sont accessibles sur le site web http://oe.cd/series-temporelles-completes.

Source : Australian Bureau of Statistics.

StatLink https://stat.link/v9e64d

Tableau 4.2. Australie, recettes fiscales et % du PIB par niveaux d'administration (principaux impôts)

	Milliard AUD					% du PIB				
	1990	2000	2010	2018	2019	1990	2000	2010	2018	2019
Administrations fédérale ou centrale										
Recettes fiscales totales	**92.6**	**175.7**	**285.9**	**452.0**	**444.1**	**22.3**	**24.9**	**20.2**	**23.1**	**22.4**
1000 Impôts sur revenu, bénéfices et gains en capital	66.5	124.4	202.2	334.9	325.1	16.1	17.6	14.3	17.1	16.4
2000 Cotisations de sécurité sociale	0.0	0.0	0.0	0.0	0.0	0.0	0.0	0.0	0.0	0.0
3000 Sur salaires ou main d'oeuvre	1.3	0.1	0.5	1.1	1.0	0.3	0.0	0.0	0.1	0.1
4000 Impôts sur le patrimoine	0.2	0.0	0.0	0.0	0.0	0.1	0.0	0.0	0.0	0.0
5000 Impôts sur les biens et services	24.5	51.1	83.2	116.0	118.0	5.9	7.2	5.9	5.9	5.9
6000 Autres impôts	0.0	0.0	0.0	0.0	0.0	0.0	0.0	0.0	0.0	0.0
Administrations d'un État/Régions										
Recettes fiscales totales	**19.7**	**32.7**	**58.4**	**86.3**	**85.8**	**4.7**	**4.6**	**4.1**	**4.4**	**4.3**
1000 Impôts sur revenu, bénéfices et gains en capital	0.0	0.0	0.0	0.0	0.0	0.0	0.0	0.0	0.0	0.0
2000 Cotisations de sécurité sociale	0.0	0.0	0.0	0.0	0.0	0.0	0.0	0.0	0.0	0.0
3000 Sur salaires ou main d'oeuvre	5.8	9.5	18.0	25.9	25.0	1.4	1.3	1.3	1.3	1.3
4000 Impôts sur le patrimoine	6.0	12.4	21.0	34.2	34.4	1.4	1.8	1.5	1.8	1.7
5000 Impôts sur les biens et services	7.9	10.8	19.3	26.3	26.4	1.9	1.5	1.4	1.3	1.3
6000 Autres impôts	0.0	0.0	0.0	0.0	0.0	0.0	0.0	0.0	0.0	0.0
Administrations locales										
Recettes fiscales totales	**4.2**	**6.4**	**12.4**	**18.9**	**19.6**	**1.0**	**0.9**	**0.9**	**1.0**	**1.0**
1000 Impôts sur revenu, bénéfices et gains en capital	0.0	0.0	0.0	0.0	0.0	0.0	0.0	0.0	0.0	0.0
2000 Cotisations de sécurité sociale	0.0	0.0	0.0	0.0	0.0	0.0	0.0	0.0	0.0	0.0
3000 Sur salaires ou main d'oeuvre	0.0	0.0	0.0	0.0	0.0	0.0	0.0	0.0	0.0	0.0
4000 Impôts sur le patrimoine	4.2	6.4	12.4	18.9	19.6	1.0	0.9	0.9	1.0	1.0
5000 Impôts sur les biens et services	0.0	0.0	0.0	0.0	0.0	0.0	0.0	0.0	0.0	0.0
6000 Autres impôts	0.0	0.0	0.0	0.0	0.0	0.0	0.0	0.0	0.0	0.0
Administrations de sécurité sociale										
Recettes fiscales totales	**0.0**	**0.0**	**0.0**	**0.0**	**0.0**	**0.0**	**0.0**	**0.0**	**0.0**	**0.0**
1000 Impôts sur revenu, bénéfices et gains en capital	0.0	0.0	0.0	0.0	0.0	0.0	0.0	0.0	0.0	0.0
2000 Cotisations de sécurité sociale	0.0	0.0	0.0	0.0	0.0	0.0	0.0	0.0	0.0	0.0
3000 Sur salaires ou main d'oeuvre	0.0	0.0	0.0	0.0	0.0	0.0	0.0	0.0	0.0	0.0
4000 Impôts sur le patrimoine	0.0	0.0	0.0	0.0	0.0	0.0	0.0	0.0	0.0	0.0
5000 Impôts sur les biens et services	0.0	0.0	0.0	0.0	0.0	0.0	0.0	0.0	0.0	0.0
6000 Autres impôts	0.0	0.0	0.0	0.0	0.0	0.0	0.0	0.0	0.0	0.0

Note : Des données et des notes plus détaillées par pays sont disponibles dans le chapitre 6 "Recettes fiscales des sous-secteurs de l'administration" accessible en ligne : https://doi.org/10.1787/df3c3b17-fr. Les séries temporelles complètes sont accessibles sur le site web http://oe.cd/series-temporelles-completes.

Source : Australian Bureau of Statistics.

StatLink https://stat.link/n3q1ul

Tableau 4.3. Autriche, recettes fiscales et % du PIB (sélection de catégories d'impôts)

	Milliard EUR					% du PIB				
	1990	2000	2010	2018	2019	1990	2000	2010	2018	2019
Recettes fiscales totales	**54.0**	**90.3**	**121.2**	**162.8**	**169.2**	**39.3**	**42.3**	**41.0**	**42.3**	**42.6**
1000 Impôts sur le revenu, les bénéfices et les gains en capital	**13.8**	**25.6**	**34.0**	**47.8**	**49.9**	**10.0**	**12.0**	**11.5**	**12.4**	**12.5**
1100 Des personnes physiques	11.3	19.9	27.1	36.2	38.2	8.2	9.3	9.2	9.4	9.6
1200 Des sociétés	1.9	4.2	5.5	10.4	10.8	1.4	1.9	1.9	2.7	2.7
1300 Non-ventilables entre 1100 et 1200	0.5	1.5	1.4	1.1	0.8	0.4	0.7	0.5	0.3	0.2
2000 Cotisations de sécurité sociale	**17.8**	**30.5**	**41.4**	**56.7**	**59.1**	**12.9**	**14.3**	**14.0**	**14.7**	**14.9**
2100 À la charge des salariés	7.5	12.5	16.8	22.8	23.8	5.5	5.8	5.7	5.9	6.0
2200 À la charge des employeurs	8.8	14.7	19.4	26.7	27.8	6.4	6.9	6.6	6.9	7.0
2300 À la charge des indép. ou sans emploi	1.5	3.4	5.2	7.2	7.5	1.1	1.6	1.7	1.9	1.9
2400 Non-ventilables entre 2100, 2200 et 2300	0.0	0.0	0.0	0.0	0.0	0.0	0.0	0.0	0.0	0.0
3000 Sur les salaires ou main d'oeuvre	**3.3**	**5.8**	**8.4**	**10.4**	**10.8**	**2.4**	**2.7**	**2.8**	**2.7**	**2.7**
4000 Impôts sur le patrimoine	**1.5**	**1.2**	**1.6**	**2.1**	**2.2**	**1.1**	**0.6**	**0.5**	**0.5**	**0.5**
4100 Impôts périodiques sur la propriété immobilière	0.4	0.5	0.7	0.8	0.8	0.3	0.2	0.2	0.2	0.2
4200 Impôts périodiques sur l'actif net	0.6	0.0	0.0	0.0	0.0	0.5	0.0	0.0	0.0	0.0
4300 Impôts sur mut. par décès, succ. et donations	0.1	0.1	0.0	0.0	0.0	0.1	0.1	0.0	0.0	0.0
4400 Impôts sur transact. mobilières et immob.	0.4	0.6	0.8	1.2	1.3	0.3	0.3	0.3	0.3	0.3
4500 Impôts non périodiques sur	0.0	0.0	0.0	0.1	0.0	0.0	0.0	0.0	0.0	0.0
4600 Autres impôts périodiques sur patrimoine	0.0	0.0	0.0	0.0	0.0	0.0	0.0	0.0	0.0	0.0
5000 Impôts sur les biens et services	**17.0**	**26.5**	**34.7**	**45.1**	**46.5**	**12.4**	**12.4**	**11.7**	**11.7**	**11.7**
5100 Impôts sur production, vente, transfert, etc.	16.2	24.6	32.1	41.3	42.5	11.8	11.5	10.9	10.7	10.7
5110 Impôts généraux	11.2	16.9	22.7	29.3	30.4	8.2	7.9	7.7	7.6	7.7
5111 Taxes sur la valeur ajoutée	11.2	16.9	22.7	29.3	30.4	8.2	7.9	7.7	7.6	7.7
5120 Impôts sur biens et services déterminés	4.9	7.7	9.4	12.0	12.0	3.5	3.6	3.2	3.1	3.0
5121 Accises	3.3	5.5	6.9	8.2	8.2	2.4	2.6	2.3	2.1	2.1
5200 Impôts sur utilisation des biens et exerc. activités	0.9	1.9	2.6	3.8	4.1	0.6	0.9	0.9	1.0	1.0
5300 Non-ventilables entre 5100 et 5200	0.0	0.0	0.0	0.0	0.0	0.0	0.0	0.0	0.0	0.0
6000 Autres impôts	**0.7**	**0.8**	**1.1**	**0.8**	**0.8**	**0.5**	**0.4**	**0.4**	**0.2**	**0.2**
Crédits d'impôts récupérables										
Crédits d'impôts récupérables contre 1000	..	0.7	0.7	0.3	0.3	..	0.3	0.2	0.1	0.1
Composante transfert	..	0.1	0.2	0.1	0.1	..	0.0	0.1	0.0	0.0
Composante fiscale	..	0.6	0.4	0.2	0.2	..	0.3	0.1	0.1	0.1
Recettes fiscales collectés pour le compte de l'UE										
Recettes fiscales collectés pour le compte de l'UE, total	..	0.4	0.3	0.7	0.7	..	0.2	0.1	0.2	0.2
Droits de douane perçus pour le compte de l'UE	..	0.4	0.3	0.5	0.5	..	0.2	0.1	0.1	0.1
Contributions au Fonds de résolution unique collectées pour le compte de l'UE	..	..	..	0.2	0.2	..	..	..	0.1	0.0

.. Non disponible

Note : Des données et des notes plus détaillées par pays sont disponibles dans le chapitre 5 "Tableaux détaillés par pays" accessible en ligne : https://doi.org/10.1787/df3c3b17-fr. Les séries temporelles complètes sont accessibles sur le site web http://oe.cd/series-temporelles-completes.

Source : Statistics Austria.

StatLink https://stat.link/f2vp86

Tableau 4.4. Autriche, recettes fiscales et % du PIB par niveaux d'administration (principaux impôts)

	Milliard EUR					% du PIB				
	1990	2000	2010	2018	2019	1990	2000	2010	2018	2019
Administrations fédérale ou centrale										
Recettes fiscales totales	**27.2**	**60.5**	**80.7**	**106.0**	**109.9**	**19.8**	**28.3**	**27.3**	**27.5**	**27.6**
1000 Impôts sur revenu, bénéfices et gains en capital	8.6	24.9	33.1	46.5	48.6	6.2	11.7	11.2	12.1	12.2
2000 Cotisations de sécurité sociale	2.4	5.1	6.3	8.3	8.5	1.7	2.4	2.1	2.2	2.1
3000 Sur salaires ou main d'oeuvre	2.6	3.9	5.8	5.7	5.8	1.9	1.8	1.9	1.5	1.5
4000 Impôts sur le patrimoine	0.9	0.7	0.9	1.3	1.4	0.6	0.3	0.3	0.3	0.3
5000 Impôts sur les biens et services	12.3	25.3	33.7	43.6	45.0	8.9	11.8	11.4	11.3	11.3
6000 Autres impôts	0.5	0.6	0.9	0.5	0.6	0.4	0.3	0.3	0.1	0.1
Administrations d'un État/Régions										
Recettes fiscales totales	**5.8**	**1.4**	**2.0**	**3.4**	**3.4**	**4.2**	**0.7**	**0.7**	**0.9**	**0.9**
1000 Impôts sur revenu, bénéfices et gains en capital	2.8	0.6	0.9	1.2	1.3	2.0	0.3	0.3	0.3	0.3
2000 Cotisations de sécurité sociale	0.2	0.4	0.5	0.5	0.5	0.2	0.2	0.2	0.1	0.1
3000 Sur salaires ou main d'oeuvre	0.0	0.1	0.2	1.1	1.1	0.0	0.1	0.1	0.3	0.3
4000 Impôts sur le patrimoine	0.1	0.0	0.0	0.0	0.1	0.0	0.0	0.0	0.0	0.0
5000 Impôts sur les biens et services	2.7	0.2	0.3	0.4	0.5	2.0	0.1	0.1	0.1	0.1
6000 Autres impôts	0.0	0.1	0.1	0.1	0.1	0.0	0.0	0.0	0.0	0.0
Administrations locales										
Recettes fiscales totales	**6.1**	**3.2**	**3.8**	**5.1**	**5.3**	**4.4**	**1.5**	**1.3**	**1.3**	**1.3**
1000 Impôts sur revenu, bénéfices et gains en capital	2.4	0.0	0.0	0.0	0.0	1.8	0.0	0.0	0.0	0.0
2000 Cotisations de sécurité sociale	0.2	0.3	0.3	0.3	0.2	0.1	0.1	0.1	0.1	0.1
3000 Sur salaires ou main d'oeuvre	0.7	1.8	2.4	3.6	3.8	0.5	0.8	0.8	0.9	1.0
4000 Impôts sur le patrimoine	0.5	0.5	0.6	0.7	0.7	0.4	0.2	0.2	0.2	0.2
5000 Impôts sur les biens et services	2.1	0.6	0.4	0.4	0.4	1.5	0.3	0.1	0.1	0.1
6000 Autres impôts	0.2	0.1	0.1	0.1	0.2	0.1	0.0	0.0	0.0	0.0
Administrations de sécurité sociale										
Recettes fiscales totales	**15.0**	**24.8**	**34.4**	**47.6**	**49.8**	**10.9**	**11.6**	**11.6**	**12.4**	**12.5**
1000 Impôts sur revenu, bénéfices et gains en capital	0.0	0.0	0.0	0.0	0.0	0.0	0.0	0.0	0.0	0.0
2000 Cotisations de sécurité sociale	15.0	24.8	34.4	47.6	49.8	10.9	11.6	11.6	12.4	12.5
3000 Sur salaires ou main d'oeuvre	0.0	0.0	0.0	0.0	0.0	0.0	0.0	0.0	0.0	0.0
4000 Impôts sur le patrimoine	0.0	0.0	0.0	0.0	0.0	0.0	0.0	0.0	0.0	0.0
5000 Impôts sur les biens et services	0.0	0.0	0.0	0.0	0.0	0.0	0.0	0.0	0.0	0.0
6000 Autres impôts	0.0	0.0	0.0	0.0	0.0	0.0	0.0	0.0	0.0	0.0

Note : Des données et des notes plus détaillées par pays sont disponibles dans le chapitre 6 "Recettes fiscales des sous-secteurs de l'administration" accessible en ligne : https://doi.org/10.1787/df3c3b17-fr. Les séries temporelles complètes sont accessibles sur le site web http://oe.cd/series-temporelles-completes.

Source : Statistics Austria.

StatLink https://stat.link/h5xkns

Tableau 4.5. Belgique, recettes fiscales et % du PIB (sélection de catégories d'impôts)

	Milliard EUR					% du PIB				
	1990	2000	2010	2018	2019	1990	2000	2010	2018	2019
Recettes fiscales totales	**70.4**	**112.4**	**155.7**	**202.0**	**203.4**	**41.4**	**43.8**	**42.9**	**43.9**	**42.7**
1000 Impôts sur le revenu, les bénéfices et les gains en capital	**26.0**	**43.4**	**53.2**	**74.2**	**71.8**	**15.3**	**16.9**	**14.7**	**16.1**	**15.1**
1100 Des personnes physiques	22.5	35.3	44.0	54.4	54.0	13.2	13.8	12.1	11.8	11.3
1200 Des sociétés	3.4	8.1	9.2	19.8	17.7	2.0	3.1	2.5	4.3	3.7
1300 Non-ventilables entre 1100 et 1200	0.0	0.1	0.0	0.1	0.1	0.0	0.0	0.0	0.0	0.0
2000 Cotisations de sécurité sociale	**23.4**	**34.6**	**50.5**	**61.0**	**63.1**	**13.7**	**13.5**	**13.9**	**13.3**	**13.2**
2100 À la charge des salariés	7.2	10.9	15.0	18.4	19.1	4.2	4.3	4.1	4.0	4.0
2200 À la charge des employeurs	14.7	20.8	30.9	36.5	37.8	8.6	8.1	8.5	7.9	7.9
2300 À la charge des indép. ou sans emploi	1.5	2.9	4.6	6.1	6.2	0.9	1.1	1.3	1.3	1.3
2400 Non-ventilables entre 2100, 2200 et 2300	0.0	0.0	0.0	0.0	0.0	0.0	0.0	0.0	0.0	0.0
3000 Sur les salaires ou main d'oeuvre	**0.0**	**0.0**	**0.0**	**0.0**	**0.0**	**0.0**	**0.0**	**0.0**	**0.0**	**0.0**
4000 Impôts sur le patrimoine	**2.7**	**5.3**	**11.3**	**15.8**	**16.4**	**1.6**	**2.1**	**3.1**	**3.4**	**3.4**
4100 Impôts périodiques sur la propriété immobilière	0.6	1.2	4.6	5.7	6.1	0.4	0.5	1.3	1.2	1.3
4200 Impôts périodiques sur l'actif net	0.0	0.1	0.2	1.0	0.9	0.0	0.0	0.1	0.2	0.2
4300 Impôts sur mut. par décès, succ. et donations	0.5	1.1	2.3	3.2	2.9	0.3	0.4	0.6	0.7	0.6
4400 Impôts sur transact. mobilières et immob.	1.5	2.7	3.5	4.9	5.4	0.9	1.0	1.0	1.1	1.1
4500 Impôts non périodiques sur	0.0	0.1	0.3	0.6	0.5	0.0	0.0	0.1	0.1	0.1
4600 Autres impôts périodiques sur patrimoine	0.1	0.2	0.3	0.5	0.5	0.1	0.1	0.1	0.1	0.1
5000 Impôts sur les biens et services	**18.4**	**29.1**	**40.7**	**50.9**	**52.2**	**10.8**	**11.3**	**11.2**	**11.1**	**11.0**
5100 Impôts sur production, vente, transfert, etc.	17.4	27.0	38.3	48.2	49.3	10.2	10.5	10.5	10.5	10.3
5110 Impôts généraux	11.6	18.2	25.5	31.3	32.1	6.8	7.1	7.0	6.8	6.7
5111 Taxes sur la valeur ajoutée	11.5	18.1	25.3	31.1	31.7	6.8	7.1	7.0	6.7	6.7
5120 Impôts sur biens et services déterminés	5.8	8.7	12.8	17.0	17.2	3.4	3.4	3.5	3.7	3.6
5121 Accises	3.5	5.7	7.8	10.1	10.0	2.0	2.2	2.1	2.2	2.1
5200 Impôts sur utilisation des biens et exerc. activités	1.0	2.1	2.4	2.6	2.9	0.6	0.8	0.7	0.6	0.6
5300 Non-ventilables entre 5100 et 5200	0.0	0.0	0.0	0.0	0.0	0.0	0.0	0.0	0.0	0.0
6000 Autres impôts	**0.0**	**0.0**	**0.0**	**0.0**	**0.0**	**0.0**	**0.0**	**0.0**	**0.0**	**0.0**
Crédits d'impôts récupérables										
Crédits d'impôts récupérables contre 1000	..	..	1.0	1.0	1.1	..	..	0.3	0.2	0.2
Composante transfert	..	..	0.4	0.2	0.2	..	..	0.1	0.0	0.0
Composante fiscale	..	..	0.6	0.8	0.9	..	..	0.2	0.2	0.2
Recettes fiscales collectés pour le compte de l'UE										
Recettes fiscales collectés pour le compte de l'UE, total	0.9	1.0	1.3	1.9	1.9	0.6	0.4	0.4	0.4	0.4
Droits de douane perçus pour le compte de l'UE	..	1.0	1.2	1.6	1.7	..	0.4	0.3	0.4	0.4
Contributions au Fonds de résolution unique collectées pour le compte de l'UE	..	..	..	0.3	0.3	..	..	..	0.1	0.1

.. Non disponible

Note : Le total des recettes fiscales a été diminué du montant de tout transfert en capital représentant les impôts non perçus. Le transfert en capital a été directement diminué des impôts spécifiques auxquels il se rapporte. Par conséquent, les montants des recettes fiscales sont différents de ceux présentés dans le chapitre 5 "Tableaux détaillés par pays" accessible en ligne.

Des données et des notes plus détaillées par pays sont disponibles dans le chapitre 5 "Tableaux détaillés par pays" accessible en ligne : https://doi.org/10.1787/df3c3b17-fr. Les séries temporelles complètes sont accessibles sur le site web http://oe.cd/series-temporelles-completes.

Source : Service Public Fédéral Finances.

StatLink https://stat.link/j1x70n

Tableau 4.6. Belgique, recettes fiscales et % du PIB par niveaux d'administration (principaux impôts)

	Milliard EUR					% du PIB				
	1990	2000	2010	2018	2019	1990	2000	2010	2018	2019
Administrations fédérale ou centrale										
Recettes fiscales totales	**42.5**	**69.4**	**87.8**	**106.0**	**103.3**	**25.0**	**27.1**	**24.2**	**23.0**	**21.7**
1000 Impôts sur revenu, bénéfices et gains en capital	23.9	39.6	49.3	60.3	57.0	14.0	15.4	13.6	13.1	12.0
2000 Cotisations de sécurité sociale	0.9	1.3	2.5	0.1	0.1	0.5	0.5	0.7	0.0	0.0
3000 Sur salaires ou main d'oeuvre	0.0	0.0	0.0	0.0	0.0	0.0	0.0	0.0	0.0	0.0
4000 Impôts sur le patrimoine	1.1	2.3	0.9	2.3	2.2	0.6	0.9	0.3	0.5	0.5
5000 Impôts sur les biens et services	16.7	26.3	35.0	43.3	44.0	9.8	10.2	9.7	9.4	9.2
6000 Autres impôts	0.0	0.0	0.0	0.0	0.0	0.0	0.0	0.0	0.0	0.0
Administrations d'un État/Régions										
Recettes fiscales totales	**1.2**	**2.4**	**8.1**	**20.7**	**21.5**	**0.7**	**1.0**	**2.2**	**4.5**	**4.5**
1000 Impôts sur revenu, bénéfices et gains en capital	0.0	0.1	0.0	9.5	10.0	0.0	0.0	0.0	2.1	2.1
2000 Cotisations de sécurité sociale	0.0	0.0	0.0	0.3	0.3	0.0	0.0	0.0	0.1	0.1
3000 Sur salaires ou main d'oeuvre	0.0	0.0	0.0	0.0	0.0	0.0	0.0	0.0	0.0	0.0
4000 Impôts sur le patrimoine	0.9	1.9	5.6	7.9	8.1	0.5	0.7	1.5	1.7	1.7
5000 Impôts sur les biens et services	0.2	0.5	2.4	3.0	3.2	0.1	0.2	0.7	0.7	0.7
6000 Autres impôts	0.0	0.0	0.0	0.0	0.0	0.0	0.0	0.0	0.0	0.0
Administrations locales										
Recettes fiscales totales	**3.1**	**4.6**	**7.9**	**9.2**	**10.0**	**1.8**	**1.8**	**2.2**	**2.0**	**2.1**
1000 Impôts sur revenu, bénéfices et gains en capital	2.1	3.1	2.9	3.2	3.5	1.2	1.2	0.8	0.7	0.7
2000 Cotisations de sécurité sociale	0.1	0.0	0.0	0.0	0.0	0.1	0.0	0.0	0.0	0.0
3000 Sur salaires ou main d'oeuvre	0.0	0.0	0.0	0.0	0.0	0.0	0.0	0.0	0.0	0.0
4000 Impôts sur le patrimoine	0.6	1.0	4.4	5.3	5.7	0.3	0.4	1.2	1.1	1.2
5000 Impôts sur les biens et services	0.3	0.4	0.6	0.7	0.7	0.2	0.2	0.2	0.2	0.2
6000 Autres impôts	0.0	0.0	0.0	0.0	0.0	0.0	0.0	0.0	0.0	0.0
Administrations de sécurité sociale										
Recettes fiscales totales	**22.7**	**34.9**	**50.7**	**64.2**	**66.7**	**13.4**	**13.6**	**14.0**	**13.9**	**14.0**
1000 Impôts sur revenu, bénéfices et gains en capital	0.0	0.6	1.0	1.3	1.3	0.0	0.2	0.3	0.3	0.3
2000 Cotisations de sécurité sociale	22.4	33.3	48.0	60.7	62.8	13.2	13.0	13.2	13.2	13.2
3000 Sur salaires ou main d'oeuvre	0.0	0.0	0.0	0.0	0.0	0.0	0.0	0.0	0.0	0.0
4000 Impôts sur le patrimoine	0.1	0.2	0.3	0.3	0.3	0.1	0.1	0.1	0.1	0.1
5000 Impôts sur les biens et services	0.2	0.8	1.3	1.9	2.3	0.1	0.3	0.4	0.4	0.5
6000 Autres impôts	0.0	0.0	0.0	0.0	0.0	0.0	0.0	0.0	0.0	0.0

Note : Le total des recettes fiscales a été diminué du montant de tout transfert en capital représentant les impôts non perçus. Le transfert en capital a été directement diminué des impôts spécifiques auxquels il se rapporte. Par conséquent, les montants des recettes fiscales sont différents de ceux présentés dans le chapitre 6 "Recettes fiscales des sous-secteurs de l'administration" accessible en ligne.

Des données et des notes plus détaillées par pays sont disponibles dans le chapitre 6 "Recettes fiscales des sous-secteurs de l'administration" accessible en ligne : https://doi.org/10.1787/df3c3b17-fr. Les séries temporelles complètes sont accessibles sur le site web http://oe.cd/series-temporelles-completes.

Source : Service Public Fédéral Finances.

StatLink https://stat.link/tod3lv

Tableau 4.7. Canada, recettes fiscales et % du PIB (sélection de catégories d'impôts)

	Milliard CAD					% du PIB				
	1990	2000	2010	2018	2019	1990	2000	2010	2018	2019
Recettes fiscales totales	**244.2**	**390.2**	**516.6**	**747.6**	**781.2**	**35.1**	**34.7**	**31.0**	**33.5**	**33.8**
1000 Impôts sur le revenu, les bénéfices et les gains en capital	**118.6**	**195.3**	**241.0**	**367.5**	**387.6**	**17.0**	**17.4**	**14.5**	**16.5**	**16.8**
1100 Des personnes physiques	99.7	143.7	180.9	267.2	281.4	14.3	12.8	10.9	12.0	12.2
1200 Des sociétés	17.2	47.6	54.1	91.4	96.2	2.5	4.2	3.2	4.1	4.2
1300 Non-ventilables entre 1100 et 1200	1.7	4.0	6.0	8.9	10.0	0.2	0.4	0.4	0.4	0.4
2000 Cotisations de sécurité sociale	**29.7**	**53.1**	**76.8**	**103.5**	**108.4**	**4.3**	**4.7**	**4.6**	**4.6**	**4.7**
2100 À la charge des salariés	10.6	21.4	30.6	41.6	44.3	1.5	1.9	1.8	1.9	1.9
2200 À la charge des employeurs	18.4	30.3	43.5	58.2	60.2	2.7	2.7	2.6	2.6	2.6
2300 À la charge des indép. ou sans emploi	0.6	1.4	2.6	3.7	3.9	0.1	0.1	0.2	0.2	0.2
2400 Non-ventilables entre 2100, 2200 et 2300	0.0	0.0	0.0	0.0	0.0	0.0	0.0	0.0	0.0	0.0
3000 Sur les salaires ou main d'oeuvre	**5.5**	**8.0**	**10.8**	**14.9**	**17.2**	**0.8**	**0.7**	**0.6**	**0.7**	**0.7**
4000 Impôts sur le patrimoine	**24.5**	**37.2**	**63.7**	**86.2**	**89.1**	**3.5**	**3.3**	**3.8**	**3.9**	**3.9**
4100 Impôts périodiques sur la propriété immobilière	20.2	30.2	51.7	68.8	70.4	2.9	2.7	3.1	3.1	3.0
4200 Impôts périodiques sur l'actif net	1.9	4.2	1.5	0.5	0.4	0.3	0.4	0.1	0.0	0.0
4300 Impôts sur mut. par décès, succ. et donations	0.0	0.0	0.2	0.3	0.3	0.0	0.0	0.0	0.0	0.0
4400 Impôts sur transact. mobilières et immob.	0.0	0.0	3.1	6.5	6.8	0.0	0.0	0.2	0.3	0.3
4500 Impôts non périodiques sur	2.4	2.7	7.3	10.1	11.1	0.3	0.2	0.4	0.5	0.5
4600 Autres impôts périodiques sur patrimoine	0.0	0.0	0.0	0.0	0.0	0.0	0.0	0.0	0.0	0.0
5000 Impôts sur les biens et services	**63.1**	**94.5**	**123.8**	**174.7**	**178.0**	**9.1**	**8.4**	**7.4**	**7.8**	**7.7**
5100 Impôts sur production, vente, transfert, etc.	59.6	88.9	116.2	162.7	166.9	8.6	7.9	7.0	7.3	7.2
5110 Impôts généraux	34.5	55.3	72.1	106.1	109.7	5.0	4.9	4.3	4.8	4.7
5111 Taxes sur la valeur ajoutée	0.0	35.9	70.7	101.4	103.5	0.0	3.2	4.2	4.5	4.5
5120 Impôts sur biens et services déterminés	25.2	33.6	44.0	56.5	57.2	3.6	3.0	2.6	2.5	2.5
5121 Accises	14.5	18.4	23.3	27.8	28.7	2.1	1.6	1.4	1.2	1.2
5200 Impôts sur utilisation des biens et exerc. activités	3.5	5.6	7.6	12.0	11.1	0.5	0.5	0.5	0.5	0.5
5300 Non-ventilables entre 5100 et 5200	0.0	0.0	0.0	0.0	0.0	0.0	0.0	0.0	0.0	0.0
6000 Autres impôts	**2.9**	**2.2**	**0.6**	**0.9**	**0.9**	**0.4**	**0.2**	**0.0**	**0.0**	**0.0**
Crédits d'impôts récupérables										
Crédits d'impôts récupérables contre 1000	..	3.4	11.1	14.5	18.2	..	0.3	0.7	0.7	0.8
Composante transfert	..	3.1	10.2	12.1	14.2	..	0.3	0.6	0.5	0.6
Composante fiscale	..	0.3	0.9	2.4	4.0	..	0.0	0.1	0.1	0.2

.. Non disponible

Note : Des données et des notes plus détaillées par pays sont disponibles dans le chapitre 5 "Tableaux détaillés par pays" accessible en ligne : https://doi.org/10.1787/df3c3b17-fr. Les séries temporelles complètes sont accessibles sur le site web http://oe.cd/series-temporelles-completes.

Source : Statistics Canada.

StatLink https://stat.link/ybjg60

Tableau 4.8. Canada, recettes fiscales et % du PIB par niveaux d'administration (principaux impôts)

	Milliard CAD					% du PIB				
	1990	2000	2010	2018	2019	1990	2000	2010	2018	2019
Administrations fédérale ou centrale										
Recettes fiscales totales	**101.7**	**184.4**	**212.8**	**311.8**	**325.7**	**14.6**	**16.4**	**12.8**	**14.0**	**14.1**
1000 Impôts sur revenu, bénéfices et gains en capital	73.6	126.3	148.7	227.3	239.1	10.6	11.2	8.9	10.2	10.3
2000 Cotisations de sécurité sociale	0.0	18.8	17.9	22.4	23.4	0.0	1.7	1.1	1.0	1.0
3000 Sur salaires ou main d'oeuvre	0.0	0.0	0.0	0.0	0.0	0.0	0.0	0.0	0.0	0.0
4000 Impôts sur le patrimoine	0.0	0.0	0.0	0.0	0.0	0.0	0.0	0.0	0.0	0.0
5000 Impôts sur les biens et services	28.1	39.4	46.2	62.1	63.1	4.0	3.5	2.8	2.8	2.7
6000 Autres impôts	0.0	0.0	0.0	0.0	0.0	0.0	0.0	0.0	0.0	0.0
Administrations d'un État/Régions										
Recettes fiscales totales	**89.3**	**148.2**	**201.1**	**295.6**	**308.8**	**12.8**	**13.2**	**12.1**	**13.2**	**13.4**
1000 Impôts sur revenu, bénéfices et gains en capital	44.9	69.0	92.2	140.1	148.5	6.5	6.1	5.5	6.3	6.4
2000 Cotisations de sécurité sociale	0.0	8.3	11.7	15.3	14.6	0.0	0.7	0.7	0.7	0.6
3000 Sur salaires ou main d'oeuvre	5.5	8.0	10.8	14.9	17.2	0.8	0.7	0.6	0.7	0.7
4000 Impôts sur le patrimoine	4.2	8.4	9.8	14.0	15.0	0.6	0.7	0.6	0.6	0.6
5000 Impôts sur les biens et services	34.6	54.5	76.7	111.3	113.5	5.0	4.8	4.6	5.0	4.9
6000 Autres impôts	0.0	0.0	0.0	0.0	0.0	0.0	0.0	0.0	0.0	0.0
Administrations locales										
Recettes fiscales totales	**23.5**	**31.5**	**55.4**	**74.4**	**76.4**	**3.4**	**2.8**	**3.3**	**3.3**	**3.3**
1000 Impôts sur revenu, bénéfices et gains en capital	0.0	0.0	0.0	0.0	0.0	0.0	0.0	0.0	0.0	0.0
2000 Cotisations de sécurité sociale	0.0	0.0	0.0	0.0	0.0	0.0	0.0	0.0	0.0	0.0
3000 Sur salaires ou main d'oeuvre	0.0	0.0	0.0	0.0	0.0	0.0	0.0	0.0	0.0	0.0
4000 Impôts sur le patrimoine	20.3	28.8	53.9	72.2	74.1	2.9	2.6	3.2	3.2	3.2
5000 Impôts sur les biens et services	0.4	0.6	0.9	1.3	1.4	0.1	0.1	0.1	0.1	0.1
6000 Autres impôts	2.9	2.2	0.6	0.9	0.9	0.4	0.2	0.0	0.0	0.0
Administrations de sécurité sociale										
Recettes fiscales totales	**29.7**	**26.0**	**47.2**	**65.8**	**70.4**	**4.3**	**2.3**	**2.8**	**2.9**	**3.0**
1000 Impôts sur revenu, bénéfices et gains en capital	0.0	0.0	0.0	0.0	0.0	0.0	0.0	0.0	0.0	0.0
2000 Cotisations de sécurité sociale	29.7	26.0	47.2	65.8	70.4	4.3	2.3	2.8	2.9	3.0
3000 Sur salaires ou main d'oeuvre	0.0	0.0	0.0	0.0	0.0	0.0	0.0	0.0	0.0	0.0
4000 Impôts sur le patrimoine	0.0	0.0	0.0	0.0	0.0	0.0	0.0	0.0	0.0	0.0
5000 Impôts sur les biens et services	0.0	0.0	0.0	0.0	0.0	0.0	0.0	0.0	0.0	0.0
6000 Autres impôts	0.0	0.0	0.0	0.0	0.0	0.0	0.0	0.0	0.0	0.0

Note : Des données et des notes plus détaillées par pays sont disponibles dans le chapitre 6 "Recettes fiscales des sous-secteurs de l'administration" accessible en ligne : https://doi.org/10.1787/df3c3b17-fr. Les séries temporelles complètes sont accessibles sur le site web http://oe.cd/series-temporelles-completes.

Source : Statistics Canada.

StatLink https://stat.link/x14vcs

Tableau 4.9. Chili, recettes fiscales et % du PIB (sélection de catégories d'impôts)

	Milliard CLP					% du PIB				
	1990	2000	2010	2018	2019	1990	2000	2010	2018	2019
Recettes fiscales totales	**1 777.2**	**7 902.0**	**21 845.7**	**40 314.7**	**41 025.5**	**16.9**	**18.8**	**19.6**	**21.1**	**20.9**
1000 Impôts sur le revenu, les bénéfices et les gains en capital	**413.0**	**1 841.6**	**8 329.1**	**14 418.9**	**14 283.2**	**3.9**	**4.4**	**7.5**	**7.6**	**7.3**
1100 Des personnes physiques	99.2	604.1	1 492.8	2 701.4	2 937.5	0.9	1.4	1.3	1.4	1.5
1200 Des sociétés	219.6	882.9	4 448.7	8 920.5	9 597.5	2.1	2.1	4.0	4.7	4.9
1300 Non-ventilables entre 1100 et 1200	94.2	354.6	2 387.5	2 796.9	1 748.2	0.9	0.8	2.1	1.5	0.9
2000 Cotisations de sécurité sociale	**159.6**	**576.8**	**1 494.0**	**2 786.2**	**2 994.9**	**1.5**	**1.4**	**1.3**	**1.5**	**1.5**
2100 À la charge des salariés	154.0	553.9	1 433.2	2 703.3	2 894.7	1.5	1.3	1.3	1.4	1.5
2200 À la charge des employeurs	5.5	22.8	60.8	82.9	100.2	0.1	0.1	0.1	0.0	0.1
2300 À la charge des indép. ou sans emploi	0.0	0.0	0.0	0.0	0.0	0.0	0.0	0.0	0.0	0.0
2400 Non-ventilables entre 2100, 2200 et 2300	0.0	0.0	0.0	0.0	0.0	0.0	0.0	0.0	0.0	0.0
3000 Sur les salaires ou main d'oeuvre	**0.0**	**0.0**	**0.0**	**0.0**	**0.0**	**0.0**	**0.0**	**0.0**	**0.0**	**0.0**
4000 Impôts sur le patrimoine	**109.3**	**554.0**	**898.6**	**2 086.9**	**2 242.6**	**1.0**	**1.3**	**0.8**	**1.1**	**1.1**
4100 Impôts périodiques sur la propriété immobilière	60.0	302.2	662.4	1 373.5	1 507.2	0.6	0.7	0.6	0.7	0.8
4200 Impôts périodiques sur l'actif net	0.0	0.0	0.0	0.0	0.0	0.0	0.0	0.0	0.0	0.0
4300 Impôts sur mut. par décès, succ. et donations	3.4	10.9	39.3	125.6	62.8	0.0	0.0	0.0	0.1	0.0
4400 Impôts sur transact. mobilières et immob.	45.9	240.9	196.9	587.7	672.6	0.4	0.6	0.2	0.3	0.3
4500 Impôts non périodiques sur	0.0	0.0	0.0	0.0	0.0	0.0	0.0	0.0	0.0	0.0
4600 Autres impôts périodiques sur patrimoine	0.0	0.0	0.0	0.0	0.0	0.0	0.0	0.0	0.0	0.0
5000 Impôts sur les biens et services	**1 118.7**	**5 041.8**	**11 185.2**	**21 470.5**	**21 755.4**	**10.6**	**12.0**	**10.0**	**11.3**	**11.1**
5100 Impôts sur production, vente, transfert, etc.	1 074.0	4 789.8	10 532.9	19 953.0	20 167.0	10.2	11.4	9.4	10.5	10.3
5110 Impôts généraux	664.4	3 306.4	8 399.9	16 211.6	16 348.9	6.3	7.9	7.5	8.5	8.3
5111 Taxes sur la valeur ajoutée	664.4	3 306.4	8 399.9	16 211.6	16 348.9	6.3	7.9	7.5	8.5	8.3
5120 Impôts sur biens et services déterminés	409.6	1 483.5	2 133.0	3 741.4	3 818.1	3.9	3.5	1.9	2.0	1.9
5121 Accises	166.0	816.2	1 561.2	2 796.0	2 862.3	1.6	1.9	1.4	1.5	1.5
5200 Impôts sur utilisation des biens et exerc. activités	44.7	251.9	652.3	1 517.5	1 588.4	0.4	0.6	0.6	0.8	0.8
5300 Non-ventilables entre 5100 et 5200	0.0	0.0	0.0	0.0	0.0	0.0	0.0	0.0	0.0	0.0
6000 Autres impôts	**-23.4**	**-112.2**	**-61.1**	**-447.7**	**-250.5**	**-0.2**	**-0.3**	**-0.1**	**-0.2**	**-0.1**
Crédits d'impôts récupérables										
Crédits d'impôts récupérables contre 1000	0.0	0.0	0.0	251.6	278.8	0.0	0.0	0.0	0.1	0.1
Composante transfert	..	..	..	186.8	200.6	..	..	..	0.1	0.1
Composante fiscale	..	..	..	64.8	78.2	..	..	..	0.0	0.0

.. Non disponible

Note : Des données et des notes plus détaillées par pays sont disponibles dans le chapitre 5 "Tableaux détaillés par pays" accessible en ligne : https://doi.org/10.1787/df3c3b17-fr. Les séries temporelles complètes sont accessibles sur le site web http://oe.cd/series-temporelles-completes.

Source : Servicio de Impuestos internos (Chile's Tax Service).

StatLink https://stat.link/wepa5g

Tableau 4.10. Chili, recettes fiscales et % du PIB par niveaux d'administration (principaux impôts)

	Milliard CLP					% du PIB				
	1990	2000	2010	2018	2019	1990	2000	2010	2018	2019
Administrations fédérale ou centrale										
Recettes fiscales totales	**1 579.7**	**6 936.8**	**19 214.8**	**34 816.0**	**35 124.7**	**15.0**	**16.5**	**17.2**	**18.2**	**17.9**
1000 Impôts sur revenu, bénéfices et gains en capital	413.0	1 841.6	8 329.1	14 418.9	14 283.2	3.9	4.4	7.5	7.6	7.3
2000 Cotisations de sécurité sociale	66.7	232.7	371.4	474.0	495.1	0.6	0.6	0.3	0.2	0.3
3000 Sur salaires ou main d'oeuvre	0.0	0.0	0.0	0.0	0.0	0.0	0.0	0.0	0.0	0.0
4000 Impôts sur le patrimoine	59.7	255.4	245.0	736.3	759.3	0.6	0.6	0.2	0.4	0.4
5000 Impôts sur les biens et services	1 063.7	4 719.3	10 330.4	19 634.6	19 837.6	10.1	11.2	9.3	10.3	10.1
6000 Autres impôts	-23.4	-112.2	-61.1	-447.7	-250.5	-0.2	-0.3	-0.1	-0.2	-0.1
Administrations d'un État/Régions										
Recettes fiscales totales	..	..	..	..	..	..	..	..	..	..
1000 Impôts sur revenu, bénéfices et gains en capital	..	..	..	..	..	..	..	..	..	..
2000 Cotisations de sécurité sociale	..	..	..	..	..	..	..	..	..	..
3000 Sur salaires ou main d'oeuvre	..	..	..	..	..	..	..	..	..	..
4000 Impôts sur le patrimoine	..	..	..	..	..	..	..	..	..	..
5000 Impôts sur les biens et services	..	..	..	..	..	..	..	..	..	..
6000 Autres impôts	..	..	..	..	..	..	..	..	..	..
Administrations locales										
Recettes fiscales totales	**104.7**	**621.2**	**1 508.3**	**3 186.5**	**3 401.0**	**1.0**	**1.5**	**1.4**	**1.7**	**1.7**
1000 Impôts sur revenu, bénéfices et gains en capital	0.0	0.0	0.0	0.0	0.0	0.0	0.0	0.0	0.0	0.0
2000 Cotisations de sécurité sociale	0.0	0.0	0.0	0.0	0.0	0.0	0.0	0.0	0.0	0.0
3000 Sur salaires ou main d'oeuvre	0.0	0.0	0.0	0.0	0.0	0.0	0.0	0.0	0.0	0.0
4000 Impôts sur le patrimoine	49.6	298.7	653.6	1 350.5	1 483.3	0.5	0.7	0.6	0.7	0.8
5000 Impôts sur les biens et services	55.0	322.5	854.8	1 835.9	1 917.8	0.5	0.8	0.8	1.0	1.0
6000 Autres impôts	0.0	0.0	0.0	0.0	0.0	0.0	0.0	0.0	0.0	0.0
Administrations de sécurité sociale										
Recettes fiscales totales	**92.8**	**344.0**	**1 122.6**	**2 312.2**	**2 499.8**	**0.9**	**0.8**	**1.0**	**1.2**	**1.3**
1000 Impôts sur revenu, bénéfices et gains en capital	0.0	0.0	0.0	0.0	0.0	0.0	0.0	0.0	0.0	0.0
2000 Cotisations de sécurité sociale	92.8	344.0	1 122.6	2 312.2	2 499.8	0.9	0.8	1.0	1.2	1.3
3000 Sur salaires ou main d'oeuvre	0.0	0.0	0.0	0.0	0.0	0.0	0.0	0.0	0.0	0.0
4000 Impôts sur le patrimoine	0.0	0.0	0.0	0.0	0.0	0.0	0.0	0.0	0.0	0.0
5000 Impôts sur les biens et services	0.0	0.0	0.0	0.0	0.0	0.0	0.0	0.0	0.0	0.0
6000 Autres impôts	0.0	0.0	0.0	0.0	0.0	0.0	0.0	0.0	0.0	0.0

.. Non disponible

Note : Des données et des notes plus détaillées par pays sont disponibles dans le chapitre 6 "Recettes fiscales des sous-secteurs de l'administration" accessible en ligne : https://doi.org/10.1787/df3c3b17-fr. Les séries temporelles complètes sont accessibles sur le site web http://oe.cd/series-temporelles-completes.

Source : Servicio de Impuestos internos (Chile's Tax Service).

StatLink https://stat.link/nkrovj

Tableau 4.11. Colombie, recettes fiscales et % du PIB (sélection de catégories d'impôts)

	Milliard COP					% du PIB				
	1990	2000	2010	2018	2019	1990	2000	2010	2018	2019
Recettes fiscales totales	**2 579.4**	**30 598.6**	**98 455.3**	**190 299.9**	**209 071.3**	**11.3**	**15.7**	**18.1**	**19.3**	**19.7**
1000 Impôts sur le revenu, les bénéfices et les gains en capital	**771.7**	**7 103.5**	**26 218.9**	**64 043.9**	**67 519.6**	**3.4**	**3.6**	**4.8**	**6.5**	**6.4**
1100 Des personnes physiques	47.2	1 499.3	5 192.4	12 235.3	14 155.1	0.2	0.8	1.0	1.2	1.3
1200 Des sociétés	359.8	5 119.8	20 405.2	48 628.6	50 242.5	1.6	2.6	3.8	4.9	4.7
1300 Non-ventilables entre 1100 et 1200	364.7	484.4	621.3	3 180.0	3 122.0	1.6	0.2	0.1	0.3	0.3
2000 Cotisations de sécurité sociale	**203.6**	**4 989.0**	**11 478.1**	**18 192.0**	**19 875.4**	**0.9**	**2.6**	**2.1**	**1.8**	**1.9**
2100 À la charge des salariés	..	..	..	..	..	..	..	..	..	..
2200 À la charge des employeurs	..	..	..	..	..	..	..	..	..	..
2300 À la charge des indép. ou sans emploi	..	..	..	..	..	..	..	..	..	..
2400 Non-ventilables entre 2100, 2200 et 2300	203.6	4 989.0	11 478.1	18 192.0	19 875.4	0.9	2.6	2.1	1.8	1.9
3000 Sur les salaires ou main d'oeuvre	**0.0**	**1 286.8**	**4 022.5**	**3 461.4**	**3 604.1**	**0.0**	**0.7**	**0.7**	**0.4**	**0.3**
4000 Impôts sur le patrimoine	**56.2**	**2 027.7**	**8 535.2**	**15 265.5**	**18 984.4**	**0.2**	**1.0**	**1.6**	**1.5**	**1.8**
4100 Impôts périodiques sur la propriété immobilière	56.2	991.1	3 338.9	7 982.0	8 743.1	0.2	0.5	0.6	0.8	0.8
4200 Impôts périodiques sur l'actif net	0.0	0.0	1 970.5	467.9	923.3	0.0	0.0	0.4	0.0	0.1
4300 Impôts sur mut. par décès, succ. et donations	0.0	0.0	0.0	0.0	0.0	0.0	0.0	0.0	0.0	0.0
4400 Impôts sur transact. mobilières et immob.	0.0	1 036.6	3 225.8	6 815.6	8 190.5	0.0	0.5	0.6	0.7	0.8
4500 Impôts non périodiques sur	0.0	0.0	0.0	0.0	1 127.5	0.0	0.0	0.0	0.0	0.1
4600 Autres impôts périodiques sur patrimoine	0.0	0.0	0.0	0.0	0.0	0.0	0.0	0.0	0.0	0.0
5000 Impôts sur les biens et services	**1 388.7**	**14 180.5**	**44 411.6**	**81 408.8**	**89 797.9**	**6.1**	**7.3**	**8.2**	**8.2**	**8.5**
5100 Impôts sur production, vente, transfert, etc.	1 388.7	14 048.7	44 038.1	79 935.3	88 064.1	6.1	7.2	8.1	8.1	8.3
5110 Impôts généraux	672.4	9 585.9	33 333.8	64 316.0	71 235.1	3.0	4.9	6.1	6.5	6.7
5111 Taxes sur la valeur ajoutée	583.1	8 445.8	28 811.7	55 879.1	61 936.3	2.6	4.3	5.3	5.7	5.8
5120 Impôts sur biens et services déterminés	716.3	4 462.8	10 704.3	15 619.3	16 828.9	3.2	2.3	2.0	1.6	1.6
5121 Accises	404.7	2 718.7	6 052.3	12 061.1	12 996.0	1.8	1.4	1.1	1.2	1.2
5200 Impôts sur utilisation des biens et exerc. activités	0.0	131.8	373.6	1 473.5	1 733.8	0.0	0.1	0.1	0.1	0.2
5300 Non-ventilables entre 5100 et 5200	0.0	0.0	0.0	0.0	0.0	0.0	0.0	0.0	0.0	0.0
6000 Autres impôts	**159.3**	**1 011.2**	**3 789.0**	**7 928.3**	**9 289.9**	**0.7**	**0.5**	**0.7**	**0.8**	**0.9**
Crédits d'impôts récupérables										
Crédits d'impôts récupérables contre 1000	..	..	..	..	..	..	..	..	..	..
Composante transfert	..	..	..	..	..	..	..	..	..	..
Composante fiscale	..	..	..	..	..	..	..	..	..	..

.. Non disponible

Note : Des données et des notes plus détaillées par pays sont disponibles dans le chapitre 5 "Tableaux détaillés par pays" accessible en ligne : https://doi.org/10.1787/df3c3b17-fr. Les séries temporelles complètes sont accessibles sur le site web http://oe.cd/series-temporelles-completes.

Source : Dirección de Impuestos y Aduanas Nacionales de Colombia, Ministerio de Hacienda y Crédito Público y Banco Central de Colombia. (National Tax and Customs Administration, Ministry of Finance and Public Credit and Central Bank of Colombia).

StatLink https://stat.link/3h8yp9

Tableau 4.12. Colombie, recettes fiscales et % du PIB par niveaux d'administration (principaux impôts)

	Milliard COP					% du PIB				
	1990	2000	2010	2018	2019	1990	2000	2010	2018	2019
Administrations fédérale ou centrale										
Recettes fiscales totales	**1 885.9**	**21 016.3**	**71 304.3**	**139 228.1**	**152 621.7**	**8.3**	**10.8**	**13.1**	**14.1**	**14.4**
1000 Impôts sur revenu, bénéfices et gains en capital	771.7	7 103.5	26 218.9	64 043.9	67 519.6	3.4	3.6	4.8	6.5	6.4
2000 Cotisations de sécurité sociale	0.0	0.0	0.0	0.0	0.0	0.0	0.0	0.0	0.0	0.0
3000 Sur salaires ou main d'oeuvre	0.0	1 286.8	4 022.5	3 461.4	3 604.1	0.0	0.7	0.7	0.4	0.3
4000 Impôts sur le patrimoine	0.0	1 036.6	5 196.3	7 283.5	10 241.3	0.0	0.5	1.0	0.7	1.0
5000 Impôts sur les biens et services	1 035.9	11 108.6	35 382.9	63 898.3	70 637.1	4.6	5.7	6.5	6.5	6.7
6000 Autres impôts	78.3	480.8	483.8	541.0	619.7	0.3	0.2	0.1	0.1	0.1
Administrations d'un État/Régions										
Recettes fiscales totales	**263.4**	**1 723.2**	**4 781.3**	**9 419.1**	**10 472.5**	**1.2**	**0.9**	**0.9**	**1.0**	**1.0**
1000 Impôts sur revenu, bénéfices et gains en capital	0.0	0.0	0.0	0.0	0.0	0.0	0.0	0.0	0.0	0.0
2000 Cotisations de sécurité sociale	0.0	0.0	0.0	0.0	0.0	0.0	0.0	0.0	0.0	0.0
3000 Sur salaires ou main d'oeuvre	0.0	0.0	0.0	0.0	0.0	0.0	0.0	0.0	0.0	0.0
4000 Impôts sur le patrimoine	0.0	0.0	0.0	0.0	0.0	0.0	0.0	0.0	0.0	0.0
5000 Impôts sur les biens et services	263.4	1 481.7	3 406.3	6 812.7	7 496.6	1.2	0.8	0.6	0.7	0.7
6000 Autres impôts	0.0	241.5	1 375.0	2 606.4	2 975.9	0.0	0.1	0.3	0.3	0.3
Administrations locales										
Recettes fiscales totales	**226.5**	**2 870.1**	**10 891.7**	**23 460.7**	**26 101.8**	**1.0**	**1.5**	**2.0**	**2.4**	**2.5**
1000 Impôts sur revenu, bénéfices et gains en capital	0.0	0.0	0.0	0.0	0.0	0.0	0.0	0.0	0.0	0.0
2000 Cotisations de sécurité sociale	0.0	0.0	0.0	0.0	0.0	0.0	0.0	0.0	0.0	0.0
3000 Sur salaires ou main d'oeuvre	0.0	0.0	0.0	0.0	0.0	0.0	0.0	0.0	0.0	0.0
4000 Impôts sur le patrimoine	56.2	991.1	3 338.9	7 982.0	8 743.1	0.2	0.5	0.6	0.8	0.8
5000 Impôts sur les biens et services	89.3	1 590.1	5 622.5	10 697.8	11 664.3	0.4	0.8	1.0	1.1	1.1
6000 Autres impôts	81.0	288.9	1 930.3	4 780.9	5 694.4	0.4	0.1	0.4	0.5	0.5
Administrations de sécurité sociale										
Recettes fiscales totales	**203.6**	**4 989.0**	**11 478.1**	**18 192.0**	**19 875.4**	**0.9**	**2.6**	**2.1**	**1.8**	**1.9**
1000 Impôts sur revenu, bénéfices et gains en capital	0.0	0.0	0.0	0.0	0.0	0.0	0.0	0.0	0.0	0.0
2000 Cotisations de sécurité sociale	203.6	4 989.0	11 478.1	18 192.0	19 875.4	0.9	2.6	2.1	1.8	1.9
3000 Sur salaires ou main d'oeuvre	0.0	0.0	0.0	0.0	0.0	0.0	0.0	0.0	0.0	0.0
4000 Impôts sur le patrimoine	0.0	0.0	0.0	0.0	0.0	0.0	0.0	0.0	0.0	0.0
5000 Impôts sur les biens et services	0.0	0.0	0.0	0.0	0.0	0.0	0.0	0.0	0.0	0.0
6000 Autres impôts	0.0	0.0	0.0	0.0	0.0	0.0	0.0	0.0	0.0	0.0

Note : Des données et des notes plus détaillées par pays sont disponibles dans le chapitre 6 "Recettes fiscales des sous-secteurs de l'administration" accessible en ligne : https://doi.org/10.1787/df3c3b17-fr. Les séries temporelles complètes sont accessibles sur le site web http://oe.cd/series-temporelles-completes.

Source : Dirección de Impuestos y Aduanas Nacionales de Colombia, Ministerio de Hacienda y Crédito Público y Banco Central de Colombia. (National Tax and Customs Administration, Ministry of Finance and Public Credit and Central Bank of Colombia).

StatLink https://stat.link/g3zylu

Tableau 4.13. Costa Rica, recettes fiscales et % du PIB (sélection de catégories d'impôts)

	Milliard CRC					% du PIB				
	1990	2000	2010	2018	2019	1990	2000	2010	2018	2019
Recettes fiscales totales	**117.7**	**978.1**	**4 382.4**	**8 340.0**	**8 855.9**	**22.4**	**21.1**	**22.1**	**23.2**	**23.6**
1000 Impôts sur le revenu, les bénéfices et les gains en capital	**11.8**	**128.8**	**748.1**	**1 699.3**	**1 854.9**	**2.3**	**2.8**	**3.8**	**4.7**	**4.9**
1100 Des personnes physiques	0.0	0.0	202.8	483.6	541.0	0.0	0.0	1.0	1.3	1.4
1200 Des sociétés	0.0	0.0	450.3	915.3	1 058.1	0.0	0.0	2.3	2.5	2.8
1300 Non-ventilables entre 1100 et 1200	11.8	128.8	94.9	300.3	255.8	2.3	2.8	0.5	0.8	0.7
2000 Cotisations de sécurité sociale	**34.0**	**297.1**	**1 450.5**	**2 859.5**	**3 026.7**	**6.5**	**6.4**	**7.3**	**8.0**	**8.1**
2100 À la charge des salariés	0.0	0.0	0.0	0.0	0.0	0.0	0.0	0.0	0.0	0.0
2200 À la charge des employeurs	3.4	37.3	207.2	368.9	381.9	0.7	0.8	1.0	1.0	1.0
2300 À la charge des indép. ou sans emploi	0.0	0.0	0.0	0.0	0.0	0.0	0.0	0.0	0.0	0.0
2400 Non-ventilables entre 2100, 2200 et 2300	30.5	259.8	1 243.3	2 490.6	2 644.8	5.8	5.6	6.3	6.9	7.0
3000 Sur les salaires ou main d'oeuvre	**7.6**	**61.8**	**260.7**	**498.6**	**522.5**	**1.4**	**1.3**	**1.3**	**1.4**	**1.4**
4000 Impôts sur le patrimoine	**1.6**	**8.4**	**63.7**	**149.3**	**168.0**	**0.3**	**0.2**	**0.3**	**0.4**	**0.4**
4100 Impôts périodiques sur la propriété immobilière	1.2	5.4	49.0	113.6	125.4	0.2	0.1	0.2	0.3	0.3
4200 Impôts périodiques sur l'actif net	0.0	0.0	0.0	0.0	0.0	0.0	0.0	0.0	0.0	0.0
4300 Impôts sur mut. par décès, succ. et donations	0.0	0.0	0.0	0.0	0.0	0.0	0.0	0.0	0.0	0.0
4400 Impôts sur transact. mobilières et immob.	0.4	3.0	14.7	35.7	42.6	0.1	0.1	0.1	0.1	0.1
4500 Impôts non périodiques sur	0.0	0.0	0.0	0.0	0.0	0.0	0.0	0.0	0.0	0.0
4600 Autres impôts périodiques sur patrimoine	0.0	0.0	0.0	0.0	0.0	0.0	0.0	0.0	0.0	0.0
5000 Impôts sur les biens et services	**53.5**	**456.9**	**1 766.9**	**2 918.5**	**3 081.9**	**10.2**	**9.9**	**8.9**	**8.1**	**8.2**
5100 Impôts sur production, vente, transfert, etc.	49.9	425.7	1 600.3	2 608.9	2 756.8	9.5	9.2	8.1	7.3	7.3
5110 Impôts généraux	21.3	222.8	920.3	1 513.7	1 662.5	4.1	4.8	4.6	4.2	4.4
5111 Taxes sur la valeur ajoutée	21.3	222.8	920.3	1 487.6	1 635.0	4.1	4.8	4.6	4.1	4.4
5120 Impôts sur biens et services déterminés	28.5	202.9	680.0	1 095.2	1 094.3	5.4	4.4	3.4	3.0	2.9
5121 Accises	11.1	157.2	523.6	858.4	865.0	2.1	3.4	2.6	2.4	2.3
5200 Impôts sur utilisation des biens et exerc. activités	3.6	31.1	166.6	309.6	325.2	0.7	0.7	0.8	0.9	0.9
5300 Non-ventilables entre 5100 et 5200	0.0	0.0	0.0	0.0	0.0	0.0	0.0	0.0	0.0	0.0
6000 Autres impôts	**9.3**	**25.2**	**92.5**	**214.9**	**201.9**	**1.8**	**0.5**	**0.5**	**0.6**	**0.5**
Crédits d'impôts récupérables										
Crédits d'impôts récupérables contre 1000	..	..	..	..	..	..	..	..	..	..
Composante transfert	..	..	..	..	..	..	..	..	..	..
Composante fiscale	..	..	..	..	..	..	..	..	..	..

.. Non disponible

Note : Des données et des notes plus détaillées par pays sont disponibles dans le chapitre 5 "Tableaux détaillés par pays" accessible en ligne : https://doi.org/10.1787/df3c3b17-fr. Les séries temporelles complètes sont accessibles sur le site web http://oe.cd/series-temporelles-completes.

Source : Secretaría Técnica de la Autoridad Presupuestaria, Ministerio de Finanzas y Contraloría General de la República (Technical Secretary of the Budgeting Authority, Ministry of Finance and National General Comptroller).

StatLink https://stat.link/9b5fhx

Tableau 4.14. Costa Rica, recettes fiscales et % du PIB par niveaux d'administration (principaux impôts)

	Milliard CRC					% du PIB				
	1990	2000	2010	2018	2019	1990	2000	2010	2018	2019
Administrations fédérale ou centrale										
Recettes fiscales totales	**75.0**	**619.3**	**2 616.6**	**4 821.9**	**5 121.6**	**14.3**	**13.4**	**13.2**	**13.4**	**13.6**
1000 Impôts sur revenu, bénéfices et gains en capital	11.8	128.8	748.1	1 699.3	1 854.9	2.3	2.8	3.8	4.7	4.9
2000 Cotisations de sécurité sociale	1.3	18.7	61.2	85.4	77.5	0.3	0.4	0.3	0.2	0.2
3000 Sur salaires ou main d'oeuvre	0.0	0.0	0.0	0.0	0.0	0.0	0.0	0.0	0.0	0.0
4000 Impôts sur le patrimoine	0.4	3.0	18.3	40.2	47.3	0.1	0.1	0.1	0.1	0.1
5000 Impôts sur les biens et services	52.2	444.9	1 696.6	2 782.2	2 940.1	9.9	9.6	8.6	7.7	7.8
6000 Autres impôts	9.3	24.0	92.5	214.9	201.8	1.8	0.5	0.5	0.6	0.5
Administrations d'un État/Régions										
Recettes fiscales totales	**..**	**..**	**..**	**..**	**..**	**..**	**..**	**..**	**..**	**..**
1000 Impôts sur revenu, bénéfices et gains en capital	..	..	..	..	..	..	..	..	..	..
2000 Cotisations de sécurité sociale	..	..	..	..	..	..	..	..	..	..
3000 Sur salaires ou main d'oeuvre	..	..	..	..	..	..	..	..	..	..
4000 Impôts sur le patrimoine	..	..	..	..	..	..	..	..	..	..
5000 Impôts sur les biens et services	..	..	..	..	..	..	..	..	..	..
6000 Autres impôts	..	..	..	..	..	..	..	..	..	..
Administrations locales										
Recettes fiscales totales	**2.5**	**18.6**	**115.8**	**245.5**	**262.6**	**0.5**	**0.4**	**0.6**	**0.7**	**0.7**
1000 Impôts sur revenu, bénéfices et gains en capital	0.0	0.0	0.0	0.0	0.0	0.0	0.0	0.0	0.0	0.0
2000 Cotisations de sécurité sociale	0.0	0.0	0.0	0.0	0.0	0.0	0.0	0.0	0.0	0.0
3000 Sur salaires ou main d'oeuvre	0.0	0.0	0.0	0.0	0.0	0.0	0.0	0.0	0.0	0.0
4000 Impôts sur le patrimoine	1.2	5.4	45.4	109.1	120.7	0.2	0.1	0.2	0.3	0.3
5000 Impôts sur les biens et services	1.3	12.0	70.3	136.3	141.8	0.2	0.3	0.4	0.4	0.4
6000 Autres impôts	0.0	1.2	0.0	0.0	0.1	0.0	0.0	0.0	0.0	0.0
Administrations de sécurité sociale										
Recettes fiscales totales	**40.2**	**340.2**	**1 650.0**	**3 272.6**	**3 471.7**	**7.7**	**7.4**	**8.3**	**9.1**	**9.2**
1000 Impôts sur revenu, bénéfices et gains en capital	0.0	0.0	0.0	0.0	0.0	0.0	0.0	0.0	0.0	0.0
2000 Cotisations de sécurité sociale	32.6	278.4	1 389.3	2 774.1	2 949.2	6.2	6.0	7.0	7.7	7.9
3000 Sur salaires ou main d'oeuvre	7.6	61.8	260.7	498.6	522.5	1.4	1.3	1.3	1.4	1.4
4000 Impôts sur le patrimoine	0.0	0.0	0.0	0.0	0.0	0.0	0.0	0.0	0.0	0.0
5000 Impôts sur les biens et services	0.0	0.0	0.0	0.0	0.0	0.0	0.0	0.0	0.0	0.0
6000 Autres impôts	0.0	0.0	0.0	0.0	0.0	0.0	0.0	0.0	0.0	0.0

.. Non disponible

Note : Des données et des notes plus détaillées par pays sont disponibles dans le chapitre 6 "Recettes fiscales des sous-secteurs de l'administration" accessible en ligne : https://doi.org/10.1787/df3c3b17-fr. Les séries temporelles complètes sont accessibles sur le site web http://oe.cd/series-temporelles-completes.

Source : Secretaría Técnica de la Autoridad Presupuestaria, Ministerio de Finanzas y Contraloría General de la República (Technical Secretary of the Budgeting Authority, Ministry of Finance and National General Comptroller).

StatLink https://stat.link/5vym1o

Tableau 4.15. République tchèque, recettes fiscales et % du PIB (sélection de catégories d'impôts)

	Milliard CZK					% du PIB				
	1990	2000	2010	2018	2019	1990	2000	2010	2018	2019
Recettes fiscales totales	..	**771.6**	**1 286.9**	**1 892.4**	**2 013.9**	..	**32.3**	**32.2**	**35.0**	**34.8**
1000 Impôts sur le revenu, les bénéfices et les gains en capital	..	**175.8**	**259.9**	**427.0**	**458.5**	..	**7.4**	**6.5**	**7.9**	**7.9**
1100 Des personnes physiques	..	99.7	131.7	231.0	255.4	..	4.2	3.3	4.3	4.4
1200 Des sociétés	..	76.2	128.2	196.0	203.1	..	3.2	3.2	3.6	3.5
1300 Non-ventilables entre 1100 et 1200	..	0.0	0.0	0.0	0.0	..	0.0	0.0	0.0	0.0
2000 Cotisations de sécurité sociale	..	**341.5**	**576.0**	**829.7**	**889.2**	..	**14.3**	**14.4**	**15.3**	**15.4**
2100 À la charge des salariés	..	77.3	116.8	171.8	184.6	..	3.2	2.9	3.2	3.2
2200 À la charge des employeurs	..	220.2	363.1	531.6	569.5	..	9.2	9.1	9.8	9.8
2300 À la charge des indép. ou sans emploi	..	44.1	96.1	126.2	135.2	..	1.8	2.4	2.3	2.3
2400 Non-ventilables entre 2100, 2200 et 2300	..	0.0	0.0	0.0	0.0	..	0.0	0.0	0.0	0.0
3000 Sur les salaires ou main d'oeuvre	..	**0.0**	**0.0**	**0.0**	**0.0**	..	**0.0**	**0.0**	**0.0**	**0.0**
4000 Impôts sur le patrimoine	..	**10.9**	**16.4**	**24.6**	**24.1**	..	**0.5**	**0.4**	**0.5**	**0.4**
4100 Impôts périodiques sur la propriété immobilière	..	4.5	8.8	10.9	11.0	..	0.2	0.2	0.2	0.2
4200 Impôts périodiques sur l'actif net	..	0.0	0.0	0.0	0.0	..	0.0	0.0	0.0	0.0
4300 Impôts sur mut. par décès, succ. et donations	..	0.6	0.2	0.0	0.0	..	0.0	0.0	0.0	0.0
4400 Impôts sur transact. mobilières et immob.	..	5.8	7.4	13.8	13.1	..	0.2	0.2	0.3	0.2
4500 Impôts non périodiques sur	..	0.0	0.0	0.0	0.0	..	0.0	0.0	0.0	0.0
4600 Autres impôts périodiques sur patrimoine	..	0.0	0.0	0.0	0.0	..	0.0	0.0	0.0	0.0
5000 Impôts sur les biens et services	..	**243.0**	**434.4**	**610.8**	**641.9**	..	**10.2**	**10.9**	**11.3**	**11.1**
5100 Impôts sur production, vente, transfert, etc.	..	226.4	408.6	582.8	613.0	..	9.5	10.2	10.8	10.6
5110 Impôts généraux	..	141.2	263.5	408.5	435.5	..	5.9	6.6	7.6	7.5
5111 Taxes sur la valeur ajoutée	..	141.2	263.5	408.5	435.5	..	5.9	6.6	7.6	7.5
5120 Impôts sur biens et services déterminés	..	85.1	145.2	174.2	177.5	..	3.6	3.6	3.2	3.1
5121 Accises	..	71.4	138.4	165.4	168.2	..	3.0	3.5	3.1	2.9
5200 Impôts sur utilisation des biens et exerc. activités	..	16.6	25.7	28.1	28.9	..	0.7	0.6	0.5	0.5
5300 Non-ventilables entre 5100 et 5200	..	0.0	0.0	0.0	0.0	..	0.0	0.0	0.0	0.0
6000 Autres impôts	..	**0.4**	**0.1**	**0.3**	**0.2**	..	**0.0**	**0.0**	**0.0**	**0.0**
Crédits d'impôts récupérables										
Crédits d'impôts récupérables contre 1000	..	0.0	25.7	39.1	39.9	..	0.0	0.6	0.7	0.7
Composante transfert	..	..	7.8	8.8	7.8	..	..	0.2	0.2	0.1
Composante fiscale	..	..	17.9	30.3	32.1	..	..	0.4	0.6	0.6
Recettes fiscales collectés pour le compte de l'UE										
Recettes fiscales collectés pour le compte de l'UE, total	..	..	6.6	8.3	8.8	..	..	0.2	0.2	0.2
Droits de douane perçus pour le compte de l'UE	..	..	6.6	8.3	8.8	..	..	0.2	0.2	0.2

.. Non disponible

Note : Des données et des notes plus détaillées par pays sont disponibles dans le chapitre 5 "Tableaux détaillés par pays" accessible en ligne : https://doi.org/10.1787/df3c3b17-fr. Les séries temporelles complètes sont accessibles sur le site web http://oe.cd/series-temporelles-completes.

Source : Ministry of Finance, Economic Department.

StatLink https://stat.link/glztj7

Tableau 4.16. République tchèque, recettes fiscales et % du PIB par niveaux d'administration (principaux impôts)

	Milliard CZK					% du PIB				
	1990	2000	2010	2018	2019	1990	2000	2010	2018	2019
Administrations fédérale ou centrale										
Recettes fiscales totales	..	**423.4**	**687.3**	**1 035.4**	**1 096.4**	..	**17.7**	**17.2**	**19.1**	**18.9**
1000 Impôts sur revenu, bénéfices et gains en capital	..	175.8	259.9	427.0	458.5	..	7.4	6.5	7.9	7.9
2000 Cotisations de sécurité sociale	..	0.0	0.0	0.0	0.0	..	0.0	0.0	0.0	0.0
3000 Sur salaires ou main d'oeuvre	..	0.0	0.0	0.0	0.0	..	0.0	0.0	0.0	0.0
4000 Impôts sur le patrimoine	..	6.4	7.6	13.8	13.1	..	0.3	0.2	0.3	0.2
5000 Impôts sur les biens et services	..	241.0	419.6	594.3	624.5	..	10.1	10.5	11.0	10.8
6000 Autres impôts	..	0.1	0.1	0.3	0.2	..	0.0	0.0	0.0	0.0
Administrations d'un État/Régions										
Recettes fiscales totales	..	..	..	..	..	..	..	..	..	..
1000 Impôts sur revenu, bénéfices et gains en capital	..	..	..	..	..	..	..	..	..	..
2000 Cotisations de sécurité sociale	..	..	..	..	..	..	..	..	..	..
3000 Sur salaires ou main d'oeuvre	..	..	..	..	..	..	..	..	..	..
4000 Impôts sur le patrimoine	..	..	..	..	..	..	..	..	..	..
5000 Impôts sur les biens et services	..	..	..	..	..	..	..	..	..	..
6000 Autres impôts	..	..	..	..	..	..	..	..	..	..
Administrations locales										
Recettes fiscales totales	..	**6.7**	**17.0**	**19.0**	**19.5**	..	**0.3**	**0.4**	**0.4**	**0.3**
1000 Impôts sur revenu, bénéfices et gains en capital	..	0.0	0.0	0.0	0.0	..	0.0	0.0	0.0	0.0
2000 Cotisations de sécurité sociale	..	0.0	0.0	0.0	0.0	..	0.0	0.0	0.0	0.0
3000 Sur salaires ou main d'oeuvre	..	0.0	0.0	0.0	0.0	..	0.0	0.0	0.0	0.0
4000 Impôts sur le patrimoine	..	4.5	8.7	10.8	10.9	..	0.2	0.2	0.2	0.2
5000 Impôts sur les biens et services	..	2.0	8.2	8.2	8.6	..	0.1	0.2	0.2	0.1
6000 Autres impôts	..	0.3	0.0	0.0	0.0	..	0.0	0.0	0.0	0.0
Administrations de sécurité sociale										
Recettes fiscales totales	..	**341.5**	**576.0**	**829.7**	**889.2**	..	**14.3**	**14.4**	**15.3**	**15.4**
1000 Impôts sur revenu, bénéfices et gains en capital	..	0.0	0.0	0.0	0.0	..	0.0	0.0	0.0	0.0
2000 Cotisations de sécurité sociale	..	341.5	576.0	829.7	889.2	..	14.3	14.4	15.3	15.4
3000 Sur salaires ou main d'oeuvre	..	0.0	0.0	0.0	0.0	..	0.0	0.0	0.0	0.0
4000 Impôts sur le patrimoine	..	0.0	0.0	0.0	0.0	..	0.0	0.0	0.0	0.0
5000 Impôts sur les biens et services	..	0.0	0.0	0.0	0.0	..	0.0	0.0	0.0	0.0
6000 Autres impôts	..	0.0	0.0	0.0	0.0	..	0.0	0.0	0.0	0.0

.. Non disponible

Note : Des données et des notes plus détaillées par pays sont disponibles dans le chapitre 6 "Recettes fiscales des sous-secteurs de l'administration" accessible en ligne : https://doi.org/10.1787/df3c3b17-fr. Les séries temporelles complètes sont accessibles sur le site web http://oe.cd/series-temporelles-completes.

Source : Ministry of Finance, Economic Department.

StatLink https://stat.link/eolqb1

Tableau 4.17. Danemark, recettes fiscales et % du PIB (sélection de catégories d'impôts)

	Milliard DKK					% du PIB				
	1990	2000	2010	2018	2019	1990	2000	2010	2018	2019
Recettes fiscales totales	**379.8**	**622.0**	**810.5**	**995.4**	**1 080.3**	**44.4**	**46.9**	**44.8**	**44.2**	**46.6**
1000 Impôts sur le revenu, les bénéfices et les gains en capital	**232.3**	**382.0**	**498.8**	**617.9**	**698.8**	**27.2**	**28.8**	**27.5**	**27.4**	**30.1**
1100 Des personnes physiques	205.1	327.3	421.3	542.4	562.7	24.0	24.7	23.3	24.1	24.3
1200 Des sociétés	14.7	42.3	41.1	62.1	72.7	1.7	3.2	2.3	2.8	3.1
1300 Non-ventilables entre 1100 et 1200	12.6	12.4	36.5	13.3	63.4	1.5	0.9	2.0	0.6	2.7
2000 Cotisations de sécurité sociale	**0.1**	**8.5**	**1.8**	**1.1**	**1.0**	**0.0**	**0.6**	**0.1**	**0.0**	**0.0**
2100 À la charge des salariés	0.1	8.2	0.9	0.8	0.7	0.0	0.6	0.0	0.0	0.0
2200 À la charge des employeurs	0.0	0.2	0.9	0.3	0.3	0.0	0.0	0.1	0.0	0.0
2300 À la charge des indép. ou sans emploi	0.0	0.0	0.0	0.0	0.0	0.0	0.0	0.0	0.0	0.0
2400 Non-ventilables entre 2100, 2200 et 2300	0.0	0.0	0.0	0.0	0.0	0.0	0.0	0.0	0.0	0.0
3000 Sur les salaires ou main d'oeuvre	**2.5**	**2.3**	**4.2**	**6.3**	**6.5**	**0.3**	**0.2**	**0.2**	**0.3**	**0.3**
4000 Impôts sur le patrimoine	**16.3**	**20.7**	**33.5**	**41.2**	**46.3**	**1.9**	**1.6**	**1.9**	**1.8**	**2.0**
4100 Impôts périodiques sur la propriété immobilière	8.9	13.6	24.2	29.6	30.6	1.0	1.0	1.3	1.3	1.3
4200 Impôts périodiques sur l'actif net	0.9	0.0	0.0	0.0	0.0	0.1	0.0	0.0	0.0	0.0
4300 Impôts sur mut. par décès, succ. et donations	2.2	2.9	3.6	4.8	8.5	0.3	0.2	0.2	0.2	0.4
4400 Impôts sur transact. mobilières et immob.	4.2	4.2	5.7	6.8	7.2	0.5	0.3	0.3	0.3	0.3
4500 Impôts non périodiques sur	0.1	0.1	0.0	0.0	0.0	0.0	0.0	0.0	0.0	0.0
4600 Autres impôts périodiques sur patrimoine	0.0	0.0	0.0	0.0	0.0	0.0	0.0	0.0	0.0	0.0
5000 Impôts sur les biens et services	**128.7**	**208.1**	**271.9**	**328.7**	**327.3**	**15.0**	**15.7**	**15.0**	**14.6**	**14.1**
5100 Impôts sur production, vente, transfert, etc.	122.7	197.3	252.3	303.6	301.9	14.3	14.9	13.9	13.5	13.0
5110 Impôts généraux	79.7	121.2	169.6	214.4	216.7	9.3	9.1	9.4	9.5	9.3
5111 Taxes sur la valeur ajoutée	71.2	121.2	169.6	214.4	216.7	8.3	9.1	9.4	9.5	9.3
5120 Impôts sur biens et services déterminés	43.0	76.0	82.7	89.1	85.2	5.0	5.7	4.6	4.0	3.7
5121 Accises	38.3	69.0	74.0	81.0	76.8	4.5	5.2	4.1	3.6	3.3
5200 Impôts sur utilisation des biens et exerc. activités	4.4	7.5	14.7	16.3	16.2	0.5	0.6	0.8	0.7	0.7
5300 Non-ventilables entre 5100 et 5200	1.6	3.4	4.9	8.9	9.3	0.2	0.3	0.3	0.4	0.4
6000 Autres impôts	**0.0**	**0.4**	**0.2**	**0.3**	**0.3**	**0.0**	**0.0**	**0.0**	**0.0**	**0.0**
Crédits d'impôts récupérables										
Crédits d'impôts récupérables contre 1000	..	..	5.0	3.8	3.1	..	..	0.3	0.2	0.1
Composante transfert	..	..	0.2	0.2	0.2	..	..	0.0	0.0	0.0
Composante fiscale	..	..	4.7	3.6	2.9	..	..	0.3	0.2	0.1
Recettes fiscales collectés pour le compte de l'UE										
Recettes fiscales collectés pour le compte de l'UE, total	2.7	2.6	3.3	3.2	3.1	0.3	0.2	0.2	0.1	0.1
Droits de douane perçus pour le compte de l'UE	1.8	2.3	3.2	3.2	3.1	0.2	0.2	0.2	0.1	0.1

.. Non disponible

Note : Des données et des notes plus détaillées par pays sont disponibles dans le chapitre 5 "Tableaux détaillés par pays" accessible en ligne : https://doi.org/10.1787/df3c3b17-fr. Les séries temporelles complètes sont accessibles sur le site web http://oe.cd/series-temporelles-completes. Le total des recettes fiscales a été diminué du montant de tout transfert en capital représentant les impôts non perçus. Le transfert en capital a été directement diminué des impôts spécifiques auxquels il se rapporte. Par conséquent, les montants des recettes fiscales sont différents de ceux présentés dans le chapitre 5 "Tableaux détaillés par pays" accessible en ligne.

Source : Danmarks Statistik.

StatLink https://stat.link/51p0sz

Tableau 4.18. Danemark, recettes fiscales et % du PIB par niveaux d'administration (principaux impôts)

	Milliard DKK					% du PIB				
	1990	2000	2010	2018	2019	1990	2000	2010	2018	2019
Administrations fédérale ou centrale										
Recettes fiscales totales	**259.5**	**420.6**	**589.0**	**722.9**	**798.7**	**30.3**	**31.7**	**32.5**	**32.1**	**34.5**
1000 Impôts sur revenu, bénéfices et gains en capital	123.4	203.9	305.7	378.4	451.2	14.4	15.4	16.9	16.8	19.5
2000 Cotisations de sécurité sociale	0.1	1.4	0.9	0.8	0.7	0.0	0.1	0.1	0.0	0.0
3000 Sur salaires ou main d'oeuvre	2.5	2.3	4.2	6.3	6.5	0.3	0.2	0.2	0.3	0.3
4000 Impôts sur le patrimoine	7.6	7.2	9.4	11.6	15.7	0.9	0.5	0.5	0.5	0.7
5000 Impôts sur les biens et services	126.0	205.5	268.7	325.5	324.2	14.7	15.5	14.8	14.4	14.0
6000 Autres impôts	0.0	0.4	0.2	0.3	0.3	0.0	0.0	0.0	0.0	0.0
Administrations d'un État/Régions										
Recettes fiscales totales	**..**	**..**	**..**	**..**	**..**	**..**	**..**	**..**	**..**	**..**
1000 Impôts sur revenu, bénéfices et gains en capital	..	..	..	..	..	..	..	..	..	..
2000 Cotisations de sécurité sociale	..	..	..	..	..	..	..	..	..	..
3000 Sur salaires ou main d'oeuvre	..	..	..	..	..	..	..	..	..	..
4000 Impôts sur le patrimoine	..	..	..	..	..	..	..	..	..	..
5000 Impôts sur les biens et services	..	..	..	..	..	..	..	..	..	..
6000 Autres impôts	..	..	..	..	..	..	..	..	..	..
Administrations locales										
Recettes fiscales totales	**117.6**	**191.7**	**217.3**	**269.0**	**278.2**	**13.8**	**14.4**	**12.0**	**11.9**	**12.0**
1000 Impôts sur revenu, bénéfices et gains en capital	108.9	178.1	193.1	239.4	247.6	12.7	13.4	10.7	10.6	10.7
2000 Cotisations de sécurité sociale	0.0	0.0	0.0	0.0	0.0	0.0	0.0	0.0	0.0	0.0
3000 Sur salaires ou main d'oeuvre	0.0	0.0	0.0	0.0	0.0	0.0	0.0	0.0	0.0	0.0
4000 Impôts sur le patrimoine	8.7	13.6	24.2	29.6	30.6	1.0	1.0	1.3	1.3	1.3
5000 Impôts sur les biens et services	0.0	0.0	0.0	0.0	0.0	0.0	0.0	0.0	0.0	0.0
6000 Autres impôts	0.0	0.0	0.0	0.0	0.0	0.0	0.0	0.0	0.0	0.0
Administrations de sécurité sociale										
Recettes fiscales totales	**0.0**	**7.1**	**0.9**	**0.3**	**0.3**	**0.0**	**0.5**	**0.1**	**0.0**	**0.0**
1000 Impôts sur revenu, bénéfices et gains en capital	0.0	0.0	0.0	0.0	0.0	0.0	0.0	0.0	0.0	0.0
2000 Cotisations de sécurité sociale	0.0	7.1	0.9	0.3	0.3	0.0	0.5	0.1	0.0	0.0
3000 Sur salaires ou main d'oeuvre	0.0	0.0	0.0	0.0	0.0	0.0	0.0	0.0	0.0	0.0
4000 Impôts sur le patrimoine	0.0	0.0	0.0	0.0	0.0	0.0	0.0	0.0	0.0	0.0
5000 Impôts sur les biens et services	0.0	0.0	0.0	0.0	0.0	0.0	0.0	0.0	0.0	0.0
6000 Autres impôts	0.0	0.0	0.0	0.0	0.0	0.0	0.0	0.0	0.0	0.0

.. Non disponible

Note : Des données et des notes plus détaillées par pays sont disponibles dans le chapitre 6 "Recettes fiscales des sous-secteurs de l'administration" accessible en ligne : https://doi.org/10.1787/df3c3b17-fr. Les séries temporelles complètes sont accessibles sur le site web http://oe.cd/series-temporelles-completes.

Le total des recettes fiscales a été diminué du montant de tout transfert en capital représentant les impôts non perçus. Le transfert en capital a été directement diminué des impôts spécifiques auxquels il se rapporte. Par conséquent, les montants des recettes fiscales sont différents de ceux présentés dans le chapitre 6 "Recettes fiscales des sous-secteurs de l'administration" accessible en ligne.

Source : Danmarks Statistik.

StatLink https://stat.link/p3fz6w

Tableau 4.19. Estonie, recettes fiscales et % du PIB (sélection de catégories d'impôts)

	Milliard EUR					% du PIB				
	1990	2000	2010	2018	2019	1990	2000	2010	2018	2019
Recettes fiscales totales	..	**1.9**	**4.9**	**8.5**	**9.3**	..	**31.1**	**33.2**	**33.0**	**33.5**
1000 Impôts sur le revenu, les bénéfices et les gains en capital	..	**0.5**	**1.0**	**1.9**	**2.0**	..	**7.7**	**6.6**	**7.5**	**7.4**
1100 Des personnes physiques	..	0.4	0.8	1.4	1.5	..	6.8	5.3	5.5	5.5
1200 Des sociétés	..	0.1	0.2	0.5	0.5	..	0.9	1.3	2.0	1.8
1300 Non-ventilables entre 1100 et 1200	..	0.0	0.0	0.0	0.0	..	0.0	0.0	0.0	0.0
2000 Cotisations de sécurité sociale	..	**0.7**	**1.9**	**3.0**	**3.3**	..	**10.9**	**12.7**	**11.5**	**11.7**
2100 À la charge des salariés	..	0.0	0.1	0.1	0.1	..	0.0	0.8	0.5	0.5
2200 À la charge des employeurs	..	0.7	1.7	2.8	3.1	..	10.7	11.8	11.0	11.2
2300 À la charge des indép. ou sans emploi	..	0.0	0.0	0.0	0.0	..	0.2	0.1	0.1	0.1
2400 Non-ventilables entre 2100, 2200 et 2300	..	0.0	0.0	0.0	0.0	..	0.0	0.0	0.0	0.0
3000 Sur les salaires ou main d'oeuvre	..	**0.0**	**0.0**	**0.0**	**0.0**	..	**0.0**	**0.0**	**0.0**	**0.0**
4000 Impôts sur le patrimoine	..	**0.0**	**0.1**	**0.1**	**0.1**	..	**0.4**	**0.3**	**0.2**	**0.2**
4100 Impôts périodiques sur la propriété immobilière	..	0.0	0.1	0.1	0.1	..	0.4	0.3	0.2	0.2
4200 Impôts périodiques sur l'actif net	..	0.0	0.0	0.0	0.0	..	0.0	0.0	0.0	0.0
4300 Impôts sur mut. par décès, succ. et donations	..	0.0	0.0	0.0	0.0	..	0.0	0.0	0.0	0.0
4400 Impôts sur transact. mobilières et immob.	..	0.0	0.0	0.0	0.0	..	0.0	0.0	0.0	0.0
4500 Impôts non périodiques sur	..	0.0	0.0	0.0	0.0	..	0.0	0.0	0.0	0.0
4600 Autres impôts périodiques sur patrimoine	..	0.0	0.0	0.0	0.0	..	0.0	0.0	0.0	0.0
5000 Impôts sur les biens et services	..	**0.7**	**2.0**	**3.6**	**3.9**	..	**12.1**	**13.5**	**13.8**	**14.2**
5100 Impôts sur production, vente, transfert, etc.	..	0.7	1.9	3.4	3.7	..	11.7	13.1	13.3	13.4
5110 Impôts généraux	..	0.5	1.3	2.3	2.5	..	8.4	8.6	9.0	9.0
5111 Taxes sur la valeur ajoutée	..	0.5	1.3	2.3	2.5	..	8.4	8.5	9.0	9.0
5120 Impôts sur biens et services déterminés	..	0.2	0.7	1.1	1.2	..	3.3	4.6	4.3	4.5
5121 Accises	..	0.2	0.6	1.0	1.1	..	3.0	4.2	3.9	4.1
5200 Impôts sur utilisation des biens et exerc. activités	..	0.0	0.1	0.1	0.2	..	0.4	0.4	0.5	0.8
5300 Non-ventilables entre 5100 et 5200	..	0.0	0.0	0.0	0.0	..	0.0	0.0	0.0	0.0
6000 Autres impôts	..	**0.0**	**0.0**	**0.0**	**0.0**	..	**0.0**	**0.0**	**0.0**	**0.0**
Crédits d'impôts récupérables										
Crédits d'impôts récupérables contre 1000	..	..	..	..	..	..	..	..	..	..
Composante transfert	..	..	..	..	..	..	..	..	..	..
Composante fiscale	..	..	..	..	..	..	..	..	..	..
Recettes fiscales collectés pour le compte de l'UE										
Recettes fiscales collectés pour le compte de l'UE, total	..	..	0.0	0.0	0.1	..	..	0.2	0.2	0.2
Droits de douane perçus pour le compte de l'UE	..	..	0.0	0.0	0.1	..	..	0.2	0.2	0.2
Contributions au Fonds de résolution unique collectées pour le compte de l'UE	..	..	..	0.0	0.0	..	..	..	0.0	0.0

.. Non disponible

Note : Des données et des notes plus détaillées par pays sont disponibles dans le chapitre 5 "Tableaux détaillés par pays" accessible en ligne : https://doi.org/10.1787/df3c3b17-fr. Les séries temporelles complètes sont accessibles sur le site web http://oe.cd/series-temporelles-completes.

Source : Statistics Estonia.

StatLink https://stat.link/wk9q65

Tableau 4.20. Estonie, recettes fiscales et % du PIB par niveaux d'administration (principaux impôts)

	Milliard EUR					% du PIB				
	1990	2000	2010	2018	2019	1990	2000	2010	2018	2019
Administrations fédérale ou centrale										
Recettes fiscales totales	..	**1.6**	**3.9**	**7.0**	**7.6**	..	**26.3**	**26.7**	**27.1**	**27.5**
1000 Impôts sur revenu, bénéfices et gains en capital	..	0.5	1.0	1.9	2.0	..	7.7	6.6	7.5	7.4
2000 Cotisations de sécurité sociale	..	0.4	1.0	1.6	1.7	..	6.6	6.8	6.1	6.2
3000 Sur salaires ou main d'oeuvre	..	0.0	0.0	0.0	0.0	..	0.0	0.0	0.0	0.0
4000 Impôts sur le patrimoine	..	0.0	0.0	0.0	0.0	..	0.0	0.0	0.0	0.0
5000 Impôts sur les biens et services	..	0.7	2.0	3.5	3.9	..	12.0	13.2	13.6	14.0
6000 Autres impôts	..	0.0	0.0	0.0	0.0	..	0.0	0.0	0.0	0.0
Administrations d'un État/Régions										
Recettes fiscales totales	..	..	..	..	..	..	..	..	..	..
1000 Impôts sur revenu, bénéfices et gains en capital	..	..	..	..	..	..	..	..	..	..
2000 Cotisations de sécurité sociale	..	..	..	..	..	..	..	..	..	..
3000 Sur salaires ou main d'oeuvre	..	..	..	..	..	..	..	..	..	..
4000 Impôts sur le patrimoine	..	..	..	..	..	..	..	..	..	..
5000 Impôts sur les biens et services	..	..	..	..	..	..	..	..	..	..
6000 Autres impôts	..	..	..	..	..	..	..	..	..	..
Administrations locales										
Recettes fiscales totales	..	**0.0**	**0.1**	**0.1**	**0.1**	..	**0.5**	**0.5**	**0.3**	**0.3**
1000 Impôts sur revenu, bénéfices et gains en capital	..	0.0	0.0	0.0	0.0	..	0.0	0.0	0.0	0.0
2000 Cotisations de sécurité sociale	..	0.0	0.0	0.0	0.0	..	0.0	0.0	0.0	0.0
3000 Sur salaires ou main d'oeuvre	..	0.0	0.0	0.0	0.0	..	0.0	0.0	0.0	0.0
4000 Impôts sur le patrimoine	..	0.0	0.1	0.1	0.1	..	0.4	0.3	0.2	0.2
5000 Impôts sur les biens et services	..	0.0	0.0	0.0	0.0	..	0.1	0.1	0.0	0.0
6000 Autres impôts	..	0.0	0.0	0.0	0.0	..	0.0	0.0	0.0	0.0
Administrations de sécurité sociale										
Recettes fiscales totales	..	**0.3**	**0.9**	**1.4**	**1.5**	..	**4.3**	**5.9**	**5.5**	**5.6**
1000 Impôts sur revenu, bénéfices et gains en capital	..	0.0	0.0	0.0	0.0	..	0.0	0.0	0.0	0.0
2000 Cotisations de sécurité sociale	..	0.3	0.9	1.4	1.5	..	4.3	5.9	5.5	5.6
3000 Sur salaires ou main d'oeuvre	..	0.0	0.0	0.0	0.0	..	0.0	0.0	0.0	0.0
4000 Impôts sur le patrimoine	..	0.0	0.0	0.0	0.0	..	0.0	0.0	0.0	0.0
5000 Impôts sur les biens et services	..	0.0	0.0	0.0	0.0	..	0.0	0.0	0.0	0.0
6000 Autres impôts	..	0.0	0.0	0.0	0.0	..	0.0	0.0	0.0	0.0

.. Non disponible

Note : Des données et des notes plus détaillées par pays sont disponibles dans le chapitre 6 "Recettes fiscales des sous-secteurs de l'administration" accessible en ligne : https://doi.org/10.1787/df3c3b17-fr. Les séries temporelles complètes sont accessibles sur le site web http://oe.cd/series-temporelles-completes.

Source : Statistics Estonia.

StatLink https://stat.link/3n8945

Tableau 4.21. Finlande, recettes fiscales et % du PIB (sélection de catégories d'impôts)

	Milliard EUR					% du PIB				
	1990	2000	2010	2018	2019	1990	2000	2010	2018	2019
Recettes fiscales totales	**39.1**	**62.4**	**76.3**	**99.0**	**101.4**	**42.9**	**45.8**	**40.6**	**42.4**	**42.3**
1000 Impôts sur le revenu, les bénéfices et les gains en capital	**15.3**	**26.9**	**27.1**	**34.5**	**35.5**	**16.8**	**19.7**	**14.4**	**14.8**	**14.8**
1100 Des personnes physiques	13.6	19.1	22.5	28.6	29.4	14.9	14.0	12.0	12.2	12.2
1200 Des sociétés	1.8	7.8	4.6	5.9	6.1	1.9	5.7	2.4	2.5	2.5
1300 Non-ventilables entre 1100 et 1200	0.0	0.0	0.0	0.0	0.0	0.0	0.0	0.0	0.0	0.0
2000 Cotisations de sécurité sociale	**10.0**	**15.8**	**22.6**	**27.6**	**28.3**	**11.0**	**11.5**	**12.0**	**11.8**	**11.8**
2100 À la charge des salariés	1.2	2.9	4.7	8.1	8.5	1.3	2.1	2.5	3.5	3.6
2200 À la charge des employeurs	8.1	11.6	16.0	17.6	17.8	8.9	8.5	8.5	7.6	7.4
2300 À la charge des indép. ou sans emploi	0.7	1.3	1.9	1.9	2.0	0.8	0.9	1.0	0.8	0.8
2400 Non-ventilables entre 2100, 2200 et 2300	0.0	0.0	0.0	0.0	0.0	0.0	0.0	0.0	0.0	0.0
3000 Sur les salaires ou main d'oeuvre	**0.0**	**0.0**	**0.0**	**0.0**	**0.0**	**0.0**	**0.0**	**0.0**	**0.0**	**0.0**
4000 Impôts sur le patrimoine	**1.0**	**1.5**	**2.1**	**3.3**	**3.5**	**1.1**	**1.1**	**1.1**	**1.4**	**1.4**
4100 Impôts périodiques sur la propriété immobilière	0.1	0.6	1.2	1.8	1.9	0.1	0.4	0.6	0.8	0.8
4200 Impôts périodiques sur l'actif net	0.0	0.2	0.0	0.0	0.0	0.0	0.1	0.0	0.0	0.0
4300 Impôts sur mut. par décès, succ. et donations	0.1	0.4	0.4	0.7	0.7	0.2	0.3	0.2	0.3	0.3
4400 Impôts sur transact. mobilières et immob.	0.7	0.4	0.5	0.8	0.9	0.8	0.3	0.3	0.4	0.4
4500 Impôts non périodiques sur	0.0	0.0	0.0	0.0	0.0	0.0	0.0	0.0	0.0	0.0
4600 Autres impôts périodiques sur patrimoine	0.0	0.0	0.0	0.0	0.0	0.0	0.0	0.0	0.0	0.0
5000 Impôts sur les biens et services	**12.7**	**18.2**	**24.4**	**33.4**	**34.2**	**14.0**	**13.4**	**13.0**	**14.3**	**14.2**
5100 Impôts sur production, vente, transfert, etc.	12.6	17.8	23.6	32.0	32.7	13.8	13.0	12.6	13.7	13.6
5110 Impôts généraux	7.5	10.9	15.5	21.4	22.0	8.3	8.0	8.3	9.2	9.2
5111 Taxes sur la valeur ajoutée	7.5	10.9	15.5	21.4	22.0	8.3	8.0	8.3	9.2	9.2
5120 Impôts sur biens et services déterminés	5.0	6.9	8.1	10.7	10.7	5.5	5.1	4.3	4.6	4.5
5121 Accises	3.8	5.6	6.3	8.3	8.1	4.2	4.1	3.3	3.6	3.4
5200 Impôts sur utilisation des biens et exerc. activités	0.2	0.4	0.8	1.4	1.5	0.2	0.3	0.4	0.6	0.6
5300 Non-ventilables entre 5100 et 5200	0.0	0.0	0.0	0.0	0.0	0.0	0.0	0.0	0.0	0.0
6000 Autres impôts	**0.1**	**0.0**	**0.1**	**0.0**	**0.1**	**0.1**	**0.0**	**0.0**	**0.0**	**0.0**
Crédits d'impôts récupérables										
Crédits d'impôts récupérables contre 1000	..	..	..	..	..	..	..	..	..	..
Composante transfert	..	..	..	..	..	..	..	..	..	..
Composante fiscale	..	..	..	..	..	..	..	..	..	..
Recettes fiscales collectés pour le compte de l'UE										
Recettes fiscales collectés pour le compte de l'UE, total	..	0.1	0.2	0.2	0.4	..	0.1	0.1	0.1	0.2
Droits de douane perçus pour le compte de l'UE	..	0.1	0.2	0.2	0.2	..	0.1	0.1	0.1	0.1
Contributions au Fonds de résolution unique collectées pour le compte de l'UE	..	..	..	0.1	0.2	..	..	..	0.0	0.1

.. Non disponible

Note : Des données et des notes plus détaillées par pays sont disponibles dans le chapitre 5 "Tableaux détaillés par pays" accessible en ligne : https://doi.org/10.1787/df3c3b17-fr. Les séries temporelles complètes sont accessibles sur le site web http://oe.cd/series-temporelles-completes.

Source : Bulletin of Statistics; Central Statistical Office (for Central Government revenues); the Annual report of the National Pension Institute and Official Statistics of Finland Series XXIIA published by the Ministry and Social Affairs (for the Social Security and private pension respectively); supplementary information from unpublished sources.

StatLink https://stat.link/hl3cvm

Tableau 4.22. Finlande, recettes fiscales et % du PIB par niveaux d'administration (principaux impôts)

	Milliard EUR					% du PIB				
	1990	2000	2010	2018	2019	1990	2000	2010	2018	2019
Administrations fédérale ou centrale										
Recettes fiscales totales	**20.7**	**33.1**	**35.0**	**48.6**	**49.6**	**22.7**	**24.2**	**18.6**	**20.8**	**20.6**
1000 Impôts sur revenu, bénéfices et gains en capital	7.0	14.0	9.8	13.9	14.2	7.7	10.3	5.2	5.9	5.9
2000 Cotisations de sécurité sociale	0.0	0.0	0.0	0.0	0.0	0.0	0.0	0.0	0.0	0.0
3000 Sur salaires ou main d'oeuvre	0.0	0.0	0.0	0.0	0.0	0.0	0.0	0.0	0.0	0.0
4000 Impôts sur le patrimoine	0.9	0.9	0.9	1.5	1.6	1.0	0.7	0.5	0.7	0.7
5000 Impôts sur les biens et services	12.7	18.1	24.3	33.2	33.7	14.0	13.2	12.9	14.2	14.1
6000 Autres impôts	0.1	0.0	0.1	0.0	0.1	0.1	0.0	0.0	0.0	0.0
Administrations d'un État/Régions										
Recettes fiscales totales	**..**	**..**	**..**	**..**	**..**	**..**	**..**	**..**	**..**	**..**
1000 Impôts sur revenu, bénéfices et gains en capital	..	..	..	..	..	..	..	..	..	..
2000 Cotisations de sécurité sociale	..	..	..	..	..	..	..	..	..	..
3000 Sur salaires ou main d'oeuvre	..	..	..	..	..	..	..	..	..	..
4000 Impôts sur le patrimoine	..	..	..	..	..	..	..	..	..	..
5000 Impôts sur les biens et services	..	..	..	..	..	..	..	..	..	..
6000 Autres impôts	..	..	..	..	..	..	..	..	..	..
Administrations locales										
Recettes fiscales totales	**8.4**	**13.5**	**18.5**	**22.5**	**23.2**	**9.2**	**9.9**	**9.8**	**9.6**	**9.6**
1000 Impôts sur revenu, bénéfices et gains en capital	8.3	12.9	17.3	20.7	21.3	9.1	9.4	9.2	8.8	8.9
2000 Cotisations de sécurité sociale	0.0	0.0	0.0	0.0	0.0	0.0	0.0	0.0	0.0	0.0
3000 Sur salaires ou main d'oeuvre	0.0	0.0	0.0	0.0	0.0	0.0	0.0	0.0	0.0	0.0
4000 Impôts sur le patrimoine	0.1	0.6	1.2	1.8	1.9	0.1	0.4	0.6	0.8	0.8
5000 Impôts sur les biens et services	0.0	0.0	0.0	0.0	0.0	0.0	0.0	0.0	0.0	0.0
6000 Autres impôts	0.0	0.0	0.0	0.0	0.0	0.0	0.0	0.0	0.0	0.0
Administrations de sécurité sociale										
Recettes fiscales totales	**10.0**	**15.8**	**22.6**	**27.6**	**28.3**	**11.0**	**11.5**	**12.0**	**11.8**	**11.8**
1000 Impôts sur revenu, bénéfices et gains en capital	0.0	0.0	0.0	0.0	0.0	0.0	0.0	0.0	0.0	0.0
2000 Cotisations de sécurité sociale	10.0	15.8	22.6	27.6	28.3	11.0	11.5	12.0	11.8	11.8
3000 Sur salaires ou main d'oeuvre	0.0	0.0	0.0	0.0	0.0	0.0	0.0	0.0	0.0	0.0
4000 Impôts sur le patrimoine	0.0	0.0	0.0	0.0	0.0	0.0	0.0	0.0	0.0	0.0
5000 Impôts sur les biens et services	0.0	0.0	0.0	0.0	0.0	0.0	0.0	0.0	0.0	0.0
6000 Autres impôts	0.0	0.0	0.0	0.0	0.0	0.0	0.0	0.0	0.0	0.0

.. Non disponible

Note : Des données et des notes plus détaillées par pays sont disponibles dans le chapitre 6 "Recettes fiscales des sous-secteurs de l'administration" accessible en ligne : https://doi.org/10.1787/df3c3b17-fr. Les séries temporelles complètes sont accessibles sur le site web http://oe.cd/series-temporelles-completes.

Source : Bulletin of Statistics; Central Statistical Office (for Central Government revenues); the Annual report of the National Pension Institute and Official Statistics of Finland Series XXIIA published by the Ministry and Social Affairs (for the Social Security and private pension respectively); supplementary information from unpublished sources.

StatLink https://stat.link/2tzr8p

Tableau 4.23. France, recettes fiscales et % du PIB (sélection de catégories d'impôts)

	Milliard EUR					% du PIB				
	1990	2000	2010	2018	2019	1990	2000	2010	2018	2019
Recettes fiscales totales	**433.8**	**642.2**	**840.9**	**1 084.2**	**1 094.1**	**41.2**	**43.4**	**42.1**	**45.9**	**44.9**
1000 Impôts sur le revenu, les bénéfices et les gains en capital	**69.6**	**159.5**	**189.7**	**272.2**	**280.8**	**6.6**	**10.8**	**9.5**	**11.5**	**11.5**
1100 Des personnes physiques	46.3	115.2	143.1	222.6	226.7	4.4	7.8	7.2	9.4	9.3
1200 Des sociétés	23.1	44.3	46.6	49.6	54.2	2.2	3.0	2.3	2.1	2.2
1300 Non-ventilables entre 1100 et 1200	0.3	0.0	0.0	0.0	0.0	0.0	0.0	0.0	0.0	0.0
2000 Cotisations de sécurité sociale	**191.1**	**230.2**	**321.3**	**378.6**	**361.4**	**18.1**	**15.6**	**16.1**	**16.0**	**14.8**
2100 À la charge des salariés	57.3	57.3	77.7	88.6	87.4	5.4	3.9	3.9	3.7	3.6
2200 À la charge des employeurs	118.1	158.3	218.0	263.6	245.8	11.2	10.7	10.9	11.2	10.1
2300 À la charge des indép. ou sans emploi	15.7	14.6	25.7	26.4	28.3	1.5	1.0	1.3	1.1	1.2
2400 Non-ventilables entre 2100, 2200 et 2300	0.0	0.0	0.0	0.0	0.0	0.0	0.0	0.0	0.0	0.0
3000 Sur les salaires ou main d'oeuvre	**8.3**	**14.9**	**26.8**	**35.7**	**43.4**	**0.8**	**1.0**	**1.3**	**1.5**	**1.8**
4000 Impôts sur le patrimoine	**27.4**	**44.0**	**70.5**	**94.3**	**94.8**	**2.6**	**3.0**	**3.5**	**4.0**	**3.9**
4100 Impôts périodiques sur la propriété immobilière	14.8	27.3	47.6	59.6	57.6	1.4	1.8	2.4	2.5	2.4
4200 Impôts périodiques sur l'actif net	2.6	2.4	4.4	1.8	2.0	0.2	0.2	0.2	0.1	0.1
4300 Impôts sur mut. par décès, succ. et donations	4.1	6.9	7.7	14.3	15.2	0.4	0.5	0.4	0.6	0.6
4400 Impôts sur transact. mobilières et immob.	5.9	7.4	10.8	18.6	19.9	0.6	0.5	0.5	0.8	0.8
4500 Impôts non périodiques sur	0.0	0.0	0.0	0.0	0.0	0.0	0.0	0.0	0.0	0.0
4600 Autres impôts périodiques sur patrimoine	0.0	0.0	0.0	0.0	0.0	0.0	0.0	0.0	0.0	0.0
5000 Impôts sur les biens et services	**123.2**	**169.5**	**223.3**	**291.8**	**301.5**	**11.7**	**11.5**	**11.2**	**12.3**	**12.4**
5100 Impôts sur production, vente, transfert, etc.	119.2	162.8	214.6	280.1	289.6	11.3	11.0	10.8	11.9	11.9
5110 Impôts généraux	81.3	109.8	150.6	185.4	193.6	7.7	7.4	7.5	7.8	7.9
5111 Taxes sur la valeur ajoutée	80.0	107.1	135.2	167.5	174.3	7.6	7.2	6.8	7.1	7.1
5120 Impôts sur biens et services déterminés	37.9	53.0	64.0	94.7	96.0	3.6	3.6	3.2	4.0	3.9
5121 Accises	26.8	39.7	45.6	64.6	64.6	2.5	2.7	2.3	2.7	2.7
5200 Impôts sur utilisation des biens et exerc. activités	4.0	6.7	8.8	11.7	11.9	0.4	0.5	0.4	0.5	0.5
5300 Non-ventilables entre 5100 et 5200	0.0	0.0	0.0	0.0	0.0	0.0	0.0	0.0	0.0	0.0
6000 Autres impôts	**14.1**	**24.1**	**9.2**	**11.8**	**12.2**	**1.3**	**1.6**	**0.5**	**0.5**	**0.5**
Crédits d'impôts récupérables										
Crédits d'impôts récupérables contre 1000	..	0.5	17.4	35.9	35.4	0.0	0.0	0.9	1.5	1.5
Composante transfert	0.0	0.0	7.9	19.7	18.5	0.0	0.0	0.4	0.8	0.8
Composante fiscale	0.0	0.0	9.5	16.2	16.9	0.0	0.0	0.5	0.7	0.7
Recettes fiscales collectés pour le compte de l'UE										
Recettes fiscales collectés pour le compte de l'UE, total	2.6	1.9	2.0	4.6	4.6	0.2	0.1	0.1	0.2	0.2
Droits de douane perçus pour le compte de l'UE	..	1.5	1.8	2.1	2.0	..	0.1	0.1	0.1	0.1
Contributions au Fonds de résolution unique collectées pour le compte de l'UE	..	..	..	2.3	2.4	..	..	..	0.1	0.1

.. Non disponible

Note : Des données et des notes plus détaillées par pays sont disponibles dans le chapitre 5 "Tableaux détaillés par pays" accessible en ligne : https://doi.org/10.1787/df3c3b17-fr. Les séries temporelles complètes sont accessibles sur le site web http://oe.cd/series-temporelles-completes. Le total des recettes fiscales a été diminué du montant de tout transfert en capital représentant les impôts non perçus. Le transfert en capital a été réparti entre les différentes rubriques en proportion des recettes fiscales. Par conséquent, les montants des recettes fiscales sont différents de ceux présentés dans le chapitre 5 "Tableaux détaillés par pays" accessible en ligne.

Source : Compte général de l'Administration des finances pour les chiffres de recettes fiscales. OSCE pour les chiffres de sécurité sociale de 1965 à 1969 et SEC pour les années suivantes.

StatLink https://stat.link/ioq0l6

Tableau 4.24. France, recettes fiscales et % du PIB par niveaux d'administration (principaux impôts)

	Milliard EUR					% du PIB				
	1990	2000	2010	2018	2019	1990	2000	2010	2018	2019
Administrations fédérale ou centrale										
Recettes fiscales totales	**200.1**	**270.3**	**299.6**	**364.1**	**356.6**	**19.0**	**18.3**	**15.0**	**15.4**	**14.6**
1000 Impôts sur revenu, bénéfices et gains en capital	69.6	94.4	97.0	130.6	143.7	6.6	6.4	4.9	5.5	5.9
2000 Cotisations de sécurité sociale	3.2	5.4	7.6	8.2	8.1	0.3	0.4	0.4	0.3	0.3
3000 Sur salaires ou main d'oeuvre	6.2	10.6	4.2	3.8	11.2	0.6	0.7	0.2	0.2	0.5
4000 Impôts sur le patrimoine	8.6	11.4	13.4	19.5	20.5	0.8	0.8	0.7	0.8	0.8
5000 Impôts sur les biens et services	112.1	145.5	170.0	200.8	172.0	10.6	9.8	8.5	8.5	7.1
6000 Autres impôts	0.4	3.1	7.4	1.3	1.1	0.0	0.2	0.4	0.1	0.0
Administrations d'un État/Régions										
Recettes fiscales totales	**..**	**..**	**..**	**..**	**..**	**..**	**..**	**..**	**..**	**..**
1000 Impôts sur revenu, bénéfices et gains en capital	..	..	..	..	..	..	..	..	..	..
2000 Cotisations de sécurité sociale	..	..	..	..	..	..	..	..	..	..
3000 Sur salaires ou main d'oeuvre	..	..	..	..	..	..	..	..	..	..
4000 Impôts sur le patrimoine	..	..	..	..	..	..	..	..	..	..
5000 Impôts sur les biens et services	..	..	..	..	..	..	..	..	..	..
6000 Autres impôts	..	..	..	..	..	..	..	..	..	..
Administrations locales										
Recettes fiscales totales	**40.2**	**64.7**	**89.3**	**146.9**	**148.4**	**3.8**	**4.4**	**4.5**	**6.2**	**6.1**
1000 Impôts sur revenu, bénéfices et gains en capital	0.0	0.0	0.1	0.0	0.0	0.0	0.0	0.0	0.0	0.0
2000 Cotisations de sécurité sociale	0.0	0.0	0.0	0.0	0.0	0.0	0.0	0.0	0.0	0.0
3000 Sur salaires ou main d'oeuvre	1.7	3.9	7.5	10.6	11.1	0.2	0.3	0.4	0.5	0.5
4000 Impôts sur le patrimoine	18.8	32.7	57.1	74.8	74.3	1.8	2.2	2.9	3.2	3.0
5000 Impôts sur les biens et services	6.0	7.3	23.0	51.3	52.5	0.6	0.5	1.2	2.2	2.2
6000 Autres impôts	13.7	20.9	1.6	10.1	10.5	1.3	1.4	0.1	0.4	0.4
Administrations de sécurité sociale										
Recettes fiscales totales	**190.9**	**305.3**	**450.1**	**568.7**	**584.5**	**18.1**	**20.6**	**22.6**	**24.1**	**24.0**
1000 Impôts sur revenu, bénéfices et gains en capital	0.0	65.0	92.7	141.6	137.1	0.0	4.4	4.6	6.0	5.6
2000 Cotisations de sécurité sociale	187.9	224.8	313.7	370.3	353.4	17.8	15.2	15.7	15.7	14.5
3000 Sur salaires ou main d'oeuvre	0.4	0.4	15.1	21.3	21.0	0.0	0.0	0.8	0.9	0.9
4000 Impôts sur le patrimoine	0.0	0.0	0.0	0.0	0.0	0.0	0.0	0.0	0.0	0.0
5000 Impôts sur les biens et services	2.5	14.9	28.4	35.1	72.4	0.2	1.0	1.4	1.5	3.0
6000 Autres impôts	0.0	0.1	0.2	0.4	0.6	0.0	0.0	0.0	0.0	0.0

.. Non disponible

Note : Des données et des notes plus détaillées par pays sont disponibles dans le chapitre 6 "Recettes fiscales des sous-secteurs de l'administration" accessible en ligne : https://doi.org/10.1787/df3c3b17-fr. Les séries temporelles complètes sont accessibles sur le site web http://oe.cd/series-temporelles-completes.

Le total des recettes fiscales a été diminué du montant de tout transfert en capital représentant les impôts non perçus. Le transfert en capital a été réparti entre les différentes rubriques en proportion des recettes fiscales. Par conséquent, les montants des recettes fiscales sont différents de ceux présentés dans le chapitre 6 "Recettes fiscales des sous secteurs de l'administration" accessible en ligne.

Source : Compte général de l'Administration des finances pour les chiffres de recettes fiscales. OSCE pour les chiffres de sécurité sociale de 1965 à 1969 et SEC pour les années suivantes.

StatLink https://stat.link/bh85sc

Tableau 4.25. Allemagne, recettes fiscales et % du PIB (sélection de catégories d'impôts)

	Milliard EUR					% du PIB				
	1990	2000	2010	2018	2019	1990	2000	2010	2018	2019
Recettes fiscales totales	**454.8**	**767.0**	**911.2**	**1 294.3**	**1 341.3**	**34.8**	**36.4**	**35.5**	**38.4**	**38.6**
1000 Impôts sur le revenu, les bénéfices et les gains en capital	**147.3**	**231.2**	**257.8**	**423.9**	**436.8**	**11.3**	**11.0**	**10.1**	**12.6**	**12.6**
1100 Des personnes physiques	125.3	194.2	219.4	352.0	367.3	9.6	9.2	8.6	10.5	10.6
1200 Des sociétés	22.0	37.1	38.4	71.9	69.4	1.7	1.8	1.5	2.1	2.0
1300 Non-ventilables entre 1100 et 1200	0.0	0.0	0.0	0.0	0.0	0.0	0.0	0.0	0.0	0.0
2000 Cotisations de sécurité sociale	**170.4**	**299.4**	**354.3**	**487.7**	**508.1**	**13.0**	**14.2**	**13.8**	**14.5**	**14.6**
2100 À la charge des salariés	73.6	131.6	152.8	216.8	220.2	5.6	6.2	6.0	6.4	6.3
2200 À la charge des employeurs	86.7	147.4	165.5	223.5	238.4	6.6	7.0	6.5	6.6	6.9
2300 À la charge des indép. ou sans emploi	10.2	20.4	36.0	47.4	49.6	0.8	1.0	1.4	1.4	1.4
2400 Non-ventilables entre 2100, 2200 et 2300	0.0	0.0	0.0	0.0	0.0	0.0	0.0	0.0	0.0	0.0
3000 Sur les salaires ou main d'oeuvre	**0.0**	**0.0**	**0.0**	**0.0**	**0.0**	**0.0**	**0.0**	**0.0**	**0.0**	**0.0**
4000 Impôts sur le patrimoine	**15.3**	**17.5**	**21.0**	**36.3**	**38.7**	**1.2**	**0.8**	**0.8**	**1.1**	**1.1**
4100 Impôts périodiques sur la propriété immobilière	4.5	8.8	11.3	14.2	14.4	0.3	0.4	0.4	0.4	0.4
4200 Impôts périodiques sur l'actif net	6.2	0.4	0.0	1.2	1.5	0.5	0.0	0.0	0.0	0.0
4300 Impôts sur mut. par décès, succ. et donations	1.5	3.0	4.4	6.8	7.0	0.1	0.1	0.2	0.2	0.2
4400 Impôts sur transact. mobilières et immob.	3.1	5.2	5.3	14.1	15.8	0.2	0.2	0.2	0.4	0.5
4500 Impôts non périodiques sur	0.0	0.0	0.0	0.0	0.0	0.0	0.0	0.0	0.0	0.0
4600 Autres impôts périodiques sur patrimoine	0.0	0.0	0.0	0.0	0.0	0.0	0.0	0.0	0.0	0.0
5000 Impôts sur les biens et services	**121.6**	**218.7**	**277.9**	**346.2**	**357.4**	**9.3**	**10.4**	**10.8**	**10.3**	**10.3**
5100 Impôts sur production, vente, transfert, etc.	117.2	211.4	261.2	327.5	337.1	9.0	10.0	10.2	9.7	9.7
5110 Impôts généraux	75.5	140.9	180.5	235.4	244.4	5.8	6.7	7.0	7.0	7.0
5111 Taxes sur la valeur ajoutée	75.5	140.9	180.5	235.4	244.4	5.8	6.7	7.0	7.0	7.0
5120 Impôts sur biens et services déterminés	41.7	70.6	80.3	91.7	92.3	3.2	3.3	3.1	2.7	2.7
5121 Accises	31.2	57.2	63.4	66.1	66.2	2.4	2.7	2.5	2.0	1.9
5200 Impôts sur utilisation des biens et exerc. activités	4.4	7.2	16.8	18.7	20.3	0.3	0.3	0.7	0.6	0.6
5300 Non-ventilables entre 5100 et 5200	0.0	0.0	0.0	0.0	0.0	0.0	0.0	0.0	0.0	0.0
6000 Autres impôts	**0.2**	**0.2**	**0.1**	**0.3**	**0.3**	**0.0**	**0.0**	**0.0**	**0.0**	**0.0**
Crédits d'impôts récupérables										
Crédits d'impôts récupérables contre 1000	..	39.3	46.3	43.9	45.2	..	1.9	1.8	1.3	1.3
Composante transfert	..	..	17.7	14.9	15.9	..	..	0.7	0.4	0.5
Composante fiscale	..	..	28.6	29.0	29.3	..	..	1.1	0.9	0.8
Recettes fiscales collectés pour le compte de l'UE										
Recettes fiscales collectés pour le compte de l'UE, total	4.1	3.7	4.3	7.0	7.1	0.3	0.2	0.2	0.2	0.2
Droits de douane perçus pour le compte de l'UE	3.7	3.4	4.2	5.0	5.1	0.3	0.2	0.2	0.1	0.1
Contributions au Fonds de résolution unique collectées pour le compte de l'UE	..	..	..	2.0	2.0	..	..	..	0.1	0.1

.. Non disponible

Note : Des données et des notes plus détaillées par pays sont disponibles dans le chapitre 5 "Tableaux détaillés par pays" accessible en ligne : https://doi.org/10.1787/df3c3b17-fr. Les séries temporelles complètes sont accessibles sur le site web http://oe.cd/series-temporelles-completes.

Source : Finanzbericht, Bonn; Tax Statistics. Unpublished estimates by the Ministry of Finance.

StatLink https://stat.link/egak31

Tableau 4.26. Allemagne, recettes fiscales et % du PIB par niveaux d'administration (principaux impôts)

	Milliard EUR					% du PIB				
	1990	2000	2010	2018	2019	1990	2000	2010	2018	2019
Administrations fédérale ou centrale										
Recettes fiscales totales	**143.9**	**234.8**	**283.2**	**382.9**	**393.6**	**11.0**	**11.1**	**11.0**	**11.4**	**11.3**
1000 Impôts sur revenu, bénéfices et gains en capital	58.2	97.9	104.5	173.8	179.6	4.5	4.6	4.1	5.2	5.2
2000 Cotisations de sécurité sociale	0.0	0.0	0.0	0.0	0.0	0.0	0.0	0.0	0.0	0.0
3000 Sur salaires ou main d'oeuvre	0.0	0.0	0.0	0.0	0.0	0.0	0.0	0.0	0.0	0.0
4000 Impôts sur le patrimoine	1.2	0.0	0.0	1.2	1.5	0.1	0.0	0.0	0.0	0.0
5000 Impôts sur les biens et services	84.6	136.9	178.6	207.9	212.5	6.5	6.5	7.0	6.2	6.1
6000 Autres impôts	0.0	0.0	0.0	0.0	0.0	0.0	0.0	0.0	0.0	0.0
Administrations d'un État/Régions										
Recettes fiscales totales	**97.8**	**172.1**	**198.1**	**306.9**	**319.1**	**7.5**	**8.2**	**7.7**	**9.1**	**9.2**
1000 Impôts sur revenu, bénéfices et gains en capital	58.2	88.9	97.6	162.2	166.7	4.5	4.2	3.8	4.8	4.8
2000 Cotisations de sécurité sociale	0.0	0.0	0.0	0.0	0.0	0.0	0.0	0.0	0.0	0.0
3000 Sur salaires ou main d'oeuvre	0.0	0.0	0.0	0.0	0.0	0.0	0.0	0.0	0.0	0.0
4000 Impôts sur le patrimoine	7.0	8.5	9.7	22.4	24.3	0.5	0.4	0.4	0.7	0.7
5000 Impôts sur les biens et services	32.6	74.6	90.8	122.4	128.1	2.5	3.5	3.5	3.6	3.7
6000 Autres impôts	0.0	0.0	0.0	0.0	0.0	0.0	0.0	0.0	0.0	0.0
Administrations locales										
Recettes fiscales totales	**38.4**	**57.0**	**71.4**	**109.8**	**113.4**	**2.9**	**2.7**	**2.8**	**3.3**	**3.3**
1000 Impôts sur revenu, bénéfices et gains en capital	30.9	44.4	55.7	87.9	90.5	2.4	2.1	2.2	2.6	2.6
2000 Cotisations de sécurité sociale	0.0	0.0	0.0	0.0	0.0	0.0	0.0	0.0	0.0	0.0
3000 Sur salaires ou main d'oeuvre	0.0	0.0	0.0	0.0	0.0	0.0	0.0	0.0	0.0	0.0
4000 Impôts sur le patrimoine	7.2	9.0	11.3	12.7	12.9	0.5	0.4	0.4	0.4	0.4
5000 Impôts sur les biens et services	0.3	3.4	4.3	9.0	9.7	0.0	0.2	0.2	0.3	0.3
6000 Autres impôts	0.2	0.1	0.1	0.3	0.3	0.0	0.0	0.0	0.0	0.0
Administrations de sécurité sociale										
Recettes fiscales totales	**170.4**	**299.4**	**354.3**	**487.7**	**508.1**	**13.0**	**14.2**	**13.8**	**14.5**	**14.6**
1000 Impôts sur revenu, bénéfices et gains en capital	0.0	0.0	0.0	0.0	0.0	0.0	0.0	0.0	0.0	0.0
2000 Cotisations de sécurité sociale	170.4	299.4	354.3	487.7	508.1	13.0	14.2	13.8	14.5	14.6
3000 Sur salaires ou main d'oeuvre	0.0	0.0	0.0	0.0	0.0	0.0	0.0	0.0	0.0	0.0
4000 Impôts sur le patrimoine	0.0	0.0	0.0	0.0	0.0	0.0	0.0	0.0	0.0	0.0
5000 Impôts sur les biens et services	0.0	0.0	0.0	0.0	0.0	0.0	0.0	0.0	0.0	0.0
6000 Autres impôts	0.0	0.0	0.0	0.0	0.0	0.0	0.0	0.0	0.0	0.0

Note : Des données et des notes plus détaillées par pays sont disponibles dans le chapitre 6 "Recettes fiscales des sous-secteurs de l'administration" accessible en ligne : https://doi.org/10.1787/df3c3b17-fr. Les séries temporelles complètes sont accessibles sur le site web http://oe.cd/series-temporelles-completes.

Source : Finanzbericht, Bonn; Tax Statistics. Unpublished estimates by the Ministry of Finance.

StatLink https://stat.link/u1onlb

Tableau 4.27. Grèce, recettes fiscales et % du PIB (sélection de catégories d'impôts)

	Milliard EUR					% du PIB				
	1990	2000	2010	2018	2019	1990	2000	2010	2018	2019
Recettes fiscales totales	**11.5**	**47.2**	**72.4**	**71.9**	**72.4**	**25.2**	**33.4**	**32.3**	**40.0**	**39.5**
1000 Impôts sur le revenu, les bénéfices et les gains en capital	**2.3**	**12.7**	**16.0**	**16.5**	**15.6**	**5.0**	**9.0**	**7.1**	**9.2**	**8.5**
1100 Des personnes physiques	1.6	6.1	9.0	11.6	11.0	3.6	4.3	4.0	6.4	6.0
1200 Des sociétés	0.6	5.6	5.7	4.0	4.1	1.4	4.0	2.6	2.2	2.2
1300 Non-ventilables entre 1100 et 1200	0.0	0.9	1.2	0.9	0.6	0.1	0.6	0.5	0.5	0.3
2000 Cotisations de sécurité sociale	**3.5**	**14.3**	**24.7**	**21.5**	**22.3**	**7.6**	**10.1**	**11.0**	**11.9**	**12.2**
2100 À la charge des salariés	1.7	7.6	13.3	11.9	12.1	3.8	5.4	5.9	6.6	6.6
2200 À la charge des employeurs	1.7	6.7	11.5	9.6	10.2	3.8	4.7	5.1	5.3	5.6
2300 À la charge des indép. ou sans emploi	0.0	0.0	0.0	0.0	0.0	0.0	0.0	0.0	0.0	0.0
2400 Non-ventilables entre 2100, 2200 et 2300	0.0	0.0	0.0	0.0	0.0	0.0	0.0	0.0	0.0	0.0
3000 Sur les salaires ou main d'oeuvre	**0.1**	**0.0**	**0.0**	**0.0**	**0.0**	**0.2**	**0.0**	**0.0**	**0.0**	**0.0**
4000 Impôts sur le patrimoine	**0.5**	**3.6**	**3.7**	**5.6**	**5.6**	**1.2**	**2.6**	**1.7**	**3.1**	**3.1**
4100 Impôts périodiques sur la propriété immobilière	0.0	0.4	0.6	3.6	3.3	0.0	0.3	0.2	2.0	1.8
4200 Impôts périodiques sur l'actif net	0.0	0.7	1.3	1.2	1.2	0.0	0.5	0.6	0.7	0.7
4300 Impôts sur mut. par décès, succ. et donations	0.1	0.4	0.2	0.1	0.2	0.3	0.3	0.1	0.1	0.1
4400 Impôts sur transact. mobilières et immob.	0.4	2.0	1.1	0.6	0.9	0.8	1.4	0.5	0.4	0.5
4500 Impôts non périodiques sur	0.0	0.0	0.0	0.0	0.0	0.0	0.0	0.0	0.0	0.0
4600 Autres impôts périodiques sur patrimoine	0.0	0.1	0.6	0.0	0.0	0.0	0.1	0.3	0.0	0.0
5000 Impôts sur les biens et services	**5.1**	**16.6**	**28.0**	**28.4**	**28.9**	**11.2**	**11.8**	**12.5**	**15.8**	**15.7**
5100 Impôts sur production, vente, transfert, etc.	4.9	14.8	25.5	24.7	24.9	10.7	10.5	11.4	13.7	13.6
5110 Impôts généraux	3.0	9.2	16.5	15.4	15.5	6.7	6.5	7.4	8.6	8.4
5111 Taxes sur la valeur ajoutée	2.8	8.9	16.0	15.3	15.4	6.2	6.3	7.1	8.5	8.4
5120 Impôts sur biens et services déterminés	1.8	5.5	8.9	9.1	9.4	3.9	3.9	4.0	5.1	5.1
5121 Accises	1.4	4.1	7.6	7.1	7.2	3.0	2.9	3.4	4.0	3.9
5200 Impôts sur utilisation des biens et exerc. activités	0.2	1.3	1.7	3.1	3.3	0.5	0.9	0.8	1.7	1.8
5300 Non-ventilables entre 5100 et 5200	0.0	0.5	0.8	0.6	0.7	0.0	0.4	0.4	0.4	0.4
6000 Autres impôts	**0.0**	**0.0**	**0.0**	**0.0**	**0.0**	**0.0**	**0.0**	**0.0**	**0.0**	**0.0**
Crédits d'impôts récupérables										
Crédits d'impôts récupérables contre 1000	..	..	..	..	..	..	..	..	..	..
Composante transfert	..	..	..	..	..	..	..	..	..	..
Composante fiscale	..	..	..	..	..	..	..	..	..	..
Recettes fiscales collectés pour le compte de l'UE										
Recettes fiscales collectés pour le compte de l'UE, total	0.1	0.2	0.3	0.3	0.4	0.2	0.2	0.1	0.2	0.2
Droits de douane perçus pour le compte de l'UE	0.1	0.2	0.3	0.2	0.3	0.2	0.1	0.1	0.1	0.2
Contributions au Fonds de résolution unique collectées pour le compte de l'UE	..	..	..	0.1	0.1	..	..	..	0.1	0.0

.. Non disponible

Note : Des données et des notes plus détaillées par pays sont disponibles dans le chapitre 5 "Tableaux détaillés par pays" accessible en ligne : https://doi.org/10.1787/df3c3b17-fr. Les séries temporelles complètes sont accessibles sur le site web http://oe.cd/series-temporelles-completes.

Source : Ministry of Finance, General accounting Office, 20th Directorate of Budget except the heading 2000 provided by the National Statistics Bureau.

StatLink https://stat.link/4hx8wa

Tableau 4.28. Grèce, recettes fiscales et % du PIB par niveaux d'administration (principaux impôts)

	Milliard EUR					% du PIB				
	1990	2000	2010	2018	2019	1990	2000	2010	2018	2019
Administrations fédérale ou centrale										
Recettes fiscales totales	**7.8**	**31.9**	**46.5**	**48.3**	**47.9**	**17.1**	**22.6**	**20.7**	**26.9**	**26.1**
1000 Impôts sur revenu, bénéfices et gains en capital	2.3	12.7	15.9	16.5	15.6	5.0	9.0	7.1	9.2	8.5
2000 Cotisations de sécurité sociale	0.0	0.7	1.3	0.1	0.1	0.1	0.5	0.6	0.0	0.0
3000 Sur salaires ou main d'oeuvre	0.0	0.0	0.0	0.0	0.0	0.0	0.0	0.0	0.0	0.0
4000 Impôts sur le patrimoine	0.5	2.6	2.1	4.0	4.0	1.2	1.8	0.9	2.2	2.2
5000 Impôts sur les biens et services	4.9	16.0	27.1	27.8	28.3	10.9	11.3	12.1	15.5	15.4
6000 Autres impôts	0.0	0.0	0.0	0.0	0.0	0.0	0.0	0.0	0.0	0.0
Administrations d'un État/Régions										
Recettes fiscales totales	..	..	..	..	..	..	..	..	..	..
1000 Impôts sur revenu, bénéfices et gains en capital	..	..	..	..	..	..	..	..	..	..
2000 Cotisations de sécurité sociale	..	..	..	..	..	..	..	..	..	..
3000 Sur salaires ou main d'oeuvre	..	..	..	..	..	..	..	..	..	..
4000 Impôts sur le patrimoine	..	..	..	..	..	..	..	..	..	..
5000 Impôts sur les biens et services	..	..	..	..	..	..	..	..	..	..
6000 Autres impôts	..	..	..	..	..	..	..	..	..	..
Administrations locales										
Recettes fiscales totales	**0.1**	**1.0**	**1.7**	**1.7**	**1.7**	**0.3**	**0.7**	**0.8**	**1.0**	**1.0**
1000 Impôts sur revenu, bénéfices et gains en capital	0.0	0.0	0.0	0.0	0.0	0.0	0.0	0.0	0.0	0.0
2000 Cotisations de sécurité sociale	0.0	0.0	0.0	0.0	0.0	0.0	0.0	0.0	0.0	0.0
3000 Sur salaires ou main d'oeuvre	0.1	0.0	0.0	0.0	0.0	0.2	0.0	0.0	0.0	0.0
4000 Impôts sur le patrimoine	0.0	0.8	1.5	1.6	1.6	0.0	0.6	0.7	0.9	0.9
5000 Impôts sur les biens et services	0.1	0.2	0.2	0.1	0.1	0.1	0.1	0.1	0.1	0.1
6000 Autres impôts	0.0	0.0	0.0	0.0	0.0	0.0	0.0	0.0	0.0	0.0
Administrations de sécurité sociale										
Recettes fiscales totales	**3.4**	**14.1**	**24.0**	**21.5**	**22.4**	**7.5**	**10.0**	**10.7**	**12.0**	**12.2**
1000 Impôts sur revenu, bénéfices et gains en capital	0.0	0.0	0.0	0.0	0.0	0.0	0.0	0.0	0.0	0.0
2000 Cotisations de sécurité sociale	3.4	13.6	23.4	21.4	22.2	7.5	9.6	10.5	11.9	12.1
3000 Sur salaires ou main d'oeuvre	0.0	0.0	0.0	0.0	0.0	0.0	0.0	0.0	0.0	0.0
4000 Impôts sur le patrimoine	0.0	0.2	0.1	0.0	0.0	0.0	0.1	0.1	0.0	0.0
5000 Impôts sur les biens et services	0.0	0.3	0.4	0.1	0.1	0.0	0.2	0.2	0.1	0.1
6000 Autres impôts	0.0	0.0	0.0	0.0	0.0	0.0	0.0	0.0	0.0	0.0

.. Non disponible

Note : Des données et des notes plus détaillées par pays sont disponibles dans le chapitre 6 "Recettes fiscales des sous-secteurs de l'administration" accessible en ligne : https://doi.org/10.1787/df3c3b17-fr. Les séries temporelles complètes sont accessibles sur le site web http://oe.cd/series-temporelles-completes.

Source : Ministry of Finance, General accounting Office, 20th Directorate of Budget except the heading 2000 provided by the National Statistics Bureau.

StatLink https://stat.link/29er85

Tableau 4.29. Hongrie, recettes fiscales et % du PIB (sélection de catégories d'impôts)

	Milliard HUF					% du PIB				
	1990	2000	2010	2018	2019	1990	2000	2010	2018	2019
Recettes fiscales totales	..	**5 132.6**	**10 121.7**	**15 961.8**	**17 329.5**	..	**38.5**	**36.9**	**36.8**	**36.5**
1000 Impôts sur le revenu, les bénéfices et les gains en capital	..	**1 247.4**	**2 093.8**	**2 912.2**	**3 071.4**	..	**9.4**	**7.6**	**6.7**	**6.5**
1100 Des personnes physiques	..	954.7	1 764.1	2 340.3	2 457.6	..	7.2	6.4	5.4	5.2
1200 Des sociétés	..	292.7	329.7	571.9	613.8	..	2.2	1.2	1.3	1.3
1300 Non-ventilables entre 1100 et 1200	..	0.0	0.0	0.0	0.0	..	0.0	0.0	0.0	0.0
2000 Cotisations de sécurité sociale	..	**1 506.8**	**3 179.5**	**5 049.8**	**5 544.8**	..	**11.3**	**11.6**	**11.6**	**11.7**
2100 À la charge des salariés	..	275.3	1 112.6	2 432.7	2 771.0	..	2.1	4.1	5.6	5.8
2200 À la charge des employeurs	..	1 213.2	2 043.8	2 590.3	2 745.8	..	9.1	7.5	6.0	5.8
2300 À la charge des indép. ou sans emploi	..	0.9	0.0	0.0	0.0	..	0.0	0.0	0.0	0.0
2400 Non-ventilables entre 2100, 2200 et 2300	..	17.4	23.2	26.8	28.0	..	0.1	0.1	0.1	0.1
3000 Sur les salaires ou main d'oeuvre	..	**183.4**	**113.7**	**410.2**	**495.0**	..	**1.4**	**0.4**	**0.9**	**1.0**
4000 Impôts sur le patrimoine	..	**89.0**	**312.1**	**417.8**	**446.5**	..	**0.7**	**1.1**	**1.0**	**0.9**
4100 Impôts périodiques sur la propriété immobilière	..	30.8	92.5	219.1	221.4	..	0.2	0.3	0.5	0.5
4200 Impôts périodiques sur l'actif net	..	0.0	135.7	42.6	44.9	..	0.0	0.5	0.1	0.1
4300 Impôts sur mut. par décès, succ. et donations	..	5.5	6.3	8.5	11.4	..	0.0	0.0	0.0	0.0
4400 Impôts sur transact. mobilières et immob.	..	52.8	77.6	147.6	168.7	..	0.4	0.3	0.3	0.4
4500 Impôts non périodiques sur	..	0.0	0.0	0.0	0.0	..	0.0	0.0	0.0	0.0
4600 Autres impôts périodiques sur patrimoine	..	0.0	0.0	0.0	0.0	..	0.0	0.0	0.0	0.0
5000 Impôts sur les biens et services	..	**2 081.4**	**4 383.9**	**7 148.8**	**7 737.9**	..	**15.6**	**16.0**	**16.5**	**16.3**
5100 Impôts sur production, vente, transfert, etc.	..	2 052.7	4 272.3	6 987.0	7 523.5	..	15.4	15.6	16.1	15.8
5110 Impôts généraux	..	1 340.6	3 010.8	5 042.4	5 526.3	..	10.1	11.0	11.6	11.6
5111 Taxes sur la valeur ajoutée	..	1 153.7	2 325.6	4 129.5	4 526.8	..	8.7	8.5	9.5	9.5
5120 Impôts sur biens et services déterminés	..	712.1	1 261.5	1 944.6	1 997.3	..	5.3	4.6	4.5	4.2
5121 Accises	..	533.5	929.9	1 270.1	1 303.9	..	4.0	3.4	2.9	2.7
5200 Impôts sur utilisation des biens et exerc. activités	..	28.7	111.6	161.8	214.4	..	0.2	0.4	0.4	0.5
5300 Non-ventilables entre 5100 et 5200	..	0.0	0.0	0.0	0.0	..	0.0	0.0	0.0	0.0
6000 Autres impôts	..	**24.5**	**38.7**	**23.0**	**33.9**	..	**0.2**	**0.1**	**0.1**	**0.1**
Crédits d'impôts récupérables										
Crédits d'impôts récupérables contre 1000	..	..	..	..	..	..	..	..	..	..
Composante transfert	..	..	..	..	..	..	..	..	..	..
Composante fiscale	..	..	..	..	..	..	..	..	..	..
Recettes fiscales collectés pour le compte de l'UE										
Recettes fiscales collectés pour le compte de l'UE, total	..	..	25.7	63.4	64.3	..	..	0.1	0.1	0.1
Droits de douane perçus pour le compte de l'UE	..	..	25.0	63.4	64.3	..	..	0.1	0.1	0.1

.. Non disponible

Note : Des données et des notes plus détaillées par pays sont disponibles dans le chapitre 5 "Tableaux détaillés par pays" accessible en ligne : https://doi.org/10.1787/df3c3b17-fr. Les séries temporelles complètes sont accessibles sur le site web http://oe.cd/series-temporelles-completes.

Source : Ministry of Finance, Economic Department.

StatLink https://stat.link/hsa9pj

Tableau 4.30. Hongrie, recettes fiscales et % du PIB par niveaux d'administration (principaux impôts)

	Milliard HUF					% du PIB				
	1990	2000	2010	2018	2019	1990	2000	2010	2018	2019
Administrations fédérale ou centrale										
Recettes fiscales totales	..	**3 308.0**	**6 379.4**	**9 834.6**	**10 859.5**	..	**24.8**	**23.3**	**22.7**	**22.9**
1000 Impôts sur revenu, bénéfices et gains en capital	..	1 230.8	2 064.3	2 773.4	3 059.4	..	9.2	7.5	6.4	6.4
2000 Cotisations de sécurité sociale	..	136.6	182.0	199.7	286.9	..	1.0	0.7	0.5	0.6
3000 Sur salaires ou main d'oeuvre	..	15.4	103.1	399.1	484.8	..	0.1	0.4	0.9	1.0
4000 Impôts sur le patrimoine	..	29.1	182.8	252.9	279.5	..	0.2	0.7	0.6	0.6
5000 Impôts sur les biens et services	..	1 878.6	3 808.5	6 193.2	6 723.0	..	14.1	13.9	14.3	14.1
6000 Autres impôts	..	17.5	38.7	16.3	25.8	..	0.1	0.1	0.0	0.1
Administrations d'un État/Régions										
Recettes fiscales totales	..	..	..	..	..	..	..	..	..	..
1000 Impôts sur revenu, bénéfices et gains en capital	..	..	..	..	..	..	..	..	..	..
2000 Cotisations de sécurité sociale	..	..	..	..	..	..	..	..	..	..
3000 Sur salaires ou main d'oeuvre	..	..	..	..	..	..	..	..	..	..
4000 Impôts sur le patrimoine	..	..	..	..	..	..	..	..	..	..
5000 Impôts sur les biens et services	..	..	..	..	..	..	..	..	..	..
6000 Autres impôts	..	..	..	..	..	..	..	..	..	..
Administrations locales										
Recettes fiscales totales	..	**266.0**	**652.2**	**923.8**	**1 006.2**	..	**2.0**	**2.4**	**2.1**	**2.1**
1000 Impôts sur revenu, bénéfices et gains en capital	..	2.2	0.1	0.0	0.0	..	0.0	0.0	0.0	0.0
2000 Cotisations de sécurité sociale	..	0.0	0.0	0.0	0.0	..	0.0	0.0	0.0	0.0
3000 Sur salaires ou main d'oeuvre	..	1.2	1.2	0.0	0.0	..	0.0	0.0	0.0	0.0
4000 Impôts sur le patrimoine	..	59.9	129.3	164.9	166.9	..	0.4	0.5	0.4	0.4
5000 Impôts sur les biens et services	..	202.8	521.6	758.9	839.2	..	1.5	1.9	1.8	1.8
6000 Autres impôts	..	0.0	0.0	0.0	0.0	..	0.0	0.0	0.0	0.0
Administrations de sécurité sociale										
Recettes fiscales totales	..	**1 558.6**	**3 064.5**	**5 139.9**	**5 399.6**	..	**11.7**	**11.2**	**11.9**	**11.4**
1000 Impôts sur revenu, bénéfices et gains en capital	..	14.5	29.4	138.7	12.0	..	0.1	0.1	0.3	0.0
2000 Cotisations de sécurité sociale	..	1 370.2	2 997.5	4 850.1	5 257.9	..	10.3	10.9	11.2	11.1
3000 Sur salaires ou main d'oeuvre	..	166.9	9.4	11.1	10.2	..	1.3	0.0	0.0	0.0
4000 Impôts sur le patrimoine	..	0.0	0.0	0.0	0.0	..	0.0	0.0	0.0	0.0
5000 Impôts sur les biens et services	..	0.0	28.1	133.2	111.4	..	0.0	0.1	0.3	0.2
6000 Autres impôts	..	7.0	0.0	6.8	8.1	..	0.1	0.0	0.0	0.0

.. Non disponible

Note : Des données et des notes plus détaillées par pays sont disponibles dans le chapitre 6 "Recettes fiscales des sous-secteurs de l'administration" accessible en ligne : https://doi.org/10.1787/df3c3b17-fr. Les séries temporelles complètes sont accessibles sur le site web http://oe.cd/series-temporelles-completes.

Source : Ministry of Finance, Economic Department.

StatLink https://stat.link/ebz56x

Tableau 4.31. Islande, recettes fiscales et % du PIB (sélection de catégories d'impôts)

	Milliard ISK					% du PIB				
	1990	2000	2010	2018	2019	1990	2000	2010	2018	2019
Recettes fiscales totales	**114.9**	**254.6**	**540.3**	**1 036.8**	**1 061.9**	**30.5**	**35.9**	**32.1**	**36.4**	**34.8**
1000 Impôts sur le revenu, les bénéfices et les gains en capital	**34.1**	**101.5**	**239.7**	**511.7**	**530.2**	**9.0**	**14.3**	**14.3**	**18.0**	**17.4**
1100 Des personnes physiques	30.9	88.5	197.3	412.4	435.3	8.2	12.5	11.7	14.5	14.3
1200 Des sociétés	3.2	8.4	14.6	67.7	63.0	0.8	1.2	0.9	2.4	2.1
1300 Non-ventilables entre 1100 et 1200	0.0	4.6	27.7	31.6	31.9	0.0	0.7	1.7	1.1	1.0
2000 Cotisations de sécurité sociale	**3.6**	**19.7**	**63.6**	**98.2**	**97.4**	**1.0**	**2.8**	**3.8**	**3.5**	**3.2**
2100 À la charge des salariés	0.3	..	..	..	..	0.1	..	..	..	..
2200 À la charge des employeurs	3.3	..	..	..	..	0.9	..	..	..	..
2300 À la charge des indép. ou sans emploi	0.0	..	..	..	..	0.0	..	..	..	..
2400 Non-ventilables entre 2100, 2200 et 2300	0.0	19.7	63.6	98.2	97.4	0.0	2.8	3.8	3.5	3.2
3000 Sur les salaires ou main d'oeuvre	**4.1**	**0.2**	**2.8**	**8.5**	**9.1**	**1.1**	**0.0**	**0.2**	**0.3**	**0.3**
4000 Impôts sur le patrimoine	**9.7**	**20.0**	**38.1**	**56.8**	**63.6**	**2.6**	**2.8**	**2.3**	**2.0**	**2.1**
4100 Impôts périodiques sur la propriété immobilière	4.1	10.1	28.5	46.5	52.5	1.1	1.4	1.7	1.6	1.7
4200 Impôts périodiques sur l'actif net	2.4	5.2	3.8	0.1	0.0	0.6	0.7	0.2	0.0	0.0
4300 Impôts sur mut. par décès, succ. et donations	0.2	0.8	2.6	4.7	4.7	0.1	0.1	0.2	0.2	0.2
4400 Impôts sur transact. mobilières et immob.	2.9	3.1	2.7	5.0	5.3	0.8	0.4	0.2	0.2	0.2
4500 Impôts non périodiques sur	0.0	0.1	0.1	0.5	0.6	0.0	0.0	0.0	0.0	0.0
4600 Autres impôts périodiques sur patrimoine	0.0	0.7	0.3	0.1	0.5	0.0	0.1	0.0	0.0	0.0
5000 Impôts sur les biens et services	**58.9**	**112.2**	**190.1**	**344.5**	**343.0**	**15.6**	**15.8**	**11.3**	**12.1**	**11.3**
5100 Impôts sur production, vente, transfert, etc.	56.6	100.7	179.0	324.8	320.5	15.0	14.2	10.6	11.4	10.5
5110 Impôts généraux	37.1	72.7	122.4	244.6	243.3	9.8	10.2	7.3	8.6	8.0
5111 Taxes sur la valeur ajoutée	32.7	72.7	122.4	244.6	243.3	8.7	10.2	7.3	8.6	8.0
5120 Impôts sur biens et services déterminés	19.5	28.0	56.6	80.1	77.2	5.2	3.9	3.4	2.8	2.5
5121 Accises	2.3	23.6	46.7	69.5	66.8	0.6	3.3	2.8	2.4	2.2
5200 Impôts sur utilisation des biens et exerc. activités	2.4	11.6	11.1	19.8	22.5	0.6	1.6	0.7	0.7	0.7
5300 Non-ventilables entre 5100 et 5200	0.0	0.0	0.0	0.0	0.0	0.0	0.0	0.0	0.0	0.0
6000 Autres impôts	**4.5**	**1.0**	**6.0**	**17.0**	**18.6**	**1.2**	**0.1**	**0.4**	**0.6**	**0.6**
Crédits d'impôts récupérables										
Crédits d'impôts récupérables contre 1000	..	..	..	3.1	3.6	..	..	..	0.1	0.1
Composante transfert	..	..	..	2.5	3.0	..	..	..	0.1	0.1
Composante fiscale	..	..	..	0.6	0.6	..	..	..	0.0	0.0

.. Non disponible

Note : Des données et des notes plus détaillées par pays sont disponibles dans le chapitre 5 "Tableaux détaillés par pays" accessible en ligne : https://doi.org/10.1787/df3c3b17-fr. Les séries temporelles complètes sont accessibles sur le site web http://oe.cd/series-temporelles-completes.

Source : Ministry of Finance, Economic Department.

StatLink https://stat.link/slqj61

Tableau 4.32. Islande, recettes fiscales et % du PIB par niveaux d'administration (principaux impôts)

	Milliard ISK					% du PIB				
	1990	2000	2010	2018	2019	1990	2000	2010	2018	2019
Administrations fédérale ou centrale										
Recettes fiscales totales	**91.6**	**195.1**	**402.3**	**751.7**	**761.1**	**24.3**	**27.5**	**23.9**	**26.4**	**25.0**
1000 Impôts sur revenu, bénéfices et gains en capital	19.9	55.5	132.9	281.0	288.8	5.3	7.8	7.9	9.9	9.5
2000 Cotisations de sécurité sociale	3.6	19.7	63.6	98.2	97.4	1.0	2.8	3.8	3.5	3.2
3000 Sur salaires ou main d'oeuvre	4.1	0.2	2.8	8.5	9.1	1.1	0.0	0.2	0.3	0.3
4000 Impôts sur le patrimoine	6.0	9.9	9.7	10.5	11.4	1.6	1.4	0.6	0.4	0.4
5000 Impôts sur les biens et services	57.7	108.9	187.4	336.5	335.8	15.3	15.3	11.1	11.8	11.0
6000 Autres impôts	0.4	1.0	6.0	17.0	18.6	0.1	0.1	0.4	0.6	0.6
Administrations d'un État/Régions										
Recettes fiscales totales	**..**	**..**	**..**	**..**	**..**	**..**	**..**	**..**	**..**	**..**
1000 Impôts sur revenu, bénéfices et gains en capital	..	..	..	..	..	..	..	..	..	..
2000 Cotisations de sécurité sociale	..	..	..	..	..	..	..	..	..	..
3000 Sur salaires ou main d'oeuvre	..	..	..	..	..	..	..	..	..	..
4000 Impôts sur le patrimoine	..	..	..	..	..	..	..	..	..	..
5000 Impôts sur les biens et services	..	..	..	..	..	..	..	..	..	..
6000 Autres impôts	..	..	..	..	..	..	..	..	..	..
Administrations locales										
Recettes fiscales totales	**23.3**	**59.4**	**138.0**	**285.1**	**300.8**	**6.2**	**8.4**	**8.2**	**10.0**	**9.9**
1000 Impôts sur revenu, bénéfices et gains en capital	14.2	46.0	106.8	230.8	241.4	3.8	6.5	6.4	8.1	7.9
2000 Cotisations de sécurité sociale	0.0	0.0	0.0	0.0	0.0	0.0	0.0	0.0	0.0	0.0
3000 Sur salaires ou main d'oeuvre	0.0	0.0	0.0	0.0	0.0	0.0	0.0	0.0	0.0	0.0
4000 Impôts sur le patrimoine	3.7	10.1	28.4	46.3	52.3	1.0	1.4	1.7	1.6	1.7
5000 Impôts sur les biens et services	1.2	3.3	2.8	8.1	7.2	0.3	0.5	0.2	0.3	0.2
6000 Autres impôts	4.1	0.0	0.0	0.0	0.0	1.1	0.0	0.0	0.0	0.0
Administrations de sécurité sociale										
Recettes fiscales totales	**0.0**	**0.0**	**0.0**	**0.0**	**0.0**	**0.0**	**0.0**	**0.0**	**0.0**	**0.0**
1000 Impôts sur revenu, bénéfices et gains en capital	0.0	0.0	0.0	0.0	0.0	0.0	0.0	0.0	0.0	0.0
2000 Cotisations de sécurité sociale	0.0	0.0	0.0	0.0	0.0	0.0	0.0	0.0	0.0	0.0
3000 Sur salaires ou main d'oeuvre	0.0	0.0	0.0	0.0	0.0	0.0	0.0	0.0	0.0	0.0
4000 Impôts sur le patrimoine	0.0	0.0	0.0	0.0	0.0	0.0	0.0	0.0	0.0	0.0
5000 Impôts sur les biens et services	0.0	0.0	0.0	0.0	0.0	0.0	0.0	0.0	0.0	0.0
6000 Autres impôts	0.0	0.0	0.0	0.0	0.0	0.0	0.0	0.0	0.0	0.0

.. Non disponible

Note : Des données et des notes plus détaillées par pays sont disponibles dans le chapitre 5 "Tableaux détaillés par pays" accessible en ligne : https://doi.org/10.1787/df3c3b17-fr. Les séries temporelles complètes sont accessibles sur le site web http://oe.cd/series-temporelles-completes.

Source : Ministry of Finance, Economic Department.

StatLink https://stat.link/mgefck

Tableau 4.33. Irlande, recettes fiscales et % du PIB (sélection de catégories d'impôts)

	Milliard EUR					% du PIB				
	1990	2000	2010	2018	2019	1990	2000	2010	2018	2019
Recettes fiscales totales	**12.3**	**33.4**	**46.4**	**72.9**	**78.1**	**32.4**	**30.8**	**27.7**	**22.4**	**21.9**
1000 Impôts sur le revenu, les bénéfices et les gains en capital	**4.7**	**14.6**	**18.6**	**33.3**	**35.6**	**12.3**	**13.4**	**11.1**	**10.2**	**10.0**
1100 Des personnes physiques	4.1	10.6	14.7	22.9	24.8	10.7	9.8	8.8	7.0	6.9
1200 Des sociétés	0.6	3.9	3.9	10.4	10.9	1.6	3.6	2.4	3.2	3.1
1300 Non-ventilables entre 1100 et 1200	0.0	0.0	0.0	0.0	0.0	0.0	0.0	0.0	0.0	0.0
2000 Cotisations de sécurité sociale	**1.7**	**4.0**	**8.5**	**12.1**	**13.1**	**4.6**	**3.7**	**5.1**	**3.7**	**3.7**
2100 À la charge des salariés	0.6	1.0	3.2	3.7	4.0	1.5	0.9	1.9	1.1	1.1
2200 À la charge des employeurs	1.1	2.8	4.9	7.7	8.5	2.9	2.6	2.9	2.4	2.4
2300 À la charge des indép. ou sans emploi	0.1	0.2	0.3	0.6	0.6	0.2	0.2	0.2	0.2	0.2
2400 Non-ventilables entre 2100, 2200 et 2300	0.0	0.0	0.0	0.0	0.0	0.0	0.0	0.0	0.0	0.0
3000 Sur les salaires ou main d'oeuvre	**0.2**	**0.0**	**0.3**	**0.6**	**0.8**	**0.4**	**0.0**	**0.2**	**0.2**	**0.2**
4000 Impôts sur le patrimoine	**0.6**	**1.9**	**2.4**	**4.3**	**4.4**	**1.5**	**1.8**	**1.4**	**1.3**	**1.2**
4100 Impôts périodiques sur la propriété immobilière	0.3	0.6	1.3	1.9	1.9	0.8	0.5	0.8	0.6	0.5
4200 Impôts périodiques sur l'actif net	0.0	0.0	0.0	0.0	0.0	0.0	0.0	0.0	0.0	0.0
4300 Impôts sur mut. par décès, succ. et donations	0.0	0.2	0.2	0.5	0.5	0.1	0.2	0.1	0.2	0.1
4400 Impôts sur transact. mobilières et immob.	0.2	1.1	0.8	1.9	2.0	0.6	1.0	0.5	0.6	0.6
4500 Impôts non périodiques sur	0.0	0.0	0.0	0.0	0.0	0.0	0.0	0.0	0.0	0.0
4600 Autres impôts périodiques sur patrimoine	0.0	0.0	0.0	0.0	0.0	0.0	0.0	0.0	0.0	0.0
5000 Impôts sur les biens et services	**5.1**	**12.9**	**16.6**	**22.6**	**24.1**	**13.6**	**11.9**	**9.9**	**6.9**	**6.8**
5100 Impôts sur production, vente, transfert, etc.	4.9	12.4	15.3	20.6	22.3	13.0	11.4	9.2	6.3	6.2
5110 Impôts généraux	2.5	7.6	10.1	14.2	15.3	6.6	7.0	6.0	4.3	4.3
5111 Taxes sur la valeur ajoutée	2.5	7.6	10.1	14.2	15.3	6.6	7.0	6.0	4.3	4.3
5120 Impôts sur biens et services déterminés	2.4	4.7	5.3	6.5	7.0	6.4	4.4	3.1	2.0	2.0
5121 Accises	2.1	4.4	4.9	5.5	6.0	5.5	4.1	2.9	1.7	1.7
5200 Impôts sur utilisation des biens et exerc. activités	0.2	0.6	1.3	2.0	1.8	0.5	0.5	0.8	0.6	0.5
5300 Non-ventilables entre 5100 et 5200	0.0	0.0	0.0	0.0	0.0	0.0	0.0	0.0	0.0	0.0
6000 Autres impôts	**0.0**	**0.0**	**0.0**	**0.0**	**0.0**	**0.0**	**0.0**	**0.0**	**0.0**	**0.0**
Crédits d'impôts récupérables										
Crédits d'impôts récupérables contre 1000	..	..	1.1	0.5	0.4	..	..	0.6	0.1	0.1
Composante transfert	0.0	0.0	0.0	0.0	0.0	0.0	0.0	0.0	0.0	0.0
Composante fiscale	0.0	0.0	1.1	0.5	0.4	0.0	0.0	0.6	0.1	0.1
Recettes fiscales collectés pour le compte de l'UE										
Recettes fiscales collectés pour le compte de l'UE, total	0.2	0.2	0.2	0.4	0.5	0.5	0.2	0.1	0.1	0.1
Droits de douane perçus pour le compte de l'UE	0.1	0.2	0.2	0.3	0.3	0.4	0.2	0.1	0.1	0.1
Contributions au Fonds de résolution unique collectées pour le compte de l'UE	..	..	..	0.1	0.1	..	..	..	0.0	0.0

.. Non disponible

Note : Des données et des notes plus détaillées par pays sont disponibles dans le chapitre 5 "Tableaux détaillés par pays" accessible en ligne : https://doi.org/10.1787/df3c3b17-fr. Les séries temporelles complètes sont accessibles sur le site web http://oe.cd/series-temporelles-completes.

Source : Annual Report of the Revenue Commissioners, Financial Accounts and National Income and Expenditure Accounts.

StatLink https://stat.link/mfqgny

Tableau 4.34. Irlande, recettes fiscales et % du PIB par niveaux d'administration (principaux impôts)

	Milliard EUR					% du PIB				
	1990	2000	2010	2018	2019	1990	2000	2010	2018	2019
Administrations fédérale ou centrale										
Recettes fiscales totales	**10.1**	**28.7**	**37.9**	**60.2**	**64.4**	**26.7**	**26.5**	**22.7**	**18.5**	**18.1**
1000 Impôts sur revenu, bénéfices et gains en capital	4.7	14.6	18.6	33.3	35.6	12.3	13.4	11.1	10.2	10.0
2000 Cotisations de sécurité sociale	0.1	0.1	1.5	1.3	1.4	0.2	0.1	0.9	0.4	0.4
3000 Sur salaires ou main d'oeuvre	0.2	0.0	0.3	0.6	0.8	0.4	0.0	0.2	0.2	0.2
4000 Impôts sur le patrimoine	0.3	1.3	1.1	2.9	3.0	0.7	1.2	0.6	0.9	0.8
5000 Impôts sur les biens et services	5.0	12.7	16.4	22.2	23.6	13.1	11.7	9.8	6.8	6.6
6000 Autres impôts	0.0	0.0	0.0	0.0	0.0	0.0	0.0	0.0	0.0	0.0
Administrations d'un État/Régions										
Recettes fiscales totales	..	..	..	..	..	..	..	..	..	..
1000 Impôts sur revenu, bénéfices et gains en capital	..	..	..	..	..	..	..	..	..	..
2000 Cotisations de sécurité sociale	..	..	..	..	..	..	..	..	..	..
3000 Sur salaires ou main d'oeuvre	..	..	..	..	..	..	..	..	..	..
4000 Impôts sur le patrimoine	..	..	..	..	..	..	..	..	..	..
5000 Impôts sur les biens et services	..	..	..	..	..	..	..	..	..	..
6000 Autres impôts	..	..	..	..	..	..	..	..	..	..
Administrations locales										
Recettes fiscales totales	**0.3**	**0.7**	**1.5**	**1.6**	**1.5**	**0.9**	**0.6**	**0.9**	**0.5**	**0.4**
1000 Impôts sur revenu, bénéfices et gains en capital	0.0	0.0	0.0	0.0	0.0	0.0	0.0	0.0	0.0	0.0
2000 Cotisations de sécurité sociale	0.0	0.1	0.2	0.1	0.1	0.1	0.1	0.1	0.0	0.0
3000 Sur salaires ou main d'oeuvre	0.0	0.0	0.0	0.0	0.0	0.0	0.0	0.0	0.0	0.0
4000 Impôts sur le patrimoine	0.3	0.6	1.3	1.4	1.5	0.8	0.5	0.8	0.4	0.4
5000 Impôts sur les biens et services	0.0	0.0	0.0	0.0	0.0	0.0	0.0	0.0	0.0	0.0
6000 Autres impôts	0.0	0.0	0.0	0.0	0.0	0.0	0.0	0.0	0.0	0.0
Administrations de sécurité sociale										
Recettes fiscales totales	**1.6**	**3.8**	**6.7**	**10.6**	**11.7**	**4.3**	**3.5**	**4.0**	**3.3**	**3.3**
1000 Impôts sur revenu, bénéfices et gains en capital	0.0	0.0	0.0	0.0	0.0	0.0	0.0	0.0	0.0	0.0
2000 Cotisations de sécurité sociale	1.6	3.8	6.7	10.6	11.7	4.3	3.5	4.0	3.3	3.3
3000 Sur salaires ou main d'oeuvre	0.0	0.0	0.0	0.0	0.0	0.0	0.0	0.0	0.0	0.0
4000 Impôts sur le patrimoine	0.0	0.0	0.0	0.0	0.0	0.0	0.0	0.0	0.0	0.0
5000 Impôts sur les biens et services	0.0	0.0	0.0	0.0	0.0	0.0	0.0	0.0	0.0	0.0
6000 Autres impôts	0.0	0.0	0.0	0.0	0.0	0.0	0.0	0.0	0.0	0.0

.. Non disponible

Note : Des données et des notes plus détaillées par pays sont disponibles dans le chapitre 6 "Recettes fiscales des sous-secteurs de l'administration" accessible en ligne : https://doi.org/10.1787/df3c3b17-fr. Les séries temporelles complètes sont accessibles sur le site web http://oe.cd/series-temporelles-completes.

Source : Annual Report of the Revenue Commissioners, Financial Accounts and National Income and Expenditure Accounts.

StatLink https://stat.link/oh07eu

Tableau 4.35. Israël, recettes fiscales et % du PIB (sélection de catégories d'impôts)

	Milliard ILS					% du PIB				
	1990	2000	2010	2018	2019	1990	2000	2010	2018	2019
Recettes fiscales totales	**..**	**188.2**	**268.4**	**413.2**	**428.5**	**..**	**34.8**	**30.6**	**30.8**	**30.2**
1000 Impôts sur le revenu, les bénéfices et les gains en capital	**..**	**74.6**	**78.3**	**135.0**	**140.5**	**..**	**13.8**	**8.9**	**10.1**	**9.9**
1100 Des personnes physiques	..	54.8	48.2	84.9	89.5	..	10.1	5.5	6.3	6.3
1200 Des sociétés	..	18.0	23.1	42.9	43.3	..	3.3	2.6	3.2	3.1
1300 Non-ventilables entre 1100 et 1200	..	1.8	6.9	7.1	7.7	..	0.3	0.8	0.5	0.5
2000 Cotisations de sécurité sociale	**..**	**27.6**	**45.3**	**70.6**	**74.4**	**..**	**5.1**	**5.2**	**5.3**	**5.2**
2100 À la charge des salariés	..	15.8	27.8	40.0	41.9	..	2.9	3.2	3.0	3.0
2200 À la charge des employeurs	..	8.2	11.4	21.8	23.1	..	1.5	1.3	1.6	1.6
2300 À la charge des indép. ou sans emploi	..	3.6	6.1	8.9	9.5	..	0.7	0.7	0.7	0.7
2400 Non-ventilables entre 2100, 2200 et 2300	..	0.0	0.0	0.0	0.0	..	0.0	0.0	0.0	0.0
3000 Sur les salaires ou main d'oeuvre	**..**	**6.8**	**10.3**	**15.8**	**16.2**	**..**	**1.3**	**1.2**	**1.2**	**1.1**
4000 Impôts sur le patrimoine	**..**	**16.9**	**28.8**	**42.3**	**43.8**	**..**	**3.1**	**3.3**	**3.2**	**3.1**
4100 Impôts périodiques sur la propriété immobilière	..	11.3	18.8	26.1	27.1	..	2.1	2.1	1.9	1.9
4200 Impôts périodiques sur l'actif net	..	0.0	0.0	0.0	0.0	..	0.0	0.0	0.0	0.0
4300 Impôts sur mut. par décès, succ. et donations	..	0.0	0.0	0.0	0.0	..	0.0	0.0	0.0	0.0
4400 Impôts sur transact. mobilières et immob.	..	3.2	4.1	6.7	6.9	..	0.6	0.5	0.5	0.5
4500 Impôts non périodiques sur	..	2.4	6.0	9.5	9.7	..	0.5	0.7	0.7	0.7
4600 Autres impôts périodiques sur patrimoine	..	0.0	0.0	0.0	0.0	..	0.0	0.0	0.0	0.0
5000 Impôts sur les biens et services	**..**	**62.3**	**105.7**	**149.4**	**153.7**	**..**	**11.5**	**12.0**	**11.1**	**10.8**
5100 Impôts sur production, vente, transfert, etc.	..	57.9	98.1	138.9	143.1	..	10.7	11.2	10.4	10.1
5110 Impôts généraux	..	49.9	79.9	117.3	120.5	..	9.2	9.1	8.7	8.5
5111 Taxes sur la valeur ajoutée	..	39.8	65.5	99.4	102.5	..	7.4	7.5	7.4	7.2
5120 Impôts sur biens et services déterminés	..	8.0	18.1	21.7	22.5	..	1.5	2.1	1.6	1.6
5121 Accises	..	6.6	15.5	18.9	19.5	..	1.2	1.8	1.4	1.4
5200 Impôts sur utilisation des biens et exerc. activités	..	4.4	7.6	10.5	10.7	..	0.8	0.9	0.8	0.8
5300 Non-ventilables entre 5100 et 5200	..	0.0	0.0	0.0	0.0	..	0.0	0.0	0.0	0.0
6000 Autres impôts	**..**	**0.0**	**0.0**	**0.0**	**0.0**	**..**	**0.0**	**0.0**	**0.0**	**0.0**
Crédits d'impôts récupérables										
Crédits d'impôts récupérables contre 1000	..	..	0.1	0.8	1.3	..	..	0.0	0.1	0.1
Composante transfert	..	..	0.0	0.0	0.0	..	..	0.0	0.0	0.0
Composante fiscale	..	..	0.1	0.8	1.3	..	..	0.0	0.1	0.1

.. Non disponible

Note : Des données et des notes plus détaillées par pays sont disponibles dans le chapitre 5 "Tableaux détaillés par pays" accessible en ligne : https://doi.org/10.1787/df3c3b17-fr. Les séries temporelles complètes sont accessibles sur le site web http://oe.cd/series-temporelles-completes.

Source : Israel Central Bureau of Statistics and Israel Ministry of Finance.

StatLink https://stat.link/8ojtbd

Tableau 4.36. Israël, recettes fiscales et % du PIB par niveaux d'administration (principaux impôts)

	Milliard ILS					% du PIB				
	1990	2000	2010	2018	2019	1990	2000	2010	2018	2019
Administrations fédérale ou centrale										
Recettes fiscales totales	**..**	**148.0**	**199.9**	**310.1**	**320.2**	**..**	**27.4**	**22.8**	**23.1**	**22.6**
1000 Impôts sur revenu, bénéfices et gains en capital	..	74.6	78.3	135.0	140.5	..	13.8	8.9	10.1	9.9
2000 Cotisations de sécurité sociale	..	0.0	0.0	0.0	0.0	..	0.0	0.0	0.0	0.0
3000 Sur salaires ou main d'oeuvre	..	6.8	10.3	15.8	16.2	..	1.3	1.2	1.2	1.1
4000 Impôts sur le patrimoine	..	4.8	6.6	11.3	11.4	..	0.9	0.7	0.8	0.8
5000 Impôts sur les biens et services	..	61.8	104.7	147.9	152.1	..	11.4	11.9	11.0	10.7
6000 Autres impôts	..	0.0	0.0	0.0	0.0	..	0.0	0.0	0.0	0.0
Administrations d'un État/Régions										
Recettes fiscales totales	**..**	**..**	**..**	**..**	**..**	**..**	**..**	**..**	**..**	**..**
1000 Impôts sur revenu, bénéfices et gains en capital	..	..	..	..	..	..	..	..	..	..
2000 Cotisations de sécurité sociale	..	..	..	..	..	..	..	..	..	..
3000 Sur salaires ou main d'oeuvre	..	..	..	..	..	..	..	..	..	..
4000 Impôts sur le patrimoine	..	..	..	..	..	..	..	..	..	..
5000 Impôts sur les biens et services	..	..	..	..	..	..	..	..	..	..
6000 Autres impôts	..	..	..	..	..	..	..	..	..	..
Administrations locales										
Recettes fiscales totales	**..**	**12.6**	**23.2**	**32.5**	**33.9**	**..**	**2.3**	**2.6**	**2.4**	**2.4**
1000 Impôts sur revenu, bénéfices et gains en capital	..	0.0	0.0	0.0	0.0	..	0.0	0.0	0.0	0.0
2000 Cotisations de sécurité sociale	..	0.0	0.0	0.0	0.0	..	0.0	0.0	0.0	0.0
3000 Sur salaires ou main d'oeuvre	..	0.0	0.0	0.0	0.0	..	0.0	0.0	0.0	0.0
4000 Impôts sur le patrimoine	..	12.1	22.2	31.0	32.3	..	2.2	2.5	2.3	2.3
5000 Impôts sur les biens et services	..	0.5	1.0	1.5	1.6	..	0.1	0.1	0.1	0.1
6000 Autres impôts	..	0.0	0.0	0.0	0.0	..	0.0	0.0	0.0	0.0
Administrations de sécurité sociale										
Recettes fiscales totales	**..**	**27.6**	**45.3**	**70.6**	**74.4**	**..**	**5.1**	**5.2**	**5.3**	**5.2**
1000 Impôts sur revenu, bénéfices et gains en capital	..	0.0	0.0	0.0	0.0	..	0.0	0.0	0.0	0.0
2000 Cotisations de sécurité sociale	..	27.6	45.3	70.6	74.4	..	5.1	5.2	5.3	5.2
3000 Sur salaires ou main d'oeuvre	..	0.0	0.0	0.0	0.0	..	0.0	0.0	0.0	0.0
4000 Impôts sur le patrimoine	..	0.0	0.0	0.0	0.0	..	0.0	0.0	0.0	0.0
5000 Impôts sur les biens et services	..	0.0	0.0	0.0	0.0	..	0.0	0.0	0.0	0.0
6000 Autres impôts	..	0.0	0.0	0.0	0.0	..	0.0	0.0	0.0	0.0

.. Non disponible

Note : Des données et des notes plus détaillées par pays sont disponibles dans le chapitre 6 "Recettes fiscales des sous-secteurs de l'administration" accessible en ligne : https://doi.org/10.1787/df3c3b17-fr. Les séries temporelles complètes sont accessibles sur le site web http://oe.cd/series-temporelles-completes.

Source : Israel Central Bureau of Statistics and Israel Ministry of Finance.

StatLink https://stat.link/cbvnjp

Tableau 4.37. Italie, recettes fiscales et % du PIB (sélection de catégories d'impôts)

	Milliard EUR					% du PIB				
	1990	2000	2010	2018	2019	1990	2000	2010	2018	2019
Recettes fiscales totales	**265.1**	**503.1**	**671.9**	**739.2**	**759.6**	**36.3**	**40.5**	**41.7**	**41.7**	**42.4**
1000 Impôts sur le revenu, les bénéfices et les gains en capital	**96.7**	**166.9**	**219.5**	**229.5**	**239.8**	**13.2**	**13.4**	**13.6**	**13.0**	**13.4**
1100 Des personnes physiques	69.7	124.9	180.5	189.9	196.1	9.5	10.1	11.2	10.7	11.0
1200 Des sociétés	26.6	34.7	36.7	32.9	35.3	3.6	2.8	2.3	1.9	2.0
1300 Non-ventilables entre 1100 et 1200	0.4	7.3	2.3	6.7	8.4	0.1	0.6	0.1	0.4	0.5
2000 Cotisations de sécurité sociale	**87.3**	**143.6**	**209.1**	**229.6**	**237.3**	**11.9**	**11.6**	**13.0**	**13.0**	**13.3**
2100 À la charge des salariés	16.8	27.3	37.6	42.7	44.5	2.3	2.2	2.3	2.4	2.5
2200 À la charge des employeurs	62.5	99.9	144.3	153.9	158.6	8.6	8.0	9.0	8.7	8.9
2300 À la charge des indép. ou sans emploi	8.0	16.4	27.2	33.0	34.2	1.1	1.3	1.7	1.9	1.9
2400 Non-ventilables entre 2100, 2200 et 2300	0.0	0.0	0.0	0.0	0.0	0.0	0.0	0.0	0.0	0.0
3000 Sur les salaires ou main d'oeuvre	**0.9**	**0.0**	**0.0**	**0.0**	**0.0**	**0.1**	**0.0**	**0.0**	**0.0**	**0.0**
4000 Impôts sur le patrimoine	**6.0**	**23.4**	**32.4**	**44.1**	**43.2**	**0.8**	**1.9**	**2.0**	**2.5**	**2.4**
4100 Impôts périodiques sur la propriété immobilière	0.0	9.4	9.7	22.0	22.0	0.0	0.8	0.6	1.2	1.2
4200 Impôts périodiques sur l'actif net	0.0	0.0	2.1	0.3	0.2	0.0	0.0	0.1	0.0	0.0
4300 Impôts sur mut. par décès, succ. et donations	0.4	1.0	0.5	0.8	0.8	0.1	0.1	0.0	0.0	0.0
4400 Impôts sur transact. mobilières et immob.	5.6	12.3	17.4	18.8	18.8	0.8	1.0	1.1	1.1	1.0
4500 Impôts non périodiques sur	0.0	0.1	0.9	0.4	0.2	0.0	0.0	0.1	0.0	0.0
4600 Autres impôts périodiques sur patrimoine	0.0	0.6	1.9	1.7	1.2	0.0	0.0	0.1	0.1	0.1
5000 Impôts sur les biens et services	**74.3**	**141.9**	**178.9**	**212.1**	**215.0**	**10.2**	**11.4**	**11.1**	**12.0**	**12.0**
5100 Impôts sur production, vente, transfert, etc.	67.1	127.3	160.8	184.7	187.7	9.2	10.3	10.0	10.4	10.5
5110 Impôts généraux	38.9	77.5	97.6	109.3	111.5	5.3	6.2	6.1	6.2	6.2
5111 Taxes sur la valeur ajoutée	38.9	77.5	97.6	109.3	111.5	5.3	6.2	6.1	6.2	6.2
5120 Impôts sur biens et services déterminés	28.0	49.8	63.2	75.4	76.2	3.8	4.0	3.9	4.3	4.3
5121 Accises	20.3	31.5	36.4	47.1	47.1	2.8	2.5	2.3	2.7	2.6
5200 Impôts sur utilisation des biens et exerc. activités	4.5	8.5	10.5	14.5	14.1	0.6	0.7	0.7	0.8	0.8
5300 Non-ventilables entre 5100 et 5200	2.7	6.1	7.6	12.8	13.2	0.4	0.5	0.5	0.7	0.7
6000 Autres impôts	**0.0**	**27.3**	**31.9**	**23.9**	**24.3**	**0.0**	**2.2**	**2.0**	**1.4**	**1.4**
Crédits d'impôts récupérables										
Crédits d'impôts récupérables contre 1000	..	..	0.0	11.8	10.4	..	..	0.0	0.7	0.6
Composante transfert	..	..	0.1	2.6	1.4	..	..	0.0	0.1	0.1
Composante fiscale	..	..	-0.1	9.1	8.9	..	..	0.0	0.5	0.5
Recettes fiscales collectés pour le compte de l'UE										
Recettes fiscales collectés pour le compte de l'UE, total	1.3	1.5	2.2	3.4	3.2	0.2	0.1	0.1	0.2	0.2
Droits de douane perçus pour le compte de l'UE	0.8	1.5	2.2	2.3	2.3	0.1	0.1	0.1	0.1	0.1
Contributions au Fonds de résolution unique collectées pour le compte de l'UE	..	..	..	1.1	0.8	..	..	..	0.1	0.0

.. Non disponible

Note : Des données et des notes plus détaillées par pays sont disponibles dans le chapitre 5 "Tableaux détaillés par pays" accessible en ligne : https://doi.org/10.1787/df3c3b17-fr. Les séries temporelles complètes sont accessibles sur le site web http://oe.cd/series-temporelles-completes.

Source : Ministero dell'economia e delle finanze; Istituto nazionale di statistica.

StatLink https://stat.link/wx48yh

Tableau 4.38. Italie, recettes fiscales et % du PIB par niveaux d'administration (principaux impôts)

	Milliard EUR					% du PIB				
	1990	2000	2010	2018	2019	1990	2000	2010	2018	2019
Administrations fédérale ou centrale										
Recettes fiscales totales	**168.9**	**280.8**	**357.3**	**420.2**	**432.8**	**23.1**	**22.6**	**22.2**	**23.7**	**24.2**
1000 Impôts sur revenu, bénéfices et gains en capital	92.7	154.2	193.9	213.1	223.0	12.7	12.4	12.0	12.0	12.4
2000 Cotisations de sécurité sociale	0.0	0.0	0.0	0.0	0.0	0.0	0.0	0.0	0.0	0.0
3000 Sur salaires ou main d'oeuvre	0.9	0.0	0.0	0.0	0.0	0.1	0.0	0.0	0.0	0.0
4000 Impôts sur le patrimoine	6.0	12.9	21.0	24.9	24.5	0.8	1.0	1.3	1.4	1.4
5000 Impôts sur les biens et services	69.3	113.6	142.5	182.2	185.3	9.5	9.2	8.8	10.3	10.3
6000 Autres impôts	0.0	0.0	0.0	0.0	0.0	0.0	0.0	0.0	0.0	0.0
Administrations d'un État/Régions										
Recettes fiscales totales	..	..	..	..	..	..	..	..	..	..
1000 Impôts sur revenu, bénéfices et gains en capital	..	..	..	..	..	..	..	..	..	..
2000 Cotisations de sécurité sociale	..	..	..	..	..	..	..	..	..	..
3000 Sur salaires ou main d'oeuvre	..	..	..	..	..	..	..	..	..	..
4000 Impôts sur le patrimoine	..	..	..	..	..	..	..	..	..	..
5000 Impôts sur les biens et services	..	..	..	..	..	..	..	..	..	..
6000 Autres impôts	..	..	..	..	..	..	..	..	..	..
Administrations locales										
Recettes fiscales totales	**7.7**	**77.2**	**103.2**	**85.9**	**86.4**	**1.1**	**6.2**	**6.4**	**4.9**	**4.8**
1000 Impôts sur revenu, bénéfices et gains en capital	4.0	12.7	25.6	16.3	16.8	0.6	1.0	1.6	0.9	0.9
2000 Cotisations de sécurité sociale	0.0	0.0	0.0	0.0	0.0	0.0	0.0	0.0	0.0	0.0
3000 Sur salaires ou main d'oeuvre	0.0	0.0	0.0	0.0	0.0	0.0	0.0	0.0	0.0	0.0
4000 Impôts sur le patrimoine	0.0	10.5	11.5	19.2	18.7	0.0	0.8	0.7	1.1	1.0
5000 Impôts sur les biens et services	3.7	26.7	34.2	26.5	26.5	0.5	2.1	2.1	1.5	1.5
6000 Autres impôts	0.0	27.3	31.9	23.9	24.3	0.0	2.2	2.0	1.4	1.4
Administrations de sécurité sociale										
Recettes fiscales totales	**87.3**	**143.6**	**209.1**	**229.6**	**237.3**	**11.9**	**11.6**	**13.0**	**13.0**	**13.3**
1000 Impôts sur revenu, bénéfices et gains en capital	0.0	0.0	0.0	0.0	0.0	0.0	0.0	0.0	0.0	0.0
2000 Cotisations de sécurité sociale	87.3	143.6	209.1	229.6	237.3	11.9	11.6	13.0	13.0	13.3
3000 Sur salaires ou main d'oeuvre	0.0	0.0	0.0	0.0	0.0	0.0	0.0	0.0	0.0	0.0
4000 Impôts sur le patrimoine	0.0	0.0	0.0	0.0	0.0	0.0	0.0	0.0	0.0	0.0
5000 Impôts sur les biens et services	0.0	0.0	0.0	0.0	0.0	0.0	0.0	0.0	0.0	0.0
6000 Autres impôts	0.0	0.0	0.0	0.0	0.0	0.0	0.0	0.0	0.0	0.0

.. Non disponible

Note : Des données et des notes plus détaillées par pays sont disponibles dans le chapitre 6 "Recettes fiscales des sous-secteurs de l'administration" accessible en ligne : https://doi.org/10.1787/df3c3b17-fr. Les séries temporelles complètes sont accessibles sur le site web http://oe.cd/series-temporelles-completes.

Source : Ministero dell'economia e delle finanze; Istituto nazionale di statistica.

StatLink https://stat.link/vjqkph

Tableau 4.39. Japon, recettes fiscales et % du PIB (sélection de catégories d'impôts)

	Milliard JPY					% du PIB				
	1990	2000	2010	2018	2019	1990	2000	2010	2018	2019
Recettes fiscales totales	**130 842.7**	**136 235.8**	**132 484.3**	**175 563.5**	**175 379.7**	**27.7**	**25.3**	**26.2**	**31.6**	**31.4**
1000 Impôts sur le revenu, les bénéfices et les gains en capital	**65 681.6**	**47 398.2**	**40 034.3**	**56 083.2**	**53 993.6**	**13.9**	**8.8**	**7.9**	**10.1**	**9.7**
1100 Des personnes physiques	36 393.6	28 677.3	24 662.7	33 491.8	32 947.2	7.7	5.3	4.9	6.0	5.9
1200 Des sociétés	29 288.0	18 720.9	15 371.6	22 591.4	21 046.4	6.2	3.5	3.0	4.1	3.8
1300 Non-ventilables entre 1100 et 1200	0.0	0.0	0.0	0.0	0.0	0.0	0.0	0.0	0.0	0.0
2000 Cotisations de sécurité sociale	**34 612.6**	**47 968.3**	**54 460.6**	**70 588.1**	**71 993.4**	**7.3**	**8.9**	**10.8**	**12.7**	**12.9**
2100 À la charge des salariés	13 895.0	19 829.9	23 592.6	31 243.4	31 954.0	2.9	3.7	4.7	5.6	5.7
2200 À la charge des employeurs	16 648.8	22 455.5	24 674.2	32 663.5	33 487.9	3.5	4.2	4.9	5.9	6.0
2300 À la charge des indép. ou sans emploi	4 068.8	5 682.9	6 193.8	6 681.2	6 551.5	0.9	1.1	1.2	1.2	1.2
2400 Non-ventilables entre 2100, 2200 et 2300	0.0	0.0	0.0	0.0	0.0	0.0	0.0	0.0	0.0	0.0
3000 Sur les salaires ou main d'oeuvre	**0.0**	**0.0**	**0.0**	**0.0**	**0.0**	**0.0**	**0.0**	**0.0**	**0.0**	**0.0**
4000 Impôts sur le patrimoine	**12 296.3**	**14 294.4**	**12 878.3**	**14 195.5**	**14 339.8**	**2.6**	**2.7**	**2.6**	**2.6**	**2.6**
4100 Impôts périodiques sur la propriété immobilière	7 098.5	10 413.7	10 225.0	10 385.7	10 611.9	1.5	1.9	2.0	1.9	1.9
4200 Impôts périodiques sur l'actif net	0.0	0.0	0.0	0.0	0.0	0.0	0.0	0.0	0.0	0.0
4300 Impôts sur mut. par décès, succ. et donations	1 918.0	1 782.2	1 250.4	2 333.3	2 300.5	0.4	0.3	0.2	0.4	0.4
4400 Impôts sur transact. mobilières et immob.	3 279.8	2 098.5	1 402.9	1 476.5	1 427.4	0.7	0.4	0.3	0.3	0.3
4500 Impôts non périodiques sur	0.0	0.0	0.0	0.0	0.0	0.0	0.0	0.0	0.0	0.0
4600 Autres impôts périodiques sur patrimoine	0.0	0.0	0.0	0.0	0.0	0.0	0.0	0.0	0.0	0.0
5000 Impôts sur les biens et services	**17 916.8**	**26 227.2**	**24 730.2**	**34 251.8**	**34 598.6**	**3.8**	**4.9**	**4.9**	**6.2**	**6.2**
5100 Impôts sur production, vente, transfert, etc.	15 646.5	23 180.2	22 160.4	31 754.0	32 045.9	3.3	4.3	4.4	5.7	5.7
5110 Impôts généraux	5 778.3	12 350.3	12 675.2	22 496.4	23 148.2	1.2	2.3	2.5	4.0	4.1
5111 Taxes sur la valeur ajoutée	5 778.3	12 350.3	12 675.2	22 496.4	23 148.2	1.2	2.3	2.5	4.0	4.1
5120 Impôts sur biens et services déterminés	9 868.2	10 829.9	9 485.2	9 257.6	8 897.7	2.1	2.0	1.9	1.7	1.6
5121 Accises	8 637.2	9 837.0	8 622.4	8 120.8	7 890.9	1.8	1.8	1.7	1.5	1.4
5200 Impôts sur utilisation des biens et exerc. activités	2 270.3	3 047.0	2 569.8	2 497.8	2 552.7	0.5	0.6	0.5	0.4	0.5
5300 Non-ventilables entre 5100 et 5200	0.0	0.0	0.0	0.0	0.0	0.0	0.0	0.0	0.0	0.0
6000 Autres impôts	**335.4**	**347.7**	**381.1**	**444.9**	**454.3**	**0.1**	**0.1**	**0.1**	**0.1**	**0.1**
Crédits d'impôts récupérables										
Crédits d'impôts récupérables contre 1000	..	..	..	..	..	..	..	..	..	..
Composante transfert	..	..	..	..	..	..	..	..	..	..
Composante fiscale	..	..	..	..	..	..	..	..	..	..

.. Non disponible

Note : Des données et des notes plus détaillées par pays sont disponibles dans le chapitre 5 "Tableaux détaillés par pays" accessible en ligne : https://doi.org/10.1787/df3c3b17-fr. Les séries temporelles complètes sont accessibles sur le site web http://oe.cd/series-temporelles-completes.

Source : Tax Bureau, Ministry of Finance.

StatLink https://stat.link/0hfk9n

Tableau 4.40. Japon, recettes fiscales et % du PIB par niveaux d'administration (principaux impôts)

	Milliard JPY					% du PIB				
	1990	2000	2010	2018	2019	1990	2000	2010	2018	2019
Administrations fédérale ou centrale										
Recettes fiscales totales	**62 779.7**	**52 720.8**	**43 707.4**	**64 224.1**	**62 175.1**	**13.3**	**9.8**	**8.7**	**11.5**	**11.1**
1000 Impôts sur revenu, bénéfices et gains en capital	44 379.1	30 536.2	23 372.1	35 402.6	33 015.7	9.4	5.7	4.6	6.4	5.9
2000 Cotisations de sécurité sociale	0.0	0.0	0.0	0.0	0.0	0.0	0.0	0.0	0.0	0.0
3000 Sur salaires ou main d'oeuvre	0.0	0.0	0.0	0.0	0.0	0.0	0.0	0.0	0.0	0.0
4000 Impôts sur le patrimoine	4 601.6	3 314.9	2 274.5	3 406.2	3 323.7	1.0	0.6	0.5	0.6	0.6
5000 Impôts sur les biens et services	13 799.0	18 869.7	18 060.9	25 413.7	25 835.1	2.9	3.5	3.6	4.6	4.6
6000 Autres impôts	0.0	0.0	0.0	1.6	0.6	0.0	0.0	0.0	0.0	0.0
Administrations d'un État/Régions										
Recettes fiscales totales	..	..	..	..	..	..	..	..	..	..
1000 Impôts sur revenu, bénéfices et gains en capital	..	..	..	..	..	..	..	..	..	..
2000 Cotisations de sécurité sociale	..	..	..	..	..	..	..	..	..	..
3000 Sur salaires ou main d'oeuvre	..	..	..	..	..	..	..	..	..	..
4000 Impôts sur le patrimoine	..	..	..	..	..	..	..	..	..	..
5000 Impôts sur les biens et services	..	..	..	..	..	..	..	..	..	..
6000 Autres impôts	..	..	..	..	..	..	..	..	..	..
Administrations locales										
Recettes fiscales totales	**33 450.4**	**35 546.7**	**34 316.3**	**40 751.3**	**41 211.2**	**7.1**	**6.6**	**6.8**	**7.3**	**7.4**
1000 Impôts sur revenu, bénéfices et gains en capital	21 302.5	16 862.0	16 662.2	20 680.6	20 977.9	4.5	3.1	3.3	3.7	3.8
2000 Cotisations de sécurité sociale	0.0	0.0	0.0	0.0	0.0	0.0	0.0	0.0	0.0	0.0
3000 Sur salaires ou main d'oeuvre	0.0	0.0	0.0	0.0	0.0	0.0	0.0	0.0	0.0	0.0
4000 Impôts sur le patrimoine	7 694.7	10 979.5	10 603.8	10 789.3	11 016.1	1.6	2.0	2.1	1.9	2.0
5000 Impôts sur les biens et services	4 117.8	7 357.5	6 669.3	8 838.1	8 763.5	0.9	1.4	1.3	1.6	1.6
6000 Autres impôts	335.4	347.7	381.1	443.3	453.7	0.1	0.1	0.1	0.1	0.1
Administrations de sécurité sociale										
Recettes fiscales totales	**34 612.6**	**47 968.3**	**54 460.6**	**70 588.1**	**71 993.4**	**7.3**	**8.9**	**10.8**	**12.7**	**12.9**
1000 Impôts sur revenu, bénéfices et gains en capital	0.0	0.0	0.0	0.0	0.0	0.0	0.0	0.0	0.0	0.0
2000 Cotisations de sécurité sociale	34 612.6	47 968.3	54 460.6	70 588.1	71 993.4	7.3	8.9	10.8	12.7	12.9
3000 Sur salaires ou main d'oeuvre	0.0	0.0	0.0	0.0	0.0	0.0	0.0	0.0	0.0	0.0
4000 Impôts sur le patrimoine	0.0	0.0	0.0	0.0	0.0	0.0	0.0	0.0	0.0	0.0
5000 Impôts sur les biens et services	0.0	0.0	0.0	0.0	0.0	0.0	0.0	0.0	0.0	0.0
6000 Autres impôts	0.0	0.0	0.0	0.0	0.0	0.0	0.0	0.0	0.0	0.0

.. Non disponible

Note : Des données et des notes plus détaillées par pays sont disponibles dans le chapitre 6 "Recettes fiscales des sous-secteurs de l'administration" accessible en ligne : https://doi.org/10.1787/df3c3b17-fr. Les séries temporelles complètes sont accessibles sur le site web http://oe.cd/series-temporelles-completes.

Source : Tax Bureau, Ministry of Finance.

StatLink https://stat.link/90wei5

Tableau 4.41. Corée, recettes fiscales et % du PIB (sélection de catégories d'impôts)

	Milliard KRW					% du PIB				
	1990	2000	2010	2018	2019	1990	2000	2010	2018	2019
Recettes fiscales totales	**37 261.7**	**136 295.0**	**295 968.0**	**506 548.0**	**523 985.0**	**18.6**	**20.9**	**22.4**	**26.7**	**27.3**
1000 Impôts sur le revenu, les bénéfices et les gains en capital	**12 203.5**	**39 254.0**	**82 905.0**	**172 976.0**	**174 040.0**	**6.1**	**6.0**	**6.3**	**9.1**	**9.1**
1100 Des personnes physiques	7 440.4	19 950.0	42 098.0	93 274.0	91 714.0	3.7	3.1	3.2	4.9	4.8
1200 Des sociétés	4 756.6	19 271.0	40 807.0	79 702.0	82 326.0	2.4	3.0	3.1	4.2	4.3
1300 Non-ventilables entre 1100 et 1200	6.5	33.0	0.0	0.0	0.0	0.0	0.0	0.0	0.0	0.0
2000 Cotisations de sécurité sociale	**3 760.0**	**22 759.0**	**69 090.0**	**128 660.0**	**140 071.0**	**1.9**	**3.5**	**5.2**	**6.8**	**7.3**
2100 À la charge des salariés	1 464.0	8 578.0	28 213.0	55 257.0	60 682.0	0.7	1.3	2.1	2.9	3.2
2200 À la charge des employeurs	1 694.0	9 409.0	30 856.0	58 712.0	63 780.0	0.8	1.4	2.3	3.1	3.3
2300 À la charge des indép. ou sans emploi	602.0	4 772.0	10 021.0	14 691.0	15 609.0	0.3	0.7	0.8	0.8	0.8
2400 Non-ventilables entre 2100, 2200 et 2300	0.0	0.0	0.0	0.0	0.0	0.0	0.0	0.0	0.0	0.0
3000 Sur les salaires ou main d'oeuvre	**152.8**	**258.0**	**714.0**	**1 492.0**	**1 597.0**	**0.1**	**0.0**	**0.1**	**0.1**	**0.1**
4000 Impôts sur le patrimoine	**4 388.9**	**16 846.0**	**33 516.0**	**58 811.0**	**59 732.0**	**2.2**	**2.6**	**2.5**	**3.1**	**3.1**
4100 Impôts périodiques sur la propriété immobilière	980.0	3 385.0	9 270.0	15 589.0	17 750.0	0.5	0.5	0.7	0.8	0.9
4200 Impôts périodiques sur l'actif net	0.0	0.0	0.0	0.0	0.0	0.0	0.0	0.0	0.0	0.0
4300 Impôts sur mut. par décès, succ. et donations	353.9	989.0	3 076.0	7 359.0	8 329.0	0.2	0.2	0.2	0.4	0.4
4400 Impôts sur transact. mobilières et immob.	2 959.7	11 935.0	21 170.0	35 863.0	33 653.0	1.5	1.8	1.6	1.9	1.8
4500 Impôts non périodiques sur	95.3	537.0	0.0	0.0	0.0	0.0	0.1	0.0	0.0	0.0
4600 Autres impôts périodiques sur patrimoine	0.0	0.0	0.0	0.0	0.0	0.0	0.0	0.0	0.0	0.0
5000 Impôts sur les biens et services	**16 497.5**	**52 271.0**	**99 769.0**	**133 095.0**	**135 276.0**	**8.2**	**8.0**	**7.5**	**7.0**	**7.0**
5100 Impôts sur production, vente, transfert, etc.	16 023.5	50 023.0	96 573.0	125 207.0	127 551.0	8.0	7.7	7.3	6.6	6.6
5110 Impôts généraux	6 964.4	23 212.0	51 800.0	77 471.0	82 174.0	3.5	3.6	3.9	4.1	4.3
5111 Taxes sur la valeur ajoutée	6 964.4	23 212.0	51 800.0	77 471.0	82 174.0	3.5	3.6	3.9	4.1	4.3
5120 Impôts sur biens et services déterminés	9 059.1	26 811.0	44 773.0	47 736.0	45 377.0	4.5	4.1	3.4	2.5	2.4
5121 Accises	4 923.7	18 155.0	31 340.0	36 218.0	34 691.0	2.5	2.8	2.4	1.9	1.8
5200 Impôts sur utilisation des biens et exerc. activités	473.9	2 248.0	3 196.0	7 888.0	7 725.0	0.2	0.3	0.2	0.4	0.4
5300 Non-ventilables entre 5100 et 5200	0.0	0.0	0.0	0.0	0.0	0.0	0.0	0.0	0.0	0.0
6000 Autres impôts	**259.1**	**4 907.0**	**9 974.0**	**11 514.0**	**13 269.0**	**0.1**	**0.8**	**0.8**	**0.6**	**0.7**
Crédits d'impôts récupérables										
Crédits d'impôts récupérables contre 1000	..	..	..	..	..	..	..	..	..	..
Composante transfert	..	..	..	..	..	..	..	..	..	..
Composante fiscale	..	..	..	..	..	..	..	..	..	..

.. Non disponible

Note : Des données et des notes plus détaillées par pays sont disponibles dans le chapitre 5 "Tableaux détaillés par pays" accessible en ligne : https://doi.org/10.1787/df3c3b17-fr. Les séries temporelles complètes sont accessibles sur le site web http://oe.cd/series-temporelles-completes.

Source : Ministry of Finance and Economy, Ministry of Home Affairs.

StatLink https://stat.link/fkt5lm

Tableau 4.42. Corée, recettes fiscales et % du PIB par niveaux d'administration (principaux impôts)

	Milliard KRW					% du PIB				
	1990	2000	2010	2018	2019	1990	2000	2010	2018	2019
Administrations fédérale ou centrale										
Recettes fiscales totales	**27 140.8**	**92 935.0**	**177 718.0**	**293 570.0**	**293 454.0**	**13.5**	**14.3**	**13.4**	**15.5**	**15.3**
1000 Impôts sur revenu, bénéfices et gains en capital	11 655.2	35 824.0	75 352.0	155 969.0	156 298.0	5.8	5.5	5.7	8.2	8.1
2000 Cotisations de sécurité sociale	0.0	0.0	0.0	0.0	0.0	0.0	0.0	0.0	0.0	0.0
3000 Sur salaires ou main d'oeuvre	29.3	0.0	0.0	0.0	0.0	0.0	0.0	0.0	0.0	0.0
4000 Impôts sur le patrimoine	866.3	5 866.0	11 288.0	19 920.0	19 406.0	0.4	0.9	0.9	1.0	1.0
5000 Impôts sur les biens et services	14 377.5	46 812.0	86 629.0	113 251.0	111 877.0	7.2	7.2	6.5	6.0	5.8
6000 Autres impôts	212.5	4 433.0	4 449.0	4 430.0	5 873.0	0.1	0.7	0.3	0.2	0.3
Administrations d'un État/Régions										
Recettes fiscales totales	..	..	..	..	..	..	..	..	..	..
1000 Impôts sur revenu, bénéfices et gains en capital	..	..	..	..	..	..	..	..	..	..
2000 Cotisations de sécurité sociale	..	..	..	..	..	..	..	..	..	..
3000 Sur salaires ou main d'oeuvre	..	..	..	..	..	..	..	..	..	..
4000 Impôts sur le patrimoine	..	..	..	..	..	..	..	..	..	..
5000 Impôts sur les biens et services	..	..	..	..	..	..	..	..	..	..
6000 Autres impôts	..	..	..	..	..	..	..	..	..	..
Administrations locales										
Recettes fiscales totales	**6 360.9**	**20 601.0**	**49 160.0**	**84 318.0**	**90 460.0**	**3.2**	**3.2**	**3.7**	**4.4**	**4.7**
1000 Impôts sur revenu, bénéfices et gains en capital	548.3	3 430.0	7 553.0	17 007.0	17 742.0	0.3	0.5	0.6	0.9	0.9
2000 Cotisations de sécurité sociale	0.0	0.0	0.0	0.0	0.0	0.0	0.0	0.0	0.0	0.0
3000 Sur salaires ou main d'oeuvre	123.5	258.0	714.0	1 492.0	1 597.0	0.1	0.0	0.1	0.1	0.1
4000 Impôts sur le patrimoine	3 522.6	10 980.0	22 228.0	38 891.0	40 326.0	1.8	1.7	1.7	2.0	2.1
5000 Impôts sur les biens et services	2 120.0	5 459.0	13 140.0	19 844.0	23 399.0	1.1	0.8	1.0	1.0	1.2
6000 Autres impôts	46.6	474.0	5 525.0	7 084.0	7 396.0	0.0	0.1	0.4	0.4	0.4
Administrations de sécurité sociale										
Recettes fiscales totales	**3 760.0**	**22 759.0**	**69 090.0**	**128 660.0**	**140 071.0**	**1.9**	**3.5**	**5.2**	**6.8**	**7.3**
1000 Impôts sur revenu, bénéfices et gains en capital	0.0	0.0	0.0	0.0	0.0	0.0	0.0	0.0	0.0	0.0
2000 Cotisations de sécurité sociale	3 760.0	22 759.0	69 090.0	128 660.0	140 071.0	1.9	3.5	5.2	6.8	7.3
3000 Sur salaires ou main d'oeuvre	0.0	0.0	0.0	0.0	0.0	0.0	0.0	0.0	0.0	0.0
4000 Impôts sur le patrimoine	0.0	0.0	0.0	0.0	0.0	0.0	0.0	0.0	0.0	0.0
5000 Impôts sur les biens et services	0.0	0.0	0.0	0.0	0.0	0.0	0.0	0.0	0.0	0.0
6000 Autres impôts	0.0	0.0	0.0	0.0	0.0	0.0	0.0	0.0	0.0	0.0

.. Non disponible

Note : Des données et des notes plus détaillées par pays sont disponibles dans le chapitre 6 "Recettes fiscales des sous-secteurs de l'administration" accessible en ligne : https://doi.org/10.1787/df3c3b17-fr. Les séries temporelles complètes sont accessibles sur le site web http://oe.cd/series-temporelles-completes.

Source : Ministry of Finance and Economy, Ministry of Home Affairs.

StatLink https://stat.link/4pzeau

Tableau 4.43. Lettonie, recettes fiscales et % du PIB (sélection de catégories d'impôts)

	Milliard EUR					% du PIB				
	1990	2000	2010	2018	2019	1990	2000	2010	2018	2019
Recettes fiscales totales	**..**	**2.0**	**5.2**	**9.1**	**9.5**	**..**	**29.1**	**28.6**	**31.1**	**31.2**
1000 Impôts sur le revenu, les bénéfices et les gains en capital	**..**	**0.5**	**1.3**	**2.0**	**2.0**	**..**	**7.0**	**7.2**	**7.0**	**6.7**
1100 Des personnes physiques	..	0.4	1.1	1.7	2.0	..	5.5	6.2	6.0	6.5
1200 Des sociétés	..	0.1	0.2	0.3	0.0	..	1.5	1.0	1.1	0.2
1300 Non-ventilables entre 1100 et 1200	..	0.0	0.0	0.0	0.0	..	0.0	0.0	0.0	0.0
2000 Cotisations de sécurité sociale	**..**	**0.7**	**1.6**	**2.7**	**2.9**	**..**	**9.8**	**8.6**	**9.1**	**9.6**
2100 À la charge des salariés	..	0.2	0.4	0.8	0.8	..	2.4	2.2	2.7	2.8
2200 À la charge des employeurs	..	0.5	1.2	1.9	2.0	..	7.3	6.4	6.4	6.7
2300 À la charge des indép. ou sans emploi	..	0.0	0.0	0.0	0.0	..	0.0	0.1	0.1	0.1
2400 Non-ventilables entre 2100, 2200 et 2300	..	0.0	0.0	0.0	0.0	..	0.0	0.0	0.0	0.0
3000 Sur les salaires ou main d'oeuvre	**..**	**0.0**	**0.0**	**0.0**	**0.0**	**..**	**0.0**	**0.0**	**0.0**	**0.0**
4000 Impôts sur le patrimoine	**..**	**0.1**	**0.2**	**0.3**	**0.3**	**..**	**1.1**	**0.9**	**0.9**	**0.9**
4100 Impôts périodiques sur la propriété immobilière	..	0.1	0.1	0.2	0.2	..	0.9	0.7	0.8	0.7
4200 Impôts périodiques sur l'actif net	..	0.0	0.0	0.0	0.0	..	0.0	0.0	0.0	0.0
4300 Impôts sur mut. par décès, succ. et donations	..	0.0	0.0	0.0	0.0	..	0.0	0.0	0.0	0.0
4400 Impôts sur transact. mobilières et immob.	..	0.0	0.0	0.0	0.0	..	0.2	0.1	0.1	0.1
4500 Impôts non périodiques sur	..	0.0	0.0	0.0	0.0	..	0.0	0.0	0.0	0.0
4600 Autres impôts périodiques sur patrimoine	..	0.0	0.0	0.0	0.0	..	0.0	0.0	0.0	0.0
5000 Impôts sur les biens et services	**..**	**0.8**	**2.2**	**4.1**	**4.3**	**..**	**11.2**	**12.0**	**14.0**	**14.1**
5100 Impôts sur production, vente, transfert, etc.	..	0.7	2.0	3.9	4.0	..	10.8	11.3	13.3	13.1
5110 Impôts généraux	..	0.5	1.3	2.7	2.8	..	6.9	7.2	9.3	9.1
5111 Taxes sur la valeur ajoutée	..	0.5	1.2	2.4	2.6	..	6.9	6.7	8.4	8.7
5120 Impôts sur biens et services déterminés	..	0.3	0.7	1.2	1.2	..	3.8	4.1	4.0	3.9
5121 Accises	..	0.2	0.6	1.0	1.1	..	3.4	3.6	3.6	3.5
5200 Impôts sur utilisation des biens et exerc. activités	..	0.0	0.1	0.2	0.3	..	0.5	0.7	0.7	1.0
5300 Non-ventilables entre 5100 et 5200	..	0.0	0.0	0.0	0.0	..	0.0	0.0	0.0	0.0
6000 Autres impôts	**..**	**0.0**	**0.0**	**0.0**	**0.0**	**..**	**0.0**	**0.0**	**0.0**	**0.0**
Crédits d'impôts récupérables										
Crédits d'impôts récupérables contre 1000	..	..	..	..	..	..	..	..	..	..
Composante transfert	..	..	..	..	..	..	..	..	..	..
Composante fiscale	..	..	..	..	..	..	..	..	..	..
Recettes fiscales collectés pour le compte de l'UE										
Recettes fiscales collectés pour le compte de l'UE, total	..	..	0.0	0.1	0.0	..	..	0.1	0.2	0.2
Droits de douane perçus pour le compte de l'UE	..	..	0.0	0.1	0.0	..	..	0.1	0.2	0.1
Contributions au Fonds de résolution unique collectées pour le compte de l'UE	..	..	..	0.0	0.0	..	..	..	0.0	0.0

.. Non disponible

Note : Des données et des notes plus détaillées par pays sont disponibles dans le chapitre 5 "Tableaux détaillés par pays" accessible en ligne : https://doi.org/10.1787/df3c3b17-fr. Les séries temporelles complètes sont accessibles sur le site web http://oe.cd/series-temporelles-completes.

Source : Ministry of Finance.

StatLink https://stat.link/g0vqhi

Tableau 4.44. Lettonie, recettes fiscales et % du PIB par niveaux d'administration (principaux impôts)

	Milliard EUR					% du PIB				
	1990	2000	2010	2018	2019	1990	2000	2010	2018	2019
Administrations fédérale ou centrale										
Recettes fiscales totales	..	**1.0**	**2.5**	**4.8**	**4.8**	..	**14.4**	**14.1**	**16.4**	**15.8**
1000 Impôts sur revenu, bénéfices et gains en capital	..	0.2	0.4	0.6	0.4	..	3.1	2.2	2.2	1.4
2000 Cotisations de sécurité sociale	..	0.0	0.0	0.1	0.1	..	0.0	0.0	0.3	0.3
3000 Sur salaires ou main d'oeuvre	..	0.0	0.0	0.0	0.0	..	0.0	0.0	0.0	0.0
4000 Impôts sur le patrimoine	..	0.0	0.0	0.0	0.0	..	0.2	0.2	0.2	0.2
5000 Impôts sur les biens et services	..	0.8	2.1	4.0	4.2	..	11.2	11.8	13.8	13.8
6000 Autres impôts	..	0.0	0.0	0.0	0.0	..	0.0	0.0	0.0	0.0
Administrations d'un État/Régions										
Recettes fiscales totales	..	..	..	..	..	..	..	..	..	..
1000 Impôts sur revenu, bénéfices et gains en capital	..	..	..	..	..	..	..	..	..	..
2000 Cotisations de sécurité sociale	..	..	..	..	..	..	..	..	..	..
3000 Sur salaires ou main d'oeuvre	..	..	..	..	..	..	..	..	..	..
4000 Impôts sur le patrimoine	..	..	..	..	..	..	..	..	..	..
5000 Impôts sur les biens et services	..	..	..	..	..	..	..	..	..	..
6000 Autres impôts	..	..	..	..	..	..	..	..	..	..
Administrations locales										
Recettes fiscales totales	..	**0.3**	**1.0**	**1.6**	**1.8**	..	**4.9**	**5.7**	**5.6**	**6.0**
1000 Impôts sur revenu, bénéfices et gains en capital	..	0.3	0.9	1.4	1.6	..	3.9	5.0	4.8	5.2
2000 Cotisations de sécurité sociale	..	0.0	0.0	0.0	0.0	..	0.0	0.0	0.0	0.0
3000 Sur salaires ou main d'oeuvre	..	0.0	0.0	0.0	0.0	..	0.0	0.0	0.0	0.0
4000 Impôts sur le patrimoine	..	0.1	0.1	0.2	0.2	..	0.9	0.7	0.8	0.7
5000 Impôts sur les biens et services	..	0.0	0.0	0.0	0.0	..	0.1	0.1	0.1	0.1
6000 Autres impôts	..	0.0	0.0	0.0	0.0	..	0.0	0.0	0.0	0.0
Administrations de sécurité sociale										
Recettes fiscales totales	..	**0.7**	**1.6**	**2.6**	**2.8**	..	**9.8**	**8.6**	**8.9**	**9.3**
1000 Impôts sur revenu, bénéfices et gains en capital	..	0.0	0.0	0.0	0.0	..	0.0	0.0	0.0	0.0
2000 Cotisations de sécurité sociale	..	0.7	1.6	2.6	2.8	..	9.8	8.6	8.8	9.2
3000 Sur salaires ou main d'oeuvre	..	0.0	0.0	0.0	0.0	..	0.0	0.0	0.0	0.0
4000 Impôts sur le patrimoine	..	0.0	0.0	0.0	0.0	..	0.0	0.0	0.0	0.0
5000 Impôts sur les biens et services	..	0.0	0.0	0.0	0.0	..	0.0	0.0	0.0	0.0
6000 Autres impôts	..	0.0	0.0	0.0	0.0	..	0.0	0.0	0.0	0.0

.. Non disponible

Note : Des données et des notes plus détaillées par pays sont disponibles dans le chapitre 6 "Recettes fiscales des sous-secteurs de l'administration" accessible en ligne : https://doi.org/10.1787/df3c3b17-fr. Les séries temporelles complètes sont accessibles sur le site web http://oe.cd/series-temporelles-completes.

Source : Ministry of Finance.

StatLink https://stat.link/gmyc64

Tableau 4.45. Lituanie, recettes fiscales et % du PIB (sélection de catégories d'impôts)

	Milliard EUR					% du PIB				
	1990	2000	2010	2018	2019	1990	2000	2010	2018	2019
Recettes fiscales totales	..	**4.1**	**7.9**	**13.8**	**14.8**	..	**30.8**	**28.3**	**30.2**	**30.3**
1000 Impôts sur le revenu, les bénéfices et les gains en capital	..	**1.1**	**1.3**	**2.6**	**4.3**	..	**8.3**	**4.6**	**5.8**	**8.8**
1100 Des personnes physiques	..	1.0	1.0	1.9	3.5	..	7.6	3.6	4.3	7.2
1200 Des sociétés	..	0.1	0.3	0.7	0.8	..	0.7	1.0	1.5	1.6
1300 Non-ventilables entre 1100 et 1200	..	0.0	0.0	0.0	0.0	..	0.0	0.0	0.0	0.0
2000 Cotisations de sécurité sociale	..	**1.3**	**3.3**	**5.7**	**4.7**	..	**9.9**	**11.6**	**12.6**	**9.6**
2100 À la charge des salariés	..	0.1	0.6	1.2	3.6	..	0.8	2.2	2.5	7.3
2200 À la charge des employeurs	..	1.1	2.1	3.9	0.4	..	8.1	7.4	8.5	0.7
2300 À la charge des indép. ou sans emploi	..	0.1	0.5	0.7	0.8	..	1.0	1.9	1.5	1.6
2400 Non-ventilables entre 2100, 2200 et 2300	..	0.0	0.0	0.0	0.0	..	0.0	0.0	0.0	0.0
3000 Sur les salaires ou main d'oeuvre	..	**0.0**	**0.0**	**0.0**	**0.0**	..	**0.0**	**0.0**	**0.0**	**0.0**
4000 Impôts sur le patrimoine	..	**0.1**	**0.1**	**0.1**	**0.1**	..	**0.5**	**0.4**	**0.3**	**0.3**
4100 Impôts périodiques sur la propriété immobilière	..	0.1	0.1	0.1	0.1	..	0.5	0.4	0.3	0.3
4200 Impôts périodiques sur l'actif net	..	0.0	0.0	0.0	0.0	..	0.0	0.0	0.0	0.0
4300 Impôts sur mut. par décès, succ. et donations	..	0.0	0.0	0.0	0.0	..	0.0	0.0	0.0	0.0
4400 Impôts sur transact. mobilières et immob.	..	0.0	0.0	0.0	0.0	..	0.0	0.0	0.0	0.0
4500 Impôts non périodiques sur	..	0.0	0.0	0.0	0.0	..	0.0	0.0	0.0	0.0
4600 Autres impôts périodiques sur patrimoine	..	0.0	0.0	0.0	0.0	..	0.0	0.0	0.0	0.0
5000 Impôts sur les biens et services	..	**1.6**	**3.3**	**5.2**	**5.6**	..	**12.1**	**11.7**	**11.5**	**11.6**
5100 Impôts sur production, vente, transfert, etc.	..	1.6	3.2	5.2	5.5	..	11.7	11.4	11.3	11.4
5110 Impôts généraux	..	1.1	2.2	3.6	3.9	..	8.1	7.8	7.8	7.9
5111 Taxes sur la valeur ajoutée	..	1.0	2.2	3.5	3.9	..	7.5	7.8	7.7	7.9
5120 Impôts sur biens et services déterminés	..	0.5	1.0	1.6	1.7	..	3.5	3.6	3.5	3.4
5121 Accises	..	0.4	0.9	1.4	1.5	..	3.2	3.2	3.2	3.1
5200 Impôts sur utilisation des biens et exerc. activités	..	0.1	0.1	0.1	0.1	..	0.5	0.3	0.2	0.2
5300 Non-ventilables entre 5100 et 5200	..	0.0	0.0	0.0	0.0	..	0.0	0.0	0.0	0.0
6000 Autres impôts	..	**0.0**	**0.0**	**0.0**	**0.0**	..	**0.0**	**0.0**	**0.0**	**0.0**
Crédits d'impôts récupérables										
Crédits d'impôts récupérables contre 1000	..	..	..	..	..	..	..	..	..	..
Composante transfert	..	..	..	..	..	..	..	..	..	..
Composante fiscale	..	..	..	..	..	..	..	..	..	..
Recettes fiscales collectés pour le compte de l'UE										
Recettes fiscales collectés pour le compte de l'UE, total	..	..	0.1	0.1	0.1	..	..	0.2	0.3	0.3
Droits de douane perçus pour le compte de l'UE	..	..	0.1	0.1	0.1	..	..	0.2	0.3	0.3
Contributions au Fonds de résolution unique collectées pour le compte de l'UE	..	..	..	0.0	0.0	..	..	..	0.0	0.0

.. Non disponible

Note : Des données et des notes plus détaillées par pays sont disponibles dans le chapitre 5 "Tableaux détaillés par pays" accessible en ligne : https://doi.org/10.1787/df3c3b17-fr. Les séries temporelles complètes sont accessibles sur le site web http://oe.cd/series-temporelles-completes. Le total des recettes fiscales a été diminué du montant de tout transfert en capital représentant les impôts non perçus. Le transfert en capital a été directement diminué des impôts spécifiques auxquels il se rapporte. Par conséquent, les montants des recettes fiscales sont différents de ceux présentés dans le chapitre 5 "Tableaux détaillés par pays" accessible en ligne.

Source : Ministry of Finance.

StatLink https://stat.link/s4w29m

Tableau 4.46. Lituanie, recettes fiscales et % du PIB par niveaux d'administration (principaux impôts)

	Milliard EUR					% du PIB				
	1990	2000	2010	2018	2019	1990	2000	2010	2018	2019
Administrations fédérale ou centrale										
Recettes fiscales totales	..	**2.7**	**4.5**	**7.7**	**9.8**	..	**20.3**	**16.0**	**17.0**	**20.0**
1000 Impôts sur revenu, bénéfices et gains en capital	..	1.1	1.3	2.6	4.3	..	8.3	4.6	5.8	8.8
2000 Cotisations de sécurité sociale	..	0.0	0.0	0.0	0.0	..	0.0	0.0	0.0	0.0
3000 Sur salaires ou main d'oeuvre	..	0.0	0.0	0.0	0.0	..	0.0	0.0	0.0	0.0
4000 Impôts sur le patrimoine	..	0.0	0.0	0.0	0.0	..	0.0	0.0	0.0	0.0
5000 Impôts sur les biens et services	..	1.6	3.2	5.1	5.5	..	12.0	11.4	11.2	11.2
6000 Autres impôts	..	0.0	0.0	0.0	0.0	..	0.0	0.0	0.0	0.0
Administrations d'un État/Régions										
Recettes fiscales totales	..	..	..	..	..	..	..	..	..	..
1000 Impôts sur revenu, bénéfices et gains en capital	..	..	..	..	..	..	..	..	..	..
2000 Cotisations de sécurité sociale	..	..	..	..	..	..	..	..	..	..
3000 Sur salaires ou main d'oeuvre	..	..	..	..	..	..	..	..	..	..
4000 Impôts sur le patrimoine	..	..	..	..	..	..	..	..	..	..
5000 Impôts sur les biens et services	..	..	..	..	..	..	..	..	..	..
6000 Autres impôts	..	..	..	..	..	..	..	..	..	..
Administrations locales										
Recettes fiscales totales	..	**0.1**	**0.1**	**0.2**	**0.2**	..	**0.6**	**0.5**	**0.3**	**0.3**
1000 Impôts sur revenu, bénéfices et gains en capital	..	0.0	0.0	0.0	0.0	..	0.0	0.0	0.0	0.0
2000 Cotisations de sécurité sociale	..	0.0	0.0	0.0	0.0	..	0.0	0.0	0.0	0.0
3000 Sur salaires ou main d'oeuvre	..	0.0	0.0	0.0	0.0	..	0.0	0.0	0.0	0.0
4000 Impôts sur le patrimoine	..	0.1	0.1	0.1	0.1	..	0.5	0.4	0.3	0.3
5000 Impôts sur les biens et services	..	0.0	0.0	0.0	0.0	..	0.1	0.1	0.1	0.1
6000 Autres impôts	..	0.0	0.0	0.0	0.0	..	0.0	0.0	0.0	0.0
Administrations de sécurité sociale										
Recettes fiscales totales	..	**1.3**	**3.3**	**5.7**	**4.7**	..	**9.9**	**11.6**	**12.6**	**9.6**
1000 Impôts sur revenu, bénéfices et gains en capital	..	0.0	0.0	0.0	0.0	..	0.0	0.0	0.0	0.0
2000 Cotisations de sécurité sociale	..	1.3	3.3	5.7	4.7	..	9.9	11.6	12.6	9.6
3000 Sur salaires ou main d'oeuvre	..	0.0	0.0	0.0	0.0	..	0.0	0.0	0.0	0.0
4000 Impôts sur le patrimoine	..	0.0	0.0	0.0	0.0	..	0.0	0.0	0.0	0.0
5000 Impôts sur les biens et services	..	0.0	0.0	0.0	0.0	..	0.0	0.0	0.0	0.0
6000 Autres impôts	..	0.0	0.0	0.0	0.0	..	0.0	0.0	0.0	0.0

.. Non disponible

Note : Des données et des notes plus détaillées par pays sont disponibles dans le chapitre 6 "Recettes fiscales des sous-secteurs de l'administration" accessible en ligne : https://doi.org/10.1787/df3c3b17-fr. Les séries temporelles complètes sont accessibles sur le site web http://oe.cd/series-temporelles-completes.

Le total des recettes fiscales a été diminué du montant de tout transfert en capital représentant les impôts non perçus. Le transfert en capital a été directement diminué des impôts spécifiques auxquels il se rapporte. Par conséquent, les montants des recettes fiscales sont différents de ceux présentés dans le chapitre 6 "Recettes fiscales des sous-secteurs de l'administration" accessible en ligne.

Source : Ministry of Finance.

StatLink https://stat.link/0v5lqa

Tableau 4.47. Luxembourg, recettes fiscales et % du PIB (sélection de catégories d'impôts)

	Milliard EUR					% du PIB				
	1990	2000	2010	2018	2019	1990	2000	2010	2018	2019
Recettes fiscales totales	**3.7**	**8.5**	**15.1**	**23.7**	**24.7**	**33.5**	**36.9**	**37.6**	**39.5**	**38.9**
1000 Impôts sur le revenu, les bénéfices et les gains en capital	**1.5**	**3.1**	**5.5**	**9.4**	**9.7**	**13.5**	**13.5**	**13.6**	**15.6**	**15.2**
1100 Des personnes physiques	0.9	1.6	3.2	5.6	5.9	8.1	6.8	7.9	9.3	9.3
1200 Des sociétés	0.6	1.5	2.3	3.8	3.8	5.4	6.6	5.8	6.3	5.9
1300 Non-ventilables entre 1100 et 1200	0.0	0.0	0.0	0.0	0.0	0.0	0.0	0.0	0.0	0.0
2000 Cotisations de sécurité sociale	**1.0**	**2.2**	**4.4**	**6.5**	**6.8**	**9.2**	**9.6**	**10.9**	**10.8**	**10.8**
2100 À la charge des salariés	0.4	1.0	2.0	3.0	3.2	3.5	4.3	5.0	4.9	5.0
2200 À la charge des employeurs	0.5	1.0	1.9	2.7	2.8	4.5	4.2	4.7	4.5	4.5
2300 À la charge des indép. ou sans emploi	0.1	0.3	0.5	0.8	0.8	1.2	1.2	1.2	1.3	1.3
2400 Non-ventilables entre 2100, 2200 et 2300	0.0	0.0	0.0	0.0	0.0	0.0	0.0	0.0	0.0	0.0
3000 Sur les salaires ou main d'oeuvre	**0.0**	**0.0**	**0.0**	**0.0**	**0.0**	**0.0**	**0.0**	**0.0**	**0.0**	**0.0**
4000 Impôts sur le patrimoine	**0.3**	**0.9**	**1.1**	**2.3**	**2.4**	**2.8**	**3.9**	**2.6**	**3.9**	**3.8**
4100 Impôts périodiques sur la propriété immobilière	0.0	0.0	0.0	0.0	0.0	0.1	0.1	0.1	0.1	0.1
4200 Impôts périodiques sur l'actif net	0.2	0.6	0.8	1.7	1.8	1.6	2.7	2.1	2.8	2.9
4300 Impôts sur mut. par décès, succ. et donations	0.0	0.0	0.1	0.1	0.1	0.1	0.1	0.1	0.2	0.2
4400 Impôts sur transact. mobilières et immob.	0.1	0.2	0.2	0.5	0.4	1.0	1.0	0.4	0.8	0.7
4500 Impôts non périodiques sur	0.0	0.0	0.0	0.0	0.0	0.0	0.0	0.0	0.0	0.0
4600 Autres impôts périodiques sur patrimoine	0.0	0.0	0.0	0.0	0.0	0.0	0.0	0.0	0.0	0.0
5000 Impôts sur les biens et services	**0.9**	**2.3**	**4.2**	**5.5**	**5.8**	**7.9**	**9.8**	**10.4**	**9.1**	**9.1**
5100 Impôts sur production, vente, transfert, etc.	0.8	2.2	4.1	5.4	5.7	7.7	9.7	10.2	9.0	8.9
5110 Impôts généraux	0.4	1.1	2.6	3.5	3.7	4.0	4.9	6.5	5.8	5.8
5111 Taxes sur la valeur ajoutée	0.4	1.1	2.6	3.5	3.7	4.0	4.9	6.5	5.8	5.8
5120 Impôts sur biens et services déterminés	0.4	1.1	1.5	1.9	2.0	3.7	4.8	3.7	3.1	3.1
5121 Accises	0.4	1.0	1.4	1.6	1.7	3.3	4.5	3.5	2.6	2.6
5200 Impôts sur utilisation des biens et exerc. activités	0.0	0.0	0.1	0.1	0.1	0.2	0.1	0.2	0.2	0.2
5300 Non-ventilables entre 5100 et 5200	0.0	0.0	0.0	0.0	0.0	0.0	0.0	0.0	0.0	0.0
6000 Autres impôts	**0.0**	**0.0**	**0.0**	**0.0**	**0.0**	**0.1**	**0.0**	**0.1**	**0.0**	**0.0**
Crédits d'impôts récupérables										
Crédits d'impôts récupérables contre 1000	..	..	..	0.2	0.2	..	..	..	0.3	0.3
Composante transfert	..	..	..	..	..	..	..	..	..	..
Composante fiscale	..	..	..	..	..	..	..	..	..	..
Recettes fiscales collectés pour le compte de l'UE										
Recettes fiscales collectés pour le compte de l'UE, total	0.0	0.0	0.0	0.2	0.2	0.2	0.1	0.0	0.3	0.3
Droits de douane perçus pour le compte de l'UE	0.0	0.0	0.0	0.0	0.0	0.1	0.1	0.0	0.0	0.0
Contributions au Fonds de résolution unique collectées pour le compte de l'UE	..	..	..	0.1	0.1	..	..	..	0.2	0.2

.. Non disponible

Note : Le total des recettes fiscales a été diminué du montant de tout transfert en capital représentant les impôts non perçus. Le transfert en capital a été réparti entre les différentes rubriques en proportion des recettes fiscales. Par conséquent, les montants des recettes fiscales sont différents de ceux présentés dans le chapitre 5 "Tableaux détaillés par pays" accessible en ligne.

Des données et des notes plus détaillées par pays sont disponibles dans le chapitre 5 "Tableaux détaillés par pays" accessible en ligne : https://doi.org/10.1787/df3c3b17-fr. Les séries temporelles complètes sont accessibles sur le site web http://oe.cd/series-temporelles-completes.

Source : Compte Général de l'État.

StatLink https://stat.link/d7emzt

Tableau 4.48. Luxembourg, recettes fiscales et % du PIB par niveaux d'administration (principaux impôts)

	Milliard EUR					% du PIB				
	1990	2000	2010	2018	2019	1990	2000	2010	2018	2019
Administrations fédérale ou centrale										
Recettes fiscales totales	**2.4**	**5.8**	**10.2**	**16.2**	**16.7**	**22.1**	**25.3**	**25.3**	**26.9**	**26.3**
1000 Impôts sur revenu, bénéfices et gains en capital	1.3	2.6	4.9	8.4	8.6	11.6	11.5	12.1	14.0	13.5
2000 Cotisations de sécurité sociale	0.0	0.1	0.1	0.2	0.2	0.1	0.3	0.3	0.3	0.3
3000 Sur salaires ou main d'oeuvre	0.0	0.0	0.0	0.0	0.0	0.0	0.0	0.0	0.0	0.0
4000 Impôts sur le patrimoine	0.3	0.9	1.0	2.2	2.4	2.6	3.8	2.5	3.7	3.7
5000 Impôts sur les biens et services	0.8	2.2	4.2	5.3	5.6	7.7	9.6	10.3	8.9	8.8
6000 Autres impôts	0.0	0.0	0.0	0.0	0.0	0.1	0.0	0.0	0.0	0.0
Administrations d'un État/Régions										
Recettes fiscales totales	**..**	**..**	**..**	**..**	**..**	**..**	**..**	**..**	**..**	**..**
1000 Impôts sur revenu, bénéfices et gains en capital	..	..	..	..	..	..	..	..	..	..
2000 Cotisations de sécurité sociale	..	..	..	..	..	..	..	..	..	..
3000 Sur salaires ou main d'oeuvre	..	..	..	..	..	..	..	..	..	..
4000 Impôts sur le patrimoine	..	..	..	..	..	..	..	..	..	..
5000 Impôts sur les biens et services	..	..	..	..	..	..	..	..	..	..
6000 Autres impôts	..	..	..	..	..	..	..	..	..	..
Administrations locales										
Recettes fiscales totales	**0.2**	**0.5**	**0.7**	**1.1**	**1.2**	**2.1**	**2.1**	**1.6**	**1.8**	**1.9**
1000 Impôts sur revenu, bénéfices et gains en capital	0.2	0.5	0.6	1.0	1.1	1.9	2.0	1.5	1.7	1.7
2000 Cotisations de sécurité sociale	0.0	0.0	0.0	0.0	0.0	0.0	0.0	0.0	0.0	0.0
3000 Sur salaires ou main d'oeuvre	0.0	0.0	0.0	0.0	0.0	0.0	0.0	0.0	0.0	0.0
4000 Impôts sur le patrimoine	0.0	0.0	0.0	0.1	0.1	0.2	0.1	0.1	0.1	0.1
5000 Impôts sur les biens et services	0.0	0.0	0.0	0.0	0.0	0.0	0.0	0.0	0.0	0.0
6000 Autres impôts	0.0	0.0	0.0	0.0	0.0	0.0	0.0	0.0	0.0	0.0
Administrations de sécurité sociale										
Recettes fiscales totales	**1.0**	**2.2**	**4.3**	**6.3**	**6.7**	**9.1**	**9.4**	**10.6**	**10.5**	**10.5**
1000 Impôts sur revenu, bénéfices et gains en capital	0.0	0.0	0.0	0.0	0.0	0.0	0.0	0.0	0.0	0.0
2000 Cotisations de sécurité sociale	1.0	2.2	4.3	6.3	6.7	9.1	9.4	10.6	10.5	10.5
3000 Sur salaires ou main d'oeuvre	0.0	0.0	0.0	0.0	0.0	0.0	0.0	0.0	0.0	0.0
4000 Impôts sur le patrimoine	0.0	0.0	0.0	0.0	0.0	0.0	0.0	0.0	0.0	0.0
5000 Impôts sur les biens et services	0.0	0.0	0.0	0.0	0.0	0.0	0.0	0.0	0.0	0.0
6000 Autres impôts	0.0	0.0	0.0	0.0	0.0	0.0	0.0	0.0	0.0	0.0

.. Non disponible

Note : Le total des recettes fiscales a été diminué du montant de tout transfert en capital représentant les impôts non perçus. Le transfert en capital a été réparti entre les différentes rubriques en proportion des recettes fiscales. Par conséquent, les montants des recettes fiscales sont différents de ceux présentés dans le chapitre 6 "Recettes fiscales des sous-secteurs de l'administration" accessible en ligne.

Des données et des notes plus détaillées par pays sont disponibles dans le chapitre 6 "Recettes fiscales des sous-secteurs de l'administration" accessible en ligne : https://doi.org/10.1787/df3c3b17-fr. Les séries temporelles complètes sont accessibles sur le site web http://oe.cd/series-temporelles-completes.

Source : Compte Général de l'État.

StatLink https://stat.link/s9q5nt

Tableau 4.49. Mexique, recettes fiscales et % du PIB (sélection de catégories d'impôts)

	Milliard MXN					% du PIB				
	1990	2000	2010	2018	2019	1990	2000	2010	2018	2019
Recettes fiscales totales	**102.0**	**767.2**	**1 716.2**	**3 797.9**	**3 995.7**	**12.1**	**11.5**	**12.8**	**16.1**	**16.3**
1000 Impôts sur le revenu, les bénéfices et les gains en capital	**34.7**	**276.5**	**683.6**	**1 671.5**	**1 694.1**	**4.1**	**4.1**	**5.1**	**7.1**	**6.9**
1100 Des personnes physiques	..	..	313.5	804.2	829.5	..	..	2.3	3.4	3.4
1200 Des sociétés	..	..	246.7	809.8	803.6	..	..	1.8	3.4	3.3
1300 Non-ventilables entre 1100 et 1200	34.7	276.5	123.4	57.4	61.0	4.1	4.1	0.9	0.2	0.2
2000 Cotisations de sécurité sociale	**17.2**	**138.2**	**277.5**	**509.1**	**552.1**	**2.0**	**2.1**	**2.1**	**2.2**	**2.3**
2100 À la charge des salariés	..	..	..	..	..	..	..	..	..	..
2200 À la charge des employeurs	..	..	..	..	..	..	..	..	..	..
2300 À la charge des indép. ou sans emploi	..	..	..	..	..	..	..	..	..	..
2400 Non-ventilables entre 2100, 2200 et 2300	17.2	138.2	277.5	509.1	552.1	2.0	2.1	2.1	2.2	2.3
3000 Sur les salaires ou main d'oeuvre	**1.8**	**11.2**	**36.9**	**93.3**	**101.3**	**0.2**	**0.2**	**0.3**	**0.4**	**0.4**
4000 Impôts sur le patrimoine	**1.9**	**14.0**	**39.0**	**77.1**	**79.3**	**0.2**	**0.2**	**0.3**	**0.3**	**0.3**
4100 Impôts périodiques sur la propriété immobilière	1.0	9.9	25.7	49.4	50.5	0.1	0.1	0.2	0.2	0.2
4200 Impôts périodiques sur l'actif net	0.0	0.0	0.0	0.0	0.0	0.0	0.0	0.0	0.0	0.0
4300 Impôts sur mut. par décès, succ. et donations	0.0	0.0	0.0	0.0	0.0	0.0	0.0	0.0	0.0	0.0
4400 Impôts sur transact. mobilières et immob.	0.9	4.0	13.2	27.7	28.7	0.1	0.1	0.1	0.1	0.1
4500 Impôts non périodiques sur	0.0	0.0	0.0	0.0	0.0	0.0	0.0	0.0	0.0	0.0
4600 Autres impôts périodiques sur patrimoine	0.0	0.0	0.0	0.0	0.0	0.0	0.0	0.0	0.0	0.0
5000 Impôts sur les biens et services	**44.8**	**319.6**	**651.9**	**1 381.7**	**1 504.3**	**5.3**	**4.8**	**4.9**	**5.9**	**6.2**
5100 Impôts sur production, vente, transfert, etc.	44.2	310.3	630.1	1 364.2	1 486.8	5.2	4.6	4.7	5.8	6.1
5110 Impôts généraux	26.6	189.6	504.5	922.2	933.3	3.2	2.8	3.8	3.9	3.8
5111 Taxes sur la valeur ajoutée	26.6	189.6	504.5	922.2	933.3	3.2	2.8	3.8	3.9	3.8
5120 Impôts sur biens et services déterminés	17.5	120.7	125.6	442.0	553.4	2.1	1.8	0.9	1.9	2.3
5121 Accises	10.1	86.2	86.1	358.6	471.0	1.2	1.3	0.6	1.5	1.9
5200 Impôts sur utilisation des biens et exerc. activités	0.7	9.3	21.8	17.5	17.5	0.1	0.1	0.2	0.1	0.1
5300 Non-ventilables entre 5100 et 5200	0.0	0.0	0.0	0.0	0.0	0.0	0.0	0.0	0.0	0.0
6000 Autres impôts	**1.6**	**7.7**	**27.4**	**65.2**	**64.7**	**0.2**	**0.1**	**0.2**	**0.3**	**0.3**
Crédits d'impôts récupérables										
Crédits d'impôts récupérables contre 1000	..	..	40.3	49.1	50.6	..	..	0.3	0.2	0.2
Composante transfert	..	..	9.7	1.2	1.3	..	..	0.1	0.0	0.0
Composante fiscale	..	..	30.6	47.9	49.4	..	..	0.2	0.2	0.2

.. Non disponible

Note : Des données et des notes plus détaillées par pays sont disponibles dans le chapitre 5 "Tableaux détaillés par pays" accessible en ligne : https://doi.org/10.1787/df3c3b17-fr. Les séries temporelles complètes sont accessibles sur le site web http://oe.cd/series-temporelles-completes.

Source : Ministry of Finance, Economic Department.

StatLink https://stat.link/vjl385

Tableau 4.50. Mexique, recettes fiscales et % du PIB par niveaux d'administration (principaux impôts)

	Milliard MXN					% du PIB				
	1990	2000	2010	2018	2019	1990	2000	2010	2018	2019
Administrations fédérale ou centrale										
Recettes fiscales totales	**81.4**	**600.5**	**1 351.5**	**3 073.4**	**3 213.2**	**9.7**	**9.0**	**10.1**	**13.1**	**13.1**
1000 Impôts sur revenu, bénéfices et gains en capital	34.7	276.5	683.6	1 671.5	1 694.1	4.1	4.1	5.1	7.1	6.9
2000 Cotisations de sécurité sociale	0.0	0.0	0.0	0.0	0.0	0.0	0.0	0.0	0.0	0.0
3000 Sur salaires ou main d'oeuvre	0.8	0.0	0.0	0.0	0.0	0.1	0.0	0.0	0.0	0.0
4000 Impôts sur le patrimoine	0.0	0.0	0.0	0.0	0.0	0.0	0.0	0.0	0.0	0.0
5000 Impôts sur les biens et services	44.6	318.1	645.6	1 355.6	1 477.9	5.3	4.8	4.8	5.8	6.0
6000 Autres impôts	1.3	5.9	22.2	46.3	41.1	0.2	0.1	0.2	0.2	0.2
Administrations d'un État/Régions										
Recettes fiscales totales	**2.2**	**20.5**	**58.3**	**153.7**	**163.7**	**0.3**	**0.3**	**0.4**	**0.7**	**0.7**
1000 Impôts sur revenu, bénéfices et gains en capital	0.0	0.0	0.0	0.0	0.0	0.0	0.0	0.0	0.0	0.0
2000 Cotisations de sécurité sociale	0.0	0.0	0.0	0.0	0.0	0.0	0.0	0.0	0.0	0.0
3000 Sur salaires ou main d'oeuvre	1.0	11.2	36.8	93.3	101.3	0.1	0.2	0.3	0.4	0.4
4000 Impôts sur le patrimoine	0.9	7.0	13.1	28.7	29.2	0.1	0.1	0.1	0.1	0.1
5000 Impôts sur les biens et services	0.1	1.3	5.8	24.3	25.2	0.0	0.0	0.0	0.1	0.1
6000 Autres impôts	0.2	0.9	2.5	7.4	8.1	0.0	0.0	0.0	0.0	0.0
Administrations locales										
Recettes fiscales totales	**1.3**	**8.0**	**29.0**	**61.7**	**66.7**	**0.1**	**0.1**	**0.2**	**0.3**	**0.3**
1000 Impôts sur revenu, bénéfices et gains en capital	0.0	0.0	0.0	0.0	0.0	0.0	0.0	0.0	0.0	0.0
2000 Cotisations de sécurité sociale	0.0	0.0	0.0	0.0	0.0	0.0	0.0	0.0	0.0	0.0
3000 Sur salaires ou main d'oeuvre	0.0	0.0	0.1	0.0	0.0	0.0	0.0	0.0	0.0	0.0
4000 Impôts sur le patrimoine	1.0	6.9	25.8	48.4	50.1	0.1	0.1	0.2	0.2	0.2
5000 Impôts sur les biens et services	0.1	0.2	0.5	1.7	1.2	0.0	0.0	0.0	0.0	0.0
6000 Autres impôts	0.1	0.9	2.6	11.5	15.5	0.0	0.0	0.0	0.0	0.1
Administrations de sécurité sociale										
Recettes fiscales totales	**17.2**	**138.2**	**277.5**	**509.1**	**552.1**	**2.0**	**2.1**	**2.1**	**2.2**	**2.3**
1000 Impôts sur revenu, bénéfices et gains en capital	0.0	0.0	0.0	0.0	0.0	0.0	0.0	0.0	0.0	0.0
2000 Cotisations de sécurité sociale	17.2	138.2	277.5	509.1	552.1	2.0	2.1	2.1	2.2	2.3
3000 Sur salaires ou main d'oeuvre	0.0	0.0	0.0	0.0	0.0	0.0	0.0	0.0	0.0	0.0
4000 Impôts sur le patrimoine	0.0	0.0	0.0	0.0	0.0	0.0	0.0	0.0	0.0	0.0
5000 Impôts sur les biens et services	0.0	0.0	0.0	0.0	0.0	0.0	0.0	0.0	0.0	0.0
6000 Autres impôts	0.0	0.0	0.0	0.0	0.0	0.0	0.0	0.0	0.0	0.0

Note : Des données et des notes plus détaillées par pays sont disponibles dans le chapitre 6 "Recettes fiscales des sous-secteurs de l'administration" accessible en ligne : https://doi.org/10.1787/df3c3b17-fr. Les séries temporelles complètes sont accessibles sur le site web http://oe.cd/series-temporelles-completes.

Source : Ministry of Finance, Economic Department.

StatLink https://stat.link/6i7rny5

Tableau 4.51. Pays-Bas, recettes fiscales et % du PIB (sélection de catégories d'impôts)

	Milliard EUR					% du PIB				
	1990	2000	2010	2018	2019	1990	2000	2010	2018	2019
Recettes fiscales totales	**104.4**	**166.8**	**227.9**	**300.3**	**319.2**	**39.7**	**36.9**	**35.7**	**38.8**	**39.3**
1000 Impôts sur le revenu, les bénéfices et les gains en capital	**33.7**	**43.3**	**63.6**	**88.8**	**99.0**	**12.8**	**9.6**	**9.9**	**11.5**	**12.2**
1100 Des personnes physiques	25.8	25.1	49.0	61.7	69.0	9.8	5.6	7.7	8.0	8.5
1200 Des sociétés	7.9	18.1	14.6	27.1	30.0	3.0	4.0	2.3	3.5	3.7
1300 Non-ventilables entre 1100 et 1200	0.0	0.0	0.0	0.0	0.0	0.0	0.0	0.0	0.0	0.0
2000 Cotisations de sécurité sociale	**39.1**	**64.5**	**82.7**	**108.0**	**109.3**	**14.9**	**14.3**	**12.9**	**14.0**	**13.4**
2100 À la charge des salariés	24.1	35.3	41.6	41.8	40.7	9.2	7.8	6.5	5.4	5.0
2200 À la charge des employeurs	7.8	18.7	29.4	40.7	43.7	3.0	4.1	4.6	5.3	5.4
2300 À la charge des indép. ou sans emploi	7.1	10.5	11.7	25.6	24.9	2.7	2.3	1.8	3.3	3.1
2400 Non-ventilables entre 2100, 2200 et 2300	0.0	0.0	0.0	0.0	0.0	0.0	0.0	0.0	0.0	0.0
3000 Sur les salaires ou main d'oeuvre	**0.0**	**0.0**	**0.0**	**0.0**	**0.0**	**0.0**	**0.0**	**0.0**	**0.0**	**0.0**
4000 Impôts sur le patrimoine	**3.8**	**8.8**	**8.8**	**12.1**	**12.2**	**1.5**	**1.9**	**1.4**	**1.6**	**1.5**
4100 Impôts périodiques sur la propriété immobilière	1.7	3.1	4.2	7.4	7.4	0.7	0.7	0.7	1.0	0.9
4200 Impôts périodiques sur l'actif net	0.6	0.8	0.0	0.0	0.0	0.2	0.2	0.0	0.0	0.0
4300 Impôts sur mut. par décès, succ. et donations	0.5	1.5	1.7	1.7	1.8	0.2	0.3	0.3	0.2	0.2
4400 Impôts sur transact. mobilières et immob.	1.0	3.4	2.8	3.0	3.0	0.4	0.8	0.4	0.4	0.4
4500 Impôts non périodiques sur	0.0	0.0	0.0	0.0	0.0	0.0	0.0	0.0	0.0	0.0
4600 Autres impôts périodiques sur patrimoine	0.0	0.0	0.0	0.0	0.0	0.0	0.0	0.0	0.0	0.0
5000 Impôts sur les biens et services	**27.6**	**49.5**	**71.9**	**90.5**	**98.0**	**10.5**	**10.9**	**11.2**	**11.7**	**12.1**
5100 Impôts sur production, vente, transfert, etc.	25.1	44.9	64.2	81.5	88.5	9.5	9.9	10.1	10.5	10.9
5110 Impôts généraux	17.2	28.9	42.7	52.8	58.2	6.5	6.4	6.7	6.8	7.2
5111 Taxes sur la valeur ajoutée	17.2	28.8	42.7	52.7	58.1	6.5	6.4	6.7	6.8	7.1
5120 Impôts sur biens et services déterminés	7.9	16.0	21.6	28.7	30.3	3.0	3.5	3.4	3.7	3.7
5121 Accises	6.0	13.8	18.4	21.0	22.0	2.3	3.0	2.9	2.7	2.7
5200 Impôts sur utilisation des biens et exerc. activités	2.5	4.6	7.6	9.1	9.5	1.0	1.0	1.2	1.2	1.2
5300 Non-ventilables entre 5100 et 5200	0.0	0.0	0.0	0.0	0.0	0.0	0.0	0.0	0.0	0.0
6000 Autres impôts	**0.3**	**0.8**	**1.0**	**0.8**	**0.8**	**0.1**	**0.2**	**0.2**	**0.1**	**0.1**
Crédits d'impôts récupérables										
Crédits d'impôts récupérables contre 1000	..	..	..	..	..	..	..	..	..	..
Composante transfert	..	..	..	..	..	..	..	..	..	..
Composante fiscale	..	..	..	..	..	..	..	..	..	..
Recettes fiscales collectés pour le compte de l'UE										
Recettes fiscales collectés pour le compte de l'UE, total	1.5	1.6	2.0	3.4	3.6	0.6	0.4	0.3	0.4	0.4
Droits de douane perçus pour le compte de l'UE	..	1.3	1.7	2.5	2.7	..	0.3	0.3	0.3	0.3
Contributions au Fonds de résolution unique collectées pour le compte de l'UE	..	..	..	0.6	0.6	..	..	..	0.1	0.1

.. Non disponible

Note : Des données et des notes plus détaillées par pays sont disponibles dans le chapitre 5 "Tableaux détaillés par pays" accessible en ligne : https://doi.org/10.1787/df3c3b17-fr. Les séries temporelles complètes sont accessibles sur le site web http://oe.cd/series-temporelles-completes.

Source : Social security contributions and local taxes: Central Bureau of Statistics. Other taxes: Ministry of Finance.

StatLink https://stat.link/vdur47

Tableau 4.52. Pays-Bas, recettes fiscales et % du PIB par niveaux d'administration (principaux impôts)

	Milliard EUR					% du PIB				
	1990	2000	2010	2018	2019	1990	2000	2010	2018	2019
Administrations fédérale ou centrale										
Recettes fiscales totales	**61.4**	**95.1**	**135.1**	**178.4**	**195.5**	**23.3**	**21.0**	**21.1**	**23.1**	**24.0**
1000 Impôts sur revenu, bénéfices et gains en capital	33.7	43.3	63.6	88.8	99.0	12.8	9.6	9.9	11.5	12.2
2000 Cotisations de sécurité sociale	0.0	0.0	0.0	0.0	0.0	0.0	0.0	0.0	0.0	0.0
3000 Sur salaires ou main d'oeuvre	0.0	0.0	0.0	0.0	0.0	0.0	0.0	0.0	0.0	0.0
4000 Impôts sur le patrimoine	2.1	5.7	4.6	6.7	6.5	0.8	1.3	0.7	0.9	0.8
5000 Impôts sur les biens et services	25.3	45.4	66.2	82.2	89.2	9.6	10.0	10.3	10.6	11.0
6000 Autres impôts	0.3	0.8	0.8	0.8	0.8	0.1	0.2	0.1	0.1	0.1
Administrations d'un État/Régions										
Recettes fiscales totales	**..**	**..**	**..**	**..**	**..**	**..**	**..**	**..**	**..**	**..**
1000 Impôts sur revenu, bénéfices et gains en capital	..	..	..	..	..	..	..	..	..	..
2000 Cotisations de sécurité sociale	..	..	..	..	..	..	..	..	..	..
3000 Sur salaires ou main d'oeuvre	..	..	..	..	..	..	..	..	..	..
4000 Impôts sur le patrimoine	..	..	..	..	..	..	..	..	..	..
5000 Impôts sur les biens et services	..	..	..	..	..	..	..	..	..	..
6000 Autres impôts	..	..	..	..	..	..	..	..	..	..
Administrations locales										
Recettes fiscales totales	**2.5**	**5.6**	**8.1**	**10.5**	**10.9**	**0.9**	**1.2**	**1.3**	**1.4**	**1.3**
1000 Impôts sur revenu, bénéfices et gains en capital	0.0	0.0	0.0	0.0	0.0	0.0	0.0	0.0	0.0	0.0
2000 Cotisations de sécurité sociale	0.0	0.0	0.0	0.0	0.0	0.0	0.0	0.0	0.0	0.0
3000 Sur salaires ou main d'oeuvre	0.0	0.0	0.0	0.0	0.0	0.0	0.0	0.0	0.0	0.0
4000 Impôts sur le patrimoine	1.7	3.1	4.2	5.5	5.7	0.7	0.7	0.7	0.7	0.7
5000 Impôts sur les biens et services	0.8	2.5	3.7	5.0	5.2	0.3	0.6	0.6	0.6	0.6
6000 Autres impôts	0.0	0.0	0.2	0.0	0.0	0.0	0.0	0.0	0.0	0.0
Administrations de sécurité sociale										
Recettes fiscales totales	**39.1**	**64.5**	**82.7**	**108.0**	**109.3**	**14.9**	**14.3**	**12.9**	**14.0**	**13.4**
1000 Impôts sur revenu, bénéfices et gains en capital	0.0	0.0	0.0	0.0	0.0	0.0	0.0	0.0	0.0	0.0
2000 Cotisations de sécurité sociale	39.1	64.5	82.7	108.0	109.3	14.9	14.3	12.9	14.0	13.4
3000 Sur salaires ou main d'oeuvre	0.0	0.0	0.0	0.0	0.0	0.0	0.0	0.0	0.0	0.0
4000 Impôts sur le patrimoine	0.0	0.0	0.0	0.0	0.0	0.0	0.0	0.0	0.0	0.0
5000 Impôts sur les biens et services	0.0	0.0	0.0	0.0	0.0	0.0	0.0	0.0	0.0	0.0
6000 Autres impôts	0.0	0.0	0.0	0.0	0.0	0.0	0.0	0.0	0.0	0.0

.. Non disponible

Note : Des données et des notes plus détaillées par pays sont disponibles dans le chapitre 6 "Recettes fiscales des sous-secteurs de l'administration" accessible en ligne : https://doi.org/10.1787/df3c3b17-fr. Les séries temporelles complètes sont accessibles sur le site web http://oe.cd/series-temporelles-completes.

Source : Social security contributions and local taxes. Central Bureau of Statistics. Other taxes: Ministry of Finance.

StatLink https://stat.link/eyqjwr

Tableau 4.53. Nouvelle-Zélande, recettes fiscales et % du PIB (sélection de catégories d'impôts)

	Milliard NZD					% du PIB				
	1990	2000	2010	2018	2019	1990	2000	2010	2018	2019
Recettes fiscales totales	**27.5**	**39.8**	**62.3**	**99.8**	**99.8**	**36.2**	**32.5**	**30.3**	**32.2**	**31.5**
1000 Impôts sur le revenu, les bénéfices et les gains en capital	**16.4**	**23.9**	**33.5**	**56.2**	**55.0**	**21.6**	**19.5**	**16.3**	**18.1**	**17.3**
1100 Des personnes physiques	13.2	17.1	23.5	37.5	39.5	17.4	14.0	11.4	12.1	12.4
1200 Des sociétés	1.8	4.9	7.6	15.6	12.4	2.3	4.0	3.7	5.0	3.9
1300 Non-ventilables entre 1100 et 1200	1.4	1.8	2.4	3.1	2.9	1.9	1.5	1.2	1.0	0.9
2000 Cotisations de sécurité sociale	**0.0**	**0.0**	**0.0**	**0.0**	**0.0**	**0.0**	**0.0**	**0.0**	**0.0**	**0.0**
2100 À la charge des salariés	0.0	0.0	0.0	0.0	0.0	0.0	0.0	0.0	0.0	0.0
2200 À la charge des employeurs	0.0	0.0	0.0	0.0	0.0	0.0	0.0	0.0	0.0	0.0
2300 À la charge des indép. ou sans emploi	0.0	0.0	0.0	0.0	0.0	0.0	0.0	0.0	0.0	0.0
2400 Non-ventilables entre 2100, 2200 et 2300	0.0	0.0	0.0	0.0	0.0	0.0	0.0	0.0	0.0	0.0
3000 Sur les salaires ou main d'oeuvre	**0.0**	**0.0**	**0.0**	**0.0**	**0.0**	**0.0**	**0.0**	**0.0**	**0.0**	**0.0**
4000 Impôts sur le patrimoine	**1.9**	**2.1**	**4.1**	**5.8**	**6.2**	**2.5**	**1.7**	**2.0**	**1.9**	**1.9**
4100 Impôts périodiques sur la propriété immobilière	1.7	2.0	4.0	5.7	6.1	2.3	1.7	2.0	1.8	1.9
4200 Impôts périodiques sur l'actif net	0.0	0.0	0.0	0.0	0.0	0.0	0.0	0.0	0.0	0.0
4300 Impôts sur mut. par décès, succ. et donations	0.1	0.0	0.0	0.0	0.0	0.1	0.0	0.0	0.0	0.0
4400 Impôts sur transact. mobilières et immob.	0.1	0.1	0.1	0.1	0.1	0.1	0.0	0.0	0.0	0.0
4500 Impôts non périodiques sur	0.0	0.0	0.0	0.0	..	0.0	0.0	0.0	0.0	..
4600 Autres impôts périodiques sur patrimoine	0.0	0.0	0.0	0.0	0.0	0.0	0.0	0.0	0.0	0.0
5000 Impôts sur les biens et services	**9.2**	**13.8**	**24.7**	**37.8**	**38.6**	**12.1**	**11.3**	**12.0**	**12.2**	**12.2**
5100 Impôts sur production, vente, transfert, etc.	8.7	12.9	23.1	35.3	36.0	11.4	10.5	11.2	11.4	11.4
5110 Impôts généraux	6.2	9.9	19.1	29.5	30.3	8.1	8.1	9.3	9.5	9.5
5111 Taxes sur la valeur ajoutée	6.2	9.9	19.1	29.5	30.3	8.1	8.1	9.3	9.5	9.5
5120 Impôts sur biens et services déterminés	2.5	3.0	4.0	5.8	5.8	3.3	2.5	1.9	1.9	1.8
5121 Accises	1.9	2.1	1.8	2.6	2.5	2.5	1.8	0.9	0.8	0.8
5200 Impôts sur utilisation des biens et exerc. activités	0.5	0.9	1.6	2.6	2.7	0.7	0.7	0.8	0.8	0.8
5300 Non-ventilables entre 5100 et 5200	0.0	0.0	0.0	0.0	0.0	0.0	0.0	0.0	0.0	0.0
6000 Autres impôts	**0.0**	**0.0**	**0.0**	**0.0**	**0.0**	**0.0**	**0.0**	**0.0**	**0.0**	**0.0**
Crédits d'impôts récupérables										
Crédits d'impôts récupérables contre 1000	..	1.1	2.8	2.8	2.8	..	0.9	1.4	0.9	0.9
Composante transfert	..	0.7	1.8	1.2	1.4	..	0.6	0.9	0.4	0.4
Composante fiscale	..	0.3	1.0	1.5	1.4	..	0.3	0.5	0.5	0.5

.. Non disponible

Note : Des données et des notes plus détaillées par pays sont disponibles dans le chapitre 5 "Tableaux détaillés par pays" accessible en ligne : https://doi.org/10.1787/df3c3b17-fr. Les séries temporelles complètes sont accessibles sur le site web http://oe.cd/series-temporelles-completes.

Source : Local Authorities Statistics, Department of Statistics, Wellington.

StatLink https://stat.link/8fwl3n

Tableau 4.54. Nouvelle-Zélande, recettes fiscales et % du PIB par niveaux d'administration (principaux impôts)

	Milliard NZD					% du PIB				
	1990	2000	2010	2018	2019	1990	2000	2010	2018	2019
Administrations fédérale ou centrale										
Recettes fiscales totales	**25.8**	**37.5**	**57.9**	**93.3**	**92.9**	**34.0**	**30.7**	**28.1**	**30.1**	**29.3**
1000 Impôts sur revenu, bénéfices et gains en capital	16.4	23.9	33.5	56.2	55.0	21.6	19.5	16.3	18.1	17.3
2000 Cotisations de sécurité sociale	0.0	0.0	0.0	0.0	0.0	0.0	0.0	0.0	0.0	0.0
3000 Sur salaires ou main d'oeuvre	0.0	0.0	0.0	0.0	0.0	0.0	0.0	0.0	0.0	0.0
4000 Impôts sur le patrimoine	0.3	0.1	0.1	0.1	0.1	0.4	0.1	0.0	0.0	0.0
5000 Impôts sur les biens et services	9.1	13.6	24.3	37.0	37.8	12.0	11.1	11.8	11.9	11.9
6000 Autres impôts	0.0	0.0	0.0	0.0	0.0	0.0	0.0	0.0	0.0	0.0
Administrations d'un État/Régions										
Recettes fiscales totales	**..**	**..**	**..**	**..**	**..**	**..**	**..**	**..**	**..**	**..**
1000 Impôts sur revenu, bénéfices et gains en capital	..	..	..	..	..	..	..	..	..	..
2000 Cotisations de sécurité sociale	..	..	..	..	..	..	..	..	..	..
3000 Sur salaires ou main d'oeuvre	..	..	..	..	..	..	..	..	..	..
4000 Impôts sur le patrimoine	..	..	..	..	..	..	..	..	..	..
5000 Impôts sur les biens et services	..	..	..	..	..	..	..	..	..	..
6000 Autres impôts	..	..	..	..	..	..	..	..	..	..
Administrations locales										
Recettes fiscales totales	**1.7**	**2.3**	**4.5**	**6.6**	**6.9**	**2.2**	**1.9**	**2.2**	**2.1**	**2.2**
1000 Impôts sur revenu, bénéfices et gains en capital	0.0	0.0	0.0	0.0	0.0	0.0	0.0	0.0	0.0	0.0
2000 Cotisations de sécurité sociale	0.0	0.0	0.0	0.0	0.0	0.0	0.0	0.0	0.0	0.0
3000 Sur salaires ou main d'oeuvre	0.0	0.0	0.0	0.0	0.0	0.0	0.0	0.0	0.0	0.0
4000 Impôts sur le patrimoine	1.6	2.0	4.0	5.7	6.1	2.0	1.7	2.0	1.8	1.9
5000 Impôts sur les biens et services	0.1	0.2	0.4	0.9	0.8	0.2	0.2	0.2	0.3	0.3
6000 Autres impôts	0.0	0.0	0.0	0.0	0.0	0.0	0.0	0.0	0.0	0.0
Administrations de sécurité sociale										
Recettes fiscales totales	**0.0**	**0.0**	**0.0**	**0.0**	**0.0**	**0.0**	**0.0**	**0.0**	**0.0**	**0.0**
1000 Impôts sur revenu, bénéfices et gains en capital	0.0	0.0	0.0	0.0	0.0	0.0	0.0	0.0	0.0	0.0
2000 Cotisations de sécurité sociale	0.0	0.0	0.0	0.0	0.0	0.0	0.0	0.0	0.0	0.0
3000 Sur salaires ou main d'oeuvre	0.0	0.0	0.0	0.0	0.0	0.0	0.0	0.0	0.0	0.0
4000 Impôts sur le patrimoine	0.0	0.0	0.0	0.0	0.0	0.0	0.0	0.0	0.0	0.0
5000 Impôts sur les biens et services	0.0	0.0	0.0	0.0	0.0	0.0	0.0	0.0	0.0	0.0
6000 Autres impôts	0.0	0.0	0.0	0.0	0.0	0.0	0.0	0.0	0.0	0.0

.. Non disponible

Note : Des données et des notes plus détaillées par pays sont disponibles dans le chapitre 6 "Recettes fiscales des sous-secteurs de l'administration" accessible en ligne : https://doi.org/10.1787/df3c3b17-fr. Les séries temporelles complètes sont accessibles sur le site web http://oe.cd/series-temporelles-completes.

Source : Local Authorities Statistics, Department of Statistics, Wellington.

StatLink https://stat.link/0ipsed

Tableau 4.55. Norvège, recettes fiscales et % du PIB (sélection de catégories d'impôts)

	Milliard NOK					% du PIB				
	1990	2000	2010	2018	2019	1990	2000	2010	2018	2019
Recettes fiscales totales	**301.8**	**628.0**	**1 083.3**	**1 399.1**	**1 424.1**	**40.2**	**41.7**	**41.8**	**39.4**	**39.9**
1000 Impôts sur le revenu, les bénéfices et les gains en capital	**106.3**	**284.2**	**512.2**	**584.3**	**580.1**	**14.2**	**18.9**	**19.8**	**16.4**	**16.3**
1100 Des personnes physiques	79.1	152.0	256.5	354.7	370.4	10.5	10.1	9.9	10.0	10.4
1200 Des sociétés	27.2	132.2	255.7	229.6	209.7	3.6	8.8	9.9	6.5	5.9
1300 Non-ventilables entre 1100 et 1200	0.0	0.0	0.0	0.0	0.0	0.0	0.0	0.0	0.0	0.0
2000 Cotisations de sécurité sociale	**79.4**	**132.2**	**243.0**	**357.3**	**377.4**	**10.6**	**8.8**	**9.4**	**10.1**	**10.6**
2100 À la charge des salariés	25.3	45.2	81.0	124.5	131.0	3.4	3.0	3.1	3.5	3.7
2200 À la charge des employeurs	50.1	79.2	148.0	208.8	221.2	6.7	5.3	5.7	5.9	6.2
2300 À la charge des indép. ou sans emploi	3.9	7.8	13.9	24.0	25.2	0.5	0.5	0.5	0.7	0.7
2400 Non-ventilables entre 2100, 2200 et 2300	0.0	0.0	0.0	0.0	0.0	0.0	0.0	0.0	0.0	0.0
3000 Sur les salaires ou main d'oeuvre	**0.0**	**0.0**	**0.0**	**2.0**	**2.0**	**0.0**	**0.0**	**0.0**	**0.1**	**0.1**
4000 Impôts sur le patrimoine	**8.9**	**14.4**	**28.5**	**43.7**	**45.7**	**1.2**	**1.0**	**1.1**	**1.2**	**1.3**
4100 Impôts périodiques sur la propriété immobilière	2.2	2.7	7.1	14.2	14.7	0.3	0.2	0.3	0.4	0.4
4200 Impôts périodiques sur l'actif net	5.1	7.7	13.2	19.9	20.5	0.7	0.5	0.5	0.6	0.6
4300 Impôts sur mut. par décès, succ. et donations	0.4	1.3	2.4	0.1	0.0	0.1	0.1	0.1	0.0	0.0
4400 Impôts sur transact. mobilières et immob.	1.1	2.7	5.9	9.6	10.3	0.1	0.2	0.2	0.3	0.3
4500 Impôts non périodiques sur	0.0	0.0	0.0	0.0	0.0	0.0	0.0	0.0	0.0	0.0
4600 Autres impôts périodiques sur patrimoine	0.0	0.0	0.0	0.0	0.0	0.0	0.0	0.0	0.0	0.0
5000 Impôts sur les biens et services	**107.3**	**197.2**	**299.5**	**411.8**	**418.9**	**14.3**	**13.1**	**11.6**	**11.6**	**11.7**
5100 Impôts sur production, vente, transfert, etc.	102.9	185.9	284.6	392.8	399.0	13.7	12.3	11.0	11.1	11.2
5110 Impôts généraux	56.7	125.0	201.8	297.9	308.3	7.6	8.3	7.8	8.4	8.6
5111 Taxes sur la valeur ajoutée	56.7	124.2	201.2	296.9	307.0	7.6	8.2	7.8	8.4	8.6
5120 Impôts sur biens et services déterminés	46.2	60.9	82.8	94.9	90.7	6.2	4.0	3.2	2.7	2.5
5121 Accises	37.5	54.9	76.3	84.0	79.7	5.0	3.6	2.9	2.4	2.2
5200 Impôts sur utilisation des biens et exerc. activités	4.4	11.3	14.9	19.0	19.9	0.6	0.7	0.6	0.5	0.6
5300 Non-ventilables entre 5100 et 5200	0.0	0.0	0.0	0.0	0.0	0.0	0.0	0.0	0.0	0.0
6000 Autres impôts	**0.0**	**0.0**	**0.0**	**0.0**	**0.0**	**0.0**	**0.0**	**0.0**	**0.0**	**0.0**
Crédits d'impôts récupérables										
Crédits d'impôts récupérables contre 1000	..	..	1.2	4.0	4.2	..	..	0.0	0.1	0.1
Composante transfert	..	..	1.2	3.2	3.4	..	..	0.0	0.1	0.1
Composante fiscale	..	..	0.1	0.8	0.8	..	..	0.0	0.0	0.0

.. Non disponible

Note : Des données et des notes plus détaillées par pays sont disponibles dans le chapitre 5 "Tableaux détaillés par pays" accessible en ligne : https://doi.org/10.1787/df3c3b17-fr. Les séries temporelles complètes sont accessibles sur le site web http://oe.cd/series-temporelles-completes.

Source : Statistics Norway; National Accounts.

StatLink https://stat.link/82xa5i

Tableau 4.56. Norvège, recettes fiscales et % du PIB par niveaux d'administration (principaux impôts)

	Milliard NOK					% du PIB				
	1990	2000	2010	2018	2019	1990	2000	2010	2018	2019
Administrations fédérale ou centrale										
Recettes fiscales totales	**165.4**	**532.5**	**935.7**	**1 185.5**	**1 203.5**	**22.1**	**35.3**	**36.1**	**33.4**	**33.7**
1000 Impôts sur revenu, bénéfices et gains en capital	50.6	198.4	381.0	399.5	389.1	6.8	13.2	14.7	11.2	10.9
2000 Cotisations de sécurité sociale	4.7	132.2	243.0	357.3	377.4	0.6	8.8	9.4	10.1	10.6
3000 Sur salaires ou main d'oeuvre	0.0	0.0	0.0	2.0	2.0	0.0	0.0	0.0	0.1	0.1
4000 Impôts sur le patrimoine	3.4	6.8	13.7	16.6	17.7	0.5	0.5	0.5	0.5	0.5
5000 Impôts sur les biens et services	106.7	195.1	298.0	410.1	417.2	14.2	12.9	11.5	11.5	11.7
6000 Autres impôts	0.0	0.0	0.0	0.0	0.0	0.0	0.0	0.0	0.0	0.0
Administrations d'un État/Régions										
Recettes fiscales totales	**..**	**..**	**..**	**..**	**..**	**..**	**..**	**..**	**..**	**..**
1000 Impôts sur revenu, bénéfices et gains en capital	..	..	..	..	..	..	..	..	..	..
2000 Cotisations de sécurité sociale	..	..	..	..	..	..	..	..	..	..
3000 Sur salaires ou main d'oeuvre	..	..	..	..	..	..	..	..	..	..
4000 Impôts sur le patrimoine	..	..	..	..	..	..	..	..	..	..
5000 Impôts sur les biens et services	..	..	..	..	..	..	..	..	..	..
6000 Autres impôts	..	..	..	..	..	..	..	..	..	..
Administrations locales										
Recettes fiscales totales	**61.6**	**95.5**	**147.7**	**213.6**	**220.5**	**8.2**	**6.3**	**5.7**	**6.0**	**6.2**
1000 Impôts sur revenu, bénéfices et gains en capital	55.7	85.8	131.2	184.8	190.9	7.4	5.7	5.1	5.2	5.4
2000 Cotisations de sécurité sociale	0.0	0.0	0.0	0.0	0.0	0.0	0.0	0.0	0.0	0.0
3000 Sur salaires ou main d'oeuvre	0.0	0.0	0.0	0.0	0.0	0.0	0.0	0.0	0.0	0.0
4000 Impôts sur le patrimoine	5.5	7.6	14.9	27.1	27.9	0.7	0.5	0.6	0.8	0.8
5000 Impôts sur les biens et services	0.4	2.1	1.6	1.7	1.7	0.1	0.1	0.1	0.0	0.0
6000 Autres impôts	0.0	0.0	0.0	0.0	0.0	0.0	0.0	0.0	0.0	0.0
Administrations de sécurité sociale										
Recettes fiscales totales	**74.8**	**0.0**	**0.0**	**0.0**	**0.0**	**10.0**	**0.0**	**0.0**	**0.0**	**0.0**
1000 Impôts sur revenu, bénéfices et gains en capital	0.0	0.0	0.0	0.0	0.0	0.0	0.0	0.0	0.0	0.0
2000 Cotisations de sécurité sociale	74.6	0.0	0.0	0.0	0.0	10.0	0.0	0.0	0.0	0.0
3000 Sur salaires ou main d'oeuvre	0.0	0.0	0.0	0.0	0.0	0.0	0.0	0.0	0.0	0.0
4000 Impôts sur le patrimoine	0.0	0.0	0.0	0.0	0.0	0.0	0.0	0.0	0.0	0.0
5000 Impôts sur les biens et services	0.2	0.0	0.0	0.0	0.0	0.0	0.0	0.0	0.0	0.0
6000 Autres impôts	0.0	0.0	0.0	0.0	0.0	0.0	0.0	0.0	0.0	0.0

.. Non disponible

Note : Des données et des notes plus détaillées par pays sont disponibles dans le chapitre 6 "Recettes fiscales des sous-secteurs de l'administration" accessible en ligne : https://doi.org/10.1787/df3c3b17-fr. Les séries temporelles complètes sont accessibles sur le site web http://oe.cd/series-temporelles-completes.

Source : Statistics Norway, National Accounts.

StatLink https://stat.link/ih8qdw

Tableau 4.57. Pologne, recettes fiscales et % du PIB (sélection de catégories d'impôts)

	Milliard PLN					% du PIB				
	1990	2000	2010	2018	2019	1990	2000	2010	2018	2019
Recettes fiscales totales	..	**246.0**	**453.3**	**745.6**	**805.0**	..	**32.9**	**31.3**	**35.1**	**35.1**
1000 Impôts sur le revenu, les bénéfices et les gains en capital	..	**50.3**	**91.0**	**157.0**	**172.5**	..	**6.7**	**6.3**	**7.4**	**7.5**
1100 Des personnes physiques	..	32.4	62.9	112.7	121.9	..	4.3	4.3	5.3	5.3
1200 Des sociétés	..	17.9	28.1	44.3	50.6	..	2.4	1.9	2.1	2.2
1300 Non-ventilables entre 1100 et 1200	..	0.0	0.0	0.0	0.0	..	0.0	0.0	0.0	0.0
2000 Cotisations de sécurité sociale	..	**96.4**	**156.0**	**277.7**	**302.3**	..	**12.9**	**10.8**	**13.1**	**13.2**
2100 À la charge des salariés	..	42.4	60.2	115.8	126.1	..	5.7	4.2	5.5	5.5
2200 À la charge des employeurs	..	41.1	65.4	108.7	117.4	..	5.5	4.5	5.1	5.1
2300 À la charge des indép. ou sans emploi	..	12.9	30.4	53.2	58.8	..	1.7	2.1	2.5	2.6
2400 Non-ventilables entre 2100, 2200 et 2300	..	0.0	0.0	0.0	0.0	..	0.0	0.0	0.0	0.0
3000 Sur les salaires ou main d'oeuvre	..	**1.6**	**3.7**	**4.7**	**5.9**	..	**0.2**	**0.3**	**0.2**	**0.3**
4000 Impôts sur le patrimoine	..	**10.6**	**19.1**	**27.9**	**29.0**	..	**1.4**	**1.3**	**1.3**	**1.3**
4100 Impôts périodiques sur la propriété immobilière	..	8.4	16.4	24.3	25.2	..	1.1	1.1	1.1	1.1
4200 Impôts périodiques sur l'actif net	..	0.0	0.0	0.0	0.0	..	0.0	0.0	0.0	0.0
4300 Impôts sur mut. par décès, succ. et donations	..	0.2	0.3	0.3	0.3	..	0.0	0.0	0.0	0.0
4400 Impôts sur transact. mobilières et immob.	..	2.0	2.4	3.2	3.5	..	0.3	0.2	0.2	0.2
4500 Impôts non périodiques sur	..	0.0	0.0	0.0	0.0	..	0.0	0.0	0.0	0.0
4600 Autres impôts périodiques sur patrimoine	..	0.0	0.0	0.0	0.0	..	0.0	0.0	0.0	0.0
5000 Impôts sur les biens et services	..	**86.9**	**182.8**	**277.3**	**294.1**	..	**11.6**	**12.6**	**13.1**	**12.8**
5100 Impôts sur production, vente, transfert, etc.	..	84.9	176.0	268.3	281.8	..	11.3	12.2	12.6	12.3
5110 Impôts généraux	..	51.6	109.7	172.3	182.1	..	6.9	7.6	8.1	7.9
5111 Taxes sur la valeur ajoutée	..	51.6	109.7	172.3	182.1	..	6.9	7.6	8.1	7.9
5120 Impôts sur biens et services déterminés	..	33.3	66.3	96.0	99.6	..	4.4	4.6	4.5	4.3
5121 Accises	..	27.2	62.0	82.1	83.9	..	3.6	4.3	3.9	3.7
5200 Impôts sur utilisation des biens et exerc. activités	..	2.0	6.8	9.0	12.4	..	0.3	0.5	0.4	0.5
5300 Non-ventilables entre 5100 et 5200	..	0.0	0.0	0.0	0.0	..	0.0	0.0	0.0	0.0
6000 Autres impôts	..	**0.3**	**0.6**	**1.1**	**1.1**	..	**0.0**	**0.0**	**0.1**	**0.0**
Crédits d'impôts récupérables										
Crédits d'impôts récupérables contre 1000	..	..	..	..	..	..	..	..	..	..
Composante transfert	..	..	..	..	..	..	..	..	..	..
Composante fiscale	..	..	..	..	..	..	..	..	..	..
Recettes fiscales collectés pour le compte de l'UE										
Recettes fiscales collectés pour le compte de l'UE, total	..	..	1.7	3.9	4.5	..	..	0.1	0.2	0.2
Droits de douane perçus pour le compte de l'UE	..	..	1.6	3.9	4.5	..	..	0.1	0.2	0.2

.. Non disponible

Note : Des données et des notes plus détaillées par pays sont disponibles dans le chapitre 5 "Tableaux détaillés par pays" accessible en ligne : https://doi.org/10.1787/df3c3b17-fr. Les séries temporelles complètes sont accessibles sur le site web http://oe.cd/series-temporelles-completes. Le total des recettes fiscales a été diminué du montant de tout transfert en capital représentant les impôts non perçus. Le transfert en capital a été réparti entre les différentes rubriques en proportion des recettes fiscales. Par conséquent, les montants des recettes fiscales sont différents de ceux présentés dans le chapitre 5 "Tableaux détaillés par pays" accessible en ligne.

Source : Ministry of Finance, Economic Department.

StatLink https://stat.link/6crxe7

Tableau 4.58. Pologne, recettes fiscales et % du PIB par niveaux d'administration (principaux impôts)

	Milliard PLN					% du PIB				
	1990	2000	2010	2018	2019	1990	2000	2010	2018	2019
Administrations fédérale ou centrale										
Recettes fiscales totales	..	**126.9**	**238.4**	**369.1**	**396.7**	..	**17.0**	**16.5**	**17.4**	**17.3**
1000 Impôts sur revenu, bénéfices et gains en capital	..	40.0	57.7	95.2	105.1	..	5.3	4.0	4.5	4.6
2000 Cotisations de sécurité sociale	..	0.0	0.0	0.0	0.0	..	0.0	0.0	0.0	0.0
3000 Sur salaires ou main d'oeuvre	..	1.6	3.7	4.7	5.9	..	0.2	0.3	0.2	0.3
4000 Impôts sur le patrimoine	..	0.0	0.0	0.0	0.0	..	0.0	0.0	0.0	0.0
5000 Impôts sur les biens et services	..	85.3	177.0	269.2	285.7	..	11.4	12.2	12.7	12.5
6000 Autres impôts	..	0.0	0.0	0.0	0.0	..	0.0	0.0	0.0	0.0
Administrations d'un État/Régions										
Recettes fiscales totales	..	..	..	..	..	..	..	..	..	..
1000 Impôts sur revenu, bénéfices et gains en capital	..	..	..	..	..	..	..	..	..	..
2000 Cotisations de sécurité sociale	..	..	..	..	..	..	..	..	..	..
3000 Sur salaires ou main d'oeuvre	..	..	..	..	..	..	..	..	..	..
4000 Impôts sur le patrimoine	..	..	..	..	..	..	..	..	..	..
5000 Impôts sur les biens et services	..	..	..	..	..	..	..	..	..	..
6000 Autres impôts	..	..	..	..	..	..	..	..	..	..
Administrations locales										
Recettes fiscales totales	..	**22.7**	**57.1**	**94.9**	**101.5**	..	**3.0**	**3.9**	**4.5**	**4.4**
1000 Impôts sur revenu, bénéfices et gains en capital	..	10.3	33.3	61.8	67.4	..	1.4	2.3	2.9	2.9
2000 Cotisations de sécurité sociale	..	0.0	0.0	0.0	0.0	..	0.0	0.0	0.0	0.0
3000 Sur salaires ou main d'oeuvre	..	0.0	0.0	0.0	0.0	..	0.0	0.0	0.0	0.0
4000 Impôts sur le patrimoine	..	10.6	19.1	27.9	29.0	..	1.4	1.3	1.3	1.3
5000 Impôts sur les biens et services	..	1.5	4.1	4.2	4.0	..	0.2	0.3	0.2	0.2
6000 Autres impôts	..	0.3	0.6	1.1	1.1	..	0.0	0.0	0.1	0.0
Administrations de sécurité sociale										
Recettes fiscales totales	..	**96.4**	**156.0**	**277.7**	**302.3**	..	**12.9**	**10.8**	**13.1**	**13.2**
1000 Impôts sur revenu, bénéfices et gains en capital	..	0.0	0.0	0.0	0.0	..	0.0	0.0	0.0	0.0
2000 Cotisations de sécurité sociale	..	96.4	156.0	277.7	302.3	..	12.9	10.8	13.1	13.2
3000 Sur salaires ou main d'oeuvre	..	0.0	0.0	0.0	0.0	..	0.0	0.0	0.0	0.0
4000 Impôts sur le patrimoine	..	0.0	0.0	0.0	0.0	..	0.0	0.0	0.0	0.0
5000 Impôts sur les biens et services	..	0.0	0.0	0.0	0.0	..	0.0	0.0	0.0	0.0
6000 Autres impôts	..	0.0	0.0	0.0	0.0	..	0.0	0.0	0.0	0.0

.. Non disponible

Note : Des données et des notes plus détaillées par pays sont disponibles dans le chapitre 6 "Recettes fiscales des sous-secteurs de l'administration" accessible en ligne : https://doi.org/10.1787/df3c3b17-fr. Les séries temporelles complètes sont accessibles sur le site web http://oe.cd/series-temporelles-completes.

Le total des recettes fiscales a été diminué du montant de tout transfert en capital représentant les impôts non perçus. Le transfert en capital a été réparti entre les différentes rubriques en proportion des recettes fiscales. Par conséquent, les montants des recettes fiscales sont différents de ceux présentés dans le chapitre 6 "Recettes fiscales des sous-secteurs de l'administration" accessible en ligne.

Source : Ministry of Finance, Economic Department.

StatLink https://stat.link/ow2njh

Tableau 4.59. Portugal, recettes fiscales et % du PIB (sélection de catégories d'impôts)

	Milliard EUR					% du PIB				
	1990	2000	2010	2018	2019	1990	2000	2010	2018	2019
Recettes fiscales totales	**14.8**	**39.7**	**54.5**	**71.1**	**73.8**	**26.5**	**30.9**	**30.4**	**34.7**	**34.5**
1000 Impôts sur le revenu, les bénéfices et les gains en capital	**3.8**	**11.7**	**14.6**	**20.1**	**20.2**	**6.8**	**9.1**	**8.1**	**9.8**	**9.5**
1100 Des personnes physiques	2.4	6.8	9.6	13.3	13.6	4.2	5.3	5.4	6.5	6.3
1200 Des sociétés	1.2	4.7	4.9	6.8	6.7	2.1	3.7	2.7	3.3	3.1
1300 Non-ventilables entre 1100 et 1200	0.3	0.2	0.0	0.0	0.0	0.5	0.1	0.0	0.0	0.0
2000 Cotisations de sécurité sociale	**4.0**	**10.2**	**15.5**	**19.1**	**20.5**	**7.2**	**7.9**	**8.6**	**9.3**	**9.6**
2100 À la charge des salariés	1.5	4.3	6.7	7.7	8.2	2.6	3.3	3.7	3.7	3.8
2200 À la charge des employeurs	2.4	5.9	8.8	11.4	12.4	4.3	4.6	4.9	5.6	5.8
2300 À la charge des indép. ou sans emploi	0.1	0.0	0.0	0.0	0.0	0.3	0.0	0.0	0.0	0.0
2400 Non-ventilables entre 2100, 2200 et 2300	0.0	0.0	0.0	0.0	0.0	0.0	0.0	0.0	0.0	0.0
3000 Sur les salaires ou main d'oeuvre	**0.0**	**0.0**	**0.0**	**0.0**	**0.0**	**0.0**	**0.0**	**0.0**	**0.0**	**0.0**
4000 Impôts sur le patrimoine	**0.4**	**1.5**	**2.0**	**3.0**	**3.0**	**0.7**	**1.1**	**1.1**	**1.4**	**1.4**
4100 Impôts périodiques sur la propriété immobilière	0.1	0.5	1.1	1.6	1.7	0.2	0.4	0.6	0.8	0.8
4200 Impôts périodiques sur l'actif net	0.0	0.0	0.0	0.0	0.0	0.0	0.0	0.0	0.0	0.0
4300 Impôts sur mut. par décès, succ. et donations	0.1	0.1	0.1	0.0	0.0	0.1	0.1	0.0	0.0	0.0
4400 Impôts sur transact. mobilières et immob.	0.2	0.9	0.8	1.3	1.4	0.3	0.7	0.5	0.6	0.6
4500 Impôts non périodiques sur	0.0	0.0	0.0	0.0	0.0	0.0	0.0	0.0	0.0	0.0
4600 Autres impôts périodiques sur patrimoine	0.0	0.0	0.0	0.0	0.0	0.0	0.0	0.0	0.0	0.0
5000 Impôts sur les biens et services	**6.6**	**16.2**	**22.0**	**28.2**	**29.4**	**11.7**	**12.6**	**12.3**	**13.8**	**13.7**
5100 Impôts sur production, vente, transfert, etc.	6.4	15.8	21.4	27.0	28.1	11.5	12.3	11.9	13.2	13.1
5110 Impôts généraux	2.9	9.7	13.5	17.9	18.8	5.2	7.6	7.5	8.7	8.8
5111 Taxes sur la valeur ajoutée	2.9	9.7	13.5	17.9	18.8	5.2	7.6	7.5	8.7	8.8
5120 Impôts sur biens et services déterminés	3.5	6.1	7.9	9.2	9.3	6.3	4.8	4.4	4.5	4.3
5121 Accises	2.1	4.5	5.7	6.2	6.2	3.7	3.5	3.1	3.0	2.9
5200 Impôts sur utilisation des biens et exerc. activités	0.1	0.3	0.6	1.2	1.3	0.2	0.2	0.3	0.6	0.6
5300 Non-ventilables entre 5100 et 5200	0.0	0.0	0.0	0.0	0.0	0.0	0.0	0.0	0.0	0.0
6000 Autres impôts	**0.0**	**0.2**	**0.4**	**0.7**	**0.6**	**0.1**	**0.2**	**0.2**	**0.3**	**0.3**
Crédits d'impôts récupérables										
Crédits d'impôts récupérables contre 1000	..	..	..	..	..	..	..	..	..	..
Composante transfert	..	..	..	..	..	..	..	..	..	..
Composante fiscale	..	..	..	..	..	..	..	..	..	..
Recettes fiscales collectés pour le compte de l'UE										
Recettes fiscales collectés pour le compte de l'UE, total	0.2	0.2	0.2	0.4	0.4	0.3	0.2	0.1	0.2	0.2
Droits de douane perçus pour le compte de l'UE	..	0.2	0.2	0.2	0.2	..	0.1	0.1	0.1	0.1
Contributions au Fonds de résolution unique collectées pour le compte de l'UE	..	..	..	0.1	0.1	..	..	..	0.1	0.1

.. Non disponible

Note : Des données et des notes plus détaillées par pays sont disponibles dans le chapitre 5 "Tableaux détaillés par pays" accessible en ligne : https://doi.org/10.1787/df3c3b17-fr. Les séries temporelles complètes sont accessibles sur le site web http://oe.cd/series-temporelles-completes.

Source : Instituto Nacionale de Estatistica; Conta do Estado, Contas de Gerência dos Fundos e Serviços Autonomos da Administraçao Central; Estatisticas das Financas publicas; Relatorio do Instituto de Gestao Financeira da Seguranta Social, Contas de Gerência das Regioes Autonomas da Madeira e dos Atores.

StatLink https://stat.link/0zq194

Tableau 4.60. Portugal, recettes fiscales et % du PIB par niveaux d'administration (principaux impôts)

	Milliard EUR					% du PIB				
	1990	2000	2010	2018	2019	1990	2000	2010	2018	2019
Administrations fédérale ou centrale										
Recettes fiscales totales	**9.8**	**27.6**	**36.4**	**47.5**	**48.5**	**17.6**	**21.5**	**20.2**	**23.2**	**22.7**
1000 Impôts sur revenu, bénéfices et gains en capital	3.6	11.1	13.5	18.8	18.9	6.4	8.7	7.5	9.2	8.8
2000 Cotisations de sécurité sociale	0.0	1.3	1.9	2.1	2.1	0.0	1.0	1.1	1.0	1.0
3000 Sur salaires ou main d'oeuvre	0.0	0.0	0.0	0.0	0.0	0.0	0.0	0.0	0.0	0.0
4000 Impôts sur le patrimoine	0.1	0.3	0.3	0.5	0.5	0.1	0.2	0.2	0.2	0.2
5000 Impôts sur les biens et services	6.1	14.7	20.2	25.4	26.5	10.9	11.4	11.2	12.4	12.4
6000 Autres impôts	0.0	0.2	0.4	0.7	0.6	0.1	0.2	0.2	0.3	0.3
Administrations d'un État/Régions										
Recettes fiscales totales	**..**	**..**	**..**	**..**	**..**	**..**	**..**	**..**	**..**	**..**
1000 Impôts sur revenu, bénéfices et gains en capital	..	..	..	..	..	..	..	..	..	..
2000 Cotisations de sécurité sociale	..	..	..	..	..	..	..	..	..	..
3000 Sur salaires ou main d'oeuvre	..	..	..	..	..	..	..	..	..	..
4000 Impôts sur le patrimoine	..	..	..	..	..	..	..	..	..	..
5000 Impôts sur les biens et services	..	..	..	..	..	..	..	..	..	..
6000 Autres impôts	..	..	..	..	..	..	..	..	..	..
Administrations locales										
Recettes fiscales totales	**0.8**	**2.5**	**3.6**	**5.1**	**5.3**	**1.5**	**2.0**	**2.0**	**2.5**	**2.5**
1000 Impôts sur revenu, bénéfices et gains en capital	0.2	0.6	1.1	1.3	1.3	0.4	0.4	0.6	0.6	0.6
2000 Cotisations de sécurité sociale	0.0	0.0	0.0	0.0	0.0	0.0	0.0	0.0	0.0	0.0
3000 Sur salaires ou main d'oeuvre	0.0	0.0	0.0	0.0	0.0	0.0	0.0	0.0	0.0	0.0
4000 Impôts sur le patrimoine	0.3	1.2	1.7	2.5	2.5	0.6	0.9	1.0	1.2	1.2
5000 Impôts sur les biens et services	0.3	0.7	0.8	1.4	1.4	0.5	0.6	0.4	0.7	0.7
6000 Autres impôts	0.0	0.0	0.0	0.0	0.0	0.0	0.0	0.0	0.0	0.0
Administrations de sécurité sociale										
Recettes fiscales totales	**4.0**	**9.4**	**14.4**	**18.1**	**19.6**	**7.2**	**7.3**	**8.0**	**8.8**	**9.2**
1000 Impôts sur revenu, bénéfices et gains en capital	0.0	0.0	0.0	0.0	0.0	0.0	0.0	0.0	0.0	0.0
2000 Cotisations de sécurité sociale	4.0	8.8	13.5	17.0	18.5	7.2	6.9	7.5	8.3	8.6
3000 Sur salaires ou main d'oeuvre	0.0	0.0	0.0	0.0	0.0	0.0	0.0	0.0	0.0	0.0
4000 Impôts sur le patrimoine	0.0	0.0	0.0	0.0	0.0	0.0	0.0	0.0	0.0	0.0
5000 Impôts sur les biens et services	0.0	0.5	0.8	1.1	1.1	0.0	0.4	0.5	0.5	0.5
6000 Autres impôts	0.0	0.0	0.0	0.0	0.0	0.0	0.0	0.0	0.0	0.0

.. Non disponible

Note : Des données et des notes plus détaillées par pays sont disponibles dans le chapitre 6 "Recettes fiscales des sous-secteurs de l'administration" accessible en ligne : https://doi.org/10.1787/df3c3b17-fr. Les séries temporelles complètes sont accessibles sur le site web http://oe.cd/series-temporelles-completes.

Source : Instituto Nacionale de Estatistica, Conta do Estado, Contas de Gerência dos Fundos e Serviços Autonomos da Administração Central; Estatisticas das Financas publicas; Relatorio do Instituto de Gestao Financeira da Seguranta Social, Contas de Gerência das Regioes Autonomas da Madeira e dos Atorco.

StatLink https://stat.link/odwz76

Tableau 4.61. République slovaque, recettes fiscales et % du PIB (sélection de catégories d'impôts)

	Milliard EUR					% du PIB				
	1990	2000	2010	2018	2019	1990	2000	2010	2018	2019
Recettes fiscales totales	..	**10.6**	**19.2**	**30.6**	**32.5**	..	**33.6**	**28.1**	**34.2**	**34.6**
1000 Impôts sur le revenu, les bénéfices et les gains en capital	..	**2.2**	**3.6**	**6.4**	**6.6**	..	**6.9**	**5.3**	**7.1**	**7.1**
1100 Des personnes physiques	..	1.1	1.8	3.2	3.5	..	3.3	2.6	3.6	3.8
1200 Des sociétés	..	0.8	1.7	2.9	2.8	..	2.6	2.4	3.3	3.0
1300 Non-ventilables entre 1100 et 1200	..	0.3	0.2	0.2	0.2	..	1.0	0.2	0.2	0.3
2000 Cotisations de sécurité sociale	..	**4.4**	**8.2**	**13.1**	**14.1**	..	**13.9**	**12.0**	**14.7**	**15.0**
2100 À la charge des salariés	..	0.9	2.1	3.3	3.4	..	2.8	3.0	3.7	3.7
2200 À la charge des employeurs	..	2.9	4.6	7.8	8.5	..	9.0	6.7	8.7	9.1
2300 À la charge des indép. ou sans emploi	..	0.7	1.5	2.1	2.1	..	2.1	2.2	2.4	2.2
2400 Non-ventilables entre 2100, 2200 et 2300	..	0.0	0.0	0.0	0.0	..	0.0	0.0	0.0	0.0
3000 Sur les salaires ou main d'oeuvre	..	**0.0**	**0.0**	**0.0**	**0.0**	..	**0.0**	**0.0**	**0.0**	**0.0**
4000 Impôts sur le patrimoine	..	**0.2**	**0.3**	**0.4**	**0.4**	..	**0.6**	**0.4**	**0.4**	**0.4**
4100 Impôts périodiques sur la propriété immobilière	..	0.1	0.3	0.4	0.4	..	0.5	0.4	0.4	0.4
4200 Impôts périodiques sur l'actif net	..	0.0	0.0	0.0	0.0	..	0.0	0.0	0.0	0.0
4300 Impôts sur mut. par décès, succ. et donations	..	0.0	0.0	0.0	0.0	..	0.0	0.0	0.0	0.0
4400 Impôts sur transact. mobilières et immob.	..	0.0	0.0	0.0	0.0	..	0.1	0.0	0.0	0.0
4500 Impôts non périodiques sur	..	0.0	0.0	0.0	0.0	..	0.0	0.0	0.0	0.0
4600 Autres impôts périodiques sur patrimoine	..	0.0	0.0	0.0	0.0	..	0.0	0.0	0.0	0.0
5000 Impôts sur les biens et services	..	**3.9**	**7.1**	**10.7**	**11.4**	..	**12.2**	**10.5**	**11.9**	**12.1**
5100 Impôts sur production, vente, transfert, etc.	..	3.6	6.6	9.9	10.5	..	11.5	9.6	11.1	11.2
5110 Impôts généraux	..	2.2	4.2	6.3	6.8	..	6.8	6.1	7.1	7.3
5111 Taxes sur la valeur ajoutée	..	2.2	4.2	6.3	6.8	..	6.8	6.1	7.1	7.3
5120 Impôts sur biens et services déterminés	..	1.5	2.4	3.6	3.7	..	4.6	3.5	4.0	3.9
5121 Accises	..	1.0	2.1	2.8	2.8	..	3.1	3.1	3.1	3.0
5200 Impôts sur utilisation des biens et exerc. activités	..	0.2	0.4	0.6	0.7	..	0.7	0.6	0.7	0.7
5300 Non-ventilables entre 5100 et 5200	..	0.0	0.1	0.2	0.2	..	0.0	0.2	0.2	0.2
6000 Autres impôts	..	**0.0**	**0.0**	**0.0**	**0.0**	..	**0.0**	**0.0**	**0.0**	**0.0**
Crédits d'impôts récupérables										
Crédits d'impôts récupérables contre 1000	..	..	0.3	0.3	0.3	..	..	0.4	0.3	0.4
Composante transfert	..	..	..	..	..	..	..	..	..	..
Composante fiscale	..	..	..	..	..	..	..	..	..	..
Recettes fiscales collectés pour le compte de l'UE										
Recettes fiscales collectés pour le compte de l'UE, total	..	..	0.1	0.2	0.1	..	..	0.2	0.2	0.2
Droits de douane perçus pour le compte de l'UE	..	..	0.1	0.1	0.1	..	..	0.2	0.2	0.1
Contributions au Fonds de résolution unique collectées pour le compte de l'UE	..	..	..	0.0	0.0	..	..	..	0.0	0.0

.. Non disponible

Note : Des données et des notes plus détaillées par pays sont disponibles dans le chapitre 5 "Tableaux détaillés par pays" accessible en ligne : https://doi.org/10.1787/df3c3b17-fr. Les séries temporelles complètes sont accessibles sur le site web http://oe.cd/series-temporelles-completes.

Source : Ministry of Finance.

StatLink https://stat.link/vn9biu

Tableau 4.62. République slovaque, recettes fiscales et % du PIB par niveaux d'administration (principaux impôts)

	Milliard EUR					% du PIB				
	1990	2000	2010	2018	2019	1990	2000	2010	2018	2019
Administrations fédérale ou centrale										
Recettes fiscales totales	..	**6.2**	**10.5**	**17.0**	**18.0**	..	**19.5**	**15.5**	**19.0**	**19.2**
1000 Impôts sur revenu, bénéfices et gains en capital	..	2.2	3.6	6.4	6.6	..	6.9	5.3	7.1	7.1
2000 Cotisations de sécurité sociale	..	0.1	0.2	0.3	0.4	..	0.3	0.3	0.4	0.4
3000 Sur salaires ou main d'oeuvre	..	0.0	0.0	0.0	0.0	..	0.0	0.0	0.0	0.0
4000 Impôts sur le patrimoine	..	0.1	0.0	0.0	0.0	..	0.2	0.0	0.0	0.0
5000 Impôts sur les biens et services	..	3.9	6.7	10.3	11.0	..	12.2	9.8	11.6	11.7
6000 Autres impôts	..	0.0	0.0	0.0	0.0	..	0.0	0.0	0.0	0.0
Administrations d'un État/Régions										
Recettes fiscales totales	..	..	..	..	..	..	..	..	..	..
1000 Impôts sur revenu, bénéfices et gains en capital	..	..	..	..	..	..	..	..	..	..
2000 Cotisations de sécurité sociale	..	..	..	..	..	..	..	..	..	..
3000 Sur salaires ou main d'oeuvre	..	..	..	..	..	..	..	..	..	..
4000 Impôts sur le patrimoine	..	..	..	..	..	..	..	..	..	..
5000 Impôts sur les biens et services	..	..	..	..	..	..	..	..	..	..
6000 Autres impôts	..	..	..	..	..	..	..	..	..	..
Administrations locales										
Recettes fiscales totales	..	**0.1**	**0.5**	**0.6**	**0.6**	..	**0.5**	**0.8**	**0.6**	**0.6**
1000 Impôts sur revenu, bénéfices et gains en capital	..	0.0	0.0	0.0	0.0	..	0.0	0.0	0.0	0.0
2000 Cotisations de sécurité sociale	..	0.0	0.0	0.0	0.0	..	0.0	0.0	0.0	0.0
3000 Sur salaires ou main d'oeuvre	..	0.0	0.0	0.0	0.0	..	0.0	0.0	0.0	0.0
4000 Impôts sur le patrimoine	..	0.1	0.3	0.4	0.4	..	0.4	0.4	0.4	0.4
5000 Impôts sur les biens et services	..	0.0	0.3	0.2	0.2	..	0.0	0.4	0.2	0.2
6000 Autres impôts	..	0.0	0.0	0.0	0.0	..	0.0	0.0	0.0	0.0
Administrations de sécurité sociale										
Recettes fiscales totales	..	**4.3**	**7.9**	**12.8**	**13.7**	..	**13.6**	**11.6**	**14.4**	**14.6**
1000 Impôts sur revenu, bénéfices et gains en capital	..	0.0	0.0	0.0	0.0	..	0.0	0.0	0.0	0.0
2000 Cotisations de sécurité sociale	..	4.3	7.9	12.8	13.7	..	13.6	11.6	14.4	14.6
3000 Sur salaires ou main d'oeuvre	..	0.0	0.0	0.0	0.0	..	0.0	0.0	0.0	0.0
4000 Impôts sur le patrimoine	..	0.0	0.0	0.0	0.0	..	0.0	0.0	0.0	0.0
5000 Impôts sur les biens et services	..	0.0	0.0	0.0	0.0	..	0.0	0.0	0.0	0.0
6000 Autres impôts	..	0.0	0.0	0.0	0.0	..	0.0	0.0	0.0	0.0

.. Non disponible

Note : Des données et des notes plus détaillées par pays sont disponibles dans le chapitre 6 "Recettes fiscales des sous-secteurs de l'administration" accessible en ligne : https://doi.org/10.1787/df3c3b17-fr. Les séries temporelles complètes sont accessibles sur le site web http://oe.cd/series-temporelles-completes.

Source : Ministry of Finance.

StatLink https://stat.link/mvnxu4

Tableau 4.63. Slovénie, recettes fiscales et % du PIB (sélection de catégories d'impôts)

	Milliard EUR					% du PIB				
	1990	2000	2010	2018	2019	1990	2000	2010	2018	2019
Recettes fiscales totales	..	**7.1**	**13.8**	**17.1**	**18.0**	..	**37.7**	**37.8**	**37.3**	**37.2**
1000 Impôts sur le revenu, les bénéfices et les gains en capital	..	**1.3**	**2.7**	**3.3**	**3.5**	..	**6.8**	**7.4**	**7.3**	**7.2**
1100 Des personnes physiques	..	1.0	2.0	2.5	2.5	..	5.5	5.6	5.4	5.3
1200 Des sociétés	..	0.2	0.7	0.9	1.0	..	1.1	1.8	1.9	2.0
1300 Non-ventilables entre 1100 et 1200	..	0.0	0.0	0.0	0.0	..	0.1	0.0	0.0	0.0
2000 Cotisations de sécurité sociale	..	**2.8**	**5.8**	**7.1**	**7.6**	..	**15.0**	**15.8**	**15.4**	**15.7**
2100 À la charge des salariés	..	1.4	2.8	3.5	3.8	..	7.7	7.7	7.6	7.7
2200 À la charge des employeurs	..	1.0	2.1	2.6	2.8	..	5.4	5.7	5.6	5.7
2300 À la charge des indép. ou sans emploi	..	0.4	0.9	1.0	1.1	..	1.9	2.5	2.2	2.2
2400 Non-ventilables entre 2100, 2200 et 2300	..	0.0	0.0	0.0	0.0	..	0.0	0.0	0.0	0.0
3000 Sur les salaires ou main d'oeuvre	..	**0.3**	**0.0**	**0.0**	**0.0**	..	**1.5**	**0.1**	**0.0**	**0.0**
4000 Impôts sur le patrimoine	..	**0.1**	**0.2**	**0.3**	**0.3**	..	**0.6**	**0.6**	**0.6**	**0.6**
4100 Impôts périodiques sur la propriété immobilière	..	0.1	0.2	0.2	0.2	..	0.4	0.5	0.5	0.5
4200 Impôts périodiques sur l'actif net	..	0.0	0.0	0.0	0.0	..	0.0	0.0	0.0	0.0
4300 Impôts sur mut. par décès, succ. et donations	..	0.0	0.0	0.0	0.0	..	0.0	0.0	0.0	0.0
4400 Impôts sur transact. mobilières et immob.	..	0.0	0.0	0.0	0.0	..	0.1	0.1	0.1	0.1
4500 Impôts non périodiques sur	..	0.0	0.0	0.0	0.0	..	0.1	0.0	0.0	0.0
4600 Autres impôts périodiques sur patrimoine	..	0.0	0.0	0.0	0.0	..	0.0	0.0	0.0	0.0
5000 Impôts sur les biens et services	..	**2.6**	**5.1**	**6.4**	**6.6**	..	**13.8**	**13.9**	**13.9**	**13.6**
5100 Impôts sur production, vente, transfert, etc.	..	2.5	4.8	6.0	6.1	..	13.2	13.3	13.0	12.6
5110 Impôts généraux	..	1.6	2.9	3.8	3.9	..	8.7	8.1	8.2	8.0
5111 Taxes sur la valeur ajoutée	..	1.6	2.9	3.8	3.9	..	8.5	8.1	8.2	8.0
5120 Impôts sur biens et services déterminés	..	0.8	1.9	2.2	2.2	..	4.5	5.3	4.8	4.6
5121 Accises	..	0.6	1.6	1.7	1.7	..	3.1	4.3	3.7	3.5
5200 Impôts sur utilisation des biens et exerc. activités	..	0.1	0.2	0.4	0.5	..	0.6	0.6	0.9	1.0
5300 Non-ventilables entre 5100 et 5200	..	0.0	0.0	0.0	0.0	..	0.0	0.0	0.0	0.0
6000 Autres impôts	..	**0.0**	**0.0**	**0.0**	**0.0**	..	**0.0**	**0.0**	**0.0**	**0.0**
Crédits d'impôts récupérables										
Crédits d'impôts récupérables contre 1000	..	..	..	..	..	..	..	..	..	..
Composante transfert	..	..	..	..	..	..	..	..	..	..
Composante fiscale	..	..	..	..	..	..	..	..	..	..
Recettes fiscales collectés pour le compte de l'UE										
Recettes fiscales collectés pour le compte de l'UE, total	..	..	0.1	0.1	0.1	..	..	0.2	0.1	0.1
Droits de douane perçus pour le compte de l'UE	..	..	0.1	0.1	0.1	..	..	0.2	0.1	0.1
Contributions au Fonds de résolution unique collectées pour le compte de l'UE	..	..	..	0.0	0.0	..	..	..	0.0	0.0

.. Non disponible

Note : Des données et des notes plus détaillées par pays sont disponibles dans le chapitre 5 "Tableaux détaillés par pays" accessible en ligne : https://doi.org/10.1787/df3c3b17-fr. Les séries temporelles complètes sont accessibles sur le site web http://oe.cd/series-temporelles-completes.

Source : Statistical Office of the Republic of Slovenia.

StatLink https://stat.link/ieh3pb

Tableau 4.64. Slovénie, recettes fiscales et % du PIB par niveaux d'administration (principaux impôts)

	Milliard EUR					% du PIB				
	1990	2000	2010	2018	2019	1990	2000	2010	2018	2019
Administrations fédérale ou centrale										
Recettes fiscales totales	**..**	**3.8**	**6.5**	**8.5**	**8.8**	**..**	**20.2**	**18.0**	**18.5**	**18.2**
1000 Impôts sur revenu, bénéfices et gains en capital	..	0.9	1.6	2.2	2.3	..	4.8	4.3	4.7	4.8
2000 Cotisations de sécurité sociale	..	0.0	0.1	0.1	0.1	..	0.1	0.2	0.2	0.2
3000 Sur salaires ou main d'oeuvre	..	0.3	0.0	0.0	0.0	..	1.5	0.1	0.0	0.0
4000 Impôts sur le patrimoine	..	0.0	0.0	0.0	0.0	..	0.1	0.0	0.0	0.0
5000 Impôts sur les biens et services	..	2.6	4.9	6.2	6.4	..	13.7	13.5	13.5	13.2
6000 Autres impôts	..	0.0	0.0	0.0	0.0	..	0.0	0.0	0.0	0.0
Administrations d'un État/Régions										
Recettes fiscales totales	**..**	**..**	**..**	**..**	**..**	**..**	**..**	**..**	**..**	**..**
1000 Impôts sur revenu, bénéfices et gains en capital	..	..	..	..	..	..	..	..	..	..
2000 Cotisations de sécurité sociale	..	..	..	..	..	..	..	..	..	..
3000 Sur salaires ou main d'oeuvre	..	..	..	..	..	..	..	..	..	..
4000 Impôts sur le patrimoine	..	..	..	..	..	..	..	..	..	..
5000 Impôts sur les biens et services	..	..	..	..	..	..	..	..	..	..
6000 Autres impôts	..	..	..	..	..	..	..	..	..	..
Administrations locales										
Recettes fiscales totales	**..**	**0.5**	**1.5**	**1.5**	**1.6**	**..**	**2.7**	**4.0**	**3.4**	**3.3**
1000 Impôts sur revenu, bénéfices et gains en capital	..	0.4	1.1	1.2	1.2	..	2.0	3.1	2.6	2.5
2000 Cotisations de sécurité sociale	..	0.0	0.0	0.0	0.0	..	0.0	0.0	0.0	0.0
3000 Sur salaires ou main d'oeuvre	..	0.0	0.0	0.0	0.0	..	0.0	0.0	0.0	0.0
4000 Impôts sur le patrimoine	..	0.1	0.2	0.3	0.3	..	0.6	0.6	0.6	0.6
5000 Impôts sur les biens et services	..	0.0	0.1	0.1	0.1	..	0.1	0.3	0.2	0.2
6000 Autres impôts	..	0.0	0.0	0.0	0.0	..	0.0	0.0	0.0	0.0
Administrations de sécurité sociale										
Recettes fiscales totales	**..**	**2.8**	**5.7**	**7.0**	**7.5**	**..**	**14.8**	**15.7**	**15.3**	**15.5**
1000 Impôts sur revenu, bénéfices et gains en capital	..	0.0	0.0	0.0	0.0	..	0.0	0.0	0.0	0.0
2000 Cotisations de sécurité sociale	..	2.8	5.7	7.0	7.5	..	14.8	15.7	15.3	15.5
3000 Sur salaires ou main d'oeuvre	..	0.0	0.0	0.0	0.0	..	0.0	0.0	0.0	0.0
4000 Impôts sur le patrimoine	..	0.0	0.0	0.0	0.0	..	0.0	0.0	0.0	0.0
5000 Impôts sur les biens et services	..	0.0	0.0	0.0	0.0	..	0.0	0.0	0.0	0.0
6000 Autres impôts	..	0.0	0.0	0.0	0.0	..	0.0	0.0	0.0	0.0

.. Non disponible

Note : Des données et des notes plus détaillées par pays sont disponibles dans le chapitre 6 "Recettes fiscales des sous-secteurs de l'administration" accessible en ligne : https://doi.org/10.1787/df3c3b17-fr. Les séries temporelles complètes sont accessibles sur le site web http://oe.cd/series-temporelles-completes.

Source : Statistical Office of the Republic of Slovenia.

StatLink https://stat.link/d8k9aw

Tableau 4.65. Espagne, recettes fiscales et % du PIB (sélection de catégories d'impôts)

	Milliard EUR					% du PIB				
	1990	2000	2010	2018	2019	1990	2000	2010	2018	2019
Recettes fiscales totales	**103.7**	**214.1**	**335.6**	**417.1**	**431.6**	**31.5**	**33.0**	**31.3**	**34.7**	**34.7**
1000 Impôts sur le revenu, les bénéfices et les gains en capital	**31.8**	**60.1**	**93.8**	**122.0**	**123.7**	**9.7**	**9.3**	**8.7**	**10.1**	**9.9**
1100 Des personnes physiques	22.5	41.2	74.1	92.4	98.0	6.9	6.4	6.9	7.7	7.9
1200 Des sociétés	9.1	18.9	19.7	29.7	25.7	2.8	2.9	1.8	2.5	2.1
1300 Non-ventilables entre 1100 et 1200	0.1	0.0	0.0	0.0	0.0	0.0	0.0	0.0	0.0	0.0
2000 Cotisations de sécurité sociale	**36.7**	**74.7**	**127.2**	**141.3**	**152.5**	**11.2**	**11.5**	**11.9**	**11.7**	**12.3**
2100 À la charge des salariés	6.0	11.7	19.4	21.6	23.3	1.8	1.8	1.8	1.8	1.9
2200 À la charge des employeurs	26.4	54.2	89.7	103.4	112.3	8.0	8.4	8.4	8.6	9.0
2300 À la charge des indép. ou sans emploi	4.4	8.7	18.1	16.3	17.0	1.3	1.4	1.7	1.4	1.4
2400 Non-ventilables entre 2100, 2200 et 2300	0.0	0.0	0.0	0.0	0.0	0.0	0.0	0.0	0.0	0.0
3000 Sur les salaires ou main d'oeuvre	**0.0**	**0.0**	**0.0**	**0.0**	**0.0**	**0.0**	**0.0**	**0.0**	**0.0**	**0.0**
4000 Impôts sur le patrimoine	**5.7**	**13.8**	**22.2**	**30.5**	**30.5**	**1.7**	**2.1**	**2.1**	**2.5**	**2.5**
4100 Impôts périodiques sur la propriété immobilière	1.5	4.0	9.7	13.4	13.4	0.4	0.6	0.9	1.1	1.1
4200 Impôts périodiques sur l'actif net	0.6	1.4	0.7	2.2	2.2	0.2	0.2	0.1	0.2	0.2
4300 Impôts sur mut. par décès, succ. et donations	0.4	1.4	2.4	2.7	2.5	0.1	0.2	0.2	0.2	0.2
4400 Impôts sur transact. mobilières et immob.	2.5	5.9	7.6	9.3	9.3	0.8	0.9	0.7	0.8	0.7
4500 Impôts non périodiques sur	0.6	1.1	1.8	2.9	3.0	0.2	0.2	0.2	0.2	0.2
4600 Autres impôts périodiques sur patrimoine	0.0	0.0	0.0	0.0	0.0	0.0	0.0	0.0	0.0	0.0
5000 Impôts sur les biens et services	**29.4**	**65.5**	**92.3**	**123.0**	**124.7**	**9.0**	**10.1**	**8.6**	**10.2**	**10.0**
5100 Impôts sur production, vente, transfert, etc.	26.7	59.4	85.0	113.8	115.0	8.1	9.2	7.9	9.5	9.2
5110 Impôts généraux	16.6	37.8	55.6	79.4	81.1	5.1	5.8	5.2	6.6	6.5
5111 Taxes sur la valeur ajoutée	16.3	37.8	55.3	79.2	80.9	5.0	5.8	5.2	6.6	6.5
5120 Impôts sur biens et services déterminés	10.1	21.6	29.4	34.4	34.0	3.1	3.3	2.7	2.9	2.7
5121 Accises	6.0	18.0	24.4	26.8	26.2	1.8	2.8	2.3	2.2	2.1
5200 Impôts sur utilisation des biens et exerc. activités	2.6	6.1	7.4	9.2	9.7	0.8	0.9	0.7	0.8	0.8
5300 Non-ventilables entre 5100 et 5200	0.1	0.0	0.0	0.0	0.0	0.0	0.0	0.0	0.0	0.0
6000 Autres impôts	**0.0**	**0.0**	**0.0**	**0.2**	**0.2**	**0.0**	**0.0**	**0.0**	**0.0**	**0.0**
Crédits d'impôts récupérables										
Crédits d'impôts récupérables contre 1000	..	..	1.9	3.1	2.6	..	..	0.2	0.3	0.2
Composante transfert	..	..	1.2	2.2	1.4	..	..	0.1	0.2	0.1
Composante fiscale	..	..	0.7	0.9	1.1	..	..	0.1	0.1	0.1
Recettes fiscales collectés pour le compte de l'UE										
Recettes fiscales collectés pour le compte de l'UE, total	0.5	1.0	1.5	2.7	2.7	0.2	0.2	0.1	0.2	0.2
Droits de douane perçus pour le compte de l'UE	..	1.0	1.5	1.9	2.0	..	0.1	0.1	0.2	0.2
Contributions au Fonds de résolution unique collectées pour le compte de l'UE	..	..	..	0.7	0.7	..	..	..	0.1	0.1

.. Non disponible

Note : Des données et des notes plus détaillées par pays sont disponibles dans le chapitre 5 "Tableaux détaillés par pays" accessible en ligne : https://doi.org/10.1787/df3c3b17-fr. Les séries temporelles complètes sont accessibles sur le site web http://oe.cd/series-temporelles-completes.

Source : Información Estadística del Ministerio de Hacienda (for national taxes). Cuentas de las Administraciones Públicas (for local taxes and social security) both published by Secretaría General Técnica del Ministerio de Hacienda.

StatLink https://stat.link/tl3yea

Tableau 4.66. Espagne, recettes fiscales et % du PIB par niveaux d'administration (principaux impôts)

	Milliard EUR					% du PIB				
	1990	2000	2010	2018	2019	1990	2000	2010	2018	2019
Administrations fédérale ou centrale										
Recettes fiscales totales	**53.7**	**104.7**	**135.9**	**173.8**	**173.6**	**16.3**	**16.2**	**12.7**	**14.4**	**14.0**
1000 Impôts sur revenu, bénéfices et gains en capital	29.5	51.0	60.6	71.7	69.6	9.0	7.9	5.6	6.0	5.6
2000 Cotisations de sécurité sociale	0.4	2.3	3.5	3.5	3.5	0.1	0.4	0.3	0.3	0.3
3000 Sur salaires ou main d'oeuvre	0.0	0.0	0.0	0.0	0.0	0.0	0.0	0.0	0.0	0.0
4000 Impôts sur le patrimoine	0.4	0.4	0.1	0.4	0.3	0.1	0.1	0.0	0.0	0.0
5000 Impôts sur les biens et services	23.4	51.1	71.7	98.0	100.2	7.1	7.9	6.7	8.1	8.0
6000 Autres impôts	0.0	0.0	0.0	0.2	0.1	0.0	0.0	0.0	0.0	0.0
Administrations d'un État/Régions										
Recettes fiscales totales	**5.0**	**16.9**	**44.1**	**63.8**	**66.7**	**1.5**	**2.6**	**4.1**	**5.3**	**5.4**
1000 Impôts sur revenu, bénéfices et gains en capital	0.4	5.6	28.1	43.4	47.0	0.1	0.9	2.6	3.6	3.8
2000 Cotisations de sécurité sociale	0.0	0.0	0.0	0.0	0.0	0.0	0.0	0.0	0.0	0.0
3000 Sur salaires ou main d'oeuvre	0.0	0.0	0.0	0.0	0.0	0.0	0.0	0.0	0.0	0.0
4000 Impôts sur le patrimoine	3.0	7.7	9.7	12.7	12.8	0.9	1.2	0.9	1.1	1.0
5000 Impôts sur les biens et services	1.6	3.6	6.3	7.7	6.9	0.5	0.6	0.6	0.6	0.6
6000 Autres impôts	0.0	0.0	0.0	0.0	0.0	0.0	0.0	0.0	0.0	0.0
Administrations locales										
Recettes fiscales totales	**8.1**	**19.0**	**30.3**	**39.0**	**39.5**	**2.5**	**2.9**	**2.8**	**3.2**	**3.2**
1000 Impôts sur revenu, bénéfices et gains en capital	1.9	3.5	5.2	6.9	7.1	0.6	0.5	0.5	0.6	0.6
2000 Cotisations de sécurité sociale	0.0	0.0	0.0	0.0	0.0	0.0	0.0	0.0	0.0	0.0
3000 Sur salaires ou main d'oeuvre	0.0	0.0	0.0	0.0	0.0	0.0	0.0	0.0	0.0	0.0
4000 Impôts sur le patrimoine	2.3	5.8	12.4	17.4	17.4	0.7	0.9	1.2	1.4	1.4
5000 Impôts sur les biens et services	3.9	9.7	12.8	14.6	15.0	1.2	1.5	1.2	1.2	1.2
6000 Autres impôts	0.0	0.0	0.0	0.0	0.0	0.0	0.0	0.0	0.0	0.0
Administrations de sécurité sociale										
Recettes fiscales totales	**36.4**	**72.4**	**123.7**	**137.8**	**149.0**	**11.1**	**11.2**	**11.5**	**11.5**	**12.0**
1000 Impôts sur revenu, bénéfices et gains en capital	0.0	0.0	0.0	0.0	0.0	0.0	0.0	0.0	0.0	0.0
2000 Cotisations de sécurité sociale	36.4	72.4	123.7	137.8	149.0	11.1	11.2	11.5	11.5	12.0
3000 Sur salaires ou main d'oeuvre	0.0	0.0	0.0	0.0	0.0	0.0	0.0	0.0	0.0	0.0
4000 Impôts sur le patrimoine	0.0	0.0	0.0	0.0	0.0	0.0	0.0	0.0	0.0	0.0
5000 Impôts sur les biens et services	0.0	0.0	0.0	0.0	0.0	0.0	0.0	0.0	0.0	0.0
6000 Autres impôts	0.0	0.0	0.0	0.0	0.0	0.0	0.0	0.0	0.0	0.0

Note : Des données et des notes plus détaillées par pays sont disponibles dans le chapitre 6 "Recettes fiscales des sous-secteurs de l'administration" accessible en ligne : https://doi.org/10.1787/df3c3b17-fr. Les séries temporelles complètes sont accessibles sur le site web http://oe.cd/series-temporelles-completes.

Source : Información Estadística del Ministerio de Hacienda (for national taxes). Cuentas de las Administraciones Públicas (for local taxes and social security) both published by Secretaría General Técnica del Ministerio de Hacienda.

StatLink https://stat.link/amj5fd

Tableau 4.67. Suède, recettes fiscales et % du PIB (sélection de catégories d'impôts)

	Milliard SEK					% du PIB				
	1990	2000	2010	2018	2019	1990	2000	2010	2018	2019
Recettes fiscales totales	**756.0**	**1 204.8**	**1 532.3**	**2 113.5**	**2 162.9**	**48.8**	**50.0**	**42.9**	**43.8**	**42.8**
1000 Impôts sur le revenu, les bénéfices et les gains en capital	**314.8**	**514.7**	**546.7**	**761.0**	**772.1**	**20.3**	**21.4**	**15.3**	**15.8**	**15.3**
1100 Des personnes physiques	291.1	427.0	430.9	623.6	620.2	18.8	17.7	12.1	12.9	12.3
1200 Des sociétés	23.7	87.8	115.8	137.4	152.0	1.5	3.6	3.2	2.8	3.0
1300 Non-ventilables entre 1100 et 1200	0.0	0.0	0.0	0.0	0.0	0.0	0.0	0.0	0.0	0.0
2000 Cotisations de sécurité sociale	**205.9**	**307.0**	**384.7**	**463.3**	**462.9**	**13.3**	**12.7**	**10.8**	**9.6**	**9.2**
2100 À la charge des salariés	0.8	63.1	89.2	123.7	128.2	0.1	2.6	2.5	2.6	2.5
2200 À la charge des employeurs	196.9	237.6	288.3	335.4	331.1	12.7	9.9	8.1	6.9	6.6
2300 À la charge des indép. ou sans emploi	8.1	5.6	7.6	4.8	4.3	0.5	0.2	0.2	0.1	0.1
2400 Non-ventilables entre 2100, 2200 et 2300	0.0	0.8	-0.4	-0.5	-0.7	0.0	0.0	0.0	0.0	0.0
3000 Sur les salaires ou main d'oeuvre	**18.7**	**50.1**	**107.5**	**245.0**	**268.8**	**1.2**	**2.1**	**3.0**	**5.1**	**5.3**
4000 Impôts sur le patrimoine	**26.6**	**39.9**	**36.5**	**45.8**	**47.3**	**1.7**	**1.7**	**1.0**	**0.9**	**0.9**
4100 Impôts périodiques sur la propriété immobilière	8.9	23.3	26.4	33.2	34.4	0.6	1.0	0.7	0.7	0.7
4200 Impôts périodiques sur l'actif net	3.2	8.2	0.0	0.0	0.0	0.2	0.3	0.0	0.0	0.0
4300 Impôts sur mut. par décès, succ. et donations	1.4	2.5	0.0	0.0	0.0	0.1	0.1	0.0	0.0	0.0
4400 Impôts sur transact. mobilières et immob.	13.1	5.8	10.1	12.6	12.9	0.8	0.2	0.3	0.3	0.3
4500 Impôts non périodiques sur	0.0	0.0	0.0	0.0	0.0	0.0	0.0	0.0	0.0	0.0
4600 Autres impôts périodiques sur patrimoine	0.0	0.0	0.0	0.0	0.0	0.0	0.0	0.0	0.0	0.0
5000 Impôts sur les biens et services	**188.7**	**291.6**	**455.4**	**596.4**	**610.2**	**12.2**	**12.1**	**12.7**	**12.4**	**12.1**
5100 Impôts sur production, vente, transfert, etc.	181.6	284.2	439.1	576.5	589.5	11.7	11.8	12.3	11.9	11.7
5110 Impôts généraux	112.4	199.6	326.7	445.5	459.8	7.3	8.3	9.1	9.2	9.1
5111 Taxes sur la valeur ajoutée	112.4	197.5	322.6	445.4	459.7	7.3	8.2	9.0	9.2	9.1
5120 Impôts sur biens et services déterminés	69.2	84.6	112.4	131.0	129.7	4.5	3.5	3.1	2.7	2.6
5121 Accises	55.3	70.3	91.5	102.1	104.5	3.6	2.9	2.6	2.1	2.1
5200 Impôts sur utilisation des biens et exerc. activités	7.1	7.4	16.4	19.8	20.7	0.5	0.3	0.5	0.4	0.4
5300 Non-ventilables entre 5100 et 5200	0.0	0.0	0.0	0.0	0.0	0.0	0.0	0.0	0.0	0.0
6000 Autres impôts	**1.3**	**1.5**	**1.4**	**1.9**	**1.7**	**0.1**	**0.1**	**0.0**	**0.0**	**0.0**
Crédits d'impôts récupérables										
Crédits d'impôts récupérables contre 1000	..	..	..	..	..	..	..	..	..	..
Composante transfert	..	..	..	..	..	..	..	..	..	..
Composante fiscale	..	..	..	..	..	..	..	..	..	..
Recettes fiscales collectés pour le compte de l'UE										
Recettes fiscales collectés pour le compte de l'UE, total	..	3.8	5.7	6.5	6.9	..	0.2	0.2	0.1	0.1
Droits de douane perçus pour le compte de l'UE	..	3.4	5.4	6.5	6.9	..	0.1	0.2	0.1	0.1

.. Non disponible

Note : Des données et des notes plus détaillées par pays sont disponibles dans le chapitre 5 "Tableaux détaillés par pays" accessible en ligne : https://doi.org/10.1787/df3c3b17-fr. Les séries temporelles complètes sont accessibles sur le site web http://oe.cd/series-temporelles-completes.

Source : Monthly reports of central Government Revenues (unpublished) National Audit Bureau, Stockholm. Local Government Finance (SOS), Tax assessment statistics (SOS), National Central Bureau of Statistics, Stockholm. National Accounts (Statistical Reports), National Bureau of Statistics, Stockholm.

StatLink https://stat.link/zjmc3n

Tableau 4.68. Suède, recettes fiscales et % du PIB par niveaux d'administration (principaux impôts)

	Milliard SEK					% du PIB				
	1990	2000	2010	2018	2019	1990	2000	2010	2018	2019
Administrations fédérale ou centrale										
Recettes fiscales totales	**383.9**	**737.9**	**806.2**	**1 106.0**	**1 122.7**	**24.8**	**30.6**	**22.6**	**22.9**	**22.2**
1000 Impôts sur revenu, bénéfices et gains en capital	94.7	178.4	23.8	34.8	23.9	6.1	7.4	0.7	0.7	0.5
2000 Cotisations de sécurité sociale	54.8	180.2	201.2	206.6	196.3	3.5	7.5	5.6	4.3	3.9
3000 Sur salaires ou main d'oeuvre	18.7	50.1	107.5	245.0	268.8	1.2	2.1	3.0	5.1	5.3
4000 Impôts sur le patrimoine	26.6	39.9	22.5	27.8	28.6	1.7	1.7	0.6	0.6	0.6
5000 Impôts sur les biens et services	187.8	287.8	449.8	589.9	603.3	12.1	12.0	12.6	12.2	11.9
6000 Autres impôts	1.3	1.5	1.4	1.9	1.7	0.1	0.1	0.0	0.0	0.0
Administrations d'un État/Régions										
Recettes fiscales totales	**..**	**..**	**..**	**..**	**..**	**..**	**..**	**..**	**..**	**..**
1000 Impôts sur revenu, bénéfices et gains en capital	..	..	..	..	..	..	..	..	..	..
2000 Cotisations de sécurité sociale	..	..	..	..	..	..	..	..	..	..
3000 Sur salaires ou main d'oeuvre	..	..	..	..	..	..	..	..	..	..
4000 Impôts sur le patrimoine	..	..	..	..	..	..	..	..	..	..
5000 Impôts sur les biens et services	..	..	..	..	..	..	..	..	..	..
6000 Autres impôts	..	..	..	..	..	..	..	..	..	..
Administrations locales										
Recettes fiscales totales	**221.0**	**336.3**	**536.9**	**744.3**	**766.8**	**14.3**	**14.0**	**15.0**	**15.4**	**15.2**
1000 Impôts sur revenu, bénéfices et gains en capital	220.1	336.3	522.9	726.2	748.2	14.2	14.0	14.6	15.0	14.8
2000 Cotisations de sécurité sociale	0.0	0.0	0.0	0.0	0.0	0.0	0.0	0.0	0.0	0.0
3000 Sur salaires ou main d'oeuvre	0.0	0.0	0.0	0.0	0.0	0.0	0.0	0.0	0.0	0.0
4000 Impôts sur le patrimoine	0.0	0.0	14.0	18.1	18.6	0.0	0.0	0.4	0.4	0.4
5000 Impôts sur les biens et services	0.9	0.0	0.0	0.0	0.0	0.1	0.0	0.0	0.0	0.0
6000 Autres impôts	0.0	0.0	0.0	0.0	0.0	0.0	0.0	0.0	0.0	0.0
Administrations de sécurité sociale										
Recettes fiscales totales	**151.1**	**126.8**	**183.5**	**256.7**	**266.5**	**9.7**	**5.3**	**5.1**	**5.3**	**5.3**
1000 Impôts sur revenu, bénéfices et gains en capital	0.0	0.0	0.0	0.0	0.0	0.0	0.0	0.0	0.0	0.0
2000 Cotisations de sécurité sociale	151.1	126.8	183.5	256.7	266.5	9.7	5.3	5.1	5.3	5.3
3000 Sur salaires ou main d'oeuvre	0.0	0.0	0.0	0.0	0.0	0.0	0.0	0.0	0.0	0.0
4000 Impôts sur le patrimoine	0.0	0.0	0.0	0.0	0.0	0.0	0.0	0.0	0.0	0.0
5000 Impôts sur les biens et services	0.0	0.0	0.0	0.0	0.0	0.0	0.0	0.0	0.0	0.0
6000 Autres impôts	0.0	0.0	0.0	0.0	0.0	0.0	0.0	0.0	0.0	0.0

.. Non disponible

Note : Des données et des notes plus détaillées par pays sont disponibles dans le chapitre 6 "Recettes fiscales des sous-secteurs de l'administration" accessible en ligne : https://doi.org/10.1787/df3c3b17-fr. Les séries temporelles complètes sont accessibles sur le site web http://oe.cd/series-temporelles-completes.

Source : Monthly reports of central Government Revenues (unpublished) National Audit Bureau, Stockholm. Local Government Finance (SOS), Tax assessment statistics (SOS), National Central Bureau of Statistics, Stockholm. National Accounts (Statistical Reports), National Bureau of Statistics, Stockholm.

StatLink https://stat.link/4vcmiw

Tableau 4.69. Suisse, recettes fiscales et % du PIB (sélection de catégories d'impôts)

	Milliard CHF					% du PIB				
	1990	2000	2010	2018	2019	1990	2000	2010	2018	2019
Recettes fiscales totales	**85.5**	**127.5**	**161.2**	**192.8**	**198.9**	**23.1**	**27.0**	**25.6**	**26.8**	**27.4**
1000 Impôts sur le revenu, les bénéfices et les gains en capital	**40.0**	**55.8**	**73.6**	**91.9**	**96.0**	**10.8**	**11.8**	**11.7**	**12.8**	**13.2**
1100 Des personnes physiques	27.7	37.5	51.2	59.2	60.8	7.5	7.9	8.1	8.2	8.4
1200 Des sociétés	6.3	11.2	16.2	21.9	22.6	1.7	2.4	2.6	3.0	3.1
1300 Non-ventilables entre 1100 et 1200	6.1	7.1	6.2	10.8	12.6	1.6	1.5	1.0	1.5	1.7
2000 Cotisations de sécurité sociale	**19.9**	**30.8**	**38.3**	**45.9**	**47.1**	**5.4**	**6.5**	**6.1**	**6.4**	**6.5**
2100 À la charge des salariés	9.3	14.5	17.5	21.3	21.8	2.5	3.1	2.8	3.0	3.0
2200 À la charge des employeurs	9.3	14.5	17.6	21.6	22.1	2.5	3.1	2.8	3.0	3.0
2300 À la charge des indép. ou sans emploi	1.2	1.9	3.2	3.1	3.1	0.3	0.4	0.5	0.4	0.4
2400 Non-ventilables entre 2100, 2200 et 2300	0.0	0.0	0.0	0.0	0.0	0.0	0.0	0.0	0.0	0.0
3000 Sur les salaires ou main d'oeuvre	**0.0**	**0.0**	**0.0**	**0.0**	**0.0**	**0.0**	**0.0**	**0.0**	**0.0**	**0.0**
4000 Impôts sur le patrimoine	**7.6**	**12.3**	**12.4**	**14.5**	**15.3**	**2.1**	**2.6**	**2.0**	**2.0**	**2.1**
4100 Impôts périodiques sur la propriété immobilière	0.4	0.7	1.0	1.2	1.3	0.1	0.2	0.2	0.2	0.2
4200 Impôts périodiques sur l'actif net	3.4	5.3	7.1	9.3	10.0	0.9	1.1	1.1	1.3	1.4
4300 Impôts sur mut. par décès, succ. et donations	0.9	1.2	1.0	1.2	1.2	0.2	0.3	0.2	0.2	0.2
4400 Impôts sur transact. mobilières et immob.	2.2	4.3	2.4	1.7	1.7	0.6	0.9	0.4	0.2	0.2
4500 Impôts non périodiques sur	0.0	0.0	0.0	0.0	0.0	0.0	0.0	0.0	0.0	0.0
4600 Autres impôts périodiques sur patrimoine	0.6	0.8	0.9	1.1	1.1	0.2	0.2	0.1	0.2	0.1
5000 Impôts sur les biens et services	**17.9**	**28.3**	**36.4**	**39.5**	**39.5**	**4.8**	**6.0**	**5.8**	**5.5**	**5.4**
5100 Impôts sur production, vente, transfert, etc.	16.0	25.3	32.1	34.3	34.2	4.3	5.4	5.1	4.8	4.7
5110 Impôts généraux	9.9	16.9	20.9	22.9	22.7	2.7	3.6	3.3	3.2	3.1
5111 Taxes sur la valeur ajoutée	9.9	16.6	20.5	22.5	22.3	2.7	3.5	3.3	3.1	3.1
5120 Impôts sur biens et services déterminés	6.1	8.3	11.2	11.3	11.3	1.6	1.8	1.8	1.6	1.6
5121 Accises	4.6	6.8	8.3	8.5	8.4	1.2	1.4	1.3	1.2	1.1
5200 Impôts sur utilisation des biens et exerc. activités	1.9	3.0	4.2	5.2	5.4	0.5	0.6	0.7	0.7	0.7
5300 Non-ventilables entre 5100 et 5200	0.0	0.0	0.0	0.0	0.0	0.0	0.0	0.0	0.0	0.0
6000 Autres impôts	**0.1**	**0.2**	**0.6**	**1.0**	**1.0**	**0.0**	**0.0**	**0.1**	**0.1**	**0.1**
Crédits d'impôts récupérables										
Crédits d'impôts récupérables contre 1000	..	..	..	..	..	..	..	..	..	..
Composante transfert	..	..	..	..	..	..	..	..	..	..
Composante fiscale	..	..	..	..	..	..	..	..	..	..

.. Non disponible

Note : Des données et des notes plus détaillées par pays sont disponibles dans le chapitre 5 "Tableaux détaillés par pays" accessible en ligne : https://doi.org/10.1787/df3c3b17-fr. Les séries temporelles complètes sont accessibles sur le site web http://oe.cd/series-temporelles-completes. Le total des recettes fiscales a été diminué du montant de tout transfert en capital représentant les impôts non perçus. Le transfert en capital a été directement diminué des impôts spécifiques auxquels il se rapporte. Par conséquent, les montants des recettes fiscales sont différents de ceux présentés dans le chapitre 5 "Tableaux détaillés par pays" accessible en ligne.

Source : Statistique financière, Administration fédérale des finances.

StatLink https://stat.link/fxychs

Tableau 4.70. Suisse, recettes fiscales et % du PIB par niveaux d'administration (principaux impôts)

	Milliard CHF					% du PIB				
	1990	2000	2010	2018	2019	1990	2000	2010	2018	2019
Administrations fédérale ou centrale										
Recettes fiscales totales	**29.4**	**47.3**	**58.5**	**68.8**	**71.1**	**7.9**	**10.0**	**9.3**	**9.6**	**9.8**
1000 Impôts sur revenu, bénéfices et gains en capital	10.9	17.0	22.7	30.9	33.3	2.9	3.6	3.6	4.3	4.6
2000 Cotisations de sécurité sociale	0.0	0.0	0.0	0.0	0.0	0.0	0.0	0.0	0.0	0.0
3000 Sur salaires ou main d'oeuvre	0.0	0.0	0.0	0.0	0.0	0.0	0.0	0.0	0.0	0.0
4000 Impôts sur le patrimoine	2.1	4.1	2.2	1.4	1.4	0.6	0.9	0.3	0.2	0.2
5000 Impôts sur les biens et services	16.4	26.1	33.5	36.3	36.3	4.4	5.5	5.3	5.1	5.0
6000 Autres impôts	0.0	0.0	0.0	0.1	0.1	0.0	0.0	0.0	0.0	0.0
Administrations d'un État/Régions										
Recettes fiscales totales	**21.3**	**28.9**	**39.9**	**48.2**	**49.6**	**5.8**	**6.1**	**6.3**	**6.7**	**6.8**
1000 Impôts sur revenu, bénéfices et gains en capital	16.4	21.7	30.8	36.6	37.6	4.4	4.6	4.9	5.1	5.2
2000 Cotisations de sécurité sociale	0.0	0.0	0.0	0.0	0.0	0.0	0.0	0.0	0.0	0.0
3000 Sur salaires ou main d'oeuvre	0.0	0.0	0.0	0.0	0.0	0.0	0.0	0.0	0.0	0.0
4000 Impôts sur le patrimoine	3.5	5.1	6.4	8.2	8.7	0.9	1.1	1.0	1.1	1.2
5000 Impôts sur les biens et services	1.4	2.1	2.7	3.0	3.0	0.4	0.4	0.4	0.4	0.4
6000 Autres impôts	0.0	0.0	0.0	0.4	0.3	0.0	0.0	0.0	0.0	0.0
Administrations locales										
Recettes fiscales totales	**14.9**	**20.5**	**24.6**	**30.0**	**31.2**	**4.0**	**4.3**	**3.9**	**4.2**	**4.3**
1000 Impôts sur revenu, bénéfices et gains en capital	12.7	17.1	20.1	24.3	25.1	3.4	3.6	3.2	3.4	3.4
2000 Cotisations de sécurité sociale	0.0	0.0	0.0	0.0	0.0	0.0	0.0	0.0	0.0	0.0
3000 Sur salaires ou main d'oeuvre	0.0	0.0	0.0	0.0	0.0	0.0	0.0	0.0	0.0	0.0
4000 Impôts sur le patrimoine	2.0	3.1	3.8	4.9	5.2	0.5	0.7	0.6	0.7	0.7
5000 Impôts sur les biens et services	0.1	0.1	0.1	0.2	0.2	0.0	0.0	0.0	0.0	0.0
6000 Autres impôts	0.1	0.2	0.6	0.6	0.6	0.0	0.0	0.1	0.1	0.1
Administrations de sécurité sociale										
Recettes fiscales totales	**19.9**	**30.8**	**38.3**	**45.9**	**47.1**	**5.4**	**6.5**	**6.1**	**6.4**	**6.5**
1000 Impôts sur revenu, bénéfices et gains en capital	0.0	0.0	0.0	0.0	0.0	0.0	0.0	0.0	0.0	0.0
2000 Cotisations de sécurité sociale	19.9	30.8	38.3	45.9	47.1	5.4	6.5	6.1	6.4	6.5
3000 Sur salaires ou main d'oeuvre	0.0	0.0	0.0	0.0	0.0	0.0	0.0	0.0	0.0	0.0
4000 Impôts sur le patrimoine	0.0	0.0	0.0	0.0	0.0	0.0	0.0	0.0	0.0	0.0
5000 Impôts sur les biens et services	0.0	0.0	0.0	0.0	0.0	0.0	0.0	0.0	0.0	0.0
6000 Autres impôts	0.0	0.0	0.0	0.0	0.0	0.0	0.0	0.0	0.0	0.0

Note : Des données et des notes plus détaillées par pays sont disponibles dans le chapitre 6 "Recettes fiscales des sous-secteurs de l'administration" accessible en ligne : https://doi.org/10.1787/df3c3b17-fr. Les séries temporelles complètes sont accessibles sur le site web http://oe.cd/series-temporelles-completes.

Le total des recettes fiscales a été diminué du montant de tout transfert en capital représentant les impôts non perçus. Le transfert en capital a été directement diminué des impôts spécifiques auxquels il se rapporte. Par conséquent, les montants des recettes fiscales sont différents de ceux présentés dans le chapitre 6 "Recettes fiscales des sous-secteurs de l'administration" accessible en ligne.

Source : Statistique financière, Administration fédérale des finances.

StatLink https://stat.link/cy27ra

Tableau 4.71. Turquie, recettes fiscales et % du PIB (sélection de catégories d'impôts)

	Milliard TRY					% du PIB				
	1990	2000	2010	2018	2019	1990	2000	2010	2018	2019
Recettes fiscales totales	**0.1**	**40.3**	**287.9**	**901.5**	**997.6**	**14.5**	**23.5**	**24.7**	**24.0**	**23.1**
1000 Impôts sur le revenu, les bénéfices et les gains en capital	**0.0**	**11.9**	**61.3**	**217.7**	**241.5**	**4.9**	**6.9**	**5.3**	**5.8**	**5.6**
1100 Des personnes physiques	0.0	9.0	40.4	139.0	162.7	3.9	5.2	3.5	3.7	3.8
1200 Des sociétés	0.0	2.9	20.9	78.7	78.8	1.0	1.7	1.8	2.1	1.8
1300 Non-ventilables entre 1100 et 1200	0.0	0.0	0.0	0.0	0.0	0.0	0.0	0.0	0.0	0.0
2000 Cotisations de sécurité sociale	**0.0**	**7.5**	**71.7**	**269.9**	**312.8**	**2.9**	**4.4**	**6.1**	**7.2**	**7.2**
2100 À la charge des salariés	0.0	2.7	26.9	101.7	120.1	1.1	1.6	2.3	2.7	2.8
2200 À la charge des employeurs	0.0	3.6	39.4	151.4	178.3	1.6	2.1	3.4	4.0	4.1
2300 À la charge des indép. ou sans emploi	0.0	1.2	5.4	16.9	14.4	0.2	0.7	0.5	0.4	0.3
2400 Non-ventilables entre 2100, 2200 et 2300	0.0	0.0	0.0	0.0	0.0	0.0	0.0	0.0	0.0	0.0
3000 Sur les salaires ou main d'oeuvre	**0.0**	**0.0**	**0.0**	**0.0**	**0.0**	**0.0**	**0.0**	**0.0**	**0.0**	**0.0**
4000 Impôts sur le patrimoine	**0.0**	**1.3**	**11.7**	**38.9**	**41.7**	**0.3**	**0.7**	**1.0**	**1.0**	**1.0**
4100 Impôts périodiques sur la propriété immobilière	0.0	0.2	2.7	8.7	9.7	0.0	0.1	0.2	0.2	0.2
4200 Impôts périodiques sur l'actif net	0.0	0.0	0.0	0.0	0.0	0.0	0.0	0.0	0.0	0.0
4300 Impôts sur mut. par décès, succ. et donations	0.0	0.0	0.2	0.9	1.1	0.0	0.0	0.0	0.0	0.0
4400 Impôts sur transact. mobilières et immob.	0.0	1.1	8.8	29.3	30.9	0.3	0.6	0.8	0.8	0.7
4500 Impôts non périodiques sur	0.0	0.0	0.0	0.0	0.0	0.0	0.0	0.0	0.0	0.0
4600 Autres impôts périodiques sur patrimoine	0.0	0.0	0.0	0.0	0.0	0.0	0.0	0.0	0.0	0.0
5000 Impôts sur les biens et services	**0.0**	**16.9**	**137.3**	**365.0**	**389.1**	**4.1**	**9.9**	**11.8**	**9.7**	**9.0**
5100 Impôts sur production, vente, transfert, etc.	0.0	16.3	131.9	351.5	373.7	4.0	9.5	11.3	9.4	8.7
5110 Impôts généraux	0.0	9.7	62.5	178.6	180.7	2.9	5.7	5.4	4.8	4.2
5111 Taxes sur la valeur ajoutée	0.0	9.7	62.5	178.6	180.7	2.7	5.7	5.4	4.8	4.2
5120 Impôts sur biens et services déterminés	0.0	6.6	69.3	172.8	193.0	1.1	3.8	5.9	4.6	4.5
5121 Accises	0.0	4.7	57.3	133.9	147.1	0.1	2.8	4.9	3.6	3.4
5200 Impôts sur utilisation des biens et exerc. activités	0.0	0.6	5.4	13.5	15.4	0.1	0.3	0.5	0.4	0.4
5300 Non-ventilables entre 5100 et 5200	0.0	0.0	0.0	0.0	0.0	0.0	0.0	0.0	0.0	0.0
6000 Autres impôts	**0.0**	**2.7**	**5.9**	**10.0**	**12.4**	**2.4**	**1.6**	**0.5**	**0.3**	**0.3**
Crédits d'impôts récupérables										
Crédits d'impôts récupérables contre 1000	..	..	..	..	..	..	..	..	..	..
Composante transfert	..	..	..	..	..	..	..	..	..	..
Composante fiscale	..	..	..	..	..	..	..	..	..	..

.. Non disponible

Note : Des données et des notes plus détaillées par pays sont disponibles dans le chapitre 5 "Tableaux détaillés par pays" accessible en ligne : https://doi.org/10.1787/df3c3b17-fr. Les séries temporelles complètes sont accessibles sur le site web http://oe.cd/series-temporelles-completes.

Source : Bulletin of national accounts and the Budget revenue Bulletin.

StatLink https://stat.link/y3cles

Tableau 4.72. Turquie, recettes fiscales et % du PIB par niveaux d'administration (principaux impôts)

	Milliard TRY					% du PIB				
	1990	2000	2010	2018	2019	1990	2000	2010	2018	2019
Administrations fédérale ou centrale										
Recettes fiscales totales	**0.1**	**29.1**	**189.4**	**545.0**	**593.1**	**10.4**	**17.0**	**16.2**	**14.5**	**13.7**
1000 Impôts sur revenu, bénéfices et gains en capital	0.0	10.5	54.6	191.7	212.3	4.3	6.1	4.7	5.1	4.9
2000 Cotisations de sécurité sociale	0.0	0.0	0.0	0.0	0.0	0.0	0.0	0.0	0.0	0.0
3000 Sur salaires ou main d'oeuvre	0.0	0.0	0.0	0.0	0.0	0.0	0.0	0.0	0.0	0.0
4000 Impôts sur le patrimoine	0.0	0.9	8.1	26.5	28.3	0.3	0.5	0.7	0.7	0.7
5000 Impôts sur les biens et services	0.0	15.2	124.0	322.7	346.1	3.6	8.9	10.6	8.6	8.0
6000 Autres impôts	0.0	2.5	2.7	4.2	6.4	2.2	1.4	0.2	0.1	0.1
Administrations d'un État/Régions										
Recettes fiscales totales	**..**	**..**	**..**	**..**	**..**	**..**	**..**	**..**	**..**	**..**
1000 Impôts sur revenu, bénéfices et gains en capital	..	..	..	..	..	..	..	..	..	..
2000 Cotisations de sécurité sociale	..	..	..	..	..	..	..	..	..	..
3000 Sur salaires ou main d'oeuvre	..	..	..	..	..	..	..	..	..	..
4000 Impôts sur le patrimoine	..	..	..	..	..	..	..	..	..	..
5000 Impôts sur les biens et services	..	..	..	..	..	..	..	..	..	..
6000 Autres impôts	..	..	..	..	..	..	..	..	..	..
Administrations locales										
Recettes fiscales totales	**0.0**	**3.6**	**26.8**	**86.5**	**91.7**	**1.3**	**2.1**	**2.3**	**2.3**	**2.1**
1000 Impôts sur revenu, bénéfices et gains en capital	0.0	1.4	6.7	26.0	29.2	0.6	0.8	0.6	0.7	0.7
2000 Cotisations de sécurité sociale	0.0	0.0	0.0	0.0	0.0	0.0	0.0	0.0	0.0	0.0
3000 Sur salaires ou main d'oeuvre	0.0	0.0	0.0	0.0	0.0	0.0	0.0	0.0	0.0	0.0
4000 Impôts sur le patrimoine	0.0	0.3	3.6	12.5	13.4	0.0	0.2	0.3	0.3	0.3
5000 Impôts sur les biens et services	0.0	1.7	13.3	42.3	43.0	0.5	1.0	1.1	1.1	1.0
6000 Autres impôts	0.0	0.2	3.2	5.8	6.0	0.2	0.1	0.3	0.2	0.1
Administrations de sécurité sociale										
Recettes fiscales totales	**0.0**	**7.5**	**71.7**	**269.9**	**312.8**	**2.9**	**4.4**	**6.1**	**7.2**	**7.2**
1000 Impôts sur revenu, bénéfices et gains en capital	0.0	0.0	0.0	0.0	0.0	0.0	0.0	0.0	0.0	0.0
2000 Cotisations de sécurité sociale	0.0	7.5	71.7	269.9	312.8	2.9	4.4	6.1	7.2	7.2
3000 Sur salaires ou main d'oeuvre	0.0	0.0	0.0	0.0	0.0	0.0	0.0	0.0	0.0	0.0
4000 Impôts sur le patrimoine	0.0	0.0	0.0	0.0	0.0	0.0	0.0	0.0	0.0	0.0
5000 Impôts sur les biens et services	0.0	0.0	0.0	0.0	0.0	0.0	0.0	0.0	0.0	0.0
6000 Autres impôts	0.0	0.0	0.0	0.0	0.0	0.0	0.0	0.0	0.0	0.0

.. Non disponible

Note : Des données et des notes plus détaillées par pays sont disponibles dans le chapitre 6 "Recettes fiscales des sous-secteurs de l'administration" accessible en ligne : https://doi.org/10.1787/df3c3b17-fr. Les séries temporelles complètes sont accessibles sur le site web http://oe.cd/series-temporelles-completes.

Source : Bulletin of national accounts and the Budget revenue Bulletin.

StatLink https://stat.link/7c2am0

Tableau 4.73. Royaume-Uni, recettes fiscales et % du PIB (sélection de catégories d'impôts)

	Milliard GBP					% du PIB				
	1990	2000	2010	2018	2019	1990	2000	2010	2018	2019
Recettes fiscales totales	**202.4**	**359.4**	**514.8**	**704.4**	**725.6**	**32.9**	**32.8**	**32.1**	**32.9**	**32.7**
1000 Impôts sur le revenu, les bénéfices et les gains en capital	**79.6**	**142.2**	**192.8**	**247.8**	**251.5**	**12.9**	**13.0**	**12.0**	**11.6**	**11.3**
1100 Des personnes physiques	59.5	104.1	147.0	192.8	200.5	9.7	9.5	9.2	9.0	9.0
1200 Des sociétés	20.1	38.1	45.8	55.0	51.0	3.3	3.5	2.8	2.6	2.3
1300 Non-ventilables entre 1100 et 1200	0.0	0.0	0.0	0.0	0.0	0.0	0.0	0.0	0.0	0.0
2000 Cotisations de sécurité sociale	**34.5**	**60.3**	**97.3**	**135.2**	**143.3**	**5.6**	**5.5**	**6.1**	**6.3**	**6.5**
2100 À la charge des salariés	13.3	24.2	38.7	52.1	56.2	2.2	2.2	2.4	2.4	2.5
2200 À la charge des employeurs	20.0	34.0	55.9	79.2	82.7	3.2	3.1	3.5	3.7	3.7
2300 À la charge des indép. ou sans emploi	1.2	2.0	2.8	3.8	4.4	0.2	0.2	0.2	0.2	0.2
2400 Non-ventilables entre 2100, 2200 et 2300	0.0	0.0	0.0	0.0	0.0	0.0	0.0	0.0	0.0	0.0
3000 Sur les salaires ou main d'oeuvre	**0.0**	**0.0**	**0.0**	**2.6**	**2.8**	**0.0**	**0.0**	**0.0**	**0.1**	**0.1**
4000 Impôts sur le patrimoine	**16.5**	**41.1**	**61.8**	**88.7**	**90.3**	**2.7**	**3.8**	**3.8**	**4.1**	**4.1**
4100 Impôts périodiques sur la propriété immobilière	13.5	30.6	50.0	66.4	68.7	2.2	2.8	3.1	3.1	3.1
4200 Impôts périodiques sur l'actif net	0.0	0.0	0.0	0.0	0.0	0.0	0.0	0.0	0.0	0.0
4300 Impôts sur mut. par décès, succ. et donations	1.3	2.2	2.6	5.3	5.2	0.2	0.2	0.2	0.2	0.2
4400 Impôts sur transact. mobilières et immob.	1.8	8.4	9.1	16.7	16.0	0.3	0.8	0.6	0.8	0.7
4500 Impôts non périodiques sur	0.0	0.0	0.0	0.3	0.4	0.0	0.0	0.0	0.0	0.0
4600 Autres impôts périodiques sur patrimoine	0.0	0.0	0.0	0.0	0.0	0.0	0.0	0.0	0.0	0.0
5000 Impôts sur les biens et services	**62.8**	**115.8**	**162.9**	**230.1**	**237.8**	**10.2**	**10.6**	**10.1**	**10.7**	**10.7**
5100 Impôts sur production, vente, transfert, etc.	59.4	110.8	155.5	222.1	229.3	9.6	10.1	9.7	10.4	10.3
5110 Impôts généraux	34.1	65.0	97.6	149.1	154.8	5.5	5.9	6.1	7.0	7.0
5111 Taxes sur la valeur ajoutée	34.1	65.0	97.6	149.1	154.8	5.5	5.9	6.1	7.0	7.0
5120 Impôts sur biens et services déterminés	25.2	45.8	57.8	73.0	74.6	4.1	4.2	3.6	3.4	3.4
5121 Accises	19.7	37.3	45.5	49.1	49.3	3.2	3.4	2.8	2.3	2.2
5200 Impôts sur utilisation des biens et exerc. activités	3.4	5.0	7.4	8.0	8.5	0.6	0.5	0.5	0.4	0.4
5300 Non-ventilables entre 5100 et 5200	0.0	0.0	0.0	0.0	0.0	0.0	0.0	0.0	0.0	0.0
6000 Autres impôts	**9.0**	**0.0**	**0.0**	**0.0**	**0.0**	**1.5**	**0.0**	**0.0**	**0.0**	**0.0**
Crédits d'impôts récupérables										
Crédits d'impôts récupérables contre 1000	7.5	4.7	30.2	29.1	25.3	1.2	0.4	1.9	1.4	1.1
Composante transfert	0.5	3.4	23.7	25.1	21.4	0.1	0.3	1.5	1.2	1.0
Composante fiscale	7.0	1.2	6.5	4.1	3.9	1.1	0.1	0.4	0.2	0.2
Recettes fiscales collectés pour le compte de l'UE										
Recettes fiscales collectés pour le compte de l'UE, total	1.8	2.1	2.9	3.6	3.7	0.3	0.2	0.2	0.2	0.2
Droits de douane perçus pour le compte de l'UE	..	1.8	2.9	3.3	3.3	..	0.2	0.2	0.2	0.2

.. Non disponible

Note : Veuillez noter que les données relatives aux crédits d'impôt récupérables pour le Royaume-Uni sont en droits constatés et incluent des estimations pour certaines années. Veuillez consulter les notes de bas de page du tableau pour le Royaume-Uni au chapitre 5 pour plus d'informations.

Note : Des données et des notes plus détaillées par pays sont disponibles dans le chapitre 5 "Tableaux détaillés par pays" accessible en ligne : https://doi.org/10.1787/df3c3b17-fr. Les séries temporelles complètes sont accessibles sur le site web http://oe.cd/series-temporelles-completes.

Source : National Income and Expenditure; Central Statistical Office; Annual reports of Her Majesty's Revenue and Customs.

StatLink https://stat.link/b4h02z

Tableau 4.74. Royaume-Uni, recettes fiscales et % du PIB par niveaux d'administration (principaux impôts)

	Milliard GBP					% du PIB				
	1990	2000	2010	2018	2019	1990	2000	2010	2018	2019
Administrations fédérale ou centrale										
Recettes fiscales totales	**151.9**	**282.8**	**388.3**	**529.9**	**541.1**	**24.7**	**25.8**	**24.2**	**24.7**	**24.4**
1000 Impôts sur revenu, bénéfices et gains en capital	79.6	142.2	192.8	247.8	251.5	12.9	13.0	12.0	11.6	11.3
2000 Cotisations de sécurité sociale	0.0	0.0	0.0	0.0	0.0	0.0	0.0	0.0	0.0	0.0
3000 Sur salaires ou main d'oeuvre	0.0	0.0	0.0	2.6	2.8	0.0	0.0	0.0	0.1	0.1
4000 Impôts sur le patrimoine	11.4	26.9	35.5	53.0	52.7	1.9	2.5	2.2	2.5	2.4
5000 Impôts sur les biens et services	60.9	113.7	160.0	226.5	234.2	9.9	10.4	10.0	10.6	10.6
6000 Autres impôts	0.0	0.0	0.0	0.0	0.0	0.0	0.0	0.0	0.0	0.0
Administrations d'un État/Régions										
Recettes fiscales totales	..	..	..	..	..	..	..	..	..	..
1000 Impôts sur revenu, bénéfices et gains en capital	..	..	..	..	..	..	..	..	..	..
2000 Cotisations de sécurité sociale	..	..	..	..	..	..	..	..	..	..
3000 Sur salaires ou main d'oeuvre	..	..	..	..	..	..	..	..	..	..
4000 Impôts sur le patrimoine	..	..	..	..	..	..	..	..	..	..
5000 Impôts sur les biens et services	..	..	..	..	..	..	..	..	..	..
6000 Autres impôts	..	..	..	..	..	..	..	..	..	..
Administrations locales										
Recettes fiscales totales	**14.1**	**14.2**	**26.2**	**35.7**	**37.5**	**2.3**	**1.3**	**1.6**	**1.7**	**1.7**
1000 Impôts sur revenu, bénéfices et gains en capital	0.0	0.0	0.0	0.0	0.0	0.0	0.0	0.0	0.0	0.0
2000 Cotisations de sécurité sociale	0.0	0.0	0.0	0.0	0.0	0.0	0.0	0.0	0.0	0.0
3000 Sur salaires ou main d'oeuvre	0.0	0.0	0.0	0.0	0.0	0.0	0.0	0.0	0.0	0.0
4000 Impôts sur le patrimoine	5.1	14.2	26.2	35.7	37.5	0.8	1.3	1.6	1.7	1.7
5000 Impôts sur les biens et services	0.0	0.0	0.0	0.0	0.0	0.0	0.0	0.0	0.0	0.0
6000 Autres impôts	9.0	0.0	0.0	0.0	0.0	1.5	0.0	0.0	0.0	0.0
Administrations de sécurité sociale										
Recettes fiscales totales	**34.5**	**60.3**	**97.3**	**135.2**	**143.3**	**5.6**	**5.5**	**6.1**	**6.3**	**6.5**
1000 Impôts sur revenu, bénéfices et gains en capital	0.0	0.0	0.0	0.0	0.0	0.0	0.0	0.0	0.0	0.0
2000 Cotisations de sécurité sociale	34.5	60.3	97.3	135.2	143.3	5.6	5.5	6.1	6.3	6.5
3000 Sur salaires ou main d'oeuvre	0.0	0.0	0.0	0.0	0.0	0.0	0.0	0.0	0.0	0.0
4000 Impôts sur le patrimoine	0.0	0.0	0.0	0.0	0.0	0.0	0.0	0.0	0.0	0.0
5000 Impôts sur les biens et services	0.0	0.0	0.0	0.0	0.0	0.0	0.0	0.0	0.0	0.0
6000 Autres impôts	0.0	0.0	0.0	0.0	0.0	0.0	0.0	0.0	0.0	0.0

.. Non disponible

Note : Des données et des notes plus détaillées par pays sont disponibles dans le chapitre 5 "Tableaux détaillés par pays" accessible en ligne : https://doi.org/10.1787/df3c3b17-fr. Les séries temporelles complètes sont accessibles sur le site web http://oe.cd/series-temporelles-completes.

Source : National Income and Expenditure; Central Statistical Office; Annual reports of Her Majesty's Revenue and Customs.

StatLink https://stat.link/rnvzgm

Tableau 4.75. États-Unis, recettes fiscales et % du PIB (sélection de catégories d'impôts)

	Milliard USD					% du PIB				
	1990	2000	2010	2018	2019	1990	2000	2010	2018	2019
Recettes fiscales totales	**1 552.4**	**2 900.5**	**3 517.1**	**5 110.0**	**5 336.5**	**26.0**	**28.3**	**23.4**	**24.9**	**25.0**
1000 Impôts sur le revenu, les bénéfices et les gains en capital	**701.7**	**1 453.9**	**1 488.7**	**2 344.7**	**2 478.5**	**11.8**	**14.2**	**9.9**	**11.4**	**11.6**
1100 Des personnes physiques	584.7	1 224.5	1 223.2	2 073.7	2 191.7	9.8	11.9	8.1	10.1	10.3
1200 Des sociétés	117.0	229.3	265.5	271.0	286.8	2.0	2.2	1.8	1.3	1.3
1300 Non-ventilables entre 1100 et 1200	0.0	0.0	0.0	0.0	0.0	0.0	0.0	0.0	0.0	0.0
2000 Cotisations de sécurité sociale	**397.0**	**683.1**	**917.4**	**1 254.4**	**1 306.0**	**6.7**	**6.7**	**6.1**	**6.1**	**6.1**
2100 À la charge des salariés	173.9	305.6	406.4	570.1	595.6	2.9	3.0	2.7	2.8	2.8
2200 À la charge des employeurs	204.1	343.2	461.7	618.5	642.2	3.4	3.3	3.1	3.0	3.0
2300 À la charge des indép. ou sans emploi	19.0	34.4	49.3	65.8	68.2	0.3	0.3	0.3	0.3	0.3
2400 Non-ventilables entre 2100, 2200 et 2300	0.0	0.0	0.0	0.0	0.0	0.0	0.0	0.0	0.0	0.0
3000 Sur les salaires ou main d'oeuvre	**0.0**	**0.0**	**2.3**	**2.2**	**2.8**	**0.0**	**0.0**	**0.0**	**0.0**	**0.0**
4000 Impôts sur le patrimoine	**182.4**	**299.5**	**473.4**	**603.8**	**612.9**	**3.1**	**2.9**	**3.1**	**2.9**	**2.9**
4100 Impôts périodiques sur la propriété immobilière	161.5	254.7	438.6	549.2	564.0	2.7	2.5	2.9	2.7	2.6
4200 Impôts périodiques sur l'actif net	0.0	0.0	0.0	0.0	0.0	0.0	0.0	0.0	0.0	0.0
4300 Impôts sur mut. par décès, succ. et donations	15.8	35.6	19.7	28.3	21.7	0.3	0.3	0.1	0.1	0.1
4400 Impôts sur transact. mobilières et immob.	2.1	4.4	7.5	16.4	16.9	0.0	0.0	0.0	0.1	0.1
4500 Impôts non périodiques sur	0.0	0.0	0.0	0.0	0.0	0.0	0.0	0.0	0.0	0.0
4600 Autres impôts périodiques sur patrimoine	3.0	4.8	7.7	10.0	10.2	0.0	0.0	0.1	0.0	0.0
5000 Impôts sur les biens et services	**271.3**	**464.0**	**635.3**	**905.0**	**936.4**	**4.5**	**4.5**	**4.2**	**4.4**	**4.4**
5100 Impôts sur production, vente, transfert, etc.	235.2	404.1	546.7	789.0	816.9	3.9	3.9	3.6	3.8	3.8
5110 Impôts généraux	125.6	221.4	295.1	421.2	434.8	2.1	2.2	2.0	2.1	2.0
5111 Taxes sur la valeur ajoutée	0.0	0.0	0.0	0.0	0.0	0.0	0.0	0.0	0.0	0.0
5120 Impôts sur biens et services déterminés	109.7	182.7	251.6	367.9	382.1	1.8	1.8	1.7	1.8	1.8
5121 Accises	65.0	108.6	146.6	164.2	163.6	1.1	1.1	1.0	0.8	0.8
5200 Impôts sur utilisation des biens et exerc. activités	36.1	59.9	88.6	115.9	119.4	0.6	0.6	0.6	0.6	0.6
5300 Non-ventilables entre 5100 et 5200	0.0	0.0	0.0	0.0	0.0	0.0	0.0	0.0	0.0	0.0
6000 Autres impôts	**0.0**	**0.0**	**0.0**	**0.0**	**0.0**	**0.0**	**0.0**	**0.0**	**0.0**	**0.0**
Crédits d'impôts récupérables										
Crédits d'impôts récupérables contre 1000	6.2	36.5	171.9	194.7	256.0	0.1	0.4	1.1	0.9	1.2
Composante transfert	4.4	26.9	101.8	137.0	153.0	0.1	0.3	0.7	0.7	0.7
Composante fiscale	1.8	9.6	70.1	57.7	103.0	0.0	0.1	0.5	0.3	0.5

Note : Des données et des notes plus détaillées par pays sont disponibles dans le chapitre 5 "Tableaux détaillés par pays" accessible en ligne : https://doi.org/10.1787/df3c3b17-fr. Les séries temporelles complètes sont accessibles sur le site web http://oe.cd/series-temporelles-completes.

Source : Federal estimates are derived from the US Budget, the Final Monthly Treasury Statement and the Annual Report of the US Treasury Department. The State and Local estimates are derived from Government Finances, published by the Bureau of the Census.

StatLink https://stat.link/ph57gy

Tableau 4.76. États-Unis, recettes fiscales et % du PIB par niveaux d'administration (principaux impôts)

	Milliard USD					% du PIB				
	1990	2000	2010	2018	2019	1990	2000	2010	2018	2019
Administrations fédérale ou centrale										
Recettes fiscales totales	**632.2**	**1 316.6**	**1 288.7**	**2 039.7**	**2 147.8**	**10.6**	**12.8**	**8.6**	**9.9**	**10.0**
1000 Impôts sur revenu, bénéfices et gains en capital	569.7	1 201.3	1 176.8	1 854.3	1 958.0	9.6	11.7	7.8	9.0	9.2
2000 Cotisations de sécurité sociale	0.0	0.0	0.0	0.0	0.0	0.0	0.0	0.0	0.0	0.0
3000 Sur salaires ou main d'oeuvre	0.0	0.0	0.0	0.0	0.0	0.0	0.0	0.0	0.0	0.0
4000 Impôts sur le patrimoine	11.6	28.1	15.1	22.7	16.2	0.2	0.3	0.1	0.1	0.1
5000 Impôts sur les biens et services	50.9	87.3	96.8	162.8	173.7	0.9	0.9	0.6	0.8	0.8
6000 Autres impôts	0.0	0.0	0.0	0.0	0.0	0.0	0.0	0.0	0.0	0.0
Administrations d'un État/Régions										
Recettes fiscales totales	**309.7**	**547.6**	**723.9**	**1 055.6**	**1 101.6**	**5.2**	**5.3**	**4.8**	**5.1**	**5.2**
1000 Impôts sur revenu, bénéfices et gains en capital	120.2	231.0	279.4	446.8	476.0	2.0	2.3	1.9	2.2	2.2
2000 Cotisations de sécurité sociale	0.0	0.0	0.0	0.0	0.0	0.0	0.0	0.0	0.0	0.0
3000 Sur salaires ou main d'oeuvre	0.0	0.0	2.3	2.2	2.8	0.0	0.0	0.0	0.0	0.0
4000 Impôts sur le patrimoine	12.2	21.9	23.1	35.3	36.0	0.2	0.2	0.2	0.2	0.2
5000 Impôts sur les biens et services	177.3	294.7	419.1	571.4	586.8	3.0	2.9	2.8	2.8	2.7
6000 Autres impôts	0.0	0.0	0.0	0.0	0.0	0.0	0.0	0.0	0.0	0.0
Administrations locales										
Recettes fiscales totales	**213.6**	**353.2**	**587.2**	**760.2**	**781.1**	**3.6**	**3.4**	**3.9**	**3.7**	**3.7**
1000 Impôts sur revenu, bénéfices et gains en capital	11.9	21.6	32.5	43.6	44.5	0.2	0.2	0.2	0.2	0.2
2000 Cotisations de sécurité sociale	0.0	0.0	0.0	0.0	0.0	0.0	0.0	0.0	0.0	0.0
3000 Sur salaires ou main d'oeuvre	0.0	0.0	0.0	0.0	0.0	0.0	0.0	0.0	0.0	0.0
4000 Impôts sur le patrimoine	158.6	249.5	435.3	545.9	560.7	2.7	2.4	2.9	2.7	2.6
5000 Impôts sur les biens et services	43.1	82.0	119.4	170.8	175.9	0.7	0.8	0.8	0.8	0.8
6000 Autres impôts	0.0	0.0	0.0	0.0	0.0	0.0	0.0	0.0	0.0	0.0
Administrations de sécurité sociale										
Recettes fiscales totales	**397.0**	**683.1**	**917.4**	**1 254.4**	**1 306.0**	**6.7**	**6.7**	**6.1**	**6.1**	**6.1**
1000 Impôts sur revenu, bénéfices et gains en capital	0.0	0.0	0.0	0.0	0.0	0.0	0.0	0.0	0.0	0.0
2000 Cotisations de sécurité sociale	397.0	683.1	917.4	1 254.4	1 306.0	6.7	6.7	6.1	6.1	6.1
3000 Sur salaires ou main d'oeuvre	0.0	0.0	0.0	0.0	0.0	0.0	0.0	0.0	0.0	0.0
4000 Impôts sur le patrimoine	0.0	0.0	0.0	0.0	0.0	0.0	0.0	0.0	0.0	0.0
5000 Impôts sur les biens et services	0.0	0.0	0.0	0.0	0.0	0.0	0.0	0.0	0.0	0.0
6000 Autres impôts	0.0	0.0	0.0	0.0	0.0	0.0	0.0	0.0	0.0	0.0

Note : Des données et des notes plus détaillées par pays sont disponibles dans le chapitre 6 "Recettes fiscales des sous-secteurs de l'administration" accessible en ligne : https://doi.org/10.1787/df3c3b17-fr. Les séries temporelles complètes sont accessibles sur le site web http://oe.cd/series-temporelles-completes.

Source : Federal estimates are derived from the US Budget, the Final Monthly Treasury Statement and the Annual Report of the US Treasury Department. The State and Local estimates are derived from Government Finances, published by the Bureau of the Census.

StatLink https://stat.link/vhwx7c

4.2 Tableaux pour mémoire

Le Tableau 4.77 présente les différentes sources de financement des prestations sociales, au-delà des cotisations obligatoires de sécurité sociale reportées dans la section 4.1. Cette table montre également les données concernant les autres impôts, les cotisations volontaires aux administrations et les cotisations obligatoires au secteur privé.

Le Tableau 4.78 contient les cotisations de sécurité sociale et les impôts sur les salaires acquittés par les administrations. Lors de la révision du Guide d'interprétation en 1984, la question s'est posée de savoir comment il convenait de traiter les impôts acquittés par les administrations. Les deux exemples les plus marquants d'impôts de ce type sont les cotisations de sécurité sociale et les impôts sur les salaires acquittés par les administrations au titre de leurs agents. Après un échange de vues approfondi, il a été décidé que les données présentées dans cette publication continueraient d'inclure les impôts acquittés par les administrations (voir le §7 du Guide d'interprétation dans l'Annexe A).

Alors qu'il a été admis qu'à certaines fins (par exemple, pour mesurer le flux de paiements allant du secteur privé au secteur des administrations), il conviendrait d'exclure les impôts payés par un secteur de l'administration à un autre ou les impôts acquittés entre les différentes unités d'un même secteur de l'administration, il a été décidé que les impôts acquittés par les administrations devaient être inclus dans les données lorsque l'on comptabilise tous les flux d'impôts de l'ensemble de l'économie. Cette prise en compte permet d'être sûr que les différents flux de ressources d'une économie, y compris la valeur de la production des administrations, sont bien mesurés de façon cohérente nette d'impôt.

Il a été toutefois décidé que les données sur les impôts acquittés par les administrations et que l'on pouvait identifier isolément seraient présentées séparément dans un poste pour mémoire et c'est l'objet des tableaux par pays qui suivent.

Les données reproduites dans les tableaux suivants ont trait aux montants effectifs versés par les administrations publiques au titre de leurs agents. Les cotisations fictives, volontaires et imputées sont exclues de ces données. Les définitions des cotisations de sécurité sociale, des impôts sur les salaires et des administrations publiques correspondent aux définitions données aux §40 á § 46, §47 et §3 á § 4 du Guide d'interprétation. Les informations sur les autres impôts payés par les administrations (à savoir impôts sur la propriété et impôts sur la consommation) ne sont pas disponibles pour la plupart des pays, même s'il semble bien que, dans tous les pays, les impôts assis sur les salaires sont les impôts les plus importants qu'acquittent les administrations. Dans beaucoup de cas, les données sont estimées et ne sont pas toujours établies sur une base compatible avec celle utilisée dans les tableaux principaux.

Tableau 4.77. Financement des prestations de sécurité sociale

En % du PIB

	Total					2019				
	1990	2000	2010	2018	2019	Cotisations de sécurité sociale	Autres impôts	Contributions volontaires au gouvernement	Contributions obligatoires au secteur privé	Total
Allemagne	14.2	15.6	14.4	15.1	15.2	14.6	0.0	0.2	0.4	15.2
Australie	0.0	0.0	0.0	0.0	0.0	..	..	..	..	0.0
Autriche	13.0	14.4	14.1	14.8	14.9	14.9	0.0	0.1	0.0	14.9
Belgique	14.2	15.7	18.6	17.3	17.4	13.3	4.1	0.0	0.0	17.4
Canada	4.3	4.7	4.6	4.6	4.7	4.7	0.0	0.0	0.0	4.7
Chili	4.6	6.2	6.2	7.3	7.6	1.5	0.0	0.0	6.1	7.6
Colombie	0.9	2.6	7.1	5.9	6.0	1.9	0.0	0.0	4.1	6.0
Corée	1.9	3.5	5.2	6.8	7.3	7.3	0.0	0.0	0.0	7.3
Costa Rica	6.5	6.4	7.3	8.0	8.1	8.1	..	..	..	8.1
Danemark	1.1	2.0	1.3	0.8	0.8	0.0	0.0	0.6	0.1	0.8
Espagne	11.2	11.6	12.0	11.8	12.3	12.3	0.0	0.1	0.0	12.3
Estonie	..	10.9	13.0	13.1	12.8	11.7	0.0	0.0	1.1	12.8
États-Unis	6.9	6.9	6.5	6.6	6.6	6.1	0.0	0.5	0.0	6.6
Finlande	12.2	12.4	12.5	12.2	12.2	11.8	0.0	0.1	0.3	12.2
France	18.4	21.2	23.1	24.6	24.5	14.9	9.5	0.0	0.0	24.5
Grèce	7.6	10.1	11.0	11.9	12.2	12.2	0.0	0.0	0.0	12.2
Hongrie	..	13.2	12.9	12.4	12.0	11.7	0.3	0.0	0.0	12.0
Irlande	4.6	3.7	5.1	3.7	3.7	3.7	0.0	0.0	0.0	3.7
Islande	10.0	13.4	14.1	16.0	15.5	3.2	6.2	0.0	6.1	15.5
Israël	..	5.1	6.2	7.9	7.9	5.2	0.0	0.0	2.7	7.9
Italie	11.9	11.6	13.0	13.0	13.3	13.3	0.0	0.0	0.0	13.3
Japon	7.3	8.9	10.8	12.7	12.9	12.9	0.0	0.0	0.0	12.9
Lettonie	..	9.9	8.8	9.5	10.1	9.6	0.5	0.0	0.0	10.1
Lituanie	..	10.2	12.1	13.1	9.7	9.6	0.0	0.0	0.0	9.7
Luxembourg	9.3	9.7	11.0	10.9	10.9	10.8	0.0	0.1	0.0	10.9
Mexique	2.5	3.1	3.2	3.3	3.5	2.3	0.0	0.0	1.2	3.5
Norvège	10.6	8.8	9.4	10.1	10.6	10.6	0.0	0.0	0.0	10.6
Nouvelle-Zélande	0.0	0.0	0.0	0.0	0.0	..	..	..	..	0.0
Pays-Bas	17.1	22.5	12.9	14.0	13.4	13.4	0.0	0.0	..	13.4
Pologne	..	13.0	10.9	13.2	13.3	13.3	0.0	0.0	0.0	13.3
Portugal	7.2	8.3	9.0	9.7	10.0	9.6	0.4	0.0	0.0	10.0
République slovaque	..	13.9	13.1	15.4	15.8	15.0	0.0	0.0	0.8	15.8
République tchèque	..	14.5	14.6	15.5	15.5	15.4	0.0	0.0	0.2	15.5
Royaume-Uni	7.4	7.0	8.0	7.6	7.7	6.5	0.0	1.5	0.0	7.7
Slovénie	..	16.0	16.8	16.4	16.7	16.7	0.0	0.0	0.0	15.7
Suède	13.3	13.1	11.1	10.1	9.7	9.2	0.0	0.5	0.0	9.7
Suisse	11.3	13.8	14.5	15.5	15.5	6.5	0.9	0.0	8.2	15.5
Turquie	2.9	4.4	6.1	7.2	7.2	7.2	0.0	0.0	0.0	7.2

.. Non disponible

StatLink https://stat.link/c8pnuh

Tableau 4.78. Les cotisations de sécurité sociale et impôts sur les salaires payés par les administrations publiques, totaux

En % du PIB

	Total					2019				
	1990	2000	2010	2018	2019	Administrations fédérale ou centrale	Administrations d'un État/ Régions	Administrations locales	Administrations de sécurité sociale	Total
Allemagne	1.0	0.8	0.8	0.8	0.8	0.1	0.3	0.4	0.1	0.8
Australie[1]	0.0	0.0	0.0	0.0	0.0	0.0	0.0	0.0	0.0	0.0
Autriche	1.0	1.4	1.9	1.9	1.9	0.7	0.6	0.6	0.1	1.9
Belgique	1.0	1.2	1.5	1.8	1.8	0.2	0.6	0.9	0.1	1.8
Canada	..	0.6	0.6	0.6	0.6	0.1	0.3	0.2	0.0	0.6
Chili	..	0.1	0.2	0.2	0.2	0.1	..	0.1	0.0	0.2
Colombie	..	..	..	0.2	0.2	0.1	0.0	0.0	0.2	0.2
Corée	..	..	..	..	..	..	..	..	..	..
Costa Rica	0.7	0.9	1.1	1.1	1.1	1.0	0.0	0.1	0.0	1.1
Danemark	0.0	0.0	0.0	0.0	0.0	..	..	..	..	0.0
Espagne	1.2	1.5	1.7	1.8	1.8	0.2	1.1	0.4	0.0	1.8
Estonie	..	2.9	3.6	3.5	3.6	2.1	..	1.2	0.3	3.6
États-Unis	0.5	0.4	0.5	0.4	0.4	0.1	0.3	0.0	0.0	0.4
Finlande	2.1	2.8	3.0	2.3	2.3	0.5	..	1.8	0.0	2.3
France	2.2	2.5	2.7	2.6	2.6	0.7	..	0.9	1.0	2.6
Grèce	0.3	1.2	1.6	1.0	1.2	1.0	..	0.0	0.2	1.2
Hongrie	..	2.8	2.4	1.6	1.5	1.2	..	0.3	0.0	1.5
Irlande	0.4	0.4	0.7	0.5	0.5	0.2	..	0.4	0.0	0.5
Islande	..	..	..	..	..	..	..	..	..	..
Israël	..	0.8	0.8	0.8	0.8	0.7	..	0.2	0.0	0.8
Italie	..	3.0	3.1	2.9	2.9	0.0	..	0.0	2.9	2.9
Japon	0.4	0.5	0.6	0.6	0.6	0.2	..	0.5	0.0	0.6
Lettonie	..	0.6	1.0	1.2	1.2	..	..	..	..	1.2
Lituanie	..	2.7	2.5	2.2	0.2	0.1	..	0.1	0.0	0.2
Luxembourg	2.4	1.2	1.3	1.3	1.3	1.2	..	0.0	0.0	1.3
Mexique	0.3	0.7	0.8	0.7	0.8	0.8	0.0	0.0	0.0	0.8
Norvège	2.4	2.4	2.9	3.3	3.5	1.5	..	2.0	0.0	3.5
Nouvelle-Zélande	0.0	0.0	0.0	0.0	0.0	..	..	..	..	0.0
Pays-Bas	0.1	0.4	0.0	0.0	0.0	..	..	..	..	0.0
Pologne	..	1.5	1.3	1.4	1.4	0.5	..	0.8	0.0	1.4
Portugal	0.1	0.2	0.0	0.0	0.0	..	..	..	..	0.0
République slovaque	..	2.0	2.0	2.2	2.5	1.4	..	1.0	0.1	2.5
République tchèque	..	1.4	1.4	1.9	2.0	0.9	..	1.1	0.0	2.0
Royaume-Uni	0.7	0.6	0.7	0.7	0.7	0.5	..	0.2	0.0	0.7
Slovénie	..	1.9	1.7	1.5	1.6	1.0	..	0.5	0.0	1.6
Suède	4.5	4.2	3.8	4.0	4.0	0.9	..	3.1	0.0	4.0
Suisse	0.4	0.4	0.4	0.5	0.5	0.1	0.3	0.1	0.0	0.5
Turquie	1.6	2.1	3.4	4.0	4.1	4.1	..	0.0	0.0	4.1

.. Non disponible

1. Pour l'Australie, le total diffère de la somme des quatre niveaux d'administration publique. La différence résulte de l'existence d'un secteur multi-juridictionnel (université) spécifique à ce pays. Ce secteur contient des unités où la juridiction est partagée entre deux administrations publiques au moins, ou contient des unités dont le classement dans une juridiction n'est pas clair. Les universités publiques sont le principal type d'unités appartenant actuellement à cette catégorie.

StatLink https://stat.link/5ewhcp

5 Tableaux détaillés par pays, 1965-2019

Le Chapitre 5 fournit des tableaux détaillés sur les recettes fiscales de chaque pays membre de l'OCDE.

5.1. Recettes fiscales

Dans tous les tableaux suivants, le symbole (..) signifie que l'information n'est pas disponible ou qu'elle n'est pas applicable. La principale série chronologique des statistiques de recettes fiscales couvre une sélection d'années entre 1965 et 2019. Des séries complètes sont disponible en ligne. La partie V dans l'édition 1998 de ce Rapport fournit des données pour les années 1955 et 1960 (pour dix-neuf pays de l'OCDE).

Tableau 5.1. Australie : recettes fiscales détaillées, 1965-2019

Million AUD

	1965	1980	1990	2000	2007	2010	2013	2015	2018	2019
Recettes fiscales totales	**5 024**	**39 878**	**116 500**	**214 753**	**346 772**	**356 747**	**431 200**	**460 729**	**557 175**	**549 536**
1000 Impôts sur revenu, bénéfices et gains en capital	**2 547**	**22 383**	**66 542**	**124 427**	**206 134**	**202 184**	**246 073**	**261 345**	**334 856**	**325 116**
1100 Des personnes physiques	1 729	17 532	50 062	80 991	127 587	138 163	169 972	191 720	229 439	230 932
1110 Sur le revenu et les bénéfices	1 729	17 532	49 888	80 991	127 587	138 163	169 972	191 720	229 439	230 932
1120 Sur les gains en capital	0	0	174	0	0	0	0	0	0	0
1200 Des sociétés	818	4 851	16 480	43 436	78 547	64 021	76 101	69 625	105 417	94 184
1210 Sur les bénéfices	818	4 851	16 315	43 436	78 547	64 021	76 101	69 625	105 417	94 184
Income tax on companies	791	4 574	15 220	42 221	76 655	62 549	74 535	67 794	103 318	92 191
Dividend and interest taxes	17	161	899	846	1 892	1 472	1 566	1 831	2 099	1 993
Other withholding taxes	0	116	196	369	0	0	0	0	0	0
1220 Sur les gains en capital	0	0	165	0	0	0	0	0	0	0
1300 Non-ventilables entre 1100 et 1200	0	0	0	0	0	0	0	0	0	0
2000 Cotisations de sécurité sociale	**0**	**0**	**0**	**0**	**0**	**0**	**0**	**0**	**0**	**0**
2100 À la charge des salariés	0	0	0	0	0	0	0	0	0	0
2110 Sur la base du salaire	..	..	..	..	..	..	..	..	..	..
2120 Sur la base de l'impôt sur les revenus	..	..	..	..	..	..	..	..	..	..
2200 À la charge des employeurs	0	0	0	0	0	0	0	0	0	0
2210 Sur la base du salaire	..	..	..	..	..	..	..	..	..	..
2220 Sur la base de l'impôt sur les revenus	..	..	..	..	..	..	..	..	..	..
2300 A charge des travailleurs indép. ou sans emploi	0	0	0	0	0	0	0	0	0	0
2310 Sur la base du salaire	..	..	..	..	..	..	..	..	..	..
2320 Sur la base de l'impôt sur les revenus	..	..	..	..	..	..	..	..	..	..
2400 Non-ventilables entre 2100, 2200 et 2300	0	0	0	0	0	0	0	0	0	0
2410 Sur la base du salaire	..	..	..	..	..	..	..	..	..	..
2420 Sur la base de l'impôt sur les revenus	..	..	..	..	..	..	..	..	..	..
3000 Sur salaires ou main d'oeuvre	**157**	**1 988**	**7 115**	**9 624**	**16 407**	**18 492**	**22 210**	**23 354**	**26 923**	**26 027**
4000 Impôts sur le patrimoine	**576**	**3 105**	**10 427**	**18 825**	**31 130**	**33 498**	**40 929**	**49 168**	**53 114**	**53 982**
4100 Impôts périodiques sur la propriété immobilière	341	1 886	6 148	9 067	15 615	19 907	23 603	26 649	32 694	33 803
4110 Ménages	..	..	..	..	..	..	..	..	..	..
4120 Autres agents	..	..	..	..	..	..	..	..	..	..
4200 Impôts périodiques sur l'actif net	0	0	0	0	0	0	0	0	0	0
4210 Personnes physiques	..	..	..	..	..	..	..	..	..	..
4220 Sociétés	..	..	..	..	..	..	..	..	..	..
4300 Impôts sur mut. par décès, succ. et donations	137	175	0	0	0	0	0	0	0	0
4310 Impôts sur mut. par décès et successions	131	174	..	..	..	..	..	..	..	..
Estate duty central government	36	17	..	..	..	..	..	..	..	..
St. and loc. estate probate and succession	95	157	..	..	..	..	..	..	..	..
4320 Impôts sur les donations	7	1	..	..	..	..	..	..	..	..
4400 Impôts sur transact. mobilières et immob.	98	1 044	4 279	9 758	15 515	13 591	17 326	22 519	20 420	20 179
4500 Impôts non-périodiques	0	0	0	0	0	0	0	0	0	0
4510 Sur l'actif net	..	..	..	..	..	..	..	..	..	..
4520 Autres non-périodiques	..	..	..	..	..	..	..	..	..	..
4600 Autres impôts périodiques sur patrimoine	0	0	0	0	0	0	0	0	0	0
5000 Impôts sur les biens et services	**1 744**	**12 402**	**32 416**	**61 877**	**93 101**	**102 573**	**121 988**	**126 862**	**142 282**	**144 411**
5100 Impôts sur production, vente, transfert, etc.	1 508	11 097	27 213	56 179	84 104	90 824	101 312	109 050	122 053	123 639
5110 Impôts généraux	370	2 102	9 365	25 830	44 739	48 146	54 711	60 680	66 829	65 720
5111 Taxes sur la valeur ajoutée	0	0	0	23 854	43 634	46 910	53 409	59 177	65 147	64 048
5112 Impôts sur les ventes	370	2 102	9 365	1 976	1 105	1 236	1 302	1 503	1 682	1 672
5113 Autres impôts	0	0	0	0	0	0	0	0	0	0
5120 Impôts sur biens et services déterminés	1 138	8 995	17 848	30 349	39 365	42 678	46 601	48 370	55 224	57 919
5121 Accises	781	6 183	11 975	19 768	24 357	26 689	26 472	22 541	24 486	24 066
Excises central government	752	5 834	10 359	19 019	23 526	25 803	25 648	21 625	23 488	23 116
Statutory corporate payments	0	83	378	295	231	452	343	405	435	480
Primary production charges	29	266	1 238	454	600	434	481	511	563	469
5122 Bénéfices des monopoles fiscaux	0	0	0	0	0	0	0	0	0	0
5123 Droits de douane et droits à l'importation	271	1 799	3 319	4 606	6 070	5 828	9 280	14 046	15 944	19 507
Customs duties central government	271	1 799	3 319	4 606	6 070	5 828	9 280	14 046	15 944	19 507
5124 Taxes à l'exportation	1	117	57	0	10	11	10	11	0	0
Customs duties on coal exports	0	85	54	..	0	0	0	0	..	..
Other	1	32	3	..	10	11	10	11	..	..
5125 Impôts sur biens d'équipement	0	0	0	0	0	0	0	0	0	0
5126 Impôts sur services déterminés	85	896	2 497	5 975	8 928	10 150	10 839	11 772	14 794	14 347
Taxes race meetings	31	240	651	301	359	373	326	265	411	596
Poker machines	16	140	295	2 074	3 009	3 125	3 238	3 684	3 986	3 202
Lotteries	7	122	325	890	1 118	1 141	1 250	1 362	1 632	1 676
Levies on fire insurance companies	16	157	363	574	937	1 232	740	786	806	932
Other	15	237	863	2 136	3 505	4 279	5 285	5 675	7 959	7 941

	1965	1980	1990	2000	2007	2010	2013	2015	2018	2019
5127 Autres impôts sur commerce et transact. internat.	0	0	0	0	0	0	0	0	0	0
5128 Autres impôts	0	0	0	0	0	0	0	0	0	0
5130 Non-ventilables entre 5110 et 5120	0	0	0	0	0	0	0	0	0	0
5200 Impôts sur utilisation des biens et exerc. activités	236	1 305	5 203	5 698	8 997	11 749	20 676	17 812	20 229	20 772
5210 Impôts périodiques	197	1 260	5 109	5 698	8 997	11 749	20 676	15 898	17 899	18 615
5211 À la charge des ménages : véhicules à moteur	65	448	1 373	2 748	4 381	5 064	6 533	7 253	7 914	8 128
5212 À la charge autres agents : véhicules à moteur	65	351	937	1 285	2 005	2 397	2 357	2 649	3 072	3 174
Fees on motor vehicle registry	46	312	794	778	1 165	1 499	1 338	1 530	1 864	1 975
Drivers licences	12	30	111	0	0	0	0	0	0	0
Stamp duty on vehicle registry	6	9	32	506	839	898	1 019	1 119	1 208	1 199
5213 Autres impôts périodiques	67	461	2 799	1 665	2 611	4 288	11 786	5 996	6 913	7 313
Broadcasting tv licences	37	21	125	210	288	150	157	128	52	37
Business franchise lic. tobac. fuel	0	221	2 016	227	0	0	2	1	0	0
Other taxes	2	12	33	1 129	2 321	4 136	11 603	5 846	6 816	7 271
Liquor taxes	28	206	603	97	2	1	24	22	45	5
Dog licenses	0	1	22	0	0	0	0	0	0	0
5220 Impôts non-périodiques	39	45	94	0	0	0	0	1 914	2 330	2 157
5300 Non-ventilables entre 5100 et 5200	0	0	0	0	0	0	0	0	0	0
6000 Autres impôts	**0**	**0**	**0**	**0**	**0**	**0**	**0**	**0**	**0**	**0**
6100 À la charge exclusive des entreprises	..	..	..	..	..	..	..	..	..	..
6200 À la charge d'autres agents	..	..	..	..	..	..	..	..	..	..
Crédits d'impôts récupérables										
Crédits d'impôts récupérables contre 1110	..	..	..	195	2 585	991	323	460	437	378
Composante fiscale	..	..	..	175	178	110	215	334	310	266
Composante transfert	..	..	..	20	2 407	881	108	126	127	112
Crédits d'impôts récupérables contre 1210	..	..	..	0	4 564	5 726	7 914	8 951	9 963	9 642
Composante fiscale	..	..	..	..	1 922	2 253	2 147	3 438	3 501	3 198
Composante transfert	..	..	..	..	2 642	3 473	5 767	5 513	6 462	6 444
Recettes fiscales totales sur la base d'encaissements	**5 024**	**39 878**	**116 500**	..	..	..	..	..	..	..
Recettes fiscales totales sur la base des droits constatés	..	..	..	**214 753**	**346 772**	**356 747**	**431 200**	**460 729**	**557 175**	**549 536**
Conciliation avec les Comptes nationaux										
Impôts additionnels inclus dans les comptes nationaux	..	..	..	0	0	0	0	0	0	0
Impôt exclus des comptes nationaux	..	..	..	0	0	0	0	0	0	0
Différence dans les traitements des crédits d'impôts	..	..	..	175	2 100	2 363	2 362	3 772	3 811	3 464
Transfert en capital des recettes non collectées	..	..	..	0	0	0	0	0	0	0
Cotisations de sécurité sociale volontaires	..	..	..	0	0	0	0	0	0	0
Différences diverses	..	..	..	0	0	0	0	0	0	0
Comptes nationaux : impôts et cotisations sociales effectives	..	..	..	214 928	348 872	359 110	433 562	464 501	560 986	553 000
Cotisations sociales imputées	..	..	..	0	0	0	0	0	0	0
Comptes nationaux : impôts et toutes les cotisations sociales	..	..	..	214 928	348 872	359 110	433 562	464 501	560 986	553 000

.. Non disponible

Note : Data are on a fiscal year basis beginning 1st July.

From 1998 taxes are recorded on an accrual basis; prior to that they were on a cash basis.

Direct taxes paid by public trading enterprises are excluded from receipts.

The figures for total tax revenue do not match the published totals in Taxation Revenue Australia. The latter is based on an accrual IMF GFS methodology and there are some differences between that and the OECD equivalent.

Heading 5213 includes radio and television licenses fees, though these are usually not regarded as a tax revenue in the OECD list.

Headings for non-wastable tax credits 1110 and 1210 include the private health insurance tax offset, family benefit, baby bonus tax offsets (paid during the 2003-04 budget year), film tax offset, and research and development tax offsets. The estimation of non-wastable credits into the expenditure and transfer components is in accordance with the OECD guidelines on the treatment and the data for this memorandum item has been provided by the Australian Taxation Office.

Source : Australian Bureau of Statistics.

StatLink https://stat.link/p6w10h

Tableau 5.2. Autriche : recettes fiscales détaillées, 1965-2019

Million EUR

	1965	1980	1990	2000	2007	2010	2013	2015	2018	2019
Recettes fiscales totales	**6 210**	**29 759**	**54 040**	**90 324**	**115 146**	**121 192**	**138 099**	**148 469**	**162 817**	**169 216**
Recettes fiscales totales excluant les taxes collectés pour le compte de l'UE	..	..	**54 040**	**89 897**	**114 728**	**120 843**	**137 741**	**147 841**	**162 137**	**168 535**
1000 Impôts sur revenu, bénéfices et gains en capital	**1 584**	**7 959**	**13 797**	**25 553**	**34 319**	**34 021**	**39 792**	**44 796**	**47 758**	**49 864**
1100 Des personnes physiques	1 240	6 899	11 326	19 890	25 741	27 098	31 474	35 841	36 194	38 239
1110 Sur le revenu et les bénéfices	1 240	6 899	11 326	19 890	25 741	27 098	31 474	35 841	36 194	38 239
Income tax	415	1 576	2 501	3 202	3 253	3 358	3 737	4 274	5 014	5 572
Special income tax	0	0	0	0	0	0	0	0	0	0
Wage tax	417	4 626	7 823	15 630	20 607	21 783	25 669	28 429	28 344	29 631
Tax on industry and trade	196	402	454	7	0	0	0	0	0	0
Tax on capital yields	2	14	46	354	970	938	981	1 979	1 533	1 683
Contribution to chambers	60	279	501	697	910	1 018	1 087	1 159	1 302	1 352
Water supply fund	151	0	0	0	0	0	0	0	0	0
Contribution emergency fund	0	0	0	0	0	0	0	0	0	0
1120 Sur les gains en capital	0	0	0	0	0	0	0	0	0	0
1200 Des sociétés	334	1 049	1 930	4 157	6 622	5 519	6 963	7 659	10 440	10 795
1210 Sur les bénéfices	334	1 049	1 930	4 157	6 622	5 519	6 963	7 659	10 440	10 795
Corporation tax	195	698	998	3 865	6 094	4 978	6 377	6 752	9 676	9 995
Tax on industry and trade	83	254	624	10	0	1	0	0	0	0
Special tax on income	0	0	0	0	0	0	0	0	0	0
Tax on capital yields	5	33	108	118	346	347	370	684	513	561
Water supply fund	35	0	0	0	0	0	0	0	0	0
Contribution emergency fund	0	0	0	0	0	0	0	0	0	0
Contribution to chambers	14	58	200	164	182	193	216	224	251	240
Directors tax	2	6	0	0	0	0	0	0	0	0
1220 Sur les gains en capital	0	0	0	0	0	0	0	0	0	0
1300 Non-ventilables entre 1100 et 1200	10	12	540	1 506	1 956	1 405	1 354	1 295	1 125	830
Fines related to tax offences	10	12	18	33	77	99	73	70	96	85
Tax on interest	0	0	522	1 473	1 879	1 305	1 282	1 225	1 028	746
2000 Cotisations de sécurité sociale	**1 548**	**9 200**	**17 763**	**30 510**	**38 453**	**41 423**	**46 845**	**49 867**	**56 671**	**59 077**
2100 À la charge des salariés	686	3 792	7 512	12 477	15 612	16 846	18 931	20 115	22 806	23 772
2110 Sur la base du salaire	..	..	..	12 477	15 612	16 846	18 931	20 115	22 806	23 772
Health insurance contributions	..	..	..	2 606	3 326	3 675	4 082	4 347	4 989	5 206
Pension insurance contributions	..	..	..	6 410	8 274	8 986	10 183	10 896	12 568	13 211
Pension contributions, civil servants	..	..	..	1 489	1 579	1 625	1 672	1 629	1 570	1 553
Unemployment insurance contributions	..	..	..	1 854	2 284	2 385	2 803	3 040	3 453	3 567
Health insurance contributions, local government employees	..	..	..	100	130	156	169	181	199	206
Special unemployment insurance contributions	..	..	..	17	19	20	22	23	27	29
2120 Sur la base de l'impôt sur les revenus	..	..	..	0	0	0	0	0	0	0
2200 À la charge des employeurs	721	4 563	8 768	14 651	18 091	19 421	21 922	23 281	26 710	27 826
2210 Sur la base du salaire	..	..	..	14 651	18 091	19 421	21 922	23 281	26 710	27 826
Health insurance contributions	..	..	..	2 667	3 395	3 669	4 075	4 339	4 980	5 197
Pension insurance contributions	..	..	..	7 888	10 214	11 145	12 642	13 549	15 681	16 475
Pension contributions, civil servants	..	..	..	438	376	361	297	298	265	261
Accident insurance contributions	..	..	..	952	1 157	1 254	1 409	1 394	1 573	1 527
Unemployment insurance contributions	..	..	..	1 854	2 284	2 385	2 803	3 040	3 453	3 567
Health insurance contributions, local government employees	..	..	..	101	141	157	170	181	199	207
Contributions to sickness benefit fund	..	..	..	341	0	0	0	0	0	0
Special pension contributions, nightshift workers	..	..	..	11	18	15	31	38	42	44
Contributions to insolvency fund	..	..	..	381	488	416	473	419	374	394
Special unemployment insurance contributions construction workers	..	..	..	17	19	20	22	23	143	154
2220 Sur la base de l'impôt sur les revenus	..	..	..	0	0	0	0	0	0	0
2300 A charge des travailleurs indép. ou sans emploi	141	845	1 482	3 382	4 750	5 155	5 993	6 470	7 156	7 479
2310 Sur la base du salaire	..	..	..	3 382	4 750	5 155	5 993	6 470	7 156	7 479
Health insurance contributions	..	..	..	1 971	2 724	3 090	3 441	3 664	3 987	4 142
Pension insurance contributions	..	..	..	1 117	1 527	1 524	1 973	2 210	2 502	2 712
Pension contributions, civil servants (retired)	..	..	..	116	274	297	315	317	309	308
Accident insurance contributions	..	..	..	77	85	88	95	98	98	110
Health insurance contributions, local government employees	..	..	..	101	140	156	169	181	199	206
2320 Sur la base de l'impôt sur les revenus	..	..	..	0	0	0	0	0	0	0
2400 Non-ventilables entre 2100, 2200 et 2300	0	0	0	0	0	0	0	0	0	0
2410 Sur la base du salaire	..	..	..	..	..	..	..	..	..	..
2420 Sur la base de l'impôt sur les revenus	..	..	..	..	..	..	..	..	..	..

	1965	1980	1990	2000	2007	2010	2013	2015	2018	2019
3000 Sur salaires ou main d'oeuvre	**472**	**2 097**	**3 259**	**5 788**	**7 266**	**8 359**	**9 489**	**10 040**	**10 416**	**10 780**
Emplr. contr. equaliz. of family.burdens	318	1 397	2 147	3 140	3 915	4 762	5 319	5 623	5 399	5 548
Tax on sum of wages	82	375	669	1 735	2 238	2 402	2 742	2 911	3 300	3 471
Promotion residential buildings	44	217	389	595	754	811	915	965	1 125	1 162
Tax on employment (Vienna undergr.)	0	20	21	21	22	22	67	65	67	70
Special levy for households allowances	26	80	0	0	0	0	0	0	0	0
Disabled persons equalization levy	2	8	34	54	83	91	138	148	155	160
Contributions to chambers	0	0	0	242	253	271	308	327	369	369
4000 Impôts sur le patrimoine	**246**	**858**	**1 473**	**1 206**	**1 572**	**1 555**	**2 341**	**1 965**	**2 100**	**2 158**
4100 Impôts périodiques sur la propriété immobilière	92	231	355	526	626	682	736	761	807	829
4110 Ménages	47	66	84	87	92	93	105	107	110	133
Duty on farms	9	15	20	20	20	20	29	30	30	40
Farm contr. equaliz. of family burdens	5	6	6	6	6	6	6	6	7	8
Farm contribution to chambers	14	23	32	32	39	40	43	44	46	51
Contr. residential buildings reconstruction	4	0	0	0	0	0	0	0	0	0
Land tax A	16	22	25	28	26	26	26	26	28	34
4120 Autres agents	45	165	271	440	534	589	631	654	697	696
Tax on vacant plots	1	4	5	5	5	6	6	6	6	6
Land tax B	44	161	266	435	529	583	625	649	691	690
4200 Impôts périodiques sur l'actif net	103	401	642	1	0	0	0	0	0	0
4210 Personnes physiques	37	140	189	1	..	..	..	..	..	..
Capital tax	25	109	189	1	..	..	..	..	..	..
Contribution emergency fund	0	0	0	0	..	..	..	..	..	..
Tax on industry and trade	10	26	0	0	..	..	..	..	..	..
Contribution to chambers	2	6	0	0	..	..	..	..	..	..
4220 Sociétés	66	260	453	0	..	..	..	..	..	..
Capital tax	24	139	322	0	..	..	..	..	..	..
Capital death duty	20	53	131	0	..	..	..	..	..	..
Contribution emergency fund	0	0	0	0	..	..	..	..	..	..
Tax on industry and trade	19	56	0	0	..	..	..	..	..	..
Contribution to chambers	3	13	0	0	..	..	..	..	..	..
4300 Impôts sur mut. par décès, succ. et donations	16	50	77	111	155	35	19	12	9	1
4310 Impôts sur mut. par décès et successions	..	..	..	..	..	..	..	..	..	..
4320 Impôts sur les donations	..	..	..	..	..	..	..	..	..	..
4400 Impôts sur transact. mobilières et immob.	35	176	399	568	791	828	858	1 116	1 210	1 318
Land transfer tax	30	150	251	452	644	727	790	1 014	1 208	1 317
Capital transfer tax	5	27	148	115	147	102	67	102	2	1
4500 Impôts non-périodiques	0	0	0	0	0	10	728	76	75	11
4510 Sur l'actif net	..	..	..	..	..	0	717	4	-1	0
Withholding tax	..	..	..	..	..	..	717	4	-1	0
4520 Autres non-périodiques	..	..	..	..	..	10	11	72	75	11
Foundation tax	..	..	..	..	..	10	11	72	75	11
4600 Autres impôts périodiques sur patrimoine	0	0	0	0	0	0	0	0	0	0
5000 Impôts sur les biens et services	**2 321**	**9 379**	**17 034**	**26 497**	**32 609**	**34 740**	**38 701**	**41 064**	**45 096**	**46 529**
5100 Impôts sur production, vente, transfert, etc.	2 275	9 006	16 169	24 616	30 180	32 114	35 721	37 633	41 293	42 476
5110 Impôts généraux	1 160	5 984	11 229	16 857	20 941	22 711	24 920	26 282	29 324	30 426
5111 Taxes sur la valeur ajoutée	0	5 984	11 229	16 857	20 941	22 711	24 920	26 282	29 324	30 426
5112 Impôts sur les ventes	0	0	0	0	0	0	0	0	0	0
5113 Autres impôts	1 160	0	0	0	0	0	0	0	0	0
Turnover tax	664	..	..	..	..	..	..	..	..	..
Additional federal levy-turnover	332	..	..	..	..	..	..	..	..	..
Additional lieu invoice stp.	164	..	..	..	..	..	..	..	..	..
5120 Impôts sur biens et services déterminés	1 115	2 996	4 873	7 721	9 236	9 400	10 800	11 348	11 967	12 046
5121 Accises	610	2 219	3 290	5 484	6 760	6 921	7 598	7 749	8 196	8 217
Tax on beer	39	44	56	161	200	198	193	189	200	190
Tax on wine	7	0	0	0	0	0	0	0	0	0
Tax on sparkling wine	1	7	25	25	1	1	1	19	23	24
Tax on tobacco	188	519	820	1 197	1 446	1 502	1 664	1 782	1 919	1 891
Tax on mineral oils	50	136	1 426	2 726	3 689	3 854	4 173	4 218	4 363	4 480
Additional federal levy mineral oils	202	876	0	0	0	0	0	0	0	0
Special duty alcoholic drinks	0	142	193	0	0	0	0	0	0	0
Special duty vehicles	0	0	0	0	0	0	0	0	0	0
Duty on starch products	0	4	13	0	0	0	0	0	0	0
Beverage tax	46	216	364	178	3	-1	-1	0	0	0
Other receipts-Market Organisation Act	26	35	9	0	1	0	0	0	0	0
Transport equality levy	0	5	1	0	0	0	0	0	0	0
Market Organisation Act - milk	35	177	192	0	0	0	0	0	0	0
Market Organisation Act - livestock	0	0	0	0	0	0	0	0	0	0
Market Organisation Act - grain	16	23	142	0	0	0	0	0	0	0
Duty promotion milk distrib.	0	34	13	0	0	0	0	0	0	0
Special tax on mineral oils	0	0	37	0	0	0	0	0	0	0
Duty on vehicles (fuel consumption)	0	0	0	433	457	453	455	395	532	555

	1965	1980	1990	2000	2007	2010	2013	2015	2018	2019
Agricultural fund	0	0	0	23	16	18	18	17	18	17
Tax on energy	0	0	0	562	764	726	886	931	943	866
Social contributions to the artists' fund	0	0	0	0	11	6	7	13	7	7
Duty on exceeding milk-quota	0	0	0	36	24	6	26	11	0	0
Car registration taxes	0	0	0	143	148	158	175	174	191	188
5122 Bénéfices des monopoles fiscaux	37	57	52	130	122	129	324	328	403	400
Duty on spirits	5	14	17	130	122	129	130	120	154	154
Federal monopolies salt	1	0	0	0	0	0	0	0	0	0
Federal monopolies spirits	30	43	35	0	0	0	0	0	0	0
Federal monopolies gambling	0	0	0	0	0	0	194	208	248	246
5123 Droits de douane et droits à l'importation	332	354	677	351	390	340	328	415	484	483
Customs duties	310	237	418	352	390	339	328	415	484	483
Other import duties	0	21	61	0	0	0	0	0	0	0
Contribution promote foreign trade	10	63	171	0	0	0	0	0	0	0
Import equalization duties	12	33	27	0	0	0	0	0	0	0
5124 Taxes à l'exportation	8	36	1	0	0	0	0	0	0	0
Contribution to promote foreign trade	8	36	1	..	..	..	..	..	..	..
5125 Impôts sur biens d'équipement	0	33	0	0	0	0	0	0	0	0
5126 Impôts sur services déterminés	129	297	854	1 720	1 967	2 005	2 545	2 852	2 887	2 945
Insurance tax	25	135	384	745	993	1 017	1 056	1 122	1 179	1 215
Transport tax	63	0	0	0	0	0	0	0	0	0
Duty on casinos	2	28	64	105	71	55	45	70	105	114
Fire protection tax	5	24	50	45	54	56	57	61	63	66
Advertisement tax	7	31	65	62	0	0	0	0	0	0
Entertainment tax	2	2	2	5	8	9	21	18	1	0
Tax on tourism	8	43	71	103	142	171	182	186	239	255
Amusement tax	13	17	51	73	94	107	84	30	16	18
Announcement tax	3	18	40	81	0	1	0	0	0	0
Tax on interest yields	0	0	0	0	0	0	0	0	0	0
Tax on gambling stakes - licences	0	0	116	197	202	221	251	254	292	273
Tax on advertisement	0	0	0	33	108	110	110	107	108	106
Levy on dangerous waste	0	0	10	71	72	51	53	56	79	69
Duty for airways security	0	0	0	28	56	30	0	0	0	0
Tax on gambling stakes - gains	0	0	0	171	166	176	0	0	0	0
Flight Charge	0	0	0	0	0	0	98	109	71	72
Financial Institutions Stability Fee	0	0	0	0	0	0	588	640	534	558
SRF Contributions	..	..	..	..	..	..	..	198	199	198
5127 Autres impôts sur commerce et transact. internat.	0	0	0	0	0	0	0	0	0	0
5128 Autres impôts	0	0	0	34	-3	4	4	4	-3	0
Levy on sugar	..	..	..	34	-3	4	4	4	-3	..
5130 Non-ventilables entre 5110 et 5120	0	26	66	38	3	4	2	4	3	5
Fines related to tax offenses	..	26	66	38	3	4	2	4	3	5
5200 Impôts sur utilisation des biens et exerc. activités	46	373	865	1 881	2 429	2 626	2 980	3 431	3 803	4 052
5210 Impôts périodiques	38	335	757	1 733	2 253	2 416	2 715	3 124	3 469	3 571
5211 À la charge des ménages : véhicules à moteur	22	156	366	811	1 173	1 293	1 482	1 814	2 033	2 106
5212 À la charge autres agents : véhicules à moteur	13	41	97	298	370	334	352	421	471	487
5213 Autres impôts périodiques	3	138	294	624	710	789	881	890	965	978
Hunting and fishing duties	1	4	7	10	10	10	19	22	22	24
Dog tax	1	4	6	8	10	11	17	18	20	21
Contribution to promotion of arts	1	3	8	71	120	132	147	143	167	170
Tax on radio and tv - licenses	0	15	46	450	571	636	698	708	756	763
Road transport duty	0	112	226	84	0	0	0	0	0	0
5220 Impôts non-périodiques	8	38	108	147	175	210	265	307	334	481
Certain user fees; taxes on emission of noxious gases	8	38	108	147	175	210	265	307	334	481
5300 Non-ventilables entre 5100 et 5200	0	0	0	0	0	0	0	0	0	0
6000 Autres impôts	**30**	**200**	**714**	**770**	**928**	**1 095**	**931**	**737**	**778**	**808**
Tax on financial institutions	0	0	123	-3	0	0	0	0	0	0
Administration duties	4	17	32	278	366	521	517	302	331	338
Stamp fees	7	46	76	135	92	84	27	32	33	35
Contributions of interested persons	0	0	130	0	0	0	0	0	0	0
Parking duty	0	0	6	0	0	0	0	0	0	0
Contrbutions to students' associations	0	0	0	4	8	11	12	11	14	15
Duty on contribution to political parties	0	0	0	0	-1	1	0	0	0	0
Other fees, taxes on production n.e.c.	0	0	0	272	346	353	227	252	248	263
Embossing fee	0	0	0	0	1	1	1	1	1	1
Other taxes	28	202	347	82	115	124	145	137	146	151
Compensation levy according to the Vienna Tree Protection Act	..	..	0	1	1	2	1	2	3	5
6100 À la charge exclusive des entreprises	..	..	..	..	..	..	..	..	..	..
6200 À la charge d'autres agents	..	..	..	..	..	..	..	..	..	..

	1965	1980	1990	2000	2007	2010	2013	2015	2018	2019
Pour mémoire										
Droits de douane perçus pour le compte de l'UE	..	..	..	352	390	339	328	415	484	483
Contributions au Fonds de résolution unique collectées pour le compte de l'UE	..	..	..	..	..	..	..	198	199	198
Crédits d'impôts récupérables										
Crédits d'impôts récupérables contre 1110	..	..	..	650	650	650	570	540	330	330
Composante fiscale	..	..	..	590	450	422	341	295	230	230
Composante transfert	..	..	..	60	200	228	229	245	100	100
Crédits d'impôts récupérables contre 1210	..	..	..	..	..	..	..	..	..	..
Composante fiscale	..	..	..	..	..	..	..	..	..	..
Composante transfert	..	..	..	..	..	..	..	..	..	..
Recettes fiscales totales sur la base d'encaissements	**6 210**	**29 759**	**54 040**	**90 299**	**115 045**	**120 735**	**137 970**	**148 036**	**162 777**	**168 647**
Recettes fiscales totales sur la base des droits constatés	**..**	**..**	**..**	**90 324**	**115 146**	**121 192**	**138 099**	**148 469**	**162 817**	**169 216**
Conciliation avec les comptes nationaux										
Impôts additionnels inclus dans les comptes nationaux	..	..	..	..	..	..	..	..	..	..
Impôt exclus des comptes nationaux	..	..	..	..	..	..	..	..	..	..
Différence dans les traitements des crédits d'impôts	..	..	..	590	450	422	341	295	230	230
Transfert en capital des recettes non collectées	..	..	..	..	..	..	..	..	..	..
Cotisations de sécurité sociale volontaires	..	..	..	206	256	339	299	321	321	336
Différences diverses	..	..	..	0	0	0	0	0	0	0
Comptes nationaux : impôts et cotisations sociales effectives	..	..	..	91 120	115 853	121 953	138 739	149 085	163 368	169 781
Cotisations sociales imputées	..	..	..	2 485	2 177	2 106	1 972	1 925	1 757	1 703
Comptes nationaux : impôts et toutes les cotisations sociales	..	..	..	93 605	118 030	124 060	140 711	151 010	165 126	171 485

.. Non disponible

Note : Year ending 31st December.

From 1995 data are on accrual basis.

Following national practice, one-third of the revenues from stamp fees (heading 6000) and fifty percent of the revenues from administration duties (heading 6000) are treated as tax revenues, the remainder being treated as non-tax revenue.

From 1988 onwards promoting residential building is being mainly financed by capital transfers from the Federal Government to the Länder. For the years 1985 to 1987 legally fixed shares of some taxes have been transmitted automatically from Federal Government to the Länder for this purpose and these funds have been classified as tax receipts of the Länder in those years. From 1988, they are classified as Federal Government tax revenues. This break in the time series (1987/1988) affects only the shares of the different subsectors and not total tax revenues.

From 1998 contributions of interested persons and parking duties are classified as non-tax revenues (sales) and no longer reported under heading 6000.

Source : Statistics Austria.

StatLink https://stat.link/rq41pu

Tableau 5.3. Belgique : recettes fiscales détaillées, 1965-2019

Million EUR

	1965	1980	1990	2000	2007	2010	2013	2015	2018	2019
Recettes fiscales totales	**6 421**	**37 443**	**70 408**	**112 710**	**147 861**	**156 317**	**177 665**	**184 429**	**202 587**	**204 023**
Recettes fiscales totales excluant les taxes collectés pour le compte de l'UE	..	..	..	**111 675**	**146 411**	**155 042**	**176 488**	**182 812**	**200 670**	**202 080**
1000 Impôts sur revenu, bénéfices et gains en capital	**1 774**	**15 379**	**25 983**	**43 461**	**52 854**	**53 313**	**62 762**	**65 572**	**74 279**	**71 804**
1100 Des personnes physiques	1 317	13 626	22 538	35 318	41 020	44 027	50 518	51 877	54 421	53 997
1110 Sur le revenu et les bénéfices	1 317	13 626	22 538	35 318	41 020	44 027	50 518	51 877	54 421	53 997
Précompte immobilier	148	532	1 053	1 857	0	0	0	0	0	0
Précompte mobilier	119	1 062	3 014	1 755	2 351	2 426	4 314	4 104	3 641	3 693
Précompte professionnel	740	9 119	15 422	27 778	36 022	39 829	44 686	45 658	47 602	47 635
Impôt versé par non-salariés	125	1 776	2 144	1 959	1 747	1 611	1 508	1 547	1 664	1 586
Impôt des non-résidents	0	-2	4	585	792	810	841	926	1 080	1 133
Impôt sur revenu global	183	1 128	878	774	-915	-1 697	-1 988	-1 512	-859	-1 360
Cotisation spéciale séc. sociale	0	0	19	602	957	1 032	1 117	1 106	1 253	1 267
Autres (personnes physiques)	0	12	2	8	65	17	41	48	39	42
1120 Sur les gains en capital	0	0	0	0	0	0	0	0	0	0
1200 Des sociétés	397	1 744	3 405	8 065	11 749	9 249	12 192	13 644	19 787	17 736
1210 Sur les bénéfices	397	1 744	3 405	8 065	11 749	9 249	12 192	13 644	19 787	17 736
Précompte immobilier	33	0	0	0	0	0	0	0	0	0
Précompte mobilier	41	367	1 206	527	686	315	477	466	354	361
Versements anticipés (sociétés)	262	1 273	2 735	7 112	9 733	7 691	7 930	8 539	13 965	14 621
Impôt sur revenu global	60	79	-553	404	1 270	1 196	3 662	4 466	5 276	2 571
Impôt des non-résidents (sociétés)	0	-6	18	17	41	43	113	154	194	191
Autres (sociétés)	0	32	-2	5	19	4	10	19	-2	-7
1220 Sur les gains en capital	0	0	0	0	0	0	0	0	0	0
1300 Non-ventilables entre 1100 et 1200	61	9	40	77	85	38	52	51	72	71
Anciens impôts sur revenu	51	0	0	0	0	0	0	0	0	0
Amendes	3	0	0	0	0	0	0	0	0	0
Autres	7	9	40	77	85	38	52	51	72	71
2000 Cotisations de sécurité sociale	**2 018**	**10 798**	**23 386**	**34 865**	**45 929**	**50 674**	**56 527**	**58 812**	**61 105**	**63 203**
2100 À la charge des salariés	569	3 130	7 152	10 932	13 847	14 996	16 476	17 036	18 418	19 071
2110 Sur la base du salaire	..	3 130	7 152	10 932	13 847	14 996	16 476	17 036	18 418	19 071
Sur les salaires et traitements bruts	..	3 130	7 062	10 932	13 847	14 996	16 476	17 036	18 418	19 071
Sur les prestations sociales	..	0	89	0	0	0	0	0	0	0
2120 Sur la base de l'impôt sur les revenus	..	0	0	0	0	0	0	0	0	0
2200 À la charge des employeurs	1 320	6 791	14 689	21 027	28 216	31 041	34 915	36 240	36 585	37 902
2210 Sur la base du salaire	..	6 791	14 689	21 027	28 216	31 041	34 915	36 240	36 585	37 902
À la charge des administrations publiques	..	1 059	1 769	3 105	4 493	5 381	6 678	7 686	8 263	8 541
À la charge des autres secteurs	..	5 732	12 920	17 922	23 723	25 661	28 236	28 554	28 322	29 362
2220 Sur la base de l'impôt sur les revenus	..	0	0	0	0	0	0	0	0	0
2300 A charge des travailleurs indép. ou sans emploi	129	877	1 546	2 906	3 866	4 637	5 136	5 537	6 102	6 230
Travailleurs indépendants	..	803	1 230	2 053	2 678	3 342	3 703	3 975	4 238	4 327
Sans emploi	..	0	0	0	0	0	0	0	0	0
Pensionnés, retraités	..	29	198	709	1 012	1 134	1 324	1 449	1 744	1 778
Autres	..	45	118	144	176	161	109	113	120	125
2310 Sur la base du salaire	..	877	1 546	2 906	3 866	4 637	5 136	5 537	6 102	6 230
2320 Sur la base de l'impôt sur les revenus	..	0	0	0	0	0	0	0	0	0
2400 Non-ventilables entre 2100, 2200 et 2300	0	0	0	0	0	0	0	0	0	0
2410 Sur la base du salaire	..	..	..	..	..	..	..	..	..	..
2420 Sur la base de l'impôt sur les revenus	..	..	..	..	..	..	..	..	..	..
3000 Sur salaires ou main d'oeuvre	**0**	**0**	**0**	**0**	**6**	**7**	**8**	**8**	**7**	**9**
Cotisation mandats publics	..	..	..	..	6	7	8	8	7	9
4000 Impôts sur le patrimoine	**240**	**1 161**	**2 079**	**5 282**	**10 550**	**11 252**	**13 805**	**14 408**	**15 832**	**16 358**
4100 Impôts périodiques sur la propriété immobilière	2	210	599	1 164	4 146	4 632	5 187	5 433	5 685	6 145
4110 Ménages	0	26	63	102	2 779	3 115	3 478	3 651	3 855	4 174
4120 Autres agents	2	184	536	1 063	1 367	1 517	1 710	1 782	1 831	1 971
Taxes sur associations sans but lucratif	2	7	17	41	32	33	38	41	47	47
Précompte immobilier (soc.)	0	177	519	929	1 269	1 416	1 584	1 651	1 686	1 830
Taxe régionale (Dr.)	0	0	0	94	66	68	88	90	98	94
4200 Impôts périodiques sur l'actif net	0	0	0	92	253	237	451	661	952	922
4210 Personnes physiques	..	..	..	0	0	0	0	0	0	0
4220 Sociétés	..	..	..	92	253	237	451	661	952	922
4300 Impôts sur mut. par décès, succ. et donations	75	309	504	1 101	2 053	2 269	3 096	2 996	3 196	2 936
4310 Impôts sur mut. par décès et successions	69	281	475	1 042	1 702	1 939	2 634	2 504	2 677	2 400
4320 Impôts sur les donations	6	29	29	59	351	330	463	492	519	536

	1965	1980	1990	2000	2007	2010	2013	2015	2018	2019
4400 Impôts sur transact. mobilières et immob.	163	633	1 478	2 669	3 704	3 493	3 886	4 358	4 899	5 379
Droits d'enregistrement	153	527	1 213	1 967	3 325	3 210	3 542	3 899	4 439	4 911
Droits d'hypothèque	2	10	29	37	76	75	72	93	83	95
Droits de greffe	2	8	29	38	31	34	37	41	31	32
Fonds d'expansion économique	0	0	0	0	0	0	0	0	0	0
Taxe sur opérations de bourse	4	31	92	386	234	134	193	287	307	298
Taxe sur titres cotés en bourse	2	4	21	0	0	0	0	0	0	0
Taxe sur les titres au porteur	0	0	0	79	3	0	6	0	0	0
Droits de timbre, droits d'écriture	0	53	94	161	35	40	36	38	41	42
4500 Impôts non-périodiques	0	0	0	74	163	327	877	643	576	456
4510 Sur l'actif net	..	..	..	0	0	0	0	0	0	0
4520 Autres non-périodiques	..	..	..	74	163	327	877	643	576	456
Taxe sur l'épargne à long terme	..	..	..	74	163	194	207	413	361	342
Déclaration libératoire unique (DLU)	..	..	..	0	0	0	0	0	0	0
Déclaration libératoire unique (Diamant)	..	..	..	0	0	0	0	0	0	0
Régularisation fiscale (DLU bis)	..	..	..	0	0	133	614	152	66	28
Régularisation fiscale (DLU ter)	..	..	..	0	0	0	54	78	148	85
Contr. spéciale associations de crédit	..	..	..	0	0	0	2	0	0	0
4600 Autres impôts périodiques sur patrimoine	0	8	99	182	232	294	309	318	524	522
Prélèvement visant à lutter contre la non-utilisation d'un site de production d'électricité par un producteur	..	..	..	0	-16	0	0	0	0	0
Transfert au Fonds des Accidents de Travail en provenance des caisses privées d'assurance contre les accidents de travail	..	..	..	182	249	294	309	318	297	305
Taxe sur les comptes titres	..	..	..	0	0	0	0	0	226	217
5000 Impôts sur les biens et services	**2 386**	**10 105**	**18 360**	**29 103**	**38 462**	**41 035**	**44 517**	**45 589**	**51 364**	**52 649**
5100 Impôts sur production, vente, transfert, etc.	2 187	9 606	17 387	27 000	36 091	38 646	42 087	43 098	48 731	49 760
5110 Impôts généraux	1 355	6 321	11 570	18 258	24 411	25 882	27 979	28 170	31 775	32 563
5111 Taxes sur la valeur ajoutée	0	6 321	11 547	18 132	24 140	25 628	27 738	27 952	31 545	32 181
T V A	..	6 293	11 491	18 132	24 140	25 628	27 738	27 952	31 545	32 181
Taxe d'immatriculation	..	28	56	0	0	0	0	0	0	0
5112 Impôts sur les ventes	0	0	23	126	271	253	241	219	230	381
5113 Autres impôts	1 355	0	0	0	0	0	0	0	0	0
Taxes assimilées au timbre	1 355	..	..	..	..	..	..	..	..	..
5120 Impôts sur biens et services déterminés	832	3 285	5 818	8 742	11 680	12 764	14 109	14 927	16 955	17 197
5121 Accises	531	1 997	3 478	5 690	7 367	7 783	8 036	8 649	10 129	9 990
Huiles minérales	278	1 109	2 017	3 392	3 891	4 148	4 072	4 556	5 545	5 426
Gaz de pétrole, hydroc. liquéfiés, benzoles	0	4	0	0	0	0	0	0	0	0
Sur le tabac	132	501	868	1 342	1 821	1 885	2 197	2 262	2 363	2 404
Eaux de vie	23	123	191	206	225	235	272	318	314	311
Taxe consommation alcools, eaux de vie	26	54	0	0	0	0	0	0	0	0
Boissons fermentées mousseuses	1	7	11	24	39	57	77	92	102	104
Boissons fermentées de fruits	18	57	88	101	115	116	132	148	173	174
Bières	38	93	170	208	191	188	183	194	201	200
Eaux de boisson et limonades	10	44	113	148	49	54	58	56	175	183
Sucres et sirops de raffinage + café	5	5	22	13	12	13	15	14	14	15
Cotisation sur l'énergie	0	0	0	193	341	383	337	343	337	340
Produits intermédiaires alcoolisés	0	0	0	32	28	26	26	26	26	25
Redevance de contrôle fuel domestique	0	0	0	29	43	51	41	36	31	30
Ecotaxes	0	0	0	2	1	0	1	0	0	0
Cotisation d'emballage	0	0	0	0	296	320	332	336	352	349
Cotisation fédérale sur l'électricité et le gaz naturel	0	0	0	0	311	292	281	269	497	430
Cotisation environnementale	0	0	0	0	5	15	14	1	0	0
5122 Bénéfices des monopoles fiscaux	0	0	0	0	0	0	0	0	0	0
5123 Droits de douane et droits à l'importation	272	627	809	960	1 388	1 234	1 185	1 373	1 632	1 673
Droits d'entrée	206	0	0	0	0	0	0	0	0	0
Prélèvements agricoles	63	0	0	0	0	0	0	0	0	0
Prélèvements CECA	2	0	0	0	0	0	0	0	0	0
Prélèvements UE, droit d'entrée	0	383	716	932	1 365	1 210	1 149	1 368	1 632	1 673
Prélèvements agricoles UE	0	244	93	28	23	23	36	5	0	0
5124 Taxes à l'exportation	0	1	0	0	0	0	0	0	0	0
5125 Impôts sur biens d'équipement	0	0	0	0	0	0	0	0	0	0
5126 Impôts sur services déterminés	29	452	937	1 365	2 044	2 454	3 136	3 210	3 293	3 320
Taxes jeux et paris	9	47	51	45	64	77	73	80	103	107
Taxe annuelle contrats assurances	19	404	885	1 282	1 930	2 123	2 285	2 307	2 470	2 512
Taxe d'affichage	0	0	1	1	3	3	3	3	3	3
Protection des dépots	0	0	0	36	48	252	609	441	432	428
Fonds de résolution	..	..	..	..	..	..	167	380	285	270
5127 Autres impôts sur commerce et transact. internat.	0	0	0	0	0	0	0	0	0	0
5128 Autres impôts	0	208	593	726	881	1 294	1 751	1 695	1 901	2 214
5130 Non-ventilables entre 5110 et 5120	0	0	0	0	0	0	0	0	0	0
5200 Impôts sur utilisation des biens et exerc. activités	199	496	966	2 096	2 363	2 384	2 420	2 482	2 622	2 877

	1965	1980	1990	2000	2007	2010	2013	2015	2018	2019
5210 Impôts périodiques	199	496	966	1 887	2 032	2 005	2 023	2 032	1 955	1 973
Taxe de circulation	100	368	712	1 413	1 693	1 702	1 830	1 851	1 852	1 897
5211 À la charge des ménages : véhicules à moteur	0	204	458	889	1 051	1 054	1 148	1 163	1 240	1 270
5212 À la charge autres agents : véhicules à moteur	0	164	254	525	642	648	683	689	612	626
5213 Autres impôts périodiques	99	127	254	474	338	303	193	181	104	76
Taxe appareils de divertissement	6	20	20	71	56	58	74	56	52	53
Taxe débits de boissons	1	5	24	18	0	0	0	0	0	0
Taxe sur la chasse	2	0	0	0	0	0	0	0	0	0
Collectivités locales	90	15	19	38	99	112	10	22	23	23
Radio, TV	0	87	191	347	184	133	108	103	29	0
5220 Impôts non-périodiques	0	0	0	209	332	379	397	451	667	904
Taxe de mise en circulation	..	..	..	209	332	379	360	349	473	497
Ménages	..	..	..	139	221	252	240	233	315	331
Autres agents	..	..	..	70	111	126	120	116	158	166
Droits d'émission	..	..	..	0	0	0	36	101	193	407
5300 Non-ventilables entre 5100 et 5200	0	3	7	7	7	6	10	9	11	13
6000 Autres impôts	**2**	**0**	**0**	**0**	**61**	**36**	**46**	**40**	**0**	**0**
6100 À la charge exclusive des entreprises	0	..	..	..	0	0	0	0	..	..
6200 À la charge d'autres agents	2	..	..	..	61	36	46	40	..	..
Amendes et intérets	2	..	..	..	0	0	0	0	..	..
Pour mémoire										
Droits de douane perçus pour le compte de l'UE	..	..	..	960	1 388	1 234	1 185	1 373	1 632	1 673
Contributions au Fonds de résolution unique collectées pour le compte de l'UE	..	..	..	..	..	..	167	380	285	270
Autres taxes pour le compte de l'UE	..	..	..	75	62	42	-7	9	..	..
Impôts sur le revenu et cotisations sociales obligatoires (UE)	..	..	..	310	521	685	665	731	825	869
Impôts sur le revenu (UE)	..	..	..	174	270	345	336	370	421	444
Cotisations sociales obligatoires (UE)	..	..	..	136	250	340	330	360	404	425
Crédits d'impôts récupérables										
Crédits d'impôts récupérables contre 1110	..	..	..	..	348	1 037	1 492	830	967	1 083
Composante fiscale	..	..	..	..	78	588	1 077	537	769	855
Composante transfert	..	..	..	..	270	449	415	293	197	228
Crédits d'impôts récupérables contre 1210	..	..	..	..	..	..	..	..	..	..
Composante fiscale	..	..	..	..	..	..	..	..	..	..
Composante transfert	..	..	..	..	..	..	..	..	..	..
Recettes fiscales totales sur la base d'encaissements	**6 421**	**37 438**	**70 268**	**..**	**..**	**..**	**..**	**..**	**..**	**..**
Recettes fiscales totales sur la base des droits constatés	**..**	**37 443**	**70 408**	**112 710**	**147 861**	**156 317**	**177 665**	**184 429**	**202 587**	**204 023**
Conciliation avec les Comptes nationaux										
Impôts additionnels inclus dans les comptes nationaux	..	107	447	1 300	1 740	2 458	3 354	3 616	4 105	4 267
Bénéfices de la loterie nationale	..	107	262	279	225	243	215	206	185	185
Taxes sur les eaux (RF, RW et RB-C)	..	0	66	378	119	137	122	104	140	142
Cot. producteurs produits animaux (Sanitel)	..	0	0	14	13	15	14	6	14	8
Taxe sur les déchets industriels	..	0	27	74	68	54	46	55	88	81
Taxe sur le lisier (RF)	..	0	0	11	11	5	5	1	4	2
Taxe sur les déchets ménagers (RW)	..	0	0	20	..	..	..	..	..	..
Retenue à la source sur salaires (UE)	..	0	93	174	270	345	336	370	421	444
Cotisations de sécurité sociale (UE)	..	0	0	136	250	340	330	360	404	425
Cotisations sociales imputées (UE)	..	0	0	213	431	508	511	554	631	660
Certificats verts	..	..	..	..	354	812	1 777	1 959	2 219	2 320
Impôt exclus des comptes nationaux	..	0	0	0	0	0	0	0	0	0
Protection des dépots	..	..	..	..	..	..	..	..	..	..
Différence dans les traitements des crédits d'impôts	..	0	..	..	78	588	1 077	537	769	855
Transfert en capital des recettes non collectées	..	0	0	-291	-381	-597	-730	-547	-629	-625
TVA grevant les produits non recouvrable	..	..	..	-18	-276	-367	-488	-357	-492	-479
Précompte professionnel non recouvrable	..	..	..	-40	-53	-71	-47	-49	-47	-45
Cotisations sociales effectives à la charge des employeurs dues non recouvrables	..	..	..	-233	-52	-159	-194	-141	-90	-100
Cotisations de sécurité sociale volontaires	..	41	52	58	57	60	77	70	85	84
Différences diverses	..	0	0	0	0	0	0	0	0	0
Réallocation niveaux d'administration nationaux	..	..	..	..	..	..	..	..	..	..
Réallocation UE	..	..	..	..	..	..	..	..	..	..
Comptes nationaux : impôts et cotisations sociales effectives	..	37 590	70 907	113 564	148 924	158 318	180 932	187 550	206 286	207 944
Cotisations sociales imputées	..	1 497	2 886	5 377	7 568	8 713	10 071	9 812	10 817	11 056
Comptes nationaux : impôts et toutes les cotisations sociales	..	39 087	73 793	118 940	156 492	167 031	191 003	197 362	217 103	219 001

.. Non disponible

Note : Données établies sur la base de l'année civile se terminant le 31 décembre. A partir de 1970, les données sont sur la base des droits constatés.

Source : Service Public Fédéral Finances.

StatLink https://stat.link/5l2wcu

Tableau 5.4. Canada : recettes fiscales détaillées, 1965-2019

Millions CAD

	1965	1980	1990	2000	2007	2010	2013	2015	2018	2019
Recettes fiscales totales	**15 318**	**101 015**	**244 152**	**390 234**	**512 663**	**516 591**	**592 206**	**653 269**	**747 568**	**781 201**
1000 Impôts sur revenu, bénéfices et gains en capital	**5 910**	**47 064**	**118 566**	**195 320**	**251 198**	**240 961**	**281 787**	**314 841**	**367 456**	**387 568**
1100 Des personnes physiques	3 464	34 451	99 722	143 652	190 025	180 894	214 054	240 304	267 173	281 374
1110 Sur le revenu et les bénéfices	3 464	34 451	99 722	143 652	190 025	180 894	214 054	240 304	267 173	281 374
Taxes federal government	2 635	21 231	60 252	90 694	116 395	109 341	127 655	143 315	161 879	169 476
Taxes on individuals - province	829	13 220	39 470	52 958	73 630	71 553	86 399	96 989	105 294	111 898
1120 Sur les gains en capital	0	0	0	0	0	0	0	0	0	0
1200 Des sociétés	2 276	11 741	17 190	47 643	54 272	54 101	62 359	67 894	91 358	96 160
1210 Sur les bénéfices	2 276	11 741	17 190	47 643	54 272	54 101	62 359	67 894	91 358	96 160
Taxes federal government	1 752	8 110	11 726	31 570	37 093	33 419	38 142	41 726	56 505	59 605
Taxes on corporations - province	524	3 631	5 464	16 073	17 179	20 682	24 217	26 168	34 853	36 555
1220 Sur les gains en capital	0	0	0	0	0	0	0	0	0	0
1300 Non-ventilables entre 1100 et 1200	170	872	1 654	4 025	6 901	5 966	5 374	6 643	8 925	10 034
Non-resident withhold taxes - federal	170	872	1 654	4 025	6 901	5 966	5 374	6 643	8 925	10 034
2000 Cotisations de sécurité sociale	**854**	**10 649**	**29 653**	**53 109**	**73 722**	**76 787**	**90 394**	**96 371**	**103 502**	**108 364**
2100 À la charge des salariés	318	3 756	10 634	21 361	29 361	30 626	36 057	38 685	41 643	44 258
Canada pension plan	47	1 265	3 745	9 401	16 194	16 852	20 021	21 491	23 645	25 257
Quebec pension plan	15	431	1 108	2 897	4 124	5 450	5 815	6 293	7 413	7 963
Employment insurance	164	1 393	5 284	7 782	7 084	7 388	9 198	9 772	9 255	9 680
Hospital insurance premiums	92	667	496	1 281	1 959	937	1 023	1 128	1 331	1 357
2110 Sur la base du salaire	..	..	10 634	20 976	28 654	29 689	35 034	37 557	40 312	42 901
2120 Sur la base de l'impôt sur les revenus	..	..	0	385	707	937	1 023	1 128	1 331	1 357
2200 À la charge des employeurs	536	6 697	18 449	30 307	41 922	43 525	51 261	54 380	58 180	60 173
Canada pension plan	48	1 266	3 745	9 401	16 194	16 852	20 021	21 491	23 645	25 257
Quebec pension plan	15	432	1 108	2 897	4 124	5 450	5 815	6 293	7 413	7 963
Employment insurance	164	2 006	7 398	10 894	9 917	10 343	12 877	13 681	12 956	13 553
Hospital insurance premiums	92	1 270	496	897	1 252	0	0	0	0	0
Social insurance levies	217	1 723	5 702	6 218	10 434	10 881	12 548	12 914	14 166	13 400
2210 Sur la base du salaire	..	..	18 449	30 307	41 922	43 525	51 261	54 380	58 180	60 173
2220 Sur la base de l'impôt sur les revenus	..	..	0	0	0	0	0	0	0	0
2300 A charge des travailleurs indép. ou sans emploi	0	196	570	1 442	2 440	2 636	3 076	3 307	3 679	3 933
Canada pension plan	..	153	478	1 200	2 096	2 181	2 591	2 781	3 060	3 268
Quebec pension plan	..	43	92	242	344	455	486	525	619	665
2310 Sur la base du salaire	..	196	570	1 442	2 440	2 636	3 076	3 307	3 679	3 933
2320 Sur la base de l'impôt sur les revenus	..	0	0	0	0	0	0	0	0	0
2400 Non-ventilables entre 2100, 2200 et 2300	0	0	0	0	0	0	0	0	0	0
2410 Sur la base du salaire	..	..	..	..	..	..	..	..	..	..
2420 Sur la base de l'impôt sur les revenus	..	..	..	..	..	..	..	..	..	..
3000 Sur salaires ou main d'oeuvre	**0**	**0**	**5 499**	**8 013**	**10 038**	**10 760**	**12 482**	**13 256**	**14 867**	**17 245**
4000 Impôts sur le patrimoine	**2 186**	**9 195**	**24 467**	**37 157**	**54 507**	**63 735**	**70 451**	**77 778**	**86 198**	**89 093**
4100 Impôts périodiques sur la propriété immobilière	1 830	8 315	20 189	30 242	44 567	51 702	57 769	62 651	68 826	70 436
On property provincial government	11	133	1 645	3 078	3 164	4 476	4 946	5 410	6 825	7 050
Personal property local government	17	0	18 544	27 165	41 403	47 226	52 823	57 241	62 001	63 386
Real property local government	1 802	8 182	0	0	0	0	0	0	0	0
4110 Ménages	..	..	..	..	..	..	..	..	..	..
4120 Autres agents	..	..	..	..	..	..	..	..	..	..
4200 Impôts périodiques sur l'actif net	25	512	1 911	4 171	2 970	1 523	414	372	456	441
4210 Personnes physiques	0	0	0	0	0	0	0	0	0	0
4220 Sociétés	25	512	1 911	4 171	2 970	1 523	414	372	456	441
4300 Impôts sur mut. par décès, succ. et donations	223	75	3	2	0	178	221	268	334	347
4310 Impôts sur mut. par décès et successions	216	75	3	2	..	178	221	268	334	347
On inheritances federal government	108	0	0	0	..	0	0	0	0	0
Succession duties provincial government	108	75	3	2	..	178	221	268	334	347
4320 Impôts sur les donations	7	0	0	0	..	0	0	0	0	0
On gifts federal government	7	..	..	..	..	..	..	..	..	..
4400 Impôts sur transact. mobilières et immob.	0	0	0	0	2 868	3 077	3 646	4 975	6 462	6 789
4500 Impôts non-périodiques	108	293	2 365	2 742	4 102	7 254	8 401	9 512	10 120	11 080
4510 Sur l'actif net	0	0	0	0	0	0	0	0	0	0
4520 Autres non-périodiques	108	293	2 365	2 742	4 102	7 254	8 401	9 512	10 120	11 080
Special assessments and charges local govt.	108	293	2 365	2 742	4 102	7 254	8 401	9 512	10 120	11 080
4600 Autres impôts périodiques sur patrimoine	0	0	0	0	0	0	0	0	0	0
5000 Impôts sur les biens et services	**6 202**	**32 909**	**63 092**	**94 468**	**122 855**	**123 752**	**136 396**	**150 275**	**174 660**	**178 036**
5100 Impôts sur production, vente, transfert, etc.	5 310	24 808	59 627	88 879	114 701	116 160	128 554	140 750	162 662	166 932
5110 Impôts généraux	2 730	11 658	34 475	55 313	71 242	72 130	81 452	90 598	106 140	109 700
5111 Taxes sur la valeur ajoutée	0	0	0	35 884	46 072	70 712	78 292	86 694	101 401	103 539

	1965	1980	1990	2000	2007	2010	2013	2015	2018	2019
5112 Impôts sur les ventes	2 730	11 658	34 475	19 429	25 170	1 418	3 160	3 904	4 739	6 161
Sales taxes federal government	813	5 429	16 866	0	0	0	0	0	0	0
Sales taxes provincial, local govt.	1 917	6 229	17 609	19 429	25 170	1 418	3 160	3 904	4 739	6 161
5113 Autres impôts	0	0	0	0	0	0	0	0	0	0
5120 Impôts sur biens et services déterminés	2 580	13 150	25 153	33 565	43 459	44 030	47 102	50 152	56 522	57 233
5121 Accises	1 499	6 805	14 473	18 417	22 759	23 281	24 470	25 284	27 761	28 713
Excises federal government	740	3 850	6 405	8 377	9 249	10 244	10 261	10 372	11 378	12 948
Liquor	..	..	926	1 103	1 224	1 554	1 488	1 521	1 809	1 881
Tobacco	..	..	2 247	2 176	2 466	3 025	3 019	2 875	3 387	3 024
Gasoline and motive fuel	..	..	2 472	4 807	5 272	5 306	5 460	5 678	5 737	5 964
Remitted gaming profits	..	..	45	0	0	0	0	0	0	0
Miscellaneous consumption taxes	..	..	715	291	287	358	294	297	445	2 079
Excises provincial government	759	2 955	8 067	10 039	13 510	13 037	14 209	14 912	16 383	15 765
Motor fuel	680	1 863	4 674	7 031	8 065	8 198	9 094	9 727	10 072	10 219
Tobacco	53	772	2 776	2 279	4 181	4 620	4 879	5 108	4 965	4 709
Other	26	320	617	730	1 264	219	236	77	1 346	837
5122 Bénéfices des monopoles fiscaux	294	1 406	3 758	8 756	11 565	11 565	12 059	13 016	14 309	14 782
Own enterprises contributions	294	1 406	3 758	8 756	11 565	11 565	12 059	13 016	14 309	14 782
5123 Droits de douane et droits à l'importation	686	3 199	4 021	2 824	3 829	3 441	4 193	5 181	6 642	5 493
Customs and import duties federal govt.	686	3 199	4 021	2 824	3 829	3 441	4 193	5 181	6 642	5 493
5124 Taxes à l'exportation	0	842	0	0	0	0	0	0	0	0
5125 Impôts sur biens d'équipement	0	0	0	0	0	0	0	0	0	0
5126 Impôts sur services déterminés	84	575	2 385	2 524	4 088	4 489	5 087	5 213	6 547	6 600
Tax on insurance premiums, provincial govt.	45	261	1 141	1 740	2 796	3 305	3 901	3 962	5 020	5 125
Tax on insurance premiums, federal govt.	0	1	1	1	11	28	13	10	0	9
Amusement and admission taxes	4	25	126	538	537	322	280	291	318	327
Air transportation taxes	0	166	488	0	403	600	662	722	872	800
Racetrack betting	35	122	155	55	36	36	32	33	25	23
Tax on meals and hotels	0	0	473	191	305	198	199	195	312	316
5127 Autres impôts sur commerce et transact. internat.	0	0	0	0	0	0	0	0	0	0
5128 Autres impôts	17	323	517	1 045	1 217	1 255	1 292	1 458	1 263	1 645
Other taxes federal government	0	98	272	758	762	557	439	544	474	499
Other taxes provincial government	17	225	245	287	455	698	853	914	789	1 146
5130 Non-ventilables entre 5110 et 5120	0	0	0	0	0	0	0	0	0	0
5200 Impôts sur utilisation des biens et exerc. activités	892	8 101	3 465	5 589	8 154	7 592	7 842	9 525	11 998	11 104
5210 Impôts périodiques	306	1 500	2 393	3 644	4 368	4 452	5 017	5 589	6 242	6 312
5211 À la charge des ménages : véhicules à moteur	103	666	1 056	1 696	2 241	1 986	2 237	2 478	2 927	2 995
5212 À la charge autres agents : véhicules à moteur	141	509	697	1 039	1 242	1 153	1 343	1 552	1 717	1 747
5213 Autres impôts périodiques	62	325	640	909	885	1 313	1 437	1 559	1 598	1 570
5220 Impôts non-périodiques	586	6 601	1 072	1 945	3 786	3 140	2 825	3 936	5 756	4 792
Licences and permits local govt.	36	132	317	499	889	807	952	1 023	1 113	1 195
Licences and permits provincial govt.	550	6 469	755	1 446	2 897	2 333	1 873	2 913	4 643	3 597
5300 Non-ventilables entre 5100 et 5200	0	0	0	0	0	0	0	0	0	0
6000 Autres impôts	**166**	**1 198**	**2 875**	**2 167**	**342**	**596**	**696**	**748**	**886**	**894**
6100 À la charge exclusive des entreprises	139	943	2 386	1 280	0	0	0	0	0	0
6200 À la charge d'autres agents	27	255	489	887	342	596	696	748	886	894
Poll tax local government	5	0	0	0	0	0	0	0	0	0
Miscellaneous local government	11	358	489	887	342	596	696	748	886	894
Other federal government	11	-103	0	0	0	0	0	0	0	0
Crédits d'impôts récupérables										
Crédits d'impôts récupérables contre 1110	..	..	..	1 633	5 550	6 415	7 326	7 510	10 681	13 949
Composante fiscale	..	..	..	276	824	875	965	968	2 372	3 952
Composante transfert	..	..	..	1 357	4 726	5 540	6 361	6 542	8 309	9 997
Crédits d'impôts récupérables contre 1210				1 758	3 445	4 726	3 754	3 768	3 828	4 250
Composante fiscale	..	..	..	20	12	19	17	15	16	23
Composante transfert	..	..	..	1 738	3 433	4 707	3 737	3 753	3 812	4 227
Recettes fiscales totales sur la base d'encaissements	**15 318**	**101 015**	**244 152**	**388 833**	**527 734**	..	..	..	..	..
Recettes fiscales totales sur la base des droits constatés	..	..	..	**390 234**	**512 663**	**516 591**	**592 206**	**653 269**	**747 568**	**781 201**
Conciliation avec les comptes nationaux										
Impôts additionnels inclus dans les comptes nationaux	..	..	..	0	0	0	0	0	0	0
Impôt exclus des comptes nationaux	..	..	..	0	0	0	0	0	0	0
Différence dans les traitements des crédits d'impôts	..	..	..	296	836	894	982	983	2 388	3 976
Transfert en capital des recettes non collectées	..	..	..	0	0	0	0	0	0	0
Cotisations de sécurité sociale volontaires	..	..	..	0	0	0	0	0	0	0
Différences diverses	..	..	..	0	0	0	0	0	0	0
Comptes nationaux : impôts et cotisations sociales effectives	..	..	..	390 234	513 499	517 485	593 188	654 252	749 956	785 176
Cotisations sociales imputées	..	..	..	0	0	0	0	0	0	0
Comptes nationaux : impôts et toutes les cotisations sociales	..	..	..	390 234	513 499	517 485	593 188	654 252	749 956	785 176

.. Non disponible

Note : From 2001, all data are for the year ending 31st December. For 2000 and earlier years, data for the Federal, Provincial and Territorial governments and Social security funds are on a fiscal year basis commencing 1st April. Data for local government are on a fiscal year basis commencing 1st January.

From 1999 data are on accrual basis except that personal income taxes are on a modified cash basis.

There are some minor differences between the data for the years 1965 to 1978 and those for subsequent years. These mostly relate to the inclusion of fines and penalities or late payment of taxes and deductions for the child tax credits in the data for the years 1979 to 1983.

Heading 1210 - Taxes federal government: Federal corporate taxes include capital taxes.

Heading 2000: Includes receipts from the Canadian Pension Plan, Quebec Pension Plan, Unemployement Insurance Fund and Provincial Health Insurance. Premiums, Medicare Premiums and Social Insurance levies but excludes that part of the taxes on income and sales taxes earmarked for old age security. The practice of earmarking these taxes was discontinued in June 1975.

Heading 4400: From 2002 onward includes land transfer taxes of the provincial, territorial and local governments. Prior to 2002 land transfer taxes of the local government were included in line 6000 and those provincial and territorial governments were included in line 4520.

Heading 5121: The large increase in this heading between 1980 and 1981 is due to the introduction of a 'special petroleum compensation charge', a 'Canadian ownership special charge' and to an increase in the natural gas tax of C$ 2399 millions.

Heading 5122: From 1988, profits on fiscal monopolies include lottery profits.

Heading 5128: From 1988, other taxes of Federal Government include the annual fees for managing the spectrum (airwaves) allocation to the cellular industry.

Heading 5211: Some Québec motor vehicle licence administrative fees are included in sales of goods and services for the period 1988-89 to 1997-98. From 1998-99 onward, these fees are included under other taxes - motor vehicle licences.

Source : Statistics Canada.

StatLink https://stat.link/2mljgs

Tableau 5.5. Chili : recettes fiscales détaillées, 1965-2019

Million CLP

	1965	1980	1990	2000	2007	2010	2013	2015	2018	2019
Recettes fiscales totales	..	..	**1 777 218**	**7 901 998**	**20 598 963**	**21 845 693**	**27 381 686**	**32 532 354**	**40 314 703**	**41 025 508**
1000 Impôts sur revenu, bénéfices et gains en capital	..	..	**412 974**	**1 841 630**	**9 412 056**	**8 329 060**	**9 520 709**	**11 840 521**	**14 418 859**	**14 283 183**
1100 Des personnes physiques	..	..	99 154	604 100	989 348	1 492 837	1 964 172	3 199 876	2 701 416	2 937 532
Second category tax	..	..	65 552	490 980	993 129	1 449 099	1 981 699	2 350 120	2 848 205	3 015 794
Global complementary tax	..	..	33 603	113 120	-3 781	43 738	-17 527	-36 757	-146 789	-78 261
Other	..	..	0	0	0	0	0	886 513	0	0
1110 Sur le revenu et les bénéfices	..	..	..	..	..	..	..	..	..	..
1120 Sur les gains en capital	..	..	..	..	..	..	..	..	..	..
1200 Des sociétés	..	..	219 586	882 896	6 054 487	4 448 745	6 041 089	6 839 133	8 920 497	9 597 472
First category tax	..	..	200 891	815 747	5 084 996	3 913 870	5 473 355	6 183 830	7 836 379	8 880 080
Surtax on state owned enterprises	..	..	16 074	47 634	113 334	194 203	124 220	132 352	184 442	122 054
Mining tax	..	..	0	0	835 452	298 558	324 577	323 507	184 382	277 861
Other	..	..	2 621	19 516	20 705	42 114	118 937	199 444	715 293	317 477
1210 Sur les bénéfices	..	..	..	..	..	..	..	..	..	..
1220 Sur les gains en capital	..	..	..	..	..	..	..	..	..	..
1300 Non-ventilables entre 1100 et 1200	..	..	94 233	354 634	2 368 221	2 387 478	1 515 449	1 801 512	2 796 947	1 748 179
Additional tax	..	..	59 082	350 301	1 462 715	1 414 057	1 337 721	1 429 758	2 127 948	1 902 585
Other	..	..	35 151	4 332	905 507	973 421	177 727	371 755	668 998	-154 406
2000 Cotisations de sécurité sociale	..	..	**159 559**	**576 758**	**1 148 647**	**1 493 987**	**1 968 973**	**2 252 489**	**2 786 173**	**2 994 906**
2100 À la charge des salariés	..	..	154 021	553 937	1 098 620	1 433 159	1 906 340	2 188 575	2 703 261	2 894 725
2110 Sur la base du salaire	..	..	154 021	553 937	1 098 620	1 433 159	1 906 340	2 188 575	2 703 261	2 894 725
2120 Sur la base de l'impôt sur les revenus	..	..	0	0	0	0	0	0	0	0
2200 À la charge des employeurs	..	..	5 538	22 821	50 027	60 828	62 633	63 914	82 912	100 181
2210 Sur la base du salaire	..	..	5 538	22 821	50 027	60 828	62 633	63 914	82 912	100 181
2220 Sur la base de l'impôt sur les revenus	..	..	0	0	0	0	0	0	0	0
2300 A charge des travailleurs indép. ou sans emploi	..	..	0	0	0	0	0	0	0	0
2310 Sur la base du salaire	..	..	..	..	..	..	..	..	..	..
2320 Sur la base de l'impôt sur les revenus	..	..	..	..	..	..	..	..	..	..
2400 Non-ventilables entre 2100, 2200 et 2300	..	..	0	0	0	0	0	0	0	0
2410 Sur la base du salaire	..	..	..	..	..	..	..	..	..	..
2420 Sur la base de l'impôt sur les revenus	..	..	..	..	..	..	..	..	..	..
3000 Sur salaires ou main d'oeuvre	..	..	**0**	**0**	**0**	**0**	**0**	**0**	**0**	**0**
4000 Impôts sur le patrimoine	..	..	**109 319**	**554 037**	**1 013 571**	**898 607**	**1 133 765**	**1 421 274**	**2 086 866**	**2 242 561**
4100 Impôts périodiques sur la propriété immobilière	..	..	59 968	302 244	496 311	662 368	840 842	1 056 920	1 373 495	1 507 182
4110 Ménages	..	..	..	..	..	..	..	..	..	..
4120 Autres agents	..	..	..	..	..	..	..	..	..	..
4200 Impôts périodiques sur l'actif net	..	..	0	0	0	0	0	0	0	0
4210 Personnes physiques	..	..	..	..	..	..	..	..	..	..
4220 Sociétés	..	..	..	..	..	..	..	..	..	..
4300 Impôts sur mut. par décès, succ. et donations	..	..	3 444	10 906	28 501	39 338	45 550	92 236	125 649	62 824
4310 Impôts sur mut. par décès et successions	..	..	..	..	..	..	..	..	..	..
4320 Impôts sur les donations	..	..	..	..	..	..	..	..	..	..
4400 Impôts sur transact. mobilières et immob.	..	..	45 907	240 886	488 759	196 901	247 373	272 118	587 721	672 555
4500 Impôts non-périodiques	..	..	0	0	0	0	0	0	0	0
4510 Sur l'actif net	..	..	..	..	..	..	..	..	..	..
4520 Autres non-périodiques	..	..	..	..	..	..	..	..	..	..
4600 Autres impôts périodiques sur patrimoine	..	..	0	0	0	0	0	0	0	0
5000 Impôts sur les biens et services	..	..	**1 118 722**	**5 041 769**	**9 023 666**	**11 185 156**	**14 779 915**	**17 597 378**	**21 470 498**	**21 755 381**
5100 Impôts sur production, vente, transfert, etc	..	..	1 074 009	4 789 827	8 578 636	10 532 904	13 809 529	16 515 485	19 953 030	20 107 012
5110 Impôts généraux	..	..	664 421	3 306 350	6 781 501	8 399 926	11 170 794	13 273 958	16 211 646	16 348 944
5111 Taxes sur la valeur ajoutée	..	..	664 421	3 306 350	6 781 501	8 399 926	11 170 794	13 273 958	16 211 646	16 348 944
5112 Impôts sur les ventes	..	..	0	0	0	0	0	0	0	0
5113 Autres impôts	..	..	0	0	0	0	0	0	0	0
5120 Impôts sur biens et services déterminés	..	..	409 588	1 483 477	1 797 135	2 132 978	2 698 735	3 241 527	3 741 389	3 818 068
5121 Accises	..	..	166 050	816 160	1 299 844	1 561 205	1 987 475	2 412 773	2 796 033	2 862 327
Cigarettes and tobacco	..	..	60 604	283 275	455 595	647 637	816 001	981 422	981 466	973 336
Gasolene and diesel	..	..	105 445	532 885	844 249	913 568	1 171 483	1 388 218	1 727 392	1 811 132
Oil stabilisation fund	..	..	0	0	0	0	0	0	0	0
Fisheries Law Extraction Rights	..	..	0	0	0	0	0	8 558	19 623	17 662
Additional tax on new motor vehicles	..	..	0	0	0	0	0	34 575	67 561	60 197
5122 Bénéfices des monopoles fiscaux	..	..	0	0	0	0	0	0	0	0
5123 Droits de douane et droits à l'importation	..	..	222 486	548 571	300 416	267 331	303 393	343 491	347 555	331 846
5124 Taxes à l'exportation	..	..	0	0	0	0	0	0	0	0
5125 Impôts sur biens d'équipement	..	..	0	0	0	0	0	0	0	0
5126 Impôts sur services déterminés	..	..	21 052	118 746	196 875	304 442	407 867	485 263	597 802	623 895
5127 Autres impôts sur commerce et transact. internat.	..	..	0	0	0	0	0	0	0	0
5128 Autres impôts	..	..	0	0	0	0	0	0	0	0

	1965	1980	1990	2000	2007	2010	2013	2015	2018	2019
5130 Non-ventilables entre 5110 et 5120	..	..	0	0	0	0	0	0	0	0
5200 Impôts sur utilisation des biens et exerc. activités	..	..	44 714	251 942	445 030	652 252	910 386	1 081 893	1 517 462	1 588 369
5210 Impôts périodiques	..	..	44 714	251 942	445 030	652 252	910 386	1 081 893	1 402 110	1 461 686
Motor vehicles	..	..	24 469	93 880	155 158	218 219	330 754	397 608	539 918	592 327
5211 À la charge des ménages : véhicules à moteur	..	..	0	0	0	0	0	0	0	0
5212 À la charge autres agents : véhicules à moteur	..	..	0	0	0	0	0	0	0	0
5213 Autres impôts périodiques	..	..	20 245	158 062	289 872	434 033	579 632	684 285	862 192	869 359
Municipal permits	..	..	18 401	136 138	263 996	396 944	527 955	630 943	806 734	813 159
Mining patents	..	..	3 374	34 730	25 184	36 213	50 094	51 767	53 854	54 696
Other	..	..	-1 530	-12 806	692	876	1 583	1 575	1 604	1 504
5220 Impôts non-périodiques	..	..	0	0	0	0	0	0	115 352	126 683
Tax on Polluting Fixed Sources	..	..	..	..	..	..	..	..	115 352	126 683
5300 Non-ventilables entre 5100 et 5200	..	..	0	0	0	0	0	0	0	0
6000 Autres impôts	**..**	**..**	**-23 356**	**-112 195**	**1 023**	**-61 117**	**-21 676**	**-579 308**	**-447 692**	**-250 523**
6100 À la charge exclusive des entreprises	..	..	0	0	0	0	0	0	0	0
6200 À la charge d'autres agents	..	..	-23 356	-112 195	1 023	-61 117	-21 676	-579 308	-447 692	-250 523
Crédits d'impôts récupérables										
Crédits d'impôts récupérables contre 1110	..	..	0	0	0	0	0	0	0	0
Composante fiscale	..	..	..	..	..	..	..	..	..	..
Composante transfert	..	..	..	..	..	..	..	..	..	..
Crédits d'impôts récupérables contre 1210	..	..	0	0	0	0	0	175 468	251 606	278 792
Composante fiscale	..	..	..	..	..	..	..	45 774	64 837	78 226
Composante transfert	..	..	..	..	..	..	..	129 694	186 769	200 566
Recettes fiscales totales sur la base d'encaissements	**..**	**..**	**1 777 218**	**7 901 998**	**20 598 963**	**21 845 693**	**27 381 686**	**32 532 354**	**40 314 703**	**41 025 508**
Recettes fiscales totales sur la base des droits constatés	**..**	**..**	**..**	**..**	**..**	**..**	**..**	**..**	**..**	**..**
Conciliation avec les comptes nationaux										
Impôts additionnels inclus dans les comptes nationaux	..	..	..	..	..	..	..	..	..	..
Impôt exclus des comptes nationaux	..	..	..	..	..	..	..	..	..	..
Différence dans les traitements des crédits d'impôts	..	..	..	..	..	..	..	..	..	..
Transfert en capital des recettes non collectées	..	..	..	..	..	..	..	..	..	..
Cotisations de sécurité sociale volontaires	..	..	..	..	..	..	..	..	..	..
Différences diverses	..	..	..	..	..	..	..	..	..	..
Comptes nationaux : impôts et cotisations sociales effectives	..	..	..	..	..	..	..	..	..	..
Cotisations sociales imputées	..	..	..	..	..	..	..	..	..	..
Comptes nationaux : impôts et toutes les cotisations sociales	..	..	..	..	..	..	..	..	..	..

.. Non disponible

Note : Year ending 31st December.

The data are on a cash basis.

Source : Servicio de Impuestos internos (Chile's Tax Service).

StatLink https://stat.link/2fopcr

Tableau 5.6. Colombie : recettes fiscales détaillées, 1965-2019

Million COP

	1965	1980	1990	2000	2007	2010	2013	2015	2018	2019
Recettes fiscales totales	..	..	**2 579 426**	**30 598 630**	**82 697 457**	**98 455 335**	**142 976 023**	**160 157 693**	**190 299 911**	**209 071 314**
1000 Impôts sur revenu, bénéfices et gains en capital	..	..	**771 694**	**7 103 525**	**24 010 404**	**26 218 852**	**47 743 096**	**52 656 876**	**64 043 928**	**67 519 599**
1100 Des personnes physiques	..	..	47 210	1 499 345	4 751 580	5 192 384	7 787 903	9 215 137	12 235 324	14 155 111
1110 Sur le revenu et les bénéfices	..	..	47 210	1 499 345	4 751 580	5 192 384	7 787 903	9 215 137	12 235 324	14 155 111
Income tax	..	..	47 210	1 499 345	4 751 580	5 192 384	7 787 903	9 215 137	12 235 324	14 148 562
Simple tax regime	..	..	0	0	0	0	0	0	0	6 549
1120 Sur les gains en capital	..	..	..	..	..	..	..	..	..	..
1200 Des sociétés	..	..	359 758	5 119 828	18 427 899	20 405 209	38 788 220	41 401 857	48 628 587	50 242 515
1210 Sur les bénéfices	..	..	359 758	5 119 828	18 427 899	20 405 209	38 788 220	41 401 857	48 628 587	50 242 515
Income tax	..	..	359 758	5 119 828	18 427 899	20 405 209	35 848 641	27 475 688	48 495 864	50 126 648
Pro Equity Income Tax - CREE	..	..	0	0	0	0	2 939 579	13 926 169	132 723	99 798
Simple tax regime	..	..	0	0	0	0	0	0	0	16 068
1220 Sur les gains en capital	..	..	..	..	..	..	..	..	..	..
1300 Non-ventilables entre 1100 et 1200	..	..	364 726	484 352	830 925	621 258	1 166 973	2 039 882	3 180 016	3 121 974
Income tax	..	..	364 726	484 352	830 925	621 258	1 166 973	2 039 882	3 180 016	3 121 974
Pro Equity Income Tax - CREE	..	..	0	0	0	0	0	0	0	0
2000 Cotisations de sécurité sociale	..	..	**203 596**	**4 989 000**	**9 694 000**	**11 478 085**	**16 644 445**	**13 585 138**	**18 192 049**	**19 875 398**
2100 À la charge des salariés	..	..	..	..	..	..	..	..	..	..
2110 Sur la base du salaire	..	..	..	..	..	..	..	..	..	..
2120 Sur la base de l'impôt sur les revenus	..	..	..	..	..	..	..	..	..	..
2200 À la charge des employeurs	..	..	..	..	..	..	..	..	..	..
2210 Sur la base du salaire	..	..	..	..	..	..	..	..	..	..
2220 Sur la base de l'impôt sur les revenus	..	..	..	..	..	..	..	..	..	..
2300 A charge des travailleurs indép. ou sans emploi	..	..	..	..	..	..	..	..	..	..
2310 Sur la base du salaire	..	..	..	..	..	..	..	..	..	..
2320 Sur la base de l'impôt sur les revenus	..	..	..	..	..	..	..	..	..	..
2400 Non-ventilables entre 2100, 2200 et 2300	..	..	203 596	4 989 000	9 694 000	11 478 085	16 644 445	13 585 138	18 192 049	19 875 398
2410 Sur la base du salaire	..	..	203 596	4 989 000	9 694 000	11 478 085	16 644 445	13 585 138	18 192 049	19 875 398
2420 Sur la base de l'impôt sur les revenus	..	..	0	0	0	0	0	0	0	0
3000 Sur salaires ou main d'oeuvre	..	..	**0**	**1 286 803**	**2 798 906**	**4 022 503**	**3 527 459**	**2 797 308**	**3 461 352**	**3 604 071**
4000 Impôts sur le patrimoine	..	..	**56 160**	**2 027 654**	**6 459 259**	**8 535 238**	**14 907 909**	**18 156 105**	**15 265 472**	**18 984 414**
4100 Impôts périodiques sur la propriété immobilière	..	..	56 160	991 070	2 298 829	3 338 935	4 735 321	6 061 965	7 981 989	8 743 115
4110 Ménages	..	..	0	0	0	0	0	0	0	0
4120 Autres agents	..	..	56 160	991 070	2 298 829	3 338 935	4 735 321	6 061 965	7 981 989	8 743 115
4200 Impôts périodiques sur l'actif net	..	..	0	0	1 170 908	1 970 530	4 274 832	5 352 940	467 925	923 255
4210 Personnes physiques	..	..	..	..	1 170 908	1 970 530	4 274 832	5 352 940	467 925	923 255
4220 Sociétés	..	..	..	..	0	0	0	0	0	0
4300 Impôts sur mut. par décès, succ. et donations	..	..	0	0	0	0	0	0	0	0
4310 Impôts sur mut. par décès et successions	..	..	..	..	..	..	..	..	..	..
4320 Impôts sur les donations	..	..	..	..	..	..	..	..	..	..
4400 Impôts sur transact. mobilières et immob.	..	..	0	1 036 584	2 989 522	3 225 773	5 897 755	6 741 200	6 815 558	8 190 516
4500 Impôts non-périodiques	..	..	0	0	0	0	0	0	0	1 127 528
4510 Sur l'actif net	..	..	..	..	..	..	..	..	..	0
4520 Autres non-périodiques	..	..	..	..	..	..	..	..	..	1 127 528
4600 Autres impôts périodiques sur patrimoine	..	..	0	0	0	0	0	0	0	0
5000 Impôts sur les biens et services	..	..	**1 388 653**	**14 180 450**	**36 766 741**	**44 411 642**	**55 285 569**	**65 716 566**	**81 408 789**	**89 797 927**
5100 Impôts sur production, vente, transfert, etc.	..	..	1 388 653	14 048 655	36 447 297	44 038 074	54 326 006	64 688 081	79 935 336	88 064 087
5110 Impôts généraux	..	..	672 368	9 585 866	26 910 512	33 333 802	40 479 366	48 684 900	64 316 019	71 235 138
5111 Taxes sur la valeur ajoutée	..	..	583 078	8 445 776	23 377 821	28 811 682	34 642 822	41 659 696	55 879 110	61 936 282
5112 Impôts sur les ventes	..	..	89 290	1 140 090	3 532 691	4 522 121	5 836 544	7 025 204	8 436 909	9 298 856
Industry and commerce tax (State)	..	..	89 290	1 140 090	3 532 691	4 522 121	5 836 544	7 025 204	8 436 909	9 298 856
5113 Autres impôts	..	..	0	0	0	0	0	0	0	0
5120 Impôts sur biens et services déterminés	..	..	716 285	4 462 789	9 536 785	10 704 271	13 846 640	16 003 181	15 619 317	16 828 948
5121 Accises	..	..	404 699	2 718 692	5 276 999	6 052 273	9 949 457	11 412 250	12 061 132	12 995 955
Petrol	..	..	141 270	833 004	1 211 511	1 418 766	2 883 410	3 207 302	1 617 546	1 686 141
Tobacco (State)	..	..	52 898	213 412	330 016	390 472	496 513	524 357	1 145 879	1 278 561
Beer (State)	..	..	85 722	471 135	1 203 838	1 432 453	2 031 349	2 395 985	2 537 674	2 510 466
Liquors (State)	..	..	124 808	520 394	834 390	929 328	1 292 743	1 253 466	1 800 605	2 146 818
Restaurant service, vehicle sale and mobile telephone service	..	..	0	0	0	0	1 181 998	1 684 179	2 047 419	2 208 669
Carbon	..	..	0	0	0	0	0	0	288 373	436 914
Plastic bags	..	..	0	0	0	0	0	0	28 099	37 331
Medicinal cannabis	..	..	0	0	0	0	0	0	3	145
Diesel surcharge	..	..	0	85 716	388 091	500 405	572 022	598 993	579 613	599 600
Petrol surcharge	..	..	0	595 031	1 309 154	1 380 848	1 491 423	1 747 969	2 015 922	2 091 310
5122 Bénéfices des monopoles fiscaux	..	..	0	0	0	0	0	0	0	0

	1965	1980	1990	2000	2007	2010	2013	2015	2018	2019
5123 Droits de douane et droits à l'importation	..	..	311 586	1 744 097	4 259 786	4 651 999	3 897 184	4 590 931	3 558 185	3 832 994
Custom duties	..	..	180 989	1 744 097	4 259 786	4 651 999	3 897 184	4 590 931	3 558 185	3 832 994
Imports surcharge	..	..	130 597	0	0	0	0	0	0	0
5124 Taxes à l'exportation	..	..	0	0	0	0	0	0	0	0
5125 Impôts sur biens d'équipement	..	..	0	0	0	0	0	0	0	0
5126 Impôts sur services déterminés	..	..	0	0	0	0	0	0	0	0
5127 Autres impôts sur commerce et transact. internat.	..	..	0	0	0	0	0	0	0	0
5128 Autres impôts	..	..	0	0	0	0	0	0	0	0
5130 Non-ventilables entre 5110 et 5120	..	..	0	0	0	0	0	0	0	0
5200 Impôts sur utilisation des biens et exerc. activités	..	..	0	131 795	319 444	373 568	959 563	1 028 485	1 473 453	1 733 840
5210 Impôts périodiques	..	..	..	131 795	319 444	373 568	959 563	1 028 485	1 473 453	1 733 840
5211 À la charge des ménages : véhicules à moteur	..	..	..	131 795	319 444	373 568	959 563	1 028 485	1 473 453	1 733 840
Tax on motor vehicle ownership	..	..	..	131 795	319 444	373 568	959 563	1 028 485	1 473 453	1 733 840
5212 À la charge autres agents : véhicules à moteur	..	..	..	..	..	..	..	..	..	..
5213 Autres impôts périodiques	..	..	..	..	..	..	..	..	..	..
5220 Impôts non-périodiques	..	..	..	..	..	..	..	..	..	..
5300 Non-ventilables entre 5100 et 5200	..	..	0	0	0	0	0	0	0	0
6000 Autres impôts	**..**	**..**	**159 323**	**1 011 197**	**2 968 147**	**3 789 014**	**4 867 545**	**7 245 701**	**7 928 320**	**9 289 906**
6100 À la charge exclusive des entreprises	..	..	0	0	0	0	0	0	0	0
6200 À la charge d'autres agents	..	..	159 323	1 011 197	2 968 147	3 789 014	4 867 545	7 245 701	7 928 320	9 289 906
Stamp tax	..	..	0	401 497	759 787	357 160	58 378	101 668	79 868	85 799
Other	..	..	78 306	79 287	86 297	126 602	200 465	318 271	461 160	533 852
Other (sub-national)	..	..	81 017	530 413	2 122 062	3 305 252	4 608 702	6 825 762	7 387 293	8 670 255
Recettes fiscales totales sur la base d'encaissements	**..**	**..**	**2 579 426**	**30 598 630**	**82 697 457**	**98 455 335**	**142 976 023**	**160 157 693**	**190 299 911**	**209 071 314**
Recettes fiscales totales sur la base des droits constatés	**..**	**..**	**..**	**..**	**..**	**..**	**..**	**..**	**..**	**..**
Conciliation avec les comptes nationaux										
Impôts additionnels inclus dans les comptes nationaux	..	..	..	..	..	..	..	..	..	..
Impôt exclus des comptes nationaux	..	..	..	..	..	..	..	..	..	..
Différence dans les traitements des crédits d'impôts	..	..	..	..	..	..	..	..	..	..
Transfert en capital des recettes non collectées	..	..	..	..	..	..	..	..	..	..
Cotisations de sécurité sociale volontaires	..	..	..	..	..	..	..	..	..	..
Différences diverses	..	..	..	..	..	..	..	..	..	..
Comptes nationaux : impôts et cotisations sociales effectives	..	..	..	..	..	..	..	..	..	..
Cotisations sociales imputées	..	..	..	..	..	..	..	..	..	..
Comptes nationaux : impôts et toutes les cotisations sociales	..	..	..	..	..	..	..	..	..	..

.. Non disponible

Note : Year ending 31st December.

Data on an cash basis.

Includes the reported consolidated revenues of the territorial entities (departments and municipalities).

Heading 2000: Before 2013, social security contributions did not include all the contributions entering FOSYGA (Solidarity and Guarantee Fund). Only the portion of the contributions used to finance the subsidised regime (up to 1.5 pp of the 12.5% of the monthly wage paid by employers and employees as an obligatory health contribution) was included. The part of the contributions entering FOSYGA to finance the contributory regime was classified in the social security sector as "other incomes".

From 2013 onwards, all of the health contributions entering FOSYGA are classified as social security contributions. The portion of the contributions not entering FOSYGA that is both collected and spent by the health insurers – EPS - is not part of the fiscal accounts.

Headings 1100 and 1200: The data are estimated.

Source : Dirección de Impuestos y Aduanas Nacionales de Colombia, Ministerio de Hacienda y Crédito Público y Banco Central de Colombia.

(National Tax and Customs Administration, Ministry of Finance and Public Credit and Central Bank of Colombia).

StatLink https://stat.link/znwvem

Tableau 5.7. Costa Rica : recettes fiscales détaillées, 1965-2019

Million CRC

	1965	1980	1990	2000	2007	2010	2013	2015	2018	2019
Recettes fiscales totales	..	..	**117 711**	**978 114**	**3 213 401**	**4 382 367**	**5 851 096**	**6 923 575**	**8 339 991**	**8 855 885**
1000 Impôts sur revenu, bénéfices et gains en capital	..	..	**11 820**	**128 805**	**531 552**	**748 093**	**1 014 440**	**1 247 308**	**1 699 258**	**1 854 866**
1100 Des personnes physiques	..	..	..	..	123 194	202 849	316 894	386 241	483 645	540 954
1110 Sur le revenu et les bénéfices	..	..	..	..	123 194	202 849	316 894	386 241	483 645	535 412
1120 Sur les gains en capital	..	..	..	..	0	0	0	0	0	5 542
1200 Des sociétés	..	..	..	..	348 826	450 312	545 183	659 951	915 284	1 058 086
1210 Sur les bénéfices	..	..	..	..	348 826	450 312	545 183	659 951	915 284	955 908
1220 Sur les gains en capital	..	..	..	..	0	0	0	0	0	102 177
1300 Non-ventilables entre 1100 et 1200	..	..	11 820	128 805	59 531	94 932	152 363	201 116	300 330	255 827
2000 Cotisations de sécurité sociale	..	..	**33 990**	**297 069**	**885 053**	**1 450 531**	**1 928 082**	**2 305 133**	**2 859 467**	**3 026 691**
2100 À la charge des salariés	..	..	..	..	..	..	..	..	..	..
2110 Sur la base du salaire	..	..	..	..	..	..	..	..	..	..
2120 Sur la base de l'impôt sur les revenus	..	..	..	..	..	..	..	..	..	..
2200 À la charge des employeurs	..	..	3 447	37 313	107 398	207 206	272 706	318 652	368 865	381 940
Government contributions	..	..	3 447	37 313	107 398	207 206	272 706	318 652	368 865	381 940
2210 Sur la base du salaire	..	..	..	..	..	..	..	..	..	..
2220 Sur la base de l'impôt sur les revenus	..	..	..	..	..	..	..	..	..	..
2300 A charge des travailleurs indép. ou sans emploi	..	..	..	..	..	..	..	..	..	..
2310 Sur la base du salaire	..	..	..	..	..	..	..	..	..	..
2320 Sur la base de l'impôt sur les revenus	..	..	..	..	..	..	..	..	..	..
2400 Non-ventilables entre 2100, 2200 et 2300	..	..	30 543	259 756	777 654	1 243 325	1 655 376	1 986 481	2 490 602	2 644 751
Contributions by employees and non-government employers	..	..	30 543	249 182	727 844	1 139 265	1 511 383	1 785 522	2 157 256	2 274 644
Contributions for the special regimes	..	..	0	10 574	49 811	104 060	143 993	200 959	247 939	292 634
2410 Sur la base du salaire	..	..	..	..	..	..	..	..	..	..
2420 Sur la base de l'impôt sur les revenus	..	..	..	..	..	..	..	..	..	..
3000 Sur salaires ou main d'oeuvre	..	..	**7 575**	**61 796**	**170 996**	**260 664**	**352 755**	**423 616**	**498 577**	**522 529**
Contributions by non-government employers	..	..	7 484	59 129	165 677	248 259	337 696	406 296	478 523	501 734
Contributions by government employers	..	..	91	2 666	5 320	12 405	15 059	17 321	20 054	20 795
4000 Impôts sur le patrimoine	..	..	**1 566**	**8 396**	**42 658**	**63 706**	**99 030**	**123 261**	**149 310**	**167 952**
4100 Impôts périodiques sur la propriété immobilière	..	..	1 200	5 390	23 293	48 963	70 785	90 003	113 586	125 398
Land tax	..	..	0	0	0	0	0	0	0	0
Additional land tax	..	..	0	0	0	0	0	0	0	0
Tax on sumptuary constructions	..	..	0	0	0	0	0	0	0	0
Immovable property tax	..	..	0	0	0	3 527	3 998	4 076	4 468	4 699
Municipal immovable property tax	..	..	1 200	5 390	23 293	45 436	66 787	85 927	109 119	120 698
4110 Ménages	..	..	..	..	..	..	..	..	..	..
4120 Autres agents	..	..	..	..	..	..	..	..	..	..
4200 Impôts périodiques sur l'actif net	..	..	0	0	0	0	0	0	0	0
4210 Personnes physiques	..	..	..	..	..	..	..	..	..	..
4220 Sociétés	..	..	..	..	..	..	..	..	..	..
4300 Impôts sur mut. par décès, succ. et donations	..	..	0	0	0	0	0	0	0	0
4310 Impôts sur mut. par décès et successions	..	..	..	..	..	..	..	..	..	..
4320 Impôts sur les donations	..	..	..	..	..	..	..	..	..	..
4400 Impôts sur transact. mobilières et immob.	..	..	366	3 007	19 366	14 743	28 246	33 258	35 724	42 554
4500 Impôts non-périodiques	..	..	0	0	0	0	0	0	0	0
4510 Sur l'actif net	..	..	..	..	..	..	..	..	..	..
4520 Autres non-périodiques	..	..	..	..	..	..	..	..	..	..
4600 Autres impôts périodiques sur patrimoine	..	..	0	0	0	0	0	0	0	0
5000 Impôts sur les biens et services	..	..	**53 509**	**456 851**	**1 505 510**	**1 766 914**	**2 302 986**	**2 661 902**	**2 918 471**	**3 081 941**
5100 Impôts sur production, vente, transfert, etc.	..	..	49 867	425 713	1 406 100	1 600 302	2 092 588	2 388 900	2 608 864	2 756 759
5110 Impôts généraux	..	..	21 320	222 775	797 050	920 290	1 212 471	1 368 601	1 513 677	1 662 503
5111 Taxes sur la valeur ajoutée	..	..	21 326	222 775	797 850	920 298	1 176 745	1 336 075	1 487 620	1 634 986
5112 Impôts sur les ventes	..	..	0	0	0	0	0	0	0	0
5113 Autres impôts	..	..	0	0	0	0	35 726	32 526	26 057	27 517
5120 Impôts sur biens et services déterminés	..	..	28 541	202 939	608 250	680 004	880 117	1 020 299	1 095 187	1 094 256
5121 Accises	..	..	11 096	157 204	447 168	523 617	689 528	798 412	858 424	864 985
Fuels and energy	..	..	0	0	250 577	320 638	404 210	467 827	517 666	552 017
Alcoholic beverages	..	..	0	8 229	23 802	28 035	35 254	43 095	45 610	43 849
Non alcoholic beverages	..	..	0	0	18 263	26 566	32 519	36 353	40 182	41 247
Soaps	..	..	0	0	883	1 317	1 989	2 562	2 712	3 020
Cement	..	..	0	0	0	227	291	304	289	216
Tobaco	..	..	0	0	0	0	38 860	33 681	30 766	27 185
Abolished specific taxes on production and consumption	..	..	0	0	0	0	0	0	0	0
Other specific taxes on consumption	..	..	11 096	148 975	153 643	146 834	176 405	224 590	221 200	197 452
5122 Bénéfices des monopoles fiscaux	..	..	0	0	0	0	0	0	0	0

	1965	1980	1990	2000	2007	2010	2013	2015	2018	2019
5123 Droits de douane et droits à l'importation	..	..	15 052	40 485	134 576	126 134	154 576	174 568	175 368	164 224
Import duties	..	..	13 977	32 336	107 565	103 851	130 634	148 666	149 017	140 919
Custom duties	..	..	1 075	8 149	27 011	22 284	23 942	25 902	26 351	23 305
Import duties on animals	..	..	0	0	0	0	0	0	0	0
5124 Taxes à l'exportation	..	..	2 113	2 238	2 432	3 973	4 877	4 468	5 468	5 412
Export duties	..	..	..	..	..	..	..	..	..	..
Export duties Law 133	..	..	..	..	..	..	..	..	..	..
Export duties Law 5519	..	..	..	..	..	..	..	..	..	..
Tax on banana exports	..	..	..	..	..	..	..	..	..	..
Export tax on ground transportation	..	..	..	..	..	..	..	..	..	..
5125 Impôts sur biens d'équipement	..	..	0	0	0	0	0	0	0	0
5126 Impôts sur services déterminés	..	..	280	2 929	23 242	24 767	28 571	38 687	50 554	54 556
Casinos and gambling	..	..	0	225	442	445	1 019	1 455	1 060	1 241
Port cargo movements	..	..	0	6	0	0	0	0	0	0
Overseas departure tax	..	..	0	0	22 799	24 322	27 552	37 232	49 494	53 315
10% on public shows	..	..	0	0	0	0	0	0	0	0
Pro-national airports stamp tax	..	..	0	0	0	0	0	0	0	0
Stamp tax on the use of borders and ports	..	..	280	2 697	0	0	0	0	0	0
5127 Autres impôts sur commerce et transact. internat.	..	..	0	83	832	1 513	2 565	3 093	3 785	3 841
5128 Autres impôts	..	..	0	0	0	0	0	1 071	1 589	1 238
5130 Non-ventilables entre 5110 et 5120	..	..	0	0	0	0	0	0	0	0
5200 Impôts sur utilisation des biens et exerc. activités	..	..	3 642	31 138	99 410	166 612	210 398	273 003	309 607	325 182
5210 Impôts périodiques	..	..	3 642	31 138	99 410	166 612	210 398	273 003	309 607	325 182
5211 À la charge des ménages : véhicules à moteur	..	..	0	0	0	0	0	0	0	0
5212 À la charge autres agents : véhicules à moteur	..	..	1 425	15 374	52 511	94 102	113 727	145 894	171 523	181 198
Property tax on vehicles, aircraft and boats	..	..	1 425	15 374	52 511	94 102	113 727	145 894	171 523	181 198
5213 Autres impôts périodiques	..	..	2 217	15 763	46 899	72 510	96 671	127 109	138 084	143 984
Local taxes	..	..	1 262	11 898	43 874	68 808	91 163	122 248	132 514	137 979
Hunting and fishing licences	..	..	0	0	0	0	0	0	0	0
Spirits license	..	..	0	0	0	0	0	0	0	0
Revenue stamps	..	..	955	3 866	3 025	3 702	5 508	4 861	5 571	6 004
Sport stamp tax	..	..	0	0	0	0	0	0	0	0
5220 Impôts non-périodiques	..	..	0	0	0	0	0	0	0	0
5300 Non-ventilables entre 5100 et 5200	..	..	0	0	0	0	0	0	0	0
6000 Autres impôts	**..**	**..**	**9 251**	**25 198**	**77 632**	**92 460**	**153 803**	**162 355**	**214 908**	**201 906**
6100 À la charge exclusive des entreprises	..	..	0	0	0	0	0	0	0	0
6200 À la charge d'autres agents	..	..	9 251	25 198	77 632	92 460	153 803	162 355	214 908	201 906
STransfers of vehicles, aircraft and boats	..	..	497	2 530	9 937	12 311	17 177	20 999	22 265	23 223
Tax revenue from decentralised units	..	..	2 764	15 048	22 257	29 969	45 700	49 334	63 329	67 968
Other taxes	..	..	5 990	7 620	45 438	50 180	90 926	92 022	129 268	110 654
Recettes fiscales totales sur la base d'encaissements	..	..	..	..	..	..	..	..	..	..
Recettes fiscales totales sur la base des droits constatés	..	..	..	..	..	..	..	..	..	..
Conciliation avec les comptes nationaux										
Impôts additionnels inclus dans les comptes nationaux	..	..	..	..	..	..	..	..	..	..
Impôt exclus des comptes nationaux	..	..	..	..	..	..	..	..	..	..
Différence dans les traitements des crédits d'impôts	..	..	..	..	..	..	..	..	..	..
Transfert en capital des recettes non collectées	..	..	..	..	..	..	..	..	..	..
Cotisations de sécurité sociale volontaires	..	..	..	..	..	..	..	..	..	..
Différences diverses	..	..	..	..	..	..	..	..	..	..
Comptes nationaux : impôts et cotisations sociales effectives	..	..	..	..	..	..	..	..	..	..
Cotisations sociales imputées	..	..	..	..	..	..	..	..	..	..
Comptes nationaux : impôts et toutes les cotisations sociales	..	..	..	..	..	..	..	..	..	..

.. Non disponible

Note : Note: Year ending 31st December.

Data on an cash basis.

Heading 2000: The data include social security contributions paid by the governments for their employees as well as the contributions for special regimes (teachers and magistrates). In ECLAC data, social security contributions also include INA (National Institute of Apprenticeship), IMAS (Joint Social Aid Institute) and FODESAF (Social Development and Family Allowances Fund).

Heading 3000: In Costa Rica and for ECLAC, payments from decentralised institutions are classified under heading 2000.

Heading 5212: In ECLAC data, tax on ownership of vehicles, aircraft and boats is classified in category 4000.

In ECLAC data, the tax on the transfer of used vehicles Law No. 7088 of 30/11/87 is classified as a property tax.

Source : Secretaría Técnica de la Autoridad Presupuestaria, Ministerio de Finanzas y Contraloría General de la República.

(Technical Secretary of the Budgeting Authority, Ministry of Finance and National General Comptroller).

StatLink https://stat.link/vuwx5n

Tableau 5.8. République tchèque : recettes fiscales détaillées, 1965-2019

Million CZK

	1965	1980	1990	2000	2007	2010	2013	2015	2018	2019
Recettes fiscales totales	..	..	..	**771 596**	**1 316 197**	**1 286 861**	**1 396 555**	**1 532 565**	**1 892 396**	**2 013 918**
Recettes fiscales totales excluant les taxes collectés pour le compte de l'UE	..	..	..	**771 596**	**1 309 754**	**1 280 288**	**1 390 999**	**1 524 653**	**1 884 100**	**2 005 147**
1000 Impôts sur revenu, bénéfices et gains en capital	..	..	..	**175 846**	**327 771**	**259 934**	**290 263**	**329 768**	**426 988**	**458 514**
1100 Des personnes physiques	..	..	..	99 668	155 817	131 706	149 831	164 678	230 973	255 398
1110 Sur le revenu et les bénéfices	..	..	..	99 668	155 817	131 706	149 831	164 678	230 973	255 398
Wages and salaries withholding	..	..	..	73 474	127 524	115 755	129 793	139 888	198 827	221 720
Of unincorporated individuals	..	..	..	17 254	19 568	5 747	7 437	9 100	13 632	12 988
Withheld on interest and dividends paid to individuals	..	..	..	8 940	8 725	10 204	12 602	15 691	18 513	20 690
1120 Sur les gains en capital	..	..	..	0	0	0	0	0	0	0
1200 Des sociétés	..	..	..	76 178	171 954	128 228	140 432	165 090	196 015	203 116
1210 Sur les bénéfices	..	..	..	76 178	171 954	128 228	140 432	165 090	196 015	203 116
Profit tax	..	..	..	68 945	164 016	118 248	124 820	147 157	179 022	184 705
Withheld on interest and dividends paid to corporations	..	..	..	7 233	7 162	9 156	7 736	9 415	7 892	7 708
Levy on lottery revenue	..	..	..	0	776	824	7 876	8 518	9 101	10 703
1220 Sur les gains en capital	..	..	..	0	0	0	0	0	0	0
1300 Non-ventilables entre 1100 et 1200	..	..	..	0	0	0	0	0	0	0
2000 Cotisations de sécurité sociale	..	..	..	**341 544**	**573 417**	**576 029**	**603 072**	**659 743**	**829 702**	**889 237**
2100 À la charge des salariés	..	..	..	77 272	127 662	116 818	123 353	133 878	171 835	184 563
2110 Sur la base du salaire	..	..	..	77 272	127 662	116 818	123 353	133 878	171 835	184 563
Retirement	..	..	..	40 489	66 644	69 272	71 871	78 120	100 580	108 137
State employment policy	..	..	..	2 492	4 101	0	0	0	0	0
Sick leave	..	..	..	6 852	11 279	0	0	0	0	0
Health insurance	..	..	..	27 439	45 638	47 546	51 482	55 758	71 255	76 426
2120 Sur la base de l'impôt sur les revenus	..	..	..	0	0	0	0	0	0	0
2200 À la charge des employeurs	..	..	..	220 207	359 493	363 074	382 498	417 778	531 640	569 522
2210 Sur la base du salaire	..	..	..	220 207	359 493	363 074	382 498	417 778	531 640	569 522
Retirement	..	..	..	121 547	220 591	229 450	239 248	261 786	333 281	358 382
State employment policy	..	..	..	19 933	12 303	12 756	13 345	14 604	18 590	19 989
Sick leave	..	..	..	20 555	33 834	24 332	25 454	27 851	35 450	36 427
Health insurance	..	..	..	54 879	91 275	95 095	102 964	111 517	142 511	152 853
Penalties	..	..	..	3 293	1 490	1 441	1 487	2 020	1 808	1 871
2220 Sur la base de l'impôt sur les revenus	..	..	..	0	0	0	0	0	0	0
2300 A charge des travailleurs indép. ou sans emploi	..	..	..	44 065	86 262	96 137	97 221	108 088	126 227	135 153
2310 Sur la base du salaire	..	..	..	44 065	86 262	96 137	97 221	108 088	126 227	135 153
Retirement	..	..	..	7 819	19 508	20 510	21 262	22 472	26 825	30 441
State employment policy	..	..	..	1 082	1 114	1 173	911	962	1 149	1 305
Sick leave	..	..	..	0	0	0	0	0	0	0
Health insurance	..	..	..	34 992	65 483	74 299	74 908	84 460	98 089	103 232
Self-employed	..	..	..	7 328	15 921	17 603	18 732	20 748	25 583	27 925
Non-employed	..	..	..	200	2 103	3 996	2 500	2 768	4 146	3 458
Government	..	..	..	27 464	47 459	52 700	53 676	60 944	68 360	71 849
Penalties	..	..	..	172	157	155	140	193	164	175
2320 Sur la base de l'impôt sur les revenus	..	..	..	0	0	0	0	0	0	0
2400 Non-ventilables entre 2100, 2200 et 2300	..	..	..	0	0	0	0	0	0	0
2410 Sur la base du salaire	..	..	..	..	..	..	..	..	..	..
2420 Sur la base de l'impôt sur les revenus	..	..	..	..	..	..	..	..	..	..
3000 Sur salaires ou main d'oeuvre	..	..	..	**0**	**0**	**0**	**0**	**0**	**0**	**0**
4000 Impôts sur le patrimoine	..	..	..	**10 890**	**15 495**	**16 364**	**19 210**	**21 920**	**24 618**	**24 080**
4100 Impôts périodiques sur la propriété immobilière	..	..	..	4 469	5 126	8 752	9 852	10 333	10 855	10 967
4110 Ménages	..	..	..	1 452	2 228	4 302	5 387	5 433	5 772	5 828
Real property tax	..	..	..	1 452	2 228	4 302	5 387	5 433	5 772	5 828
4120 Autres agents	..	..	..	3 017	2 898	4 450	4 465	4 900	5 084	5 138
Levy collected by Winery Fund	..	..	..	0	2	5	5	20	26	32
Real property tax				3 017	2 895	4 445	4 461	4 880	5 057	5 106
4200 Impôts périodiques sur l'actif net	..	..	..	0	0	0	0	0	0	0
4210 Personnes physiques	..	..	..	..	..	..	..	..	..	..
4220 Sociétés	..	..	..	..	..	..	..	..	..	..
4300 Impôts sur mut. par décès, succ. et donations	..	..	..	587	460	218	215	20	3	1
4310 Impôts sur mut. par décès et successions	..	..	..	112	115	78	76	10	1	0
Inheritance tax	..	..	..	112	115	78	76	10	1	0
4320 Impôts sur les donations	..	..	..	475	345	140	139	10	1	0
Gift tax	..	..	..	475	345	140	139	10	1	0
4400 Impôts sur transact. mobilières et immob.	..	..	..	5 834	9 909	7 394	9 143	11 566	13 760	13 113
Real property transfer tax	..	..	..	5 834	9 909	7 394	9 143	11 566	13 760	13 113
4500 Impôts non-périodiques	..	..	..	0	0	0	0	0	0	0
4510 Sur l'actif net	..	..	..	..	..	..	..	..	..	..

	1965	1980	1990	2000	2007	2010	2013	2015	2018	2019
4520 Autres non-périodiques	..	..	..	..	..	..	..	..	..	..
4600 Autres impôts périodiques sur patrimoine	..	..	..	0	0	0	0	0	0	0
5000 Impôts sur les biens et services	**..**	**..**	**..**	**242 960**	**399 484**	**434 386**	**483 943**	**520 747**	**610 830**	**641 867**
5100 Impôts sur production, vente, transfert, etc.	..	..	..	226 354	372 441	408 645	459 419	495 291	582 754	613 003
5110 Impôts généraux	..	..	..	141 235	232 288	263 457	303 822	333 274	408 538	435 463
5111 Taxes sur la valeur ajoutée	..	..	..	141 235	232 288	263 457	303 822	333 274	408 538	435 463
5112 Impôts sur les ventes	..	..	..	0	0	0	0	0	0	0
5113 Autres impôts	..	..	..	0	0	0	0	0	0	0
Previous turnover tax	..	..	..	..	..	..	..	..	..	..
5120 Impôts sur biens et services déterminés	..	..	..	85 119	140 153	145 188	155 597	162 017	174 216	177 540
5121 Accises	..	..	..	71 404	133 492	138 401	149 760	153 785	165 377	168 195
On mineral oils	..	..	..	46 998	81 661	80 508	77 160	83 460	89 990	92 194
On alcohol and liquor	..	..	..	5 629	7 201	5 820	6 658	7 203	8 075	9 388
On beer	..	..	..	3 410	3 564	4 396	4 545	4 648	4 756	4 782
On wine	..	..	..	350	342	317	288	332	423	407
On tobacco products	..	..	..	14 984	40 713	44 062	52 193	53 380	56 621	55 967
Duty on CFC	..	..	..	33	0	0	0	0	0	0
Levy collected by Winery Fund	..	..	..	0	11	24	21	0	5	5
On electricity	..	..	..	0	0	1 433	1 305	1 229	1 562	1 575
On natural gas	..	..	..	0	0	1 347	1 256	1 146	1 346	1 360
On solid fuels	..	..	..	0	0	495	469	415	401	353
Fee on electricity from solar radiation	..	..	..	0	0	0	5 866	1 972	2 198	2 166
5122 Bénéfices des monopoles fiscaux	..	..	..	0	0	0	0	0	0	0
5123 Droits de douane et droits à l'importation	..	..	..	13 572	6 443	6 573	5 556	7 912	8 296	8 772
Customs duties	..	..	..	13 572	6 443	6 573	5 556	7 912	8 296	8 772
Previous import surcharge	..	..	..	0	0	0	0	0	0	0
5124 Taxes à l'exportation	..	..	..	0	0	0	0	0	0	0
5125 Impôts sur biens d'équipement	..	..	..	0	0	0	0	0	0	0
5126 Impôts sur services déterminés	..	..	..	143	218	214	281	320	543	573
Fees on entry tickets	..	..	..	65	61	53	56	53	70	82
Fees on recreational units (based on capacity)	..	..	..	69	144	147	213	240	288	297
Fees on advertising facilities	..	..	..	0	0	0	0	0	0	0
Restaurant sale alcoh. beverages and tobac. products	..	..	..	0	0	0	0	0	0	0
Fees collected by the cinematography EBF	..	..	..	9	13	14	12	27	0	0
Fees on advertisement	..	..	..	0	0	0	126	191	185	194
5127 Autres impôts sur commerce et transact. internat.	..	..	..	0	0	0	0	0	0	0
5128 Autres impôts	..	..	..	0	0	0	0	0	0	0
5130 Non-ventilables entre 5110 et 5120	..	..	..	0	0	0	0	0	0	0
5200 Impôts sur utilisation des biens et exerc. activités	..	..	..	16 606	27 043	25 740	24 523	25 456	28 076	28 864
5210 Impôts périodiques	..	..	..	10 788	18 100	18 461	18 176	19 023	20 911	21 627
Highway fee	..	..	..	1 753	2 429	3 061	3 803	4 397	5 212	5 384
5211 À la charge des ménages : véhicules à moteur	..	..	..	0	0	0	0	0	0	0
5212 À la charge autres agents : véhicules à moteur	..	..	..	5 456	5 882	5 138	5 323	5 868	6 319	6 501
Road tax (commercial)	..	..	..	5 456	5 882	5 138	5 323	5 868	6 319	6 501
5213 Autres impôts périodiques	..	..	..	3 579	9 790	10 262	9 050	8 758	9 379	9 743
Resort and recreation fees on visitors	..	..	..	232	312	284	301	327	407	435
Dog fees	..	..	..	191	277	281	281	277	273	275
Motor vehicle entry fees	..	..	..	32	25	23	14	13	19	19
Water pollution fee	..	..	..	520	404	202	208	173	201	22
Air pollution fee	..	..	..	685	525	399	268	283	270	457
Waste deposit fee	..	..	..	454	5 728	5 948	6 162	6 218	6 443	6 723
Levy on temp. withdrawal of land from agriculture	..	..	..	94	40	34	52	39	86	88
Radioactive waste fee	..	..	..	642	1 310	1 430	1 563	1 393	1 646	1 692
Fees on operated gambling machines	..	..	..	722	1 145	927	131	0	0	0
Fees on registration and recording of packaging	..	..	..	0	17	17	16	18	17	17
Levy on temp. withdrawal of land from forestry	..	..	..	7	6	6	6	7	8	7
Other environmental fees	..	..	..	0	0	710	47	11	9	7
5220 Impôts non-périodiques	..	..	..	5 818	8 943	7 280	6 348	6 433	7 165	7 237
Levy on withdrawal of land from agriculture	..	..	..	532	361	306	469	348	776	791
Levy on withdrawal of land from forestry	..	..	..	40	57	57	55	59	72	63
Tax on use of public space	..	..	..	645	639	626	629	632	674	739
Misc. licence and permit fees	..	..	..	4 601	7 881	6 279	5 187	5 382	5 621	5 631
Land betterment fee	..	..	..	0	4	11	7	11	22	12
Licence for lorry transport	..	..	..	0	1	1	0	1	0	0
5300 Non-ventilables entre 5100 et 5200	..	..	..	0	0	0	0	0	0	0
6000 Autres impôts	**..**	**..**	**..**	**356**	**29**	**149**	**67**	**387**	**258**	**220**
Unallocated previous taxes and levies	..	..	..	0	0	0	0	0	0	0
6100 À la charge exclusive des entreprises	..	..	..	0	0	0	0	0	0	0
6200 À la charge d'autres agents	..	..	..	356	29	149	67	387	258	220
Other taxes, fees and related payments	..	..	..	356	29	149	67	387	258	220
Pour mémoire										
Droits de douane perçus pour le compte de l'UE	..	..	..	..	6 443	6 573	5 556	7 912	8 296	8 772

	1965	1980	1990	2000	2007	2010	2013	2015	2018	2019
Crédits d'impôts récupérables										
Crédits d'impôts récupérables contre 1110	..	..	..	0	13 093	25 727	28 696	31 415	39 083	39 854
Composante fiscale	..	..	..	..	10 487	17 922	20 203	22 532	30 320	32 057
Composante transfert	..	..	..	..	2 606	7 805	8 493	8 883	8 763	7 798
Recettes fiscales totales sur la base d'encaissements	..	..	..	**772 272**	**1 310 618**	**1 273 676**	**1 353 469**	**1 478 758**	**1 867 024**	**1 982 448**
Recettes fiscales totales sur la base des droits constates	..	..	..	**771 596**	**1 316 197**	**1 286 861**	**1 396 555**	**1 532 565**	**1 892 396**	**2 013 918**
Conciliation avec les comptes nationaux										
Impôts additionnels inclus dans les comptes nationaux	..	..	..	2 837	5 757	6 094	6 424	0	0	0
Compulsory injury insurance	..	..	..	2 837	5 757	6 094	6 424	0	0	0
Driving licence fees	..	..	..	0	0	0	0	0	0	0
Impôt exclus des comptes nationaux	..	..	..	-9 488	-17 797	-20 096	-18 893	-20 314	-22 904	-22 857
Tax on use of public space	..	..	..	-645	-639	-632	-629	-632	-674	-739
Waste deposit fee	..	..	..	-454	-5 728	-5 948	-6 162	-6 218	-6 443	-6 723
Misc. licence and permit fees	..	..	..	-2 301	-3 940	-3 139	-2 593	-2 691	-2 810	-2 816
Radioactive waste fee	..	..	..	-642	-1 310	-1 430	-1 563	-1 393	-1 646	-1 692
Health insurance: non-employed	..	..	..	-200	-2 103	-3 996	-2 500	-2 768	-4 146	-3 458
Health insurance: government	..	..	..	0	0	0	0	0	0	0
Soc. Security contr. employers: Penalties	..	..	..	-3 293	-1 490	-1 441	-1 487	-2 020	-1 808	-1 871
Soc. Security contr. Self-employed or non-employed: Penalties	..	..	..	-200	-157	-155	-140	-193	-164	-175
Licence for lorry transport	..	..	..	0	-1	-1	0	-1	0	0
Highway fee	..	..	..	-1 753	-2 429	-3 061	-3 803	-4 397	-5 212	-5 384
Other environmental fees	..	..	..	0	0	-105	-14	0	0	0
Levy on loterry revenue	..	..	..	0	0	-187	0	0	0	0
Value added taxes	..	..	..	0	0	0	0	0	0	0
Différence dans les traitements des crédits d'impôts	..	..	..	0	-127	451	-770	110	-2	-231
Transfert en capital des recettes non collectées	..	..	..	0	0	0	0	0	0	0
Cotisations de sécurité sociale volontaires	..	..	..	1 099	974	661	337	386	523	578
Différences diverses	..	..	..	2 162	0	0	0	0	0	0
Comptes nationaux : impôts et cotisations sociales effectives	..	..	..	768 206	1 305 004	1 273 971	1 383 645	1 512 755	1 870 013	1 991 408
Cotisations sociales imputées	..	..	..	423	299	600	934	1 027	1 426	1 867
Comptes nationaux : impôts et toutes les cotisations sociales	..	..	..	768 629	1 305 303	1 274 571	1 384 579	1 513 782	1 871 439	1 993 275

.. Non disponible

Note : Year ending 31st December.

From 1995 data are on accrual basis.

Source : Ministry of Finance, Economic Department.

StatLink https://stat.link/9jwkc7

Tableau 5.9. Danemark : recettes fiscales détaillées, 1965-2019

Million DKK

	1965	1980	1990	2000	2007	2010	2013	2015	2018	2019
Recettes fiscales totales	**20 821**	**166 358**	**382 232**	**623 911**	**809 988**	**813 972**	**901 001**	**957 281**	**1 005 199**	**1 092 946**
Recettes fiscales totales excluant les taxes collectés pour le compte de l'UE	..	..	**379 547**	**621 274**	**806 337**	**810 697**	**898 126**	**953 963**	**1 002 013**	**1 089 817**
1000 Impôts sur revenu, bénéfices et gains en capital	**9 712**	**92 404**	**233 739**	**383 244**	**486 845**	**500 276**	**564 937**	**605 698**	**623 303**	**705 407**
1100 Des personnes physiques	8 758	86 958	206 478	328 532	427 412	422 685	490 887	525 144	547 882	569 272
1110 Sur le revenu et les bénéfices	8 758	86 909	206 335	328 305	427 070	422 364	490 627	524 856	547 612	569 048
Central government income tax	5 020	33 351	91 638	77 491	155 540	124 943	141 399	169 059	187 470	197 956
County income tax	0	10 742	31 361	56 135	0	0	0	0	0	0
Municipality income tax	2 948	33 555	77 571	121 975	173 114	193 111	209 303	220 815	239 416	247 583
Seaman's income tax	66	457	0	0	0	0	0	0	0	0
Old-age pension fund contributions	592	2 163	0	0	0	0	0	0	0	0
Social pension fund contributions	0	3 340	0	0	0	0	0	0	0	0
Sickness benefit fund contributions	0	1 804	0	0	0	0	0	0	0	0
Pension schemes and annuity insurance	22	355	2 627	6 923	8 948	9 842	42 974	22 842	5 559	5 555
Special income tax	101	1 054	2 810	0	0	0	0	0	0	0
Duty on canceled pension schemes	9	82	0	0	0	0	0	0	0	0
Duty on feed rent increases	0	8	5	0	0	0	0	0	0	0
Duty on employees' remuneration compens. fund releases	0	0	325	654	1 144	982	1 129	11 177	2 360	2 406
Duty on interest on consumer loans	0	0	0	0	0	0	0	0	0	0
Labour market contributions	0	0	0	56 729	76 609	80 863	82 599	87 359	98 325	100 780
Imputed income from owner-occupied dwelling	0	0	0	8 399	11 716	12 623	13 223	13 604	14 482	14 768
1120 Sur les gains en capital	0	49	144	226	343	321	260	289	270	224
Tax on winnings from lotteries, pools, etc.	..	49	144	226	343	321	260	289	270	224
1200 Des sociétés	954	5 446	14 660	42 279	54 871	41 057	54 066	57 723	62 074	72 724
1210 Sur les bénéfices	954	5 446	14 660	42 279	54 871	41 057	54 066	57 723	62 074	72 724
1220 Sur les gains en capital	0	0	0	0	0	0	0	0	0	0
1300 Non-ventilables entre 1100 et 1200	0	0	12 601	12 434	4 562	36 535	19 984	22 832	13 347	63 411
2000 Cotisations de sécurité sociale	**690**	**710**	**101**	**8 453**	**1 286**	**1 815**	**1 618**	**1 378**	**1 061**	**991**
2100 À la charge des salariés	567	1	98	8 209	1 057	900	879	826	751	684
Sickness benefit fund contributions	30	0	0	0	0	0	0	0	0	0
Sickday benefit contributions, ordinary	534	0	0	0	0	0	0	0	0	0
Sickday benefit contributions, special	3	0	0	0	0	0	0	0	0	0
Contribution to merchant marine's welf. board	0	1	1	0	0	0	0	0	0	0
Special pension scheme savings	0	0	0	6 846	0	0	0	0	0	0
Contr. to pension funds from officials in companies	0	0	0	879	555	450	476	438	410	355
Contr. to pension funds from officials in non-profit institutions	0	0	96	485	502	450	403	388	341	328
2110 Sur la base du salaire	..	..	..	..	..	..	..	..	..	..
2120 Sur la base de l'impôt sur les revenus	..	..	..	..	..	..	..	..	..	..
2200 À la charge des employeurs	123	709	3	244	229	914	739	552	311	308
Unemployment insurance contributions	41	598	0	0	0	0	0	0	0	0
Disablement insurance contributions	21	58	0	0	0	0	0	0	0	0
Sickness benefit fund contributions	61	0	0	0	0	0	0	0	0	0
Contribution to employee's wage guarantee fund	0	50	0	241	227	908	731	542	299	305
Contribution to merchant marine's welf. board	0	1	1	0	0	0	0	0	0	0
Shipping owners contr. sickness assist. seamen	0	1	2	3	2	6	8	10	12	3
2210 Sur la base du salaire	..	..	..	..	..	..	..	..	..	..
2220 Sur la base de l'impôt sur les revenus	..	..	..	..	..	..	..	..	..	..
2300 A charge des travailleurs indép. ou sans emploi	0	0	0	0	0	0	0	0	0	0
2310 Sur la base du salaire	..	..	..	..	..	..	..	..	..	..
2320 Sur la base de l'impôt sur les revenus	..	..	..	..	..	..	..	..	..	..
2400 Non-ventilables entre 2100, 2200 et 2300	0	0	0	0	0	0	0	0	0	0
2410 Sur la base du salaire	..	..	..	..	..	..	..	..	..	..
2420 Sur la base de l'impôt sur les revenus	..	..	..	..	..	..	..	..	..	..
3000 Sur salaires ou main d'oeuvre	**0**	**0**	**2 494**	**2 258**	**3 975**	**4 160**	**6 130**	**5 894**	**6 314**	**6 534**
4000 Impôts sur le patrimoine	**1 691**	**9 806**	**16 269**	**20 738**	**31 556**	**33 533**	**34 995**	**39 169**	**41 215**	**46 352**

	1965	1980	1990	2000	2007	2010	2013	2015	2018	2019
4100 Impôts périodiques sur la propriété immobilière	1 029	5 676	8 891	13 565	18 996	24 161	26 370	28 085	29 578	30 567
Central government land tax	130	264	0	0	0	0	0	0	0	0
County land tax	169	2 315	2 915	4 070	0	0	0	0	0	0
Municipal land tax	408	2 257	4 123	7 049	15 601	19 645	22 580	24 707	26 394	27 433
Centr. Govt. fixed tax on real property	32	11	0	0	0	0	0	0	0	0
County fixed tax on real property	45	0	0	0	0	0	0	0	0	0
Municipal fixed tax on real property	190	91	0	0	0	0	0	0	0	0
County duty on land (public property)	4	22	22	25	0	0	0	0	0	0
County duty on buildings (public property)	0	53	88	97	0	0	0	0	0	0
Municipal duty on land (public property)	26	103	244	383	393	434	359	364	339	333
Municipal duty on buildings (residential)	0	195	335	381	757	814	641	599	554	556
Municipal duty on buildings (business)	25	366	1 165	1 560	2 244	3 269	2 789	2 416	2 291	2 245
4110 Ménages	..	..	..	..	..	..	..	..	..	..
4120 Autres agents	..	..	..	..	..	..	..	..	..	..
4200 Impôts périodiques sur l'actif net	306	963	934	0	0	0	0	0	0	0
4210 Personnes physiques	306	963	934	..	..	..	..	..	..	..
4220 Sociétés	0	0	0	..	..	..	..	..	..	..
4300 Impôts sur mut. par décès, succ. et donations	137	738	2 197	2 863	3 896	3 646	3 940	5 177	4 810	8 571
4310 Impôts sur mut. par décès et successions	..	..	..	..	..	..	..	..	..	..
4320 Impôts sur les donations	..	..	..	..	..	..	..	..	..	..
4400 Impôts sur transact. mobilières et immob.	219	2 313	4 166	4 171	8 659	5 726	4 685	5 907	6 828	7 214
Stamp duties	214	2 243	2 829	4 125	8 574	5 695	4 664	5 879	6 786	7 165
Duty on share capital creation	0	32	500	0	0	0	0	0	0	0
Duty to land registry office	5	38	28	46	85	30	21	28	41	49
Duty on transfers of shares	0	0	809	0	0	0	0	0	0	0
4500 Impôts non-périodiques	0	116	81	140	6	0	0	0	0	0
4510 Sur l'actif net	..	0	0	0	0	0	..	..	..	..
4520 Autres non-périodiques		116	81	140	6	0				
4600 Autres impôts périodiques sur patrimoine	0	0	0	0	0	0	0	0	0	0
5000 Impôts sur les biens et services	**8 727**	**63 437**	**129 630**	**208 826**	**286 136**	**273 982**	**293 170**	**304 823**	**333 041**	**333 372**
5100 Impôts sur production, vente, transfert, etc.	8 239	60 545	123 645	197 991	267 325	254 303	270 493	281 109	306 772	307 951
5110 Impôts généraux	2 139	37 727	80 650	121 955	174 639	171 583	181 378	191 479	217 627	222 730
5111 Taxes sur la valeur ajoutée	2 139	37 727	72 120	121 955	174 639	171 583	181 378	191 479	217 627	222 730
5112 Impôts sur les ventes	0	0	0	0	0	0	0	0	0	0
5113 Autres impôts	0	0	8 530	0	0	0	0	0	0	0
Labour market contrib. concerning imports	..	..	4 903	..	..	..	..	..	..	..
Labour market contrib. concerning value added	..	..	3 627	..	..	..	..	..	..	..
5120 Impôts sur biens et services déterminés	6 100	22 817	42 995	76 036	92 686	82 720	89 116	89 630	89 145	85 221
5121 Accises	5 466	20 473	38 339	68 977	82 861	74 032	81 894	81 893	81 020	76 758
Duty on petrol	1 016	3 713	5 637	10 005	9 154	8 029	7 286	7 348	7 521	7 658
Motor vehicle registration duty	818	2 989	7 917	13 858	24 289	13 586	15 218	17 988	20 602	20 307
Cigarettes and tobacco duties	1 469	4 472	6 516	7 489	7 201	8 283	8 417	7 658	7 045	7 830
Duties on cigars, cheroots and cigarillos	234	220	128	80	40	32	47	113	45	46
Sale of revenue labels	0	3	10	13	13	5	4	4	0	0
Sales duties on chocolate and sugar	254	331	801	1 205	1 289	1 470	2 020	2 156	2 168	2 191
Raw material duty on chocolate and sugar	11	14	54	60	93	144	180	187	132	94
Special tax on chocolate and sugar	0	2	13	76	46	51	68	103	104	93
Duty on ice-cream	33	58	135	168	180	201	297	297	354	356
Duty on coffee	5	249	224	266	250	243	271	280	280	277
Duty on mineral water	68	195	466	505	418	383	374	0	0	0
Duty on beer	622	1 983	3 100	1 510	1 080	895	977	916	943	810
Duty on wine	122	611	1 448	1 166	1 032	1 071	1 674	1 764	1 732	1 664
Duty on spirits	412	1 432	1 982	1 756	1 213	1 028	1 127	1 201	1 187	1 205
Duty on restaurant sales of alcoholic bev.	150	0	0	0	0	0	0	0	0	0
Duty on wireless sets	55	67	0	0	0	0	0	0	0	0
Duty on television sets	0	93	-18	0	0	0	0	0	0	0
Duty on video recorders	0	17	-15	0	0	0	0	0	0	0
Duty on major household appliances	0	199	-10	0	0	0	0	0	0	0
Duty on grammophone records	10	46	84	0	0	0	0	0	0	0
Duty on playing cards	1	2	0	0	0	0	0	0	0	0
Duty on matches	5	3	-1	0	0	0	0	0	0	0
Duty on lighters	1	8	-4	0	0	0	0	0	0	0
Duty on electric bulbs	36	67	152	176	211	117	95	86	54	42
Duty on perfumery and toilet articles	91	214	506	0	0	0	0	0	0	0
Duty on almanacs	3	0	0	0	0	0	0	0	0	0
Duty on salmon	0	1	0	0	0	0	0	0	0	0
Duty on paper and cardboard	45	0	0	0	0	0	0	0	0	0
Duty on sugar	0	174	-8	0	0	0	0	0	0	0
Duty on tea	0	12	10	8	8	8	8	8	0	0
Duty on electricity	0	1 222	4 317	7 430	8 665	10 195	10 013	11 501	12 119	11 178
Duty on certain oil products	0	1 719	2 938	6 757	8 549	8 623	9 306	9 347	10 012	9 971
Duty on certain retail containers	0	100	397	594	727	706	715	316	365	244

	1965	1980	1990	2000	2007	2010	2013	2015	2018	2019
Duty on gas	0	56	47	0	0	0	0	0	0	0
Duty on extraction and import of raw materials	0	16	129	172	220	119	132	148	165	163
Duty on disposable tableware	0	0	72	65	126	120	121	138	148	140
Duty on insecticides, herbicides, etc.	0	0	13	366	449	466	656	598	568	590
Duty on videotapes	0	0	0	0	0	0	0	0	0	0
Duty on coal, etc.	0	0	849	1 217	1 450	2 587	2 991	2 255	1 852	1 766
Other duties on goods and services	5	186	20	53	147	189	-13	186	178	178
Duty on waste	0	0	404	1 025	1 225	51	167	130	154	120
Duty on CFC	0	0	27	0	53	56	82	65	55	45
Duty on CO2	0	0	0	4 883	5 108	5 822	5 762	3 652	3 627	3 565
Duty on cigarette paper	0	0	0	68	32	28	36	38	31	32
Duty on rechargeable Ni-Cd batteries	0	0	0	21	17	4	3	2	0	1
Duty on piped water	0	0	0	1 357	1 371	1 334	1 584	1 688	1 649	1 673
Duty on carrier bags made of paper, plastic, etc.	0	0	0	178	210	201	186	208	178	166
Duty on tires	0	0	0	29	45	62	50	57	53	47
Duty on sulphur	0	0	0	165	108	48	51	42	39	33
Duty on chlorinated solvents	0	0	0	2	0	0	0	0	0	0
Duty on natural gas	0	0	0	2 532	3 375	4 524	5 255	3 160	3 325	2 781
Duty on nitrogen	0	0	0	30	27	26	21	17	13	14
Duty on specific growth stimulants	0	0	0	0	0	0	0	0	0	0
Duty on PVC-film	0	0	0	7	12	11	10	11	11	0
Duty on PVC and phathalates	0	0	0	31	42	23	18	19	16	0
Duty on lead accumulators	0	0	0	14	0	0	0	0	0	0
Duty on mineral phosphorus	0	0	0	0	51	51	49	52	53	25
Surcharge on alcoholic soft drinks	0	0	0	0	17	26	33	33	0	0
Duty on nitrogen oxides	0	0	0	0	0	212	870	820	183	152
Duty on saturated fat	0	0	0	0	0	0	0	0	0	0
Duty on PSO (Public Service Obligations)	0	0	0	3 641	4 319	3 004	5 734	7 302	4 060	1 301
5122 Bénéfices des monopoles fiscaux	16	183	404	1 402	1 648	1 481	1 339	1 230	1 535	1 989
5123 Droits de douane et droits à l'importation	556	1 113	1 849	2 325	3 282	3 242	2 824	3 285	3 186	3 129
Customs duties	0	1 032	1 779	2 325	3 282	3 242	2 824	3 285	3 186	3 129
Temporary import surcharge	556	0	0	0	0	0	0	0	0	0
Import duties on agricultural produce	0	81	70	0	0	0	0	0	0	0
5124 Taxes à l'exportation	0	0	0	0	0	0	0	0	0	0
5125 Impôts sur biens d'équipement	0	0	0	0	0	0	0	0	0	0
5126 Impôts sur services déterminés	62	771	1 567	3 019	4 525	3 932	3 008	3 189	3 404	3 346
Sales tax on gambling stakes races	17	28	20	12	18	16	15	14	0	0
Tax on football pools	31	152	284	942	1 143	1 071	0	0	0	0
Tax on cinema tickets	14	0	0	0	0	0	0	0	0	0
Duty on motor vehicle compl. insurance	0	470	923	1 327	2 104	1 854	1 598	1 529	1 491	1 478
Duty on insurance on pleasure boats	0	13	57	66	100	122	127	126	119	93
Duty on charter flight	0	109	283	0	0	0	0	0	0	0
Turnover tax on 6-win horse race betting	0	0	0	0	0	0	0	0	0	0
Duty on casinos	0	0	0	180	261	173	192	200	202	198
Passenger duty	0	0	0	477	6	0	0	0	0	0
Duty on the Danish State Lottery	0	0	0	16	35	41	42	44	44	44
Duty on slot machines	0	0	0	0	858	656	545	618	592	569
Duty on gambling	0	0	0	0	0	0	288	397	511	490
Duty on online casinos	0	0	0	0	0	0	202	261	445	475
5127 Autres impôts sur commerce et transact. internat.	0	0	0	0	0	0	0	0	0	0
5128 Autres impôts	0	277	837	312	370	33	51	33	0	0
Duty paid to ECSC	..	4	5	0	0	0	0	0	..	..
Sugar storing duty	..	83	113	62	0	0	0	0	..	..
Duty on the production of sugar	..	81	145	249	-26	33	51	33	..	..
Duty on milk co-reponsibility levy	..	109	255	0	0	0	0	0	..	..
Grain co-reponsibility levy	..	0	319	0	0	0	0	0	..	..
Restructuring scheme for EU sugar system	..	0	0	0	397	0	0	0	..	..
5130 Non-ventilables entre 5110 et 5120	0	0	0	0	0	0	0	0	0	0
5200 Impôts sur utilisation des biens et exerc. activités	488	2 893	4 410	7 468	14 088	14 731	16 180	16 537	17 383	16 099
5210 Impôts périodiques	488	2 893	4 410	7 468	14 088	14 731	15 966	16 171	15 968	14 859
5211 À la charge des ménages : véhicules à moteur	199	1 874	2 922	5 485	7 105	7 614	8 094	8 136	7 531	7 411
Weight duty automobiles	199	1 874	2 922	5 318	6 954	7 467	7 936	7 859	7 283	7 161
Recycling fee on cars	0	0	0	167	151	147	158	277	247	251
5212 À la charge autres agents : véhicules à moteur	287	1 014	1 441	1 919	3 125	2 980	3 336	3 483	3 848	3 822
Weight duty automobiles	287	1 014	1 441	1 612	2 652	2 611	2 952	3 088	3 359	3 303
Road charges	0	0	0	307	473	370	383	395	489	519
5213 Autres impôts périodiques	2	5	47	64	3 858	4 137	4 537	4 552	4 590	3 626
5220 Impôts non-périodiques	0	0	0	0	0	0	214	365	1 415	1 240
5300 Non-ventilables entre 5100 et 5200	0	0	1 575	3 368	4 724	4 948	6 497	7 177	8 887	9 322
6000 Autres impôts	**0**	**0**	**0**	**391**	**190**	**206**	**152**	**320**	**265**	**289**
6100 À la charge exclusive des entreprises	..	..	..	391	190	206	152	320	265	289
6200 À la charge d'autres agents	..	..	..	0	0	0	0	0	0	0

	1965	1980	1990	2000	2007	2010	2013	2015	2018	2019
Pour mémoire										
Droits de douane perçus pour le compte de l'UE	..	..	1 779	2 325	3 282	3 242	2 824	3 285	3 186	3 129
Crédits d'impôts récupérables										
Crédits d'impôts récupérables contre 1110	..	..	..	..	..	4 960	5 515	4 228	3 765	3 096
Composante fiscale	..	..	..	..	..	4 712	5 240	4 016	3 577	2 942
Composante transfert	..	..	..	..	..	248	276	211	188	155
Crédits d'impôts récupérables contre 1210	..	..	..	..	..	0	0	0	0	0
Composante fiscale	..	..	..	..	..	..	..	..	..	..
Composante transfert	..	..	..	..	..	..	..	..	..	..
Recettes fiscales totales sur la base d'encaissements	..	..	..	..	..	..	..	..	..	..
Recettes fiscales totales sur la base des droits constatés	**20 821**	**166 358**	**382 232**	**623 911**	**809 988**	**813 972**	**901 001**	**957 281**	**1 005 199**	**1 092 946**
Conciliation avec les comptes nationaux										
Impôts additionnels inclus dans les comptes nationaux	0	0	..	..	..	..	..	..	..	..
Impôt exclus des comptes nationaux	0	0	..	..	..	..	..	..	..	..
Différence dans les traitements des crédits d'impôts	0	0	0	0	0	4 712	5 240	4 016	3 577	2 942
Transfert en capital des recettes non collectées	0	-1 374	-2 387	-1 917	-2 726	-3 475	-15 512	-19 396	-9 791	-12 676
Cotisations de sécurité sociale volontaires	0	1 673	8 087	16 633	17 061	17 192	14 655	14 721	14 751	14 792
Différences diverses	0	0	..	..	..	..	..	..	..	..
Comptes nationaux : impôts et cotisations sociales effectives	20 821	166 657	387 932	638 626	824 323	832 401	905 384	956 623	1 013 736	1 098 003
Cotisations sociales imputées	0	5 958	4 592	6 223	5 693	5 356	4 520	4 067	3 214	3 227
Comptes nationaux : impôts et toutes les cotisations sociales	20 821	172 615	392 525	644 849	830 017	837 758	909 904	960 690	1 016 949	1 101 231

.. Non disponible

Note : Year ending 31st December.

The figures are on an accrual basis.

Heading 2300 includes a small amount of voluntary contributions which cannot be isolated.

Source : Danmarks Statistik.

StatLink https://stat.link/eoim20

Tableau 5.10. Estonie : recettes fiscales détaillées, 1965-2019

Million EUR

	1965	1980	1990	2000	2007	2010	2013	2015	2018	2019
Recettes fiscales totales	..	..	..	**1 919**	**5 082**	**4 894**	**5 988**	**6 874**	**8 532**	**9 298**
Recettes fiscales totales excluant les taxes collectés pour le compte de l'UE	..	..	..	**1 919**	**5 047**	**4 870**	**5 960**	**6 840**	**8 484**	**9 239**
1000 Impôts sur revenu, bénéfices et gains en capital	..	..	..	**476**	**1 197**	**970**	**1 357**	**1 607**	**1 929**	**2 041**
1100 Des personnes physiques	..	..	..	421	936	776	1 031	1 182	1 411	1 532
1110 Sur le revenu et les bénéfices	..	..	..	421	936	776	1 031	1 182	1 411	1 532
1120 Sur les gains en capital	..	..	..	0	0	0	0	0	0	0
1200 Des sociétés	..	..	..	55	261	194	327	424	518	509
1210 Sur les bénéfices	..	..	..	55	65	35	62	38	71	94
1220 Sur les gains en capital	..	..	..	0	196	159	265	386	447	416
1300 Non-ventilables entre 1100 et 1200	..	..	..	0	0	0	0	0	0	0
2000 Cotisations de sécurité sociale	..	..	..	**674**	**1 683**	**1 879**	**2 077**	**2 300**	**2 978**	**3 256**
2100 À la charge des salariés	..	..	..	0	28	116	109	99	123	136
2110 Sur la base du salaire	..	..	..	..	28	116	109	99	123	136
2120 Sur la base de l'impôt sur les revenus	..	..	..	..	0	0	0	0	0	0
2200 À la charge des employeurs	..	..	..	662	1 635	1 742	1 949	2 181	2 835	3 101
2210 Sur la base du salaire	..	..	..	662	1 635	1 742	1 949	2 181	2 835	3 101
2220 Sur la base de l'impôt sur les revenus	..	..	..	0	0	0	0	0	0	0
2300 A charge des travailleurs indép. ou sans emploi	..	..	..	12	21	21	19	20	21	20
2310 Sur la base du salaire	..	..	..	12	21	21	19	20	21	20
2320 Sur la base de l'impôt sur les revenus	..	..	..	0	0	0	0	0	0	0
2400 Non-ventilables entre 2100, 2200 et 2300	..	..	..	0	0	0	0	0	0	0
2410 Sur la base du salaire	..	..	..	..	..	..	..	..	..	..
2420 Sur la base de l'impôt sur les revenus	..	..	..	..	..	..	..	..	..	..
3000 Sur salaires ou main d'oeuvre	..	..	..	**0**	**0**	**0**	**0**	**0**	**0**	**0**
4000 Impôts sur le patrimoine	..	..	..	**24**	**35**	**51**	**57**	**58**	**58**	**58**
4100 Impôts périodiques sur la propriété immobilière	..	..	..	24	35	51	57	58	58	58
Land tax	..	..	..	24	35	51	57	58	58	58
4110 Ménages	..	..	..	..	..	..	..	..	..	..
4120 Autres agents	..	..	..	..	..	..	..	..	..	..
4200 Impôts périodiques sur l'actif net	..	..	..	0	0	0	0	0	0	0
4210 Personnes physiques	..	..	..	..	..	..	..	..	..	..
4220 Sociétés	..	..	..	..	..	..	..	..	..	..
4300 Impôts sur mut. par décès, succ. et donations	..	..	..	0	0	0	0	0	0	0
4310 Impôts sur mut. par décès et successions	..	..	..	..	..	..	..	..	..	..
4320 Impôts sur les donations	..	..	..	..	..	..	..	..	..	..
4400 Impôts sur transact. mobilières et immob.	..	..	..	0	0	0	0	0	0	0
4500 Impôts non-périodiques	..	..	..	0	0	0	0	0	0	0
4510 Sur l'actif net	..	..	..	..	..	..	..	..	..	..
4520 Autres non-périodiques	..	..	..	..	..	..	..	..	..	..
4600 Autres impôts périodiques sur patrimoine	..	..	..	0	0	0	0	0	0	0
5000 Impôts sur les biens et services	..	..	..	**745**	**2 166**	**1 993**	**2 496**	**2 909**	**3 566**	**3 943**
5100 Impôts sur production, vente, transfert, etc.	..	..	..	723	2 099	1 938	2 431	2 829	3 437	3 725
5110 Impôts généraux	..	..	..	521	1 423	1 263	1 558	1 873	2 331	2 483
5111 Taxes sur la valeur ajoutée	..	..	..	520	1 423	1 257	1 558	1 873	2 331	2 483
5112 Impôts sur les ventes	..	..	..	0	0	6	0	0	0	0
5113 Autres impôts	..	..	..	0	0	0	0	0	0	0
5120 Impôts sur biens et services déterminés	..	..	..	202	675	675	873	956	1 106	1 243
5121 Accises	..	..	..	183	577	619	796	869	1 012	1 128
Alcohol	..	..	..	62	153	154	212	207	232	225
Tobacco	..	..	..	36	134	91	169	183	200	231
Fuel	..	..	..	76	290	343	383	444	543	638
Motor vehicle	..	..	..	9	0	0	0	0	0	0
Package	..	..	..	0	0	0	0	1	0	0
Fur	..	..	..	0	0	0	0	0	0	0
Electricity	..	..	..	0	0	31	33	34	37	34
5122 Bénéfices des monopoles fiscaux	..	..	..	0	0	0	0	0	0	0
5123 Droits de douane et droits à l'importation	..	..	..	2	35	24	29	34	43	52
5124 Taxes à l'exportation	..	..	..	0	0	0	0	0	0	0
5125 Impôts sur biens d'équipement	..	..	..	0	0	0	0	0	0	0
5126 Impôts sur services déterminés	..	..	..	17	64	33	48	53	52	62
Gambling tax	..	..	..	7	30	21	22	23	27	30
Advertising tax	..	..	..	1	3	2	4	4	6	6
Postal service payment	..	..	..	0	0	0	0	0	0	0
Liquid fuel stockpiling fee	..	..	..	0	2	5	6	5	4	5
Contributions to the Guarantee Fund	..	..	..	9	29	5	17	20	14	21
5127 Autres impôts sur commerce et transact. internat.	..	..	..	0	0	0	0	0	0	0
5128 Autres impôts	..	..	..	0	0	0	0	0	0	0

	1965	1980	1990	2000	2007	2010	2013	2015	2018	2019
5130 Non-ventilables entre 5110 et 5120	..	..	..	0	0	0	0	0	0	0
5200 Impôts sur utilisation des biens et exerc. activités	..	..	..	22	68	55	65	80	129	217
5210 Impôts périodiques	..	..	..	22	68	55	65	73	90	77
Car registration fee	..	..	..	2	5	4	7	7	8	8
Heavy vehicle tax	..	..	..	0	4	4	4	5	5	5
5211 À la charge des ménages : véhicules à moteur	..	..	..	..	..	..	..	..	..	..
5212 À la charge autres agents : véhicules à moteur	..	..	..	..	..	..	..	..	..	..
5213 Autres impôts périodiques	..	..	..	20	58	47	55	61	77	64
Business and professional licenses	..	..	..	3	2	1	1	1	3	4
Pollution fee	..	..	..	10	44	31	37	44	54	44
Specific use of water	..	..	..	4	9	13	14	13	16	13
Fees for closure of roads, streets and squares	..	..	..	0	1	1	1	2	2	2
Fishing fees	..	..	..	1	1	1	2	2	2	2
Tax on motor vehicle	..	..	..	2	0	0	0	0	0	0
Boat tax	..	..	..	0	0	0	0	0	0	0
Animal tax	..	..	..	0	0	0	0	0	0	0
5220 Impôts non-périodiques	..	..	..	0	0	0	0	7	39	140
Revenue from the sale of emission permits	..	..	..	..	..	..	..	7	39	140
5300 Non-ventilables entre 5100 et 5200	..	..	..	0	0	0	0	0	0	0
6000 Autres impôts	**..**	**..**	**..**	**0**	**0**	**0**	**0**	**0**	**0**	**0**
6100 À la charge exclusive des entreprises	..	..	..	..	..	..	..	..	..	..
6200 À la charge d'autres agents	..	..	..	..	..	..	..	..	..	..
Other taxes	..	..	..	..	..	..	..	..	..	..
Pour mémoire										
Droits de douane perçus pour le compte de l'UE	..	..	..	..	35	24	29	34	43	52
Contributions au Fonds de résolution unique collectées pour le compte de l'UE	..	..	..	..	..	..	..	..	5	7
Recettes fiscales totales sur la base d'encaissements	**..**	**..**	**..**	**1 907**	**5 003**	**4 921**	**5 964**	**6 848**	**8 528**	**9 195**
Recettes fiscales totales sur la base des droits constatés	**..**	**..**	**..**	**1 919**	**5 082**	**4 894**	**5 988**	**6 874**	**8 532**	**9 298**
Conciliation avec les comptes nationaux										
Impôts additionnels inclus dans les comptes nationaux	..	..	..	0	0	0	0	0	0	0
Impôt exclus des comptes nationaux	..	..	..	0	0	0	0	0	0	0
Différence dans les traitements des crédits d'impôts	..	..	..	0	0	0	0	0	0	0
Transfert en capital des recettes non collectées	..	..	..	0	0	0	0	0	0	0
Cotisations de sécurité sociale volontaires	..	..	..	0	0	0	0	0	0	0
Différences diverses	..	..	..	0	0	0	0	0	0	0
Comptes nationaux : impôts et cotisations sociales effectives	..	..	..	1 919	5 082	4 894	5 988	6 874	8 532	9 298
Cotisations sociales imputées	..	..	..	4	20	30	38	49	66	73
Comptes nationaux : impôts et toutes les cotisations sociales	..	..	..	1 922	5 102	4 924	6 026	6 923	8 597	9 371

.. Non disponible

Note : Year ending 31st December.

Data on an accrual basis.

Source : Statistics Estonia.

StatLink https://stat.link/dhun56

Tableau 5.11. Finlande : recettes fiscales détaillées, 1965-2019

Million EUR

	1965	1980	1990	2000	2007	2010	2013	2015	2018	2019
Recettes fiscales totales	**1 362**	**11 895**	**39 052**	**62 435**	**77 447**	**76 315**	**88 688**	**92 003**	**98 958**	**101 443**
Recettes fiscales totales excluant les taxes collectés pour le compte de l'UE	..	..	**39 052**	**62 296**	**77 247**	**76 163**	**88 521**	**91 760**	**98 728**	**101 040**
1000 Impôts sur revenu, bénéfices et gains en capital	**564**	**4 654**	**15 323**	**26 910**	**30 358**	**27 104**	**30 797**	**32 371**	**34 505**	**35 470**
1100 Des personnes physiques	453	4 248	13 562	19 118	23 396	22 545	25 998	27 824	28 569	29 401
1110 Sur le revenu et les bénéfices	453	4 234	13 520	19 118	23 396	22 545	25 998	27 824	28 569	29 401
Tax on income	125	1 827	5 917	9 036	9 086	6 465	7 903	9 138	9 734	9 986
The final withdrawal tax on interest income	0	0	0	92	254	205	207	110	44	39
Communal tax	279	2 376	7 603	9 990	14 056	15 875	17 888	18 576	18 791	19 376
Seaman's tax	3	31	0	0	0	0	0	0	0	0
National pension contributions	32	0	0	0	0	0	0	0	0	0
National health insurance contributions	15	0	0	0	0	0	0	0	0	0
1120 Sur les gains en capital	0	14	42	0	0	0	0	0	0	0
Tax on lottery prizes	..	14	42	..	..	..	..	..	..	..
1200 Des sociétés	111	405	1 761	7 792	6 962	4 559	4 799	4 547	5 936	6 069
1210 Sur les bénéfices	111	405	1 761	7 792	6 962	4 559	4 799	4 547	5 936	6 069
Tax on income	72	202	1 001	4 758	5 298	2 972	3 227	2 761	4 077	4 151
Communal tax	36	187	699	2 900	1 541	1 471	1 456	1 668	1 859	1 918
Church tax	3	16	61	134	123	116	116	118	0	0
1220 Sur les gains en capital	0	0	0	0	0	0	0	0	0	0
1300 Non-ventilables entre 1100 et 1200	0	0	0	0	0	0	0	0	0	0
2000 Cotisations de sécurité sociale	**93**	**2 776**	**10 012**	**15 756**	**21 384**	**22 648**	**25 632**	**26 639**	**27 647**	**28 295**
2100 À la charge des salariés	1	394	1 152	2 926	4 050	4 710	5 811	6 364	8 102	8 546
For employment pension schemes	1	10	23	2 120	2 950	3 386	4 235	4 714	5 567	6 078
For unemployment schemes	0	0	0	435	369	267	457	489	1 519	1 379
2110 Sur la base du salaire	..	10	23	2 565	3 319	3 653	4 692	5 203	7 086	7 457
2120 Sur la base de l'impôt sur les revenus	..	384	1 129	361	731	1 057	1 119	1 161	1 016	1 089
National pension contributions	..	251	502	2	0	0	0	0	0	0
National health insurance contributions	..	133	627	359	731	1 057	1 119	1 161	1 016	1 089
2200 À la charge des employeurs	93	2 230	8 127	11 571	15 715	16 041	17 888	18 232	17 631	17 778
For national pension schemes	29	685	1 502	1 566	1 331	0	0	0	0	0
For national health insurance	10	244	792	839	1 142	1 590	1 612	1 662	748	694
For unemployment schemes	3	106	206	1 143	1 346	1 377	1 775	1 676	1 493	1 260
For employment pension schemes	50	1 195	5 627	8 023	11 896	13 074	14 501	14 894	15 390	15 824
For accident and group life insurance premiums	0	0	0	0	0	0	0	0	0	0
2210 Sur la base du salaire	..	2 230	8 127	11 571	15 715	16 041	17 888	18 232	17 631	17 778
2220 Sur la base de l'impôt sur les revenus	..	0	0	0	0	0	0	0	0	0
2300 A charge des travailleurs indép. ou sans emploi	0	152	733	1 259	1 619	1 897	1 933	2 043	1 914	1 971
For employment pension schemes	..	84	394	576	817	932	1 187	1 269	1 237	1 245
2310 Sur la base du salaire	..	84	394	576	817	932	1 187	1 269	1 237	1 245
2320 Sur la base de l'impôt sur les revenus	..	68	339	683	802	965	746	774	677	726
National pension contributions	..	43	151	5	0	0	0	0	0	0
National health insurance contributions	..	25	188	678	802	965	746	774	677	726
2400 Non-ventilables entre 2100, 2200 et 2300	0	0	0	0	0	0	0	0	0	0
2410 Sur la base du salaire	..	..	..	..	..	..	..	..	..	..
2420 Sur la base de l'impôt sur les revenus	..	..	..	..	..	..	..	..	..	..
3000 Sur salaires ou main d'oeuvre	**70**	**22**	**0**	**0**	**0**	**0**	**0**	**0**	**0**	**0**
Soc. Sec. contr. for children allowance	70	22	..	..	..	..	..	..	..	..
4000 Impôts sur le patrimoine	**54**	**221**	**956**	**1 518**	**2 012**	**2 087**	**2 599**	**3 017**	**3 349**	**3 477**
4100 Impôts périodiques sur la propriété immobilière	0	0	76	570	855	1 169	1 363	1 603	1 813	1 871
4110 Ménages	..	..	46	273	405	576	623	733	834	860
4120 Autres agents	..	..	30	297	450	593	740	870	979	1 011
4200 Impôts périodiques sur l'actif net	24	24	27	179	0	0	0	0	0	0
4210 Personnes physiques	11	23	25	175	..	..	..	..	..	..
4220 Sociétés	13	2	2	4	..	..	..	..	..	..
4300 Impôts sur mut. par décès, succ. et donations	3	26	146	368	459	387	646	631	692	749
4310 Impôts sur mut. par décès et successions	3	21	121	307	384	324	541	528	579	612
4320 Impôts sur les donations	1	5	25	61	75	63	105	103	113	137
4400 Impôts sur transact. mobilières et immob.	27	170	707	401	698	531	590	783	844	857
Stamp duty excluded entertainment	27	170	688	-20	0	0	0	0	0	0
Credit tax	0	0	19	0	0	0	0	0	0	0
Transfer tax	0	0	0	421	698	531	590	783	844	857
4500 Impôts non-périodiques	0	0	0	0	0	0	0	0	0	0
4510 Sur l'actif net	..	..	..	..	..	..	..	..	..	..
4520 Autres non-périodiques	..	..	..	..	..	..	..	..	..	..
4600 Autres impôts périodiques sur patrimoine	0	0	0	0	0	0	0	0	0	0
5000 Impôts sur les biens et services	**578**	**4 202**	**12 711**	**18 221**	**23 624**	**24 407**	**29 596**	**29 895**	**33 413**	**34 150**
5100 Impôts sur production, vente, transfert, etc.	570	4 158	12 555	17 781	22 953	23 642	28 662	28 836	32 040	32 671

	1965	1980	1990	2000	2007	2010	2013	2015	2018	2019
5110 Impôts généraux	251	2 062	7 519	10 869	15 207	15 533	18 888	18 974	21 364	21 974
5111 Taxes sur la valeur ajoutée	251	2 062	7 519	10 869	15 207	15 533	18 888	18 974	21 364	21 974
Value added taxes	251	2 062	7 519	9 616	13 657	13 691	16 561	16 680	18 487	18 929
VAT repayments of local government	0	0	0	849	1 550	1 842	2 327	2 294	2 877	3 045
Social Insur. Institutions' part of VAT revenue	0	0	0	404	0	0	0	0	0	0
5112 Impôts sur les ventes	0	0	0	0	0	0	0	0	0	0
5113 Autres impôts	0	0	0	0	0	0	0	0	0	0
Suppl. sales tax on consumer durables	..	..	..	..	..	..	..	..	..	..
5120 Impôts sur biens et services déterminés	319	2 096	5 036	6 912	7 746	8 109	9 774	9 862	10 676	10 697
5121 Accises	183	1 615	3 813	5 613	6 013	6 286	7 511	7 678	8 323	8 118
Excise on tobacco products	52	206	473	561	622	655	852	885	1 048	1 019
Excise on sweetments	6	23	26	0	0	0	0	0	0	0
Excise on medium, strong beer	3	109	419	0	0	0	0	0	0	0
Excise on non-alcoholic beverages	2	17	22	32	35	37	204	250	154	180
Excise on certain foodstuffs	3	218	36	0	0	0	0	0	0	0
Excise on liquid fuels	58	504	986	2 583	2 907	3 167	3 925	4 054	4 395	4 294
Excise on motor cars	28	238	697	1 059	1 217	941	931	882	995	886
Tax on alcoholic beverages	29	353	813	1 239	1 016	1 279	1 355	1 356	1 475	1 483
Levies on pharmacy	2	16	46	85	113	122	153	165	180	188
Levies for price reduction on butter	0	3	0	0	0	0	0	0	0	0
Levies for marketing of milk	0	12	58	0	0	0	0	0	0	0
Excise on margarines	0	18	55	0	0	0	0	0	0	0
Stock-building levies on liquid fuels	0	15	44	46	50	48	45	43	45	43
Excise on sugar products	0	18	34	0	0	0	0	0	0	0
Excise on feeding stuffs	0	0	0	0	0	0	0	0	0	0
Excise on fertilizers	0	21	21	0	0	0	0	0	0	0
Excise on oil-based concentrated feed	0	1	0	0	0	0	0	0	0	0
Excise on protein feed	0	0	0	0	0	0	0	0	0	0
Equalization fee agricultural products	0	8	29	0	0	0	0	0	0	0
Excise on albumen	0	0	30	0	0	0	0	0	0	0
Tax on electricity	0	65	0	0	0	0	0	0	0	0
Oil damage levy	0	0	7	5	8	20	27	24	12	7
Oil waste levy	0	0	4	3	4	4	4	4	4	4
Price difference compensations	0	-231	0	0	0	0	0	0	0	0
The milk quota charge	0	0	6	0	0	0	0	0	0	0
Levies for marketing of special agric. prod.	0	0	0	0	0	0	0	0	0	0
Excise on phosphorous fertilizers	0	0	7	0	0	0	0	0	0	0
Excise on certain beverage packages	0	0	0	0	41	13	15	15	15	14
5122 Bénéfices des monopoles fiscaux	38	86	202	0	0	0	0	0	0	0
Excess profits on alcohol	38	86	202	..	..	..	..	..	..	..
5123 Droits de douane et droits à l'importation	88	235	423	130	199	151	166	166	174	187
Import duties	62	126	232	0	0	0	0	0	0	0
Import levies on agricultural products	26	6	12	0	0	0	0	0	0	0
Local import duties (Town dues)	1	0	0	0	0	0	0	0	0	0
Import levies price stabilisation fund	0	3	0	0	0	0	0	0	0	0
Agricultural levies	0	0	0	0	0	0	0	0	0	0
Equalization tax	0	100	179	0	0	0	0	0	0	0
Custom duties	..	..	..	130	199	151	166	166	174	187
5124 Taxes à l'exportation	0	0	0	0	0	0	0	0	0	0
Export duties	..	..	..	..	..	..	..	..	..	..
Levies on export	..	..	..	..	..	..	..	..	..	..
Counter-cyclical tax exports	..	..	..	..	..	..	..	..	..	..
5125 Impôts sur biens d'équipement	0	0	0	0	0	0	0	0	0	0
Investment tax on buildings						..	..	..	..	..
5126 Impôts sur services déterminés	9	161	598	1 160	1 533	1 671	2 096	2 017	2 178	2 392
Net revenue of betting	8	94	328	704	807	874	940	967	1 109	1 099
Tax on motion pictures	0	0	0	0	0	0	0	0	0	0
Stamp duties on entertainment	2	5	0	0	0	0	0	0	0	0
Fire protection levy	0	3	7	6	8	9	10	11	11	11
Tax on waste	0	0	0	33	56	42	56	32	7	3
Rail tax	0	0	0	0	18	18	19	0	2	0
Tax on insurance premiums	0	58	263	337	509	584	712	777	772	789
Tax on lottery prizes	0	0	0	80	135	144	217	222	226	221
Tax on telecommunications	0	0	0	0	0	0	0	0	0	0
Bank tax	0	0	0	0	0	0	134	-74	-4	-3
Contributions to the Resolution Fund	..	..	..	..	..	..	..	76	55	216
Contributions to the Deposit Guarantee Fund	..	..	0	0	0	0	0	0	0	56
5127 Autres impôts sur commerce et transact. internat.	0	0	0	0	0	0	0	0	0	0
Tax on charter flights	..	..	..	..	..	..	..	..	..	..
5128 Autres impôts	0	0	0	9	1	1	1	1	1	0
Sugar levy	..	..	..	9	1	1	1	1	1	..
Steel and coal levy	..	..	..	0	0	0	0	0	0	..

	1965	1980	1990	2000	2007	2010	2013	2015	2018	2019
5130 Non-ventilables entre 5110 et 5120	0	0	0	0	0	0	0	0	0	0
5200 Impôts sur utilisation des biens et exerc. activités	8	44	156	440	671	765	934	1 059	1 373	1 479
5210 Impôts périodiques	8	44	156	423	637	725	897	960	1 233	1 189
5211 À la charge des ménages : véhicules à moteur	0	2	5	165	486	541	696	748	979	949
5212 À la charge autres agents : véhicules à moteur	7	32	135	235	126	150	170	182	215	201
5213 Autres impôts périodiques	1	10	16	23	25	34	31	30	39	39
Dog licenses	1	2	4	5	3	2	2	1	0	0
Hunting and fishing licenses	1	7	12	17	17	24	23	22	27	27
Seamens welfare and rescue levy	0	0	0	1	1	1	1	0	0	0
Nuclear energy research levy	0	0	0	0	4	7	5	7	12	12
5220 Impôts non-périodiques	0	0	0	17	34	40	37	99	140	290
Vehicle registration tax	..	..	..	17	34	40	37	36	27	27
Income from auction of emission allowances	..	..	..	0	0	0	0	63	113	263
5300 Non-ventilables entre 5100 et 5200	0	0	0	0	0	0	0	0	0	0
6000 Autres impôts	**2**	**21**	**50**	**30**	**69**	**69**	**64**	**81**	**44**	**51**
6100 À la charge exclusive des entreprises	0	0	0	0	0	0	0	0	0	0
6200 À la charge d'autres agents	2	21	50	30	69	69	64	81	44	51
Pour mémoire										
Droits de douane perçus pour le compte de l'UE	..	..	..	130	199	151	166	166	174	187
Contributions au Fonds de résolution unique collectées pour le compte de l'UE	..	..	..	..	..	..	..	76	55	216
Recettes fiscales totales sur la base d'encaissements	**1 362**	**11 895**	**39 396**	**61 638**	**77 110**	**76 176**	**88 425**	**91 846**	**98 552**	**101 219**
Recettes fiscales totales sur la base des droits constatés	**..**	**..**	**39 052**	**62 435**	**77 447**	**76 315**	**88 688**	**92 003**	**98 958**	**101 443**
Conciliation avec les comptes nationaux										
Impôts additionnels inclus dans les comptes nationaux	..	0	0	0	0	0	0	0	0	0
Impôt exclus des comptes nationaux	..	0	0	0	0	0	0	0	0	0
Différence dans les traitements des crédits d'impôts	..	0	0	0	0	0	0	0	0	0
Transfert en capital des recettes non collectées	..	0	0	0	0	0	0	0	0	0
Cotisations de sécurité sociale volontaires	..	262	632	236	228	254	270	303	269	246
Différences diverses	..	0	0	0	0	0	0	0	0	0
Comptes nationaux : impôts et cotisations sociales effectives	..	12 157	39 684	62 671	77 675	76 569	88 958	92 306	99 227	101 689
Cotisations sociales imputées	..	513	688	30	0	0	0	0	0	..
Comptes nationaux : impôts et toutes les cotisations sociales	..	12 670	40 372	62 701	77 675	76 569	88 958	92 306	99 227	101 689

.. Non disponible

Note : Year ending 31st December.

From 1988 data are on accrual basis.

Finland has an imputation system where the full credit is taken into account in shareholders taxation. According to estimates made by the National Board of Taxation, the credit given to shareholders was 193 millions euros in 1991; the effects on personal income taxation are estimated.

Headings 2120 and 2320: The breakdown of contributions paid by employees and self-employed or non-employed is estimated.

Heading 4200: All figures in this subheading are estimated.

Heading 4400: Stamp duties include payment for some government services where the levy can be regarded as requited (the levy is linked to the cost of providing the service). However they are classified as taxes and recorded under this subheading as taxes on financial and capital transactions because the amounts involved cannot be identified.

Heading 5121: The negative item under the title 'Price difference compensations' refers to the subsidies paid out on agricultural products under the price compensation scheme which can be offset against any positive tax liability which arising under the same scheme. From 1983 this item has been offset against revenues from excises on certain foodstuffs, on medium and stronger beer and on non-alcoholic beverages.

Heading 5126: Prior to 1979, no figures are available for amounts paid under the Fire protection levy .

Heading 5212: Prior to 1990, a part of the tax is paid by 'households'.

Source : Bulletin of Statistics; Central Statistical Office (for Central Government revenues); the Annual report of the National Pension Institute and Official Statistics of Finland Series XXIIA published by the Ministry and Social Affairs (for the Social Security and private pension respectively); supplementary information from unpublished sources.

StatLink https://stat.link/cgi0ek

Tableau 5.12. France : recettes fiscales détaillées, 1965-2019

Million EUR

	1965	1980	1990	2000	2007	2010	2013	2015	2018	2019
Recettes fiscales totales	**25 776**	**178 576**	**433 771**	**645 528**	**831 226**	**846 318**	**966 817**	**1 002 131**	**1 090 876**	**1 098 902**
Recettes fiscales totales excluant les taxes collectés pour le compte de l'UE	..	..	..	**643 655**	**829 411**	**844 346**	**964 743**	**999 064**	**1 086 297**	**1 094 291**
1000 Impôts sur revenu, bénéfices et gains en capital	**4 095**	**30 019**	**69 649**	**160 363**	**197 939**	**191 085**	**235 964**	**234 532**	**274 103**	**282 086**
1100 Des personnes physiques	2 736	20 734	46 272	115 885	141 405	144 165	179 715	188 357	224 195	227 806
1110 Sur le revenu et les bénéfices	2 723	20 674	46 252	115 884	141 405	144 165	179 715	188 357	224 195	227 806
Impôt sur revenu personnes physiques	..	18 207	39 237	49 548	48 597	49 575	70 098	72 750	77 572	77 681
Retenue source sur B.N.C.	..	51	189	293	559	446	598	927	808	979
Retenue sur capitaux mobiliers	..	2 333	3 971	0	0	0	0	0	0	0
CSG, CRDS, prélèvements sociaux au profit du FSV, du FNAL ou/et du FS	..	0	0	65 953	92 204	93 972	108 247	113 065	140 372	135 098
Taxe forfaitaire sur métaux précieux	..	70	58	47	37	52	69	71	78	104
Ressources sur cumuls rémunérations	..	7	20	38	0	0	0	0	0	0
Prélèvements de solidarité	..	0	2 207	5	0	82	381	0	2 746	10 537
Autres	..	6	571	0	8	38	322	1 544	2 619	3 407
1120 Sur les gains en capital	14	59	20	1	0	0	0	0	0	0
Sur les gains en capital	..	0	0	0	..	..	..	..	..	..
Prélèv. sur bénéf. construction immobilière	..	59	20	1	..	..	..	..	..	..
1200 Des sociétés	1 358	9 158	23 117	44 478	56 534	46 920	56 249	46 175	49 908	54 280
1210 Sur les bénéfices	1 358	9 158	23 117	44 478	56 534	46 920	56 249	46 175	49 908	54 280
Impôts sur les sociétés (émission de rôles)	..	8 524	20 804	39 755	51 063	39 095	46 474	39 579	44 835	48 670
3% dividendes	..	0	0	0	0	0	1 943	2 165	4	0
Retenue sur capitaux mobiliers	..	487	1 333	1 460	3 492	5 952	5 894	3 325	3 814	4 339
Précomptes sur bénéfices distribués (devenu prélèvement exceptionnel de 25% en 2005)	..	36	247	1 135	88	28	-6	4	0	-131
Prélèv. except. entrep. travail temporaire	..	0	0	0	0	0	0	0	0	0
Contribution sociale sur bénéfices des sociétés	..	0	0	589	158	842	1 160	971	1 119	1 240
Imposition annuelle forfaitaire	..	111	658	1 484	1 656	599	680	4	1	1
Prélèvement except. assurances	..	0	61	55	64	94	104	127	135	161
Autres	..	0	14	0	13	310	0	0	0	0
1220 Sur les gains en capital	0	0	0	0	0	0	0	0	0	0
1300 Non-ventilables entre 1100 et 1200	0	127	260	0	0	0	0	0	0	0
2000 Cotisations de sécurité sociale	**8 804**	**76 235**	**191 141**	**231 875**	**307 663**	**323 816**	**356 934**	**370 375**	**381 230**	**363 817**
2100 À la charge des salariés	1 701	19 851	57 347	57 686	76 815	78 268	88 097	93 767	89 240	87 940
Cotisations effectives	0	19 851	57 347	57 686	76 815	78 268	88 097	93 767	89 240	87 940
2110 Sur la base du salaire	0	0	0	57 686	76 815	78 268	88 097	93 767	89 240	87 940
2120 Sur la base de l'impôt sur les revenus	0	0	0	0	0	0	0	0	0	0
2200 À la charge des employeurs	6 525	50 742	118 079	159 476	208 688	219 687	240 672	248 173	265 446	247 437
Cotisations effectives	0	50 742	118 079	159 476	208 688	219 687	240 672	248 173	265 446	247 437
2210 Sur la base du salaire	0	0	0	159 476	208 688	219 687	240 672	248 173	265 446	247 437
2220 Sur la base de l'impôt sur les revenus	0	0	0	0	0	0	0	0	0	0
2300 A charge des travailleurs indép. ou sans emploi	578	5 642	15 714	14 713	22 160	25 861	28 165	28 435	26 544	28 440
Cotisations effectives	..	5 642	15 714	14 713	22 160	25 861	28 165	28 435	26 544	28 440
2310 Sur la base du salaire	0	0	0	14 713	22 160	25 861	28 165	28 435	26 544	28 440
2320 Sur la base de l'impôt sur les revenus	0	0	0	0	0	0	0	0	0	0
2400 Non-ventilables entre 2100, 2200 et 2300	0	0	0	0	0	0	0	0	0	0
2410 Sur la base du salaire	0	0	0	..	..	..	..	..	..	..
2420 Sur la base de l'impôt sur les revenus	0	0	0	..	..	..	..	..	..	..
3000 Sur salaires ou main d'oeuvre	**1 189**	**3 935**	**8 254**	**14 916**	**22 874**	**26 926**	**33 595**	**34 574**	**35 852**	**43 522**
Taxe sur les salaires	0	2 413	5 208	7 583	10 272	11 440	13 127	13 165	13 321	13 533
Forfait social	0	0	0	0	0	657	4 654	5 019	5 715	5 251
Taxe d'apprentissage	0	172	101	102	964	1 130	1 317	1 436	1 938	3 758
Taxe au profit de l'AGS : redevances pour concessions, brevets, licences, marques, procédés, droits et valeurs similaires	0	263	379	551	736	1 759	1 435	1 479	810	841
Taxe de formation professionnelle	0	236	30	97	19	13	17	17	20	5 447
Taxe au profit du FNAL : ACOSS (part cotisations employeurs)	0	120	754	1 506	2 412	2 465	3 123	2 929	2 691	2 855
Taxe au profit des syndicats de transports	0	731	1 600	3 786	5 738	6 344	7 328	7 842	8 950	9 402
Versement au profit de l'UNEDIC	0	0	23	24	0	0	0	0	0	0
Taxe sur salaires retraités réemployés	0	0	0	0	0	0	0	0	0	0
Cotisation de prévoyance	0	0	0	415	773	1 120	496	415	343	331
Autres	0	0	159	851	100	81	49	27	18	26
Caisse nationale de solidarité pour l'autonomie (CNSA)	0	0	0	0	1 860	1 917	2 051	1 891	2 033	2 049
Contribution employeurs pour le FCAATA	0	0	0	0	0	0	0	0	0	0
Taxe exceptionnelle de solidarité sur les hautes rémunérations	0	0	0	0	0	0	0	354	13	29
4000 Impôts sur le patrimoine	**1 105**	**8 591**	**27 434**	**44 070**	**65 318**	**70 613**	**81 343**	**89 311**	**94 428**	**94 802**

	1965	1980	1990	2000	2007	2010	2013	2015	2018	2019
4100 Impôts périodiques sur la propriété immobilière	506	5 358	14 808	27 340	39 875	47 589	54 545	57 431	59 597	57 572
4110 Ménages	198	4 454	11 493	20 186	30 584	36 480	41 818	43 861	44 602	42 235
Taxe d'habitation	0	2 306	5 100	8 366	12 433	15 254	17 470	18 424	16 892	13 928
Contributions foncieres (bâti)	0	1 034	4 040	8 460	11 983	14 403	16 539	17 557	19 484	19 936
Taxe d'enlèvement ordures ménagères	0	534	1 219	3 103	5 117	5 699	6 552	6 567	6 942	7 027
Imposition foncier non-bâti	0	506	979	172	851	919	955	980	977	998
Taxe au profit chambre d'agriculture	0	0	0	53	59	61	62	61	55	56
Taxe de balayage	0	0	0	68	74	75	109	109	114	112
Autres	0	74	156	-36	67	69	131	163	138	178
4120 Autres agents	308	904	3 315	7 154	9 291	11 109	12 727	13 570	14 995	15 337
Contribution foncière propriété bâtie	0	759	3 032	6 256	9 054	10 865	12 477	13 246	14 699	15 039
Impositions foncier non-bâti	0	127	245	688	0	0	0	0	0	0
Taxe au profit chambre d'agriculture	0	18	39	210	237	244	250	242	221	222
Autres	0	0	0	0	0	0	0	82	75	76
4200 Impôts périodiques sur l'actif net	0	0	2 615	2 440	4 390	4 461	4 372	5 224	1 847	2 054
4210 Personnes physiques	..	..	938	2 440	4 390	4 461	4 372	5 224	1 847	2 054
4220 Sociétés	..	..	1 677	0	0	0	0	0	0	0
4300 Impôts sur mut. par décès, succ. et donations	145	1 010	4 124	6 907	8 910	7 738	10 456	12 317	14 399	15 252
4310 Impôts sur mut. par décès et successions	140	875	3 490	5 508	7 853	6 862	9 368	10 690	11 982	12 311
Mutations à titre gratuit	0	861	3 453	5 428	7 794	6 806	8 433	10 540	11 895	12 208
Recettes diverses et pénalités	0	14	37	80	59	56	935	150	87	103
4320 Impôts sur les donations	5	135	634	1 399	1 057	876	1 088	1 627	2 417	2 941
Donations	0	113	568	1 399	1 057	876	1 088	1 627	2 417	2 941
Recettes diverses et pénalités	0	0	0	0	0	0	0	0	0	0
Autres	0	22	66	0	0	0	0	0	0	0
4400 Impôts sur transact. mobilières et immob.	447	2 224	5 886	7 383	12 143	10 825	11 970	14 339	18 585	19 924
Créances rentes offices	0	30	209	279	443	279	359	335	514	428
Fonds de commerce	0	253	518	199	268	154	135	132	146	159
Meubles corporels	0	14	18	0	0	1	0	1	1	0
Immeubles et droits immobiliers	0	63	4	2	2	3	1	1	0	0
Conventions et actes civils entre sociétés	0	95	218	4	5	8	6	7	1	0
Recettes diverses et pénalités	0	35	60	367	179	253	4	6	15	15
Actes judiciaires et extra-judiciaires	0	6	10	0	0	0	0	0	0	0
Taxe de publicité foncière	0	781	38	68	130	140	703	770	960	1 034
Droits et timbres divers	0	94	242	0	0	0	0	0	0	0
Impôts sur opérations de bourse	0	168	525	407	271	0	0	0	0	0
Taxe sur les transactions financières	0	0	0	0	0	0	697	917	1 047	906
Taxe additionnelle droits d'enregistrement	0	679	4 002	5 339	10 396	9 567	9 538	11 618	15 309	16 844
Autres droits et recettes	0	5	44	718	449	420	527	552	592	538
4500 Impôts non-périodiques	8	0	0	0	0	0	0	0	0	0
4510 Sur l'actif net	8	..	..	..	..	..	..	..	..	..
4520 Autres non-périodiques	0	..	..	..	..	..	..	..	..	..
4600 Autres impôts périodiques sur patrimoine	0	0	0	0	0	0	0	0	0	0
5000 Impôts sur les biens et services	**9 902**	**54 317**	**123 235**	**170 220**	**210 205**	**224 637**	**248 337**	**261 968**	**293 493**	**302 425**
5100 Impôts sur production, vente, transfert, etc.	9 676	52 719	119 201	163 520	202 109	215 844	238 774	251 793	281 777	290 464
5110 Impôts généraux	5 994	37 760	81 341	110 296	142 033	151 565	163 103	169 913	186 619	194 261
5111 Taxes sur la valeur ajoutée	5 173	37 282	79 972	107 511	137 137	136 129	145 264	152 550	168 624	174 894
TVA (budget général)	0	36 895	78 902	103 054	136 927	135 578	144 490	151 680	167 720	173 953
TVA (BAPSA)	0	62	101	4 111	0	0	0	0	0	0
Autres TVA	0	325	969	0	0	0	0	0	0	0
Sous-compensation TVA agriculture	0	0	0	346	138	330	462	381	393	406
TVA sur subventions	0	0	0	0	72	221	312	489	511	535
5112 Impôts sur les ventes	822	0	0	0	0	0	0	0	0	0
5113 Autres impôts	0	477	1 369	2 784	4 896	15 436	17 839	17 363	17 995	19 367
Contribution sociale de solidarité	..	477	1 369	2 784	4 896	5 090	5 671	4 390	3 769	3 899
Cotisation sur la valeur ajoutée des entreprises	..	..	..	0	0	10 346	12 168	12 973	14 226	15 191
Taxe sur les services numériques	..	..	..	0	0	0	0	0	0	277
5120 Impôts sur biens et services déterminés	3 682	14 960	37 860	53 225	60 076	64 279	75 671	81 880	95 158	96 203
5121 Accises	2 775	11 013	26 834	39 850	44 013	45 770	52 343	56 660	64 891	64 796
Taxe intérieure de consommation sur les produits énergétiques	0	7 136	17 476	23 493	24 318	23 577	23 693	26 238	31 898	31 438
Prélèv. except. sur entrep. produits pétroliers	0	0	0	0	0	0	0	0	0	0
Droits sur vins, cidres et hydromels	0	97	174	0	121	121	486	501	534	572
Droits sur alcools	0	1 238	1 593	3 025	484	2 482	2 950	2 956	2 945	2 900
Droits sur bières et eaux minérales	0	58	91	20	409	538	803	931	1 055	1 114
Autres droits et recettes	0	136	38	19	2 169	100	90	110	139	76
Impôts et taxes sur tabacs et allumettes	0	1 188	2 989	7 965	9 659	11 083	12 227	12 318	13 340	13 682
Amendes et confiscations	0	2	1	0	0	0	0	0	0	0
Garantie matières or et argent	0	6	19	29	2	0	0	0	0	0
Taxes au profit de l'ANDA	0	84	147	89	0	0	0	0	0	0
Taxe de protection sanitaire et d'organisation du marché des viandes	0	0	0	48	46	43	41	43	43	41
Taxe sur les céréales	0	147	275	19	19	24	18	14	8	4

	1965	1980	1990	2000	2007	2010	2013	2015	2018	2019
Redevances débits de tabac	0	0	0	0	0	0	0	0	0	0
Redevances sur sel de potasse	0	0	0	0	0	0	0	0	0	0
Taxe sur les farines	0	0	0	38	0	0	0	0	0	0
Redevances incluses dans prix carburants	0	36	32	453	485	495	499	493	555	558
Taxe au profit du Fonds National du Livre	0	7	17	0	0	0	0	0	0	0
Taxe sur produit exploitations forestières	0	11	0	0	0	0	0	0	0	0
Redevances des mines	0	16	59	43	23	25	22	16	18	19
Taxe sur électricité et chauffage	0	426	1 340	1 061	2 990	3 717	7 253	8 703	9 843	9 955
Surtaxe sur les apéritifs	0	12	17	0	0	0	0	0	0	0
Vignettes pharmaceutiques	0	4	559	0	0	0	0	0	0	0
Taxe sur betterave, sucre et alcool	0	22	400	0	0	0	0	0	0	0
Taxe solidarité sur graines oléagineuses	0	8	41	0	0	0	0	0	0	0
Taxe sur corps gras alimentaires	0	32	89	99	0	0	0	0	0	0
Taxe au profit Caisse Nationale des Lettres	0	23	0	0	0	0	0	0	0	0
Taxe sur consommation eau au profit FNAE	0	34	51	74	5	11	1	2	0	0
Taxe sur les viandes	0	25	36	0	19	1	1	0	0	0
Taxe au profit agences financières de bassin	0	217	609	1 624	1 821	1 763	2 175	2 268	2 340	2 237
Taxe au profit du FIRS (marché du sucre)	0	0	0	0	0	0	0	0	0	0
Contrib. except. pharmacies et laboratoires	0	16	0	522	0	0	0	0	0	0
Taxe locale	0	5	8	241	247	325	127	126	66	64
Contrib. distributeurs énergie élec. au profit du FACE	0	0	0	183	322	324	374	375	377	378
Taxe au profit de l'ADEME	0	0	0	80	212	489	499	449	0	0
Octroi de mer	0	0	0	449	544	581	386	422	453	466
Taxe générale sur les activités polluantes	0	0	0	6	16	16	205	117	316	331
Stocks sur les produits pétroliers	0	0	0	0	0	0	367	379	386	401
Autres	0	30	772	78	102	55	126	199	575	560
Taxe au profit de l'Institut français du pétrole (IFP)	0	0	0	193	0	0	0	0	0	0
5122 Bénéfices des monopoles fiscaux	0	0	0	0	0	0	0	0	0	0
5123 Droits de douane et droits à l'importation	471	966	1 669	1 810	2 043	2 180	2 605	2 665	2 858	2 848
Droits à l'importation (Etat)	0	0	0	0	0	0	0	0	0	0
Droits à l'importation (UE)	0	873	1 623	0	0	0	0	0	0	0
Octroi de mer	0	0	0	267	327	361	627	678	741	765
Autres	0	94	46	30	59	67	136	55	48	56
5124 Taxes à l'exportation	0	75	15	0	0	0	0	0	0	0
Prélèv. agricoles (part de l'Etat)	..	0	0	..	..	..	..	..	..	..
Prélèv. agricoles (part UE)	..	75	15	..	..	..	..	..	..	..
5125 Impôts sur biens d'équipement	0	0	0	0	0	0	0	0	0	0
5126 Impôts sur services déterminés	431	2 690	8 373	11 204	14 007	16 274	20 656	22 501	27 355	28 559
Prélèvements sur le PMU	0	446	545	502	719	626	434	446	431	421
Prélèv. produit jeux et casinos	0	0	0	727	1 022	748	708	691	746	803
Prélèv. sur loterie nationale et loto	0	200	702	1 305	1 982	1 800	1 941	2 118	2 388	2 593
Prélèv. except. sur banque et établ. crédit	0	0	0	0	0	0	0	0	0	0
Taxe sur convention d'assurance	0	1 292	4 782	5 097	6 571	7 099	9 973	10 386	11 003	11 407
Baux enregistrement	0	264	633	573	29	-5	-1	0	0	0
Taxes funéraires	0	11	32	14	11	12	12	12	13	13
Droits de timbre contrat transport	0	9	77	10	0	0	0	0	0	0
Expertises et vérifications techniques	0	0	0	0	0	0	0	0	0	0
Taxe au profit de l'ANAEM	0	0	0	33	58	129	145	146	115	115
Taxe sur l'utilisation des voies navigables	0	0	0	104	157	169	192	183	177	176
Autres taxes diverses	0	98	272	273	449	1 007	547	798	2 484	2 686
Taxes sur les jeux et spectacles	0	75	195	274	372	425	799	785	1 086	1 238
Taxe sur fonds de garantie automobile (FGAC)	0	32	135	223	274	323	387	450	757	766
Taxes assurance auto. (Etat + Séc. Soc.)	0	0	0	55	0	0	0	0	0	0
Taxe Fonds National Calamités Agricoles	0	0	0	261	96	101	120	125	80	80
Prélèv. 5% Fonds Nat. Amélioration Habitat	0	114	258	678	604	604	726	932	977	992
Cotisat. des entrep. au Centre Nat. du Cinéma	0	52	207	397	144	700	735	695	708	741
Taxe alimentation au Fonds Assurances Agricoles	0	0	0	0	0	0	0	0	0	0
Taxe au profit du Fonds National Sportif	0	3	0	0	0	0	0	0	0	0
Taxe Fonds de Revalorisation Rentes et Pensions	0	15	0	0	0	0	0	0	0	0
Taxe annuelle sur encours de crédits	0	0	0	0	0	0	0	0	0	0
Taxe sur la publicité	0	0	20	52	38	150	219	232	240	247
Prélèv. sur salaires des conserv. hypothèques	0	67	188	0	0	0	0	0	0	0
Taxe de sécurité et sûreté	0	0	0	220	353	459	521	574	725	773
Taxe de risque systémique	0	0	0	0	0	0	899	591	285	29
Taxe sur les mutuelles au profit de la CMU	0	0	0	247	560	1 637	1 851	1 909	2 305	2 430
Taxe au profit du FPRNM (Fonds de prévention des risques naturels majeurs)	0	0	0	0	0	0	197	205	129	137
Contributions au Fonds de résolution unique collectées pour le compte de l'UE	..	..	..	..	..	..	..	916	2 291	2 419
Autres	0	10	320	159	568	218	251	307	427	513
5127 Autres impôts sur commerce et transact. internat.	0	0	0	0	0	0	0	0	0	0

	1965	1980	1990	2000	2007	2010	2013	2015	2018	2019
5128 Autres impôts	5	215	970	360	13	55	67	54	54	0
Taxe de co-responsabilité sur le lait	0	48	119	0	0	0	0	0	0	..
Taxe de co-responsabilité sur les céréales	0	0	520	0	0	0	0	0	0	..
Prélèvement pour la CECA	0	14	0	0	0	0	0	0	0	..
Receveur des douanes	0	9	24	0	0	0	0	0	0	..
Divers (collect. locales)	0	0	0	0	0	0	0	0	0	..
Cotisations sur les sucres	0	68	185	270	0	42	54	41	41	..
Taxe au profit du FIRS (marché du sucre)	0	76	120	76	0	0	0	0	0	..
Autres	0	0	2	14	13	13	13	13	13	..
5130 Non-ventilables entre 5110 et 5120	0	0	0	0	0	0	0	0	0	0
5200 Impôts sur utilisation des biens et exerc. activités	226	1 598	4 034	6 700	8 096	8 793	9 563	10 175	11 716	11 961
5210 Impôts périodiques	178	1 226	3 024	4 909	5 264	5 338	5 715	5 681	6 287	6 177
5211 À la charge des ménages : véhicules à moteur	27	545	1 236	126	0	0	0	0	0	0
Taxe différentielle (budget gén. et collect. loc.)	0	545	1 236	126	..	..	..	..	..	..
5212 À la charge autres agents : véhicules à moteur	79	545	1 086	1 280	1 559	1 269	1 181	1 028	896	917
Taxe sur les véhicules des sociétés	0	197	345	644	891	992	876	753	751	767
Taxe sur les véhicules (budg. gén. et coll. loc.)	0	348	741	636	668	277	305	275	145	150
5213 Autres impôts périodiques	72	136	702	3 503	3 705	4 069	4 534	4 653	5 391	5 260
Taxe spéciale usage des routes	0	0	0	420	526	539	573	574	618	640
Droit de pesage	0	17	14	0	0	0	0	0	0	0
Divers taxes (collectivités locales)	0	7	33	0	0	0	0	0	0	0
Taxe magnétoscopes	0	0	0	0	0	0	0	0	0	0
Redev. pour surveillance centrales nucléaires	0	8	41	0	0	0	0	0	0	0
Taxe d'usage des abattoirs	0	19	13	0	0	0	0	0	0	0
Contrib. des entrepr. à la prépa. médicaments	0	0	20	238	0	379	213	255	284	252
Taxe sur les pylones électriques	0	1	66	128	183	213	244	231	258	272
Licence débit de boisson	0	8	22	23	0	0	0	0	0	0
Droit annuel de francisation et de navigation	0	0	0	0	0	39	37	37	38	38
Redevances d'usage des fréquences radioélectriques	0	0	0	191	280	275	262	187	301	270
Contribution à l'audiovisuel public	..	..	..	2 099	2 255	2 472	2 866	3 012	3 215	3 147
Autres	0	75	493	404	461	152	339	357	677	641
5220 Impôts non-périodiques	47	372	1 010	1 791	2 832	3 455	3 848	4 494	5 429	5 784
Récépissés de mise en circulation	0	75	0	0	0	0	0	0	0	0
Quotas d'émission carbone	..	..	..	0	0	0	48	215	313	828
Taxes et licences débits de boissons	0	0	0	3	0	0	0	0	0	0
Redevance pour droit de construire	0	79	53	72	0	18	18	0	0	0
Taxe d'aménagement	0	146	263	305	848	1 252	1 381	1 839	2 231	2 164
Taxe sur les certificats d'immatriculation des véhicules	0	0	0	1 373	1 939	1 917	2 042	2 086	2 326	2 299
Dépassement plafond légal de densité	0	38	270	38	45	82	82	52	0	0
Taxe additionnelle sur certif. d'immatric. des véhicules	0	0	0	0	0	186	277	302	559	493
Autres	0	35	423	0	0	0	0	0	0	0
5300 Non-ventilables entre 5100 et 5200	0	0	0	0	0	0	0	0	0	0
6000 Autres impôts	**681**	**5 480**	**14 060**	**24 084**	**27 227**	**9 241**	**10 644**	**11 371**	**11 770**	**12 250**
6100 À la charge exclusive des entreprises	678	5 480	14 060	22 398	27 219	9 235	10 638	11 365	11 764	12 227
Taxes au profit de l'INPI	0	43	67	115	156	165	180	193	225	231
Taxe sur les frais généraux	0	0	0	0	0	0	0	0	0	0
Taxe professionnelle	0	5 152	13 381	19 641	22 035	0	0	0	0	0
Taxe des prestations des syndicats (collect. loc.)	0	36	197	293	0	0	0	0	0	0
Taxes diverses (budget gén. et org. div. adm. cent.)	0	0	0	61	236	255	478	649	722	813
Taxe annuelle sur les encours de crédits	0	110	0	0	0	0	0	0	0	0
Prélèv. except. sur entreprises d'assurances	0	0	0	0	0	0	0	0	0	0
Produit de l'imposition (Chambre des Métiers)	0	36	125	155	203	275	233	253	196	200
Versements des entreprises industrielles au profit du FNE	0	4	240	204	33	10	3	0	0	0
Autres	0	98	50	1 127	3 721	1 078	727	1 269	986	1 046
Taxe ANDA - ADAR	0	0	0	32	0	0	0	0	0	0
Cotisation foncière des entreprises	..	..	..	0	0	10 346	12 168	12 973	14 226	15 191
Imposition forfaitaire sur les entreprises de réseaux	0	0	0	0	0	1 223	1 206	1 297	1 346	1 408
Exit taxe sur les assurances	0	0	0	0	0	0	0	0	0	0
Produit imposition Chambre de Commerce	0	0	0	770	835	1 103	1 323	458	720	655
Contribution patronale sur stock-options	0	0	0	0	0	185	380	490	287	567
Taxe sur le résultat des entreprises ferroviaires	0	0	0	0	0	0	200	400	453	226
6200 À la charge d'autres agents	3	0	0	1 686	8	6	6	6	6	23
Autres	0	..	..	1 686	8	6	6	6	6	23
Ecart aux comptes de secteurs	0	..	..	0	0	0	0	0	0	0
Pour mémoire										
Droits de douane perçus pour le compte de l'UE	..	..	..	1 513	1 657	1 752	1 842	1 932	2 069	2 027
Contributions au Fonds de résolution unique collectées pour le compte de l'UE	..	..	..	..	..	..	..	916	2 291	2 419

	1965	1980	1990	2000	2007	2010	2013	2015	2018	2019
Crédits d'impôts récupérables										
Crédits d'impôts récupérables contre 1110	..	..	..	0	7 663	10 761	8 214	8 041	9 236	8 473
Composante fiscale	..	..	..	..	..	8 234	6 755	5 669	5 448	6 245
Composante transfert	..	..	..	..	..	2 527	1 459	2 372	3 788	2 228
Crédits d'impôts récupérables contre 1210	..	..	..	457	1 860	6 655	5 466	18 618	26 683	26 885
Composante fiscale	..	..	..	..	..	1 277	3 572	10 560	10 773	10 661
Composante transfert	..	..	..	..	..	5 378	1 894	8 058	15 910	16 224
Crédits d'impôts récupérables contre 3000	..	..	..	0	0	0	0	0	574	578
Composante fiscale	..	..	..	0	0	0	0	0	574	578
Composante transfert	..	..	..	0	0	0	0	0	0	0
Recettes fiscales totales sur la base d'encaissements	**25 776**	**178 576**	**433 771**	**642 156**	**825 954**	**840 905**	**960 513**	**995 462**	**1 084 237**	**1 100 141**
Recettes fiscales totales sur la base des droits constatés	**..**	**..**	**..**	**645 528**	**831 226**	**846 318**	**966 817**	**1 002 131**	**1 090 876**	**1 098 902**
Conciliation avec les comptes nationaux										
Impôts additionnels inclus dans les comptes nationaux	..	..	..	0	0	0	0	0	0	0
Impôt exclus des comptes nationaux	..	..	..	-3 171	-5 191	-5 774	-6 661	-6 676	-7 056	-7 139
Taxe d'enlèvement des ordures ménagères	..	..	..	-3 103	-5 117	-5 699	-6 552	-6 567	-6 942	-7 027
Taxe sur les pylônes	..	..	..	0	0	0	0	0	0	0
Taxe de balayage	..	..	..	-68	-74	-75	-109	-109	-114	-112
Différence dans les traitements des crédits d'impôts	..	..	..	0	0	9 511	10 327	16 229	16 795	17 484
Transfert en capital des recettes non collectées	..	..	..	-3 372	-5 272	-5 413	-6 304	-6 669	-6 639	-4 761
Cotisations de sécurité sociale volontaires	..	..	..	0	0	0	0	0	0	0
Différences diverses	..	..	..	0	0	0	0	0	0	0
Comptes nationaux : impôts et cotisations sociales effectives	..	..	..	638 985	820 763	844 642	964 179	1 005 015	1 093 976	1 104 486
Cotisations sociales imputées	..	..	..	25 875	33 510	38 028	41 947	42 655	43 659	43 965
Comptes nationaux : impôts et toutes les cotisations sociales	..	..	..	664 860	854 273	882 670	1 006 126	1 047 670	1 137 635	1 148 451

.. Non disponible

Note : Année civile se terminant le 31 décembre.

A partir de 1992, les données sont sur la base des droits constatés.

A partir de 1970 les chiffres ont été calculés selon le nouveau Système de Comptes Nationaux et ne sont pas, de ce fait, comparables à ceux des années précédentes.

La rubrique 2000 comprend certaines contributions volontaires.

La rubrique 4220 correspond à la rémunération de la garantie de l'État accordée aux caisses d'épargne.

Source : Compte général de l'Administration des finances pour les chiffres de recettes fiscales. OSCE pour les chiffres de sécurité sociale de 1965 à 1969 et SEC pour les années suivantes.

StatLink https://stat.link/wjpc05

Tableau 5.13. Allemagne : recettes fiscales détaillées, 1965-2019

Million EUR

	1965	1980	1990	2000	2007	2010	2013	2015	2018	2019
Recettes fiscales totales	**74 359**	**287 373**	**454 764**	**767 046**	**884 216**	**911 161**	**1 038 902**	**1 127 631**	**1 294 272**	**1 341 294**
Recettes fiscales totales excluant les taxes collectés pour le compte de l'UE	..	..	**450 620**	**763 301**	**880 273**	**906 897**	**1 034 587**	**1 120 820**	**1 287 304**	**1 334 205**
1000 Impôts sur revenu, bénéfices et gains en capital	**25 059**	**100 821**	**147 257**	**231 249**	**273 596**	**257 817**	**319 926**	**351 473**	**423 858**	**436 762**
1100 Des personnes physiques	19 254	85 134	125 296	194 173	218 848	219 387	270 179	299 379	351 970	367 322
1110 Sur le revenu et les bénéfices	19 254	85 134	125 296	194 173	218 848	219 387	270 179	299 379	351 970	367 322
Taxes on wages and salaries	8 558	57 039	90 801	135 733	146 365	145 202	174 512	194 116	224 270	236 355
Assessed income tax	7 567	18 813	18 672	12 225	25 341	31 346	42 586	48 902	60 927	63 781
Withholding tax on dividends	691	2 135	5 538	13 515	13 572	12 982	17 258	17 944	23 196	23 486
Supplementary tax	0	0	0	10 347	10 907	10 706	13 085	14 555	17 041	17 829
Enterprise tax	2 438	7 147	10 285	16 486	14 630	13 709	17 305	18 570	22 430	22 297
Stabilisation tax	0	0	0	0	0	0	0	0	0	0
Withholding tax on interest	0	0	0	5 867	8 033	5 442	5 433	5 292	4 106	3 574
1120 Sur les gains en capital	0	0	0	0	0	0	0	0	0	0
1200 Des sociétés	5 806	15 686	21 961	37 076	54 748	38 430	49 747	52 094	71 888	69 440
1210 Sur les bénéfices	5 806	15 686	21 961	37 076	54 748	38 430	49 747	52 094	71 888	69 440
Corporation tax	4 177	10 902	15 385	23 575	23 386	12 516	19 762	20 224	34 170	32 284
Supplementary tax	0	20	1	1 494	1 550	982	1 337	1 409	1 975	1 896
Sacrifice for Berlin	3	0	0	0	0	0	0	0	0	0
Enterprise tax	1 625	4 765	6 576	10 540	25 486	22 002	25 722	27 613	33 533	33 336
Stabilisation tax	0	0	0	0	0	0	0	0	0	0
Withholding tax on interest	0	0	0	1 467	4 326	2 930	2 926	2 848	2 210	1 924
1220 Sur les gains en capital	0	0	0	0	0	0	0	0	..	..
1300 Non-ventilables entre 1100 et 1200	0	0	0	0	0	0	0	0	0	..
2000 Cotisations de sécurité sociale	**19 876**	**98 659**	**170 449**	**299 440**	**320 750**	**354 320**	**392 378**	**424 841**	**487 654**	**508 124**
2100 À la charge des salariés	8 723	43 833	73 580	131 610	139 927	152 843	171 657	186 305	216 757	220 204
Payments by employees total	8 723	43 833	73 580	131 610	139 927	152 843	171 657	186 305	216 757	220 204
2110 Sur la base du salaire	..	..	..	131 610	139 927	152 843	171 657	186 305	216 757	220 204
2120 Sur la base de l'impôt sur les revenus	..	..	..	0	0	0	0	0	0	0
2200 À la charge des employeurs	10 693	52 985	86 659	147 410	151 094	165 476	181 782	196 679	223 539	238 358
Payments by employers total	10 693	52 985	86 659	147 410	151 094	165 476	181 782	196 679	223 539	238 358
2210 Sur la base du salaire	..	..	..	147 410	151 094	165 476	181 782	196 679	223 539	238 358
2220 Sur la base de l'impôt sur les revenus	..	..	..	0	0	0	0	0	0	0
2300 A charge des travailleurs indép. ou sans emploi	460	1 841	10 210	20 420	29 729	36 001	38 939	41 857	47 358	49 562
Payments total	460	1 841	10 210	20 420	29 729	36 001	38 939	41 857	47 358	49 562
2310 Sur la base du salaire	..	..	..	20 420	29 729	36 001	38 939	41 857	47 358	49 562
2320 Sur la base de l'impôt sur les revenus	..	..	..	0	0	0	0	0	0	0
2400 Non-ventilables entre 2100, 2200 et 2300	0	0	0	0	0	0	0	0	0	0
2410 Sur la base du salaire	..	..	..	..	..	..	..	..	..	..
2420 Sur la base de l'impôt sur les revenus	..	..	..	..	..	..	..	..	..	..
3000 Sur salaires ou main d'oeuvre	**477**	**445**	**0**	**0**	**0**	**0**	**0**	**0**	**0**	**0**
Payroll tax	477	445	..	..	..	..	..	..	..	..
4000 Impôts sur le patrimoine	**4 313**	**9 414**	**15 321**	**17 505**	**21 873**	**21 012**	**26 104**	**31 076**	**36 307**	**38 680**
4100 Impôts périodiques sur la propriété immobilière	1 079	2 968	4 461	8 849	10 713	11 315	12 377	13 215	14 203	14 439
4110 Ménages	644	1 187	1 784	3 540	4 285	4 526	4 951	5 286	5 681	5 776
4120 Autres agents	435	1 780	2 676	5 309	6 428	6 789	7 426	7 929	8 522	8 663
4200 Impôts périodiques sur l'actif net	2 530	4 362	6 213	433	5	2	700	322	1 207	1 466
4210 Personnes physiques	973	977	1 425	191	2	1	0	-1	0	0
General wealth tax	471	954	1 425	191	2	1	0	-1	0	0
Equalization of war burden	502	23	0	0	0	0	..	0	..	..
4220 Sociétés	1 557	3 385	4 788	242	3	1	700	323	1 207	1 466
General wealth tax	490	1 431	1 813	242	3	1	0	-1	0	0
Equalization of war burden	350	15	0	0	0	0	0	0	..	..
Enterprise tax	717	1 939	2 975	0	0	0	0	0	..	..
Bank levy	0	0	0	0	0	0	520	0	11	14
Contribution to Deposit Protection Fund	0	0	0	0	0	0	180	324	1 196	1 452
4300 Impôts sur mut. par décès, succ. et donations	162	520	1 545	2 982	4 203	4 405	4 633	6 290	6 814	6 986
4310 Impôts sur mut. par décès et successions	134	416	1 359	2 624	3 699	3 876	4 077	5 535	5 996	6 148
4320 Impôts sur les donations	28	104	186	358	504	529	556	755	818	838
4400 Impôts sur transact. mobilières et immob.	542	1 564	3 103	5 241	6 952	5 290	8 394	11 249	14 083	15 789
Real property transfer tax	150	521	1 999	5 081	6 952	5 290	8 394	11 249	14 083	15 789
Additional real property transfer	198	680	148	160	0	0	0	0	0	0
Capital transfer tax	111	200	807	0	0	0	0	0	..	..
Bill of exchange tax	83	163	149	0	0	0	0	0	..	..
4500 Impôts non-périodiques	0	0	0	0	0	0	0	0	0	0
4510 Sur l'actif net	..	..	..	..	..	..	..	..	..	..
4520 Autres non-périodiques	..	..	..	..	..	..	..	..	..	..
4600 Autres impôts périodiques sur patrimoine	0	0	0	0	0	0	0	0	0	..

	1965	1980	1990	2000	2007	2010	2013	2015	2018	2019
5000 Impôts sur les biens et services	**24 462**	**77 863**	**121 577**	**218 687**	**267 901**	**277 912**	**300 366**	**320 025**	**346 183**	**357 409**
5100 Impôts sur production, vente, transfert, etc.	23 079	74 406	117 209	211 445	251 558	261 160	281 995	301 099	327 461	337 061
5110 Impôts généraux	12 235	47 779	75 459	140 872	170 387	180 533	197 326	211 936	235 449	244 433
5111 Taxes sur la valeur ajoutée	0	47 779	75 459	140 872	170 387	180 533	197 326	211 936	235 449	244 433
5112 Impôts sur les ventes	0	0	0	0	0	0	0	0	0	0
5113 Autres impôts	12 235	0	0	0	0	0	0	0	0	0
Turnover tax old	11 028	..	..	..	..	..	..	..	..	..
Old turnover tax on import	1 208	..	..	..	..	..	..	..	..	..
5120 Impôts sur biens et services déterminés	10 844	26 627	41 750	70 573	80 819	80 287	84 381	88 871	91 724	92 340
5121 Accises	8 213	20 566	31 158	57 224	63 780	63 438	64 621	65 330	66 140	66 187
Duty on mineral oils	3 798	10 917	17 701	37 826	38 877	39 601	39 260	39 605	40 834	40 837
Duty on power	0	0	0	3 356	6 439	6 167	6 987	6 560	6 848	6 696
Duty on tobacco	2 402	5 771	8 898	11 443	14 108	13 453	14 131	14 963	14 254	14 469
Duty on alcohol	771	1 986	2 162	2 151	2 169	2 049	2 098	2 073	2 119	2 116
Duty on beer	501	645	693	843	750	708	675	679	663	604
Duty on coffee	488	756	986	1 087	985	998	1 030	1 034	1 030	1 069
Duty on sugar	59	72	79	0	0	0	0	0	0	0
Duty on tea	16	32	31	0	0	0	0	0	0	0
Duty on salt	20	20	23	0	0	0	0	0	0	0
Duty on electric lamps	34	63	83	0	0	0	0	0	0	0
Duty on playing cards	2	4	0	0	0	0	0	0	0	0
Duty on beverages	46	22	8	6	1	0	0	0	0	0
Duty on acetic acid	3	2	0	0	0	0	0	0	0	0
Duty on champagne	69	274	494	512	451	462	440	416	392	396
Duty on matches	5	2	0	0	0	0	0	0	0	0
Duty on ice cream	1	0	0	0	0	0	0	0	0	0
5122 Bénéfices des monopoles fiscaux	8	2	0	0	0	0	0	0	0	0
5123 Droits de douane et droits à l'importation	1 658	3 125	3 847	3 394	3 972	4 234	4 251	5 195	5 018	5 092
Monetary compensation accounts	0	368	1	..	..	..	..	..	..	..
Customs (mainly EU)	1 294	2 353	3 662	3 394	3 972	4 234	4 251	5 195	5 018	5 092
Agricultural levies EU	364	404	184	..	..	..	..	..	..	..
5124 Taxes à l'exportation	0	0	0	0	0	0	0	0	0	0
5125 Impôts sur biens d'équipement	0	0	0	0	0	0	0	0	0	..
5126 Impôts sur services déterminés	942	2 689	6 443	9 599	13 095	12 583	15 443	18 306	20 600	21 059
Duty transport goods on residents	0	0	0	0	0	0	0	0	0	0
Transport tax	452	0	0	0	0	0	0	0	0	0
Insurance tax	198	910	2 266	7 243	10 410	10 261	11 588	12 445	13 747	14 179
Fire insurance tax	33	124	200	288	319	326	392	413	467	482
Entertainment tax	55	44	140	267	210	376	708	881	1 072	997
Taxes on betting and gambling	204	655	1 046	1 801	1 702	1 412	1 635	1 711	1 893	1 974
Tax on electricity bills	0	956	2 792	0	0	0	0	0	..	..
Aviation tax	0	0	0	0	0	0	955	1 027	1 203	1 168
Gaming casinos levy	0	0	0	0	454	208	165	251	232	262
SRF Contributions	..	..	..	..	..	..	..	1 578	1 986	1 997
5127 Autres impôts sur commerce et transact. internat.	0	0	4	5	1	2	2	2	2	2
5128 Autres impôts	24	244	298	351	-29	30	64	38	-36	0
Levies CECA	24	56	36	0	0	0	0	0	0	0
Cotisation sugar EU	0	112	224	351	-29	30	64	38	-36	0
Levy on milk	0	75	38	0	0	0	0	0	0	0
5130 Non-ventilables entre 5110 et 5120	0	0	0	0	352	340	288	292	288	288
Contributions to the German National Petroleum Stockpiling Agency	..	..	..	..	352	340	288	292	288	288
5200 Impôts sur utilisation des biens et exerc. activités	1 383	3 457	4 368	7 242	16 343	16 752	18 371	18 926	18 722	20 348
5210 Impôts périodiques	1 369	3 454	4 308	7 239	10 343	10 109	17 099	10 171	17 210	17 507
5211 À la charge des ménages : véhicules à moteur	614	1 892	2 950	5 177	6 823	6 447	6 393	6 992	7 102	7 338
5212 À la charge autres agents : véhicules à moteur	728	1 476	1 300	1 838	2 075	2 041	2 097	1 812	1 945	2 034
5213 Autres impôts périodiques	27	87	118	224	7 445	7 701	9 209	9 307	0 171	0 225
Dog taxes	24	75	101	198	240	258	299	322	359	370
Hunting and fishing taxes	4	13	17	26	23	19	10	10	9	8
Nuclear fuel tax	0	0	0	0	0	0	1 285	1 018	0	0
Licence fee (private households)	0	0	0	0	6 161	6 681	6 914	7 280	7 085	7 125
Licence fee (companies)	0	0	0	0	718	743	701	737	718	722
5220 Impôts non-périodiques	14	3	1	3	0	563	672	755	1 504	2 751
Non-recurrent taxes	..	..	..	..	0	0	0	0	0	0
CO2 emission certificates	..	..	..	..	0	563	672	755	1 504	2 751
5300 Non-ventilables entre 5100 et 5200	0	0	0	0	0	0	0	0	0	0
6000 Autres impôts	**172**	**172**	**160**	**165**	**96**	**100**	**128**	**216**	**270**	**319**
6100 À la charge exclusive des entreprises	0	0	0	0	0	0	0	0	..	..
6200 À la charge d'autres agents	172	172	160	165	96	100	128	216	270	319
Pour mémoire										
Droits de douane perçus pour le compte de l'UE	..	..	3 662	3 394	3 972	4 234	4 251	5 195	5 018	5 092
Contributions au Fonds de résolution unique collectées pour le compte de l'UE	..	..	..	..	..	..	..	1 578	1 986	1 997

	1965	1980	1990	2000	2007	2010	2013	2015	2018	2019
Crédits d'impôts récupérables										
Crédits d'impôts récupérables contre 1110	..	..	..	38 355	43 602	45 475	41 890	41 951	43 913	45 148
Composante fiscale	..	..	..	..	29 499	28 268	26 275	26 817	29 026	29 271
Composante transfert	..	..	..	..	14 104	17 207	15 616	15 134	14 887	15 878
Crédits d'impôts récupérables contre 1210	..	..	..	962	804	802	426	200	12	44
Composante fiscale	..	..	..	..	348	326	172	120	12	40
Composante transfert	..	..	..	..	456	474	254	80	0	6
Recettes fiscales totales sur la base d'encaissements	**74 359**	**287 373**	**454 764**	**767 046**	**881 517**	**911 154**	**1 037 605**	**1 125 844**	**1 293 189**	**1 338 426**
Recettes fiscales totales sur la base des droits constatés	**..**	**..**	**..**	**..**	**884 216**	**911 161**	**1 038 902**	**1 127 631**	**1 294 272**	**1 341 294**
Conciliation avec les comptes nationaux										
Impôts additionnels inclus dans les comptes nationaux	..	..	..	..	2 406	2 067	2 411	2 856	2 361	2 450
Several duties, administrative fees and other revenues	..	..	..	..	2 406	2 067	2 411	2 856	2 361	2 450
Impôt exclus des comptes nationaux	..	..	..	..	0	0	0	0	..	..
Différence dans les traitements des crédits d'impôts	..	..	..	..	12 623	9 230	6 358	5 619	6 355	5 720
Transfert en capital des recettes non collectées	..	..	..	..	0	0	0	0	..	..
Cotisations de sécurité sociale volontaires	..	..	..	..	21 409	5 102	5 352	6 068	7 490	7 262
Différences diverses	..	..	..	..	33 134	34 234	34 083	35 690	39 161	42 948
Comptes nationaux : impôts et cotisations sociales effectives	..	..	..	..	953 788	961 794	1 087 106	1 177 864	1 349 639	1 399 674
Cotisations sociales imputées	..	..	..	..	29 509	32 687	33 506	34 543	38 181	40 053
Comptes nationaux : impôts et toutes les cotisations sociales	..	..	..	..	983 297	994 481	1 120 612	1 212 407	1 387 820	1 439 727

.. Non disponible

Note : Year ending 31st December.

From 2002 data are on accrual basis.

The tax revenues for Germany refer to the old Länder until 1990 and to all Germany beginning in 1991.

Heading 1000: In the years up to 2000, the revenues shown take into account the whole amount of non-wastable tax credits including that part paid out by the tax authorities which should, under the OECD criteria, be treated as expenditure. From 2001, the data necessary to make the adjustment have become available and the revenue figures comply with the OECD criteria from that year. The impact of this change is shown in Table D in Part I of this Report.

Heading for non-wastable tax credits against 1110 comprise child tax credits (paid out of wage tax revenue), tax credits for owner occupied housing (paid out of assessed income tax revenue) and investment tax credits for unincorporated businesses (for investment in former East Germany; paid out of assessed income tax revenue).

Heading for non-wastable tax credits against 1210 are investment tax credits for incorporated businesses (for investment in former East Germany; paid out of corporate income tax revenue).

Source : Finanzbericht, Bonn; Tax Statistics. Unpublished estimates by the Ministry of Finance.

StatLink https://stat.link/f9qrp0

Tableau 5.14. Grèce : recettes fiscales détaillées, 1965-2019

Million EUR

	1965	1980	1990	2000	2007	2010	2013	2015	2018	2019
Recettes fiscales totales	**116**	**1 475**	**11 472**	**47 211**	**73 990**	**72 414**	**64 560**	**64 510**	**71 891**	**72 419**
Recettes fiscales totales excluant les taxes collectés pour le compte de l'UE	..	..	**11 361**	**46 990**	**73 683**	**72 134**	**64 410**	**64 235**	**71 564**	**72 036**
1000 Impôts sur revenu, bénéfices et gains en capital	**11**	**286**	**2 283**	**12 662**	**17 176**	**15 953**	**14 015**	**14 586**	**16 468**	**15 642**
1100 Des personnes physiques	8	220	1 619	6 127	10 554	9 015	10 780	10 155	11 550	11 001
1110 Sur le revenu et les bénéfices	8	220	1 619	6 102	10 500	8 948	10 698	10 047	11 427	10 855
Personal income tax	..	..	1 414	..	..	..	..	..	..	..
Receipts from previous years	..	..	62	..	..	..	..	..	..	..
Agricultural social security fund	..	..	143	..	..	..	..	..	..	..
1120 Sur les gains en capital	0	0	0	25	54	67	82	108	123	146
1200 Des sociétés	2	56	631	5 625	5 304	5 717	2 071	3 800	3 998	4 071
1210 Sur les bénéfices	2	56	631	5 625	5 304	5 717	2 071	3 800	3 998	4 071
Corporation income tax	2	39	553	..	..	..	..	..	..	..
Receipts from previous years	0	8	33	..	..	..	..	..	..	..
Agricultural social security fund	0	9	46	..	..	..	..	..	..	..
1220 Sur les gains en capital	0	0	0	0	0	0	0	0	0	0
1300 Non-ventilables entre 1100 et 1200	1	10	32	910	1 318	1 221	1 164	631	920	570
Extraordinary taxes	0	10	32	..	..	..	..	..	..	..
Other taxes on income and profits	1	0	0	..	..	..	..	..	..	..
2000 Cotisations de sécurité sociale	**37**	**485**	**3 466**	**14 284**	**24 940**	**24 748**	**19 354**	**18 807**	**21 473**	**22 293**
2100 À la charge des salariés	15	214	1 735	7 629	13 417	13 292	10 881	11 095	11 887	12 080
2110 Sur la base du salaire	..	..	..	..	..	..	..	..	..	..
2120 Sur la base de l'impôt sur les revenus	..	..	..	..	..	..	..	..	..	..
2200 À la charge des employeurs	14	213	1 728	6 655	11 523	11 456	8 473	7 712	9 586	10 213
2210 Sur la base du salaire	..	..	..	..	..	..	..	..	..	..
2220 Sur la base de l'impôt sur les revenus	..	..	..	..	..	..	..	..	..	..
2300 A charge des travailleurs indép. ou sans emploi	0	0	3	0	0	0	0	0	0	0
2310 Sur la base du salaire	..	..	..	..	..	..	..	..	..	..
2320 Sur la base de l'impôt sur les revenus	..	..	..	..	..	..	..	..	..	..
2400 Non-ventilables entre 2100, 2200 et 2300	7	58	0	0	0	0	0	0	0	0
2410 Sur la base du salaire	..	..	..	..	..	..	..	..	..	..
2420 Sur la base de l'impôt sur les revenus	..	..	..	..	..	..	..	..	..	..
3000 Sur salaires ou main d'oeuvre	**1**	**27**	**79**	**0**	**0**	**0**	**0**	**0**	**0**	**0**
4000 Impôts sur le patrimoine	**11**	**68**	**532**	**3 631**	**4 908**	**3 741**	**5 698**	**5 418**	**5 556**	**5 602**
4100 Impôts périodiques sur la propriété immobilière	0	4	22	372	709	553	2 619	3 592	3 595	3 268
4110 Ménages	0	3	22	..	..	..	..	..	..	..
4120 Autres agents	0	1	0	..	..	..	..	..	..	..
Taxes on immovable property	0	0	..	..	..	..	..	..	..	..
4200 Impôts périodiques sur l'actif net	0	0	0	714	1 208	1 272	1 084	1 083	1 176	1 193
4210 Personnes physiques	..	..	..	..	..	..	..	..	..	..
4220 Sociétés	..	..	..	..	..	..	..	..	..	..
4300 Impôts sur mut. par décès, succ. et donations	1	18	141	372	208	165	99	134	135	244
4310 Impôts sur mut. par décès et successions	1	13	85	..	..	..	..	..	..	..
4320 Impôts sur les donations	0	4	55	..	..	..	..	..	..	..
4400 Impôts sur transact. mobilières et immob.	10	44	368	2 035	2 556	1 146	615	547	640	869
Stamp and transaction taxes	10	41	368	2 035	2 556	1 146	615	547	640	869
Receipts from previous years	0	3	0	0	0	0	0	0	0	0
4500 Impôts non-périodiques	0	2	1	27	0	1	0	0	0	0
4510 Sur l'actif net	0	0	0	..	..	..	..	..	..	..
4520 Autres non-périodiques	0	2	1	..	..	..	..	..	..	..
4600 Autres impôts périodiques sur patrimoine	0	0	0	111	227	604	1 281	62	10	28
5000 Impôts sur les biens et services	**57**	**608**	**5 109**	**16 034**	**26 966**	**27 972**	**25 493**	**25 699**	**28 394**	**28 882**
5100 Impôts sur production, vente, transfert, etc.	51	564	4 881	14 797	24 541	25 505	21 536	21 480	24 670	24 892
5110 Impôts généraux	12	194	3 040	9 234	17 020	16 504	13 100	13 077	15 385	15 474
5111 Taxes sur la valeur ajoutée	0	0	2 821	8 927	16 511	15 958	12 593	12 885	15 288	15 390
5112 Impôts sur les ventes	9	186	123	0	0	0	0	0	0	0
5113 Autres impôts	2	9	96	307	509	546	507	192	97	84
Other taxes on goods and services	1	9	34	307	509	546	507	192	97	84
Receipts from previous years	1	0	62	0	0	0	0	0	0	0
5120 Impôts sur biens et services déterminés	39	370	1 789	5 526	7 407	8 922	8 327	8 302	9 143	9 373
5121 Accises	20	165	1 372	4 069	5 876	7 567	6 997	6 929	7 134	7 215
Duty on tobacco products	8	45	357	1 769	2 657	2 712	2 506	2 365	2 244	2 207
Duty on alcohol and spirits	1	7	50	262	334	501	417	393	530	504
Duty on mineral oil	7	75	637	2 016	2 878	4 242	3 894	3 971	4 052	4 182
Duty on sugar	3	6	0	0	0	0	0	0	0	0
Duty on coton and other products	0	30	328	22	7	112	180	200	308	322
5122 Bénéfices des monopoles fiscaux	2	6	0	0	0	0	0	0	0	0

	1965	1980	1990	2000	2007	2010	2013	2015	2018	2019
5123 Droits de douane et droits à l'importation	12	94	112	220	314	279	153	181	232	299
Import duties	11	90	111	220	314	279	153	181	232	299
Agricultural social security fund	1	5	1	0	0	0	0	0	0	0
5124 Taxes à l'exportation	0	1	1	0	0	0	0	0	0	0
5125 Impôts sur biens d'équipement	0	0	0	0	0	0	0	0	0	0
5126 Impôts sur services déterminés	2	47	293	1 237	1 217	1 076	1 177	1 192	1 777	1 859
5127 Autres impôts sur commerce et transact. internat.	0	0	0	0	0	0	0	0	0	0
5128 Autres impôts	4	58	10	0	0	0	0	0	0	0
Agricultural social security fund	2	..	0	..	..	..	..	..	..	..
Other taxes	2	..	0	..	..	..	..	..	..	..
5130 Non-ventilables entre 5110 et 5120	0	0	52	37	114	79	109	101	142	45
5200 Impôts sur utilisation des biens et exerc. activités	6	44	228	1 320	2 169	1 682	2 954	3 217	3 091	3 257
5210 Impôts périodiques	5	24	219	1 320	2 169	1 682	2 954	3 217	3 091	3 257
Motor vehicle tax	5	0	0	0	0	0	0	0	0	0
5211 À la charge des ménages : véhicules à moteur	..	23	210	281	598	825	781	780	804	819
5212 À la charge autres agents : véhicules à moteur	..	0	8	735	1 182	272	120	207	272	301
5213 Autres impôts périodiques	0	1	1	304	389	585	2 053	2 230	2 015	2 137
Taxes on boats/ships	0	0	1	..	..	..	..	..	..	..
5220 Impôts non-périodiques	1	20	9	0	0	0	0	0	0	0
Exceptional tax on construction of buildings	0	..	9	..	..	..	..	..	..	..
Building permits	0	..	0	..	..	..	..	..	..	..
5300 Non-ventilables entre 5100 et 5200	0	0	0	517	256	785	1 003	1 002	633	733
6000 Autres impôts	**0**	**1**	**3**	**0**	**0**	**0**	**0**	**0**	**0**	**0**
6100 À la charge exclusive des entreprises	..	0	0	..	..	..	..	..	..	..
6200 À la charge d'autres agents	..	1	3	..	..	..	..	..	..	..
Pour mémoire										
Droits de douane perçus pour le compte de l'UE	..	..	100	210	307	278	148	181	225	299
Contributions au Fonds de résolution unique collectées pour le compte de l'UE	..	..	..	..	..	..	..	92	102	84
Recettes fiscales totales sur la base d'encaissements	**116**	**1 475**	**11 472**	**45 979**	**72 429**	**73 083**	**62 632**	**63 210**	**70 110**	**71 559**
Recettes fiscales totales sur la base des droits constatés	**..**	**..**	**..**	**47 211**	**73 990**	**72 414**	**64 560**	**64 510**	**71 891**	**72 419**
Conciliation avec les comptes nationaux										
Impôts additionnels inclus dans les comptes nationaux	..	..	..	0	0	0	0	0	0	0
Impôt exclus des comptes nationaux	..	..	..	0	0	0	0	0	0	0
Différence dans les traitements des crédits d'impôts	..	..	..	0	0	0	0	0	0	0
Transfert en capital des recettes non collectées	..	..	..	0	0	0	0	0	0	0
Tax (Employer's actual social contributions)	..	..	..	..	..	..	..	..	..	..
Tax (Employee's actual social contributions)	..	..	..	..	..	..	..	..	..	..
Cotisations de sécurité sociale volontaires	..	..	..	0	0	0	0	0	0	0
Différences diverses	..	..	..	0	0	0	0	0	0	0
Comptes nationaux : impôts et cotisations sociales effectives	..	..	..	47 211	73 990	72 414	64 560	64 510	71 891	72 419
Cotisations sociales imputées	..	..	..	2 055	3 952	4 952	5 101	5 615	4 826	4 394
Comptes nationaux : impôts et toutes les cotisations sociales	..	..	..	49 266	77 942	77 366	69 661	70 125	76 717	76 813

.. Non disponible

Note : Year ending 31st December.

From 1998 data are on accrual basis.

Source : Ministry of Finance, General accounting Office, 20th Directorate of Budget except the heading 2000 provided by the National Statistics Bureau.

StatLink https://stat.link/dlty3k

Tableau 5.15. Hongrie : recettes fiscales détaillées, 1965-2019

Million HUF

	1965	1980	1990	2000	2007	2010	2013	2015	2018	2019
Recettes fiscales totales	..	..	..	**5 132 570**	**10 098 955**	**10 121 687**	**11 668 441**	**13 519 622**	**15 961 757**	**17 329 497**
Recettes fiscales totales excluant les taxes collectés pour le compte de l'UE	..	..	..	**5 132 570**	**10 055 315**	**10 096 033**	**11 641 223**	**13 479 897**	**15 898 326**	**17 265 217**
1000 Impôts sur revenu, bénéfices et gains en capital	..	..	..	**1 247 420**	**2 539 389**	**2 093 830**	**2 009 010**	**2 425 958**	**2 912 179**	**3 071 393**
1100 Des personnes physiques	..	..	..	954 698	1 838 563	1 764 082	1 604 686	1 824 671	2 340 282	2 457 567
1110 Sur le revenu et les bénéfices	..	..	..	954 698	1 838 563	1 764 082	1 604 686	1 824 671	2 340 282	2 457 567
1120 Sur les gains en capital	..	..	..	0	0	0	0	0	0	0
1200 Des sociétés	..	..	..	292 722	700 826	329 748	404 324	601 287	571 897	613 826
Corporate income tax	..	..	..	292 722	510 781	323 370	322 467	539 777	506 674	554 018
Research and development fund levy	..	..	..	0	0	0	0	0	0	0
Financial institutions' special tax	..	..	..	0	10 890	21 618	27 686	19 902	5 566	8 253
Separate tax for companies	..	..	..	0	178 598	-32 390	0	0	0	0
Medicine tax	..	..	..	0	558	163	111	0	0	0
Energy corporations' special tax	..	..	..	0	0	16 987	54 060	41 608	59 657	51 555
1210 Sur les bénéfices	..	..	..	..	..	..	..	..	..	..
1220 Sur les gains en capital	..	..	..	..	..	..	..	..	..	..
1300 Non-ventilables entre 1100 et 1200	..	..	..	0	0	0	0	0	0	0
Interest withholding	..	..	..	..	..	..	..	..	..	..
2000 Cotisations de sécurité sociale	..	..	..	**1 506 755**	**3 402 194**	**3 179 509**	**3 899 154**	**4 433 464**	**5 049 751**	**5 544 824**
2100 À la charge des salariés	..	..	..	275 323	941 682	1 112 583	1 592 995	1 770 923	2 432 664	2 771 032
Pensions	..	..	..	150 585	336 855	537 556	875 371	969 908	1 335 868	1 481 874
Health	..	..	..	81 874	513 633	467 208	591 224	656 147	898 485	1 003 683
Unemployment	..	..	..	42 864	91 194	107 819	126 400	144 868	198 311	285 475
2110 Sur la base du salaire	..	..	..	..	..	..	..	..	..	..
2120 Sur la base de l'impôt sur les revenus	..	..	..	..	..	..	..	..	..	..
2200 À la charge des employeurs	..	..	..	1 213 190	2 402 941	2 043 771	2 280 505	2 637 330	2 590 306	2 745 827
Pensions	..	..	..	734 456	1 508 490	1 800 864	2 254 959	2 235 536	2 037 548	1 961 323
Health	..	..	..	385 019	693 705	169 202	25 546	398 618	551 406	783 069
Unemployment	..	..	..	93 715	200 746	73 705	0	3 176	1 352	1 435
2210 Sur la base du salaire	..	..	..	..	..	..	..	..	..	..
2220 Sur la base de l'impôt sur les revenus	..	..	..	..	..	..	..	..	..	..
2300 A charge des travailleurs indép. ou sans emploi	..	..	..	873	2 534	0	0	0	0	0
Pensions: of which	..	..	..	0	0	..	..	..	..	..
Self-employed	..	..	..	0	0	..	..	..	..	..
Unemployed	..	..	..	0	0	..	..	..	..	..
Retired	..	..	..	0	0	..	..	..	..	..
Other	..	..	..	0	0	..	..	..	..	..
Health: of which	..	..	..	873	2 534	..	..	..	..	..
Self-employed	..	..	..	873	2 534	..	..	..	..	..
Unemployed	..	..	..	0	0	..	..	..	..	..
Retired	..	..	..	0	0	..	..	..	..	..
Other	..	..	..	0	0	..	..	..	..	..
2310 Sur la base du salaire	..	..	..	..	..	..	..	..	..	..
2320 Sur la base de l'impôt sur les revenus	..	..	..	..	..	..	..	..	..	..
2400 Non-ventilables entre 2100, 2200 et 2300	..	..	..	17 368	55 037	23 155	25 654	25 211	26 781	27 965
2410 Sur la base du salaire	..	..	..	..	..	..	..	..	..	..
2420 Sur la base de l'impôt sur les revenus	..	..	..	..	..	..	..	..	..	..
3000 Sur salaires ou main d'oeuvre	..	..	..	**183 430**	**82 068**	**113 689**	**206 426**	**241 750**	**410 207**	**495 006**
Rehabilitation contribution	..	..	..	2 104	13 559	56 004	64 400	67 460	92 654	102 990
Training levy	..	..	..	13 186	36 612	47 083	89 348	96 427	133 618	145 380
Wage guarantee contribution	..	..	..	0	0	0	0	0	0	0
Communal tax on enterprises	..	..	..	1 192	1 261	1 170	2	0	0	0
Health contribution	..	..	..	166 869	20 427	0	0	0	0	0
Medicine tax	..	..	..	0	10 209	9 431	9 547	10 283	11 113	10 179
Tax on home-workers	..	..	..	0	0	1	23	29	24	24
Lump sum tax for small taxpayers	..	..	..	0	0	0	31 241	55 409	127 779	161 207
Small business tax	..	..	..	0	0	0	11 865	12 142	45 019	75 226
4000 Impôts sur le patrimoine	..	..	..	**80 024**	**202 711**	**312 060**	**388 824**	**437 329**	**417 804**	**446 471**
4100 Impôts périodiques sur la propriété immobilière	..	..	..	30 810	72 071	92 525	190 249	200 906	219 132	221 441
Land tax	..	..	..	0	0	0	0	0	0	0
Building tax	..	..	..	22 262	54 556	71 025	102 719	111 963	126 277	127 594
Development land tax	..	..	..	3 099	6 900	9 861	19 395	19 102	23 165	24 095
Communal tax on recreational howes	..	..	..	893	1 412	1 515	21	26	0	0
Communal tax on households	..	..	..	4 557	9 069	10 124	13 175	13 451	14 621	14 566
Luxury tax	..	..	..	0	134	0	0	0	0	0
Public utility tax	..	..	..	0	0	0	54 939	55 906	54 254	54 509
Community tax	..	..	..	0	0	0	0	458	815	677
4110 Ménages	..	..	..	..	..	..	..	..	..	..

	1965	1980	1990	2000	2007	2010	2013	2015	2018	2019
4120 Autres agents	..	..	..	..	..	..	..	..	..	..
4200 Impôts périodiques sur l'actif net	..	..	..	0	0	135 652	128 560	135 661	42 591	44 894
Surtax payable by financial institutions	..	..	..	..	..	135 652	128 560	135 661	42 591	44 894
4210 Personnes physiques	..	..	..	..	..	..	..	..	..	..
4220 Sociétés	..	..	..	..	..	..	..	..	..	..
4300 Impôts sur mut. par décès, succ. et donations	..	..	..	5 460	13 175	6 264	5 307	7 373	8 519	11 428
4310 Impôts sur mut. par décès et successions	..	..	..	4 020	10 775	4 243	4 097	6 230	7 313	9 758
Inheritance tax-local	..	..	..	2 010	4 658	1 858	0	0	0	0
Inheritance tax-central	..	..	..	2 010	6 117	2 385	4 097	6 230	7 313	9 758
4320 Impôts sur les donations	..	..	..	1 440	2 400	2 021	1 210	1 143	1 206	1 670
Gift tax-local	..	..	..	720	1 038	885	0	0	0	0
Gift tax-central	..	..	..	720	1 363	1 136	1 210	1 143	1 206	1 670
4400 Impôts sur transact. mobilières et immob.	..	..	..	52 754	117 465	77 618	64 708	93 389	147 562	168 708
Property transfer tax-local	..	..	..	26 349	50 783	33 990	0	0	0	0
Property transfer tax-central	..	..	..	26 405	66 682	43 628	64 708	93 389	147 562	168 708
4500 Impôts non-périodiques	..	..	..	0	0	0	0	0	0	0
4510 Sur l'actif net	..	..	..	..	..	..	..	..	..	..
4520 Autres non-périodiques	..	..	..	..	..	..	..	..	..	..
4600 Autres impôts périodiques sur patrimoine	..	..	..	0	0	0	0	0	0	0
5000 Impôts sur les biens et services	**..**	**..**	**..**	**2 081 439**	**3 832 361**	**4 383 865**	**5 127 520**	**5 936 435**	**7 148 810**	**7 737 909**
5100 Impôts sur production, vente, transfert, etc.	..	..	..	2 052 712	3 751 218	4 272 312	5 002 824	5 798 298	6 986 981	7 523 531
5110 Impôts généraux	..	..	..	1 340 572	2 622 027	3 010 781	3 414 342	4 099 741	5 042 361	5 526 275
5111 Taxes sur la valeur ajoutée	..	..	..	1 153 750	2 013 271	2 325 608	2 693 555	3 309 540	4 129 537	4 526 757
5112 Impôts sur les ventes	..	..	..	0	0	37 795	47 927	50 635	73 573	90 743
Public health product tax	..	..	..	..	..	0	19 090	29 882	40 727	54 912
Hydrocarbons stockholding fee	..	..	..	..	..	37 795	28 837	20 753	32 846	35 831
5113 Autres impôts	..	..	..	186 823	608 756	647 378	672 860	739 566	839 251	908 775
Local tax on company sales	..	..	..	186 823	427 134	443 093	500 868	584 380	711 276	788 308
Simplified business tax	..	..	..	0	152 812	181 880	110 021	89 406	54 117	43 364
Research and development contribution	..	..	..	0	28 810	22 405	61 971	65 780	73 858	77 103
5120 Impôts sur biens et services déterminés	..	..	..	712 140	1 129 192	1 261 531	1 588 482	1 698 557	1 944 620	1 997 256
5121 Accises	..	..	..	533 502	969 730	929 881	992 269	1 119 189	1 270 129	1 303 858
Road fund petrol tax	..	..	..	0	0	0	0	0	0	0
Alcohol production duty	..	..	..	3 848	5 621	3 021	196	8 007	8 078	7 640
Water fund tax	..	..	..	6 017	13 171	14 444	13 164	12 305	12 701	12 513
Forestry fund tax	..	..	..	2 858	3 353	284	0	0	0	0
Environment petrol tax	..	..	..	14 837	19 447	17 274	46 711	65 534	77 023	80 511
Budget excises (central budget)	..	..	..	505 942	916 869	877 778	915 546	1 015 555	1 153 070	1 184 136
Coffee	..	..	..	3 200	0	0	0	0	0	0
Alcohol	..	..	..	53 500	88 600	83 078	85 487	87 369	104 113	90 126
Tobacco	..	..	..	107 000	252 400	251 778	312 509	321 922	349 483	369 155
Petrol	..	..	..	156 000	218 200	216 728	189 755	206 220	230 138	238 390
Diesel	..	..	..	157 000	256 600	293 588	308 736	375 026	441 366	459 013
Other oil	..	..	..	6 000	2 200	2 567	3 451	3 608	2 617	2 364
Other budget excises	..	..	..	30 343	93 442	30 039	15 608	21 410	25 353	25 088
Energy tax	..	..	..	0	11 269	17 080	16 652	17 788	19 257	19 058
5122 Bénéfices des monopoles fiscaux	..	..	..	0	0	0	0	0	0	0
5123 Droits de douane et droits à l'importation	..	..	..	137 730	37 174	33 446	35 307	52 395	79 130	80 315
Customs duties	..	..	..	137 730	37 174	33 446	35 307	52 395	79 130	80 315
5124 Taxes à l'exportation	..	..	..	0	0	0	0	0	0	0
5125 Impôts sur biens d'équipement	..	..	..	0	0	0	0	0	0	0
5126 Impôts sur services déterminés	..	..	..	40 908	106 629	297 554	507 201	465 479	567 329	587 967
Gambling tax	..	..	..	27 935	71 804	62 718	41 316	44 972	39 265	39 656
Tourism tax	..	..	..	4 379	0	0	0	0	0	0
Communal tourism tax	..	..	..	2 943	4 935	5 798	8 411	10 475	14 863	16 249
Cultural contribution	..	..	..	4 387	8 432	1 096	105	127	152	0
Pork slaughterhouse tax	..	..	..	32	0	0	0	0	0	0
Breeding contribution	..	..	..	899	919	0	0	0	0	0
Medicine tax	..	..	..	0	19 789	28 104	40 496	45 529	48 676	51 318
Surtax payable by financial institutions	..	..	..	0	0	39 611	1 217	4 155	3 269	3 428
Specific sectors' surtax	..	..	..	0	0	151 693	9 815	285	669	94
Telecommunication services tax	..	..	..	0	0	0	50 176	54 516	53 732	53 412
Accident tax	..	..	..	0	0	0	23 313	27 694	43 801	5 125
Insurance tax	..	..	..	0	0	4 018	28 088	30 108	40 010	87 784
Financial transaction levy	..	..	..	0	0	0	289 321	205 616	234 364	245 548
Waste dumping contribution	..	..	..	0	0	0	6 639	11 123	14 648	16 177
Advertising tax	..	..	..	0	0	0	0	5 675	13 903	6 451
Protection Fund levies (BEVA)	..	..	..	0	0	1 036	1 000	2 600	7 545	7 328
Protection Fund levies (OBA)	..	..		0	0	2 435	7 299	14 391	15 347	10 041
Protection Fund levies (Resolution Fund)	..	..	..	0	0	0	0	7 290	10 553	12 114
Protection Fund levies (SZHTKA)	..	..	..	0	0	0	5	923	1 159	1 166

	1965	1980	1990	2000	2007	2010	2013	2015	2018	2019
Protection Fund levies (KA)	..	..	..	0	0	0	0	0	4 285	4 765
Tourism development contribution	..	..	..	0	0	0	0	0	21 088	27 311
Protection Fund Levies (PGA)	..	..	..	332	750	1 045	0	0	0	0
Retail tax	..	..	..	..	..	..	..	..	..	..
5127 Autres impôts sur commerce et transact. internat.	..	..	..	0	0	0	0	0	0	0
Previous differential producer's turnover tax	..	..	..	..	..	..	..	..	..	..
5128 Autres impôts	..	..	..	0	15 659	650	53 705	61 494	28 032	25 116
Sugar duty	..	..	..	..	15 659	650	881	765	0	0
Payments by companies in the energy sector (MAVIR)	..	..	..	..	0	0	52 824	60 729	28 032	25 116
5130 Non-ventilables entre 5110 et 5120	..	..	..	0	0	0	0	0	0	0
5200 Impôts sur utilisation des biens et exerc. activités	..	..	..	28 727	81 143	111 553	124 696	138 137	161 829	214 378
5210 Impôts périodiques	..	..	..	25 454	74 268	106 903	121 126	130 238	149 641	201 235
Tax on domestically registered vehicles-local	..	..	..	12 622	62 432	71 112	69 248	73 248	79 811	84 095
Tax on domestically registered vehicles-extra budget	..	..	..	0	0	0	0	0	0	0
Tax on domestically registered vehicles-central	..	..	..	8 250	0	79	0	0	0	0
Tax on foreign registered vehicles extra budget fund	..	..	..	0	0	0	0	0	0	0
Tax on foreign registered vehicles-central	..	..	..	3 078	1 655	1 397	0	0	0	0
Company car tax	..	..	..	0	0	25 867	32 935	31 570	35 676	36 928
5211 À la charge des ménages : véhicules à moteur	..	..	..	0	0	0	0	0	0	0
5212 À la charge autres agents : véhicules à moteur	..	..	..	0	0	0	0	0	0	0
5213 Autres impôts périodiques	..	..	..	1 504	10 181	8 448	18 943	25 420	34 154	80 212
Environmental protection charge	..	..	..	5	13	27	0	0	0	0
Fishing development contribution	..	..	..	40	104	0	0	0	0	0
Environmental pollution charge	..	..	..	0	8 785	7 653	7 861	6 680	6 303	6 413
Air pollution levy	..	..	..	751	610	53	0	0	0	0
Water pollution levy	..	..	..	225	186	0	0	0	0	0
Toxic waste levy	..	..	..	65	42	130	0	0	0	0
Noise abatement levy	..	..	..	13	8	19	0	0	0	0
Unidentified environmental protection levies paid to local governments	..	..	..	404	433	566	521	265	193	144
Sale of emission allowances	..	..	..	0	0	0	10 561	17 479	26 411	72 223
Concession fees (tobacco shops)	..	..	..	0	0	0	0	996	1 247	1 432
5220 Impôts non-périodiques	..	..	..	3 273	6 875	4 650	3 570	7 899	12 188	13 143
Land protection levy	..	..	..	1 640	3 777	2 488	1 881	3 610	7 555	8 331
Vehicle weight fee	..	..	..	805	1 288	820	624	0	0	0
Game protection contribution	..	..	..	178	176	1	0	0	0	0
Casino license fee	..	..	..	650	1 635	1 341	1 065	4 289	4 633	4 812
5300 Non-ventilables entre 5100 et 5200	..	..	..	0	0	0	0	0	0	0
6000 Autres impôts	**..**	**..**	**..**	**24 503**	**40 232**	**38 735**	**37 507**	**44 686**	**23 006**	**33 894**
Unallocable tax penalties	..	..	..	23 546	33 321	36 250	37 507	35 530	15 565	25 751
6100 À la charge exclusive des entreprises	..	..	..	957	6 911	2 485	0	9 156	7 441	8 143
Nuclear contribution	..	..	..	957	6 711	2 485	..	9 156	7 441	8 143
Medicine tax	..	..	..	0	200	0	..	0	0	0
6200 À la charge d'autres agents	..	..	..	0	0	0	0	0	0	0
Pour mémoire										
Droits de douane perçus pour le compte de l'UE	..	..	..	..	27 981	25 004	26 337	38 960	63 431	64 280
Recettes fiscales totales sur la base d'encaissements	**..**	**..**	**..**	**5 132 570**	**10 020 734**	**10 137 257**	**11 480 296**	**13 218 609**	**15 345 821**	**16 799 260**
Recettes fiscales totales sur la base des droits constatés	**..**	**..**	**..**	**..**	**10 098 955**	**10 121 687**	**11 668 441**	**13 519 622**	**15 961 757**	**17 329 497**
Conciliation avec les comptes nationaux										
Impôts additionnels inclus dans les comptes nationaux	..	..	..	..	45 120	49 057	73 565	76 364	74 070	38 847
Social security contributions	..	..	..	..	0	11 676	36 063	40 688	39 096	3 386
Duty for state procedures	..	..	..	..	45 084	37 331	37 417	35 653	34 954	35 443
Other taxes	..	..	..	..	36	51	85	23	20	18
Impôt exclus des comptes nationaux	..	..	..	..	-49 439	-53 707	-51 838	-48 414	-28 483	-38 432
Water fund tax	..	..	..	..	-13 171	-14 444	-13 164	-12 305	-12 701	-12 513
Tax on foreign registered vehicles	..	..	..	..	-1 655	-1 397	0	0	0	0
Environmental protection fee	..	..	..	..	-446	-593	-520	-265	-193	-144
Air pollution levy	..	..	..	..	-610	-53	0	0	0	0
Water pollution levy	..	..	..	..	-186	0	0	0	0	0
Toxic waste levy	..	..	..	..	-42	-130	0	0	0	0
Noise abatement levy	..	..	..	..	-8	-19	0	0	0	0
Vehicle weight fee	..	..	..	..	0	-820	-624	0	0	0
Unallocable tax penalties	..	..	..	..	-33 320	-36 250	-37 507	-35 530	-15 565	-25 751
Tax on home-workers	..	..	..	..	0	-1	-23	-29	-24	-24
Specific sectors' surtax correction	..	..	..	..	0	0	0	-285	0	0
Différence dans les traitements des crédits d'impôts	..	..	..	..	0	0	0	0	0	0
Transfert en capital des recettes non collectées	..	..	..	..	0	0	0	0	0	0
Cotisations de sécurité sociale volontaires	..	..	..	..	1 762	1 693	1 523	1 229	1 090	983
Différences diverses	..	..	..	..	-2 687	-28	2	-43	-866	191

	1965	1980	1990	2000	2007	2010	2013	2015	2018	2019
Inheritance tax	..	..	..	..	0	0	0	0	0	0
Gift tax	..	..	..	..	0	0	0	0	0	0
Property transfer tax	..	..	..	..	0	0	0	0	0	0
Rounding	..	..	..	..	4	-2	2	0	0	0
Taxes on income and profits	..	..	..	..	-2 087	0	0	0	0	0
Corporate income tax	..	..	..	..	0	0	0	0	0	0
Customs duties	..	..	..	..	-603	-26	0	-43	-866	191
Vehicle weight fee	..	..	..	..	0	0	0	0	0	0
Environment petrol tax	..	..	..	..	0	0	0	0	0	0
Social security contributions	..	..	..	..	0	0	0	0	0	0
Credit institutions' special tax	..	..	..	..	0	0	0	0	0	0
Comptes nationaux : impôts et cotisations sociales effectives	..	..	..	..	10 093 712	10 118 702	11 691 693	13 548 758	16 007 568	17 331 086
Cotisations sociales imputées	..	..	..	..	21 113	24 841	21 669	28 783	22 650	21 799
Comptes nationaux : impôts et toutes les cotisations sociales	..	..	..	..	10 114 825	10 143 543	11 713 362	13 577 541	16 030 218	17 352 885

.. Non disponible

Note : Year ending 31st December.

From 2002 onwards, data are on accrual basis, except for the preliminary year, which is on a cash basis.

Heading 5121: the aggregate figure for excise tax revenues is on a cash basis. Revenue from specific excises is in several cases reported on an accrual basis.

Tax base for "Environment petrol tax" is broader than petrol only.

Heading 5123: part of environmentally related payments is attributable to Local government. It is not possible to present a more detailed breakdown of these figures.

Source : Ministry of Finance, Economic Department.

StatLink https://stat.link/qv13li

Tableau 5.16. Islande : recettes fiscales détaillées, 1965-2019

Million ISK

	1965	1980	1990	2000	2007	2010	2013	2015	2018	2019
Recettes fiscales totales	**60**	**4 731**	**114 932**	**254 556**	**531 760**	**540 276**	**676 142**	**812 002**	**1 036 846**	**1 061 948**
1000 Impôts sur revenu, bénéfices et gains en capital	**13**	**1 211**	**34 106**	**101 473**	**241 378**	**239 664**	**315 577**	**380 979**	**511 724**	**530 162**
1100 Des personnes physiques	12	1 092	30 908	88 492	180 070	197 318	258 623	297 979	412 430	435 321
1110 Sur le revenu et les bénéfices	..	..	30 908	88 492	180 070	197 318	258 623	297 979	412 430	435 321
1120 Sur les gains en capital	..	..	..	0	0	0	0	0	0	0
1200 Des sociétés	1	119	3 198	8 356	32 555	14 609	40 479	52 544	67 724	62 972
1210 Sur les bénéfices	..	..	3 198	8 356	32 555	14 609	40 479	52 544	67 724	62 972
1220 Sur les gains en capital	..	..	..	0	0	0	0	0	0	0
1300 Non-ventilables entre 1100 et 1200	0	0	0	4 625	28 754	27 737	16 475	30 457	31 569	31 868
2000 Cotisations de sécurité sociale	**5**	**102**	**3 607**	**19 680**	**39 594**	**63 599**	**69 899**	**79 707**	**98 230**	**97 423**
2100 À la charge des salariés	0	0	315	..	..	..	..	..	..	..
2110 Sur la base du salaire	..	..	..	..	..	..	..	..	..	..
2120 Sur la base de l'impôt sur les revenus	..	..	..	..	..	..	..	..	..	..
2200 À la charge des employeurs	5	102	3 292	..	..	..	..	..	..	..
2210 Sur la base du salaire	..	..	..	..	..	..	..	..	..	..
2220 Sur la base de l'impôt sur les revenus	..	..	..	..	..	..	..	..	..	..
2300 A charge des travailleurs indép. ou sans emploi	0	0	0	..	..	..	..	..	..	..
2310 Sur la base du salaire	..	..	..	..	..	..	..	..	..	..
2320 Sur la base de l'impôt sur les revenus	..	..	..	..	..	..	..	..	..	..
2400 Non-ventilables entre 2100, 2200 et 2300	0	0	0	19 680	39 594	63 599	69 899	79 707	98 230	97 423
2410 Sur la base du salaire	..	..	..	19 680	39 594	63 599	69 899	79 707	98 230	97 423
2420 Sur la base de l'impôt sur les revenus	..	..	..	0	0	0	0	0	0	0
3000 Sur salaires ou main d'oeuvre	**1**	**180**	**4 071**	**184**	**1 519**	**2 827**	**6 534**	**6 638**	**8 542**	**9 124**
4000 Impôts sur le patrimoine	**2**	**297**	**9 689**	**19 983**	**32 523**	**38 068**	**46 493**	**43 487**	**56 798**	**63 635**
4100 Impôts périodiques sur la propriété immobilière	1	138	4 131	10 107	20 567	28 542	30 664	34 879	46 497	52 522
4110 Ménages	0	50	1 862	..	..	..	..	..	..	..
4120 Autres agents	1	88	2 269	..	..	..	..	..	..	..
4200 Impôts périodiques sur l'actif net	0	69	2 402	5 173	-8	3 849	8 886	657	100	10
4210 Personnes physiques	..	29	1 476	..	..	..	..	..	..	..
4220 Sociétés	..	40	926	..	..	..	..	..	..	..
4300 Impôts sur mut. par décès, succ. et donations	0	6	235	765	1 663	2 613	2 437	2 919	4 703	4 668
4310 Impôts sur mut. par décès et successions	0	6	235	765	1 663	2 613	2 437	2 919	4 703	4 668
4320 Impôts sur les donations	0	0	0	0	0	0	0	0	0	0
4400 Impôts sur transact. mobilières et immob.	1	84	2 921	3 143	9 484	2 656	3 973	4 327	4 962	5 269
4500 Impôts non-périodiques	0	0	0	113	460	146	233	362	470	623
4510 Sur l'actif net	..	..	..	0	0	0	0	0	0	0
4520 Autres non-périodiques	..	..	..	113	460	146	233	362	470	623
4600 Autres impôts périodiques sur patrimoine	0	0	0	681	356	263	299	343	65	542
5000 Impôts sur les biens et services	**37**	**2 834**	**58 943**	**112 245**	**214 988**	**190 131**	**226 619**	**262 828**	**344 534**	**343 009**
5100 Impôts sur production, vente, transfert, etc.	37	2 778	56 564	100 669	191 957	178 995	215 271	250 095	324 763	320 533
5110 Impôts généraux	10	1 368	37 084	72 667	137 593	122 393	149 828	183 674	244 624	243 285
5111 Taxes sur la valeur ajoutée	0	0	32 698	72 667	137 593	122 393	149 828	183 674	244 624	243 285
5112 Impôts sur les ventes	10	1 368	4 386	0	0	0	0	0	0	0
5113 Autres impôts	0	0	0	0	0	0	0	0	0	0
5120 Impôts sur biens et services déterminés	27	1 410	19 480	28 002	54 364	56 603	65 444	66 421	80 138	77 248
5121 Accises	1	311	2 346	23 585	45 891	46 711	55 171	56 909	69 524	66 833
5122 Bénéfices des monopoles fiscaux	5	263	5 986	0	0	0	0	0	0	0
5123 Droits de douane et droits à l'importation	20	715	9 181	2 702	5 446	5 950	5 815	4 989	4 118	3 430
5124 Taxes à l'exportation	1	2	0	1	0	2	0	0	0	0
5125 Impôts sur biens d'équipement	0	0	0	0	0	0	0	0	0	0
5126 Impôts sur services déterminés	1	69	1 404	1 715	3 026	3 940	4 457	4 523	6 407	6 086
5127 Autres impôts sur commerce et transact. internat.	0	50	563	0	0	0	0	0	0	0
5128 Autres impôts	0	0	0	0	0	0	0	0	0	0
5130 Non-ventilables entre 5110 et 5120	0	0	0	0	0	0	0	0	0	0
5200 Impôts sur utilisation des biens et exerc. activités	1	56	2 379	11 576	23 032	11 135	11 347	12 733	19 772	22 476
5210 Impôts périodiques	1	56	2 379	..	..	..	..	..	..	..
5211 À la charge des ménages : véhicules à moteur	0	10	970	..	..	..	..	..	..	..
5212 À la charge autres agents : véhicules à moteur	0	41	1 331	..	..	..	..	..	..	..
5213 Autres impôts périodiques	0	5	78	..	..	..	..	..	..	..
5220 Impôts non-périodiques	0	0	0	..	..	..	..	..	..	..
5300 Non-ventilables entre 5100 et 5200	0	0	0	0	0	0	0	0	0	0
6000 Autres impôts	**2**	**107**	**4 516**	**991**	**1 758**	**5 988**	**11 020**	**38 364**	**17 019**	**18 594**
6100 À la charge exclusive des entreprises	2	107	4 145	418	628	763	5 255	32 477	10 414	11 629
6200 À la charge d'autres agents	0	0	371	573	1 130	5 225	5 766	5 887	6 605	6 966

	1965	1980	1990	2000	2007	2010	2013	2015	2018	2019
Crédits d'impôts récupérables										
Crédits d'impôts récupérables contre 1110	..	..	..	..	..	..	0	0	0	0
Composante fiscale	..	..	..	..	..	..	0	0	0	0
Composante transfert	..	..	..	..	..	..	0	0	0	0
Crédits d'impôts récupérables contre 1210	..	..	..	..	..	..	1 085	1 304	3 079	3 577
Composante fiscale	..	..	..	..	..	..	148	176	572	608
Composante transfert	..	..	..	..	..	..	937	1 128	2 507	2 969
Recettes fiscales totales sur la base d'encaissements	**60**	**4 731**	**114 932**	**..**	**..**	**..**	**..**	**..**	**..**	**..**
Recettes fiscales totales sur la base des droits constatés	**..**	**..**	**..**	**254 556**	**531 760**	**540 276**	**676 142**	**812 002**	**1 036 846**	**1 061 948**
Conciliation avec les comptes nationaux										
Impôts additionnels inclus dans les comptes nationaux	..	..	..	0	0	0	0	0	0	0
Impôt exclus des comptes nationaux	..	..	..	-765	-1 663	-2 613	-2 437	-2 919	-4 703	-4 668
Estate and inheritance taxes (4310)	..	..	..	-765	-1 663	-2 613	-2 437	-2 919	-4 703	-4 668
Différence dans les traitements des crédits d'impôts	..	..	..	0	0	0	0	0	0	0
Transfert en capital des recettes non collectées	..	..	..	0	0	0	0	0	0	0
Cotisations de sécurité sociale volontaires	..	..	..	0	0	0	0	0	0	0
Différences diverses	..	..	..	0	0	0	0	0	0	0
Comptes nationaux : impôts et cotisations sociales effectives	..	..	..	253 791	530 097	537 662	673 704	809 084	1 032 143	1 057 280
Cotisations sociales imputées	..	..	..	0	0	0	0	0	0	0
Comptes nationaux : impôts et toutes les cotisations sociales	..	..	..	253 791	530 097	537 662	673 704	809 084	1 032 143	1 057 280

.. Non disponible

Note : Year ending 31st December.

From 1998 data are on accrual basis.

Source : Ministry of Finance, Economic Department.

StatLink https://stat.link/47lwif

Tableau 5.17. Irlande : recettes fiscales détaillées, 1965-2019

Million EUR

	1965	1980	1990	2000	2007	2010	2013	2015	2018	2019
Recettes fiscales totales	**317**	**4 046**	**12 260**	**33 363**	**60 790**	**46 399**	**51 442**	**60 892**	**72 884**	**78 088**
Recettes fiscales totales excluant les taxes collectés pour le compte de l'UE	..	..	**12 075**	**33 155**	**60 517**	**46 170**	**51 195**	**60 565**	**72 451**	**77 632**
1000 Impôts sur revenu, bénéfices et gains en capital	**82**	**1 478**	**4 662**	**14 551**	**25 364**	**18 617**	**21 298**	**26 599**	**33 291**	**35 646**
1100 Des personnes physiques	53	1 294	4 059	10 650	18 970	14 665	17 020	19 722	22 889	24 753
1110 Sur le revenu et les bénéfices	53	1 286	4 023	9 876	15 872	14 320	16 652	19 053	21 897	23 680
Income tax	66	1 286	4 023	9 876	15 872	14 320	16 652	19 053	21 897	23 680
Surtax	3	0	0	0	0	0	0	0	0	0
Income tax paid by corporations	-17	0	0	0	0	0	0	0	0	0
1120 Sur les gains en capital	0	8	36	774	3 097	345	369	669	992	1 072
1200 Des sociétés	29	184	603	3 900	6 395	3 945	4 273	6 873	10 402	10 894
1210 Sur les bénéfices	29	184	603	3 900	6 395	3 945	4 273	6 873	10 402	10 894
Corporation profits tax	12	2	0	0	0	0	0	0	0	0
Corporation tax	0	176	603	3 885	6 393	3 944	4 272	6 872	10 401	10 893
Income tax paid by corporation	17	0	0	0	0	0	0	0	0	0
Agricultural produce duty	0	6	0	14	1	1	1	1	1	1
1220 Sur les gains en capital	0	0	0	0	0	0	0	0	0	0
1300 Non-ventilables entre 1100 et 1200	0	0	0	2	0	7	4	4	0	0
2000 Cotisations de sécurité sociale	**21**	**578**	**1 729**	**3 966**	**8 143**	**8 458**	**8 854**	**9 992**	**12 085**	**13 140**
2100 À la charge des salariés	10	190	570	962	1 926	3 195	3 125	3 321	3 746	4 012
2110 Sur la base du salaire	..	..	570	962	1 926	3 195	3 125	3 321	3 746	4 012
2120 Sur la base de l'impôt sur les revenus	..	..	0	0	0	0	0	0	0	0
2200 À la charge des employeurs	10	380	1 092	2 814	5 796	4 932	5 326	6 211	7 734	8 495
2210 Sur la base du salaire	..	..	1 092	2 814	5 796	4 932	5 326	6 211	7 734	8 495
2220 Sur la base de l'impôt sur les revenus	..	..	0	0	0	0	0	0	0	0
2300 A charge des travailleurs indép. ou sans emploi	0	8	67	190	421	331	403	460	605	632
2310 Sur la base du salaire	..	..	67	190	421	331	403	460	605	632
2320 Sur la base de l'impôt sur les revenus	..	..	0	0	0	0	0	0	0	0
2400 Non-ventilables entre 2100, 2200 et 2300	0	0	0	0	0	0	0	0	0	0
2410 Sur la base du salaire	..	..	..	..	..	..	..	..	..	..
2420 Sur la base de l'impôt sur les revenus	..	..	..	..	..	..	..	..	..	..
3000 Sur salaires ou main d'oeuvre	**0**	**9**	**159**	**15**	**411**	**310**	**314**	**357**	**565**	**774**
4000 Impôts sur le patrimoine	**48**	**213**	**569**	**1 902**	**4 789**	**2 389**	**3 632**	**3 918**	**4 317**	**4 435**
4100 Impôts périodiques sur la propriété immobilière	39	139	312	587	1 233	1 322	1 724	1 864	1 918	1 933
4110 Ménages	..	..	..	..	..	..	..	..	..	..
4120 Autres agents	..	..	..	..	..	..	..	..	..	..
4200 Impôts périodiques sur l'actif net	0	1	0	0	0	0	536	169	0	0
4210 Personnes physiques	..	..	..	..	..	..	0	0	0	0
4220 Sociétés	..	..	..	..	..	..	536	169	0	0
4300 Impôts sur mut. par décès, succ. et donations	6	14	48	225	405	235	278	401	518	531
4310 Impôts sur mut. par décès et successions	6	14	45	210	337	192	259	365	469	467
Estate duty	5	..	0	0	0	0	0	0	0	0
Legacy duty	1	..	0	0	0	0	0	0	0	0
Succession duty	0	..	0	0	0	0	0	0	0	0
4320 Impôts sur les donations	0	0	3	15	68	43	20	36	50	64
4400 Impôts sur transact. mobilières et immob.	3	59	209	1 090	3 151	832	1 093	1 484	1 880	1 971
Stamp duty	3	59	209	1 090	3 151	832	1 093	1 484	1 880	1 971
4500 Impôts non-périodiques	0	0	0	0	0	0	0	0	0	0
4510 Sur l'actif net	..	..	..	..	..	..	..	..	..	..
4520 Autres non-périodiques	..	..	..	..	..	..	..	..	..	..
4600 Autres impôts périodiques sur patrimoine	0	0	0	0	0	0	0	0	0	0
5000 Impôts sur les biens et services	**167**	**1 769**	**5 140**	**12 929**	**22 082**	**16 619**	**17 321**	**20 013**	**22 817**	**24 088**
5100 Impôts sur production, vente, transfert, etc.	155	1 741	4 939	12 374	20 982	15 319	15 789	18 036	20 650	22 273
5110 Impôts généraux	18	597	2 500	7 643	14 355	10 067	10 372	11 831	14 175	15 281
5111 Taxes sur la valeur ajoutée	0	597	2 500	7 643	14 355	10 067	10 372	11 831	14 175	15 281
Value added tax	..	597	2 500	7 643	14 355	10 067	10 372	11 831	14 175	15 281
5112 Impôts sur les ventes	18	0	0	0	0	0	0	0	0	0
Turnover tax	18	..	..	..	..	..	..	..	..	..
Wholesale tax	0	..	..	..	..	..	..	..	..	..
5113 Autres impôts	0	0	0	0	0	0	0	0	0	0
5120 Impôts sur biens et services déterminés	137	1 143	2 439	4 731	6 627	5 252	5 417	6 205	6 475	6 992

	1965	1980	1990	2000	2007	2010	2013	2015	2018	2019
5121 Accises	124	1 045	2 084	4 402	6 125	4 859	5 013	5 474	5 487	5 974
Beer	19	192	356	475	459	316	363	418	433	421
Oils	31	330	745	1 491	2 204	2 099	2 035	2 120	2 154	2 165
Spirits	16	148	153	241	363	244	282	313	373	375
Table waters	0	11	23	0	0	0	0	0	0	0
Tobacco	50	187	419	1 035	1 192	1 160	1 064	1 055	748	1 137
Wine, cider, perry	1	18	46	154	297	266	354	414	431	433
Motor vehicle (incl. tyres)	7	148	331	985	1 554	395	459	702	872	950
Others	1	11	11	20	57	379	457	451	476	493
5122 Bénéfices des monopoles fiscaux	0	0	0	0	0	0	0	0	0	0
5123 Droits de douane et droits à l'importation	10	62	147	208	273	229	247	327	325	342
5124 Taxes à l'exportation	0	0	0	0	0	0	0	0	0	0
UE agriculture levies	..	..	0	..	..	..	..	..	..	..
5125 Impôts sur biens d'équipement	0	0	0	0	0	0	0	0	0	0
5126 Impôts sur services déterminés	3	21	171	122	229	164	157	404	662	676
Duty on betting	2	19	37	59	36	30	26	37	51	110
Sweepstakes duty	1	1	0	0	0	0	0	0	0	0
Bank levy	0	0	46	61	66	-70	-23	190	422	398
Other	0	1	88	2	127	204	154	178	190	168
5127 Autres impôts sur commerce et transact. internat.	0	0	0	0	0	0	0	0	0	0
5128 Autres impôts	0	14	37	0	0	0	0	0	0	0
5130 Non-ventilables entre 5110 et 5120	0	0	0	0	0	0	0	0	0	0
5200 Impôts sur utilisation des biens et exerc. activités	11	28	201	555	1 100	1 300	1 532	1 977	1 967	1 815
5210 Impôts périodiques	11	28	201	555	1 100	1 300	1 532	1 977	1 967	1 815
5211 À la charge des ménages : véhicules à moteur	6	14	100	373	723	768	888	904	799	795
5212 À la charge autres agents : véhicules à moteur	5	11	82	124	239	256	284	281	245	241
5213 Autres impôts périodiques	0	3	20	58	138	276	360	792	922	779
5220 Impôts non-périodiques	0	0	0	0	0	0	0	0	0	0
5300 Non-ventilables entre 5100 et 5200	0	0	0	0	0	0	0	0	0	0
6000 Autres impôts	**0**	**0**	**0**	**0**	**0**	**6**	**23**	**12**	**9**	**5**
6100 À la charge exclusive des entreprises	..	..	..	..	..	0	0	0	0	0
6200 À la charge d'autres agents	..	..	..	..	..	6	23	12	9	5
Pour mémoire										
Droits de douane perçus pour le compte de l'UE	..	..	148	208	273	229	247	327	325	342
Contributions au Fonds de résolution unique collectées pour le compte de l'UE	..	..	..	..	..	..	..	..	107	114
Crédits d'impôts récupérables										
Crédits d'impôts récupérables contre 1110	..	..	..	..	843	1 073	816	555	472	413
Composante fiscale	..	..	..	..	843	1 073	816	555	472	413
Composante transfert	..	..	..	..	0	0	0	0	0	0
Recettes fiscales totales sur la base d'encaissements	**317**	**4 046**	**12 260**	**32 997**	**60 836**	**46 609**	**51 474**	**60 861**	**72 882**	**77 926**
Recettes fiscales totales sur la base des droits constatés	**..**	**..**	**..**	**33 363**	**60 790**	**46 399**	**51 442**	**60 892**	**72 884**	**78 088**
Conciliation avec les comptes nationaux										
Impôts additionnels inclus dans les comptes nationaux	..	..	..	0	0	178	178	177	182	185
Impôt exclus des comptes nationaux	..	..	..	0	0	0	0	0	0	0
Différence dans les traitements des crédits d'impôts	..	..	..	0	0	0	0	0	0	0
Transfert en capital des recettes non collectées	..	..	..	0	0	0	0	0	0	0
Cotisations de sécurité sociale volontaires	..	..	..	0	0	0	0	0	0	0
Différences diverses	..	..	..	0	0	0	0	0	0	0
Comptes nationaux : impôts et cotisations sociales effectives	..	..	..	33 363	60 790	46 577	51 620	61 069	73 066	78 273
Cotisations sociales imputées	..	..	..	1 366	2 579	1 053	1 986	2 142	2 541	2 694
Comptes nationaux : impôts et toutes les cotisations sociales	..	..	..	34 729	63 369	47 630	53 606	63 210	75 607	80 967

.. Non disponible

Note : The personal income tax data shown for the country table for Ireland is different to the ESA2010 presentation as the expenditure component of the payable tax credits are excluded in accordance with the OECD Interpretative Guide.

The data for years 1965 to 1973 are on fiscal year basis (commencing on 1st April) and are therefore not strictly comparable with the data for later years, which are on a calendar year basis.

From 1998, data are on accrual basis.

Heading 1200: Capital gains taxes paid by corporations are included in heading 1210.

Heading 2100: Includes contributions by self-employed and certain voluntary contributions.

Heading 2200: Since 1976 income tax paid by corporations and corporation profits tax have been replaced by corporation tax.

Heading 5111: Includes arrears of the wholesale and turnover taxes.

Tax receipts in 1988 were inflated by the success of the new arrangements for assessment and collection of tax.These arrangements included an amnesty for tax arrears paid by 30th September. This amnesty waived penalities and interest charge tax. It resulted in payments of 631 millons of euros spread across the main tax headings.

Source : Annual Report of he Revenue Commissioners, Financial Accounts and National Income and Expenditure Accounts.

StatLink https://stat.link/w7mktj

Tableau 5.18. Israël : recettes fiscales détaillées, 1965-2019

Million ILS

	1965	1980	1990	2000	2007	2010	2013	2015	2018	2019
Recettes fiscales totales	..	..	..	**188 199**	**251 159**	**268 399**	**325 269**	**364 181**	**413 233**	**428 534**
1000 Impôts sur revenu, bénéfices et gains en capital	..	..	..	**74 551**	**91 530**	**78 265**	**101 481**	**113 966**	**135 001**	**140 453**
1100 Des personnes physiques	..	..	..	54 753	56 434	48 214	57 311	70 885	84 922	89 493
1110 Sur le revenu et les bénéfices	..	..	..	53 698	55 213	47 550	55 831	68 455	81 642	86 463
On wages – deduction at source	..	..	..	45 278	45 515	40 159	46 458	54 087	65 249	68 041
On self employement income – deduction at source	..	..	..	573	0	853	1 051	0	47	83
On self employement income – other	..	..	..	7 847	9 698	6 538	8 322	14 368	16 346	18 339
1120 Sur les gains en capital	..	..	..	1 055	1 221	664	1 480	2 430	3 280	3 030
1200 Des sociétés	..	..	..	18 001	30 210	23 113	36 639	34 676	42 932	43 291
1210 Sur les bénéfices	..	..	..	16 109	27 582	22 291	33 959	33 446	41 382	41 861
Déduction à la source	..	..	..	315	0	520	751	0	25	41
In lieu of VAT on the profits of Financial Institutions	..	..	..	1 290	2 200	1 920	2 560	1 910	2 300	2 400
Other	..	..	..	14 504	25 382	19 850	30 648	31 536	39 057	39 420
1220 Sur les gains en capital	..	..	..	1 892	2 628	822	2 680	1 230	1 550	1 430
1300 Non-ventilables entre 1100 et 1200	..	..	..	1 797	4 886	6 938	7 531	8 405	7 147	7 669
Tax deducted at the source on the capital market	..	..	..	1 797	4 886	6 938	7 531	8 405	7 147	7 669
2000 Cotisations de sécurité sociale	..	..	..	**27 565**	**37 909**	**45 343**	**53 364**	**59 561**	**70 635**	**74 420**
2100 À la charge des salariés	..	..	..	15 771	23 093	27 788	31 537	34 692	39 963	41 852
2110 Sur la base du salaire	..	..	..	15 771	23 093	27 788	31 537	34 692	39 963	41 852
2120 Sur la base de l'impôt sur les revenus	..	..	..	0	0	0	0	0	0	0
2200 À la charge des employeurs	..	..	..	8 182	9 960	11 427	15 026	17 247	21 753	23 105
2210 Sur la base du salaire	..	..	..	8 182	9 960	11 427	15 026	17 247	21 753	23 105
2220 Sur la base de l'impôt sur les revenus	..	..	..	0	0	0	0	0	0	0
2300 A charge des travailleurs indép. ou sans emploi	..	..	..	3 612	4 856	6 128	6 802	7 622	8 920	9 464
2310 Sur la base du salaire	..	..	..	3 612	4 856	6 128	6 802	7 622	8 920	9 464
2320 Sur la base de l'impôt sur les revenus	..	..	..	0	0	0	0	0	0	0
2400 Non-ventilables entre 2100, 2200 et 2300	..	..	..	0	0	0	0	0	0	0
2410 Sur la base du salaire	..	..	..	..	..	..	..	..	..	..
2420 Sur la base de l'impôt sur les revenus	..	..	..	..	..	..	..	..	..	..
3000 Sur salaires ou main d'oeuvre	..	..	..	**6 850**	**9 920**	**10 280**	**12 780**	**13 770**	**15 828**	**16 168**
Employers tax on the the non-profit sector other than govt	..	..	..	1 250	1 500	320	390	410	502	555
In lieu of VAT on the wage-bill in the non-profit sector	..	..	..	4 260	6 580	7 650	9 540	10 320	11 948	12 521
In lieu VAT on the wage-bill in Financial Institutions	..	..	..	1 340	1 840	2 310	2 850	3 040	3 378	3 092
4000 Impôts sur le patrimoine	..	..	..	**16 935**	**24 282**	**28 817**	**32 637**	**38 741**	**42 330**	**43 773**
4100 Impôts périodiques sur la propriété immobilière	..	..	..	11 311	16 156	18 768	21 499	23 702	26 142	27 105
Land tax	..	..	..	442	52	48	59	44	25	25
4110 Ménages	..	..	..	0	0	0	0	0	0	0
4120 Autres agents	..	..	..	10 869	16 104	18 720	21 440	23 658	26 117	27 080
4200 Impôts périodiques sur l'actif net	..	..	..	0	0	0	0	0	0	0
4210 Personnes physiques	..	..	..	..	..	..	..	..	..	..
4220 Sociétés	..	..	..	..	..	..	..	..	..	..
4300 Impôts sur mut. par décès, succ. et donations	..	..	..	0	0	0	0	0	0	0
4310 Impôts sur mut. par décès et successions	..	..	..	..	..	..	..	..	..	..
4320 Impôts sur les donations	..	..	..	..	..	..	..	..	..	..
4400 Impôts sur transact. mobilières et immob.	..	..	..	3 181	3 555	4 071	4 532	6 732	6 660	6 923
Transaction tax on the buyer of real estate	..	..	..	1 972	3 084	4 024	4 513	6 731	6 654	6 917
Transaction tax on the seller of real estate	..	..	..	206	404	27	19	1	6	6
Stamp tax	..	..	..	1 003	67	20	0	0	0	0
4500 Impôts non-périodiques	..	..	..	2 443	4 572	5 979	6 607	8 307	9 528	9 745
4510 Sur l'actif net				0	0	0	0	0	0	0
4520 Autres non-périodiques	..	..	..	2 443	4 572	5 979	6 607	8 307	9 528	9 745
Capital gains tax on real estate	..	..	..	2 443	4 572	5 979	6 607	8 307	9 528	9 745
4600 Autres impôts périodiques sur patrimoine	..	..	..	0	0	0	0	0	0	0
5000 Impôts sur les biens et services	..	..	..	**62 298**	**87 518**	**105 694**	**125 007**	**138 143**	**149 438**	**153 719**
5100 Impôts sur production, vente, transfert, etc.	..	..	..	57 887	81 107	98 092	116 335	128 277	138 931	143 066
5110 Impôts généraux	..	..	..	49 876	67 569	79 945	97 357	107 765	117 251	120 541
5111 Taxes sur la valeur ajoutée	..	..	..	39 806	53 982	65 508	81 524	90 824	99 442	102 463
5112 Impôts sur les ventes	..	..	..	10 071	13 587	14 437	15 833	16 941	17 809	18 078
On domestic production	..	..	..	662	287	291	457	450	328	287
On imports	..	..	..	9 409	13 300	14 146	15 376	16 491	17 481	17 791
5113 Autres impôts	..	..	..	0	0	0	0	0	0	0
5120 Impôts sur biens et services déterminés	..	..	..	8 012	13 538	18 147	18 978	20 512	21 680	22 525
5121 Accises	..	..	..	6 595	11 323	15 458	16 680	17 642	18 895	19 509
On domestically refined fuel	..	..	..	5 666	10 590	14 637	15 876	17 008	18 387	18 966
On domestically processed tobacco products	..	..	..	929	733	821	804	634	508	543
5122 Bénéfices des monopoles fiscaux	..	..	..	0	0	0	0	0	0	0
5123 Droits de douane et droits à l'importation	..	..	..	1 417	2 215	2 689	2 298	2 870	2 785	3 016

	1965	1980	1990	2000	2007	2010	2013	2015	2018	2019
5124 Taxes à l'exportation	..	..	..	0	0	0	0	0	0	0
5125 Impôts sur biens d'équipement	..	..	..	0	0	0	0	0	0	0
5126 Impôts sur services déterminés	..	..	..	0	0	0	0	0	0	0
5127 Autres impôts sur commerce et transact. internat.	..	..	..	0	0	0	0	0	0	0
5128 Autres impôts	..	..	..	0	0	0	0	0	0	0
5130 Non-ventilables entre 5110 et 5120	..	..	..	0	0	0	0	0	0	0
5200 Impôts sur utilisation des biens et exerc. activités	..	..	..	4 411	6 411	7 601	8 673	9 866	10 507	10 653
5210 Impôts périodiques	..	..	..	4 411	6 411	7 601	8 673	9 866	10 507	10 653
5211 À la charge des ménages : véhicules à moteur	..	..	..	1 436	1 895	2 274	2 872	3 179	3 597	3 669
5212 À la charge autres agents : véhicules à moteur	..	..	..	479	632	758	957	1 060	1 199	1 223
5213 Autres impôts périodiques	..	..	..	2 497	3 885	4 569	4 843	5 628	5 711	5 761
Licences collected by the Ministry of Transportation	..	..	..	257	535	350	132	196	128	165
Licences collected by the Ministry of Communication	..	..	..	151	0	274	299	338	338	371
Licences collected by other ministries	..	..	..	1 587	2 597	2 988	3 228	3 781	3 703	3 624
Business and professional licences paid locally	..	..	..	451	667	856	1 060	1 186	1 392	1 446
Other local authority fees	..	..	..	51	86	101	125	128	149	155
5220 Impôts non-périodiques	..	..	..	0	0	0	0	0	0	0
5300 Non-ventilables entre 5100 et 5200	..	..	..	0	0	0	0	0	0	0
6000 Autres impôts	**..**	**..**	**..**	**0**	**0**	**0**	**0**	**0**	**0**	**0**
6100 À la charge exclusive des entreprises	..	..	..	..	..	..	..	..	..	..
6200 À la charge d'autres agents	..	..	..	..	..	..	..	..	..	..
Crédits d'impôts récupérables										
Crédits d'impôts récupérables contre 1110	..	..	..	..	..	87	911	1 415	807	1 327
Composante fiscale	..	..	..	..	..	84	879	1 348	807	1 327
Composante transfert	..	..	..	..	..	3	32	67	0	0
Crédits d'impôts récupérables contre 1210	..	..	..	..	..	0	0	0	0	0
Composante fiscale	..	..	..	..	..	0	0	0	0	0
Composante transfert	..	..	..	..	..	0	0	0	0	0
Recettes fiscales totales sur la base d'encaissements	**..**	**..**	**..**	**188 199**	**251 159**	**268 399**	**325 269**	**364 181**	**413 233**	**428 534**
Recettes fiscales totales sur la base des droits constatés	**..**	**..**	**..**	**..**	**..**	**..**	**..**	**..**	**..**	**..**
Conciliation avec les comptes nationaux										
Impôts additionnels inclus dans les comptes nationaux	..	..	..	0	0	0	0	0	0	0
Impôt exclus des comptes nationaux	..	..	..	..	..	..	..	..	..	..
Différence dans les traitements des crédits d'impôts	..	..	..	..	..	..	..	..	..	..
Transfert en capital des recettes non collectées	..	..	..	..	..	..	..	..	..	..
Cotisations de sécurité sociale volontaires	..	..	..	..	..	..	..	..	..	..
Différences diverses	..	..	..	..	..	..	..	..	..	..
Comptes nationaux : impôts et cotisations sociales effectives	..	..	..	188 199	251 159	268 399	325 269	364 181	413 233	428 534
Cotisations sociales imputées	..	..	..	6 172	7 131	8 203	9 084	9 186	9 145	9 067
Comptes nationaux : impôts et toutes les cotisations sociales	..	..	..	194 371	258 290	276 601	334 354	373 367	422 377	437 601

.. Non disponible

Note : Year ending 31st December.

Data are on a cash basis.

Source : Israel Central Bureau of Statistics and Israel Ministry of Finance.

StatLink https://stat.link/yjuk3q

Tableau 5.19. Italie : recettes fiscales détaillées, 1965-2019

Million EUR

	1965	1980	1990	2000	2007	2010	2013	2015	2018	2019
Recettes fiscales totales	**5 505**	**60 422**	**265 116**	**503 096**	**671 189**	**671 912**	**706 829**	**711 114**	**739 193**	**759 633**
Recettes fiscales totales excluant les taxes collectés pour le compte de l'UE	..	..	**263 829**	**501 560**	**668 928**	**669 687**	**704 939**	**706 522**	**735 761**	**756 473**
1000 Impôts sur revenu, bénéfices et gains en capital	**982**	**18 821**	**96 707**	**166 912**	**226 498**	**219 547**	**233 294**	**225 934**	**229 458**	**239 799**
1100 Des personnes physiques	603	13 940	69 654	124 918	172 136	180 512	185 996	184 622	189 917	196 135
1110 Sur le revenu et les bénéfices	603	13 796	68 786	124 233	172 122	180 505	185 991	184 619	189 917	196 135
Personal income tax	0	11 538	57 318	121 211	162 644	173 991	175 921	173 007	180 403	185 705
Local income tax paid by households	0	829	4 492	67	0	0	0	0	0	0
Tax on income from investiments (60%)	319	55	15	0	0	0	11	80	52	47
10% Surcharge on income	94	37	5	0	0	0	0	0	0	0
10% proportional surcharge	1	0	0	0	0	0	0	0	0	0
Withholding tax on company dividends paid by households	23	51	496	110	542	393	564	875	1 158	1 751
Law 1177 proportional surcharge (60%)	39	0	1	0	0	0	0	0	0	0
Direct taxes 5% proportional surcharge (60%)	0	8	72	0	0	0	0	0	0	0
Additional Treasury increase (60%)	23	6	1	0	0	0	0	0	0	0
Decree 1132 revenues (60%)	0	0	0	0	0	0	0	0	0	0
Tax on households	65	7	0	0	0	0	0	0	0	0
Rental value tax	2	0	0	0	0	0	0	0	0	0
Driving licence tax	1	0	0	0	0	0	0	0	0	0
Municipal surcharge on buildings (40%)	37	5	0	22	0	0	0	0	0	0
Withholding tax on income from deposits paid by households	0	1 206	6 223	2 823	8 402	5 440	8 994	10 076	7 488	7 671
Direct taxes refund (60%)	0	0	41	0	0	0	0	0	0	0
Other	0	53	123	0	534	681	501	581	816	962
1120 Sur les gains en capital	0	144	867	685	14	7	5	3	0	0
Tax on capital gains on land	..	0	0	0	0	0	0	0	..	..
Municipal capital gains tax on buildings paid by households (60%)	..	144	867	685	14	7	5	3	..	..
1200 Des sociétés	379	4 710	26 605	34 699	50 529	36 740	41 194	33 530	32 886	35 264
1210 Sur les bénéfices	379	4 494	26 027	34 242	50 520	36 736	41 190	33 528	32 881	35 260
Corporation tax	0	1 245	9 042	28 877	47 192	34 841	39 160	31 927	31 056	32 742
Municipal surcharge on buildings (60%)	37	8	0	32	0	0	0	0	0	0
Tax on income from investments (40%)	213	37	10	0	0	0	8	54	35	31
Company franchise and liabilities tax	88	12	2	0	0	0	0	0	0	0
Law 1177 proportional surcharge (40%)	26	0	0	0	0	0	0	0	0	0
Direct taxes 5% proportional surcharge (40%)	0	20	48	0	0	0	0	0	0	0
Decree 1132 revenues (40%)	0	0	0	0	0	0	0	0	0	0
Additional Treasury increase (40%)	15	4	0	0	0	0	0	0	0	0
Withholding tax on company dividends paid by firms	0	77	745	166	0	0	0	0	0	0
Withholding tax on income from deposits paid by firms	0	1 810	9 334	4 235	2 370	605	1 464	759	393	599
Local income tax paid by firms	0	1 245	6 738	100	15	13	12	12	14	6
Direct taxes refund (40%)	0	0	27	0	0	0	0	0	0	0
Other	0	36	82	832	943	1 277	546	776	1 383	1 882
1220 Sur les gains en capital	0	216	578	457	9	4	4	2	5	4
Municipal capital gains tax on buildings paid by firms (40%)	..	216	578	457	9	4	4	2	5	4
1300 Non-ventilables entre 1100 et 1200	0	171	448	7 295	3 833	2 295	6 104	7 782	6 656	8 399
Refunds tax on income	..	-240	-1 768	-5 175	0	0	0	0	0	0
Other	..	412	2 216	12 470	3 833	2 295	6 104	7 782	6 656	8 399
2000 Cotisations de sécurité sociale	**1 881**	**22 976**	**87 256**	**143 629**	**200 772**	**209 122**	**210 462**	**214 376**	**229 643**	**237 346**
2100 À la charge des salariés	..	4 171	16 753	27 333	35 715	37 598	39 284	39 806	42 725	44 486
2110 Sur la base du salaire	..	..	..	27 333	35 715	37 598	39 284	39 805	42 725	44 486
2120 Sur la base de l'impôt sur les revenus	..	..	..	0	0	0	0	0	0	0
2200 À la charge des employeurs	..	17 152	62 540	99 904	137 924	144 281	141 629	143 273	153 908	158 611
2210 Sur la base du salaire	..	..	..	99 904	137 924	144 281	141 629	143 273	153 908	158 611
2220 Sur la base de l'impôt sur les revenus	..	..	..	0	0	0	0	0	0	0
2300 A charge des travailleurs indép. ou sans emploi	..	1 654	7 962	16 392	27 133	27 243	29 549	31 298	33 010	34 249
2310 Sur la base du salaire	..	..	..	16 392	27 133	27 243	29 549	31 298	33 010	34 249
2320 Sur la base de l'impôt sur les revenus	..	..	..	0	0	0	0	0	0	0
2400 Non-ventilables entre 2100, 2200 et 2300	1 881	0	0	0	0	0	0	0	0	0
2410 Sur la base du salaire	..	..	..	..	..	..	..	..	..	..
2420 Sur la base de l'impôt sur les revenus	..	..	..	..	..	..	..	..	..	..
3000 Sur salaires ou main d'oeuvre	**0**	**387**	**890**	**0**	**0**	**0**	**0**	**0**	**0**	**0**
Contributions to GESCAL	..	387	890	..	..	..	..	..	..	..
4000 Impôts sur le patrimoine	**397**	**2 248**	**5 983**	**23 360**	**32 646**	**32 441**	**43 883**	**46 259**	**44 086**	**43 220**

	1965	1980	1990	2000	2007	2010	2013	2015	2018	2019
4100 Impôts périodiques sur la propriété immobilière	96	7	1	9 354	12 778	9 663	20 748	25 558	21 955	21 997
Income tax on landowners	2	0	0	0	0	0	0	0	0	0
Income tax on buildings	12	2	1	0	0	0	0	0	0	0
Income tax on luxury buildings	1	0	0	0	0	0	0	0	0	0
Surcharge on land (provincial)	16	0	0	0	0	0	0	0	0	0
Surcharge on land (municipal)	18	0	0	0	0	0	0	0	0	0
Surcharge on buildings (provincial)	26	2	0	0	0	0	0	0	0	0
Surcharge on buildings (municipal)	21	3	0	0	0	0	0	0	0	0
Municipal real estate tax	0	0	0	9 354	12 778	9 663	20 748	20 798	20 817	20 819
Tax on indivisible services (TASI)	0	0	0	0	0	0	0	4 760	1 138	1 178
4110 Ménages	..	..	..	..	..	..	..	..	..	..
4120 Autres agents	..	..	..	..	..	..	..	..	..	..
4200 Impôts périodiques sur l'actif net	0	0	0	14	1	2 118	2 547	231	311	226
4210 Personnes physiques	..	..	..	5	0	0	0	0	0	0
4220 Sociétés	..	..	..	9	1	2 118	2 547	231	311	226
4300 Impôts sur mut. par décès, succ. et donations	47	128	376	1 005	149	483	622	674	820	798
Inheritance and gift duty	33	119	376	1 005	149	483	622	674	820	798
Estate duty	11	9	0	0	0	0	0	0	0	0
Proportional surcharge and premium	3	0	0	0	0	0	0	0	0	0
4310 Impôts sur mut. par décès et successions	..	..	..	..	..	..	..	..	..	..
4320 Impôts sur les donations	..	..	..	..	..	..	..	..	..	..
4400 Impôts sur transact. mobilières et immob.	255	2 113	5 606	12 320	18 256	17 365	17 092	17 245	18 847	18 800
Registration tax	120	1 048	2 421	6 794	9 410	9 019	7 353	7 625	9 359	9 587
Mortgage taxes and land registry duties	22	190	469	1 067	2 525	2 071	1 841	1 529	1 657	1 625
5% proportional surcharge	6	0	0	0	0	0	0	0	0	0
Additional surcharge	4	0	0	0	0	0	0	0	0	0
Stamp duties and surcharges accruing on cadastral acts	104	751	2 185	4 459	6 321	6 275	7 898	7 600	7 376	7 190
Other	0	123	530	0	0	0	0	491	455	398
4500 Impôts non-périodiques	0	0	0	98	151	916	985	309	442	227
4510 Sur l'actif net	..	..	..	0	0	0	0	0	0	0
4520 Autres non-périodiques	..	..	..	98	151	916	985	309	442	227
4600 Autres impôts périodiques sur patrimoine	0	0	0	569	1 311	1 896	1 889	2 242	1 711	1 172
5000 Impôts sur les biens et services	**2 173**	**15 990**	**74 280**	**141 852**	**171 869**	**178 863**	**187 210**	**196 473**	**212 057**	**214 990**
5100 Impôts sur production, vente, transfert, etc.	2 037	15 251	67 083	127 281	155 191	160 775	164 597	174 443	184 729	187 723
Direct taxes refund	0	-73	-86	0	0	0	0	0	0	0
5110 Impôts généraux	710	9 438	38 940	77 473	95 623	97 586	93 921	100 692	109 333	111 533
5111 Taxes sur la valeur ajoutée	0	9 438	38 940	77 473	95 623	97 586	93 921	100 692	109 333	111 533
VAT	..	9 438	38 940	77 473	95 623	97 586	93 921	100 692	109 333	111 533
5112 Impôts sur les ventes	0	0	0	0	0	0	0	0	0	0
5113 Autres impôts	710	0	0	0	0	0	0	0	0	0
General tax on receipts	662	..	..	..	..	..	..	..	..	..
Compensation tax on imported products	48	..	..	..	..	..	..	..	..	..
5120 Impôts sur biens et services déterminés	1 327	5 886	28 048	49 808	59 568	63 189	70 676	73 751	75 396	76 190
5121 Accises	816	4 088	20 304	31 479	32 904	36 414	45 720	46 238	47 088	47 112
Duty on mineral oils	465	3 462	15 928	22 172	23 252	22 884	26 332	25 759	25 947	25 907
Duty on spirits	27	87	206	486	595	570	571	600	679	657
Duty on beer	12	54	172	242	489	476	532	633	818	710
Duty on sugars	22	25	68	120	0	5	10	5	-8	0
Duty on electricity	20	51	2 018	3 079	3 034	7 152	13 542	15 246	15 069	15 141
Duty on bananas	9	53	97	0	0	0	0	0	0	0
Duty on coffee	31	60	74	0	0	0	0	0	0	0
Duty on cocoa	3	4	7	0	0	0	0	0	0	0
Duty on olive oil	0	0	0	0	0	0	0	0	0	0
Other duty	44	190	1 037	5 201	5 385	5 268	4 659	3 898	4 556	4 673
Alcohol, spirits, liquor	5	0	0	0	0	0	0	0	0	0
On matches and flints	13	22	47	0	0	0	0	0	0	0
Meat	26	0	0	0	0	0	0	0	0	0
In-bond surcharge	0	81	650	174	143	54	67	90	20	17
Combustible materials	39	0	0	0	0	0	0	0	0	0
Construction materials	30	0	0	0	0	0	0	0	0	0
Excise duty on sound and video	3	0	0	0	0	0	0	0	0	0
Tax on phonograph records	1	0	0	0	0	0	0	0	0	0
Stamp duty on playing cards	1	0	0	0	0	0	0	0	0	0
Other	66	0	0	5	6	5	7	7	7	7
5122 Bénéfices des monopoles fiscaux	303	1 033	3 248	7 718	10 440	10 983	10 683	10 711	10 601	10 653
Duty on tobacco	292	1 033	3 248	7 712	10 436	10 978	10 679	10 710	10 600	10 652
On salt	10	0	0	0	0	0	0	0	0	0
Duty on products of Monopoli di Stato	1	0	0	6	4	5	4	1	1	1

	1965	1980	1990	2000	2007	2010	2013	2015	2018	2019
5123 Droits de douane et droits à l'importation	142	261	1 164	1 536	2 261	2 225	1 890	2 246	2 295	2 314
Common Customs tariff (CEE)	0	0	836	1 536	2 261	2 225	1 890	2 246	2 295	2 314
Customs and shipping duties	115	14	0	0	0	0	0	0	0	0
Administrative services duties	11	0	0	0	0	0	0	0	0	0
Tax on agriculture	15	228	207	0	0	0	0	0	0	0
Other duties	0	9	68	0	0	0	0	0	0	0
Compensatory amounts	0	9	53	0	0	0	0	0	0	0
5124 Taxes à l'exportation	0	0	0	0	0	0	0	0	0	0
5125 Impôts sur biens d'équipement	0	0	0	0	0	0	0	0	0	0
5126 Impôts sur services déterminés	67	483	3 141	9 029	13 932	13 567	12 383	14 556	15 412	16 111
Entertainment tax	20	59	167	118	68	58	42	40	34	32
Stamp duty	6	0	0	0	0	0	0	0	0	0
Tax on advertisements	6	56	168	389	392	384	424	405	456	455
Tax on lotto, lotteries, betting and Totocalcio game	3	123	617	4 164	7 144	7 983	7 088	7 488	9 350	10 514
Casino takings, special duties, etc.	0	0	0	158	152	192	130	112	114	106
Single tax on games of skill and betting-levied indirectly	9	74	476	487	405	242	85	116	143	181
Aerotaxi passengers tax	0	0	0	0	0	0	7	8	11	9
Local tax (including insurance)	23	171	1 714	3 713	5 771	4 708	4 607	3 835	4 167	3 968
Bank levy for the National Resolution Fund	..	..	..	..	..	..	..	2 552	1 137	846
5127 Autres impôts sur commerce et transact. internat.	0	0	0	0	0	0	0	0	0	0
Special Duty on foreign payments and currency selling	..	..	..	..	..	..	..	..	..	..
5128 Autres impôts	0	21	192	46	31	0	0	0	0	0
ECSC taxes and contributions on sugar and other levies	..	21	121	0	0	..	..	..	..	..
Other	..	0	70	46	31	..	..	..	..	..
Bank cont. to the unique European Resolution Fund	..	0	0	0	0	..	..	..	..	..
5130 Non-ventilables entre 5110 et 5120	0	0	180	0	0	0	0	0	0	0
5200 Impôts sur utilisation des biens et exerc. activités	136	456	4 474	8 479	10 550	10 531	11 352	11 130	14 498	14 093
5210 Impôts périodiques	136	456	4 474	8 479	10 550	1 155	1 359	1 653	1 873	1 856
Public motor vehicle register tax	64	152	967	1 034	1 326	1 155	1 359	1 653	1 873	1 856
Tax on vehicles 5% proportional surcharge	3	13	450	0	0	0	0	0	0	0
Surcharge on diesel cars	0	66	683	0	0	0	0	0	0	0
Surcharge on gas cars	0	0	171	0	0	0	0	0	0	0
5211 À la charge des ménages : véhicules à moteur	..	..	..	3 433	4 652	4 628	4 487	4 710	5 468	5 362
5212 À la charge autres agents : véhicules à moteur	..	..	..	1 006	1 332	1 300	1 395	1 446	1 426	1 394
Motor vehicle duty paid by firms	..	..	..	1 006	1 332	1 300	1 395	1 446	1 426	1 394
5213 Autres impôts périodiques	67	225	2 203	3 006	3 240	3 448	4 111	3 321	5 731	5 481
Law 1177 proportional surcharge	22	0	0	0	0	0	0	0	0	0
Taxes on signs	2	4	0	0	0	0	0	0	0	0
Tax on dog tags	0	7	12	0	0	0	0	0	0	0
Tax on hunting and fishing	0	0	0	0	0	0	0	0	0	0
Duty on official franchises	43	215	2 191	3 006	3 240	3 448	4 111	3 321	3 809	3 585
Television tax (households)	0	0	0	0	0	0	0	0	1 922	1 896
5220 Impôts non-périodiques	0	0	0	0	0	0	0	0	0	0
Motor vehicles, airplanes	..	..	..	..	..	..	..	..	..	..
Pro-Friuli tax on vehicles	..	..	..	..	..	..	..	..	..	..
5300 Non-ventilables entre 5100 et 5200	0	283	2 724	6 092	6 128	7 557	11 261	10 900	12 830	13 174
Indirect taxes refund	..	0	160	288	616	693	477	715	954	859
Other	..	283	2 564	5 804	5 512	6 864	10 784	10 185	11 876	12 315
6000 Autres impôts	**72**	**0**	**0**	**27 343**	**39 404**	**31 939**	**31 980**	**28 072**	**23 949**	**24 278**
6100 À la charge exclusive des entreprises	0	..	..	27 343	39 404	31 939	31 980	28 072	23 949	24 278
6200 À la charge d'autres agents	72	..	..	0	0	0	0	0	0	0
Capital levies	2	..	..	..	..	..	..	..	..	..
Other taxes	71	..	..	..	..	..	..	..	..	..
Pour mémoire										
Droits de douane perçus pour le compte de l'UE	..	..	836	1 536	2 261	2 225	1 890	2 246	2 295	2 314
Contributions au Fonds de résolution unique collectées pour le compte de l'UE	..	..	..	..	..	..	..	2 346	1 137	846
Taxes and compulsory social security contributions paid by EU civil servants	..	..	..	..	..	..	55	61	69	72
Taxes paid by EU civil servants: income taxes	..	..	..	..	..	..	28	31	35	37
Taxes paid by EU civil servants: compulsory social security contributions	..	..	..	..	..	..	27	30	34	35
Crédits d'impôts récupérables										
Crédits d'impôts récupérables contre 1110	..	..	..	..	0	0	357	9 793	10 303	10 071
Composante fiscale	..	..	..	..	..	-109	206	8 615	9 142	8 932
Composante transfert	..	..	..	..	..	109	151	1 178	1 162	1 139
Crédits d'impôts récupérables contre 1210	..	..	..	..	0	0	2 401	4 866	1 451	308
Composante fiscale	..	..	..	..	..	0	0	0	0	0
Composante transfert	..	..	..	..	..	0	2 401	4 866	1 451	308
Recettes fiscales totales sur la base d'encaissements	**5 505**	**60 422**	**265 116**	**488 738**	**653 836**	**659 704**	**689 299**	**711 837**	**734 051**	**754 185**

	1965	1980	1990	2000	2007	2010	2013	2015	2018	2019
Recettes fiscales totales sur la base des droits constatés	..	..	..	**503 096**	**671 189**	**671 912**	**706 829**	**711 114**	**739 193**	**759 633**
Conciliation avec les comptes nationaux										
Impôts additionnels inclus dans les comptes nationaux	..	..	..	0	0	0	0	0	0	0
Impôt exclus des comptes nationaux	..	..	..	-5 416	-5 470	-6 538	-9 786	-9 801	-10 651	-10 949
The tax for the urban solid waste disposal (TARSU)	..	..	..	-4 387	-4 443	-5 519	-8 363	-8 519	-9 205	-9 459
Other	..	..	..	-1 029	-1 027	-1 019	-1 423	-1 282	-1 446	-1 490
Différence dans les traitements des crédits d'impôts	..	..	..	0	0	-109	206	8 615	9 142	8 932
Transfert en capital des recettes non collectées	..	..	..	0	0	0	0	0	0	0
Cotisations de sécurité sociale volontaires	..	..	..	464	567	561	738	750	771	708
Différences diverses	..	..	..	0	0	0	0	0	0	0
Comptes nationaux : impôts et cotisations sociales effectives	..	..	..	498 144	666 286	665 826	697 987	710 678	738 455	758 324
Cotisations sociales imputées	..	..	..	3 884	3 980	3 984	4 093	3 938	4 019	4 157
Comptes nationaux : impôts et toutes les cotisations sociales	..	..	..	502 028	670 266	669 810	702 080	714 616	742 474	762 481

.. Non disponible

Note : The tax year ends in December 31th.

As from 2000, revenues data are computed on accrual basis.

As from 1997, revenues data are based on data provided to the European Union as for the Treaty of Maastricht excessive deficit procedure.

Section 6000: Regional Tax on Productive Activities (IRAP); it is a tax on the value of production therefore its taxable base is different from other groups tax bases.

Regarding the section "Taxes excluded National Accounts" the item "Others" includes: tax on the public areas utilization and tax on the collection and disposal of waste water.

Source : Ministero dell'economia e delle finanze; Istituto nazionale di statistica.

StatLink https://stat.link/gc9qy4

Tableau 5.20. Japon : recettes fiscales détaillées, 1965-2019

Billion JPY

	1965	1980	1990	2000	2007	2010	2013	2015	2018	2019
Recettes fiscales totales	**6 172**	**62 443**	**130 843**	**136 236**	**146 248**	**132 484**	**146 405**	**163 533**	**175 564**	**175 380**
1000 Impôts sur revenu, bénéfices et gains en capital	**2 708**	**28 800**	**65 682**	**47 398**	**53 174**	**40 034**	**47 534**	**50 969**	**56 083**	**53 994**
1100 Des personnes physiques	1 338	15 180	36 394	28 677	28 600	24 663	28 150	30 847	33 492	32 947
1110 Sur le revenu et les bénéfices	1 338	15 180	36 394	28 677	28 600	24 663	28 150	30 847	33 492	32 947
Income tax	970	10 800	25 996	18 789	16 080	12 984	15 865	18 178	20 316	19 571
Prefectural inhabitants tax	123	1 415	3 675	3 621	5 008	4 699	5 090	5 252	4 863	4 840
Municipal inhabitants tax	220	2 890	6 475	6 044	7 294	6 795	7 015	7 224	8 106	8 325
Enterprise tax	25	75	249	223	218	184	181	194	207	211
1120 Sur les gains en capital	0	0	0	0	0	0	0	0	0	0
1200 Des sociétés	1 370	13 620	29 288	18 721	24 573	15 372	19 384	20 122	22 591	21 046
1210 Sur les bénéfices	1 370	13 620	29 288	18 721	24 573	15 372	19 384	20 122	22 591	21 046
Corporation tax	927	8 923	18 384	11 747	14 744	8 968	11 698	10 832	12 318	10 797
Prefectural inhabitants tax	53	557	1 414	879	1 206	777	854	859	835	821
Municipal inhabitants tax	85	1 297	3 198	2 176	3 015	1 954	2 157	2 324	2 427	2 395
Enterprise tax	305	2 843	6 293	3 918	5 608	2 253	2 674	3 510	4 243	4 385
Local special corporate tax	0	0	0	0	0	1 420	2 001	2 081	2 088	2 044
Local corporate tax	0	0	0	0	0	0	0	516	681	604
Special corporate enterprise tax	..	..	0	0	0	0	0	0	0	0
1220 Sur les gains en capital	0	0	0	0	0	0	0	0	0	0
1300 Non-ventilables entre 1100 et 1200	0	0	0	0	0	0	0	0	0	0
2000 Cotisations de sécurité sociale	**1 344**	**18 178**	**34 613**	**47 968**	**53 325**	**54 461**	**59 803**	**64 465**	**70 588**	**71 993**
2100 À la charge des salariés	446	6 393	13 895	19 830	21 975	23 593	25 984	28 224	31 243	31 954
2110 Sur la base du salaire	..	..	13 895	19 830	21 975	23 593	25 984	28 224	31 243	31 954
2120 Sur la base de l'impôt sur les revenus	..	..	0	0	0	0	0	0	0	0
2200 À la charge des employeurs	588	9 267	16 649	22 456	24 243	24 674	27 143	29 479	32 664	33 488
2210 Sur la base du salaire	..	..	16 649	22 456	24 243	24 674	27 143	29 479	32 664	33 488
2220 Sur la base de l'impôt sur les revenus	..	..	0	0	0	0	0	0	0	0
2300 À charge des travailleurs indép. ou sans emploi	107	2 518	4 069	5 683	7 108	6 194	6 676	6 763	6 681	6 552
2310 Sur la base du salaire	..	..	4 069	5 683	7 108	6 194	6 676	6 763	6 681	6 552
2320 Sur la base de l'impôt sur les revenus	..	..	0	0	0	0	0	0	0	0
2400 Non-ventilables entre 2100, 2200 et 2300	203	0	0	0	0	0	0	0	0	0
2410 Sur la base du salaire	..	..	..	..	..	..	..	..	..	..
2420 Sur la base de l'impôt sur les revenus	..	..	..	..	..	..	..	..	..	..
3000 Sur salaires ou main d'oeuvre	**0**	**0**	**0**	**0**	**0**	**0**	**0**	**0**	**0**	**0**
4000 Impôts sur le patrimoine	**498**	**5 114**	**12 296**	**14 294**	**13 138**	**12 878**	**12 940**	**13 400**	**14 196**	**14 340**
4100 Impôts périodiques sur la propriété immobilière	319	3 326	7 099	10 414	9 949	10 225	9 882	10 005	10 386	10 612
Prefectural property tax	4	8	15	11	14	5	2	2	11	8
Municipal property tax	296	2 784	6 023	9 041	8 729	8 961	8 653	8 755	9 083	9 286
City planning tax	19	469	942	1 318	1 202	1 256	1 227	1 244	1 291	1 318
Special landholding tax	0	65	118	43	4	3	1	3	0	0
Water and land utilization tax	0	0	0	0	0	0	0	0	0	0
Land value tax	0	0	0	1	0	0	0	0	0	0
4110 Ménages	..	..	..	..	..	..	..	..	..	..
4120 Autres agents	..	..	..	..	..	..	..	..	..	..
4200 Impôts périodiques sur l'actif net	0	0	0	0	0	0	0	0	0	0
4210 Personnes physiques	..	..	..	..	..	..	..	..	..	..
4220 Sociétés	..	..	..	..	..	..	..	..	..	..
4300 Impôts sur mut. par décès, succ. et donations	44	441	1 918	1 782	1 503	1 250	1 574	1 968	2 333	2 301
4310 Impôts sur mut. par décès et successions	34	375	..	..	..	..	..	..	..	..
Inheritance tax	34	375	..	..	..					
4320 Impôts sur les donations	10	65	..	..	..	..	..	..	..	..
Tax on gifts	10	65	..	..	..	..	..	..	..	..
4400 Impôts sur transact. mobilières et immob.	135	1 347	3 280	2 099	1 686	1 403	1 483	1 426	1 477	1 427
Bourse tax	3	15	41	0	0	0	0	0	0	0
Securities transaction	8	209	748	0	0	0	0	0	0	0
Bank of Japan note issue tax	0	0	0	0	0	0	0	0	0	0
Stamp revenues	83	841	1 894	1 532	1 202	1 024	1 128	1 050	1 073	1 023
Real property acquisition tax	41	282	596	567	485	379	357	377	404	404
4500 Impôts non périodiques	0	0	0	0	0	0	0	0	0	0
4510 Sur l'actif net	..	..	..	..	..	..	..	..	..	..
4520 Autres non-périodiques	..	..	..	..	..	..	..	..	..	..
4600 Autres impôts périodiques sur patrimoine	0	0	0	0	0	0	0	0	0	0
5000 Impôts sur les biens et services	**1 620**	**10 200**	**17 917**	**26 227**	**26 256**	**24 730**	**25 744**	**34 286**	**34 252**	**34 599**
5100 Impôts sur production, vente, transfert, etc.	1 544	8 822	15 647	23 180	23 241	22 160	23 313	31 871	31 754	32 046
5110 Impôts généraux	0	0	5 778	12 350	12 841	12 675	13 479	22 400	22 496	23 148
5111 Taxes sur la valeur ajoutée	..	..	5 778	12 350	12 841	12 675	13 479	22 400	22 496	23 148
5112 Impôts sur les ventes	..	..	0	0	0	0	0	0	0	0
5113 Autres impôts	..	..	0	0	0	0	0	0	0	0

	1965	1980	1990	2000	2007	2010	2013	2015	2018	2019
5120 Impôts sur biens et services déterminés	1 544	8 822	9 868	10 830	10 400	9 485	9 834	9 470	9 258	8 898
5121 Accises	1 062	6 674	8 637	9 837	9 374	8 622	8 728	8 351	8 121	7 891
Liquor tax	353	1 424	1 935	1 816	1 524	1 389	1 371	1 338	1 275	1 247
Sugar excises	29	43	0	0	0	0	0	0	0	0
Local gasoline tax	46	278	361	296	302	294	275	264	251	244
Gasoline tax	254	1 547	2 007	2 769	2 820	2 750	2 574	2 465	2 348	2 281
Liquefied petroleum gas tax	0	30	31	28	27	24	21	18	15	14
Aviation fuel tax	0	58	76	104	104	89	67	66	68	65
Commodity tax	138	1 038	5	0	0	0	0	0	0	0
Playing-card tax	1	1	0	0	0	0	0	0	0	0
Prefectural tobacco tax	44	229	361	282	278	256	173	153	139	140
Municipal tobacco tax	73	402	636	865	853	788	983	936	850	854
Timber delivery tax	3	3	0	0	0	0	0	0	0	0
Mineral product tax	2	5	3	2	2	2	2	2	2	2
Electricity and gas tax	54	386	0	0	0	0	0	0	0	0
Diesel oil tax	65	447	834	1 208	1 034	918	943	925	958	945
Vehicle acquisition tax	0	270	613	464	425	192	193	137	198	104
Promotion of power resources development tax	0	109	295	375	352	349	328	316	322	316
Petroleum and coal tax	0	404	487	489	513	502	600	630	701	638
Tobacco tax	0	0	996	876	925	908	1 038	954	861	874
Special tobacco tax	0	0	0	264	214	163	161	148	125	124
International tourist tax	..	..	0	0	0	0	0	0	7	44
5122 Bénéfices des monopoles fiscaux	179	808	0	0	0	0	0	0	0	0
Monopoly profits	179	808	..	..	..	..	..	..	..	..
5123 Droits de douane et droits à l'importation	222	786	928	877	941	786	1 034	1 049	1 071	941
Customs duty	222	786	928	877	941	786	1 034	1 049	1 071	941
5124 Taxes à l'exportation	0	0	0	0	0	0	0	0	0	0
5125 Impôts sur biens d'équipement	0	0	0	0	0	0	0	0	0	0
5126 Impôts sur services déterminés	81	554	303	116	85	77	71	70	66	66
Travel tax	4	64	0	0	0	0	0	0	0	0
Admission tax	10	5	0	0	0	0	0	0	0	0
Local entertainment tax	10	74	0	0	0	0	0	0	0	0
Golf course utilization tax	0	0	90	81	60	55	49	48	43	43
Meal and lodging tax	56	398	0	0	0	0	0	0	0	0
Special local consumption tax	0	0	195	12	0	0	0	0	0	0
Bathing tax	1	13	18	23	25	22	22	23	22	23
5127 Autres impôts sur commerce et transact. internat.	0	0	0	0	0	0	0	0	0	0
5128 Autres impôts	0	0	0	0	0	0	0	0	0	0
5130 Non-ventilables entre 5110 et 5120	0	0	0	0	0	0	0	0	0	0
5200 Impôts sur utilisation des biens et exerc. activités	76	1 378	2 270	3 047	3 015	2 570	2 431	2 416	2 498	2 553
5210 Impôts périodiques	69	1 358	2 250	3 027	2 993	2 548	2 409	2 393	2 475	2 530
Automobile tax	55	781	1 276	1 765	1 717	1 616	1 574	1 543	1 550	1 588
Light vehicle tax	13	43	88	125	164	178	189	200	258	269
Motor vehicle tonnage tax	0	527	881	1 134	1 110	753	643	649	665	671
Hunter licence tax	0	3	2	2	0	0	0	0	0	0
Hunting tax	0	3	2	1	2	2	2	1	1	1
Mine lot tax	1	1	1	1	0	0	0	0	0	0
5211 À la charge des ménages : véhicules à moteur	..	..	..	..	..	..	..	..	..	..
5212 À la charge autres agents : véhicules à moteur	..	..	..	..	..	..	..	..	..	..
5213 Autres impôts périodiques	..	..	..	..	..	..	..	..	..	..
5220 Impôts non-périodiques	7	20	20	20	22	21	22	22	23	23
5300 Non-ventilables entre 5100 et 5200	0	0	0	0	0	0	0	0	0	0
6000 Autres impôts	**2**	**151**	**335**	**348**	**356**	**381**	**384**	**413**	**445**	**454**
6100 À la charge exclusive des entreprises	0	139	288	324	313	330	348	361	378	387
Business office tax	..	139	288	324	313	330	348	361	378	387
6200 À la charge d'autres agents	2	12	47	24	43	52	36	52	67	68
Taxes not in local tax law	2	12	47	24	43	52	36	52	65	67
Other	0	0	0	0	0	0	0	0	2	1
Recettes fiscales totales sur la base d'encaissements	**6 172**	**62 443**	..	..	..	..	..	..	..	..
Recettes fiscales totales sur la base des droits constatés	..	..	**130 843**	**136 236**	**146 248**	**132 484**	**146 405**	**163 533**	**175 564**	**175 380**

	1965	1980	1990	2000	2007	2010	2013	2015	2018	2019
Conciliation avec les comptes nationaux										
Impôts additionnels inclus dans les comptes nationaux	..	..	..	..	..	..	..	..	..	..
Impôt exclus des comptes nationaux	..	..	..	..	..	..	..	..	..	..
Différence dans les traitements des crédits d'impôts	..	..	..	..	..	..	..	..	..	..
Transfert en capital des recettes non collectées	..	..	..	..	..	..	..	..	..	..
Cotisations de sécurité sociale volontaires	..	..	..	..	..	..	..	..	..	..
Différences diverses	..	..	..	..	..	..	..	..	..	..
Comptes nationaux : impôts et cotisations sociales effectives	..	..	..	..	..	..	..	..	..	..
Cotisations sociales imputées	..	..	..	..	..	..	..	..	..	..
Comptes nationaux : impôts et toutes les cotisations sociales	..	..	..	..	..	..	..	..	..	..

.. Non disponible

Note : Data are on a fiscal year basis beginning 1st April.

From 1990, data are on accrual basis.

The figures for different groups of taxes are reported on different reporting bases, namely: Social security contributions (heading 2000) : in principle accrual basis, Central government taxes : accrual basis (revenues accrued during the fiscal year plus cash receipts collected before the end of May (the end of April until 1977), Local government taxes : accrual basis (due to be paid during the fiscal year and cash receipts collected before the end of May).

The Japanese authorities take the view that the Enterprise tax (classified in 1100 and 1200) and the Mineral product tax (classified in 5121) should be classified in heading 6000 since under articles 72 and 519 of the Local Tax Law these taxes are regarded as levies on the business or mining activity itself.

Heading 2000 includes some unidentifiable voluntary contributions.

Heading 2300: Includes contibutions to the National pension, National Health Insurance and the Farmer's pension fund. Contributions to the Farmer's pension fund are not available for the years before 1999.

Heading 4100: Municipal property tax, includes Prefectural property tax from 1990 to 1994 because data is not available to provide a breakdown.

Heading 5121: Municipal tobacco tax, includes Prefectural tobacco tax from 1990 to 1994 because data is not available to provide a breakdown.

Heading 5121: In sub-item Petroleum and coal tax, the data before 2003 refer to petroleum tax.

Source : Tax Bureau, Ministry of Finance.

StatLink https://stat.link/mie3fp

Tableau 5.21. Corée : recettes fiscales détaillées, 1965-2019

Billion KRW

	1965	1980	1990	2000	2007	2010	2013	2015	2018	2019
Recettes fiscales totales	..	**6 687**	**37 262**	**136 295**	**258 571**	**295 968**	**347 332**	**393 559**	**506 548**	**523 985**
1000 Impôts sur revenu, bénéfices et gains en capital	..	**1 704**	**12 203**	**39 254**	**82 239**	**82 905**	**101 792**	**119 151**	**172 976**	**174 040**
1100 Des personnes physiques	..	766	7 440	19 950	43 276	42 098	53 311	67 600	93 274	91 714
1110 Sur le revenu et les bénéfices	..	766	6 327	18 569	31 984	33 935	46 654	55 744	75 251	75 613
Income tax	..	0	0	0	0	0	0	0	0	0
Dividends and interest income tax	..	0	0	0	4 682	4 425	4 889	4 561	4 982	5 577
Wages and salaries income tax	..	0	0	0	14 124	15 517	21 931	27 055	38 000	38 466
Other income tax	..	0	0	0	2 607	2 986	3 432	4 467	5 975	6 640
Global income tax	..	661	4 723	16 128	6 151	6 369	10 901	12 784	17 483	16 778
Defence tax on income tax	..	105	938	0	0	0	0	0	0	0
Education tax on income tax	..	0	325	0	0	0	0	0	0	0
Rural dev. tax on interest, bus. Inc. & cap. gains relief	..	0	0	156	160	179	124	105	111	139
Inhabitant tax on income tax (local)	..	0	341	2 285	4 260	4 459	5 377	6 772	8 700	8 013
1120 Sur les gains en capital	..	0	1 113	1 381	11 292	8 163	6 657	11 856	18 023	16 101
Capital gains tax	..	..	1 113	1 381	11 292	8 163	6 657	11 856	18 023	16 101
1200 Des sociétés	..	738	4 757	19 271	38 963	40 807	48 481	51 551	79 702	82 326
1210 Sur les bénéfices	..	738	4 757	19 271	38 963	40 807	48 481	51 551	79 702	82 326
Corporation tax - withholding	..	..	677	8 577	8 360	9 095	12 176	12 317	13 174	14 168
Corporation tax - final returns	..	..	2 549	9 302	27 057	28 173	31 679	32 713	57 763	58 006
Defence tax on corporation tax	..	..	1 323	0	0	0	0	0	0	0
Inhabitant tax on corporation tax (local)	..	..	207	1 142	3 152	3 094	4 118	6 217	8 307	9 729
Rural development tax corporate income	..	..	0	251	394	445	508	304	458	423
Excess profit tax	..	0	0	0	0	0	0	0	0	0
1220 Sur les gains en capital	..	0	0	0	0	0	0	0	0	0
Capital gains tax	..	..	..	..	..	..	..	..	..	..
1300 Non-ventilables entre 1100 et 1200	..	199	6	33	0	0	0	0	0	0
Business income tax	..	0	0	0	..	..	..	..	..	..
Real estate income tax	..	0	0	0	..	..	..	..	..	..
Defence tax on real estate & business income	..	0	0	0	..	..	..	..	..	..
Rural dev. tax on bus. inc. & cap. gains relief	..	0	0	30	..	..	..	..	..	..
Inhabitant tax before 1990 (local)	..	117	0	0	..	..	..	..	..	..
Farm land tax (local)	..	83	6	3	..	..	..	..	..	..
Inhabitant tax on farm land tax (local)	..	0	0	0	..	..	..	..	..	..
2000 Cotisations de sécurité sociale	..	**73**	**3 760**	**22 759**	**53 588**	**69 090**	**91 596**	**104 693**	**128 660**	**140 071**
2100 À la charge des salariés	..	0	1 464	8 578	21 773	28 213	38 396	44 281	55 257	60 682
Veterans' relief fund	..	0	0	0	0	0	0	0	0	0
Soldiers' annuity fund	..	0	0	0	0	0	0	0	0	0
Unemployment assurance	..	0	0	598	1 164	1 358	2 418	3 076	3 666	4 027
National welfare pension fund	..	0	429	4 325	9 338	11 004	13 890	15 821	19 090	20 630
Social benefit fund	..	0	0	0	0	0	0	0	0	0
Health Insurance	..	0	483	2 066	8 180	11 783	17 128	19 868	24 920	27 911
Teachers' pensions	..	0	86	279	581	868	1 077	1 125	1 595	1 678
Government employees pensions	..	0	406	1 144	2 202	2 878	3 435	3 876	5 371	5 796
Military personal pensions	..	0	60	166	308	322	448	515	615	640
2110 Sur la base du salaire	..	..	..	8 578	21 773	28 213	38 396	44 281	55 257	60 682
2120 Sur la base de l'impôt sur les revenus	..	..	..	0	0	0	0	0	0	0
2200 À la charge des employeurs	..	73	1 694	9 409	23 557	30 856	41 518	47 846	58 712	63 780
Ind. works' insurance fund	..	73	550	1 876	4 431	4 632	5 436	6 062	7 346	7 539
Soldiers' annuity fund	..	0	0	0	0	0	0	0	0	0
Pneumoconiosis fund	..	0	0	0	0	0	0	0	0	0
Unemployment insurance	..	0	0	1 449	2 474	2 860	4 545	5 499	6 517	7 063
Veterans' relief fund	..	0	0	0	0	0	0	0	0	0
National welfare pension fund	..	0	430	4 340	9 383	11 052	13 958	15 895	19 155	20 631
Social benefit fund	..	0	0	0	0	0	0	0	0	0
Health Insurance	..	0	658	1 547	6 844	11 718	16 826	19 493	24 346	27 110
Teachers' pensions	..	0	56	197	425	594	753	897	1 348	1 437
Government employees pensions	..	0	0	0	0	0	0	0	0	0
2210 Sur la base du salaire	..	..	..	9 409	23 557	30 856	41 518	47 846	58 712	63 780
2220 Sur la base de l'impôt sur les revenus	..	..	..	0	0	0	0	0	0	0
2300 A charge des travailleurs indép. ou sans emploi	..	0	602	4 772	8 258	10 021	11 682	12 566	14 691	15 609
2310 Sur la base du salaire	..	..	0	0	0	0	0	0	0	0
2320 Sur la base de l'impôt sur les revenus	..	..	602	4 772	8 258	10 021	11 682	12 566	14 691	15 609
2400 Non-ventilables entre 2100, 2200 et 2300	..	0	0	0	0	0	0	0	0	0
2410 Sur la base du salaire	..	..	..	..	..	..	..	..	..	..
2420 Sur la base de l'impôt sur les revenus	..	..	..	..	..	..	..	..	..	..
3000 Sur salaires ou main d'oeuvre	..	**34**	**153**	**258**	**619**	**714**	**981**	**1 122**	**1 492**	**1 597**
Workshop tax on workforce (local)	..	31	124	258	619	714	981	1 122	1 492	1 597
Vocational training promotion fund	..	3	29	0	0	0	0	0	0	0

	1965	1980	1990	2000	2007	2010	2013	2015	2018	2019
4000 Impôts sur le patrimoine	**..**	**537**	**4 389**	**16 846**	**33 109**	**33 516**	**35 847**	**48 625**	**58 811**	**59 732**
4100 Impôts périodiques sur la propriété immobilière	..	183	980	3 385	9 196	9 270	10 809	12 486	15 589	17 750
Property tax (local)	..	119	227	728	3 755	4 817	8 267	9 294	11 532	12 677
City planning tax on urban real estate (local)	..	51	244	815	1 883	2 465	0	0	0	0
Community facilities tax (local)	..	13	86	341	543	650	912	1 351	1 626	1 681
Tax on excessive land holdings (local)	..	0	1	0	0	0	0	0	0	0
Tax on aggregate land holdings (local)	..	0	400	1 282	5	0	0	0	0	0
Rural dev. tax on local agg. land holdings tax	..	0	0	81	1	0	0	0	0	0
Tax on excessively increased land value	..	0	0	0	0	0	0	0	0	0
Comprehensive real estate tax	..	0	0	0	2 414	1 029	1 224	1 399	1 873	2 671
Rural dev. tax on comprehensive real estate tax	..	0	0	0	483	208	250	267	356	505
4110 Ménages	..	..	0	0	0	0	0	0	0	0
4120 Autres agents	..	..	22	138	112	101	156	175	202	216
Workshop tax on property (local)	..	..	22	138	112	101	156	175	202	216
4200 Impôts périodiques sur l'actif net	..	0	0	0	0	0	0	0	0	0
4210 Personnes physiques	..	..	..	..	..	..	..	..	..	..
4220 Sociétés	..	..	..	..	..	..	..	..	..	..
4300 Impôts sur mut. par décès, succ. et donations	..	12	354	989	2 842	3 076	4 290	5 044	7 359	8 329
4310 Impôts sur mut. par décès et successions	..	5	85	449	1 059	1 203	1 587	1 944	2 832	3 154
Inheritance tax	..	3	71	449	1 059	1 203	1 587	1 944	2 832	3 154
Defence tax on inheritance tax	..	2	14	0	0	0	0	0	0	0
4320 Impôts sur les donations	..	7	269	540	1 783	1 873	2 703	3 100	4 527	5 175
Gift tax	..	7	225	540	1 783	1 873	2 703	3 100	4 527	5 175
Defence tax on gift tax	..	0	44	0	0	0	0	0	0	0
4400 Impôts sur transact. mobilières et immob.	..	319	2 960	11 935	21 071	21 170	20 748	31 095	35 863	33 653
Registration tax (local)	..	122	1 378	4 528	7 254	7 370	1 312	1 831	1 718	1 837
Registration tax	..	0	0	0	0	0	0	0	0	0
Defence tax on registration tax	..	0	0	0	0	0	0	0	0	0
Rural dev. tax on local acquisition tax	..	0	0	246	627	632	874	969	993	947
Rural dev. tax on local registration tax	..	0	0	66	143	144	1	1	0	0
Securities transactions tax	..	0	224	2 736	3 469	3 667	3 077	4 670	6 241	4 473
Rural dev. tax on securities transaction tax	..	0	0	823	1 729	2 010	1 529	1 861	2 217	1 635
Acquisition tax (local)	..	163	1 165	3 148	7 261	6 825	13 318	20 810	23 813	23 915
Stamp tax	..	34	193	388	588	522	637	953	881	846
4500 Impôts non-périodiques	..	22	95	537	0	0	0	0	0	0
Asset revaluation tax	..	22	95	537	..	..	..	..	..	..
4510 Sur l'actif net	..	..	0	0	..	..	..	..	..	..
4520 Autres non-périodiques	..	..	0	0	..	..	..	..	..	..
4600 Autres impôts périodiques sur patrimoine	..	0	0	0	0	0	0	0	0	0
5000 Impôts sur les biens et services	**..**	**4 190**	**16 497**	**52 271**	**80 861**	**99 769**	**106 717**	**110 326**	**133 095**	**135 276**
5100 Impôts sur production, vente, transfert, etc.	..	4 114	16 024	50 023	78 414	96 573	99 970	103 254	125 207	127 551
5110 Impôts généraux	..	1 471	6 964	23 212	40 942	51 800	59 105	60 162	77 471	82 174
5111 Taxes sur la valeur ajoutée	..	1 471	6 964	23 212	40 942	51 800	59 105	60 162	77 471	82 174
Value added tax	..	1 471	6 964	23 212	40 942	51 800	59 105	60 162	77 471	82 174
5112 Impôts sur les ventes	..	0	0	0	0	0	0	0	0	0
Business tax	..	..	..	..	..	..	..	..	..	..
5113 Autres impôts	..	0	0	0	0	0	0	0	0	0
5120 Impôts sur biens et services déterminés	..	2 643	9 059	26 811	37 472	44 773	40 865	43 092	47 736	45 377
5121 Accises	..	1 029	4 924	18 155	27 880	31 340	27 661	31 857	36 218	34 691
Commodity tax	..	0	0	0	0	0	0	0	0	0
Defence tax on commodity tax	..	0	0	0	0	0	0	0	0	0
Liquor tax	..	298	1 022	1 963	2 268	2 878	2 947	3 228	3 261	3 504
Defence tax on liquor tax	..	78	0	0	0	0	0	0	0	0
Education tax on liquor tax	..	0	81	516	580	724	764	808	788	844
Textile tax	..	0	0	0	0	0	0	0	0	0
Petroleum tax	..	0	0	0	0	0	0	0	0	0
Transport tax on petrol products	..	0	0	8 404	11 464	13 970	13 248	14 055	15 335	14 563
Education tax on transport tax	..	0	0	1 247	1 715	2 133	1 895	2 154	2 304	2 190
Electricity and gas tax	..	0	0	0	0	0	0	0	0	0
Special excise tax	..	583	1 912	2 985	5 161	5 066	5 484	8 001	10 451	9 719
Defence tax on special excise tax	..	70	337	0	0	0	0	0	0	0
Education tax on special excise tax	..	0	0	498	607	501	485	515	545	455
Rural development on special excise tax	..	0	0	37	54	24	56	61	56	58
Tobacco sales tax (local)	..	0	0	0	0	0	0	0	0	0
Tobacco consumption tax (local)	..	0	1 572	2 251	2 761	2 875	2 782	3 035	3 478	3 358
Motor fuel tax (local)	..	0	0	254	3 270	3 169	0	0	0	0
5122 Bénéfices des monopoles fiscaux	..	510	0	0	0	0	0	0	0	0
Monopoly profit	..	510	..	..	..	..	..	..	..	..

	1965	1980	1990	2000	2007	2010	2013	2015	2018	2019
5123 Droits de douane et droits à l'importation	..	1 014	3 692	5 936	7 690	11 046	11 012	8 907	9 213	8 250
Customs duties	..	762	2 765	5 800	7 411	10 666	10 562	8 495	8 815	7 882
Defence tax on customs duties	..	248	919	0	0	0	0	0	0	0
Special customs duties	..	0	0	0	0	0	0	0	0	0
Tonnage tax	..	0	0	0	0	0	0	0	0	0
Education tax on imports	..	0	7	99	234	336	429	390	370	345
Rural dev. tax on customs exemptions	..	0	0	37	45	44	21	22	28	23
Previous year receipts	..	4	0	0	0	0	0	0	0	0
5124 Taxes à l'exportation	..	0	0	0	0	0	0	0	0	0
5125 Impôts sur biens d'équipement	..	0	0	0	0	0	0	0	0	0
5126 Impôts sur services déterminés	..	90	444	2 720	1 902	2 387	2 192	2 328	2 305	2 436
Telephone tax	..	50	262	1 457	0	0	0	0	0	0
Defence tax on telephone tax	..	33	0	0	0	0	0	0	0	0
Entertainment tax	..	0	0	0	0	0	0	0	0	0
Defence tax on entertainment tax	..	0	0	0	0	0	0	0	0	0
Entertainment tax (local)	..	0	0	0	0	0	0	0	0	0
Travel tax	..	0	0	0	0	0	0	0	0	0
Admission tax	..	0	0	0	0	0	0	0	0	0
Defence tax on admission tax	..	0	0	0	0	0	0	0	0	0
Education tax on banking & insurance	..	0	108	473	721	951	938	1 004	1 092	1 277
Horse race tax (local)	..	3	56	566	864	1 068	1 042	1 089	1 016	970
Rural dev. tax on horse race tax	..	0	0	84	165	215	212	235	197	189
Butchery tax (local)	..	5	18	51	52	58	0	0	0	0
Regional development tax (local)	..	0	0	89	100	95	0	0	0	0
5127 Autres impôts sur commerce et transact. internat.	..	0	0	0	0	0	0	0	0	0
5128 Autres impôts	..	0	0	0	0	0	0	0	0	0
5130 Non-ventilables entre 5110 et 5120	..	0	0	0	0	0	0	0	0	0
5200 Impôts sur utilisation des biens et exerc. activités	..	75	474	2 248	2 447	3 196	6 747	7 072	7 888	7 725
5210 Impôts périodiques	..	75	474	2 248	2 447	3 196	6 747	7 072	7 888	7 725
License tax (local)	..	18	48	241	77	76	0	0	0	0
Automobile tax (local)	..	57	426	2 007	2 370	3 120	6 747	7 072	7 888	7 725
5211 À la charge des ménages : véhicules à moteur	..	..	..	..	..	..	..	..	..	..
5212 À la charge autres agents : véhicules à moteur	..	..	..	..	..	..	..	..	..	..
5213 Autres impôts périodiques	..	..	..	..	..	..	..	..	..	..
5220 Impôts non-périodiques	..	0	0	0	0	0	0	0	0	0
5300 Non-ventilables entre 5100 et 5200	..	0	0	0	0	0	0	0	0	0
6000 Autres impôts	..	**150**	**259**	**4 907**	**8 155**	**9 974**	**10 399**	**9 642**	**11 514**	**13 269**
6100 À la charge exclusive des entreprises	..	0	0	0	0	0	0	0	0	0
6200 À la charge d'autres agents	..	150	259	4 907	8 155	9 974	10 399	9 642	11 514	13 269
Unallocable tax revenue	..	143	0	0	0	0	0	0	0	0
Previous year tax	..	0	213	1 474	2 965	4 449	4 774	3 435	4 430	5 873
Previous year tax (local)	..	6	47	474	672	654	601	392	540	719
Unallocable defence tax	..	0	0	-3	0	0	0	0	0	0
Education tax on local taxes	..	0	0	2 962	4 518	4 871	5 024	5 815	6 544	6 677
Recettes fiscales totales sur la base d'encaissements	..	**6 687**	**37 262**	**136 295**	**258 571**	**295 968**	**347 332**	**393 559**	**506 548**	**523 985**
Recettes fiscales totales sur la base des droits constatés	..	..	..	..	..	..	..	..	..	..
Conciliation avec les comptes nationaux										
Impôts additionnels inclus dans les comptes nationaux	..	..	..	..	..	..	..	..	..	..
Impôt exclus des comptes nationaux	..	..	..	..	..	..	..	..	..	..
Différence dans les traitements des crédits d'impôts	..	..	..	..	..	..	..	..	..	..
Transfert en capital des recettes non collectées	..	..	..	..	..	..	..	..	..	..
Cotisations de sécurité sociale volontaires	..	..	..	..	..	..	..	..	..	..
Différences diverses	..	..	..	..	..	..	..	..	..	..
Comptes nationaux : impôts et cotisations sociales effectives	..	..	..	..	..	..	..	..	..	..
Cotisations sociales imputées	..	..	..	..	..	..	..	..	..	..
Comptes nationaux : impôts et toutes les cotisations sociales	..	..	..	..	..	..	..	..	..	..

.. Non disponible

Note : Year ending 31st December.

Data are on cash basis.

Heading 2000: From 1997 the contributions to the three funds (civil servant pension fund, private school teachers pension fund and medical insurance fund) are classified as security social contributions. The reasons for the change are that the contributions either became mandatory or the fund started to be managed by public authorities in that year, thereby meeting the OECD definition of social security contributions.

Heading 2200: From 2007, this includes long-term care insurance.

Source : Ministry of Finance and Economy, Ministry of Home Affairs.

StatLink https://stat.link/jal6xt

Tableau 5.22. Lettonie : recettes fiscales détaillées, 1965-2019

Million EUR

	1965	1980	1990	2000	2007	2010	2013	2015	2018	2019
Recettes fiscales totales	..	..	..	**1 995**	**6 401**	**5 162**	**6 695**	**7 334**	**9 076**	**9 505**
Recettes fiscales totales excluant les taxes collectés pour le compte de l'UE	..	..	..	**1 995**	**6 362**	**5 137**	**6 667**	**7 286**	**9 016**	**9 459**
1000 Impôts sur revenu, bénéfices et gains en capital	..	..	..	**480**	**1 857**	**1 292**	**1 690**	**1 833**	**2 049**	**2 026**
1100 Des personnes physiques	..	..	..	376	1 287	1 116	1 320	1 445	1 742	1 978
1110 Sur le revenu et les bénéfices	..	..	..	376	1 287	1 116	1 320	1 445	1 742	1 978
Personal income tax	..	..	..	376	1 287	1 116	1 320	1 445	1 740	1 978
Solidarity tax	..	..	..	0	0	0	0	0	2	1
1120 Sur les gains en capital	..	..	..	0	0	0	0	0	0	0
1200 Des sociétés	..	..	..	105	570	175	370	389	308	48
1210 Sur les bénéfices	..	..	..	105	570	175	370	389	308	48
1220 Sur les gains en capital	..	..	..	0	0	0	0	0	0	0
1300 Non-ventilables entre 1100 et 1200	..	..	..	0	0	0	0	0	0	0
2000 Cotisations de sécurité sociale	..	..	..	**669**	**1 774**	**1 554**	**1 933**	**2 030**	**2 658**	**2 911**
2100 À la charge des salariés	..	..	..	167	479	389	531	585	779	847
2110 Sur la base du salaire	..	..	..	167	479	389	531	585	779	847
2120 Sur la base de l'impôt sur les revenus	..	..	..	0	0	0	0	0	0	0
2200 À la charge des employeurs	..	..	..	501	1 283	1 155	1 391	1 432	1 855	2 037
2210 Sur la base du salaire	..	..	..	501	1 283	1 155	1 391	1 432	1 855	2 037
2220 Sur la base de l'impôt sur les revenus	..	..	..	0	0	0	0	0	0	0
2300 A charge des travailleurs indép. ou sans emploi	..	..	..	1	12	9	11	12	25	27
2310 Sur la base du salaire	..	..	..	1	12	9	11	12	25	27
2320 Sur la base de l'impôt sur les revenus	..	..	..	0	0	0	0	0	0	0
2400 Non-ventilables entre 2100, 2200 et 2300	..	..	..	0	0	0	0	0	0	0
2410 Sur la base du salaire	..	..	..	..	..	..	..	..	..	..
2420 Sur la base de l'impôt sur les revenus	..	..	..	..	..	..	..	..	..	..
3000 Sur salaires ou main d'oeuvre	..	..	..	**0**	**4**	**3**	**3**	**3**	**3**	**3**
Risk duty of business	..	..	..	..	4	3	3	3	3	3
4000 Impôts sur le patrimoine	..	..	..	**76**	**195**	**157**	**221**	**246**	**275**	**283**
4100 Impôts périodiques sur la propriété immobilière	..	..	..	63	106	128	173	197	223	226
4110 Ménages	..	..	..	0	0	0	22	24	37	40
4120 Autres agents	..	..	..	63	106	128	151	173	186	187
Tax on property	..	..	..	63	106	128	151	173	186	187
Tax on land	..	..	..	0	0	0	0	0	0	0
4200 Impôts périodiques sur l'actif net	..	..	..	0	0	0	0	0	0	0
4210 Personnes physiques	..	..	..	..	..	..	..	..	..	..
4220 Sociétés	..	..	..	..	..	..	..	..	..	..
4300 Impôts sur mut. par décès, succ. et donations	..	..	..	0	3	3	5	7	10	11
4310 Impôts sur mut. par décès et successions	..	..	..	..	3	3	5	7	10	11
Duty for legacies and donations	..	..	..	..	0	2	3	4	8	9
Stamp duty for transactions made in Land Register in relation to legacies and donations	..	..	..	..	1	0	0	1	1	1
Duty for consolidation of ownership and legal cliens in Land Register anent legacies and donations	..	..	..	..	2	2	2	2	2	2
4320 Impôts sur les donations	..	..	..	..	0	0	0	0	0	0
4400 Impôts sur transact. mobilières et immob.	..	..	..	13	86	26	43	42	42	45
Duties on transactions with privatization vouchers	..	..	..	0	0	0	0	0	0	0
Stamp duty for transactions made in Land Register, which have been collected from juridical persons, except legacies and donations	..	..	..	0	1	1	1	1	1	1
Duty for consolidation of ownership and legal liens in Land Register, which have been collected from juridical persons, except legacies and donations	..	..	..	4	27	13	17	18	18	19
Stamp duty for transactions made in Land Register, which have been collected from physical persons, except legacies and donations	..	..	..	1	8	1	2	2	2	2
Duty for consolidation of ownership and legal liens in Land Register, which have been collected from physical persons, except legacies and donations	..	..	..	7	51	11	23	20	21	23
4500 Impôts non-périodiques	..	..	..	0	0	0	0	0	0	0
4510 Sur l'actif net			..	..	..	..	..	..	..	..
4520 Autres non-périodiques	..	..	..	..	..	..	..	..	..	..
4600 Autres impôts périodiques sur patrimoine	..	..	..	0	0	0	0	0	0	0
5000 Impôts sur les biens et services	..	..	..	**770**	**2 572**	**2 157**	**2 849**	**3 222**	**4 090**	**4 281**
5100 Impôts sur production, vente, transfert, etc.	..	..	..	739	2 515	2 031	2 695	3 052	3 875	3 977
5110 Impôts généraux	..	..	..	476	1 753	1 301	1 855	2 130	2 698	2 783
5111 Taxes sur la valeur ajoutée	..	..	..	476	1 727	1 202	1 690	1 876	2 449	2 632
5112 Impôts sur les ventes	..	..	..	0	0	0	0	31	0	0
Subsidised electricity tax	..	..	..	..	..	..	..	31	..	..

	1965	1980	1990	2000	2007	2010	2013	2015	2018	2019
5113 Autres impôts	..	..	..	0	27	99	165	223	249	150
Mandatory procurement public service obligation fee	..	..	..	..	27	99	165	223	249	150
5120 Impôts sur biens et services déterminés	..	..	..	262	761	730	840	922	1 177	1 194
5121 Accises	..	..	..	232	626	645	742	807	1 041	1 068
Excise duty on alcoholic beverages	..	..	..	63	127	111	124	128	194	200
Excise duty on beer	..	..	..	4	15	25	24	27	53	54
Excise duty on oil products	..	..	..	124	359	360	388	428	536	542
Excise duty on tobacco	..	..	..	27	92	130	160	178	213	228
Excise duty on other products	..	..	..	14	32	18	24	25	16	17
Excise duty on coffee and non alcoholic beverages	..	..	..	6	8	13	14	14	16	17
Excise duty / Tax on cars and motorcycles	..	..	..	8	24	5	10	11	0	0
Excise duty on natural gas	..	..	..	0	0	1	22	20	23	22
Tax on electricity	..	..	..	0	1	1	1	2	5	5
5122 Bénéfices des monopoles fiscaux	..	..	..	0	0	0	0	0	0	0
5123 Droits de douane et droits à l'importation	..	..	..	21	70	38	29	43	58	52
Customs duties	..	..	..	21	40	25	28	40	53	50
Levies on imported agricultural products	..	..	..	0	2	0	0	0	0	0
Excise duty of imported goods for omission for free turnover	..	..	..	0	28	14	2	3	5	2
5124 Taxes à l'exportation	..	..	..	0	0	0	0	0	0	0
5125 Impôts sur biens d'équipement	..	..	..	0	0	0	0	0	0	0
5126 Impôts sur services déterminés	..	..	..	10	66	47	68	72	78	74
Taxes on lotteries and gambling	..	..	..	7	42	22	29	32	44	47
Financial stability fee	..	..	..	0	0	0	5	4	10	7
Passenger departure duty	..	..	..	3	0	0	0	0	0	0
Contributions to the EU Single Resolution Fund	..	..	..	0	0	0	0	8	7	6
Contributions to the fund for the protection of the insured	..	..	..	0	1	1	1	1	0	0
Contributions to the deposit guarantee fund	..	..	..	0	22	24	32	28	17	14
5127 Autres impôts sur commerce et transact. internat.	..	..	..	0	0	0	0	0	0	0
5128 Autres impôts	..	..	..	0	0	0	0	0	0	0
5130 Non-ventilables entre 5110 et 5120	..	..	..	0	0	0	0	0	0	0
5200 Impôts sur utilisation des biens et exerc. activités	..	..	..	32	57	126	154	170	215	304
5210 Impôts périodiques	..	..	..	32	57	73	140	142	168	171
5211 À la charge des ménages : véhicules à moteur	..	..	..	12	16	34	48	54	62	64
Vehicle tax for vehicles which have been registered on physical persons	..	..	..	0	0	0	48	54	62	64
Annual vehicle duty for vehicles which have been registered on physical persons	..	..	..	12	16	34	0	0	0	0
5212 À la charge autres agents : véhicules à moteur	..	..	..	0	20	22	45	46	53	52
Tax on cars belonging to enterprises	..	..	..	..	0	0	21	20	21	21
Vehicle tax for vehicles which have been registered on judical persons	..	..	..	..	0	0	24	26	32	31
Annual vehicle duty for vehicles which have been registered on judical persons	..	..	..	..	20	22	0	0	0	0
5213 Autres impôts périodiques	..	..	..	20	21	17	47	42	52	55
Duty for keeping animals	..	..	..	0	0	0	0	0	0	0
Income from lease of reservoirs and fishing rights and non-production use of fishing rights (fishing cards)	..	..	..	0	0	0	1	1	1	1
Business and professional licences	..	..	..	5	6	4	27	20	21	23
State duties and payments for issue of special permits (licences) and registration of documents that commensurate correspondence of professional qualification	..	..	..	1	0	0	0	0	0	0
Lottery and gambling state duty	..	..	..	1	4	2	2	2	4	4
Gambling equipment marking duty	..	..	..	0	1	1	0	0	0	0
Payment for rental of commercial fishing rights	..	..	..	0	0	0	0	1	1	1
Lottery of goods and services organization duty	..	..	..	2	0	0	0	0	0	0
State duty for using numerative rights	..	..	..	0	0	0	0	0	0	0
State duty for keeping oil products` security reserves	..	..	..	0	0	0	24	16	16	19
Tax on natural resources	..	..	..	15	15	12	19	22	30	30
5220 Impôts non-périodiques	..	..	..	0	0	53	14	28	47	133
Revenue from state-owned greenhouse gas emission unit trade	..	..	..	..	..	53	14	0	0	0
Payment for emission quota trading	..	..	..	..	..	0	0	11	20	105
The fee for the appeal of procurement	..	..	..	..	..	0	0	0	0	0
Toll for the use of motorways	..	..	..	..	..	0	0	17	27	28
5300 Non-ventilables entre 5100 et 5200	..	..	..	0	0	0	0	0	0	0
6000 Autres impôts	**..**	**..**	**..**	**0**	**0**	**0**	**0**	**0**	**0**	**0**
6100 À la charge exclusive des entreprises	..	..	..	..	..	..	..	..	..	..
6200 À la charge d'autres agents	..	..	..	..	..	..	..	..	..	..

	1965	1980	1990	2000	2007	2010	2013	2015	2018	2019
Pour mémoire										
Droits de douane perçus pour le compte de l'UE	..	..	..	..	37	25	28	40	53	40
Contributions au Fonds de résolution unique collectées pour le compte de l'UE	..	..	..	..	..	..	..	8	7	6
Recettes fiscales totales sur la base d'encaissements	..	..	..	..	..	..	..	..	..	..
Recettes fiscales totales sur la base des droits constatés	..	..	..	**1 995**	**6 401**	**5 162**	**6 695**	**7 334**	**9 076**	**9 505**
Conciliation avec les comptes nationaux										
Impôts additionnels inclus dans les comptes nationaux	..	..	..	14	1	1	0	0	0	0
Impôt exclus des comptes nationaux	..	..	..	0	0	0	0	0	..	..
Différence dans les traitements des crédits d'impôts	..	..	..	0	0	0	0	0	..	..
Transfert en capital des recettes non collectées	..	..	..	0	0	0	0	0	..	..
Cotisations de sécurité sociale volontaires	..	..	..	0	0	0	0	0	0	0
Différences diverses	..	..	..	0	0	0	0	0	..	..
Comptes nationaux : impôts et cotisations sociales effectives	..	..	..	2 009	6 402	5 163	6 695	7 334	9 076	9 505
Cotisations sociales imputées	..	..	..	12	51	36	59	80	108	149
Comptes nationaux : impôts et toutes les cotisations sociales	..	..	..	2 022	6 453	5 199	6 754	7 415	9 184	9 653

.. Non disponible

Note : Year ending 31st December.
Data on accrual basis.

Source : Ministry of Finance.

StatLink https://stat.link/gmyu2v

Tableau 5.23. Lituanie : recettes fiscales détaillées, 1965-2019

Million EUR

	1965	1980	1990	2000	2007	2010	2013	2015	2018	2019
Recettes fiscales totales	..	..	..	**4 154**	**8 730**	**7 961**	**9 377**	**10 727**	**13 759**	**14 780**
Recettes fiscales totales excluant les taxes collectés pour le compte de l'UE	..	..	..	**4 154**	**8 656**	**7 908**	**9 370**	**10 716**	**13 637**	**14 650**
1000 Impôts sur revenu, bénéfices et gains en capital	..	..	..	**1 111**	**2 625**	**1 281**	**1 726**	**2 013**	**2 625**	**4 288**
1100 Des personnes physiques	..	..	..	1 020	1 891	1 005	1 250	1 440	1 933	3 529
1110 Sur le revenu et les bénéfices	..	..	..	1 020	1 810	972	1 226	1 390	1 847	3 529
Tax on payroll and workforce	..	..	..	950	1 628	793	1 008	1 148	1 416	2 990
Tax on income from individual activities	..	..	..	40	81	36	48	55	83	110
Tax on capital income	..	..	..	31	102	143	170	187	348	429
1120 Sur les gains en capital	..	..	..	0	81	33	24	50	86	0
1200 Des sociétés	..	..	..	90	734	276	477	574	691	759
1210 Sur les bénéfices	..	..	..	90	734	276	477	574	691	759
1220 Sur les gains en capital	..	..	..	0	0	0	0	0	0	0
1300 Non-ventilables entre 1100 et 1200	..	..	..	0	0	0	0	0	0	0
2000 Cotisations de sécurité sociale	..	..	..	**1 362**	**2 643**	**3 293**	**3 791**	**4 338**	**5 752**	**4 706**
2100 À la charge des salariés	..	..	..	107	233	641	763	873	1 156	3 574
2110 Sur la base du salaire	..	..	..	107	233	641	763	873	1 156	3 574
2120 Sur la base de l'impôt sur les revenus	..	..	..	0	0	0	0	0	0	0
2200 À la charge des employeurs	..	..	..	1 119	2 180	2 109	2 526	2 916	3 894	359
2210 Sur la base du salaire	..	..	..	1 119	2 180	2 109	2 526	2 916	3 894	359
2220 Sur la base de l'impôt sur les revenus	..	..	..	0	0	0	0	0	0	0
2300 A charge des travailleurs indép. ou sans emploi	..	..	..	135	230	544	502	549	702	773
2310 Sur la base du salaire	..	..	..	135	230	544	502	549	702	773
2320 Sur la base de l'impôt sur les revenus	..	..	..	0	0	0	0	0	0	0
2400 Non-ventilables entre 2100, 2200 et 2300	..	..	..	0	0	0	0	0	0	0
2410 Sur la base du salaire	..	..	..	..	..	..	..	..	..	..
2420 Sur la base de l'impôt sur les revenus	..	..	..	..	..	..	..	..	..	..
3000 Sur salaires ou main d'oeuvre	..	..	..	**0**	**0**	**0**	**0**	**0**	**0**	**0**
4000 Impôts sur le patrimoine	..	..	..	**62**	**83**	**103**	**97**	**126**	**137**	**145**
4100 Impôts périodiques sur la propriété immobilière	..	..	..	61	82	102	96	125	135	143
4110 Ménages	..	..	..	3	6	7	8	17	36	39
4120 Autres agents	..	..	..	58	76	95	88	108	99	105
Tax on land from corporations	..	..	..	3	8	9	10	10	5	6
Tax on immovable property	..	..	..	55	69	86	77	98	94	99
4200 Impôts périodiques sur l'actif net	..	..	..	0	0	0	0	0	0	0
4210 Personnes physiques	..	..	..	..	..	..	..	..	..	..
4220 Sociétés	..	..	..	..	..	..	..	..	..	..
4300 Impôts sur mut. par décès, succ. et donations	..	..	..	1	2	1	1	1	2	2
4310 Impôts sur mut. par décès et successions	..	..	..	1	2	1	1	1	2	2
4320 Impôts sur les donations	..	..	..	0	0	0	0	0	0	0
4400 Impôts sur transact. mobilières et immob.	..	..	..	0	0	0	0	0	0	0
4500 Impôts non-périodiques	..	..	..	0	0	0	0	0	0	0
4510 Sur l'actif net	..	..	..	..	..	..	..	..	..	..
4520 Autres non-périodiques	..	..	..	..	..	..	..	..	..	..
4600 Autres impôts périodiques sur patrimoine	..	..	..	0	0	0	0	0	0	0
5000 Impôts sur les biens et services	..	..	..	**1 619**	**3 378**	**3 284**	**3 762**	**4 249**	**5 246**	**5 640**
5100 Impôts sur production, vente, transfert, etc.	..	..	..	1 556	3 298	3 202	3 685	4 176	5 150	5 541
5110 Impôts généraux	..	..	..	1 086	2 339	2 183	2 611	2 913	3 552	3 876
5111 Taxes sur la valeur ajoutée	..	..	..	1 005	2 330	2 180	2 611	2 889	3 522	3 850
5112 Impôts sur les ventes	..	..	..	0	0	0	0	0	0	0
5113 Autres impôts	..	..	..	81	8	3	0	24	30	26
Deductions from revenue according to the RoL on the financing of road maintence and development	..	..	..	81	0	0	..	0	0	0
Deductions from revenue according to the RoL Forestry Law	..	..	..	0	0	0	..	24	30	26
Turnover tax on goods	..	..	..	0	0	0	..	0	0	0
Deductions from Ignalina nuclear power plant income generated by sales of electricity	..	..	..	0	8	3	..	0	0	0
Turnover tax on publications of erotic and violent nature	..	..	..	0	0	0	..	0	0	0
Turnover tax on motor cars	..	..	..	0	0	0	..	0	0	0
Turnover tax on goods containing ethyl	..	..	..	0	0	0	..	0	0	0
5120 Impôts sur biens et services déterminés	..	..	..	470	960	1 019	1 073	1 263	1 598	1 665

	1965	1980	1990	2000	2007	2010	2013	2015	2018	2019
5121 Accises	..	..	..	428	835	903	996	1 165	1 444	1 503
Alcoholic beverages	..	..	..	10	2	10	12	6	17	20
Manufactured tabacco	..	..	..	41	121	170	209	270	293	300
Oil and other oil products	..	..	..	230	451	487	534	619	807	835
Electricity	..	..	..	2	0	3	3	4	2	2
Luxury cars	..	..	..	1	0	0	0	0	0	0
Sugar	..	..	..	25	13	1	7	1	0	0
Other former minor excises	..	..	..	5	0	0	0	0	0	0
Wine and sparkling wine	..	..	..	6	23	30	31	36	43	48
Beer	..	..	..	24	38	44	38	50	86	84
Other alcoholic beverages	..	..	..	84	186	158	162	179	196	213
5122 Bénéfices des monopoles fiscaux	..	..	..	0	0	0	0	0	0	0
5123 Droits de douane et droits à l'importation	..	..	..	41	61	53	0	0	116	122
Taxes on international trades and transactions	..	..	..	41	0	0	..	..	0	0
Imported sugar tax	..	..	..	0	0	0	..	..	0	0
Custom duties collected for the EU	..	..	..	..	61	53	68	99	116	122
5124 Taxes à l'exportation	..	..	..	0	0	0	0	0	0	0
5125 Impôts sur biens d'équipement	..	..	..	0	0	0	0	0	0	0
5126 Impôts sur services déterminés	..	..	..	0	64	63	77	98	37	39
Tax on lotteries and gambling	..	..	..	..	9	8	12	15	17	19
Contributions to the Guarantee Fund	..	..	..	..	11	5	12	16	0	0
Deposit and investment insurance tax	..	..	..	..	43	48	52	56	12	11
Resolution Fund	..	..	..	..	..	..	..	10	7	8
Other taxes on specific services	..	..	..	..	0	1	2	1	1	2
5127 Autres impôts sur commerce et transact. internat.	..	..	..	0	0	0	0	0	0	0
5128 Autres impôts	..	..	..	0	0	0	0	0	0	0
5130 Non-ventilables entre 5110 et 5120	..	..	..	0	0	0	0	0	0	0
5200 Impôts sur utilisation des biens et exerc. activités				64	80	83	78	74	96	99
5210 Impôts périodiques	..	..	..	64	80	83	78	74	96	99
5211 À la charge des ménages : véhicules à moteur	..	..	..	0	0	0	0	0	0	0
5212 À la charge autres agents : véhicules à moteur	..	..	..	7	30	13	31	32	39	38
Car registration taxes			..	0	0	0	15	15	17	18
Conveyance taxes	..	..	..	7	30	13	16	17	21	20
5213 Autres impôts périodiques	..	..	..	57	50	70	47	42	57	61
Pollution taxes	..	..	..	6	18	7	19	13	22	20
Payments by households for licences (not for business purposes)	..	..	..	5	3	6	2	2	2	2
Tax on market place	..	..	..	2	0	0	0	0	0	0
State-imposed fees and charges	..	..	..	34	22	44	6	5	5	6
Other taxes on production	..	..	..	10	6	13	21	22	28	33
5220 Impôts non-périodiques	..	..	..	0	0	0	0	0	0	0
5300 Non-ventilables entre 5100 et 5200	..	..	..	0	0	0	0	0	0	0
6000 Autres impôts	**..**	**..**	**..**	**0**	**0**	**0**	**0**	**0**	**0**	**0**
6100 À la charge exclusive des entreprises	..	..	..	..	..	..	..	..	..	..
6200 À la charge d'autres agents	..	..	..	..	..	..	..	..	..	..
Pour mémoire										
Droits de douane perçus pour le compte de l'UE	..	..	..	..	61	53	68	99	116	122
Contributions au Fonds de résolution unique collectées pour le compte de l'UE	..	..	..	..	..	..	..	10	7	8
Recettes fiscales totales sur la base d'encaissements	**..**	**..**	**..**	**..**	**..**	**..**	**..**	**..**	**..**	**..**
Recettes fiscales totales sur la base des droits constatés	**..**	**..**	**..**	**4 154**	**8 730**	**7 961**	**9 377**	**10 727**	**13 759**	**14 780**
Conciliation avec les comptes nationaux										
Impôts additionnels inclus dans les comptes nationaux	..	..	..	0	0	0	0	0	0	0
Impôt exclus des comptes nationaux	..	..	..	0	0	0	0	0	0	0
Différence dans les traitements des crédits d'impôts	..	..	..	0	0	0	0	0	0	0
Transfert en capital des recettes non collectées	..	..	..	-39	-9	-32	-17	-18	-9	-2
Cotisations de sécurité sociale volontaires	..	..	..	0	2	2	3	2	2	2
Différences diverses	..	..	..	0	0	0	0	0	0	0
Comptes nationaux : impôts et cotisations sociales effectives	..	..	..	4 115	8 723	7 932	9 362	10 712	13 753	14 781
Cotisations sociales imputées	..	..	..	3	91	103	99	116	138	160
Comptes nationaux : impôts et toutes les cotisations sociales	..	..	..	4 118	8 814	8 035	9 461	10 828	13 890	14 941

.. Non disponible

Note : Year ending 31st December.

Data on an accrual basis.

Source : Ministry of Finance.

StatLink https://stat.link/3du6vo

Tableau 5.24. Luxembourg : recettes fiscales détaillées, 1965-2019

Million EUR

	1965	1980	1990	2000	2007	2010	2013	2015	2018	2019
Recettes fiscales totales	**266**	**1 543**	**3 671**	**8 510**	**13 456**	**15 117**	**17 777**	**18 830**	**23 707**	**24 749**
Recettes fiscales totales excluant les taxes collectés pour le compte de l'UE	..	..	**3 654**	**8 482**	**13 432**	**15 099**	**17 761**	**18 777**	**23 554**	**24 584**
1000 Impôts sur revenu, bénéfices et gains en capital	**95**	**667**	**1 476**	**3 106**	**4 654**	**5 467**	**6 274**	**7 011**	**9 391**	**9 678**
1100 Des personnes physiques	66	417	884	1 573	2 677	3 156	4 061	4 716	5 599	5 917
1110 Sur le revenu et les bénéfices	66	417	884	1 573	2 677	3 156	4 061	4 716	5 599	5 917
Impôt sur le revenu des personnes physiques	27	106	184	258	389	540	666	721	751	782
Impôt solidarité majoration personnes physiques	0	10	41	37	59	74	268	305	362	381
Impôt sur traitements et salaires	36	287	601	1 177	1 909	2 136	2 797	3 227	3 904	4 146
Impôt sur le revenu des capitaux	2	11	52	88	188	315	223	313	488	516
Impôt sur les tantièmes	1	2	5	11	20	26	38	44	57	57
Impôt sur le revenu de certains non-résidents	0	1	1	2	1	1	1	1	1	2
Impôt retenu sur revenus épargne (non résidents)	0	0	0	0	51	33	40	0	0	0
Retenu libératoire nationale sur les intérêts	0	0	0	0	60	31	28	20	31	30
Contribution à la crise	0	0	0	0	0	0	0	0	0	0
Impôt d'équilibrage budgétaire temporaire	0	0	0	0	0	0	0	85	5	2
Impôt retenu sur les contributions versées à un régime complémentaire de pension agréé pour indépendants	..	..	0	0	0	0	0	0	0	1
1120 Sur les gains en capital	0	0	0	0	0	0	0	0	0	0
Prélèvement sur gains des paris	..	..	..	..	..	..	..	..	..	..
1200 Des sociétés	29	250	592	1 533	1 977	2 311	2 213	2 295	3 793	3 761
1210 Sur les bénéfices	29	250	592	1 533	1 977	2 311	2 213	2 295	3 793	3 761
Impôt sur le revenu des collectivites	18	168	376	1 031	1 381	1 646	1 530	1 569	2 616	2 460
Impôt de solidarité sur le revenu des collectivités	0	2	8	43	58	61	113	120	177	192
Impôt commercial communal	0	80	209	460	538	603	569	606	1 000	1 110
1220 Sur les gains en capital	0	0	0	0	0	0	0	0	0	0
1300 Non-ventilables entre 1100 et 1200	0	0	0	0	0	0	0	0	0	0
2000 Cotisations de sécurité sociale	**86**	**443**	**1 011**	**2 224**	**3 710**	**4 387**	**5 132**	**5 548**	**6 483**	**6 854**
2100 À la charge des salariés	32	175	388	993	1 691	2 017	2 308	2 498	2 970	3 159
2110 Sur la base du salaire	..	175	388	993	1 691	2 017	2 308	2 498	2 970	3 159
2120 Sur la base de l'impôt sur les revenus	..	0	0	0	0	0	0	0	0	0
2200 À la charge des employeurs	49	243	494	964	1 580	1 888	2 157	2 335	2 707	2 844
2210 Sur la base du salaire	..	243	494	964	1 580	1 888	2 157	2 335	2 707	2 844
2220 Sur la base de l'impôt sur les revenus	..	0	0	0	0	0	0	0	0	0
2300 A charge des travailleurs indép. ou sans emploi	5	25	129	266	438	482	667	715	806	851
2310 Sur la base du salaire	..	25	129	266	438	482	667	715	806	851
2320 Sur la base de l'impôt sur les revenus	..	0	0	0	0	0	0	0	0	0
2400 Non-ventilables entre 2100, 2200 et 2300	0	0	0	0	0	0	0	0	0	0
2410 Sur la base du salaire	..	..	..	..	..	..	..	..	..	..
2420 Sur la base de l'impôt sur les revenus	..	..	..	..	..	..	..	..	..	..
3000 Sur salaires ou main d'oeuvre	**2**	**10**	**0**	**0**	**0**	**0**	**0**	**0**	**0**	**0**
Impôt sur la somme des salaires	2	10	..	..	..	..	..	..	..	..
4000 Impôts sur le patrimoine	**16**	**87**	**309**	**910**	**1 294**	**1 062**	**1 296**	**1 715**	**2 315**	**2 416**
4100 Impôts périodiques sur la propriété immobilière	4	9	14	21	27	29	33	36	38	38
Impôt foncier	4	9	14	21	27	29	33	36	38	38
4110 Ménages	..	..	0	0	0	0	0	0	0	0
4120 Autres agents	..	..	0	0	0	0	0	0	0	0
4200 Impôts périodiques sur l'actif net	7	44	172	633	878	831	980	1 318	1 692	1 844
4210 Personnes physiques	0	0	0	0	0	0	0	0	0	0
Impôt sur la fortune	..	..	..	..	..	..	..	..	..	..
4220 Sociétés	7	44	172	633	878	831	980	1 318	1 692	1 844
Impôt sur la fortune	2	15	58	152	172	208	269	385	682	771
Taxe d'abonnement	3	29	114	481	706	622	710	933	1 010	1 073
4300 Impôts sur mut. par décès, succ. et donations	1	5	11	23	47	50	72	74	91	114
4310 Impôts sur mut. par décès et successions	1	5	11	23	47	50	72	74	91	114
4320 Impôts sur les donations	0	0	0	0	0	0	0	0	0	0
4400 Impôts sur transact. mobilières et immob.	4	30	112	232	343	152	212	287	494	420
Droits d'enregistrement	4	26	94	208	288	116	164	221	385	319
Droits d'hypothèque	1	3	9	12	29	21	28	39	66	64
Droits de timbre	0	2	2	5	7	5	7	8	8	9
Taxe pour construction dans secteurs centraux	0	0	0	0	1	1	1	2	2	3
Surtaxe sur les mutations immobilières	0	0	6	7	17	8	10	16	30	23
Hypothèques salaires	0	0	1	1	1	1	1	1	1	1
Autorisations à bâtir	0	0	0	0	0	0	0	0	0	0
Taxe d'infrastructure	0	0	0	0	0	0	0	0	0	0
Taxes d'autorisation sur les réservoirs de mazout	0	0	0	0	0	0	0	0	0	0
Taxe sur les résidences secondaires	0	0	0	0	0	1	0	0	0	0
4500 Impôts non-périodiques	0	0	0	0	0	0	0	0	0	0

	1965	1980	1990	2000	2007	2010	2013	2015	2018	2019
4510 Sur l'actif net	..	..	..	..	..	..	..	..	..	..
4520 Autres non-périodiques	..	..	..	..	..	..	..	..	..	..
4600 Autres impôts périodiques sur patrimoine	0	0	0	0	0	0	0	0	0	0
5000 Impôts sur les biens et services	**66**	**336**	**868**	**2 260**	**3 784**	**4 180**	**5 052**	**4 528**	**5 489**	**5 772**
5100 Impôts sur production, vente, transfert, etc.	62	327	848	2 229	3 709	4 105	4 969	4 442	5 392	5 675
5110 Impôts généraux	33	179	443	1 127	2 231	2 616	3 399	2 946	3 503	3 699
5111 Taxes sur la valeur ajoutée	0	179	443	1 127	2 231	2 616	3 399	2 946	3 503	3 699
TVA ressources propres UE	..	18	75	92	50	41	49	45	59	64
5112 Impôts sur les ventes	0	0	0	0	0	0	0	0	0	0
5113 Autres impôts	33	0	0	0	0	0	0	0	0	0
Impôt sur chiffre d'affaires	33	..	..	..	..	..	..	..	..	..
5120 Impôts sur biens et services déterminés	30	148	404	1 103	1 478	1 489	1 570	1 496	1 888	1 977
5121 Accises	26	134	365	1 036	1 394	1 401	1 484	1 374	1 556	1 674
Droits d'accises autonomes huiles minérales	1	1	10	100	135	145	197	184	197	221
Droits d'accises autonomes tabac	..	0	8	24	66	70	85	81	146	159
Droits d'accises sur les huiles minérales (R203)	..	76	173	414	559	536	530	495	532	551
Taxe sur la consommation d'alcool	1	5	19	20	21	20	25	28	42	46
Droits d'accises sur le tabac	..	40	141	407	418	422	445	394	430	462
Produit de la contrib.sociale prélevée sur les carburants	..	0	0	59	145	132	126	117	128	135
Redevance de contrôle sur le fuel domestique	..	0	0	2	3	3	2	2	2	2
Droits d'accises sur gaz liquéfiés (R203)	..	0	0	0	0	0	0	0	0	0
Droits d'accises sur benzols (R203)	..	0	0	1	1	1	1	1	1	1
Droits d'accises sur alcools étrangers (R203)	..	3	5	5	6	5	7	8	11	13
Droits d'accises sur bières indigènes	..	4	2	3	4	4	4	5	4	4
Droits d'accises sur boissons fermentées fruits (R203)	..	2	3	0	0	0	0	0	0	0
Droits d'accises boissons fermentées mousseuses (R203)	..	0	1	0	0	0	0	0	0	0
Droits d'accises sur sucres et sirops raffinés (R203)	..	0	1	0	0	0	0	0	0	0
Ajustement accises U.E.B.L.	..	0	0	0	0	0	0	0	0	0
Droits d'accises sur alcools indigènes	..	1	1	0	0	0	0	0	0	0
Accise "Kyoto"	..	0	0	0	37	62	62	58	62	80
Surtaxe sur les boissons confectionnées (alcopops)	..	0	0	0	0	0	0	0	0	0
5122 Bénéfices des monopoles fiscaux	0	0	0	0	0	0	0	0	0	0
5123 Droits de douane et droits à l'importation	1	5	11	27	24	18	16	23	24	26
Prélèvements agricoles UE	1	0	0	0	1	0	0	0	0	0
Droits de douane	0	0	0	0	0	0	0	0	0	0
Droits de douane + mobiles + C.E.C.A. + anti-dumping	0	4	11	27	23	18	15	23	24	26
Montants compensatoires agricoles communautaires	0	0	0	0	0	0	0	0	0	0
5124 Taxes à l'exportation	0	0	0	0	0	0	0	0	0	0
5125 Impôts sur biens d'équipement	0	0	0	0	0	0	0	0	0	0
5126 Impôts sur services déterminés	2	6	22	39	60	69	70	98	308	277
Prélèv. sommes engagées dans les paris	0	0	0	0	0	0	0	0	0	0
Taxe sur les assurances	1	5	15	23	32	40	45	46	53	59
Taxe sur les transports	1	0	0	0	0	0	0	0	0	0
Taxe de séjour	0	0	1	1	2	2	2	3	3	3
Taxe sur le loto	0	0	3	4	3	3	0	0	0	0
Prélèvement sur les jeux du casino	0	0	3	9	21	23	21	19	20	22
Impôts sur les billets de banque	0	0	0	0	0	0	0	0	0	0
Taxe sur amusements publics (nuits blanches)	0	1	1	2	2	1	2	2	1	1
Contributions au FGDL	0	0	0	0	0	0	0	0	95	45
Contributions au FRI	..	..	..	..	..	..	..	29	129	139
Impôt spécial en charge des assureurs dans l'intérêt du service des secours	0	0	0	0	0	0	0	0	7	0
5127 Autres impôts sur commerce et transact. internat.	0	0	0	0	0	0	0	0	0	0
5128 Autres impôts	0	4	6	1	0	1	1	1	0	0
C.E.C.A.	..	3	4	0	0	0	0	0	..	..
Taxe de coresponsabilité sur le lait	..	1	2	1	0	1	1	1	..	..
Taxe de coresponsabilité sur les céréales	..	0	0	0	0	0	0	0	..	..
5130 Non-ventilables entre 5110 et 5120	0	0	0	0	0	0	0	0	0	0
5200 Impôts sur utilisation des biens et exerc. activités	3	9	20	30	75	75	83	86	97	97
5210 Impôts périodiques	3	8	18	28	68	68	72	71	70	70
5211 À la charge des ménages : véhicules à moteur	2	4	9	16	39	39	40	41	40	40
5212 À la charge autres agents : véhicules à moteur	1	4	7	11	26	26	27	28	27	27
5213 Autres impôts périodiques	0	0	1	2	2	3	4	3	3	3
Taxe sur les cabarets	0	0	0	0	1	1	1	1	1	1
Taxes d'immatriculation (Com. aux affaires maritimes)	0	0	0	1	1	1	2	1	1	1
Taxe sur les chiens	0	0	1	1	1	1	1	1	1	1
Taxe de colportage	0	0	0	0	0	0	0	0	0	0
Taxe sur les navires	0	0	0	0	0	0	0	0	0	0

	1965	1980	1990	2000	2007	2010	2013	2015	2018	2019
5220 Impôts non-périodiques	0	0	2	2	7	7	11	15	27	27
Crédits d'émission	..	..	0	0	0	0	5	7	18	17
Taxes d'immatriculation de voitures	..	..	2	2	7	7	6	8	9	10
5300 Non-ventilables entre 5100 et 5200	0	0	0	0	0	0	0	0	0	0
6000 Autres impôts	**0**	**0**	**7**	**11**	**14**	**22**	**23**	**28**	**29**	**29**
6100 À la charge exclusive des entreprises	..	0	6	11	13	16	15	28	29	29
Taxe supplémentaire sur l'électricité	..	0	0	2	2	2	2	2	2	2
Taxe sur la distribution d'électricité	..	0	3	4	1	1	1	1	1	1
Taxe sur la production d'électricité	..	0	2	2	1	1	1	0	4	2
Taxe sur la consommation de gaz naturel	..	0	0	0	3	4	5	4	5	5
Registre aux firmes: taxes	..	0	1	1	0	0	0	0	0	0
Recettes conc. les dép. des affaires étrangères	..	0	0	0	2	5	5	4	5	5
Timbres de chancellerie	..	0	1	2	4	3	2	1	1	2
TVA reclassée et autres impôts sur la production	..	0	0	1	1	1	1	1	1	2
Sous-compensation TVA	..	0	2	0	0	0	0	0	0	0
Taxe de prélèvement sur l'eau	..	0	2	0	0	0	0	0	0	0
6200 À la charge d'autres agents	..	0	0	0	0	0	0	0	0	0
Pour mémoire										
Droits de douane perçus pour le compte de l'UE	..	..	11	27	23	18	15	23	24	26
Contributions au Fonds de résolution unique collectées pour le compte de l'UE	..	..	..	..	..	..	..	29	129	139
Crédits d'impôts récupérables										
Crédits d'impôts récupérables contre 1110	..	..	..	..	..	..	..	198	194	191
Composante fiscale	..	..	..	..	..	..	..	..	..	..
Composante transfert	..	..	..	..	..	..	..	..	..	..
Recettes fiscales totales sur la base d'encaissements	**266**	**1 543**	**3 722**	**8 612**	**13 385**	**14 746**	**17 800**	**19 087**	**23 584**	**25 170**
Recettes fiscales totales sur la base des droits constatés	**..**	**..**	**3 671**	**8 510**	**13 456**	**15 117**	**17 777**	**18 830**	**23 707**	**24 749**
Conciliation avec les comptes nationaux										
Impôts additionnels inclus dans les comptes nationaux	..	..	0	0	0	0	0	0	0	0
Impôt exclus des comptes nationaux	..	..	0	0	0	0	0	0	0	0
Différence dans les traitements des crédits d'impôts	..	..	0	0	0	0	0	0	0	0
Transfert en capital des recettes non collectées	..	..	0	0	0	0	-13	-1	-6	-10
Cotisations de sécurité sociale volontaires	..	..	4	18	18	28	33	38	46	48
Différences diverses	..	..	0	0	0	0	0	0	0	0
Comptes nationaux : impôts et cotisations sociales effectives	..	..	3 675	8 528	13 474	15 146	17 797	18 867	23 747	24 787
Cotisations sociales imputées	..	..	267	288	429	505	605	669	775	813
Comptes nationaux : impôts et toutes les cotisations sociales	..	..	3 941	8 816	13 903	15 651	18 402	19 536	24 523	25 600

.. Non disponible

Note : Année civile se terminant le 31 décembre.

A partir de 1990, les données sont sur la base des droits constatés.

A la rubrique 2000, la différence entre le total des cotisations de sécurité sociale et celles recueillies par les parastataux de la sécurité sociale correspond au prélèvement pour la péréquation des pensions opéré sur les rémunérations et les pensions des salariés et anciens agents de P&T de la Caisse d'épargne de l'État; ces établissements ressortissant l'un au secteur "sociétés et quasi-sociétés non financières" et l'autre à celui des institutions de crédit.

Source : Compte Général de l'État.

StatLink https://stat.link/luzjom

Tableau 5.25. Mexique : recettes fiscales détaillées, 1965-2019

Million MXN

	1965	1980	1990	2000	2007	2010	2013	2015	2018	2019
Recettes fiscales totales	..	**771**	**102 005**	**767 216**	**1 382 103**	**1 716 243**	**2 165 501**	**2 953 480**	**3 797 888**	**3 995 654**
1000 Impôts sur revenu, bénéfices et gains en capital	..	**230**	**34 673**	**276 548**	**554 099**	**683 604**	**957 213**	**1 230 555**	**1 671 513**	**1 694 143**
1100 Des personnes physiques	..	..	..	..	238 938	313 473	425 621	609 384	804 236	829 501
Tax on income of individuals	..	..	..	..	238 938	313 473	425 621	609 384	804 236	829 501
1110 Sur le revenu et les bénéfices	..	..	..	..	..	..	..	..	..	..
1120 Sur les gains en capital	..	..	..	..	..	..	..	..	..	..
1200 Des sociétés	..	..	..	..	217 790	246 745	392 199	592 443	809 834	803 643
Tax on income of corporations	..	..	..	..	217 790	246 745	392 199	592 443	809 834	803 643
1210 Sur les bénéfices	..	..	..	..	..	..	..	..	..	..
1220 Sur les gains en capital	..	..	..	..	..	..	..	..	..	..
1300 Non-ventilables entre 1100 et 1200	..	230	34 673	276 548	97 370	123 386	139 393	28 728	57 443	60 999
Tax on income	..	..	..	244 841	54 785	66 937	89 028	36 268	50 878	54 686
Tax on asset	..	..	..	13 913	15 670	-624	-1 325	-502	-396	-585
Credit on salary	..	..	..	17 794	23 177	9 708	1 274	993	1 172	1 290
Oil yields tax	..	..	..	0	3 738	2 296	3 210	0	0	0
IETU	..	..	..	0	0	45 069	47 205	-11 777	319	-195
Imposed by activity exploration and extraction of hydrocarbon	..	..	..	0	0	0	0	3 746	5 470	5 803
2000 Cotisations de sécurité sociale	..	**109**	**17 165**	**138 223**	**236 727**	**277 459**	**351 993**	**409 249**	**509 087**	**552 058**
2100 À la charge des salariés	..	..	..	..	..	..	..	..	..	..
2110 Sur la base du salaire	..	..	..	..	..	..	..	..	..	..
2120 Sur la base de l'impôt sur les revenus	..	..	..	..	..	..	..	..	..	..
2200 À la charge des employeurs	..	..	..	..	..	..	..	..	..	..
2210 Sur la base du salaire	..	..	..	..	..	..	..	..	..	..
2220 Sur la base de l'impôt sur les revenus	..	..	..	..	..	..	..	..	..	..
2300 A charge des travailleurs indép. ou sans emploi	..	..	..	..	..	..	..	..	..	..
2310 Sur la base du salaire	..	..	..	..	..	..	..	..	..	..
2320 Sur la base de l'impôt sur les revenus	..	..	..	..	..	..	..	..	..	..
2400 Non-ventilables entre 2100, 2200 et 2300	..	109	17 165	138 223	236 727	277 459	351 993	409 249	509 087	552 058
2410 Sur la base du salaire	..	..	..	138 223	236 727	277 459	351 993	409 249	509 087	552 058
2420 Sur la base de l'impôt sur les revenus	..	..	..	0	0	0	0	0	0	0
3000 Sur salaires ou main d'oeuvre	..	**8**	**1 797**	**11 217**	**28 071**	**36 911**	**53 042**	**70 221**	**93 303**	**101 284**
Substitute tax on salary	..	..	..	0	0	0	0	0	0	0
Payroll tax	..	..	..	11 101	20 277	27 813	41 184	69 866	92 833	100 798
Tax on remuneration to the personal work	..	..	..	65	7 578	8 841	11 645	152	270	298
Tax on professions and fees	..	..	..	36	68	71	50	106	111	121
Tax on operations by contract	..	..	..	15	148	186	163	96	90	67
4000 Impôts sur le patrimoine	..	**15**	**1 914**	**13 964**	**33 161**	**38 955**	**46 238**	**57 673**	**77 110**	**79 262**
4100 Impôts périodiques sur la propriété immobilière	..	10	1 036	9 948	19 425	25 724	31 338	37 961	49 445	50 540
4110 Ménages	..	0	0	0	0	0	0	0	0	0
4120 Autres agents	..	10	1 036	9 948	19 425	25 724	31 338	37 961	49 445	50 540
Property tax	..	..	..	9 948	19 425	25 724	31 338	37 961	49 445	50 540
4200 Impôts périodiques sur l'actif net	..	0	0	0	0	0	0	0	0	0
4210 Personnes physiques	..	..	..	..	..	..	..	..	..	..
4220 Sociétés	..	..	..	..	..	..	..	..	..	..
4300 Impôts sur mut. par décès, succ. et donations	..	0	8	0	0	0	0	0	0	0
4310 Impôts sur mut. par décès et successions	..	..	8	..	..	..	..	..	..	..
4320 Impôts sur les donations	..	..	0	..	..	..	..	..	..	..
4400 Impôts sur transact. mobilières et immob.	..	5	870	4 017	13 736	13 231	14 900	19 712	27 665	28 722
Alienation of immovable property	..	..	..	1 763	1 076	1 122	1 271	1 696	1 823	1 939
Transfer of ownership of real estate	..	..	..	2 236	8 147	5 027	4 518	6 671	8 658	8 385
Purchasing property				18	4 513	7 082	9 110	11 447	17 184	18 397
4500 Impôts non-périodiques	..	0	0	0	0	0	0	0	0	0
4510 Sur l'actif net	..	..	..	..	..	..	..	..	..	..
4520 Autres non-périodiques	..	..	..	..	..	..	..	..	..	..
4600 Autres impôts périodiques sur patrimoine	..	0	0	0	0	0	0	0	0	0
5000 Impôts sur les biens et services	..	**395**	**44 837**	**319 612**	**513 140**	**651 915**	**715 811**	**1 141 170**	**1 381 659**	**1 504 252**
5100 Impôts sur production, vente, transfert, etc.	..	388	44 171	310 325	491 928	630 123	696 150	1 120 610	1 364 208	1 486 758
5110 Impôts généraux	..	121	26 636	189 606	409 013	504 509	556 794	707 213	922 238	933 327
5111 Taxes sur la valeur ajoutée	..	120	26 635	189 606	409 013	504 509	556 794	707 213	922 238	933 327
5112 Impôts sur les ventes	..	0	0	0	0	0	0	0	0	0
5113 Autres impôts	..	1	0	0	0	0	0	0	0	0
5120 Impôts sur biens et services déterminés	..	265	17 519	120 720	82 915	125 614	139 356	413 397	441 970	553 432
5121 Accises	..	45	10 072	86 163	47 008	86 098	104 111	361 538	358 577	470 993
Special tax on production and services	..	..	..	81 544	41 532	81 427	97 860	354 294	347 436	460 496
Tax on new automobiles	..	..	..	4 619	5 476	4 671	6 252	7 244	11 142	10 497
Tax on luxury goods and services	..	..	..	0	0	0	0	0	0	0
5122 Bénéfices des monopoles fiscaux	..	0	0	0	0	0	0	0	0	0

	1965	1980	1990	2000	2007	2010	2013	2015	2018	2019
5123 Droits de douane et droits à l'importation	..	45	6 998	33 285	33 344	26 602	32 324	45 366	67 232	66 295
Step customs officer	..	..	..	423	1 156	2 071	3 065	1 270	1 690	1 554
Import taxes	..	..	..	32 861	32 188	24 531	29 260	44 096	65 543	64 741
5124 Taxes à l'exportation	..	2	75	4	3	0	1	1	0	0
Tax on exports	..	..	..	4	3	0	1	1	0	0
5125 Impôts sur biens d'équipement	..	0	0	0	0	0	0	0	0	0
5126 Impôts sur services déterminés	..	8	132	1 042	2 146	10 958	-967	1 763	8 692	9 196
IDE	..	8	..	0	0	8 022	-5 988	-3 323	-629	-405
Tax on lodging	..	0	..	504	1 059	1 384	1 890	2 561	3 945	4 254
Public entertainment tax	..	0	..	240	365	462	566	689	909	924
Tax on lotteries, raffles and gambling	..	0	..	267	705	923	1 213	1 416	2 947	3 403
Tax on commercials	..	0	..	4	17	166	203	210	1 231	376
Various indirect taxes	..	0	..	28	0	1	1 149	209	288	644
5127 Autres impôts sur commerce et transact. internat.	..	0	0	0	0	0	0	0	0	0
5128 Autres impôts	..	165	242	226	414	1 956	3 886	4 730	7 468	6 947
Mining fees	..	..	..	226	414	1 956	3 886	4 730	7 468	6 947
5130 Non-ventilables entre 5110 et 5120	..	2	17	0	0	0	0	0	0	0
5200 Impôts sur utilisation des biens et exerc. activités	..	7	666	9 287	21 212	21 793	19 661	20 560	17 451	17 494
5210 Impôts périodiques	..	7	666	9 287	21 212	21 793	19 661	20 560	17 451	17 494
5211 À la charge des ménages : véhicules à moteur	..	3	567	8 878	20 692	21 319	19 174	19 880	16 533	16 624
Tax on motor vehicules	..	..	..	8 878	20 692	21 319	19 174	19 880	16 533	16 624
5212 À la charge autres agents : véhicules à moteur	..	0	0	301	275	281	357	439	640	645
Tax on federal auto transport	..	..	..	301	275	281	357	439	640	645
5213 Autres impôts périodiques	..	4	99	108	246	193	130	240	278	225
Sport fishing	..	..	..	40	98	59	50	62	73	73
Sport hunting	..	..	..	3	0	0	0	0	0	0
Tax on commercial activities	..	..	..	63	147	50	26	64	115	41
Trade in books and magazines	..	..	..	0	0	0	3	1	0	0
Tax on industrial activities	..	..	..	2	0	82	49	93	73	92
Mining	..	..	..	0	0	1	1	21	17	17
5220 Impôts non-périodiques	..	0	0	0	0	0	0	0	0	0
5300 Non-ventilables entre 5100 et 5200	..	0	0	0	0	0	0	0	0	0
6000 Autres impôts	**..**	**14**	**1 619**	**7 651**	**16 905**	**27 398**	**41 204**	**44 612**	**65 217**	**64 654**
6100 À la charge exclusive des entreprises	..	0	0	0	0	0	0	0	0	0
6200 À la charge d'autres agents	..	14	1 619	7 651	16 905	27 398	41 204	44 612	65 217	64 654
Accessories	..	..	..	5 504	12 403	22 206	25 301	23 211	45 864	41 063
Unallocable between 1000 and 5000 caused in exercices fiscal previous liquidation slopes or of payment	..	..	..	374	222	30	1 618	4 168	400	79
Additional state and local taxes	..	..	..	1 773	4 280	5 162	14 285	17 232	18 952	23 512
Crédits d'impôts récupérables										
Crédits d'impôts récupérables contre 1000	..	..	..	..	59 065	40 344	41 800	43 806	49 101	50 649
Composante fiscale	..	..	..	..	35 888	30 635	40 526	42 813	47 929	49 359
Composante transfert	..	..	..	..	23 177	9 708	1 274	993	1 172	1 290
Recettes fiscales totales sur la base d'encaissements	**..**	**771**	**102 005**	**767 216**	**1 382 103**	**1 716 243**	**2 165 501**	**2 953 480**	**3 797 888**	**3 995 654**
Recettes fiscales totales sur la base des droits constatés	**..**	**..**	**..**	**..**	**..**	**..**	**..**	**..**	**..**	**..**
Conciliation avec les comptes nationaux										
Impôts additionnels inclus dans les comptes nationaux	..	..	..	..	..	..	..	..	..	..
Impôt exclus des comptes nationaux	..	..	..	..	..	..	..	..	..	..
Différence dans les traitements des crédits d'impôts	..	..	..	..	..	..	..	..	..	..
Transfert en capital des recettes non collectées	..	..	..	..	..	..	..	..	..	..
Cotisations de sécurité sociale volontaires	..	..	..	..	..	..	..	..	..	..
Différences diverses	..	..	..	..	..	..	..	..	..	..
Comptes nationaux : impôts et cotisations sociales effectives	..	..	..	..	..	..	..	..	..	..
Cotisations sociales imputées	..	..	..	..	..	..	..	..	..	..
Comptes nationaux : impôts et toutes les cotisations sociales	..	..	..	..	..	..	..	..	..	..

.. Non disponible

Note : Year ending 31st December.
Data are on cash basis.

Source : Ministry of Finance, Economic Department.

StatLink https://stat.link/dz2yui

Tableau 5.26. Pays-Bas : recettes fiscales détaillées, 1965-2019

Million EUR

	1965	1980	1990	2000	2007	2010	2013	2015	2018	2019
Recettes fiscales totales	**10 860**	**69 982**	**104 419**	**166 824**	**220 950**	**227 911**	**238 488**	**255 348**	**300 298**	**319 236**
Recettes fiscales totales excluant les taxes collectés pour le compte de l'UE	..	..	**102 926**	**165 227**	**218 926**	**225 943**	**236 479**	**252 272**	**296 931**	**315 652**
1000 Impôts sur revenu, bénéfices et gains en capital	**3 884**	**22 998**	**33 689**	**43 256**	**62 463**	**63 581**	**59 085**	**70 849**	**88 769**	**99 003**
1100 Des personnes physiques	3 008	18 383	25 806	25 116	41 414	48 992	44 830	52 405	61 660	68 968
1110 Sur le revenu et les bénéfices	3 007	18 364	25 757	25 057	41 276	48 771	44 592	52 167	61 514	68 811
Income tax	1 359	2 895	2 455	-880	2 294	2 076	-1 337	-2 566	-1 082	4 858
Wage tax	1 466	14 984	22 258	24 433	37 729	46 102	45 546	53 953	61 573	61 757
Dividend tax	123	486	1 044	1 504	1 253	593	383	780	1 023	2 196
Directors tax	14	0	0	0	0	0	0	0	0	0
Inhabited house tax	45	0	0	0	0	0	0	0	0	0
1120 Sur les gains en capital	1	18	50	59	138	221	238	238	146	157
Tax on games of chance	1	18	50	59	138	221	238	238	146	157
1200 Des sociétés	876	4 615	7 882	18 140	21 049	14 589	14 255	18 444	27 109	30 035
1210 Sur les bénéfices	876	4 615	7 882	18 140	21 049	14 589	14 255	18 444	27 109	30 035
Corporate income and dividend taxes	876	4 615	7 882	18 140	21 049	14 589	14 255	18 444	27 109	30 035
1220 Sur les gains en capital	0	0	0	0	0	0	0	0	0	0
1300 Non-ventilables entre 1100 et 1200	0	0	0	0	0	0	0	0	0	0
2000 Cotisations de sécurité sociale	**3 342**	**26 641**	**39 075**	**64 522**	**77 072**	**82 732**	**97 372**	**96 426**	**108 049**	**109 298**
2100 À la charge des salariés	1 659	11 018	24 109	35 305	40 918	41 637	49 327	48 213	41 775	40 695
2110 Sur la base du salaire	..	..	..	35 305	40 918	41 637	49 327	48 213	41 775	40 695
2120 Sur la base de l'impôt sur les revenus	..	..	..	0	0	0	0	0	0	0
2200 À la charge des employeurs	1 371	12 465	7 837	18 671	25 925	29 351	31 603	34 614	40 702	43 693
2210 Sur la base du salaire	..	..	..	18 671	25 925	29 351	31 603	34 614	40 702	43 693
2220 Sur la base de l'impôt sur les revenus	..	..	..	0	0	0	0	0	0	0
2300 A charge des travailleurs indép. ou sans emploi	311	3 158	7 129	10 546	10 229	11 744	16 442	13 599	25 572	24 910
2310 Sur la base du salaire	..	..	..	0	0	0	0	0	0	0
2320 Sur la base de l'impôt sur les revenus	..	..	..	10 546	10 229	11 744	16 442	13 599	25 572	24 910
2400 Non-ventilables entre 2100, 2200 et 2300	0	0	0	0	0	0	0	0	0	0
2410 Sur la base du salaire	..	..	..	..	..	..	..	..	..	..
2420 Sur la base de l'impôt sur les revenus	..	..	..	..	..	..	..	..	..	..
3000 Sur salaires ou main d'oeuvre	**0**	**0**	**0**	**0**	**0**	**0**	**0**	**0**	**0**	**0**
4000 Impôts sur le patrimoine	**476**	**2 509**	**3 816**	**8 797**	**10 363**	**8 770**	**8 084**	**9 768**	**12 142**	**12 179**
4100 Impôts périodiques sur la propriété immobilière	111	1 021	1 711	3 094	3 488	4 241	5 249	6 382	7 370	7 385
Municipal immovable property tax	-59	821	1 398	..	..	..	..	..	..	..
Other municipal taxes	66	5	18	..	..	..	..	..	..	..
Contributions polder boards	44	195	295	..	..	..	..	..	..	..
Tax on land	59	0	0	..	..	..	..	..	..	..
4110 Ménages	..	..	..	1 806	1 642	2 058	2 802	3 741	4 513	4 417
Municipal immovable property tax	..	..	..	1 651	1 368	1 553	1 754	1 882	2 032	2 125
Contributions polder boards	..	..	..	155	274	429	492	514	584	606
Levies on social housing corporations	..	..	..	0	0	76	556	1 345	1 897	1 686
4120 Autres agents	..	..	..	1 288	1 846	2 183	2 447	2 641	2 857	2 968
Municipal immovable property tax	..	..	..	893	1 319	1 488	1 686	1 809	1 952	2 041
Contributions polder boards	..	..	..	395	527	695	761	832	905	927
4200 Impôts périodiques sur l'actif net	86	517	554	824	30	23	1	0	0	0
4210 Personnes physiques	86	517	554	824	30	23	1	..	..	..
Property tax of individuals	86	517	554	824	30	23	1	..	..	..
4220 Sociétés	0	0	0	0	0	0	0	..	..	..
4300 Impôts sur mut. par décès, succ. et donations	117	336	522	1 483	1 877	1 721	1 730	1 614	1 731	1 777
4310 Impôts sur mut. par décès et successions	..	304	472	1 303	1 877	1 721	1 730	1 614	1 731	1 777
Estate tax	..	0	0	0	0	0	0	0	0	0
Inheritance tax	..	304	472	1 303	1 877	1 721	1 730	1 614	1 731	1 777
4320 Impôts sur les donations	..	32	50	180	0	0	0	0	0	0
4400 Impôts sur transact. mobilières et immob.	162	635	1 030	3 396	4 968	2 785	1 104	1 772	3 041	3 017
Stamp duties	44	0	0	0	0	0	0	0	0	0
Registration duties	118	0	0	0	0	0	0	0	0	0
Tax on legal transactions	0	635	1 030	0	0	0	0	0	0	0
Real estate transfer tax	0	0	0	2 004	4 925	2 785	1 104	1 772	3 041	3 017
Tax on capital formation	0	0	0	592	43	0	0	0	0	0
4500 Impôts non-périodiques	0	0	0	0	0	0	0	0	0	0
4510 Sur l'actif net	..	..	..	..	..	..	..	..	..	..
4520 Autres non-périodiques	..	..	..	..	..	..	..	..	..	..
4600 Autres impôts périodiques sur patrimoine	0	0	0	0	0	0	0	0	0	0
5000 Impôts sur les biens et services	**3 110**	**17 675**	**27 585**	**49 472**	**70 084**	**71 866**	**72 824**	**77 889**	**90 531**	**97 978**
5100 Impôts sur production, vente, transfert, etc.	2 943	16 204	25 067	44 871	63 673	64 247	65 030	69 315	81 470	88 461
5110 Impôts généraux	1 344	11 081	17 216	28 857	42 884	42 674	42 459	44 922	52 782	58 186
5111 Taxes sur la valeur ajoutée	0	11 081	17 216	28 849	42 873	42 654	42 424	44 879	52 712	58 115
5112 Impôts sur les ventes	0	0	0	0	0	0	0	0	0	0

	1965	1980	1990	2000	2007	2010	2013	2015	2018	2019
5113 Autres impôts	1 344	0	0	8	11	20	35	43	70	71
Turnover tax	1 344	..	..	..	..	..	..	..	..	..
5120 Impôts sur biens et services déterminés	1 600	5 123	7 850	16 014	20 789	21 573	22 571	24 393	28 688	30 275
5121 Accises	880	3 789	5 985	13 755	17 724	18 392	17 309	18 020	20 995	22 039
Excise on spirits	129	463	422	397	335	331	306	314	342	331
Excise on beer	34	123	259	263	310	389	413	451	457	422
Excise on sugar	45	9	27	0	0	0	0	0	0	0
Excise on tobacco	307	839	948	1 590	2 136	2 437	2 228	2 222	2 669	2 547
Excise on wine	14	82	91	173	257	304	348	354	347	330
Registration tax on motor vehicles	0	613	1 189	2 875	3 647	2 096	1 159	1 462	2 270	2 347
Excise on soft drinks	0	59	186	216	155	156	154	207	278	269
Levies for nuclear reactor	0	0	0	0	0	0	0	0	0	0
Excise on petrol	310	1 280	1 684	3 151	4 010	4 086	3 960	4 109	4 472	4 574
Excise on other mineral oils	41	295	808	2 139	2 965	3 573	3 630	3 757	3 919	3 887
Levies on air pollution	0	27	304	0	0	0	0	0	0	0
Taxes on pollution/resources	0	0	68	462	456	655	144	345	379	502
Levies on energy	0	0	0	2 387	3 333	4 250	4 856	4 679	5 724	6 698
Other excise duties and consumption taxes	0	0	0	0	0	0	0	0	0	0
Other environmental taxes	0	0	0	34	35	15	10	14	27	22
Strategic stockpile tax on mineral oils	0	0	0	68	85	100	101	106	111	110
5122 Bénéfices des monopoles fiscaux	0	0	0	0	0	0	0	0	0	0
5123 Droits de douane et droits à l'importation	702	971	1 375	1 310	1 679	1 732	1 756	2 266	2 504	2 709
EU levies on food products	338	295	168	0	0	0	0	0	0	0
MCA levy	0	9	0	0	0	0	0	0	0	0
Remaining import duties	364	667	1 207	0	0	0	0	0	0	0
Custom duties collected for the EU	..	..	..	1 310	1 679	1 732	1 756	2 266	2 504	2 709
5124 Taxes à l'exportation	0	0	0	0	0	0	0	0	0	0
5125 Impôts sur biens d'équipement	0	77	0	0	0	0	0	0	0	0
Selective investment regulation levy	..	77	..	..	..	..	..	..	..	..
5126 Impôts sur services déterminés	16	222	372	662	1 041	1 213	3 253	3 751	4 946	5 284
Tax on fire insurance	2	0	0	0	0	0	0	0	0	0
Entertainment tax	14	0	0	0	0	0	0	0	0	0
Tax on insurances	0	209	340	512	807	861	2 343	2 375	2 715	2 880
Tourist tax	0	14	32	83	125	131	164	206	288	342
Tax on games of chance	0	0	0	67	109	221	239	238	384	415
Flight tax	0	0	0	0	0	0	0	0	0	0
Bank levies	0	0	0	0	0	0	507	478	939	1 015
Contribution to EU Single Resolution Fund	..	..	..	..	..	..	..	454	620	632
5127 Autres impôts sur commerce et transact. internat.	0	0	0	0	0	0	0	0	0	0
5128 Autres impôts	1	64	118	287	345	236	253	356	243	243
ESCC levy	1	5	0	0	0	0	0	0	0	0
Sugar contribution	0	23	36	0	0	0	0	0	0	0
Milk levy	0	36	82	0	0	0	0	0	0	0
EU levies on food products	0	0	0	273	345	236	253	356	243	243
Sugar storage duty	0	0	0	14	0	0	0	0	0	0
5130 Non-ventilables entre 5110 et 5120	0	0	0	0	0	0	0	0	0	0
5200 Impôts sur utilisation des biens et exerc. activités	167	1 470	2 518	4 601	6 411	7 619	7 794	8 574	9 061	9 517
5210 Impôts périodiques	165	1 470	2 518	4 601	6 411	7 619	7 751	8 410	8 800	8 993
5211 À la charge des ménages : véhicules à moteur	27	463	799	2 288	3 211	4 084	4 008	4 470	4 686	4 752
Motor vehicle tax	27	427	744	2 288	3 211	4 084	4 008	4 470	4 686	4 752
Motor vehicle licence	0	36	54	0	0	0	0	0	0	0
5212 À la charge autres agents : véhicules à moteur	132	604	1 044	554	760	976	959	1 069	1 121	1 137
Motor vehicle tax	132	590	1 026	554	760	976	959	1 069	1 121	1 137
Motor vehicle licence	0	14	18	0	0	0	0	0	0	0
Heavy motor vehicle tax	0	0	0	0	0	0	0	0	0	0
5213 Autres impôts périodiques	6	404	676	1 759	2 440	2 559	2 784	2 871	2 993	3 104
Dog licences	3	23	27	40	54	59	67	65	56	52
Commuter tax	0	5	5	12	21	25	29	29	28	35
Levies on water pollution	1	372	644	1 003	1 220	1 127	1 182	1 212	1 284	1 339
Permission to sell spirits	2	5	0	0	0	0	0	0	0	0
Sewerage charges	0	0	0	650	1 094	1 304	1 463	1 531	1 619	1 669
Levies on manure surplus	0	0	0	18	-4	2	4	3	4	7
Noise nuisance tax civil aviation	0	0	0	36	55	42	39	31	2	2
5220 Impôts non-périodiques	2	0	0	0	0	0	43	164	261	524
Emission permits	..	..	..	..	..	..	43	164	261	524
5300 Non-ventilables entre 5100 et 5200	0	0	0	0	0	0	0	0	0	0
6000 Autres impôts	**48**	**159**	**254**	**777**	**968**	**962**	**1 123**	**416**	**807**	**778**
6100 À la charge exclusive des entreprises	48	159	254	410	322	326	139	0	0	0
Administrative levies	48	159	254	410	322	326	139	..	..	..

	1965	1980	1990	2000	2007	2010	2013	2015	2018	2019
6200 À la charge d'autres agents	0	0	0	367	646	636	984	416	807	778
Employers tax	..	..	..	331	497	609	804	208	563	496
Tax revenue from Caribbean Netherlands	..	..	..	0	0	13	100	128	152	161
Other taxes on wealth	..	..	..	36	149	14	80	80	92	121
Pour mémoire										
Droits de douane perçus pour le compte de l'UE	..	..	..	1 310	1 679	1 732	1 756	2 266	2 504	2 709
Contributions au Fonds de résolution unique collectées pour le compte de l'UE	..	..	..	..	..	..	..	454	620	632
Recettes fiscales totales sur la base d'encaissements	**10 860**	**69 982**	**104 419**	**165 503**	**..**	**..**	**..**	**..**	**..**	**..**
Recettes fiscales totales sur la base des droits constatés	**..**	**..**	**..**	**166 824**	**220 950**	**227 911**	**238 488**	**255 348**	**300 298**	**319 236**
Conciliation avec les comptes nationaux										
Impôts additionnels inclus dans les comptes nationaux	..	..	..	1 400	0	0	0	0	0	0
Wage Tax reductions	..	..	..	1 400	..	..	..	..	..	..
Impôt exclus des comptes nationaux	..	..	..	0	0	0	0	0	0	0
Différence dans les traitements des crédits d'impôts	..	..	..	0	0	0	0	0	0	0
Transfert en capital des recettes non collectées	..	..	..	0	0	0	0	0	0	0
Cotisations de sécurité sociale volontaires	..	..	..	0	0	0	0	0	0	0
Différences diverses	..	..	..	-70	0	0	0	0	0	0
Comptes nationaux : impôts et cotisations sociales effectives	..	..	..	168 154	220 950	227 911	238 488	255 348	300 298	319 236
Cotisations sociales imputées	..	..	..	3 808	3 509	3 545	3 414	3 160	3 685	3 852
Comptes nationaux : impôts et toutes les cotisations sociales	..	..	..	171 962	224 459	231 456	241 902	258 508	303 983	323 088

.. Non disponible

Note : Year ending 31st December.

From 1999 data are on accrual basis.

Heading 2000: From 1998 the figures include some violuntary contributions and the breakdown between premiums paid by employees (2100) and by self-employed / non-employed has been estimated. This is also the case for the breakdown between premiums paid on a payroll or on an income tax basis for those years where both apply.

Heading 4100: From 1992, there was a structural break in the data for the 'municipal immovable property tax'. The tax ceased to be collected by the central government at that time and the figures are presented on a different type of statistical registration (no longer cash basis).

Heading 5110: Includes 358 millions of euros (1969) and 186 millions of euros (1970) in respect of deduction of turnover tax on stocks existing at 1st January 1969.

Heading 5213: Small amounts (less than 2.3 millions euros) of hunting and fishing licence receipts which should be classified here have been omitted.

Source : Social security contributions and local taxes: Central Bureau of Statistics.

Other taxes: Ministry of Finance.

StatLink https://stat.link/aeq9vb

Tableau 5.27. Nouvelle-Zélande : recettes fiscales détaillées, 1965-2019

Million NZD

	1965	1980	1990	2000	2007	2010	2013	2015	2018	2019
Recettes fiscales totales	**1 001**	**7 594**	**27 471**	**39 765**	**64 046**	**62 310**	**72 187**	**81 499**	**99 834**	**99 792**
1000 Impôts sur revenu, bénéfices et gains en capital	**606**	**5 299**	**16 370**	**23 861**	**40 308**	**33 494**	**39 415**	**44 723**	**56 173**	**55 016**
1100 Des personnes physiques	394	4 679	13 177	17 126	26 965	23 519	26 555	30 297	37 467	39 677
1110 Sur le revenu et les bénéfices	394	4 679	13 177	17 126	26 965	23 519	26 555	30 297	37 467	39 677
1120 Sur les gains en capital	0	0	0	0	0	0	0	0	0	0
1200 Des sociétés	207	589	1 780	4 914	9 069	7 609	10 344	11 407	15 559	12 415
1210 Sur les bénéfices	207	589	1 780	4 914	9 069	7 609	10 344	11 407	15 559	12 415
1220 Sur les gains en capital	0	0	0	0	0	0	0	0	0	0
1300 Non-ventilables entre 1100 et 1200	5	31	1 413	1 821	4 274	2 366	2 516	3 019	3 147	2 924
NRWT	5	24	277	760	1 506	467	427	733	651	570
Property speculation	0	0	0	0	0	0	0	0	0	0
Absentee income tax	0	7	0	0	0	0	0	0	0	0
Interest	0	0	1 028	990	2 699	1 704	1 643	1 660	1 659	1 528
Dividends	0	0	83	71	69	195	446	626	837	826
Other	0	0	25	0	0	0	0	0	0	0
2000 Cotisations de sécurité sociale	**0**	**0**	**0**	**0**	**0**	**0**	**0**	**0**	**0**	**0**
2100 À la charge des salariés	0	0	0	0	0	0	0	0	0	0
2110 Sur la base du salaire	..	..	..	..	..	..	..	..	..	..
2120 Sur la base de l'impôt sur les revenus	..	..	..	..	..	..	..	..	..	..
2200 À la charge des employeurs	0	0	0	0	0	0	0	0	0	0
2210 Sur la base du salaire	..	..	..	..	..	..	..	..	..	..
2220 Sur la base de l'impôt sur les revenus	..	..	..	..	..	..	..	..	..	..
2300 A charge des travailleurs indép. ou sans emploi	0	0	0	0	0	0	0	0	0	0
2310 Sur la base du salaire	..	..	..	..	..	..	..	..	..	..
2320 Sur la base de l'impôt sur les revenus	..	..	..	..	..	..	..	..	..	..
2400 Non-ventilables entre 2100, 2200 et 2300	0	0	0	0	0	0	0	0	0	0
2410 Sur la base du salaire	..	..	..	..	..	..	..	..	..	..
2420 Sur la base de l'impôt sur les revenus	..	..	..	..	..	..	..	..	..	..
3000 Sur salaires ou main d'oeuvre	**0**	**0**	**0**	**0**	**0**	**0**	**0**	**0**	**0**	**0**
4000 Impôts sur le patrimoine	**116**	**602**	**1 880**	**2 112**	**3 417**	**4 119**	**4 585**	**5 046**	**5 814**	**6 156**
4100 Impôts périodiques sur la propriété immobilière	84	515	1 722	2 049	3 322	4 031	4 492	4 962	5 709	6 055
Local govt rates and services	81	503	1 550	2 049	3 322	4 031	4 492	4 962	5 709	6 055
Land tax	3	12	172	0	0	0	0	0	0	0
4110 Ménages	..	..	0	..	..	..	..	..	..	..
4120 Autres agents	..	..	172	..	..	..	..	..	..	..
4200 Impôts périodiques sur l'actif net	0	0	0	0	0	0	0	0	0	0
4210 Personnes physiques	..	..	..	..	..	..	..	..	..	..
4220 Sociétés	..	..	..	..	..	..	..	..	..	..
4300 Impôts sur mut. par décès, succ. et donations	23	39	80	2	3	2	0	0	0	0
4310 Impôts sur mut. par décès et successions	21	37	74	0	0	0	..	..	..	..
4320 Impôts sur les donations	2	2	6	2	3	2	..	..	..	..
4400 Impôts sur transact. mobilières et immob.	9	48	78	61	92	86	93	84	105	101
Instrument duty	7	40	62	51	85	82	91	84	105	101
Cheque duty	2	8	16	10	7	4	2	0	0	0
4500 Impôts non-périodiques	0	0	0	0	0	0	0	0	0	0
4510 Sur l'actif net	..	..	..	..	..	..	..	..	..	..
4520 Autres non-périodiques	..	..	..	..	..	..	..	..	..	..
4600 Autres impôts périodiques sur patrimoine	0	0	0	0	0	0	0	0	0	0
5000 Impôts sur les biens et services	**280**	**1 693**	**9 220**	**13 792**	**20 290**	**24 692**	**28 184**	**31 728**	**37 845**	**38 618**
5100 Impôts sur production, vente, transfert, etc.	262	1 624	8 680	12 887	18 832	23 107	26 344	29 584	35 271	36 004
5110 Impôts généraux	77	776	6 163	9 885	15 046	19 143	22 063	24 587	29 521	30 259
5111 Taxes sur la valeur ajoutée	0	0	6 163	9 885	15 046	19 143	22 063	24 587	29 521	30 259
5112 Impôts sur les ventes	77	776	0	0	0	0	0	0	0	0
Motor vehicles	..	231	..	..	..	..	..	..	..	..
Other sales tax	..	544	..	..	..	..	..	..	..	..
5113 Autres impôts	0	0	0	0	0	0	0	0	0	0
5120 Impôts sur biens et services déterminés	186	849	2 517	3 002	3 786	3 964	4 281	4 997	5 750	5 745
5121 Accises	124	548	1 929	2 148	1 627	1 782	1 854	2 280	2 622	2 468
On alcoholic beverages	37	84	411	436	573	622	650	672	722	710
Beer	33	64	0	201	290	207	250	262	274	268
Wine	0	0	0	100	163	181	204	216	225	221
Spirits	4	20	0	135	120	234	196	194	223	221
Tobacco	33	99	568	764	159	220	273	362	483	485
Motor vehicles	0	0	7	0	0	0	0	0	0	0
Refined sugar	2	0	0	0	0	0	0	0	0	0
CA petroleum fuels	0	140	835	810	819	872	865	1 185	1 201	1 075
NRF fuel excise	49	121	0	0	0	0	0	0	0	0
Local petroleum fuels	0	18	21	27	30	32	31	33	190	175
CA mileage tax	0	0	0	0	0	0	0	0	0	0

	1965	1980	1990	2000	2007	2010	2013	2015	2018	2019
NRF mileage tax	3	0	0	0	0	0	0	0	0	0
Road user charges	0	68	0	0	0	0	0	0	0	0
Energy resources levy	0	20	87	111	46	36	35	28	26	23
5122 Bénéfices des monopoles fiscaux	0	0	0	0	0	0	0	0	0	0
5123 Droits de douane et droits à l'importation	49	231	505	648	1 857	1 916	2 160	2 442	2 814	3 001
5124 Taxes à l'exportation	0	0	0	0	0	0	0	0	0	0
5125 Impôts sur biens d'équipement	0	0	0	0	0	0	0	0	0	0
5126 Impôts sur services déterminés	13	57	83	206	302	266	267	275	314	276
Lottery (national)	1	6	26	167	290	253	254	260	299	266
Lottery (overseas)	0	0	0	0	0	0	0	0	0	0
Racing	12	46	57	39	12	13	13	15	15	10
Film hire tax	0	1	0	0	0	0	0	0	0	0
Domestic air travel tax	0	3	0	0	0	0	0	0	0	0
5127 Autres impôts sur commerce et transact. internat.	0	12	0	0	0	0	0	0	0	0
Foreign fishing vessels tax	..	0	..	..	..	..	..	..	..	..
Foreign travel tax	..	0	..	..	..	..	..	..	..	..
International departure tax	..	12	..	..	..	..	..	..	..	..
5128 Autres impôts	0	0	0	0	0	0	0	0	0	0
5130 Non-ventilables entre 5110 et 5120	0	0	0	0	0	0	0	0	0	0
5200 Impôts sur utilisation des biens et exerc. activités	18	69	539	905	1 458	1 585	1 840	2 144	2 574	2 614
5210 Impôts périodiques	18	69	539	905	1 458	1 585	1 840	2 144	2 574	2 614
Motor vehicle registration	7	47	154	181	226	172	187	214	227	226
Heavy traffic fees	8	0	285	532	851	1 016	1 205	1 381	1 673	1 716
Accident compensation levies	0	0	0	0	0	0	0	0	0	0
5211 À la charge des ménages : véhicules à moteur	0	0	0	0	0	0	0	0	0	0
5212 À la charge autres agents : véhicules à moteur	0	0	0	0	0	0	0	0	0	0
5213 Autres impôts périodiques	3	23	100	192	381	397	448	549	674	672
Local authority fees and charges	3	23	100	192	381	397	448	549	674	672
5220 Impôts non-périodiques	0	0	0	0	0	0	0	0	0	0
5300 Non-ventilables entre 5100 et 5200	0	0	0	0	0	0	0	0	0	0
6000 Autres impôts	**0**	**0**	**1**	**0**	**31**	**5**	**3**	**2**	**2**	**2**
6100 À la charge exclusive des entreprises	..	..	0		0	0	0	0	0	0
6200 À la charge d'autres agents	..	..	1	..	31	5	3	2	2	2
Crédits d'impôts récupérables										
Crédits d'impôts récupérables contre 1110	..	..	..	1 057	2 568	2 794	2 582	2 352	2 766	2 831
Composante fiscale	..	..	..	311	873	950	1 349	1 254	1 518	1 429
Composante transfert	..	..	..	746	1 695	1 844	1 233	1 098	1 248	1 402
Crédits d'impôts récupérables contre 1210	..	..	..	0	0	0	0	0	0	0
Composante fiscale	..	..	..	..	..	..	..	..	..	..
Composante transfert	..	..	..	..	..	..	..	..	..	..
Recettes fiscales totales sur la base d'encaissements	**1 001**	**7 594**	**27 471**	**39 276**	**64 273**	**62 053**	**73 172**	**82 481**	**98 586**	**100 173**
Recettes fiscales totales sur la base des droits constatés	**..**	**..**	**..**	**39 765**	**64 046**	**62 310**	**72 187**	**81 499**	**99 834**	**99 792**
Conciliation avec les comptes nationaux										
Impôts additionnels inclus dans les comptes nationaux	..	..	..	..	0	0	2 397	3 858	4 944	5 380
Impôt exclus des comptes nationaux	..	..	..	..	0	0	-4 955	-6 903	-7 859	-9 155
Différence dans les traitements des crédits d'impôts	..	..	..	..	873	950	1 349	1 254	1 518	1 429
Transfert en capital des recettes non collectées	..	..	..	..	0	0	0	0	0	0
Cotisations de sécurité sociale volontaires	..	..	..	..	0	0	0	0	0	0
Différences diverses	..	..	..	..	0	0	461	-1 602	-3 325	6 760
Comptes nationaux : impôts et cotisations sociales effectives	..	..	..	..	64 919	63 260	71 439	78 106	95 112	104 206
Cotisations sociales imputées	..	..	..	..	0	0	2 617	2 063	2 060	2 199
Comptes nationaux : impôts et toutes les cotisations sociales	..	..	..	..	64 919	63 260	74 056	80 169	97 172	106 405

.. Non disponible

Note : For the years before 1989 data are on a fiscal year basis ending 31st March. The figures provided for 1989 and onwards relate to the financial year ending 30th June of the following year.

From 1993, data are on accrual basis.

Heading 1000: Tax credits to exporters under the export incentives schemes are non-wastable, but that part of the excess of tax liability paid out to taxpayers is not identifiable.

Heading 1100: The figures up to 1969 include revenues collected by a social security income tax. The base of this tax was the same as the ordinary income tax base and the two have now been incorporated into a single income tax.

Heading 5121: From October 1986 incorporates that portion of the selective impost on wine, spirits, tobacco and motor vehicles which was formerly collected and reported as sales tax. The revenue collected on those imported goods which are subject to the equivalent of the domestic excise has been classified as excise duty. In this respect, there is a discontinuity between the excises recorded before and after October 1986.

Heading 5210: The other local authority licence fees include some small items which could be regarded as non-tax revenues.

Heading for non-wastable tax credits 1110 comprises four Family assistance tax credits. The total in item 1100 is net of the tax expenditure component but not net of the transfer component.

Source : Local Authorities Statistics, Department of Statistics, Wellington.

StatLink https://stat.link/m60fjw

Tableau 5.28. Norvège : recettes fiscales détaillées, 1965-2019

Million NOK

	1965	1980	1990	2000	2007	2010	2013	2015	2018	2019
Recettes fiscales totales	**16 842**	**133 499**	**301 812**	**627 989**	**987 278**	**1 083 337**	**1 222 890**	**1 195 354**	**1 399 094**	**1 424 058**
1000 Impôts sur revenu, bénéfices et gains en capital	**7 316**	**55 837**	**106 290**	**284 189**	**474 460**	**512 244**	**558 171**	**475 374**	**584 283**	**580 056**
1100 Des personnes physiques	6 671	38 018	79 068	152 013	219 726	256 544	304 409	335 199	354 726	370 400
1110 Sur le revenu et les bénéfices	6 671	38 018	79 068	152 013	219 726	256 544	304 409	335 199	354 726	370 400
Employee social security contributions	1 305	0	0	0	0	0	0	0	0	0
Income taxes	5 366	38 018	79 068	152 013	219 726	256 544	304 409	335 199	354 726	370 400
1120 Sur les gains en capital	0	0	0	0	0	0	0	0	0	0
1200 Des sociétés	645	17 819	27 222	132 176	254 734	255 700	253 762	140 175	229 557	209 656
1210 Sur les bénéfices	..	..	..	132 176	254 734	255 700	253 762	140 175	229 557	209 656
1220 Sur les gains en capital	..	..	..	0	0	0	0	0	0	0
1300 Non-ventilables entre 1100 et 1200	0	0	0	0	0	0	0	0	0	0
2000 Cotisations de sécurité sociale	**2 009**	**28 205**	**79 362**	**132 170**	**204 473**	**243 002**	**292 461**	**325 130**	**357 317**	**377 427**
2100 À la charge des salariés	0	6 639	25 345	45 162	68 518	81 032	98 124	112 662	124 519	131 039
2110 Sur la base du salaire	..	..	..	45 162	68 518	81 032	98 124	112 662	124 519	131 039
2120 Sur la base de l'impôt sur les revenus	..	..	..	0	0	0	0	0	0	0
2200 À la charge des employeurs	1 716	20 454	50 116	79 242	124 178	148 047	177 458	190 923	208 840	221 175
2210 Sur la base du salaire	..	..	..	79 242	124 178	148 047	177 458	190 923	208 840	221 175
2220 Sur la base de l'impôt sur les revenus	..	..	..	0	0	0	0	0	0	0
2300 A charge des travailleurs indép. ou sans emploi	293	1 112	3 901	7 766	11 777	13 923	16 879	21 545	23 958	25 213
2310 Sur la base du salaire	..	..	..	7 766	11 777	13 923	16 879	21 545	23 958	25 213
2320 Sur la base de l'impôt sur les revenus	..	..	..	0	0	0	0	0	0	0
2400 Non-ventilables entre 2100, 2200 et 2300	0	0	0	0	0	0	0	0	0	0
2410 Sur la base du salaire	..	..	..	..	..	..	..	..	..	..
2420 Sur la base de l'impôt sur les revenus	..	..	..	..	..	..	..	..	..	..
3000 Sur salaires ou main d'oeuvre	**0**	**0**	**0**	**0**	**0**	**0**	**0**	**0**	**1 976**	**2 011**
4000 Impôts sur le patrimoine	**523**	**2 295**	**8 887**	**14 422**	**26 601**	**28 547**	**34 810**	**34 021**	**43 744**	**45 651**
4100 Impôts périodiques sur la propriété immobilière	100	431	2 216	2 724	5 571	7 109	8 879	11 177	14 205	14 748
4110 Ménages	..	431	2 216	2 724	2 149	3 024	3 693	5 437	7 446	7 680
4120 Autres agents	..	0	0	0	3 422	4 085	5 186	5 740	6 759	7 068
4200 Impôts périodiques sur l'actif net	341	1 450	5 118	7 703	12 900	13 193	16 376	14 123	19 897	20 549
4210 Personnes physiques	235	907	3 692	6 869	10 746	12 169	14 039	12 902	15 645	15 968
4220 Sociétés	106	543	1 426	834	2 154	1 024	2 337	1 221	4 252	4 581
4300 Impôts sur mut. par décès, succ. et donations	45	122	446	1 273	2 576	2 377	2 246	295	73	44
4310 Impôts sur mut. par décès et successions	..	122	446	1 273	2 576	2 377	2 246	295	73	44
4320 Impôts sur les donations	..	0	0	0	0	0	0	0	0	0
4400 Impôts sur transact. mobilières et immob.	37	292	1 107	2 722	5 554	5 868	7 309	8 426	9 569	10 310
4500 Impôts non-périodiques	0	0	0	0	0	0	0	0	0	0
4510 Sur l'actif net	..	..	..	..	..	..	..	..	..	..
4520 Autres non-périodiques	..	..	..	..	..	..	..	..	..	..
4600 Autres impôts périodiques sur patrimoine	0	0	0	0	0	0	0	0	0	0
5000 Impôts sur les biens et services	**6 928**	**47 154**	**107 262**	**197 208**	**281 744**	**299 544**	**337 448**	**360 829**	**411 774**	**418 913**
5100 Impôts sur production, vente, transfert, etc.	6 720	45 882	102 901	185 921	266 456	284 646	321 557	342 410	392 783	399 022
5110 Impôts généraux	3 622	24 350	56 656	124 985	189 424	201 802	235 771	256 029	297 918	308 280
5111 Taxes sur la valeur ajoutée	0	24 350	56 656	124 166	188 705	201 184	234 941	255 182	296 900	307 000
Value added tax	..	24 350	56 656	124 166	188 705	201 184	234 941	255 182	296 900	307 000
5112 Impôts sur les ventes	0	0	0	0	719	618	0	0	1 018	1 280
5113 Autres impôts	3 622	0	0	819	0	0	830	847	0	0
5120 Impôts sur biens et services déterminés	3 098	21 532	46 245	60 936	77 032	82 844	85 786	86 381	94 865	90 742
5121 Accises	2 338	14 914	37 453	54 871	71 047	76 328	78 515	78 845	84 000	79 654
Stamp duty on tobacco	392	1 076	3 750	6 806	6 815	7 768	6 375	7 219	6 863	6 313
Taxes on spirits and wines	449	2 013	3 454	5 217	0	0	0	0	0	0
Excise on beer	162	605	2 195	3 650	0	0	0	0	0	0
Excise on petrol	480	2 310	7 057	9 756	8 132	7 373	6 417	5 711	5 535	5 239
Vehicles transfer tax	395	2 761	4 554	10 956	22 898	21 835	22 229	19 355	15 916	14 418
Chocolate and sweets	123	247	551	789	1 078	1 173	1 261	1 324	2 277	1 458
Sugar	0	0	217	230	192	196	201	206	186	191
Non-alcoholic beverages	38	120	487	1 113	1 024	1 739	1 803	1 972	2 964	3 071
Electric energy	89	1 515	3 414	5 091	7 079	8 110	8 656	9 233	12 000	11 393
Oil and gas products	0	3 703	8 729	88	92	98	108	103	114	112
Sales of radio and tv sets	0	163	220	920	0	0	0	0	0	0
Mineral oil	0	113	1 098	490	685	1 419	1 383	1 986	1 851	1 912
Cosmetics	0	0	0	159	0	0	0	0	0	0
Recording equipment	0	0	92	35	0	0	0	0	0	0
Others	210	288	1 635	1 249	1 821	1 965	2 060	2 535	3 015	2 915
Taxes on alcoholic beverages	0	0	0	0	10 338	11 317	12 602	12 969	14 103	14 518
Excise on diesel	0	0	0	4 802	6 424	8 653	10 507	10 267	10 432	10 040
Tax on Co2 emissions, petroleum sector excepted	0	0	0	3 520	4 469	4 682	4 913	5 965	8 744	8 074

	1965	1980	1990	2000	2007	2010	2013	2015	2018	2019
5122 Bénéfices des monopoles fiscaux	31	395	751	2 534	2 902	3 433	3 751	3 869	5 089	5 168
Profits state wine monopoly	31	30	67	41	32	44	36	0	0	0
Norsk tipping	0	365	684	2 493	2 870	3 389	3 715	3 869	5 089	5 168
5123 Droits de douane et droits à l'importation	634	697	1 360	1 944	2 132	2 505	3 111	3 305	3 396	3 480
Customs revenue	615	689	1 305	1 944	2 132	2 505	3 111	3 305	3 396	3 480
Loading and lighthouse dues	11	0	0	0	0	0	0	0	0	0
Other import duties	8	8	55	0	0	0	0	0	0	0
5124 Taxes à l'exportation	7	105	227	0	112	151	177	178	260	322
5125 Impôts sur biens d'équipement	0	4 274	4 454	0	0	0	0	0	0	0
5126 Impôts sur services déterminés	88	195	1 233	1 386	131	114	140	138	2 060	2 058
Excise on race tracks	9	25	15	88	119	114	140	138	136	127
Taxes on specific services	34	49	150	1 298	0	0	0	0	1 924	1 931
Pengelotteriet (national lotteries)	45	121	462	0	0	0	0	0	0	0
Excise on lotto games	0	0	606	0	12	0	0	0	0	0
5127 Autres impôts sur commerce et transact. internat.	0	0	0	0	0	0	0	0	0	0
5128 Autres impôts	0	952	767	201	708	313	92	46	60	60
5130 Non-ventilables entre 5110 et 5120	0	0	0	0	0	0	0	0	0	0
5200 Impôts sur utilisation des biens et exerc. activités	208	1 272	4 361	11 287	15 288	14 898	15 891	18 419	18 991	19 891
5210 Impôts périodiques	208	1 272	4 361	11 287	15 288	13 423	15 603	17 635	17 416	17 554
5211 À la charge des ménages : véhicules à moteur	88	458	1 789	4 435	6 699	7 157	8 007	8 400	7 559	7 613
5212 À la charge autres agents : véhicules à moteur	108	696	2 072	1 346	712	539	494	352	337	335
5213 Autres impôts périodiques	12	118	500	5 506	7 877	5 727	7 102	8 883	9 520	9 606
CO2 tax	0	0	0	3 047	3 385	2 166	3 293	4 906	5 296	5 478
Excise on pharmacies	6	32	59	105	153	80	78	99	61	74
Others	6	86	441	2 354	3 132	3 394	3 666	3 809	4 105	3 989
Tax on emissions of NOX	0	0	0	0	1 207	87	65	69	58	65
5220 Impôts non-périodiques	0	0	0	0	0	1 475	288	784	1 575	2 337
5300 Non-ventilables entre 5100 et 5200	0	0	0	0	0	0	0	0	0	0
6000 Autres impôts	**66**	**8**	**11**	**0**	**0**	**0**	**0**	**0**	**0**	**0**
6100 À la charge exclusive des entreprises	0	3	2	..	..	..	..	..	..	..
6200 À la charge d'autres agents	66	5	9	..	..	..	..	..	..	..
Crédits d'impôts récupérables										
Crédits d'impôts récupérables contre 1210	..	..	..	..	994	1 229	1 576	2 959	4 029	4 200
Composante fiscale	..	..	..	..	350	75	307	484	811	847
Composante transfert	..	..	..	..	644	1 154	1 269	2 475	3 218	3 353
Recettes fiscales totales sur la base d'encaissements	**16 842**	**133 499**	**301 812**	**575 989**	**0**	**0**	**0**	**0**	**1 354 365**	**1 434 405**
Recettes fiscales totales sur la base des droits constatés	**..**	**..**	**..**	**627 989**	**987 278**	**1 083 337**	**1 222 890**	**1 195 354**	**1 399 094**	**1 424 058**
Conciliation avec les comptes nationaux										
Impôts additionnels inclus dans les comptes nationaux	..	..	1 485	2 773	3 288	4 022	4 560	4 674	4 821	4 904
Impôt exclus des comptes nationaux	..	..	..	0	0	0	0	0	0	0
Différence dans les traitements des crédits d'impôts	..	..	..	0	350	75	307	484	811	847
Transfert en capital des recettes non collectées	..	..	..	0	0	0	0	0	0	0
Cotisations de sécurité sociale volontaires	..	..	..	0	0	0	0	0	0	0
Différences diverses	..	..	..	0	0	0	0	0	0	0
Comptes nationaux : impôts et cotisations sociales effectives	..	..	..	630 762	990 916	1 087 434	1 227 757	1 200 512	1 404 726	1 429 809
Cotisations sociales imputées	..	..	..	2 076	2 931	3 164	3 628	3 870	5 467	5 516
Comptes nationaux : impôts et toutes les cotisations sociales	..	..	..	632 838	993 847	1 090 598	1 231 385	1 204 382	1 410 193	1 435 325

.. Non disponible

Note : Year ending 31st December.

From 2000, data are on accrual basis.

Heading 5211: Up to 1971 this item contains motor vehicle licences paid by both households and enterprises.

Heading 5121: From 2006, taxes on alcoholic beverages include both 'taxes on spirits and wines' and 'excise on beer'

Heading 5125: From 1998, revenue from taxes on investments goods is included in item 5121 "Others".

Source : Statistics Norway; National Accounts.

StatLink https://stat.link/xc2ym6

Tableau 5.29. Pologne : recettes fiscales détaillées, 1965-2019

Million PLN

	1965	1980	1990	2000	2007	2010	2013	2015	2018	2019
Recettes fiscales totales	..	..	..	**247 064**	**412 656**	**454 660**	**530 086**	**586 263**	**748 375**	**808 080**
Recettes fiscales totales excluant les taxes collectés pour le compte de l'UE	..	..	..	**247 064**	**410 945**	**452 961**	**527 935**	**583 369**	**744 464**	**803 617**
1000 Impôts sur revenu, bénéfices et gains en capital	..	..	..	**50 268**	**93 795**	**91 026**	**103 567**	**117 078**	**156 984**	**172 539**
1100 Des personnes physiques	..	..	..	32 415	61 471	62 901	74 216	83 974	112 659	121 932
Individual income tax	..	..	..	32 415	61 403	62 818	74 124	83 861	112 503	121 755
Tax on winnings from lottery or gambling	..	..	..	0	68	83	92	113	156	177
1110 Sur le revenu et les bénéfices	..	..	..	..	..	..	..	..	..	..
1120 Sur les gains en capital	..	..	..	..	..	..	..	..	..	..
1200 Des sociétés	..	..	..	17 853	32 324	28 125	29 351	33 104	44 325	50 607
1210 Sur les bénéfices	..	..	..	..	..	..	..	..	..	..
1220 Sur les gains en capital	..	..	..	..	..	..	..	..	..	..
1300 Non-ventilables entre 1100 et 1200	..	..	..	0	0	0	0	0	0	0
2000 Cotisations de sécurité sociale	..	..	..	**97 411**	**141 457**	**157 432**	**204 600**	**225 711**	**280 462**	**305 354**
2100 À la charge des salariés	..	..	..	42 808	52 437	60 790	83 405	92 046	116 919	127 377
2110 Sur la base du salaire	..	..	..	..	..	..	..	..	..	..
2120 Sur la base de l'impôt sur les revenus	..	..	..	..	..	..	..	..	..	..
2200 À la charge des employeurs	..	..	..	41 570	54 874	65 942	80 311	88 490	109 761	118 629
2210 Sur la base du salaire	..	..	..	..	..	..	..	..	..	..
2220 Sur la base de l'impôt sur les revenus	..	..	..	..	..	..	..	..	..	..
2300 A charge des travailleurs indép. ou sans emploi	..	..	..	13 033	34 146	30 700	40 884	45 175	53 782	59 348
2310 Sur la base du salaire	..	..	..	..	..	..	..	..	..	..
2320 Sur la base de l'impôt sur les revenus	..	..	..	..	..	..	..	..	..	..
2400 Non-ventilables entre 2100, 2200 et 2300	..	..	..	0	0	0	0	0	0	0
2410 Sur la base du salaire	..	..	..	..	..	..	..	..	..	..
2420 Sur la base de l'impôt sur les revenus	..	..	..	..	..	..	..	..	..	..
3000 Sur salaires ou main d'oeuvre	..	..	..	**1 628**	**3 081**	**3 720**	**3 998**	**4 028**	**4 720**	**5 928**
Rehabilitation fund contribution	..	..	..	1 508	2 860	3 370	3 633	3 621	4 344	4 737
Wage guarantee fund contribution	..	..	..	120	221	350	365	407	376	424
Receipts from employers' obligatory payments to the Fundusz Solidarnościowy	..	..	..	0	0	0	0	0	0	767
4000 Impôts sur le patrimoine	..	..	..	**10 584**	**17 116**	**19 068**	**23 120**	**24 637**	**27 850**	**28 993**
4100 Impôts périodiques sur la propriété immobilière	..	..	..	8 404	13 515	16 399	20 747	22 206	24 325	25 201
Agricultural tax-local	..	..	..	720	906	969	1 666	1 579	1 486	1 527
Forest tax-local	..	..	..	96	157	165	228	230	304	298
Real estate tax-local	..	..	..	7 588	12 452	15 265	18 853	20 397	22 535	23 376
4110 Ménages	..	..	..	2 348	3 613	4 555	6 289	6 549	7 157	7 436
4120 Autres agents	..	..	..	6 056	9 902	11 844	14 458	15 657	17 168	17 765
4200 Impôts périodiques sur l'actif net	..	..	..	0	0	0	0	0	0	0
4210 Personnes physiques	..	..	..	..	..	..	..	..	..	..
4220 Sociétés	..	..	..	..	..	..	..	..	..	..
4300 Impôts sur mut. par décès, succ. et donations	..	..	..	172	328	290	252	246	299	325
Inheritance and gift tax-local	..	..	..	172	328	290	252	246	299	325
4310 Impôts sur mut. par décès et successions	..	..	..	..	..	..	..	..	..	..
4320 Impôts sur les donations	..	..	..	..	..	..	..	..	..	..
4400 Impôts sur transact. mobilières et immob.	..	..	..	2 008	3 273	2 379	2 121	2 185	3 226	3 467
Tax on civil law transactions and stamp tax	..	..	..	2 008	3 273	2 379	2 121	2 185	3 226	3 467
4500 Impôts non-périodiques	..	..	..	0	0	0	0	0	0	0
4510 Sur l'actif net	..	..	..	..	..	..	..	..	..	..
4520 Autres non-périodiques	..	..	..	..	..	..	..	..	..	..
4600 Autres impôts périodiques sur patrimoine	..	..	..	0	0	0	0	0	0	0
5000 Impôts sur les biens et services	..	..	..	**86 880**	**156 683**	**182 820**	**193 776**	**214 162**	**277 278**	**294 143**
5100 Impôts sur production, vente, transfert, etc.	..	..	..	84 885	151 804	176 044	188 331	206 197	268 295	281 787
5110 Impôts généraux	..	..	..	51 615	97 848	109 717	116 607	125 895	172 264	182 147
5111 Taxes sur la valeur ajoutée	..	..	..	51 615	97 848	109 717	116 607	125 895	172 264	182 147
5112 Impôts sur les ventes	..	..	..	0	0	0	0	0	0	0
5113 Autres impôts	..	..	..	0	0	0	0	0	0	0
Turnover tax, of which:	..	..	..	..	..	..	..	..	..	..
On spirits	..	..	..	..	..	..	..	..	..	..
On fuels	..	..	..	..	..	..	..	..	..	..
On tobacco	..	..	..	..	..	..	..	..	..	..
5120 Impôts sur biens et services déterminés	..	..	..	33 270	53 956	66 327	71 724	80 302	96 031	99 640

	1965	1980	1990	2000	2007	2010	2013	2015	2018	2019
5121 Accises	..	..	..	27 170	49 376	62 016	66 310	70 632	82 140	83 854
On domestic excise products, of which:	..	..	..	24 213	45 752	58 935	60 774	62 442	77 377	79 127
On spirits	..	..	..	4 309	5 000	6 154	7 393	6 655	7 420	8 202
On fuels	..	..	..	11 056	22 128	26 545	28 184	29 874	41 434	43 078
On tobacco	..	..	..	6 143	11 973	17 348	18 126	17 788	19 574	20 752
On beer	..	..	..	1 758	2 975	3 303	3 473	3 547	3 414	3 328
On wine	..	..	..	459	378	315	219	246	213	218
On other products	..	..	..	488	3 298	5 270	3 379	4 332	9 104	3 549
On imported excise products, of which:	..	..	..	2 957	3 624	3 081	5 536	8 190	4 763	4 727
On spirits	..	..	..	90	253	311	279	267	339	400
On fuels	..	..	..	2 031	2 045	1 051	3 481	5 650	1 233	966
On tobacco	..	..	..	18	214	114	62	86	41	45
On beer	..	..	..	26	12	14	43	53	52	64
On wine	..	..	..	71	106	133	149	139	172	181
On other products	..	..	..	721	994	1 458	1 522	1 995	2 926	3 071
5122 Bénéfices des monopoles fiscaux	..	..	..	0	0	0	0	0	0	0
5123 Droits de douane et droits à l'importation	..	..	..	5 038	1 711	1 627	1 977	2 823	3 911	4 463
5124 Taxes à l'exportation	..	..	..	0	0	0	0	0	0	0
5125 Impôts sur biens d'équipement	..	..	..	0	0	0	0	0	0	0
5126 Impôts sur services déterminés	..	..	..	1 062	1 297	1 974	2 534	5 795	8 915	10 211
Taxes and payments of financial institutions	..	..	..	443	189	375	1 077	4 472	2 491	3 076
Gambling tax	..	..	..	619	1 108	1 599	1 457	1 323	1 900	2 319
Tax from some financial institutions	..	..	..	0	0	0	0	0	4 525	4 816
5127 Autres impôts sur commerce et transact. internat.	..	..	..	0	0	0	0	0	0	0
5128 Autres impôts	..	..	..	0	1 572	710	903	1 052	1 065	1 112
5130 Non-ventilables entre 5110 et 5120	..	..	..	0	0	0	0	0	0	0
5200 Impôts sur utilisation des biens et exerc. activités	..	..	..	1 995	4 879	6 776	5 445	7 965	8 983	12 356
5210 Impôts périodiques	..			433	2 383	3 667	3 432	4 317	4 013	4 377
5211 À la charge des ménages : véhicules à moteur	..	..	..	0	0	0	0	0	0	0
5212 À la charge autres agents : véhicules à moteur	..	..	..	0	0	0	0	0	0	0
5213 Autres impôts périodiques	..	..	..	433	2 383	3 667	3 432	4 317	4 013	4 377
5220 Impôts non périodiques	..	..		1 562	2 496	3 109	2 013	3 648	4 970	7 979
5300 Non-ventilables entre 5100 et 5200	..	..	..	0	0	0	0	0	0	0
6000 Autres impôts	**..**	**..**	**..**	**293**	**524**	**594**	**1 025**	**647**	**1 081**	**1 123**
Abolished taxes	..	..	..	0	0	0	0	0	0	0
6100 À la charge exclusive des entreprises	..	..	..	0	0	0	0	0	0	0
6200 À la charge d'autres agents	..	..	..	293	524	594	1 025	647	1 081	1 123
Pour mémoire										
Droits de douane perçus pour le compte de l'UE	..	..	..	..	1 711	1 627	1 977	2 823	3 911	4 463
Recettes fiscales totales sur la base d'encaissements	**..**	**..**	**..**	**..**	**..**	**..**	**..**	**..**	**..**	**..**
Recettes fiscales totales sur la base des droits constatés	**..**	**..**	**..**	**247 064**	**412 656**	**454 660**	**530 086**	**586 263**	**748 375**	**808 080**
Conciliation avec les comptes nationaux										
Impôts additionnels inclus dans les comptes nationaux	..	..	..	..	..	..	..	..	..	..
Impôt exclus des comptes nationaux	..	..	..	..	..	..	..	..	..	..
Différence dans les traitements des crédits d'impôts	..	..	..	..	..	..	..	..	..	..
Transfert en capital des recettes non collectées	..	..	..	1 025	1 371	1 406	2 005	2 229	2 792	3 035
Cotisations de sécurité sociale volontaires	..	..	..	..	..	..	34	49	45	46
Différences diverses	..	..	..	..	..	..	..	..	..	..
Comptes nationaux : impôts et cotisations sociales effectives	..	..	..	246 039	411 285	453 254	528 115	584 083	745 628	805 091
Cotisations sociales imputées	..	..	..	777	10 848	13 841	16 603	17 423	18 322	19 464
Comptes nationaux : impôts et toutes les cotisations sociales	..	..	..	252 943	422 133	467 095	544 718	601 506	763 950	824 555

.. Non disponible

Note : Year ending 31st December.

From 2002, data are on accrual basis.

Source : Ministry of Finance, Economic Department.

StatLink https://stat.link/tqi2ec

Tableau 5.30. Portugal : recettes fiscales détaillées, 1965-2019

Million EUR

	1965	1980	1990	2000	2007	2010	2013	2015	2018	2019
Recettes fiscales totales	**99**	**1 798**	**14 825**	**39 705**	**55 885**	**54 541**	**57 913**	**61 788**	**71 109**	**73 818**
Recettes fiscales totales excluant les taxes collectés pour le compte de l'UE	..	..	**14 675**	**39 501**	**55 695**	**54 363**	**57 769**	**61 630**	**70 752**	**73 465**
1000 Impôts sur revenu, bénéfices et gains en capital	**24**	**355**	**3 805**	**11 691**	**15 546**	**14 585**	**18 664**	**18 762**	**20 114**	**20 242**
1100 Des personnes physiques	..	..	2 350	6 768	9 328	9 637	13 119	13 149	13 312	13 580
Individual income tax	..	..	2 350	6 768	9 328	9 637	13 119	13 149	13 312	13 580
1110 Sur le revenu et les bénéfices	..	..	0	0	0	0	0	0	0	0
1120 Sur les gains en capital	..	..	0	0	0	0	0	0	0	0
1200 Des sociétés	..	..	1 182	4 744	6 128	4 936	5 545	5 614	6 802	6 662
Corporate income tax	..	..	1 088	4 457	5 815	4 670	5 327	5 405	6 494	6 308
Local corporate income tax ("Derrama")	..	..	84	287	313	266	217	208	308	354
Other	..	..	11	0	0	0	0	0	0	0
1210 Sur les bénéfices	..	..	0	0	0	0	0	0	0	0
1220 Sur les gains en capital	..	..	0	0	0	0	0	0	0	0
1300 Non-ventilables entre 1100 et 1200	24	355	273	178	90	12	0	0	0	0
Tax on wages and professional income	2	93	9	0	0	0	0	0	..	..
Industrial tax	7	108	129	0	0	0	0	0	..	..
Tax on income from movable capital	2	71	1	0	0	0	0	0	..	..
Property income tax	3	23	17	0	0	0	0	0	..	..
Agricultural income tax	0	0	1	0	0	0	0	0	..	..
Complementary income ax	4	43	58	0	0	0	0	0	..	..
Tax on capital gains	0	3	1	0	0	0	0	0	..	..
Taxes abolished by DL 442-A/88 and DL 442-B/88	0	0	0	0	0	0	0	0	..	..
Other	6	15	58	178	90	12	0	0	..	..
2000 Cotisations de sécurité sociale	**22**	**531**	**4 026**	**10 168**	**14 305**	**15 462**	**15 139**	**16 182**	**19 131**	**20 550**
2100 À la charge des salariés	8	203	1 470	4 286	6 344	6 670	6 403	6 992	7 691	8 172
2110 Sur la base du salaire	8	203	1 470	4 286	6 344	6 670	6 403	6 992	7 691	8 172
Compulsory employee's social contributions	8	203	1 470	4 286	6 344	6 670	6 403	6 992	7 691	8 172
2120 Sur la base de l'impôt sur les revenus	0	0	0	0	0	0	0	0	0	0
2200 À la charge des employeurs	13	318	2 413	5 882	7 961	8 792	8 736	9 191	11 441	12 377
2210 Sur la base du salaire	13	318	2 413	5 882	7 961	8 792	8 736	9 191	11 441	12 377
Employers' social contributions	13	318	2 413	5 882	7 961	8 792	8 736	9 191	11 441	12 377
2220 Sur la base de l'impôt sur les revenus	0	0	0	0	0	0	0	0	0	0
2300 A charge des travailleurs indép. ou sans emploi	0	10	143	0	0	0	0	0	0	0
Compulsory social contributions by self-employed	0	10	143	..	..	..	..	..	..	..
2310 Sur la base du salaire	..	..	0	..	..	..	..	..	..	..
2320 Sur la base de l'impôt sur les revenus	..	..	0	..	..	..	..	..	..	..
2400 Non-ventilables entre 2100, 2200 et 2300	0	0	0	0	0	0	0	..	0	0
2410 Sur la base du salaire	..	..	..	..	..	..	..	..	..	..
2420 Sur la base de l'impôt sur les revenus	..	..	..	..	..	..	..	..	..	..
3000 Sur salaires ou main d'oeuvre	**1**	**47**	**0**	**0**	**0**	**0**	**0**	**0**	**0**	**0**
Contributions for Unemployment Fund	1	47	..	..	..	..	..	..	..	..
Stamp duty on wages and salaries	0	0	..	..	..	..	..	..	..	..
4000 Impôts sur le patrimoine	**5**	**26**	**402**	**1 468**	**2 330**	**2 028**	**1 915**	**2 307**	**2 965**	**3 046**
4100 Impôts périodiques sur la propriété immobilière	0	0	133	508	1 008	1 112	1 339	1 535	1 644	1 664
Real estate tax	..	..	133	508	1 008	1 112	1 339	1 535	1 644	1 664
4110 Ménages	..	..	0	0	0	0	0	0	0	0
4120 Autres agents	..	..	0	0	0	0	0	0	0	0
4200 Impôts périodiques sur l'actif net	0	0	0	0	0	0	0	0	0	0
4210 Personnes physiques	..	..	..	..	..	..	..	..	..	..
4220 Sociétés	..	..	..	..	..	..	..	..	..	..
4300 Impôts sur mut. par décès, succ. et donations	2	4	74	103	10	85	2	0	0	0
Inheritance and gift taxes	2	4	74	103	10	85	2	..	0	0
4310 Impôts sur mut. par décès et successions	..	..	0	103	10	85	2	..	0	0
4320 Impôts sur les donations	..	..	0	0	0	0	0	..	0	0
4400 Impôts sur transact. mobilières et immob.	2	21	195	857	1 312	831	575	772	1 321	1 383
Real estate transfer tax	2	21	195	674	973	595	356	569	976	1 011
Stamp duty on registrations and mortgages	0	0	0	34	45	35	28	49	15	17
Stamp duty on the raising of capital	0	0	0	0	9	1	0	0	0	0
Stamp duty on real estate transactions	0	0	0	150	285	201	191	154	330	355
4500 Impôts non-périodiques	0	0	0	0	0	0	0	0	0	0
4510 Sur l'actif net	..	..	..	..	..	..	..	..	..	..
4520 Autres non-périodiques	..	..	..	..	..	..	..	..	..	..
4600 Autres impôts périodiques sur patrimoine	0	0	0	0	0	0	0	0	0	0
5000 Impôts sur les biens et services	**47**	**837**	**6 555**	**16 155**	**23 166**	**22 023**	**21 554**	**23 957**	**28 224**	**29 407**
5100 Impôts sur production, vente, transfert, etc.	44	810	6 440	15 847	22 708	21 433	20 727	23 094	27 022	28 070
5110 Impôts généraux	0	290	2 906	9 733	14 333	13 527	13 710	15 368	17 868	18 786
5111 Taxes sur la valeur ajoutée	0	0	2 899	9 733	14 333	13 527	13 710	15 368	17 868	18 786
VAT	..	..	2 899	9 733	14 333	13 527	13 710	15 368	17 868	18 786

	1965	1980	1990	2000	2007	2010	2013	2015	2018	2019
5112 Impôts sur les ventes	0	290	7	0	0	0	0	0	0	0
General sales tax	..	290	7	..	..	..	..	..	..	..
5113 Autres impôts	0	0	0	0	0	0	0	0	0	0
5120 Impôts sur biens et services déterminés	44	519	3 534	6 113	8 374	7 906	7 017	7 726	9 154	9 284
5121 Accises	15	295	2 052	4 496	5 937	5 653	4 677	5 211	6 230	6 195
Excise duties on tobacco	3	62	362	1 077	1 165	1 496	1 387	1 357	1 577	1 484
Excise duties on beer	1	0	55	87	97	80	75	75	90	95
Tax on motor vehicle sales	1	59	304	1 239	1 221	832	360	585	785	743
Tax on oil products	6	166	1 251	1 969	3 320	3 126	2 740	3 069	3 546	3 642
Excise duties on alcoholic beverages	0	0	23	123	126	112	108	115	137	145
Excise duties on alcohol	0	0	0	1	1	1	1	0	1	1
Tax on sugary soft drinks	0	0	0	0	0	0	0	0	74	60
Other	4	7	59	0	6	6	4	11	21	25
5122 Bénéfices des monopoles fiscaux	0	0	0	261	521	425	538	582	746	775
5123 Droits de douane et droits à l'importation	21	96	511	204	190	177	144	158	224	229
Import levies	14	36	392	0	0	0	0	0	0	0
Import surtax	0	26	1	0	0	0	0	0	0	0
Agricultural Levies	..	..	0	30	29	20	25	0	0	0
Levy on sugar and isoglucse	..	..	0	4	5	0	0	0	0	0
Other	6	34	119	0	0	0	0	0	0	0
Custom duties collected for the EU	..	..	0	170	156	157	119	158	224	229
5124 Taxes à l'exportation	0	0	0	0	0	0	0	0	0	0
Taxes on Oporto wine exports	0	0	..	..	..	..	..	..	..	..
Other	0	0	..	..	..	..	..	..	..	..
5125 Impôts sur biens d'équipement	0	0	0	0	0	0	0	0	0	0
5126 Impôts sur services déterminés	1	38	547	1 116	1 679	1 539	1 493	1 523	1 738	1 852
Tax on insurance premiums	0	6	47	131	170	215	200	218	259	281
Stamp duty on bank transactions	1	24	405	330	694	619	508	464	539	581
Stamp duty on debt related operations, interest and leasing of buildings	0	0	22	258	386	293	212	144	132	142
Stamp duty on insurance premiums	0	0	0	248	335	325	308	313	373	402
Bank levies	0	0	0	100	48	46	238	353	380	378
Other	2	8	73	47	46	40	29	30	55	69
5127 Autres impôts sur commerce et transact. internat.	0	0	0	0	0	0	0	0	0	0
5128 Autres impôts	6	91	424	36	48	111	166	251	216	233
Stamp taxes (miscellaneous)	6	91	424	36	48	111	166	251	216	233
Other	0	0	0	0	0	0	0	0	0	0
5130 Non-ventilables entre 5110 et 5120	0	0	0	0	0	0	0	0	0	0
5200 Impôts sur utilisation des biens et exerc. activités	4	27	115	267	427	573	802	850	1 188	1 331
5210 Impôts périodiques	4	27	115	267	427	573	768	770	970	1 090
5211 À la charge des ménages : véhicules à moteur	0	4	15	55	94	139	225	209	226	235
Local tax on vehicles	..	4	15	55	94	139	225	209	226	235
5212 À la charge autres agents : véhicules à moteur	2	10	20	67	132	180	303	330	424	460
Local tax on vehicles	0	2	6	0	0	0	0	0	0	0
Road taxes	2	8	14	67	132	180	303	330	424	460
5213 Autres impôts périodiques	2	13	80	145	202	255	240	232	320	396
Gambling tax	0	3	72	110	140	143	107	108	163	221
Tax on the use, carrying and possession of weapons	0	0	1	3	6	4	7	5	9	8
Tax on motor vehicles - compensation	2	8	0	0	0	0	0	0	0	0
Hunting and fishery licenses	0	1	4	1	7	12	12	13	14	13
Fee for the use of water resources	0	0	0	0	2	19	23	19	20	36
Other	0	1	2	31	47	76	92	88	114	117
5220 Impôts non-périodiques	0	0	0	0	0	0	34	80	218	240
Special tax on motor vehicles	..	..	0	..	..	..	0	0	0	0
Emissions Permits	..	..	0	..	..	..	34	80	218	240
5300 Non-ventilables entre 5100 et 5200	0	0	0	41	31	17	25	13	14	6
Miscellaneous taxes on production	..	..	..	41	31	17	25	13	14	6
6000 Autres impôts	**0**	**3**	**37**	**224**	**539**	**442**	**641**	**580**	**675**	**573**
6100 À la charge exclusive des entreprises	0	2	17	90	200	210	214	341	410	317
General services and licenses granted to corporations	0	2	17	90	200	210	214	341	410	317
6200 À la charge d'autres agents	0	0	20	134	339	231	427	239	265	256
Fees collected by courts of justice	0	0	0	128	328	215	401	237	264	254
Miscellaneous taxes	0	0	20	5	11	17	25	1	1	2
Pour mémoire										
Droits de douane perçus pour le compte de l'UE	..	..	..	170	156	157	119	158	224	229
Contributions au Fonds de résolution unique collectées pour le compte de l'UE	..	..	..	..	..	..	..	..	132	124
Recettes fiscales totales sur la base d'encaissements	**99**	**1 798**	**14 825**	..	..	..	..	..	..	..
Recettes fiscales totales sur la base des droits constatés	..	..	..	**39 705**	**55 885**	**54 541**	**57 913**	**61 788**	**71 109**	**73 818**

	1965	1980	1990	2000	2007	2010	2013	2015	2018	2019
Conciliation avec les comptes nationaux										
Impôts additionnels inclus dans les comptes nationaux	..	..	..	5	7	14	14	18	19	20
Impôt exclus des comptes nationaux	..	..	0	0	0	0	0	0	0	0
Différence dans les traitements des crédits d'impôts	..	..	0	0	0	0	0	0	0	0
Transfert en capital des recettes non collectées	..	..	0	0	0	0	0	0	0	0
Cotisations de sécurité sociale volontaires	..	..	0	0	0	0	0	0	0	0
Différences diverses	..	..	0	0	0	0	0	0	0	0
Comptes nationaux : impôts et cotisations sociales effectives	..	..	..	39 710	55 892	54 555	57 927	61 806	71 127	73 838
Cotisations sociales imputées	..	..	..	3 292	5 592	5 906	5 311	4 602	4 728	4 725
Comptes nationaux : impôts et toutes les cotisations sociales	..	..	..	43 002	61 484	60 461	63 238	66 408	75 856	78 563

.. Non disponible

Note : Fiscal year ending 31 December.
From 1995, data are on accrual basis.

Source : Instituto Nacionale de Estatistica; Conta do Estado, Contas de Gerência dos Fundos e Serviços Autonomos da Administraçao Central; Estatisticas das Financas publicas; Relatorio do Instituto de Gestao Financeira da Seguranta Social, Contas de Gerência das Regioes Autonomas da Madeira e dos Atores.

StatLink https://stat.link/91nf60

Tableau 5.31. République slovaque : recettes fiscales détaillées, 1965-2019

Million EUR

	1965	1980	1990	2000	2007	2010	2013	2015	2018	2019
Recettes fiscales totales	**..**	**..**	**..**	**10 648**	**18 456**	**19 159**	**23 082**	**26 049**	**30 558**	**32 462**
Recettes fiscales totales excluant les taxes collectés pour le compte de l'UE	**..**	**..**	**..**	**10 648**	**18 321**	**19 016**	**22 967**	**25 930**	**30 402**	**32 316**
1000 Impôts sur revenu, bénéfices et gains en capital	**..**	**..**	**..**	**2 181**	**3 844**	**3 601**	**4 471**	**5 542**	**6 370**	**6 628**
1100 Des personnes physiques	..	..	..	1 055	1 820	1 790	2 175	2 464	3 218	3 535
1110 Sur le revenu et les bénéfices	..	..	..	1 055	1 820	1 790	2 175	2 464	3 218	3 535
Wages and salaries withholding	..	..	..	0	0	0	0	0	0	0
Of unicorporated individuals	..	..	..	0	0	0	0	0	0	0
1120 Sur les gains en capital	..	..	..	0	0	0	0	0	0	0
1200 Des sociétés	..	..	..	813	1 835	1 659	2 118	2 917	2 943	2 848
1210 Sur les bénéfices	..	..	..	0	0	0	0	0	0	0
1220 Sur les gains en capital	..	..	..	0	0	0	0	0	0	0
1300 Non-ventilables entre 1100 et 1200	..	..	..	314	189	152	178	162	209	246
2000 Cotisations de sécurité sociale	**..**	**..**	**..**	**4 409**	**7 244**	**8 154**	**9 847**	**10 897**	**13 147**	**14 085**
2100 À la charge des salariés	..	..	..	901	1 700	2 077	2 238	2 410	3 263	3 435
Retirement	..	..	..	0	0	0	0	0	0	0
State employment policy	..	..	..	0	0	0	0	0	0	0
Health insurance	..	..	..	0	0	0	0	0	0	0
Sick leave	..	..	..	0	0	0	0	0	0	0
2110 Sur la base du salaire	..	..	..	901	1 700	2 077	2 238	2 410	3 263	3 435
2120 Sur la base de l'impôt sur les revenus	..	..	..	0	0	0	0	0	0	0
2200 À la charge des employeurs	..	..	..	2 850	3 914	4 579	5 556	6 319	7 782	8 539
Retirement	..	..	..	0	0	0	0	0	0	0
State employment policy	..	..	..	0	0	0	0	0	0	0
Health insurance	..	..	..	0	0	0	0	0	0	0
Sick leave	..	..	..	0	0	0	0	0	0	0
2210 Sur la base du salaire	..	..	..	2 850	3 914	4 579	5 556	6 319	7 782	8 539
2220 Sur la base de l'impôt sur les revenus	..	..	..	0	0	0	0	0	0	0
2300 A charge des travailleurs indép. ou sans emploi	..	..	..	658	1 631	1 498	2 054	2 168	2 103	2 111
Retirement	..	..	..	0	0	0	0	0	0	0
State employment policy	..	..	..	0	0	0	0	0	0	0
Health insurance	..	..	..	0	0	0	0	0	0	0
Sick leave	..	..	..	0	0	0	0	0	0	0
2310 Sur la base du salaire	..	..	..	658	1 631	1 498	2 054	2 168	2 103	2 111
2320 Sur la base de l'impôt sur les revenus	..	..	..	0	0	0	0	0	0	0
2400 Non-ventilables entre 2100, 2200 et 2300	..	..	..	0	0	0	0	0	0	0
2410 Sur la base du salaire	..	..	..	..	..	..	..	..	..	..
2420 Sur la base de l'impôt sur les revenus	..	..	..	..	..	..	..	..	..	..
3000 Sur salaires ou main d'oeuvre	**..**	**..**	**..**	**0**	**0**	**0**	**0**	**0**	**0**	**0**
4000 Impôts sur le patrimoine	**..**	**..**	**..**	**194**	**245**	**277**	**327**	**335**	**369**	**378**
4100 Impôts périodiques sur la propriété immobilière	..	..	..	143	243	277	327	335	369	378
4110 Ménages	..	..	..	28	22	25	28	29	31	35
4120 Autres agents	..	..	..	114	222	252	299	306	338	343
4200 Impôts périodiques sur l'actif net	..	..	..	0	0	0	0	0	0	0
4210 Personnes physiques	..	..	..	..	..	..	..	..	..	..
4220 Sociétés	..	..	..	..	..	..	..	..	..	..
4300 Impôts sur mut. par décès, succ. et donations	..	..	..	8	0	0	0	0	0	0
4310 Impôts sur mut. par décès et successions	..	..	..	3	0	0	0	0	0	..
4320 Impôts sur les donations	..	..	..	5	0	0	0	0	0	..
4400 Impôts sur transact. mobilières et immob.	..	..	..	43	1	0	0	0	0	0
Real property transfer tax	..	..	..	30	1	0	0	0	0	0
4500 Impôts non-périodiques	..	..	..	0	0	0	0	0	0	0
4510 Sur l'actif net	..	..	..	..	..	..	..	..	..	..
4520 Autres non-périodiques	..	..	..	..	..	..	..	..	..	..
4600 Autres impôts périodiques sur patrimoine	..	..	..	0	0	0	0	0	0	0
5000 Impôts sur les biens et services	**..**	**..**	**..**	**3 864**	**7 123**	**7 127**	**8 436**	**9 275**	**10 671**	**11 371**
5100 Impôts sur production, vente, transfert, etc.	..	..	..	3 631	6 680	6 673	7 780	8 573	9 913	10 525
5110 Impôts généraux	..	..	..	2 168	4 147	4 182	4 696	5 423	6 319	6 830
5111 Taxes sur la valeur ajoutée	..	..	..	2 100	4 147	4 182	4 606	5 423	6 310	6 830
5112 Impôts sur les ventes	..	..	..	0	0	0	0	0	0	0
5113 Autres impôts	..	..	..	0	0	0	0	0	0	0
5120 Impôts sur biens et services déterminés	..	..	..	1 464	2 433	2 391	3 084	3 151	3 594	3 695

	1965	1980	1990	2000	2007	2010	2013	2015	2018	2019
5121 Accises	..	..	..	971	2 171	2 081	2 462	2 567	2 810	2 839
On hydrocarbon fuels and lubricants	..	..	..	617	1 118	1 032	1 045	1 139	1 267	1 289
On alcohol and liquers	..	..	..	143	201	197	201	205	221	218
On beer	..	..	..	43	66	56	56	57	60	59
On wine	..	..	..	12	4	4	4	4	5	5
On tobacco products	..	..	..	156	783	602	636	665	728	767
On electricity	..	..	..	0	0	16	17	13	11	12
On coal	..	..	..	0	0	1	1	0	0	0
On natural gas	..	..	..	0	0	24	25	23	24	23
5122 Bénéfices des monopoles fiscaux	..	..	..	0	0	0	0	0	0	0
5123 Droits de douane et droits à l'importation	..	..	..	437	136	143	115	119	137	127
Customs duties	..	..	..	122	136	143	115	119	137	127
Import surcharges	..	..	..	315	0	0	0	0	0	0
Other customs revenues	..	..	..	0	0	0	0	0	0	0
5124 Taxes à l'exportation	..	..	..	0	0	0	0	0	0	0
5125 Impôts sur biens d'équipement	..	..	..	0	0	0	6	2	3	3
5126 Impôts sur services déterminés	..	..	..	55	125	167	501	462	644	726
5127 Autres impôts sur commerce et transact. internat.	..	..	..	0	0	0	0	0	0	0
5128 Autres impôts	..	..	..	0	0	0	0	0	0	0
5130 Non-ventilables entre 5110 et 5120	..	..	..	0	0	0	0	0	0	0
5200 Impôts sur utilisation des biens et exerc. activités	..	..	..	231	438	421	505	549	597	666
5210 Impôts périodiques	..	..	..	219	372	384	466	470	506	523
5211 À la charge des ménages : véhicules à moteur	..	..	..	0	0	0	0	0	0	0
5212 À la charge autres agents : véhicules à moteur	..	..	..	93	153	153	198	204	232	233
5213 Autres impôts périodiques	..	..	..	127	219	231	268	266	273	290
5220 Impôts non-périodiques	..	..	..	12	66	37	39	79	92	142
5300 Non-ventilables entre 5100 et 5200	..	..	..	2	105	134	151	153	161	181
6000 Autres impôts	**..**	**..**	**..**	**0**	**0**	**0**	**0**	**0**	**0**	**0**
6100 À la charge exclusive des entreprises	..	..	..	..	..	..	..	..	..	..
6200 À la charge d'autres agents	..	..	..	..	..	..	..	..	..	..
Pour mémoire										
Droits de douane perçus pour le compte de l'UE	..	..	..	..	136	143	115	119	137	127
Contributions au Fonds de résolution unique collectées pour le compte de l'UE	..	..	..	..	..	..	..	..	19	19
Crédits d'impôts récupérables										
Crédits d'impôts récupérables contre 1110	..	..	..	..	252	276	265	261	269	338
Composante fiscale	..	..	..	..	..	..	..	..	..	..
Composante transfert	..	..	..	..	..	..	..	..	..	..
Crédits d'impôts récupérables contre 1210	..	..	..	..	0	0	0	0	0	0
Composante fiscale	..	..	..	..	..	..	..	..	..	..
Composante transfert	..	..	..	..	..	..	..	..	..	..
Recettes fiscales totales sur la base d'encaissements	**..**	**..**	**..**	**10 843**	**18 033**	**18 358**	**22 082**	**25 757**	**29 647**	**31 308**
Recettes fiscales totales sur la base des droits constatés	**..**	**..**	**..**	**10 648**	**18 456**	**19 159**	**23 082**	**26 049**	**30 558**	**32 462**
Conciliation avec les comptes nationaux										
Impôts additionnels inclus dans les comptes nationaux	..	..	..	53	33	47	0	43	3	4
Impôt exclus des comptes nationaux	..	..	..	0	-103	-131	-148	-149	-158	-178
Différence dans les traitements des crédits d'impôts	..	..	..	0	0	0	0	0	0	0
Transfert en capital des recettes non collectées	..	..	..	0	0	0	0	0	0	0
Cotisations de sécurité sociale volontaires	..	..	..	0	22	31	17	11	11	11
Différences diverses	..	..	..	0	0	0	0	0	0	0
Comptes nationaux : impôts et cotisations sociales effectives	..	..	..	10 702	18 409	19 106	22 951	25 953	30 414	32 300
Cotisations sociales imputées	..	..	..	19	80	143	147	171	188	219
Comptes nationaux : impôts et toutes les cotisations sociales	..	..	..	10 721	18 488	19 250	23 098	26 124	30 602	32 518

.. Non disponible

Note : Year ending 31st December.

Data are on accrual basis.

Source : Ministry of Finance.

StatLink https://stat.link/s1rjl4

Tableau 5.32. Slovénie : recettes fiscales détaillées, 1965-2019

Million EUR

	1965	1980	1990	2000	2007	2010	2013	2015	2018	2019
Recettes fiscales totales	..	..	..	**7 117**	**13 352**	**13 756**	**13 576**	**14 496**	**17 094**	**17 988**
Recettes fiscales totales excluant les taxes collectés pour le compte de l'UE	..	..	..	**7 117**	**13 267**	**13 696**	**13 524**	**14 428**	**17 026**	**17 917**
1000 Impôts sur revenu, bénéfices et gains en capital	..	..	..	**1 280**	**3 041**	**2 692**	**2 285**	**2 547**	**3 348**	**3 505**
1100 Des personnes physiques	..	..	..	1 041	1 919	2 020	1 849	1 977	2 460	2 548
1110 Sur le revenu et les bénéfices	..	..	..	1 039	1 916	2 017	1 847	1 974	2 457	2 545
Personal income tax	..	..	..	1 039	1 916	2 017	1 847	1 974	2 457	2 545
Special contribution for the reconstruction of the Posocje region	..	..	..	0	0	0	0	0	0	0
1120 Sur les gains en capital	..	..	..	2	3	3	3	3	3	3
Taxes on winnings from lottery and gambling	..	..	..	2	3	3	3	3	3	3
1200 Des sociétés	..	..	..	216	1 116	668	433	568	886	954
1210 Sur les bénéfices	..	..	..	216	1 116	668	433	568	886	954
1220 Sur les gains en capital	..	..	..	0	0	0	0	0	0	0
1300 Non-ventilables entre 1100 et 1200	..	..	..	24	5	4	3	2	2	3
Tax on income - copy rights, patents and trademarks	..	..	..	24	5	4	2	2	2	2
Tax on profits due to changes in land use	..	..	..	0	0	0	0	0	0	0
2000 Cotisations de sécurité sociale	..	..	..	**2 824**	**5 046**	**5 761**	**5 647**	**5 983**	**7 081**	**7 587**
2100 À la charge des salariés	..	..	..	1 447	2 490	2 785	2 637	2 910	3 490	3 751
2110 Sur la base du salaire	..	..	..	1 447	2 490	2 785	2 637	2 910	3 490	3 751
2120 Sur la base de l'impôt sur les revenus	..	..	..	0	0	0	0	0	0	0
2200 À la charge des employeurs	..	..	..	1 012	1 852	2 070	2 022	2 135	2 590	2 781
2210 Sur la base du salaire	..	..	..	1 012	1 852	2 070	2 022	2 135	2 590	2 781
2220 Sur la base de l'impôt sur les revenus	..	..	..	0	0	0	0	0	0	0
2300 A charge des travailleurs indép. ou sans emploi	..	..	..	365	705	906	988	938	1 001	1 055
2310 Sur la base du salaire	..	..	..	365	705	906	988	938	1 001	1 055
2320 Sur la base de l'impôt sur les revenus	..	..	..	0	0	0	0	0	0	0
2400 Non-ventilables entre 2100, 2200 et 2300	..	..	..	0	0	0	0	0	0	0
2410 Sur la base du salaire	..	..	..	..	..	..	..	..	..	..
2420 Sur la base de l'impôt sur les revenus	..	..	..	..	..	..	..	..	..	..
3000 Sur salaires ou main d'oeuvre	..	..	..	**289**	**418**	**28**	**23**	**20**	**22**	**23**
Payroll tax	..	..	..	272	391	0	0	0	0	0
Tax on work contracts	..	..	..	18	27	28	23	20	22	23
4000 Impôts sur le patrimoine	..	..	..	**120**	**206**	**222**	**232**	**241**	**276**	**299**
4100 Impôts périodiques sur la propriété immobilière	..	..	..	81	140	173	199	199	223	235
4110 Ménages	..	..	..	17	38	46	61	56	65	70
Property tax on weekend cottages	..	..	..	1	1	1	1	1	0	1
Compensation on the use of building ground - paid by individuals	..	..	..	16	37	45	48	56	64	68
Tax on immovable property of higher value	..	..	..	0	0	0	13	0	0	0
4120 Autres agents	..	..	..	65	102	127	138	142	158	165
Property tax on buildings	..	..	..	2	3	3	4	4	3	9
Compensation on the use of building ground - paid by legal entities	..	..	..	63	100	124	134	139	155	156
4200 Impôts périodiques sur l'actif net	..	..	..	4	0	0	0	0	0	0
4210 Personnes physiques	..	..	..	0	..	..	..	..	..	..
4220 Sociétés	..	..	..	4	..	..	..	..	..	..
Tax on balance wealth paid by banks	..	..	..	4	..	..	..	..	..	..
4300 Impôts sur mut. par décès, succ. et donations	..	..	..	2	9	14	8	8	10	16
4310 Impôts sur mut. par décès et successions	..	..	..	..	..	..	..	..	..	..
4320 Impôts sur les donations	..	..	..	..	..	..	..	..	..	..
4400 Impôts sur transact. mobilières et immob.	..	..	..	23	57	32	23	29	40	44
Taxes on the sale of immovable property - from legal entities	..	..	..	11	19	7	5	7	7	9
Taxes on the sale of immovable property - from individuals	..	..	..	12	38	25	18	23	33	36
4500 Impôts non-périodiques	..	..	..	10	0	2	1	4	3	3
4510 Sur l'actif net	..	..	..	0	..	0	0	0	0	0
4520 Autres non-périodiques	..	..	..	10	..	2	1	4	3	3
Payments for the change of use of agricultural and forest land	..	..	..	10	..	0	1	2	1	2
Granting of easements and the creation of building rights	..	..	..	0	..	2	1	3	2	1
4600 Autres impôts périodiques sur patrimoine	..	..	..	0	0	0	0	0	0	0
Property tax on boats	..	..	..	0	0	0	0	0	0	0
5000 Impôts sur les biens et services	..	..	..	**2 602**	**4 641**	**5 053**	**5 389**	**5 706**	**6 367**	**6 575**
5100 Impôts sur production, vente, transfert, etc.	..	..	..	2 481	4 426	4 838	5 049	5 329	5 969	6 113
5110 Impôts généraux	..	..	..	1 641	2 916	2 927	3 048	3 222	3 768	3 891

	1965	1980	1990	2000	2007	2010	2013	2015	2018	2019
5111 Taxes sur la valeur ajoutée	..	..	..	1 610	2 916	2 927	3 048	3 222	3 768	3 891
Value added tax	..	..	..	1 598	2 898	2 924	3 044	3 218	3 763	3 886
Negative compensation of farmers in a VAT flat rate system	..	..	..	12	18	3	4	4	4	5
5112 Impôts sur les ventes	..	..	..	8	0	0	0	0	0	0
Customs duties paid by individuals	..	..	..	1	..	..	..	..	..	..
Special import duties and customs charges	..	..	..	7	..	..	..	..	..	..
5113 Autres impôts	..	..	..	23	0	0	0	0	0	0
Turnover tax on goods	..	..	..	11	..	..	..	..	..	..
Turnover tax on services	..	..	..	12	..	..	..	..	..	..
Special turnover tax on alcohol	..	..	..	0	..	..	..	..	..	..
5120 Impôts sur biens et services déterminés	..	..	..	841	1 510	1 911	2 001	2 107	2 202	2 223
5121 Accises	..	..	..	581	1 196	1 555	1 579	1 626	1 679	1 671
Alcohol and alcoholic drinks	..	..	..	39	71	89	96	108	119	122
Mineral oil and gas	..	..	..	405	758	1 016	998	1 033	1 066	1 053
Tobacco	..	..	..	97	301	391	425	419	420	419
Duty free shops - alcohol and alcoholic drinks	..	..	..	3	0	0	0	0	0	0
Duty free shops - tobacco	..	..	..	17	0	0	0	0	0	0
Electric power and coal	..	..	..	0	4	19	31	34	32	32
Tax on the sales of new motor vehicles	..	..	..	18	60	40	26	26	34	37
Tax on the sales of used motor vehicles	..	..	..	2	2	0	0	0	0	0
Additional tax on motor vehicles	..	..	..	0	0	0	3	6	8	8
5122 Bénéfices des monopoles fiscaux	..	..	..	0	0	0	0	0	0	0
5123 Droits de douane et droits à l'importation	..	..	..	158	85	60	53	53	58	62
Import duties	..	..	..	151	0	0	0	0	0	0
Levies on imported agricultural products	..	..	..	7	0	0	0	0	0	0
Custom duties collected for the EU	..	..	..	0	85	60	53	53	58	62
5124 Taxes à l'exportation	..	..	..	0	0	0	0	0	0	0
5125 Impôts sur biens d'équipement	..	..	..	0	0	0	0	0	0	0
5126 Impôts sur services déterminés	..	..	..	102	230	296	369	428	464	490
Tax on special gambling (gambling in casinos)	..	..	..	25	64	53	41	48	45	46
Tax on classical gambling (lottery...)	..	..	..	1	3	3	3	3	3	3
Special tax on slot machines	..	..	..	4	0	0	0	0	0	0
Tax on insurance services	..	..	..	37	65	69	65	82	94	101
Sojourn tax	..	..	..	3	7	7	8	11	18	25
Concessions	..	..	..	1	29	40	90	79	67	77
Concessions duties on special gambling (in casinos)	..	..	..	26	55	47	38	37	38	39
Fire protection tax	..	..	..	4	6	7	8	8	8	9
Tax on lottery tickets	..	..	..	0	0	0	3	17	18	20
Tax on financial services	..	..	..	0	0	0	32	57	76	71
FIHO, FSO	..	..	..	0	0	25	26	27	25	26
SOS	..	..	..	0	0	23	10	11	12	12
Tax on balance wealth paid by banks	..	..	..	0	0	0	18	2	0	0
Commodity reserve fund	..	..	..	0	0	21	27	32	30	31
Deposit guarantee Fund, Single Resolution Fund	..	..	..	..	..	..	..	16	29	30
5127 Autres impôts sur commerce et transact. internat.	..	..	..	0	0	0	0	0	0	0
5128 Autres impôts	..	..	..	0	0	0	0	0	0	0
Sugar levy	..	..	..	..	0	..	..	..	..	..
5130 Non-ventilables entre 5110 et 5120	..	..	..	0	0	0	0	0	0	0
5200 Impôts sur utilisation des biens et exerc. activités	..	..	..	121	215	215	340	377	398	462
5210 Impôts périodiques	..	..	..	121	215	215	321	353	373	395
5211 À la charge des ménages : véhicules à moteur	..	..	..	49	87	86	109	118	125	127
Registration fees on motor vehicles, boats and airplanes paid by individuals	..	..	..	49	87	86	109	118	125	127
5212 À la charge autres agents : véhicules à moteur	..	..	..	12	21	20	24	27	31	33
Registration fees on motor vehicles, boats and airplanes paid by legal entities	..	..	..	12	21	20	24	27	31	33
Registration fees on tractors	..	..	..	0	0	0	0	0	0	0
5213 Autres impôts périodiques	..	..	..	59	107	110	187	208	217	236
Charges on the use of water	..	..	..	4	22	23	29	32	31	32
Taxes on waste pollution	..	..	..	7	10	3	2	2	1	1
Taxes on air pollution - caused by gas and hard fuels	..	..	..	3	8	10	10	13	15	15
Cont. of nuclear power plant to finance its de-composition	..	..	..	16	8	8	8	8	8	8
Indemnity for the restricted use of area on the territory of nuclear power plant	..	..	..	0	7	10	11	12	12	12
Taxes on air pollution	..	..	..	29	21	23	98	114	126	145
Special water tax	..	..	..	0	30	33	29	27	23	22
5220 Impôts non-périodiques	..	..	..	0	0	0	19	24	25	66
Emission permits	..	..	..	..	..	..	19	24	25	66
5300 Non-ventilables entre 5100 et 5200	..	..	..	0	0	0	0	0	0	0
6000 Autres impôts	**..**	**..**	**..**	**0**	**0**	**0**	**0**	**0**	**0**	**0**
6100 À la charge exclusive des entreprises	..	..	..	..	..	..	..	..	..	..

	1965	1980	1990	2000	2007	2010	2013	2015	2018	2019
Pour mémoire										
Droits de douane perçus pour le compte de l'UE	..	..	..	..	85	60	53	53	58	62
Contributions au Fonds de résolution unique collectées pour le compte de l'UE	..	..	..	..	..	..	..	16	10	9
Recettes fiscales totales sur la base d'encaissements	**..**	**..**	**..**	**7 135**	**13 140**	**13 605**	**13 485**	**14 560**	**17 135**	**18 126**
Recettes fiscales totales sur la base des droits constatés	**..**	**..**	**..**	**7 117**	**13 352**	**13 756**	**13 576**	**14 496**	**17 094**	**17 988**
Conciliation avec les comptes nationaux										
Impôts additionnels inclus dans les comptes nationaux	..	..	..	..	..	87	90	94	95	96
Radio and television licence fee	..	..	..	..	..	87	90	94	95	96
Impôt exclus des comptes nationaux	..	..	..	..	..	..	..	..	..	..
Différence dans les traitements des crédits d'impôts	..	..	..	0	0	0	0	0	0	0
Transfert en capital des recettes non collectées	..	..	..	0	0	0	0	0	0	0
Cotisations de sécurité sociale volontaires	..	..	..	0	0	0	0	0	0	0
Différences diverses	..	..	..	0	0	0	0	0	0	0
Comptes nationaux : impôts et cotisations sociales effectives	..	..	..	7 117	13 352	13 842	13 667	14 590	17 188	18 084
Cotisations sociales imputées	..	..	..	39	81	100	117	118	126	136
Comptes nationaux : impôts et toutes les cotisations sociales	..	..	..	7 156	13 433	13 943	13 784	14 708	17 314	18 220

.. Non disponible
Note : Year ending 31st December.
Data are on accrual basis.
Source : Statistical Office of the Republic of Slovenia.

StatLink https://stat.link/7dqgop

Tableau 5.33. Espagne : recettes fiscales détaillées, 1965-2019

Million EUR

	1965	1980	1990	2000	2007	2010	2013	2015	2018	2019
Recettes fiscales totales	**1 238**	**22 002**	**103 662**	**214 114**	**391 648**	**335 563**	**337 891**	**364 683**	**417 076**	**431 575**
Recettes fiscales totales excluant les taxes collectés pour le compte de l'UE	..	..	..	**213 067**	**389 927**	**334 019**	**336 567**	**362 175**	**414 423**	**428 901**
1000 Impôts sur revenu, bénéfices et gains en capital	**304**	**5 714**	**31 763**	**60 145**	**130 081**	**93 798**	**97 664**	**102 645**	**122 042**	**123 678**
1100 Des personnes physiques	177	4 481	22 527	41 248	80 719	74 118	77 230	78 896	92 376	97 960
Personal income tax	..	..	22 527	40 366	79 973	73 534	76 690	78 586	91 859	97 499
Income tax of non-residents	..	..	0	882	746	584	540	310	517	461
1110 Sur le revenu et les bénéfices	..	..	..	..	..	..	..	..	..	..
1120 Sur les gains en capital	..	..	..	..	..	..	..	..	..	..
1200 Des sociétés	114	1 119	9 146	18 897	49 362	19 680	20 434	23 749	29 666	25 718
Corporate income tax	..	..	9 146	18 597	47 499	17 567	19 516	22 471	27 490	23 757
Income tax of non-residents (legal persons)	..	..	0	300	1 863	2 113	918	1 278	2 176	1 961
1210 Sur les bénéfices	..	..	..	..	..	..	..	..	..	..
Tax on commercial activity	..	..	..	..	..	..	..	..	..	..
Special tax 4 percent	..	..	..	..	..	..	..	..	..	..
Taxes on profits	..	..	..	..	..	..	..	..	..	..
1220 Sur les gains en capital	..	..	..	..	..	..	..	..	..	..
1300 Non-ventilables entre 1100 et 1200	13	114	91	0	0	0	0	0	0	0
Local taxes	13	114	0	..	..	..	..	..	..	..
Other taxes	..	..	..	..	..	..	..	..	..	..
2000 Cotisations de sécurité sociale	**350**	**10 682**	**36 722**	**74 683**	**127 088**	**127 235**	**116 875**	**122 835**	**141 283**	**152 527**
2100 À la charge des salariés	81	2 376	5 976	11 711	19 625	19 423	16 603	18 783	21 647	23 272
2110 Sur la base du salaire	..	..	5 976	11 711	19 625	19 423	16 603	18 783	21 647	23 272
2120 Sur la base de l'impôt sur les revenus	..	..	0	..	..	..	..	..	..	..
2200 À la charge des employeurs	269	8 306	26 385	54 226	93 234	89 666	82 224	87 988	103 358	112 274
2210 Sur la base du salaire	..	..	26 385	54 226	93 234	89 666	82 224	87 988	103 358	112 274
2220 Sur la base de l'impôt sur les revenus	..	..	0	..	..	..	..	..	..	..
2300 A charge des travailleurs indép. ou sans emploi	0	0	4 361	8 746	14 229	18 146	18 048	16 064	16 278	16 981
Self-employment	..	..	2 492	6 788	10 120	10 119	10 244	10 872	11 714	11 501
Unemployment	..	..	1 869	1 958	4 109	8 027	7 804	5 192	4 564	5 480
2310 Sur la base du salaire	..	..	..	..	..	..	..	..	..	..
2320 Sur la base de l'impôt sur les revenus	..	..	..	..	..	..	..	..	..	..
2400 Non-ventilables entre 2100, 2200 et 2300	0	0	0	0	0	0	0	0	0	0
2410 Sur la base du salaire	..	..	..	..	..	..	..	..	..	..
2420 Sur la base de l'impôt sur les revenus	..	..	..	..	..	..	..	..	..	..
3000 Sur salaires ou main d'oeuvre	**0**	**0**	**0**	**0**	**0**	**0**	**0**	**0**	**0**	**0**
4000 Impôts sur le patrimoine	**79**	**1 004**	**5 718**	**13 827**	**32 133**	**22 178**	**24 250**	**27 855**	**30 549**	**30 497**
4100 Impôts périodiques sur la propriété immobilière	6	41	1 478	3 988	7 281	9 666	11 829	12 623	13 426	13 444
Real State tax (IBI)/Real State tax surcharge	..	41	1 478	3 982	7 267	9 657	11 755	12 581	13 384	13 393
Special Real State tax for non-residents	..	0	0	6	6	8	8	4	4	2
Other taxes on property, land or building use	..	0	0	0	3	0	1	1	0	0
4110 Ménages	..	..	..	..	..	..	..	..	..	..
4120 Autres agents	..	..	..	0	5	1	65	37	38	49
Tax on large commercial establishments	..	..	..	..	5	1	65	37	38	49
4200 Impôts périodiques sur l'actif net	0	107	637	1 413	2 479	688	2 049	1 904	2 220	2 241
4210 Personnes physiques	..	107	637	1 413	2 479	688	2 049	1 904	2 220	2 241
Wealth tax	..	..	637	1 199	2 054	104	1 339	1 144	1 395	1 417
Real State tax (unoccupied dwellings) and others	..	..	0	214	425	584	710	760	825	824
4220 Sociétés	..	0	0	0	0	0	0	0	0	0
4300 Impôts sur mut. par décès, succ. et donations	13	90	440	1 379	2 901	2 412	2 492	2 790	2 686	2 513
Inheritance and gift tax	..	..	440	1 379	2 901	2 412	2 492	2 790	2 686	2 513
4310 Impôts sur mut. par décès et successions	..	..	..	..	..	..	..	..	..	..
4320 Impôts sur les donations	..	..	..	..	..	..	..	..	..	..
4400 Impôts sur transact. mobilières et immob.	60	767	2 478	5 939	17 025	7 603	5 301	6 984	9 308	9 327
Taxes on property transactions	60	767	2 478	5 939	17 025	7 603	5 301	6 984	9 308	9 327
4500 Impôts non-périodiques	0	0	646	1 108	2 447	1 809	2 579	3 554	2 909	2 972
4510 Sur l'actif net	..	..	467	0	495	192	325	1 006	354	334
Tax on land holding gains	..	..	467	..	..	..	..	0	0	..
Urban use tax	..	..	..	..	495	192	90	73	120	100
Extraordinary resource of FGD	..	..	..	..	0	0	235	933	234	234
4520 Autres non-périodiques	..	..	179	1 108	1 952	1 617	2 254	2 548	2 555	2 638
Special duties	..	..	179	180	168	129	84	70	80	78
Land development contributions	..	..	0	223	368	225	71	61	59	59
Tax on the increase in value of urban terrains	..	..	0	705	1 416	1 263	1 711	2 417	2 416	2 501
Others	..	..	0	0	0	0	2	0	0	0
Levy on "Revaluation of Reserve Account"	..	..	..	0	0	0	386	0	0	0
4600 Autres impôts périodiques sur patrimoine	0	0	38	0	0	0	0	0	0	0
5000 Impôts sur les biens et services	**506**	**4 553**	**29 437**	**65 456**	**102 334**	**92 344**	**99 026**	**111 159**	**123 004**	**124 720**
5100 Impôts sur production, vente, transfert, etc.	503	4 552	26 732	59 383	93 814	84 985	91 122	102 912	113 796	115 049

	1965	1980	1990	2000	2007	2010	2013	2015	2018	2019
5110 Impôts généraux	275	2 234	16 611	37 800	62 778	55 629	60 488	69 478	79 433	81 086
5111 Taxes sur la valeur ajoutée	0	0	16 304	37 785	62 743	55 318	60 314	69 294	79 239	80 896
Value added tax (VAT)	..	..	16 304	37 045	61 472	54 509	59 207	67 913	77 536	79 308
Canary Islands general indirect tax	..	..	0	740	1 271	809	1 107	1 381	1 703	1 588
5112 Impôts sur les ventes	0	0	0	15	35	311	174	184	194	190
Fees for RTVE (since 2010)	..	..	..	0	0	278	174	184	194	190
Fees from Nat. Commission of Telecomms. Market	..	..	..	15	35	33	0	0	0	0
5113 Autres impôts	275	2 234	307	0	0	0	0	0	0	0
Cascade tax	118	1 483	197	..	..	..	..	..	..	..
Excises on luxury expenditure	96	939	15	..	..	..	..	..	..	..
Other import duties	94	832	128	..	..	..	..	..	..	..
Refund of internal taxes	-33	-1 020	-33	..	..	..	..	..	..	..
5120 Impôts sur biens et services déterminés	228	2 317	10 120	21 583	31 036	29 356	30 634	33 434	34 363	33 963
5121 Accises	69	1 239	6 048	17 952	25 581	24 384	24 550	25 908	26 790	26 222
Special excises	69	1 239	10	0	0	0	0	0	0	0
On beer	0	0	87	202	307	302	302	316	346	355
On wine	0	0	0	0	0	0	0	0	0	0
On alcohol	0	0	481	785	1 008	876	775	843	881	882
On hydrocarbon	0	0	4 222	9 977	11 787	10 907	11 949	12 465	13 409	13 758
On tobacco	0	0	1 123	4 507	7 258	7 976	7 114	7 213	7 173	6 971
On electricity bills	0	0	0	703	1 153	1 483	1 558	1 458	1 439	1 460
On carbon	0	0	0	0	0	0	148	308	271	139
Tax on retail sales of specific hydrocarbons	0	0	0	0	1 356	1 238	453	7	0	0
Tax on oil derived fuels	0	0	120	237	253	220	267	314	331	332
Petrol tax	0	0	0	6	5	5	13	22	25	23
Production and storage of electricity	0	0	0	0	0	0	1 261	1 576	1 585	717
Tax Greenhouse Effect Flourinated	0	0	0	0	0	0	0	99	110	81
Other taxes	0	0	5	17	21	18	17	22	21	22
Canary Islands taxes on national products	0	0	0	51	86	71	75	85	86	84
Taxes on national products in Ceuta and Melilla	0	0	0	108	110	105	103	115	114	112
Fees from the National Energy Commission	0	0	0	13	27	35	0	0	0	0
Contribution to the National Energy Efficiency Fund	0	0	0	0	0	366	150	207	207	204
Special tax on certain means of transport	0	0	0	1 317	2 158	735	325	358	609	697
Fee for use of continental waters for electricity production	0	0	0	0	0	0	0	453	110	317
Special duties and other taxes on imported products	0	0	0	29	52	47	40	47	31	33
Other taxes on products	0	0	0	0	0	0	0	0	42	35
5122 Bénéfices des monopoles fiscaux	66	132	546	0	0	0	0	0	0	0
Tobacco	21	77	0	..	..	..	..	..	..	..
Petroleum	45	55	546	..	..	..	..	..	..	..
5123 Droits de douane et droits à l'importation	87	561	2 078	1 044	1 816	1 593	1 401	1 899	2 019	2 062
Import duties	87	561	1 394	0	0	0	0	0	0	0
Tax on Imports of Goods in the Canary Islands	0	0	137	33	51	44	45	53	55	54
Tax on Imports in Ceuta and Melilla	0	0	36	41	42	40	39	43	43	42
Customs duties collected for the EU	..	..	511	970	1 723	1 509	1 317	1 803	1 921	1 966
5124 Taxes à l'exportation	0	0	0	0	0	0	0	0	0	0
5125 Impôts sur biens d'équipement	0	0	0	0	0	0	0	0	0	0
5126 Impôts sur services déterminés	7	385	1 427	2 497	3 633	3 166	4 469	5 408	5 297	5 462
Taxes on betting and gambling	0	232	1 307	1 649	2 051	1 635	1 249	1 164	1 327	1 362
Taxes on other specific services	6	153	120	0	0	0	0	0	0	0
Taxes on insurance premiums	0	0	0	848	1 581	1 531	1 417	1 446	1 604	1 714
Tax on deposits of credit institution	0	0	0	0	1	0	227	421	377	381
Ordinary resource DGF	0	0	0	0	0	0	1 576	1 644	1 074	1 101
Tourist tax	0	0	0	0	0	0	0	43	180	106
EU SRF contribution	..	..	..	..	..	..	..	690	735	708
5127 Autres impôts sur commerce et transact. internat.	0	0	0	0	0	0	0	0	0	0
5128 Autres impôts	0	0	22	90	0	213	214	210	257	217
EU levies	..	..	22	77	-2	35	7	15	-3	0
Others	..	..	0	13	8	9	20	37	107	65
Resource CORES	..	..	0	0	0	169	187	167	153	152
5130 Non-ventilables entre 5110 et 5120	0	0	0	0	0	0	0	0	0	0
5200 Impôts sur utilisation des biens et exerc. activités	3	1	2 633	6 073	8 520	7 359	7 904	8 247	9 208	9 671
5210 Impôts périodiques	3	1	1 616	4 306	6 311	6 782	6 403	6 420	6 788	6 823
Other taxes on luxury expenses	..	..	..	2	7	4	3	3	3	3
5211 À la charge des ménages : véhicules à moteur	..	0	461	1 117	1 626	1 770	1 848	1 725	1 767	1 771
Car registration tax	..	..	461	1 117	1 626	1 770	1 848	1 725	1 767	1 771
5212 À la charge autres agents : véhicules à moteur	..	0	117	298	502	498	503	470	489	490
Car registration tax	..	..	117	298	502	498	503	470	489	490

	1965	1980	1990	2000	2007	2010	2013	2015	2018	2019
5213 Autres impôts périodiques	..	1	1 038	2 889	3 176	3 510	4 139	4 222	4 529	4 559
Hunting and fishing taxes	..	..	0	28	28	34	34	30	30	30
Economic activity tax	..	..	925	1 934	1 633	1 785	1 701	1 794	1 922	1 879
Advertising	..	..	27	0	0	0	0	0	0	0
Taxes on environment and pollution	..	..	0	42	91	141	616	563	619	674
Tax on effluent, use of hydrocarbon and mines	..	..	0	51	83	67	158	184	195	187
Other fees paid by households for licences	..	..	0	179	264	228	206	245	331	328
Compensation for local taxes	..	..	86	140	176	165	129	118	134	130
Vehicle inspection duty	..	..	0	6	18	17	20	19	16	16
Municipal fees for private use of public space	..	..	0	509	883	1 073	1 275	1 269	1 282	1 315
5220 Impôts non-périodiques	0	0	1 017	1 767	3 209	1 577	1 411	1 827	2 420	2 848
Tax and building permits	..	..	327	1 117	2 227	859	519	575	983	1 076
Urban licenses	..	..	0	451	490	260	157	200	326	329
Greenhouse gas emission trading	..	..	0	0	0	0	138	412	723	1 015
Parafiscal taxes	..	..	690	199	492	458	597	640	388	428
5300 Non-ventilables entre 5100 et 5200	0	0	72	0	0	0	0	0	0	0
6000 Autres impôts	**0**	**49**	**22**	**3**	**12**	**8**	**76**	**189**	**198**	**153**
6100 À la charge exclusive des entreprises	..	49	0	0	0	0	0	0	0	0
6200 À la charge d'autres agents	..	0	22	3	12	8	76	189	198	153
Other taxes on production	..	..	..	3	12	8	76	189	198	153
Pour mémoire										
Droits de douane perçus pour le compte de l'UE	..	..	..	970	1 723	1 509	1 317	1 803	1 921	1 966
Contributions au Fonds de résolution unique collectées pour le compte de l'UE	..	..	..	..	..	..	..	690	735	708
Crédits d'impôts récupérables										
Crédits d'impôts récupérables contre 1110	..	..	..	..	1 323	1 897	774	1 093	1 852	2 379
Composante fiscale	..	..	..	..	522	729	432	546	872	1 070
Composante transfert	..	..	..	..	801	1 168	342	547	980	1 309
Crédits d'impôts récupérables contre 1210	..	..	..	..	0	0	0	46	1 257	177
Composante fiscale	..	..	..	..	0	0	0	12	34	39
Composante transfert	..	..	..	..	0	0	0	34	1 223	138
Recettes fiscales totales sur la base d'encaissements	**1 238**	**22 002**	**103 662**	**210 565**	**385 676**	**330 362**	**335 663**	**357 575**	**409 352**	**426 102**
Recettes fiscales totales sur la base des droits constatés	**..**	**..**	**..**	**214 114**	**391 648**	**335 563**	**337 891**	**364 683**	**417 076**	**431 575**
Conciliation avec les comptes nationaux										
Impôts additionnels inclus dans les comptes nationaux	..	..	..	0	0	0	0	0	0	0
Impôt exclus des comptes nationaux	..	..	..	0	0	0	0	0	0	0
Différence dans les traitements des crédits d'impôts	..	..	..	0	522	729	432	558	906	1 109
Transfert en capital des recettes non collectées	..	..	..	0	0	0	0	0	0	0
Cotisations de sécurité sociale volontaires	..	..	..	447	937	1 155	2 209	1 170	1 038	987
Différences diverses	..	..	..	0	0	0	0	0	0	0
Comptes nationaux : impôts et cotisations sociales effectives	..	..	..	214 561	393 107	337 447	340 532	366 411	419 020	433 671
Cotisations sociales imputées	..	..	..	5 379	7 618	8 585	7 772	7 503	7 129	7 153
Comptes nationaux : impôts et toutes les cotisations sociales	..	..	..	219 940	400 725	346 032	348 304	373 914	426 149	440 824

.. Non disponible

Note : Year ending 31st December.

From 2000, data are on accrual basis.

From 1981 the figures take into account the classification procedures set out in the OECD Interpretative Guide. Consequently they are not completely comparable with the figures for earlier years though the amounts involved are quite small.

Heading 1000: Includes a tax on property 'Contribucion Rustica' which would be more appropriately classified in 4110, and the 'Licencia fiscal industrial and professionales' which, because it is a tax levied by reference to the size of the firm, energy input, etc, would be more appropriately classified in 6000. The data necessary to provide a breakdown is not available.

All subdivisions are estimated.

Heading 2300: Contributions paid by self-employed were shown under heading 2100 until 1982.

Heading 4100: Most of these receipts fall under 4110.

Heading 4400: In 1988 revenues from taxes on legal Acts issued by Autonomous Communities (Local) are included in 4400.

Heading 5121 comprises certain local levies which may include non-tax revenues.

Source : Informacion Estatistica del Ministerio de Hacienda (for national taxes).

Cuentas de las Administraciones Publicas (for local taxes and social security) both published by Secretaria General Tecnica del Ministerio de Hacienda.

StatLink https://stat.link/gisbva

Tableau 5.34. Suède : recettes fiscales détaillées, 1965-2019

Million SEK

	1965	1980	1990	2000	2007	2010	2013	2015	2018	2019
Recettes fiscales totales	**40 003**	**259 216**	**755 953**	**1 204 794**	**1 491 190**	**1 532 259**	**1 624 632**	**1 816 204**	**2 113 548**	**2 162 928**
Recettes fiscales totales excluant les taxes collectés pour le compte de l'UE	..	..	**755 953**	**1 200 999**	**1 485 306**	**1 526 585**	**1 619 411**	**1 809 928**	**2 107 050**	**2 156 064**
1000 Impôts sur revenu, bénéfices et gains en capital	**21 956**	**112 730**	**314 797**	**514 729**	**580 372**	**546 696**	**566 234**	**657 539**	**761 048**	**772 121**
1100 Des personnes physiques	19 500	106 376	291 146	426 956	464 435	430 896	466 286	533 660	623 602	620 161
1110 Sur le revenu et les bénéfices	19 390	105 866	289 598	392 532	414 728	396 353	433 985	464 596	554 257	550 584
Coupon tax	9	44	233	2 040	6 306	3 047	4 108	4 615	8 527	7 216
Duties on foreign artists	4	3	3	50	86	89	-1	2	0	0
National income tax individual	8 676	31 682	70 755	66 850	44 326	42 595	44 664	52 480	63 632	57 083
Local income tax individual	9 294	78 134	220 072	336 304	479 068	522 850	581 934	635 719	726 221	748 197
Tax reduction individual	0	-3 997	-1 465	-18 872	-122 029	-179 890	-204 632	-236 613	-253 181	-271 871
Public service tax	..	..	0	5 061	6 674	6 981	7 208	7 759	8 171	9 028
Other	1 407	0	0	1 098	296	681	704	635	886	931
1120 Sur les gains en capital	110	510	1 548	34 425	49 707	34 543	32 301	69 064	69 345	69 577
Lottery prize tax	110	510	1 548	60	0	0	0	0	0	0
1200 Des sociétés	2 456	6 354	23 651	87 772	115 937	115 800	99 948	123 878	137 447	151 960
1210 Sur les bénéfices	2 456	6 354	23 651	87 772	115 937	115 800	99 948	123 878	137 447	151 960
Tax on profits not distributed	1	10	3	0	0	0	0	0	0	0
National income tax b.c. list	1 425	2 078	19 774	74 501	103 150	103 944	93 097	115 507	132 089	146 652
Local income tax b.c. list	1 030	4 266	0	0	0	0	0	0	0	0
Special tax on profits	0	0	3 874	0	0	0	0	0	0	0
Taxes on pension insurance savings	0	0	0	13 271	12 787	11 856	6 850	8 371	5 358	5 308
1220 Sur les gains en capital	0	0	0	0	0	0	0	0	0	0
1300 Non-ventilables entre 1100 et 1200	0	0	0	0	0	0	0	0	0	0
2000 Cotisations de sécurité sociale	**4 851**	**74 647**	**205 867**	**306 974**	**388 505**	**384 668**	**376 684**	**404 851**	**463 338**	**462 860**
2100 À la charge des salariés	743	254	823	63 074	81 088	89 175	100 861	108 356	123 661	128 161
Health insurance fees	743	9	5	0	0	0	0	0	0	0
Unemployment insurance fees	0	245	818	0	0	0	0	0	0	0
Pension fees	0	0	0	63 074	81 088	89 175	100 861	108 356	123 661	128 161
2110 Sur la base du salaire	..	..	..	63 074	81 088	89 175	100 861	108 356	123 661	128 161
2120 Sur la base de l'impôt sur les revenus	..	..	..	0	0	0	0	0	0	0
2200 À la charge des employeurs	3 568	71 602	196 905	237 576	300 010	288 310	271 449	291 646	335 354	331 065
Survivors pension fees	0	20 343	44 181	14 847	19 611	20 362	15 693	17 305	12 534	11 159
Health insurance fees	717	26 005	58 334	74 097	100 979	71 292	58 365	64 332	77 890	66 015
Unemployment insurance fees	0	0	0	0	0	0	0	0	0	0
Labour market fees	0	982	12 516	45 975	48 471	55 443	39 007	37 926	45 972	47 682
Industrial injury insurance fees	132	1 201	4 663	12 030	7 844	8 146	4 022	4 431	3 585	3 718
Seamen's pension fees	0	10	26	30	0	0	0	0	0	0
Part pension fees	0	1 119	2 897	0	0	0	0	0	0	0
Supplementary pension fees	2 719	21 458	73 129	71 384	97 748	106 712	119 508	129 204	148 819	154 165
Parent insurance fees	0	484	1 159	19 215	25 356	26 355	34 854	38 448	46 554	48 326
2210 Sur la base du salaire	..	..	..	237 576	300 010	288 310	271 449	291 646	335 354	331 065
2220 Sur la base de l'impôt sur les revenus	..	..	..	0	0	0	0	0	0	0
2300 A charge des travailleurs indép. ou sans emploi	540	2 791	8 139	5 569	8 391	7 584	5 607	5 058	4 832	4 297
Survivors pension fees	0	943	1 580	451	662	687	442	443	256	158
Health insurance fees	260	992	1 702	1 988	3 297	2 082	550	256	291	152
Industrial injury insurance fees	0	64	191	365	264	275	113	84	59	51
Parent insurance fees	0	58	106	573	856	888	960	603	636	518
Supplementary pension fees	280	734	4 560	2 192	3 312	3 652	3 542	3 672	3 590	3 420
Reduction	0	0	0	0	0	0	0	0	0	0
2310 Sur la base du salaire	..	..	..	5 569	8 391	7 584	5 607	5 058	4 832	4 297
2320 Sur la base de l'impôt sur les revenus	..	..	..	0	0	0	0	0	0	0
2400 Non-ventilables entre 2100, 2200 et 2300	0	0	0	756	-984	-401	-1 233	-209	-509	-662
2410 Sur la base du salaire	..	..	..	756	-984	-401	-1 233	-209	-509	-662
2420 Sur la base de l'impôt sur les revenus	..	..	..	0	0	0	0	0	0	0
3000 Sur salaires ou main d'oeuvre	**13**	**6 759**	**18 686**	**50 106**	**83 279**	**107 515**	**172 170**	**194 121**	**245 036**	**268 832**
Special wage tax	0	61	0	22 391	30 226	33 090	36 832	40 283	49 186	49 367
Child care fees	0	4 740	13 080	0	0	0	0	0	0	0
Adult education fees	0	614	1 555	0	0	0	0	0	0	0
Building research fees	13	105	0	0	0	0	0	0	0	0
Labour welfare fees	0	257	2 033	0	0	0	0	0	0	0
Labour education fees	0	982	0	0	0	0	0	0	0	0
Labour market fees	0	0	0	112	156	219	7	-1	1	1
General wage fees	0	0	2 018	27 603	52 898	74 207	135 331	153 839	195 849	219 464
4000 Impôts sur le patrimoine	**712**	**2 424**	**26 630**	**39 890**	**36 228**	**36 509**	**41 182**	**43 852**	**45 842**	**47 265**
4100 Impôts périodiques sur la propriété immobilière	10	16	8 946	23 286	25 899	26 402	31 596	32 444	33 217	34 391
4110 Ménages	0	0	3 877	13 321	13 474	11 666	12 936	13 320	14 972	15 387
Special tax on real estate	..	..	3 877	13 321	13 474	11 666	12 936	13 320	14 972	15 387

	1965	1980	1990	2000	2007	2010	2013	2015	2018	2019
4120 Autres agents	10	16	5 069	9 965	12 424	14 736	18 660	19 124	18 245	19 003
Forestry levy	10	16	423	22	34	18	37	19	10	9
Special tax on real estate	0	0	4 646	9 943	12 390	14 718	18 623	19 105	18 235	18 995
4200 Impôts périodiques sur l'actif net	366	717	3 200	8 223	0	0	0	0	0	0
4210 Personnes physiques	361	702	3 135	8 043	..	..	..	..	..	..
4220 Sociétés	5	15	65	180	..	..	..	..	..	..
4300 Impôts sur mut. par décès, succ. et donations	155	545	1 433	2 549	23	9	-4	0	0	0
4310 Impôts sur mut. par décès et successions	143	495	1 118	2 088	15	9	-4	0	..	..
4320 Impôts sur les donations	12	50	315	460	8	0	0	0	..	..
4400 Impôts sur transact. mobilières et immob.	181	1 146	13 051	5 833	10 305	10 097	9 590	11 408	12 625	12 874
Taxes on financial and capital transactions	181	1 146	6 946	4 878	9 414	8 968	8 913	10 895	12 059	12 276
Turnover tax on securities	0	0	6 105	0	0	0	0	0	0	0
Tax on life group insurances	0	0	0	955	891	1 129	678	513	566	598
4500 Impôts non-périodiques	0	0	0	0	0	0	0	0	0	0
4510 Sur l'actif net	..	..	..	..	..	..	..	..	..	..
4520 Autres non-périodiques	..	..	..	..	..	..	..	..	..	..
4600 Autres impôts périodiques sur patrimoine	0	0	0	0	0	0	0	0	0	0
5000 Impôts sur les biens et services	**12 471**	**62 234**	**188 709**	**291 615**	**401 038**	**455 450**	**466 556**	**514 485**	**596 358**	**610 185**
5100 Impôts sur production, vente, transfert, etc.	11 808	58 474	181 587	284 182	387 956	439 050	450 054	495 733	576 524	589 535
5110 Impôts généraux	4 147	34 643	112 399	199 606	286 211	326 685	341 952	383 002	445 489	459 825
5111 Taxes sur la valeur ajoutée	0	34 643	112 399	197 483	282 586	322 603	337 822	379 120	445 361	459 699
5112 Impôts sur les ventes	4 147	0	0	0	0	0	0	0	0	0
5113 Autres impôts	0	0	0	2 123	3 625	4 082	4 130	3 882	128	126
5120 Impôts sur biens et services déterminés	7 661	23 831	69 188	84 576	101 745	112 365	108 102	112 731	131 035	129 710
5121 Accises	5 953	19 941	55 332	70 313	84 873	91 470	88 168	91 572	102 112	104 451
Taxes on petrol and fuel	1 420	4 229	17 171	39 011	44 501	47 426	43 869	44 906	48 198	48 718
Special sales tax	390	585	1 098	0	0	0	0	0	0	0
Sales tax on motor vehicles	325	553	1 983	195	3	0	0	0	0	0
Tobacco tax	1 150	3 087	5 636	7 747	9 742	10 588	11 136	11 825	12 374	11 892
Tax on spirits	1 548	4 431	6 205	4 902	4 250	4 324	4 001	4 208	4 466	4 532
Tax on wine	149	930	2 922	3 567	4 001	4 589	4 887	5 654	6 110	6 143
Tax on beer and soft drinks	242	964	2 532	2 355	2 773	3 219	3 329	3 895	4 344	4 313
Tax on energy consumption	729	5 162	16 352	11 451	18 994	21 035	20 827	20 787	25 009	27 130
Taxes on electricity from certain sources	0	0	1 018	0	0	0	0	0	0	0
Tax on wastes	0	0	0	1 085	609	289	119	297	234	252
Tax on cassette tapes	0	0	194	0	0	0	0	0	0	0
Tax on video recorders	0	0	221	0	0	0	0	0	0	0
Tax on chemicals	0	0	0	0	0	0	0	0	1 377	1 469
5122 Bénéfices des monopoles fiscaux	72	204	332	3 641	3 952	5 068	5 385	5 001	4 658	1 817
Alcohol monopoly wholesale	23	116	98	0	0	0	0	0	0	0
Alcohol monopoly retailing	49	88	234	80	296	302	116	198	180	240
Gaming monopoly retailing	0	0	0	3 561	3 657	4 766	5 269	4 803	4 478	1 577
5123 Droits de douane et droits à l'importation	1 419	2 433	8 308	3 450	5 099	5 412	4 976	6 243	6 498	6 865
Customs	1 080	1 300	3 115	3 450	5 099	5 412	4 976	6 243	6 498	6 865
Agricultural levies	339	1 133	5 193	0	0	0	0	0	0	0
5124 Taxes à l'exportation	0	0	0	0	0	0	0	0	0	0
5125 Impôts sur biens d'équipement	0	0	40	0	0	0	0	0	0	0
Investment tax	..	..	40	..	..	..	..	..	..	..
5126 Impôts sur services déterminés	217	1 253	5 176	5 834	3 361	4 712	6 594	7 120	13 618	13 730
Betting tax	79	223	616	0	0	0	0	0	0	0
Advertisement tax	0	202	1 073	1 116	657	335	244	200	146	151
Tax on gambling	0	69	88	1 245	1 315	1 378	1 309	1 353	1 467	3 801
Other specific services	138	656	2 938	3 473	1 388	2 999	5 041	5 567	10 737	7 993
Tax on charter travelling	0	103	461	0	0	0	0	0	0	0
Tax on air travel	..	..	0	0	0	0	0	0	1 268	1 785
5127 Autres impôts sur commerce et transact. internat.	0	0	0	0	0	0	0	0	0	0
5128 Autres impôts	0	0	0	1 339	4 460	5 702	2 980	2 795	4 149	2 847
5130 Non-ventilables entre 5110 et 5120	0	0	0	0	0	0	0	0	0	0
5200 Impôts sur utilisation des biens et exerc. activités	663	3 760	7 122	7 433	13 083	16 400	16 502	18 752	19 835	20 650
5210 Impôts périodiques	663	3 760	7 122	7 433	13 083	16 400	16 502	18 752	19 835	20 650
5211 À la charge des ménages : véhicules à moteur	336	1 241	2 003	4 969	7 414	8 550	8 275	10 897	9 856	10 067
5212 À la charge autres agents : véhicules à moteur	313	2 476	5 055	2 464	5 669	7 850	8 227	7 855	9 979	10 584
5213 Autres impôts périodiques	14	43	64	0	0	0	0	0	0	0
5220 Impôts non-périodiques	0	0	0	0	0	0	0	0	0	0
5300 Non-ventilables entre 5100 et 5200	0	0	0	0	0	0	0	0	0	0
6000 Autres impôts	**0**	**422**	**1 264**	**1 479**	**1 768**	**1 421**	**1 806**	**1 356**	**1 926**	**1 665**
6100 À la charge exclusive des entreprises	..	0	0	0	0	0	0	0	0	0
6200 À la charge d'autres agents	..	422	1 264	1 479	1 768	1 421	1 806	1 356	1 926	1 665
Pour mémoire										
Droits de douane perçus pour le compte de l'UE	..	..	..	3 450	5 099	5 412	4 976	6 243	6 498	6 865
Recettes fiscales totales sur la base d'encaissements	**40 003**	**259 216**	**755 953**	**1 144 233**	**1 465 382**	**1 496 374**	**1 611 798**	**1 762 187**	**0**	**0**
Recettes fiscales totales sur la base des droits	**..**	**..**	**..**	**1 204 794**	**1 491 190**	**1 532 259**	**1 624 632**	**1 816 204**	**2 113 548**	**2 162 928**

	1965	1980	1990	2000	2007	2010	2013	2015	2018	2019
constatés										
Conciliation avec les comptes nationaux										
Impôts additionnels inclus dans les comptes nationaux	..	..	..	0	0	0	0	0	0	0
Impôt exclus des comptes nationaux	..	..	..	0	0	0	0	0	0	0
Différence dans les traitements des crédits d'impôts	..	..	..	0	0	0	0	0	0	0
Transfert en capital des recettes non collectées	..	..	..	0	0	0	0	0	0	0
Cotisations de sécurité sociale volontaires	..	..	..	7 951	12 376	13 167	15 909	16 726	23 457	24 966
Différences diverses	..	..	..	0	0	0	0	0	0	0
Comptes nationaux : impôts et cotisations sociales effectives	..	..	..	1 212 745	1 503 566	1 545 426	1 640 541	1 832 930	2 137 005	2 187 894
Cotisations sociales imputées	..	..	..	0	0	0	0	0	0	0
Comptes nationaux : impôts et toutes les cotisations sociales	..	..	..	1 212 745	1 503 566	1 545 426	1 640 541	1 832 930	2 137 005	2 187 894

.. Non disponible

Note : Year ending 31st December.
From 2000 data are on accrual basis.
Figures prior to 1970 are not strictly comparable with those of later years, though the amounts involved are insignificant.
Heading 1000: Receipts are on accrual and not on a cash basis for all years.
Heading 2000 includes some voluntary contributions.

Source : Monthly reports of central Government Revenues (unpublished) National Audit Bureau, Stockholm. Local Government Finance (SOS), Tax assessment statistics (SOS) , National Central Bureau of Statistics, Stockholm.National Accounts (Statistical Reports), National Bureau of Statistics, Stockholm.

StatLink https://stat.link/te4d3i

Tableau 5.35. Suisse : recettes fiscales détaillées, 1965-2019

Million CHF

	1965	1980	1990	2000	2007	2010	2013	2015	2018	2019
Recettes fiscales totales	**11 237**	**46 385**	**85 774**	**128 205**	**151 404**	**162 356**	**173 121**	**181 128**	**193 879**	**199 971**
1000 Impôts sur revenu, bénéfices et gains en capital	**4 616**	**21 022**	**40 203**	**56 411**	**69 790**	**74 439**	**79 267**	**84 362**	**92 596**	**96 634**
1100 Des personnes physiques	3 748	18 056	27 824	37 948	47 994	51 835	53 801	56 375	59 749	61 335
1110 Sur le revenu et les bénéfices	3 547	17 622	27 824	37 948	47 994	51 835	53 801	56 375	59 749	61 335
Impôt fédéral direct	245	2 525	4 432	5 713	8 589	9 880	9 655	10 394	11 157	11 455
Taxe d'exemption service militaire	35	103	135	163	138	155	163	173	167	168
Impôt cantonal personnes physiques	1 473	7 510	12 856	17 592	23 094	24 957	26 253	27 156	28 743	29 672
Impôt communal personnes physiques	1 322	6 235	10 402	14 481	16 174	16 844	17 731	18 651	19 683	20 040
Impôt anticipé	358	1 249	0	0	0	0	0	0	0	0
Coupons	114	0	0	0	0	0	0	0	0	0
1120 Sur les gains en capital	201	434	0	0	0	0	0	0	0	0
Impôt cantonal personnes physiques	84	229	..	..	..	..	..	..	..	..
Impôt communal personnes physiques	112	190	..	..	..	..	..	..	..	..
Impôt fédéral direct	5	15	..	..	..	..	..	..	..	..
1200 Des sociétés	868	2 966	6 300	11 323	16 161	16 378	17 814	19 432	22 046	22 707
1210 Sur les bénéfices	801	2 818	6 300	11 323	16 161	16 378	17 814	19 432	22 046	22 707
Impôt fédéral direct	153	781	2 214	4 928	6 800	8 006	8 698	9 731	11 289	11 813
Impôt cantonal personnes morales	363	1 230	2 576	3 989	6 098	5 445	5 985	6 294	7 015	6 900
Impôt communal personnes morales	285	807	1 510	2 406	3 263	2 927	3 130	3 407	3 742	3 994
Impôt anticipé	0	0	0	0	0	0	0	0	0	0
1220 Sur les gains en capital	67	148	..	..	..	..	..	..	..	..
Impôt sur gains personnes morales	2	7	..	..	..	..	..	..	..	..
Impôt cantonal personnes morales	28	77	..	..	..	..	..	..	..	..
Impôt communal personnes morales	37	64	..	..	..	..	..	..	..	..
1300 Non-ventilables entre 1100 et 1200	0	0	6 079	7 140	5 635	6 226	7 652	8 556	10 801	12 592
Impôt anticipé	..	..	4 044	6 202	4 211	4 723	5 619	6 543	8 347	9 842
Impôt sur les gains immobiliers	..	..	2 035	938	1 424	1 502	2 033	2 013	2 454	2 751
Autre	..	..	..	..	..	..	..	..	..	..
2000 Cotisations de sécurité sociale	**1 670**	**10 844**	**19 952**	**30 961**	**34 974**	**38 385**	**42 862**	**44 285**	**46 072**	**47 234**
2100 À la charge des salariés	716	4 833	9 341	14 491	16 369	17 579	19 720	20 445	21 364	21 906
2110 Sur la base du salaire	716	4 833	9 341	14 491	16 369	17 579	19 720	20 445	21 364	21 906
2120 Sur la base de l'impôt sur les revenus	0	0	..	..	..	..	..	..	..	..
2200 À la charge des employeurs	747	4 897	9 350	14 504	16 383	17 610	19 940	20 671	21 598	22 197
2210 Sur la base du salaire	747	4 897	9 350	14 504	16 383	17 610	19 940	20 671	21 598	22 197
2220 Sur la base de l'impôt sur les revenus	0	0	..	..	..	..	..	..	..	..
2300 A charge des travailleurs indép. ou sans emploi	208	1 046	1 261	1 967	2 222	3 197	3 202	3 169	3 111	3 131
2310 Sur la base du salaire	209	1 046	1 261	1 967	2 222	3 197	3 202	3 169	3 111	3 131
2320 Sur la base de l'impôt sur les revenus	0	0	..	..	..	..	..	..	..	..
2400 Non-ventilables entre 2100, 2200 et 2300	0	68	0	0	0	0	0	0	0	0
2410 Sur la base du salaire	..	68	..	..	..	..	..	..	..	..
2420 Sur la base de l'impôt sur les revenus	..	0	..	..	..	..	..	..	..	..
3000 Sur salaires ou main d'oeuvre	**0**	**0**	**0**	**0**	**0**	**0**	**0**	**0**	**0**	**0**
4000 Impôts sur le patrimoine	**1 108**	**3 830**	**7 586**	**12 333**	**12 223**	**12 402**	**12 041**	**13 140**	**14 508**	**15 343**
4100 Impôts périodiques sur la propriété immobilière	78	304	447	735	895	968	1 052	1 138	1 204	1 329
4110 Ménages	78	304	447	735	895	968	1 052	1 138	1 204	1 329
Impôt sur immeubles canton	20	71	125	187	265	286	303	349	347	395
Impôt sur immeubles commune	58	233	322	548	630	682	748	789	857	934
4120 Autres agents	0	0	..	..	..	..	..	..	..	..
4200 Impôts périodiques sur l'actif net	692	2 201	3 382	5 254	7 002	7 105	7 406	8 096	9 327	9 994
4210 Personnes physiques	420	1 383	2 194	3 972	5 309	5 576	5 787	6 606	7 535	7 927
Impôt fortune canton	206	739	1 232	2 241	3 145	3 324	3 532	4 044	4 593	4 855
Impôt fortune commune	214	644	962	1 731	2 164	2 252	2 255	2 562	2 942	3 071
4220 Sociétés	272	818	1 188	1 282	1 693	1 529	1 619	1 490	1 792	2 067
Impôt capital fédéral direct	21	92	0	0	0	0	0	0	0	0
Impôt capital canton	142	436	760	821	1 107	969	1 032	947	1 117	1 325
Impôt capital commune	109	290	428	461	586	561	586	542	674	742
4300 Impôts sur mut. par décès, succ. et donations	142	393	896	1 215	869	974	966	1 088	1 212	1 232
4310 Impôts sur mut. par décès et successions	142	393	896	1 215	869	974	966	1 088	1 212	1 232
Impôt successions cantons	128	361	820	1 118	774	886	854	964	1 058	1 065
Impôt successions commune	14	32	76	97	96	88	112	124	154	168
4320 Impôts sur les donations	0	0	..	..	..	..	..	..	..	..
4400 Impôts sur transact. mobilières et immob.	196	932	2 245	4 342	2 562	2 428	1 671	1 902	1 684	1 705
Impôt mutations canton	48	245	115	144	182	182	185	177	212	207
Impôt mutations commune	21	103	39	52	42	50	52	52	59	64
Emissions de titres	99	175	0	0	405	779	182	360	248	173
Négociation de titres	19	409	0	0	1 933	1 417	1 253	1 314	1 166	1 262
Effets de change	9	0	0	0	0	0	0	0	0	0
Emissions et négociation de titres	0	0	2 091	4 146	0	0	0	0	0	0

	1965	1980	1990	2000	2007	2010	2013	2015	2018	2019
4500 Impôts non-périodiques	0	0	0	0	0	0	0	0	0	0
4510 Sur l'actif net	..	..	..	..	..	..	..	..	..	..
4520 Autres non-périodiques	..	..	..	..	..	..	..	..	..	..
4600 Autres impôts périodiques sur patrimoine	0	0	616	786	895	927	946	915	1 082	1 083
5000 Impôts sur les biens et services	**3 843**	**10 689**	**17 894**	**28 285**	**34 168**	**36 539**	**38 287**	**38 542**	**39 674**	**39 711**
5100 Impôts sur production, vente, transfert, etc.	3 582	9 863	15 975	25 302	30 669	32 264	33 861	33 771	34 485	34 338
5110 Impôts généraux	1 191	4 772	9 871	16 917	19 962	21 035	22 870	22 791	23 042	22 915
5111 Taxes sur la valeur ajoutée	0	0	9 871	16 594	19 604	20 662	22 501	22 397	22 644	22 508
5112 Impôts sur les ventes	1 191	4 772	0	323	358	373	369	393	398	407
Impôt sur les automobiles	..	..	..	323	358	373	369	393	398	407
Autres impôt sur les ventes	..	..	..	0	0	0	0	0	0	0
5113 Autres impôts	0	0	..	..	..	..	..	..	..	..
5120 Impôts sur biens et services déterminés	2 391	5 091	6 058	8 337	10 663	11 191	10 936	10 912	11 340	11 307
5121 Accises	1 016	3 427	4 604	6 810	7 805	8 295	8 099	8 056	8 457	8 353
Impôt sur bière	26	33	0	0	107	112	113	114	115	117
Impôt sur tabac	190	634	15	32	2 247	2 417	2 354	2 255	2 135	2 095
Supplément de prix autres	104	542	1 503	1 783	3	0	0	3	3	3
Droits carburants	467	955	1 334	2 975	3 076	3 110	3 034	2 864	2 785	2 746
Droits supplémentaires carburants	229	1 263	1 753	2 020	2 071	2 082	2 025	1 905	1 847	1 821
Taxes routières	0	0	0	0	0	0	0	0	0	0
Impôt sur les huiles minérales grèvant les combustibles	0	0	0	0	20	20	23	19	15	17
Impôt sur les automobiles	0	0	0	0	0	0	0	0	0	0
Impôt boissons distillées	0	0	0	1	281	296	292	279	268	275
Taxe sur la consommation d'électricité	0	0	0	0	0	259	258	617	1 288	1 281
5122 Bénéfices des monopoles fiscaux	158	472	..	..	..	..	..	..	..	..
Monopole d'alcool	111	354	..	..	..	..	..	..	..	..
Régale des sels	16	25	..	..	..	..	..	..	..	..
Régale des eaux	30	90	..	..	..	..	..	..	..	..
Autres	1	3	..	..	..	..	..	..	..	..
5123 Droits de douane et droits à l'importation	1 104	953	1 201	1 096	1 040	1 079	1 059	1 056	1 103	1 143
Droits d'entrée	972	923	1 201	1 096	1 040	1 079	1 059	1 056	1 103	1 143
Droits tabac	114	6	0	0	0	0	0	0	0	0
Autres droits supplémentaires	18	24	0	0	0	0	0	0	0	0
5124 Taxes à l'exportation	0	0	..	..	..	..	..	..	..	..
5125 Impôts sur biens d'équipement	0	0	..	..	..	..	..	..	..	..
5126 Impôts sur services déterminés	113	239	253	431	1 818	1 816	1 778	1 800	1 780	1 812
Jeux dans kursaals confédération	2	2	2	37	449	381	308	272	281	311
Impôt sur divertissement canton	17	37	23	27	39	101	73	67	66	73
Impôt sur divertissement commune	11	19	46	26	18	17	15	15	15	15
Autres impôts dépenses canton	24	63	0	0	0	0	0	0	0	0
Autres impôts dépenses commune	19	6	0	0	0	0	0	0	0	0
Quittances de primes	40	112	0	0	645	659	700	715	703	717
Impôts loteries	0	0	181	320	474	459	466	527	512	493
Autres	0	0	0	20	193	199	216	204	202	203
5127 Autres impôts sur commerce et transact. internat.	0	0	..	..	..	..	..	..	..	..
5128 Autres impôts	0	0	..	..	..	..	..	..	..	..
5130 Non-ventilables entre 5110 et 5120	0	0	46	47	44	38	55	68	104	116
5200 Impôts sur utilisation des biens et exerc. activités	261	826	1 918	2 983	3 499	4 276	4 426	4 771	5 188	5 373
5210 Impôts périodiques	261	826	1 918	2 983	3 499	4 276	4 426	4 767	5 184	5 365
5211 À la charge des ménages : véhicules à moteur	152	501	921	1 336	1 580	1 667	1 685	1 768	1 841	1 863
À la charge des ménages : véhicules à moteur	..	..	921	1 336	1 580	1 667	1 685	1 768	1 841	1 863
À la charge des ménages : vignette autoroutière	..	..	0	0	0	0	0	0	0	0
5212 À la charge autres agents : véhicules à moteur	76	251	230	334	395	417	421	442	460	466
À la charge des autres agents : véhicules à moteur	..	..	230	334	395	417	421	442	460	466
À la charge des autres agents : vignette autoroutière	..	..	0	0	0	0	0	0	0	0
À la charge autres agents : redevance trafic poids lourds	..	..	0	0	0	0	0	0	0	0
5213 Autres impôts périodiques	33	74	768	1 314	1 524	2 192	2 319	2 556	2 882	3 036
Chasse et pêche	9	20	0	0	0	0	0	0	0	0
Impôt sur chiens canton	3	9	6	9	8	8	10	9	10	11
Impôt sur chiens commune	2	8	14	21	25	30	33	35	41	41
Auberges canton	12	21	0	0	0	0	0	0	0	0
Patentes canton	5	12	0	0	0	0	0	0	0	0
Autres	2	1	0	33	33	30	31	24	13	12
Taxes d'incitation, protection de l'environnement	0	0	3	73	166	755	833	1 036	1 294	1 447
Patentes et concessions	0	0	42	53	64	84	100	101	130	134
Licences de radio et de télévision	..	..	703	1 124	1 228	1 285	1 313	1 351	1 394	1 391
5220 Impôts non-périodiques	0	0	0	0	0	0	0	5	4	9
5300 Non-ventilables entre 5100 et 5200	0	0	0	0	0	0	0	0	0	0
6000 Autres impôts	**0**	**0**	**140**	**215**	**249**	**590**	**664**	**799**	**1 029**	**1 049**
6100 À la charge exclusive des entreprises	..	..	42	65	75	274	300	342	383	397

	1965	1980	1990	2000	2007	2010	2013	2015	2018	2019
6200 À la charge d'autres agents	..	..	98	151	174	316	364	457	646	652
Taxe de compensation	..	..	98	151	174	187	191	190	200	201
Autres	..	..	0	0	0	130	173	267	445	450
Recettes fiscales totales sur la base d'encaissements	**11 237**	**46 385**	..	..	..	..	..	..	..	..
Recettes fiscales totales sur la base des droits constatés	..	..	**85 774**	**128 205**	**151 404**	**162 356**	**173 121**	**181 128**	**193 879**	**199 971**
Conciliation avec les comptes nationaux										
Impôts additionnels inclus dans les comptes nationaux	..	..	0	0	0	0	0	0	0	0
Impôt exclus des comptes nationaux	..	..	0	0	0	0	0	0	0	0
Différence dans les traitements des crédits d'impôts	..	..	0	0	0	0	0	0	0	0
Transfert en capital des recettes non collectées	..	..	-242	-733	-936	-1 121	-1 309	-1 058	-1 036	-1 023
Cotisations de sécurité sociale volontaires	..	..	0	0	0	0	0	0	0	0
Différences diverses	..	..	0	0	0	0	0	0	0	0
Comptes nationaux : impôts et cotisations sociales effectives	..	..	85 533	127 472	150 468	161 235	171 812	180 070	192 842	198 948
Cotisations sociales imputées	..	..	362	502	467	455	483	337	370	390
Comptes nationaux : impôts et toutes les cotisations sociales	..	..	85 895	127 974	150 935	161 690	172 295	180 407	193 212	199 338

.. Non disponible

Note : Année civile se terminant le 31 décembre.

Les données sont sur la base des droits constatés.

Les chiffres antérieurs à 1970 ne sont pas strictement comparables avec ceux des années suivantes qui ont été légèrement révisés.

A compter de 1985 les "Impôts paroissiaux" ne sont plus reportés dans ces statistiques.

A la rubrique 1100: les paiements effectués en contrepartie de l'exemption du service militaire pourraient être classés dans les recettes non fiscales.

La rubrique 2000 (Cotisations de sécurité sociale) a été révisée depuis 1985 pour tenir compte de la sectorisation des administrations publiques retenue dans le cadre du passage aux Comptes nationaux SEC95. De ce fait, les cotisations à l'assurance maladie et à la Caisse nationale suisse contre les accidents sont maintenant exclues de la rubrique 2000.

Source : Statistique financière, Administration fédérale des finances.

StatLink https://stat.link/81ofy2

Tableau 5.36. Turquie : recettes fiscales détaillées, 1965-2019

Million TRY

	1965	1980	1990	2000	2007	2010	2013	2015	2018	2019
Recettes fiscales totales	**0**	**1**	**79**	**40 263**	**203 053**	**287 873**	**458 698**	**586 722**	**901 485**	**997 551**
1000 Impôts sur revenu, bénéfices et gains en capital	**0**	**0**	**26**	**11 890**	**48 197**	**61 317**	**92 749**	**119 144**	**217 666**	**241 533**
1100 Des personnes physiques	0	0	21	8 954	34 447	40 392	63 761	85 756	138 992	162 704
1110 Sur le revenu et les bénéfices	0	0	21	8 954	34 447	40 392	63 761	85 756	138 992	162 704
Income tax	0	0	21	8 954	34 447	40 392	63 761	85 756	138 992	162 704
1120 Sur les gains en capital	0	0	0	0	0	0	0	0	0	0
1200 Des sociétés	0	0	5	2 935	13 751	20 925	28 988	33 388	78 673	78 829
1210 Sur les bénéfices	0	0	5	2 935	13 751	20 925	28 988	33 388	78 673	78 829
Corporation tax	0	0	5	2 935	13 751	20 925	28 988	33 388	78 673	78 829
1220 Sur les gains en capital	0	0	0	0	0	0	0	0	0	0
1300 Non-ventilables entre 1100 et 1200	0	0	0	0	0	0	0	0	0	0
Fiscal balance tax	..	0	..	..	..	..	..	..	..	..
Capital gains tax on real estate sales	..	0	..	..	..	..	..	..	..	..
2000 Cotisations de sécurité sociale	**0**	**0**	**15**	**7 543**	**44 052**	**71 696**	**125 871**	**170 282**	**269 932**	**312 808**
2100 À la charge des salariés	0	0	6	2 712	17 867	26 934	49 831	64 214	101 666	120 108
2110 Sur la base du salaire	..	..	..	2 712	17 867	26 934	49 831	64 214	101 666	120 108
2120 Sur la base de l'impôt sur les revenus	..	..	..	0	0	0	0	0	0	0
2200 À la charge des employeurs	0	0	9	3 619	20 442	39 363	71 184	95 067	151 373	178 345
2210 Sur la base du salaire	..	..	..	3 619	20 442	39 363	71 184	95 067	151 373	178 345
2220 Sur la base de l'impôt sur les revenus	..	..	..	0	0	0	0	0	0	0
2300 A charge des travailleurs indép. ou sans emploi	0	0	1	1 211	5 743	5 399	4 856	11 001	16 893	14 356
2310 Sur la base du salaire	..	..	..	1 211	5 743	5 399	4 856	11 001	16 893	14 356
2320 Sur la base de l'impôt sur les revenus	..	..	..	0	0	0	0	0	0	0
2400 Non-ventilables entre 2100, 2200 et 2300	0	0	0	0	0	0	0	0	0	0
2410 Sur la base du salaire	..	..	..	..	..	..	..	..	..	..
2420 Sur la base de l'impôt sur les revenus	..	..	..	..	..	..	..	..	..	..
3000 Sur salaires ou main d'oeuvre	**0**	**0**	**0**	**0**	**0**	**0**	**0**	**0**	**0**	**0**
4000 Impôts sur le patrimoine	**0**	**0**	**2**	**1 272**	**7 621**	**11 684**	**21 280**	**28 582**	**38 941**	**41 721**
4100 Impôts périodiques sur la propriété immobilière	0	0	0	191	1 464	2 669	3 847	5 882	8 703	9 681
Real estate tax	0	0	..	191	1 464	2 669	3 847	5 882	8 703	9 681
4110 Ménages	..	..	..	..	..	..	..	..	..	..
4120 Autres agents	..	..	..	..	..	..	..	..	..	..
4200 Impôts périodiques sur l'actif net	0	0	0	0	0	0	0	0	0	0
4210 Personnes physiques	..	..	..	..	..	..	..	..	..	..
4220 Sociétés	..	..	..	..	..	..	..	..	..	..
4300 Impôts sur mut. par décès, succ. et donations	0	0	0	15	125	215	340	435	921	1 104
Gift and inheritance tax	0	0	0	15	125	215	340	435	921	1 104
4310 Impôts sur mut. par décès et successions	..	..	..	..	..	..	..	..	..	..
4320 Impôts sur les donations	..	..	..	..	..	..	..	..	..	..
4400 Impôts sur transact. mobilières et immob.	0	0	2	1 065	6 032	8 800	17 093	22 265	29 318	30 937
Stamp tax	0	0	2	818	3 642	5 083	9 416	12 045	16 961	18 853
Real estate purchase tax	0	0	0	0	0	0	0	0	0	0
Title deed fees	0	0	0	207	2 000	3 329	7 072	9 530	11 534	11 213
Notary fees	0	0	0	40	389	388	606	690	822	872
4500 Impôts non-périodiques	0	0	0	0	0	0	0	0	0	0
4510 Sur l'actif net	..	..	..	..	..	..	..	..	..	..
4520 Autres non-périodiques	..	..	..	..	..	..	..	..	..	..
4600 Autres impôts périodiques sur patrimoine	0	0	0	0	0	0	0	0	0	0
5000 Impôts sur les biens et services	**0**	**0**	**22**	**16 901**	**98 700**	**137 252**	**211 257**	**259 904**	**364 902**	**389 092**
5100 Impôts sur production, vente, transfert, etc.	0	0	22	16 328	92 605	131 878	203 364	250 261	351 455	373 692
5110 Impôts généraux	0	0	16	9 735	43 285	62 533	100 723	121 070	178 616	180 729
5111 Taxes sur la valeur ajoutée	..	..	14	9 735	43 285	62 533	100 723	121 070	178 616	180 729
5112 Impôts sur les ventes	..	..	0	0	0	0	0	0	0	0
5113 Autres impôts	..	..	1	0	0	0	0	0	0	0
5120 Impôts sur biens et services déterminés	0	0	6	6 593	49 320	69 345	102 641	129 191	172 839	192 963
5121 Accises	0	0	1	4 718	39 111	57 286	85 462	105 922	133 904	147 131
Sales taxes	0	0	0	0	0	0	0	0	0	0
Domestic production tax	0	0	0	0	0	0	0	0	0	0
Domestic production tax on petrol	0	0	0	0	0	0	0	0	0	0
Production tax on monopoly goods	0	0	0	0	0	0	0	0	0	0
Sugar consumption taxes	0	0	0	0	0	0	0	0	0	0
Motor vehicles purchase tax (Total)	0	0	1	916	4 293	6 193	10 565	17 027	17 328	13 807
Motor vehicles purchase tax	0	0	0	498	4 293	6 193	10 565	17 027	17 328	13 807
Additional motor vehicle purchase tax	0	0	0	418	0	0	0	0	0	0
Revenue from other excises	0	0	0	533	12 765	19 395	29 739	38 066	60 982	72 328
Petroleum consumption tax	0	0	0	3 269	22 052	31 697	45 158	50 830	55 593	60 997
5122 Bénéfices des monopoles fiscaux	0	0	0	0	0	0	0	0	0	0

	1965	1980	1990	2000	2007	2010	2013	2015	2018	2019
5123 Droits de douane et droits à l'importation	0	0	4	462	2 478	3 319	5 542	8 521	15 959	17 460
Customs duty	0	0	1	449	2 441	3 240	5 409	8 280	15 276	16 832
Customs duty on petrol	0	0	0	0	0	0	0	0	0	0
Production tax on imports	0	0	0	0	0	0	0	0	0	0
Production tax on petrol imports	0	0	0	0	0	0	0	0	0	0
Stamp duty on imports	0	0	2	0	0	0	0	0	0	0
Wharf duty	0	0	1	0	0	0	0	0	0	0
Other	0	0	0	13	37	80	133	240	683	628
5124 Taxes à l'exportation	0	0	0	0	0	0	0	0	0	0
5125 Impôts sur biens d'équipement	0	0	0	0	0	0	0	0	0	0
5126 Impôts sur services déterminés	0	0	1	997	7 686	4 005	6 853	10 014	19 340	24 352
Bank, insurance transaction tax	0	0	1	997	3 149	3 571	6 160	9 172	18 184	22 670
Transportation tax	0	0	0	0	0	0	0	0	0	0
PTT service tax	0	0	0	0	4 211	0	0	0	0	0
Tax on football pool	0	0	0	0	0	0	0	0	0	0
Lottery tax	0	0	0	0	327	434	692	842	1 155	1 681
5127 Autres impôts sur commerce et transact. internat.	0	0	0	0	0	0	0	0	0	0
Foreign travel expenditures tax	0	0	..	..	..	..	..	..	..	..
5128 Autres impôts	0	0	0	416	46	4 736	4 785	4 734	3 637	4 019
5130 Non-ventilables entre 5110 et 5120	0	0	0	0	0	0	0	0	0	0
5200 Impôts sur utilisation des biens et exerc. activités	0	0	0	572	4 161	5 374	7 894	9 703	13 527	15 400
5210 Impôts périodiques	0	0	0	359	4 161	5 374	7 894	9 703	13 527	15 400
Motor vehicles tax	0	0	0	359	0	5 374	7 894	9 703	13 527	15 400
5211 À la charge des ménages : véhicules à moteur	..	..	..	0	0	0	0	0	0	0
5212 À la charge autres agents : véhicules à moteur	..	..	..	359	4 161	5 374	7 894	9 703	13 527	15 400
Motor vehicles tax	..	..	..	302	3 521	5 033	7 353	8 949	12 844	14 503
Traffic fees	..	..	..	58	640	341	540	754	683	897
5213 Autres impôts périodiques	..	..	..	0	0	0	0	0	0	0
5220 Impôts non-périodiques	0	0	0	213	0	0	0	0	0	0
Building construction tax	..	0	..	0	..	..	..	..	..	..
5300 Non-ventilables entre 5100 et 5200	0	0	0	0	0	0	0	0	0	0
6000 Autres impôts	**0**	**0**	**13**	**2 658**	**6 417**	**5 924**	**7 541**	**8 750**	**9 963**	**12 397**
6100 À la charge exclusive des entreprises	..	0	0	0	0	0	0	0	0	0
6200 À la charge d'autres agents	..	0	13	2 658	6 417	5 924	7 541	8 750	9 963	12 397
Funds	..	..	..	1 938	0	0	0	0	0	0
Vocatial Train Pro.F.	..	..	..	67	0	0	0	0	0	0
Tax penalties and fines	..	..	..	548	4 191	2 689	3 175	3 779	4 159	6 361
Municipalities revenue	..	..	..	106	2 227	3 235	4 366	4 971	5 805	6 035
Recettes fiscales totales sur la base d'encaissements	**0**	**1**	**79**	**40 263**	**203 053**	**287 873**	**458 698**	**586 722**	**901 485**	**997 551**
Recettes fiscales totales sur la base des droits constatés	..	..	..	..	..	..	..	..	..	..
Conciliation avec les comptes nationaux										
Impôts additionnels inclus dans les comptes nationaux	..	..	..	..	..	..	..	..	..	..
Impôt exclus des comptes nationaux	..	..	..	..	..	..	..	..	..	..
Différence dans les traitements des crédits d'impôts	..	..	..	..	..	..	..	..	..	..
Transfert en capital des recettes non collectées	..	..	..	..	..	..	..	..	..	..
Cotisations de sécurité sociale volontaires	..	..	..	..	..	..	..	..	..	..
Différences diverses	..	..	..	..	..	..	..	..	..	..
Comptes nationaux : impôts et cotisations sociales effectives	..	..	..	..	..	..	..	..	..	..
Cotisations sociales imputées	..	..	..	..	..	..	..	..	..	..
Comptes nationaux : impôts et toutes les cotisations sociales	..	..	..	..	..	..	..	..	..	..

.. Non disponible

Note : From 1982 the data are based on the fiscal year ending 31st December. Before that the data are on a fiscal year basis beginning 1st March.

Revenue is reported on a cash basis except for social security contributions which are reported on an assessment basis.

The figures under the local tax collections include taxes under "Municipalities Revenues Law" and Property tax. They also include transfers to the local authorities from central budget tax revenues under the revenue sharing system.

Heading 2000: Before 2003, contributions to some private social security schemes are included in this heading.

Source : Bulletin of national accounts and the Budget revenue Bulletin.

StatLink https://stat.link/492kub

Tableau 5.37. Royaume-Uni : recettes fiscales détaillées, 1965-2019

Million GBP

	1965	1980	1990	2000	2007	2010	2013	2015	2018	2019
Recettes fiscales totales	**10 945**	**81 153**	**202 368**	**359 370**	**508 724**	**514 797**	**568 769**	**611 151**	**704 364**	**725 615**
Recettes fiscales totales excluant les taxes collectés pour le compte de l'UE	..	..	**200 520**	**357 240**	**506 309**	**511 852**	**565 843**	**608 064**	**700 792**	**721 936**
1000 Impôts sur revenu, bénéfices et gains en capital	**4 050**	**30 651**	**79 576**	**142 197**	**201 316**	**192 771**	**199 745**	**212 633**	**247 764**	**251 489**
1100 Des personnes physiques	3 618	23 868	59 506	104 136	151 157	147 019	156 570	168 873	192 765	200 486
1110 Sur le revenu et les bénéfices	3 615	23 376	57 614	101 925	147 309	144 502	152 668	163 291	184 968	191 299
Income tax	..	23 370	57 614	101 925	147 309	144 502	152 668	163 291	184 968	191 299
Surtax	..	6	0	0	0	0	0	0	0	0
1120 Sur les gains en capital	3	492	1 892	2 211	3 848	2 517	3 902	5 582	7 797	9 187
1200 Des sociétés	484	6 783	20 070	38 061	50 159	45 752	43 175	43 760	54 999	51 003
1210 Sur les bénéfices	484	6 510	18 994	35 730	46 841	44 857	42 172	42 344	53 226	49 308
Petroleum revenue tax	..	1 799	941	1 540	1 387	1 349	1 296	-552	-817	-319
Supplementary petroleum duty	..	0	0	0	0	0	0	0	0	0
Corporation tax	..	4 712	18 053	34 190	44 740	42 865	40 209	42 276	53 351	48 813
Corporation tax overspill relief	..	-1	0	0	0	0	0	0	0	0
Profits tax	..	0	0	0	0	0	0	0	0	0
Windfall tax	..	0	0	0	0	0	0	0	0	0
Betting tax	..	0	0	0	590	568	605	595	692	814
Non fossil fuel obligation levy	..	0	0	0	124	75	62	25	0	0
1220 Sur les gains en capital	0	273	1 076	2 331	3 318	895	1 003	1 416	1 773	1 695
1300 Non-ventilables entre 1100 et 1200	-52	0	0	0	0	0	0	0	0	0
2000 Cotisations de sécurité sociale	**1 685**	**13 531**	**34 457**	**60 252**	**93 210**	**97 346**	**106 085**	**114 173**	**135 225**	**143 255**
2100 À la charge des salariés	770	5 228	13 296	24 175	36 585	38 703	41 481	44 488	52 137	56 200
2110 Sur la base du salaire	..	..	13 296	24 175	36 585	38 703	41 481	44 488	52 137	56 200
2120 Sur la base de l'impôt sur les revenus	..	..	0	0	0	0	0	0	0	0
2200 À la charge des employeurs	831	8 210	19 984	34 028	53 765	55 887	62 019	66 491	79 240	82 699
2210 Sur la base du salaire	..	..	19 984	34 028	53 765	55 887	62 019	66 491	79 240	82 699
2220 Sur la base de l'impôt sur les revenus	..	..	0	0	0	0	0	0	0	0
2300 A charge des travailleurs indép. ou sans emploi	75	317	1 177	2 049	2 860	2 756	2 585	3 194	3 848	4 356
2310 Sur la base du salaire	..	..	1 177	2 049	2 860	2 756	2 585	3 194	3 848	4 356
2320 Sur la base de l'impôt sur les revenus	..	..	0	0	0	0	0	0	0	0
2400 Non-ventilables entre 2100, 2200 et 2300	9	-224	0	0	0	0	0	0	0	0
2410 Sur la base du salaire	..	..	..	..	..	..	..	..	..	..
2420 Sur la base de l'impôt sur les revenus	..	..	..	..	..	..	..	..	..	..
3000 Sur salaires ou main d'oeuvre	**0**	**3 498**	**0**	**0**	**0**	**0**	**0**	**0**	**2 604**	**2 764**
Selective employment tax	..	0	..	..	..	..	..	..	0	0
National insurance surcharge	..	3 498	..	..	..	..	..	..	0	0
Apprenticeship Levy	..	0	..	..	..	..	..	..	2 604	2 764
4000 Impôts sur le patrimoine	**1 591**	**9 774**	**16 538**	**41 134**	**63 392**	**61 768**	**70 094**	**76 565**	**88 664**	**90 258**
4100 Impôts périodiques sur la propriété immobilière	1 228	8 665	13 462	30 552	44 891	50 028	55 139	58 185	66 407	68 748
4110 Ménages	539	3 687	2 373	14 205	23 609	25 919	27 640	29 355	34 733	36 537
Northern Ireland rates paid to CG	..	37	113	141	265	335	409	384	351	334
Council tax	..	0	0	13 991	23 217	25 438	27 061	28 777	34 153	35 957
Rates paid to LA	..	3 650	2 260	73	127	146	170	194	229	246
4120 Autres agents	689	4 978	11 089	16 347	21 282	24 109	27 499	28 830	31 674	32 211
National non-domestic rates	..	0	7 542	14 966	19 358	21 602	24 611	25 834	28 410	28 928
Rates paid to LA	..	4 925	2 869	149	267	497	567	601	690	689
Northern Ireland rates paid to CG	..	53	115	207	353	361	373	398	431	448
London Regional Transport levy	..	0	47	0	0	0	0	0	0	0
LA payments of NNDR	..	0	409	809	1 111	1 230	1 309	1 300	1 380	1 380
NPISH payments of NNDR	..	0	47	136	193	245	342	384	478	489
Crossrail Business rates supplement	..	0	0	0	0	168	217	224	276	268
4200 Impôts périodiques sur l'actif net	0	0	0	0	0	0	0	0	0	0
4210 Personnes physiques	..	..	..	..	..	..	..	..	..	..
4220 Sociétés	..	..	..	..	..	..	..	..	..	..
4300 Impôts sur mut. par décès, succ. et donations	287	479	1 321	2 215	3 867	2 642	3 379	4 442	5 301	5 165
4310 Impôts sur mut. par décès et successions	207	479	1 321	2 215	3 867	2 642	3 379	4 442	5 301	5 165
Death duties	..	423	1 278	2 156	3 764	2 592	3 293	4 359	5 198	5 097
Development land tax	..	42	0	0	0	0	0	0	0	0
Taxes on other capital transfers	..	14	37	59	50	50	50	50	50	50
Special tax on bank deposits	..	0	0	0	0	0	0	0	0	0
Betterment duty	..	0	0	0	0	0	0	0	0	0
Special charges	..	0	0	0	0	0	0	0	0	0
Special contribution	..	0	0	0	0	0	0	0	0	0
Equal pay on capital transfers	..	0	0	0	53	0	36	33	53	18
4320 Impôts sur les donations	0	0	0	0	0	0	0	0	0	0
4400 Impôts sur transact. mobilières et immob.	76	630	1 755	8 367	14 634	9 098	11 540	13 791	16 654	15 962
Stamp duties	..	630	1 755	8 367	14 634	9 098	11 540	13 791	16 654	15 962
4500 Impôts non-périodiques	0	0	0	0	0	0	36	147	302	383

	1965	1980	1990	2000	2007	2010	2013	2015	2018	2019
4510 Sur l'actif net	..	..	..	..	..	..	0	0	0	0
4520 Autres non-périodiques	..	..	..	..	..	..	36	147	302	383
4600 Autres impôts périodiques sur patrimoine	0	0	0	0	0	0	0	0	0	0
5000 Impôts sur les biens et services	**3 619**	**23 699**	**62 780**	**115 787**	**150 806**	**162 912**	**192 845**	**207 780**	**230 107**	**237 849**
5100 Impôts sur production, vente, transfert, etc.	3 406	22 677	59 379	110 804	144 752	155 471	185 262	200 337	222 059	229 312
5110 Impôts généraux	647	11 897	34 136	65 018	93 374	97 646	121 460	133 064	149 104	154 754
5111 Taxes sur la valeur ajoutée	0	11 897	34 136	65 018	93 374	97 646	121 460	133 064	149 104	154 754
Value added tax	..	11 893	33 620	64 918	93 348	97 565	121 650	132 948	149 254	154 781
Adj. to VAT contribution	..	4	516	100	26	81	-190	116	-150	-27
Purchase tax	..	0	0	0	0	0	0	0	0	0
5112 Impôts sur les ventes	647	0	0	0	0	0	0	0	0	0
5113 Autres impôts	0	0	0	0	0	0	0	0	0	0
5120 Impôts sur biens et services déterminés	2 759	10 780	25 243	45 786	51 378	57 825	63 802	67 273	72 955	74 558
5121 Accises	2 383	8 616	19 707	37 315	40 427	45 454	46 588	47 294	49 125	49 285
Beer	..	1 029	2 220	2 813	3 042	3 278	3 337	3 294	3 638	3 659
Wines, spirits, cider and perry	..	1 513	2 627	3 751	5 008	6 075	7 063	7 385	8 355	8 457
Tobacco	..	2 735	5 541	7 666	7 862	9 076	9 479	9 190	8 976	9 038
Hydrocarbon oil	..	3 327	9 302	23 041	24 512	27 013	26 697	27 415	27 919	27 795
Other excise duties	..	12	17	0	0	0	0	0	0	0
Sugar levy	..	12	0	44	3	12	12	10	0	0
Soft Drinks Levy	..	..	0	0	0	0	0	0	237	336
5122 Bénéfices des monopoles fiscaux	0	0	0	0	0	0	0	0	0	0
5123 Droits de douane et droits à l'importation	343	1 109	1 837	2 086	2 522	3 058	3 042	3 219	3 480	3 488
Custom duties	..	..	..	1 800	2 074	2 933	2 914	3 077	3 335	3 343
Import duties	..	855	1 722	0	0	0	0	0	0	0
Agricultural levies	..	254	115	286	338	0	0	0	0	0
Temporary charges of import	..	0	0	0	0	0	0	0	0	0
British Transport Police	..	0	0	0	110	125	128	142	145	145
5124 Taxes à l'exportation	0	-1	36	0	0	0	0	0	0	0
Levies on exports	..	-1	36	..	..	..	..	..	..	..
5125 Impôts sur biens d'équipement	0	0	0	0	0	0	0	0	0	0
5126 Impôts sur services déterminés	33	456	1 022	5 826	6 523	7 292	11 601	13 626	16 320	17 043
Betting and gaming	..	456	1 022	1 522	959	1 092	1 538	2 053	2 202	2 502
National Lottery contributions to fund	..	0	0	1 590	1 310	1 625	1 644	1 713	1 713	1 713
Air passenger duty	..	0	0	940	1 883	2 094	2 960	3 119	3 513	3 810
Insurance premium tax	..	0	0	1 707	2 306	2 401	3 018	3 294	6 201	6 417
Bank Levy - Stability Fee Scheme	..	0	0	0	0	0	2 352	3 369	2 613	2 523
Light Dues	..	0	0	67	65	80	89	78	78	78
5127 Autres impôts sur commerce et transact. internat.	0	0	0	0	0	0	0	0	0	0
5128 Autres impôts	0	600	2 641	559	1 906	2 021	2 571	3 134	4 030	4 742
Fossil fuel levy	..	0	875	56	0	0	0	0	0	0
European coal and steel levy	..	21	11	0	0	0	0	0	0	0
Gas levy	..	12	291	0	0	0	0	0	0	0
Car tax	..	83	1 464	0	0	0	0	0	0	0
Landfill tax	..	484	0	461	877	1 065	1 191	1 028	842	784
Climate change levy	..	0	0	0	690	666	1 098	1 752	1 911	2 091
Aggregates levy	..	0	0	0	339	290	282	354	366	396
Hydro benefit	..	0	0	42	0	0	0	0	0	0
Renewable energy obligations	..	0	0	0	0	0	0	0	0	0
Channel 4 advertising formula	..	0	0	0	0	0	0	0	0	0
Milk super levy	..	0	0	0	0	0	0	0	0	0
Contracts for Difference	..	0	0	0	0	0	0	0	911	1 471
5130 Non-ventilables entre 5110 et 5120	0	0	0	0	0	0	0	0	0	0
5200 Impôts sur utilisation des biens et exerc. activités	212	1 378	3 401	4 983	6 054	7 441	7 583	7 443	8 048	8 537
5210 Impôts périodiques	212	1 378	3 401	4 983	6 054	7 441	7 583	7 443	7 963	8 452
5211 À la charge des ménages : véhicules à moteur	118	729	1 841	2 996	4 096	4 561	4 312	3 970	4 512	4 998
Motor vehicle duty	..	726	1 837	2 992	4 096	4 561	4 312	3 970	4 512	4 998
Boat licences	..	3	4	4	0	0	0	0	0	0
5212 À la charge autres agents : véhicules à moteur	74	588	1 134	1 614	1 288	1 279	1 789	1 929	2 001	2 007
Motor vehicle levy	..	588	1 134	1 614	1 288	1 279	1 789	1 929	2 001	2 007
5213 Autres impôts périodiques	20	61	426	373	670	1 601	1 482	1 544	1 450	1 447
IBA levy	..	..	134	0	0	0	0	0	0	0
Telecommunications regulator fees	..	..	7	12	17	12	0	0	0	0
Gas regulator fees	..	..	2	0	0	0	0	0	0	0
Electricity regulator fees	..	..	5	0	0	0	0	0	0	0
Water regulator fees	..	..	6	11	11	12	24	27	33	36
Rail regulator fees	..	..	0	14	12	12	12	12	12	12
Company registration surplus fees	..	..	12	0	0	0	0	0	0	0
Consumer and credit act fees	..	..	163	119	281	480	480	480	480	480
Levy funded bodies	..	..	97	217	349	1 040	922	970	859	853
1936 Tithe Act payments	..	..	0	0	0	0	0	0	0	0
Recurrent taxes paid in respect of other goods	..	..	0	0	0	45	44	55	66	66

	1965	1980	1990	2000	2007	2010	2013	2015	2018	2019
5220 Impôts non-périodiques	0	0	0	0	0	0	0	0	85	85
Immigration Skills Charge	..	..	..	..	..	..	..	..	85	85
5300 Non-ventilables entre 5100 et 5200	1	-356	0	0	0	0	0	0	0	0
6000 Autres impôts	**0**	**0**	**9 017**	**0**	**0**	**0**	**0**	**0**	**0**	**0**
6100 À la charge exclusive des entreprises	..	..	0	..	..	..	..	..	..	..
6200 À la charge d'autres agents	..	..	9 017	..	..	..	..	..	..	..
Community charge	..	..	9 017	..	..	..	..	..	..	..
Pour mémoire										
Droits de douane perçus pour le compte de l'UE	..	..	..	1 800	2 074	2 933	2 914	3 077	3 335	3 343
Crédits d'impôts récupérables										
Crédits d'impôts récupérables contre 1110	..	..	7 454	4 651	20 030	28 879	29 710	28 539	22 878	18 003
Composante fiscale	..	..	6 973	1 233	4 414	5 542	2 538	2 571	2 061	1 622
Composante transfert	..	..	481	3 418	15 617	23 338	27 172	25 968	20 817	16 381
Crédits d'impôts récupérables contre 1210	..	..	0	0	918	1 313	1 156	3 273	6 262	7 314
Composante fiscale	..	..	0	0	654	915	626	1 136	2 002	2 309
Composante transfert	..	..	0	0	264	398	530	2 137	4 260	5 005
Recettes fiscales totales sur la base d'encaissements	**10 945**	**81 153**	**202 400**	**356 070**	**509 032**	**509 500**	**562 359**	**601 426**	**689 586**	**708 100**
Recettes fiscales totales sur la base des droits constatés	**..**	**..**	**202 368**	**359 370**	**508 724**	**514 797**	**568 769**	**611 151**	**704 364**	**725 615**
Conciliation avec les comptes nationaux										
Impôts additionnels inclus dans les comptes nationaux	..	..	1 323	2 062	4 072	4 731	5 816	7 261	9 657	9 895
Impôt exclus des comptes nationaux	..	..	0	0	0	0	0	0	0	0
Différence dans les traitements des crédits d'impôts	..	..	6 973	1 233	5 068	6 457	3 164	3 707	4 063	3 931
Transfert en capital des recettes non collectées	..	..	0	0	0	0	0	0	0	0
Cotisations de sécurité sociale volontaires	..	..	3 288	8 103	18 629	21 217	22 438	25 025	27 546	33 474
Différences diverses	..	..	0	0	0	0	0	0	0	0
Comptes nationaux : impôts et cotisations sociales effectives	..	..	213 952	370 768	536 493	547 202	600 187	647 144	745 630	772 915
Cotisations sociales imputées	..	..	3 966	4 234	1 391	1 616	1 568	1 565	1 499	1 953
Comptes nationaux : impôts et toutes les cotisations sociales	..	..	217 918	375 002	537 884	548 818	601 755	648 709	747 129	774 868

.. Non disponible

Note : Year ending 31st December.

From 1990 data are on accrual basis.

Supranational taxes reported by the United Kingdom continue to be reported for 2020 in Revenue Statistics as in previous years. From 2021, at the end of the Brexit transition period, this will come to an end and taxes subsequently introduced by the United Kingdom will be reflected in the appropriate tax category at the national or subnational levels of government, as appropriate.

Heading 1210: The corporate tax figures include company income tax from 1990 onwards.

Heading 2000: Includes some voluntary contributions which cannot be separately identified.

Heading 6200: The community charge replaced domestic rates in Scotland in April 1989 and was extended to England and Wales in April 1990. This tax has been classified in heading 6200 as it is a lump-sum tax levied on each adult in a household (domestic rates are classified in heading 4100). Headings for non-wastable tax credits 1110 and 1210 are consistent with the guidelines, and the figures in the data are treated accordingly. The following method is adopted separately for Working Families 'Tax Credit and Disabled Persons Tax Credit' paid from 1999 to 2003. For each calendar, a random sample of awards over-lapping the quarter is taken. Each recipient family's income tax liability for the fiscal year within which the quarter falls is calculated , based on the earned income reported for the award (uprated to the middle of the overlap period). And the result multiplied by the number of days in the overlap period divided by 365. The tax expenditure component is defined as the minimum of this amount and the total amount of award paid in the overlap period. The total amount of award paid and the tax expenditure component are each summed over the sample cases, and the ratio is taken as the tax expenditure ration for the quarter. From 2003, the equivalent breakdown for Child and Working tax credits is based on household survey data. Survey data is used to estimate the breakdown into the tax expenditure and the transfer components for the other smaller tax credits.

The United Kingdom Personal Tax Credit information presented in Revenue Statistics is on a cash basis (rather than an accrual basis as for the rest of the data). PTC information on a financial year basis has been used as a proxy for calendar year. Please note that since 2015-16 tax credits is no longer split into tax expenditure and transfer component. The split for years after 2014-15 is estimated by applying the 2014-15 split to total personal tax credits expenditure. The sum of tax expenditure and transfer components may not match the total due to rounding. Total values are consistent with published figures available here: https://www.gov.uk/government/statistics/hmrc-tax-and-nics-receipts-for-the-uk.

Please note that the sum of the corporate tax credit (CTC) components in the United Kingdom may not match total CTC's due to rounding. The CTC information presented in Revenue Statistics is on a cash basis (rather than an accrual basis as for the rest of the data). CTC information on a financial year basis has been used as a proxy for calendar year. Please note that the breakdown of total CTCs from 2002/03 to 2010/11 have been estimated using historic proportional splits applied to total published CTC information. Total values are consistent with published figures available here: https://www.gov.uk/government/statistics/hmrc-tax-and-nics-receipts-for-the-uk.

Source : National Income and Expenditure; Central Statistical Office; Annual reports of Her Majesty's Revenue and Customs.

StatLink https://stat.link/gonx4l

Tableau 5.38. État-Unis : recettes fiscales détaillées, 1965-2019

Million USD

	1965	1980	1990	2000	2007	2010	2013	2015	2018	2019
Recettes fiscales totales	**167 022**	**730 672**	**1 552 413**	**2 900 519**	**3 868 612**	**3 517 144**	**4 291 752**	**4 773 680**	**5 109 964**	**5 336 458**
1000 Impôts sur revenu, bénéfices et gains en capital	**80 284**	**364 137**	**701 731**	**1 453 865**	**1 865 205**	**1 488 699**	**2 016 390**	**2 314 542**	**2 344 668**	**2 478 497**
1100 Des personnes physiques	52 894	285 513	584 733	1 224 538	1 479 085	1 223 218	1 664 074	1 929 215	2 073 662	2 191 677
1110 Sur le revenu et les bénéfices	50 401	272 879	552 859	1 088 967	1 326 736	1 163 737	1 556 113	1 753 783	1 872 662	1 980 150
Individual income tax federal	46 492	233 269	449 239	895 677	1 062 755	910 874	1 235 275	1 413 376	1 484 440	1 572 684
Individual income tax state and local govt.	3 909	39 610	103 620	193 290	263 981	252 863	320 838	340 407	388 222	407 466
1120 Sur les gains en capital	2 493	12 634	31 874	135 571	152 349	59 481	107 961	175 432	201 000	211 527
Capital gains federal	2 300	10 800	25 900	111 507	122 036	46 557	85 702	141 381	159 331	168 000
Capital gains tax state and local govt.	193	1 834	5 974	24 064	30 313	12 924	22 259	34 051	41 669	43 527
1200 Des sociétés	27 390	78 624	116 998	229 327	386 119	265 481	352 316	385 327	271 006	286 820
1210 Sur les bénéfices	26 745	73 586	106 134	170 835	330 597	240 445	313 172	337 786	231 155	239 625
Corporate income tax federal	24 861	60 525	85 736	144 590	281 040	198 698	265 274	288 486	179 592	181 550
Corporate income tax state and local govt.	1 884	13 061	20 398	26 245	49 556	41 747	47 898	49 300	51 563	58 075
1220 Sur les gains en capital	645	5 038	10 864	58 492	55 523	25 036	39 144	47 541	39 852	47 195
Capital gains tax corp. federal	600	4 143	8 776	49 506	47 200	20 689	33 157	40 602	30 962	35 757
Capital gains tax corp. state and local govt.	45	895	2 088	8 986	8 323	4 347	5 987	6 939	8 890	11 438
1300 Non-ventilables entre 1100 et 1200	0	0	0	0	0	0	0	0	0	0
2000 Cotisations de sécurité sociale	**22 192**	**159 763**	**396 972**	**683 104**	**907 357**	**917 409**	**1 030 099**	**1 125 493**	**1 254 375**	**1 305 959**
2100 À la charge des salariés	8 459	67 022	173 860	305 555	400 941	406 404	456 777	502 103	570 080	595 561
Federal insurance contribution Act tax	8 084	66 221	..	..	..	..	..	..	..	..
Less refund federal	-192	-507	..	..	..	..	..	..	..	..
Railroad retirement taxes federal	322	590	..	..	..	..	..	..	..	..
Fed. hosp. insur. recpts from railroad retir.	0	111	..	..	..	..	..	..	..	..
Unemployment state tax federal	20	127	..	..	..	..	..	..	..	..
Temp. disability insurance state and local	225	480	..	..	..	..	..	..	..	..
2110 Sur la base du salaire	..	..	..	..	..	..	..	..	..	..
2120 Sur la base de l'impôt sur les revenus	..	..	..	..	..	..	..	..	..	..
2200 À la charge des employeurs	12 703	87 019	204 102	343 184	456 602	461 702	519 064	561 936	618 519	642 189
Federal insurance contributions act tax	7 802	64 768	..	..	..	..	..	..	..	..
Railroad retirement taxes federal	314	1 722	..	..	..	..	..	..	..	..
Fed. hosp. insur. recpts from railroad retir.	0	111	..	..	..	..	..	..	..	..
Military service credit federal	14	652	..	..	..	..	..	..	..	..
Old-age dis. hosp. insur. fed. employer contr.	282	1 453	..	..	..	..	..	..	..	..
Unemployment state tax federal	3 032	11 788	..	..	..	..	..	..	..	..
Federal unemployment tax Act	615	3 246	..	..	..	..	..	..	..	..
Railroad unempl. insurance Act tax federal	152	175	..	..	..	..	..	..	..	..
Workmen's compensation state and local	484	3 039	..	..	..	..	..	..	..	..
Temp. disability insurance state and local	8	65	..	..	..	..	..	..	..	..
2210 Sur la base du salaire	..	..	..	..	..	..	..	..	..	..
2220 Sur la base de l'impôt sur les revenus	..	..	..	..	..	..	..	..	..	..
2300 A charge des travailleurs indép. ou sans emploi	1 030	5 722	19 010	34 365	49 814	49 303	54 258	61 454	65 776	68 209
Federal old-age survivors trust	0	4 250	..	..	..	..	..	..	..	..
Federal disability insurance trust	1 030	733	..	..	..	..	..	..	..	..
Federal hospital insurance trust	0	739	..	..	..	..	..	..	..	..
2310 Sur la base du salaire	..	..	..	..	..	..	..	..	..	..
2320 Sur la base de l'impôt sur les revenus	..	..	..	..	..	..	..	..	..	..
2400 Non-ventilables entre 2100, 2200 et 2300	0	0	0	0	0	0	0	0	0	0
2410 Sur la base du salaire	..	..	..	..	..	..	..	..	..	..
2420 Sur la base de l'impôt sur les revenus	..	..	..	..	..	..	..	..	..	..
3000 Sur salaires ou main d'oeuvre	**0**	**0**	**0**	**0**	**285**	**2 285**	**1 591**	**1 751**	**2 167**	**2 760**
4000 Impôts sur le patrimoine	**26 529**	**77 913**	**182 408**	**299 546**	**463 052**	**473 422**	**503 220**	**539 732**	**603 792**	**612 875**
4100 Impôts périodiques sur la propriété immobilière	22 918	68 499	161 533	254 669	403 688	438 588	456 790	490 410	549 156	564 026
4110 Ménages	8 548	28 975	..	..	..	..	..	..	..	..
Property tax state and local	8 548	28 975	..	..	..	..	..	..	..	..
Other	0	0	..	..	..	..	..	..	..	..
4120 Autres agents	14 370	39 524	..	..	..	..	..	..	..	..
Property tax state and local	14 370	39 524	..	..	..	..	..	..	..	..
Other	0	0	..	..	..	..	..	..	..	..
4200 Impôts périodiques sur l'actif net	0	0	0	0	0	0	0	0	0	0
4210 Personnes physiques	..	..	..	..	..	..	..	..	..	..
4220 Sociétés	..	..	..	..	..	..	..	..	..	..
4300 Impôts sur mut. par décès, succ. et donations	3 447	8 425	15 755	35 640	31 927	19 699	26 178	25 582	28 251	21 709
4310 Impôts sur mut. par décès et successions	3 080	8 149	..	..	..	..	..	..	..	..
Estate tax less refund federal	2 427	6 181	..	..	..	..	..	..	..	..
Estate tax state and local govt.	653	1 968	..	..	..	..	..	..	..	..
4320 Impôts sur les donations	367	276	..	..	..	..	..	..	..	..
Gift tax less refund federal	289	209	..	..	..	..	..	..	..	..
Gift tax calculate state and local govt.	78	67	..	..	..	..	..	..	..	..

	1965	1980	1990	2000	2007	2010	2013	2015	2018	2019
4400 Impôts sur transact. mobilières et immob.	164	989	2 148	4 389	20 503	7 460	12 171	14 896	16 406	16 906
Interest equalisation tax federal	15	0	..	..	..	..	..	..	..	..
Document and stock transfer state and local	149	989	2 148	4 389	20 503	7 460	12 171	14 896	16 406	16 906
4500 Impôts non-périodiques	0	0	0	0	0	0	0	0	0	0
4510 Sur l'actif net	..	..	..	..	..	..	..	..	0	0
4520 Autres non-périodiques	..	..	..	..	..	..	..	..	..	..
4600 Autres impôts périodiques sur patrimoine	0	0	2 972	4 848	6 934	7 675	8 081	8 844	9 979	10 234
5000 Impôts sur les biens et services	**38 017**	**128 844**	**271 301**	**464 004**	**632 713**	**635 329**	**740 452**	**792 162**	**904 961**	**936 366**
5100 Impôts sur production, vente, transfert, etc.	33 300	111 810	235 233	404 093	540 291	546 710	640 249	695 784	789 032	816 923
5110 Impôts généraux	8 016	51 328	125 575	221 358	301 403	295 123	343 853	374 173	421 150	434 796
5111 Taxes sur la valeur ajoutée	0	0	0	0	0	0	0	0	0	0
5112 Impôts sur les ventes	8 016	51 328	125 575	221 358	301 403	295 123	343 853	374 173	421 150	434 796
General sales - general receipts state and local	7 981	51 328	125 575	221 358	301 403	295 123	343 853	374 173	421 150	434 796
Other state and local	35	0	0	0	0	0	0	0	0	0
5113 Autres impôts	0	0	0	0	0	0	0	0	0	0
5120 Impôts sur biens et services déterminés	25 284	60 482	109 658	182 735	238 888	251 587	296 396	321 611	367 882	382 127
5121 Accises	21 209	45 471	64 953	108 600	137 373	146 582	154 390	156 902	164 243	163 625
Alcohol taxes federal govt.	3 689	5 601	5 228	7 281	8 571	8 848	9 026	9 514	9 562	9 178
Tobacco taxes federal govt.	2 142	2 443	4 217	6 741	8 377	17 487	15 830	14 265	12 186	10 909
Airport, airway, highway federal	3 559	6 411	0	0	0	0	0	0	0	0
Manufacturer's excise taxes federal govt.	2 867	6 122	0	0	0	0	0	0	0	0
Sugar tax federal govt.	97	0	0	0	0	0	0	0	0	0
Other taxes excise federal govt.	889	2	0	0	0	0	0	0	0	0
Undistributed tax deposits federal government	-11	152	0	0	0	0	0	0	0	0
Other taxes excise and undist. fed.govt. -	0	0	13 316	32 005	31 747	26 913	33 746	35 287	36 740	35 992
Less special tax liquor occupations federal	-22	-21	0	0	0	0	0	0	0	0
Other federal (refunds)	-7	-32	0	0	0	0	0	0	0	0
Alcohol taxes state and local govt.	949	2 642	3 577	4 485	5 684	6 197	6 706	7 260	7 600	7 859
Tobacco taxes state and local govt.	1 386	3 874	6 009	8 726	16 433	18 611	18 464	18 002	18 764	18 792
Public utilities state and local govt.	871	5 888	11 814	17 989	27 879	28 892	28 544	27 834	27 674	27 767
Motor fuel taxes state and local govt.	4 331	9 822	20 792	31 373	38 682	39 634	42 074	44 740	51 716	53 127
Other state and local taxes	469	2 295	0	0	0	0	0	0	0	0
Coal tonnage tax federal govt.	0	272	0	0	0	0	0	0	0	0
Hazardous substances tax federal	0	0	0	0	0	0	0	0	0	0
Transportation fuels tax federal	0	0	0	0	0	0	0	0	0	0
Boat fuels and equipment tax federal	0	0	0	0	0	0	0	0	0	0
Waste site deposits tax federal	0	0	0	0	0	0	0	0	0	0
Leaking underground storage federal	0	0	0	0	0	0	0	0	0	0
Vaccine injury compens. federal	0	0	0	0	0	0	0	0	0	0
Ozone depletion tax federal	0	0	0	0	0	0	0	0	0	0
Oil spill liability federal	0	0	0	0	0	0	0	0	0	0
Luxury tax federal govt.	0	0	0	0	0	0	0	0	0	0
5122 Bénéfices des monopoles fiscaux	275	608	..	..	..	..	..	..	..	..
Liquor store revenue state and local govt.	1 447	3 200	..	..	..	..	..	..	..	..
Liquor store expend. state and local govt.	-1 172	-2 592	..	..	..	..	..	..	..	..
5123 Droits de douane et droits à l'importation	1 442	7 436	17 490	21 123	28 793	28 603	35 468	38 123	53 284	77 752
Custom duties federal	1 442	7 436	17 490	21 123	28 793	28 603	35 468	38 123	53 284	77 752
Petroleum import fees federal govt.	0	0	0	0	0	0	0	0	0	0
5124 Taxes à l'exportation	0	0	0	0	0	0	0	0	0	0
5125 Impôts sur biens d'équipement	0	0	0	0	0	0	0	0	0	0
5126 Impôts sur services déterminés	2 358	6 967	8 895	13 857	23 639	23 642	26 899	30 153	34 510	34 218
Amusements state and local govt.	23	234	671	3 668	7 105	7 082	7 784	8 202	9 051	9 415
Parimutuels state and local govt.	386	731	659	326	328	206	193	182	194	193
Transportation of persons federal	126	1 601	0	0	0	0	0	0	0	0
Transport of property	0	92	0	0	0	0	0	0	0	0
General and toll telephone federal	1 079	1 118	0	0	0	0	0	0	0	0
Foreign insurance policies federal	0	75	0	0	0	0	0	0	0	0
Insurance state and local govt.	744	3 113	7 565	9 863	16 206	16 354	18 922	21 769	25 266	24 611
Employee pension plans federal	0	3	0	0	0	0	0	0	0	0
Inland waterway tax federal	0	0	0	0	0	0	0	0	0	0
Ship departure tax federal	0	0	0	0	0	0	0	0	0	0
5127 Autres impôts sur commerce et transact. internat.	0	0	0	0	0	0	0	0	0	0
5128 Autres impôts	0	0	18 320	39 155	49 083	52 760	79 639	96 433	115 845	106 532
5130 Non-ventilables entre 5110 et 5120	0	0	0	0	0	0	0	0	0	0
5200 Impôts sur utilisation des biens et exerc. activités	4 717	17 034	36 068	59 910	92 422	88 619	100 203	96 377	115 929	119 443
5210 Impôts périodiques	3 490	9 501	21 262	37 114	68 547	66 440	70 557	74 447	85 431	88 025
5211 À la charge des ménages : véhicules à moteur	1 211	3 370	8 104	11 409	14 996	16 294	17 781	18 809	21 143	21 463
Motor vehicle regis. license st. and loc.	1 056	2 981	..	..	..	..	..	..	..	..
Motor vehicle oper. license st. and loc.	152	389	..	..	..	..	..	..	..	..
Other motor vehicle	3	0	..	..	..	..	..	..	..	..

	1965	1980	1990	2000	2007	2010	2013	2015	2018	2019
5212 À la charge autres agents : véhicules à moteur	937	2 343	3 564	6 688	8 484	9 108	10 071	10 702	12 155	12 312
Motor vehicle regis. license st. and loc.	937	2 343	..	..	..	..	..	..	..	..
Motor vehicle oper. license st. and loc.	0	0	..	..	..	..	..	..	..	..
5213 Autres impôts périodiques	1 342	3 788	9 594	19 017	45 067	41 038	42 705	44 936	52 133	54 250
Misc. fees permit license federal	19	0	0	0	0	0	0	0	0	0
Special tax liquor occupations federal	22	21	0	0	0	0	0	0	0	0
Use tax of certain vehicles federal	99	277	0	0	0	0	0	0	0	0
Use of internat. travel facilities federal	0	92	0	0	0	0	0	0	0	0
Use tax of aircraft federal	0	21	0	0	0	0	0	0	0	0
Corporation in general license st. and loc.	528	1 388	3 147	6 736	10 658	9 473	7 560	6 678	7 372	7 907
Alcoholic beverage license tax st. and loc.	133	179	264	308	608	596	899	824	928	939
Public utilities license tax st. and loc.	30	130	270	395	1 903	1 468	1 432	1 665	1 825	1 850
Amusements license taxes st. and loc.	7	69	202	196	966	638	604	740	903	875
Occupation and business license st. and loc.	349	1 113	3 512	7 651	16 484	17 812	19 284	20 423	22 105	22 948
Wagering occupation tax federal	7	12	0	0	0	0	0	0	0	0
Other license taxes st. and loc.	10	69	2 118	3 619	14 302	10 900	12 772	14 445	18 825	19 557
Hunting and fishing license taxes st. and loc.	138	417	82	112	146	151	155	162	174	175
Other	0	0	0	0	0	0	0	0	0	0
5220 Impôts non-périodiques	1 227	7 533	14 806	22 796	23 875	22 179	29 645	21 930	30 499	31 417
Severance state and local govt.	503	4 167	5 224	5 285	12 895	11 751	18 266	9 755	14 778	15 450
Poll taxes state and local govt.	9	0	0	0	0	0	0	0	0	0
Other taxes state and local govt.	715	3 366	9 582	17 511	10 980	10 428	11 379	12 175	15 721	15 968
5300 Non-ventilables entre 5100 et 5200	0	0	0	0	0	0	0	0	0	0
6000 Autres impôts	**0**	**15**	**0**	**0**	**0**	**0**	**0**	**0**	**0**	**0**
6100 À la charge exclusive des entreprises	..	0	..	..	..	..	..	..	..	..
6200 À la charge d'autres agents	..	15	..	..	..	..	..	..	..	..
Crédits d'impôts récupérables										
Crédits d'impôts récupérables contre 1110	..	..	6 155	36 511	90 439	171 630	158 160	156 656	194 270	255 580
Composante fiscale	..	..	1 800	9 602	35 910	69 870	41 560	42 826	57 340	102 660
Composante transfert	..	..	4 355	26 909	54 529	101 760	116 600	113 830	136 930	152 920
Crédits d'impôts récupérables contre 1210	..	..	..	..	..	250	630	577	440	440
Composante fiscale	..	..	..	..	..	240	610	527	380	380
Composante transfert	..	..	..	..	..	10	20	50	60	60
Non-ventilables composante transfert	..	..	..	..	..	2 420	4 280	4 890	4 795	4 230
Recettes fiscales totales sur la base d'encaissements	**167 022**	**730 672**	..	..	..	..	..	..	..	..
Recettes fiscales totales sur la base des droits constatés	..	..	..	..	..	..	..	..	..	..
Conciliation avec les comptes nationaux										
Impôts additionnels inclus dans les comptes nationaux	..	..	..	..	..	..	..	..	..	..
Impôt exclus des comptes nationaux	..	..	..	..	..	..	..	..	..	..
Différence dans les traitements des crédits d'impôts	..	..	..	..	..	..	..	..	..	..
Transfert en capital des recettes non collectées	..	..	..	..	..	..	..	..	..	..
Cotisations de sécurité sociale volontaires	..	..	11 719	22 562	51 635	61 833	69 903	74 886	102 411	108 999
Différences diverses	..	..	..	..	..	..	..	..	..	..
Comptes nationaux : impôts et cotisations sociales effectives	..	..	1 564 132	2 923 081	3 920 247	3 578 977	4 361 655	4 848 566	5 212 375	5 445 457
Cotisations sociales imputées	..	..	3 384	3 727	7 134	9 428	9 438	9 636	8 811	9 018
Comptes nationaux : impôts et toutes les cotisations sociales	..	..	1 567 516	2 926 808	3 927 381	3 588 405	4 371 093	4 858 202	5 221 186	5 454 475

.. Non disponible

Note : From 1990, data are on a year ending 31st December basis. For years up to and including 1976 the dated covered fiscal years ending 30th June. Between 1977 and 1989, Federal government data covered fiscal years ending 30th September and State & Local government data covered fiscal years ending 30th June.

From 1990, data are on accrual basis. There are no separate estimates for the State and Local capital gains tax revenues.

Heading 5121: In 1994 through 1996, some Federal excise taxes formerly shown separately were included in 'Other taxes,excises and undistributed, Federal government'.

Source : Federal estimates are derived from the US Budget, the Final Monthly Treasury Statement and the Annual Report of the US Treasury Department. The State and Local estimates are derived from Government Finances, published by the Bureau of the Census.

StatLink https://stat.link/7058dn

5.2. Tableaux pour mémoire

Le Tableau 5.39 présente les différentes sources de financement des prestations sociales, au-delà des cotisations obligatoires de sécurité sociale reportées dans la section 5.1. Cette table montre également les données concernant les autres impôts, les cotisations volontaires aux administrations et les cotisations obligatoires au secteur privé.

Le Tableau 5.40 contient les cotisations de sécurité sociale et les impôts sur les salaires acquittés par les administrations. Lors de la révision du Guide d'interprétation en 1984, la question s'est posée de savoir comment il convenait de traiter les impôts acquittés par les administrations. Les deux exemples les plus marquants d'impôts de ce type sont les cotisations de sécurité sociale et les impôts sur les salaires acquittés par les administrations au titre de leurs agents. Après un échange de vues approfondi, il a été décidé que les données présentées dans cette publication continueraient d'inclure les impôts acquittés par les administrations (voir le §7 du Guide d'interprétation dans l'Annexe A).

Alors qu'il a été admis qu'à certaines fins (par exemple, pour mesurer le flux de paiements allant du secteur privé au secteur des administrations), il conviendrait d'exclure les impôts payés par un secteur de l'administration à un autre ou les impôts acquittés entre les différentes unités d'un même secteur de l'administration, il a été décidé que les impôts acquittés par les administrations devaient être inclus dans les données lorsque l'on comptabilise tous les flux d'impôts de l'ensemble de l'économie. Cette prise en compte permet d'être sûr que les différents flux de ressources d'une économie, y compris la valeur de la production des administrations, sont bien mesurés de façon cohérente nette d'impôt.

Il a été toutefois décidé que les données sur les impôts acquittés par les administrations et que l'on pouvait identifier isolément seraient présentées séparément dans un poste pour mémoire et c'est l'objet des tableaux par pays qui suivent.

Les données reproduites dans les tableaux suivants ont trait aux montants effectifs versés par les administrations publiques au titre de leurs agents. Les cotisations fictives, volontaires et imputées sont exclues de ces données. Les définitions des cotisations de sécurité sociale, des impôts sur les salaires et des administrations publiques correspondent aux définitions données aux §40 á § 46, §47 et §3 á § 4 du Guide d'interprétation. Les informations sur les autres impôts payés par les administrations (à savoir impôts sur la propriété et impôts sur la consommation) ne sont pas disponibles pour la plupart des pays, même s'il semble bien que, dans tous les pays, les impôts assis sur les salaires sont les impôts les plus importants qu'acquittent les administrations. Dans beaucoup de cas, les données sont estimées et ne sont pas toujours établies sur une base compatible avec celle utilisée dans les tableaux principaux.

Tableau 5.39. Le financement des prestations sociales

	1965	1980	1990	2000	2007	2010	2013	2015	2018	2019
Australie, millions AUD										
Impôts de la série 2000	..	..	..	..	..	..	..	..	..	..
Autres impôts	..	..	..	..	..	..	..	..	..	..
Contributions volontaires au gouvernement	..	..	..	..	..	..	..	..	..	..
Contributions obligatoires au secteur privé	..	..	..	..	..	..	..	..	..	..
Total	**0**	**0**	**0**	**0**	**0**	**0**	**0**	**0**	**0**	**0**
Autriche, millions EUR										
Impôts de la série 2000	1 548	9 200	17 763	30 510	38 453	41 423	46 845	49 867	56 671	59 077
Autres impôts	0	0	0	0	0	0	0	0	0	0
Contributions volontaires au gouvernement	32	135	141	206	256	339	299	321	321	336
Contributions obligatoires au secteur privé	0	0	0	0	0	0	0	0	0	0
Total	**1 580**	**9 335**	**17 904**	**30 716**	**38 709**	**41 762**	**47 144**	**50 188**	**56 992**	**59 412**
Belgique, millions EUR										
Impôts de la série 2000	2 018	10 798	23 386	34 865	45 929	50 674	56 527	58 812	61 105	63 203
Autres impôts	0	171	644	5 375	13 659	16 772	18 390	12 347	18 321	19 758
Contributions volontaires au gouvernement	0	41	52	58	57	59	77	70	85	84
Contributions obligatoires au secteur privé	0	0	0	0	0	0	0	0	0	0
Total	**2 018**	**11 009**	**24 082**	**40 298**	**59 644**	**67 505**	**74 994**	**71 228**	**79 510**	**83 045**
Canada, millions CAD										
Impôts de la série 2000	854	10 649	29 653	53 109	73 722	76 787	90 394	96 371	103 502	108 364
Autres impôts	1 199	0	0	0	0	0	0	0	0	0
Contributions volontaires au gouvernement	0	0	0	0	0	0	0	0	0	0
Contributions obligatoires au secteur privé	0	0	0	0	0	0	0	0	0	0
Total	**2 053**	**10 649**	**29 653**	**53 109**	**73 722**	**76 787**	**90 394**	**96 371**	**103 502**	**108 364**
Chili, millions CLP										
Impôts de la série 2000	..	..	159 559	576 758	1 148 647	1 493 987	1 968 973	2 252 489	2 786 173	2 994 906
Autres impôts	..	..	0	0	0	0	0	0	0	0
Contributions volontaires au gouvernement	..	..	0	0	0	0	0	0	0	0
Contributions obligatoires au secteur privé	..	..	328 102	2 021 631	3 808 658	5 408 703	7 583 251	8 914 415	11 077 114	11 975 273
Total	**..**	**..**	**487 661**	**2 598 389**	**4 957 305**	**6 902 690**	**9 552 224**	**11 166 904**	**13 863 286**	**14 970 179**
Colombie, millions COP										
Impôts de la série 2000	..	..	203 596	4 989 000	9 694 000	11 478 085	16 644 445	13 585 138	18 192 049	19 875 398
Autres impôts	..	..	0	0	0	0	0	0	0	0
Contributions volontaires au gouvernement	..	..	0	0	0	0	0	0	0	0
Contributions obligatoires au secteur privé	..	..	0	0	18 667 073	27 354 493	30 808 731	31 112 566	39 712 117	43 732 211
Total	**..**	**..**	**203 596**	**4 989 000**	**28 361 073**	**38 832 579**	**47 453 177**	**44 697 703**	**57 904 167**	**63 607 609**
Costa Rica, millions CRC										
Impôts de la série 2000	..	..	33 990	297 069	885 053	1 450 531	1 928 082	2 305 133	2 859 467	3 026 691
Autres impôts	..	..	..	..	..	..	..	..	..	..
Contributions volontaires au gouvernement	..	..	..	..	..	..	..	..	..	..
Contributions obligatoires au secteur privé	..	..	..	..	..	..	..	..	..	..
Total	**..**	**..**	**33 990**	**297 069**	**885 053**	**1 450 531**	**1 928 082**	**2 305 133**	**2 859 467**	**3 026 691**
République tchèque, million CZK										
Impôts de la série 2000	..	..	..	341 544	573 417	576 029	603 072	659 743	829 702	889 237
Autres impôts	..	..	..	0	0	0	0	0	0	0
Contributions volontaires au gouvernement	..	..	..	1 099	974	661	337	386	523	578
Contributions obligatoires au secteur privé	..	..	..	2 837	5 757	6 094	6 424	6 741	8 322	8 921
Total	**..**	**..**	**..**	**345 480**	**580 148**	**582 784**	**609 833**	**666 871**	**838 547**	**898 736**
Danemark, millions DKK										
Impôts de la série 2000	690	710	101	8 453	1 286	1 815	1 618	1 378	1 061	991
Autres impôts	0	0	0	0	0	0	0	0	0	0
Contributions volontaires au gouvernement	0	1 673	8 087	16 633	17 061	17 192	14 655	14 721	14 751	14 792
Contributions obligatoires au secteur privé	145	554	1 278	1 445	4 526	3 847	3 068	2 964	2 771	2 828
Total	**835**	**2 937**	**9 466**	**26 531**	**22 874**	**22 854**	**19 341**	**19 063**	**18 583**	**18 611**
Estonie, millions EUR										
Impôts de la série 2000	..	..	..	674	1 683	1 879	2 077	2 300	2 978	3 256
Autres impôts	..	..	..	0	0	0	0	0	0	0
Contributions volontaires au gouvernement	..	..	..	0	0	0	0	0	0	0
Contributions obligatoires au secteur privé	..	..	..	1	341	38	268	389	392	299
Total	**..**	**..**	**..**	**674**	**2 024**	**1 918**	**2 346**	**2 689**	**3 370**	**3 556**

	1965	1980	1990	2000	2007	2010	2013	2015	2018	2019
Finlande, millions EUR										
Impôts de la série 2000	93	2 776	10 012	15 756	21 384	22 648	25 632	26 639	27 647	28 295
Autres impôts	47	22	0	404	0	0	0	0	0	0
Contributions volontaires au gouvernement	0	262	632	236	228	254	270	303	269	246
Contributions obligatoires au secteur privé	0	123	431	532	653	619	694	673	645	655
Total	**140**	**3 183**	**11 075**	**16 928**	**22 265**	**23 521**	**26 596**	**27 615**	**28 561**	**29 196**
France, millions EUR										
Impôts de la série 2000	8 804	76 235	191 141	231 875	307 663	323 816	356 934	370 375	381 230	363 817
Autres impôts	0	895	2 950	81 001	127 511	137 383	162 838	170 210	199 736	232 687
Contributions volontaires au gouvernement	0	0	0	0	0	0	0	0	0	0
Contributions obligatoires au secteur privé	0	0	0	0	0	0	0	0	0	0
Total	**8 804**	**77 130**	**194 091**	**312 876**	**435 174**	**461 199**	**519 772**	**540 585**	**580 966**	**596 504**
Allemagne, millions EUR										
Impôts de la série 2000	19 876	98 659	170 449	299 440	320 750	354 320	392 378	424 841	487 654	508 124
Autres impôts	0	0	0	0	0	0	0	0	0	0
Contributions volontaires au gouvernement	1 946	8 441	13 002	23 329	21 409	5 102	5 352	6 068	7 490	7 262
Contributions obligatoires au secteur privé	107	690	1 462	6 120	8 243	9 386	10 444	11 202	12 929	13 780
Total	**21 929**	**107 791**	**184 914**	**328 889**	**350 402**	**368 808**	**408 174**	**442 111**	**508 073**	**529 166**
Grèce, millions EUR										
Impôts de la série 2000	37	485	3 466	14 284	24 940	24 748	19 354	18 807	21 473	22 293
Autres impôts	8	0	0	0	0	0	0	0	0	0
Contributions volontaires au gouvernement	0	0	0	0	0	0	0	0	0	0
Contributions obligatoires au secteur privé	0	0	0	0	0	0	0	0	0	0
Total	**44**	**485**	**3 466**	**14 284**	**24 940**	**24 748**	**19 354**	**18 807**	**21 473**	**22 293**
Hongrie, millions HUF										
Impôts de la série 2000	..	..	..	1 506 755	3 402 194	3 179 509	3 899 154	4 433 464	5 049 751	5 544 824
Autres impôts	..	..	..	188 413	85 058	78 629	246 574	294 313	328 876	145 025
Contributions volontaires au gouvernement	..	..	..	1 273	1 762	1 693	1 523	1 229	1 090	983
Contributions obligatoires au secteur privé	..	..	..	62 836	190 331	279 814	0	0	0	0
Total	**..**	**..**	**..**	**1 759 277**	**3 679 344**	**3 539 645**	**4 147 251**	**4 729 006**	**5 379 717**	**5 690 832**
Islande, millions ISK										
Impôts de la série 2000	5	102	3 607	19 680	39 594	63 599	69 899	79 707	98 230	97 423
Autres impôts	0	1 047	20 571	26 732	52 444	77 472	90 895	97 987	146 810	187 636
Contributions volontaires au gouvernement	0	0	0	0	0	0	0	0	0	0
Contributions obligatoires au secteur privé	0	459	13 454	48 847	118 117	95 438	117 903	139 792	209 341	187 003
Total	**5**	**1 608**	**37 632**	**95 260**	**210 155**	**236 509**	**278 697**	**317 486**	**454 381**	**472 062**
Irlande, millions EUR										
Impôts de la série 2000	21	578	1 729	3 966	8 143	8 458	8 854	9 992	12 085	13 140
Autres impôts	0	0	0	0	0	0	0	0	0	0
Contributions volontaires au gouvernement	0	0	0	0	0	0	0	0	0	0
Contributions obligatoires au secteur privé	0	0	0	0	0	0	0	0	0	0
Total	**21**	**578**	**1 729**	**3 966**	**8 143**	**8 458**	**8 854**	**9 992**	**12 085**	**13 140**
Israël, millions ILS										
Impôts de la série 2000	..	..	..	27 565	37 909	45 343	53 364	59 561	70 635	74 420
Autres impôts	..	..	..	0	0	0	0	0	0	0
Contributions volontaires au gouvernement	..	..	..	0	0	0	0	0	0	0
Contributions obligatoires au secteur privé	..	..	..	0	0	9 100	22 400	28 700	36 000	37 700
Total	**..**	**..**	**..**	**27 565**	**37 909**	**54 443**	**75 764**	**88 261**	**106 635**	**112 120**
Italie, millions EUR										
Impôts de la série 2000	1 881	22 976	87 256	143 629	200 772	209 122	210 462	214 376	229 643	237 346
Autres impôts	0	0	0	0	0	0	0	0	0	0
Contributions volontaires au gouvernement	0	0	0	464	567	561	738	750	771	708
Contributions obligatoires au secteur privé	0	0	0	0	0	0	0	0	0	0
Total	**1 881**	**22 976**	**87 256**	**144 093**	**201 339**	**209 683**	**211 200**	**215 126**	**230 414**	**238 054**
Japon, billions JPY										
Impôts de la série 2000	1 344	18 178	34 613	47 968	53 325	54 461	59 803	64 465	70 588	71 993
Autres impôts	0	0	0	0	0	0	0	0	0	0
Contributions volontaires au gouvernement	0	0	0	0	0	0	0	0	0	0
Contributions obligatoires au secteur privé	0	0	0	0	0	0	0	0	0	0
Total	**1 344**	**18 178**	**34 613**	**47 968**	**53 325**	**54 461**	**59 803**	**64 465**	**70 588**	**71 993**

	1965	1980	1990	2000	2007	2010	2013	2015	2018	2019
Corée, billions KRW										
Impôts de la série 2000	..	73	3 760	22 759	53 588	69 090	91 596	104 693	128 660	140 071
Autres impôts	..	0	0	0	0	0	0	0	0	0
Contributions volontaires au gouvernement	..	0	0	0	0	0	0	0	0	0
Contributions obligatoires au secteur privé	..	0	0	0	0	0	0	0	0	0
Total	**..**	**73**	**3 760**	**22 759**	**53 588**	**69 090**	**91 596**	**104 693**	**128 660**	**140 071**
Lettonie, millions EUR										
Impôts de la série 2000	..	..	..	669	1 774	1 554	1 933	2 030	2 658	2 911
Autres impôts	..	..	..	12	51	36	59	80	108	149
Contributions volontaires au gouvernement	..	..	..	0	0	0	0	0	0	0
Contributions obligatoires au secteur privé	..	..	..	0	0	0	0	0	0	0
Total	**..**	**..**	**..**	**682**	**1 825**	**1 590**	**1 992**	**2 111**	**2 767**	**3 060**
Lituanie, millions EUR										
Impôts de la série 2000	..	..	..	1 362	2 643	3 293	3 791	4 338	5 752	4 706
Autres impôts	..	..	..	0	0	0	0	0	0	0
Contributions volontaires au gouvernement	..	..	..	0	2	2	3	2	2	2
Contributions obligatoires au secteur privé	..	..	..	0	247	95	149	140	192	3
Total	**..**	**..**	**..**	**1 362**	**2 892**	**3 391**	**3 943**	**4 480**	**5 947**	**4 711**
Luxembourg, millions EUR										
Impôts de la série 2000	86	443	1 011	2 224	3 710	4 387	5 132	5 548	6 483	6 854
Autres impôts	0	0	0	0	0	0	0	0	0	0
Contributions volontaires au gouvernement	0	0	4	18	18	28	33	38	46	48
Contributions obligatoires au secteur privé	0	0	0	0	0	0	0	0	0	0
Total	**86**	**443**	**1 015**	**2 241**	**3 728**	**4 415**	**5 166**	**5 587**	**6 529**	**6 902**
Mexique, millions MXN										
Impôts de la série 2000	..	109	17 165	138 223	236 727	277 459	351 993	409 249	509 087	552 058
Autres impôts	..	0	0	0	0	0	0	0	0	0
Contributions volontaires au gouvernement	..	0	0	0	0	0	0	0	0	0
Contributions obligatoires au secteur privé	..	25	3 840	67 352	144 331	146 110	168 111	206 824	269 500	303 426
Total	**..**	**134**	**21 005**	**205 575**	**381 057**	**423 569**	**520 104**	**616 073**	**778 587**	**855 484**
Pays-Bas, millions EUR										
Impôts de la série 2000	3 342	26 641	39 075	64 522	77 072	82 732	97 372	96 426	108 049	109 298
Autres impôts	0	0	0	0	0	0	0	0	0	0
Contributions volontaires au gouvernement	168	1 139	163	0	0	0	0	0	0	0
Contributions obligatoires au secteur privé	1 266	7 642	5 727	37 088	..	..	..	..	..	..
Total	**4 776**	**35 422**	**44 965**	**101 610**	**77 072**	**82 732**	**97 372**	**96 426**	**108 049**	**109 298**
Nouvelle-Zélande, millions NZD										
Impôts de la série 2000	..	..	..	..	..	..	..	..	..	..
Autres impôts	..	..	..	..	..	..	..	..	..	..
Contributions volontaires au gouvernement	..	..	..	..	..	..	..	..	..	..
Contributions obligatoires au secteur privé	..	..	..	..	..	..	..	..	..	..
Total	**0**	**0**	**0**	**0**	**0**	**0**	**0**	**0**	**0**	**0**
Norvège, millions NOK										
Impôts de la série 2000	2 009	28 205	79 362	132 170	204 473	243 002	292 461	325 130	357 317	377 427
Autres impôts	1 305	4 256	0	0	0	0	0	0	0	0
Contributions volontaires au gouvernement	0	0	0	0	0	0	0	0	0	0
Contributions obligatoires au secteur privé	0	242	339	0	0	0	0	0	0	0
Total	**3 314**	**32 703**	**79 701**	**132 170**	**204 473**	**243 002**	**292 461**	**325 130**	**357 317**	**377 427**
Pologne, millions PLN										
Impôts de la série 2000	..	..	..	97 411	141 457	157 432	204 600	225 711	280 462	305 354
Autres impôts	..	..	..	0	0	0	0	0	0	0
Contributions volontaires au gouvernement	..	..	..	0	0	0	34	49	45	46
Contributions obligatoires au secteur privé	..	..	..	0	0	0	0	0	0	0
Total	**..**	**..**	**..**	**97 411**	**141 457**	**157 432**	**204 634**	**225 760**	**280 507**	**305 400**
Portugal, millions EUR										
Impôts de la série 2000	22	531	4 026	10 168	14 305	15 462	15 139	16 182	19 131	20 550
Autres impôts	0	1	29	434	658	698	970	994	824	854
Contributions volontaires au gouvernement	0	0	0	0	0	0	0	0	0	0
Contributions obligatoires au secteur privé	0	0	0	0	0	0	0	0	0	0
Total	**22**	**532**	**4 055**	**10 602**	**14 963**	**16 160**	**16 109**	**17 176**	**19 955**	**21 404**

	1965	1980	1990	2000	2007	2010	2013	2015	2018	2019
République slovaque, millions EUR										
Impôts de la série 2000	..	..	..	4 409	7 244	8 154	9 847	10 897	13 147	14 085
Autres impôts	..	..	..	0	0	0	0	0	0	0
Contributions volontaires au gouvernement	..	..	..	0	22	31	17	11	11	11
Contributions obligatoires au secteur privé	..	..	..	0	701	719	385	413	606	713
Total	**..**	**..**	**..**	**4 409**	**7 968**	**8 904**	**10 249**	**11 321**	**13 765**	**14 809**
Slovénie, millions EUR										
Impôts de la série 2000	..	..	..	2 824	5 046	5 761	5 647	5 983	7 081	7 587
Autres impôts	..	..	..	0	0	0	0	0	0	0
Contributions volontaires au gouvernement	..	..	..	0	0	0	0	0	0	0
Contributions obligatoires au secteur privé	..	..	..	0	0	0	0	0	0	0
Total	**..**	**..**	**..**	**2 824**	**5 046**	**5 761**	**5 647**	**5 983**	**7 081**	**7 587**
Espagne, millions EUR										
Impôts de la série 2000	350	10 682	36 722	74 683	127 088	127 235	116 875	122 835	141 283	152 527
Autres impôts	0	49	0	0	0	0	0	0	0	0
Contributions volontaires au gouvernement	0	0	0	447	937	1 155	2 209	1 170	1 038	987
Contributions obligatoires au secteur privé	0	0	0	0	0	0	0	0	0	0
Total	**350**	**10 731**	**36 722**	**75 130**	**128 025**	**128 390**	**119 084**	**124 005**	**142 321**	**153 514**
Suède, millions SEK										
Impôts de la série 2000	4 851	74 647	205 867	306 974	388 505	384 668	376 684	404 851	463 338	462 860
Autres impôts	1 407	0	0	0	0	0	0	0	0	0
Contributions volontaires au gouvernement	0	0	0	7 951	12 376	13 167	15 909	16 726	23 457	24 966
Contributions obligatoires au secteur privé	0	0	0	0	0	0	0	0	0	0
Total	**6 258**	**74 647**	**205 867**	**314 925**	**400 881**	**397 835**	**392 593**	**421 577**	**486 795**	**487 826**
Suisse, millions CHF										
Impôts de la série 2000	1 670	10 844	19 952	30 961	34 974	38 385	42 862	44 285	46 072	47 234
Autres impôts	336	778	1 176	4 509	6 342	6 644	7 760	7 590	6 507	6 260
Contributions volontaires au gouvernement	95	431	0	0	0	0	0	0	0	0
Contributions obligatoires au secteur privé	2 505	9 674	20 797	29 532	42 219	45 974	49 965	52 890	58 589	59 357
Total	**4 606**	**21 727**	**41 924**	**65 002**	**83 535**	**91 004**	**100 587**	**104 765**	**111 168**	**112 852**
Turquie, millions TRY										
Impôts de la série 2000	0	0	15	7 543	44 052	71 696	125 871	170 282	269 932	312 808
Autres impôts	0	0	0	0	0	0	0	0	0	0
Contributions volontaires au gouvernement	0	0	0	0	0	0	0	0	0	0
Contributions obligatoires au secteur privé	0	0	0	0	0	0	0	0	0	0
Total	**0**	**0**	**15**	**7 543**	**44 052**	**71 696**	**125 871**	**170 282**	**269 932**	**312 808**
Royaume-Uni, millions GBP										
Impôts de la série 2000	1 685	13 531	34 457	60 252	93 210	97 346	106 085	114 173	135 225	143 255
Autres impôts	0	0	0	0	0	0	0	0	0	0
Contributions volontaires au gouvernement	0	11	3 288	8 103	18 629	21 217	22 438	25 025	27 546	33 474
Contributions obligatoires au secteur privé	1 148	13 350	7 945	8 308	9 969	9 656	6 074	5 495	0	0
Total	**2 833**	**26 892**	**45 690**	**76 663**	**121 808**	**128 219**	**134 597**	**144 693**	**162 771**	**170 801**
État-Unis, millions USD										
Impôts de la série 2000	22 192	159 763	396 972	683 104	907 357	917 409	1 030 099	1 125 493	1 254 375	1 305 959
Autres impôts	0	0	0	0	0	0	0	0	0	0
Contributions volontaires au gouvernement	488	3 407	11 719	22 562	51 635	61 833	69 903	74 886	102 411	108 999
Contributions obligatoires au secteur privé	0	0	0	0	0	0	0	0	0	0
Total	**22 680**	**163 170**	**408 691**	**705 666**	**958 992**	**979 242**	**1 100 002**	**1 200 379**	**1 356 786**	**1 414 958**

.. Non disponible

StatLink https://stat.link/7k1huw

Tableau 5.40. Les cotisations de sécurité sociale et impôts sur les salaires payés par les administrations publiques, détails

	1965	1980	1990	2000	2007	2010	2013	2015	2018	2019
Australie, millions AUD										
2000 Cotisations de sécurité sociale										
Administration fédérale ou centrale	..	..	..	..	..	..	..	..	..	..
Administration d'un Etat/Länder	..	..	..	..	..	..	..	..	..	..
Administrations locales	..	..	..	..	..	..	..	..	..	..
Administrations de sécurite sociale	..	..	..	..	..	..	..	..	..	..
Total	**0**	**0**	**0**	**0**	**0**	**0**	**0**	**0**	**0**	**0**
3000 Impôts sur les salaires										
Administration fédérale ou centrale	0	4	0	0	0	0	0	0	0	0
Administration d'un Etat/Länder	15	302	0	0	0	0	0	0	0	0
Administrations locales	0	0	2	19	44	32	37	38	38	42
Administrations de sécurite sociale	0	0	0	0	0	0	0	0	0	0
Secteur multijuridictionnel (université)[1]	..	..	..	..	..	..	..	..	..	..
Total	**15**	**306**	**92**	**301**	**499**	**580**	**702**	**765**	**889**	**922**
2000+3000 Total	**15**	**306**	**92**	**301**	**499**	**580**	**702**	**765**	**889**	**922**
Autriche, millions EUR[2]										
2000 Cotisations de sécurité sociale										
Administration fédérale ou centrale	48	230	337	620	1 244	1 532	1 664	1 825	2 112	2 206
Administration d'un Etat/Länder	13	166	337	692	988	1 179	1 255	1 376	1 631	1 708
Administrations locales	17	145	292	699	1 036	1 277	1 379	1 515	1 690	1 815
Administrations de sécurite sociale	11	79	48	176	203	226	250	264	284	293
Total	**88**	**619**	**1 015**	**2 186**	**3 471**	**4 213**	**4 547**	**4 980**	**5 717**	**6 022**
3000 Impôts sur les salaires										
Administration fédérale ou centrale	0	49	134	186	337	533	558	624	645	648
Administration d'un Etat/Länder	0	48	74	232	351	458	485	492	490	506
Administrations locales	1	29	79	301	262	359	396	428	464	455
Administrations de sécurite sociale	0	0	39	44	51	55	61	65	68	71
Total	**1**	**125**	**326**	**763**	**1 000**	**1 405**	**1 500**	**1 609**	**1 667**	**1 680**
2000+3000 Total	**89**	**745**	**1 341**	**2 949**	**4 471**	**5 618**	**6 047**	**6 589**	**7 384**	**7 703**
Belgique, millions EUR										
2000 Cotisations de sécurité sociale										
Administration fédérale ou centrale	..	536	211	259	434	493	532	859	904	934
Administration d'un Etat/Länder	..	0	614	1 218	1 600	1 873	2 089	2 440	2 608	2 696
Administrations locales	..	434	768	1 376	2 151	2 655	3 641	3 973	4 317	4 462
Administrations de sécurite sociale	..	89	176	252	308	360	416	415	434	449
Total	**..**	**1 059**	**1 769**	**3 105**	**4 493**	**5 381**	**6 678**	**7 686**	**8 263**	**8 541**
3000 Impôts sur les salaires										
Administration fédérale ou centrale	..	..	..	..	..	..	..	..	..	..
Administration d'un Etat/Länder	..	..	..	..	..	..	..	..	..	..
Administrations locales	..	..	..	..	..	..	..	..	..	..
Administrations de sécurite sociale	..	..	..	..	..	..	..	..	..	..
Total	**..**	**0**	**0**	**0**	**0**	**0**	**0**	**0**	**0**	**0**
2000+3000 Total	**..**	**1 059**	**1 769**	**3 105**	**4 493**	**5 381**	**6 678**	**7 686**	**8 263**	**8 541**
Canada, millions CAD										
2000 Cotisations de sécurité sociale										
Administration fédérale ou centrale	..	..	..	944	1 198	1 397	1 449	1 515	1 666	1 779
Administration d'un Etat/Länder	..	..	..	3 023	4 269	5 071	5 825	6 349	6 754	6 814
Administrations locales	..	..	..	2 225	2 806	3 390	3 912	4 205	4 489	4 529
Administrations de sécurite sociale	..	..	..	0	0	0	0	0	0	0
Total	**..**	**..**	**..**	**6 192**	**8 273**	**9 857**	**11 186**	**12 070**	**12 908**	**13 122**
3000 Impôts sur les salaires										
Administration fédérale ou centrale	..	..	..	0	0	0	0	0	0	0
Administration d'un Etat/Länder	..	..	..	173	234	328	362	362	394	402
Administrations locales	..	..	..	0	0	0	0	0	0	0
Administrations de sécurite sociale	..	..	..	0	0	0	0	0	0	0
Total	**..**	**..**	**..**	**173**	**234**	**328**	**362**	**362**	**394**	**402**
2000+3000 Total	**..**	**..**	**..**	**6 365**	**8 507**	**10 185**	**11 548**	**12 432**	**13 302**	**13 524**

	1965	1980	1990	2000	2007	2010	2013	2015	2018	2019
Chili, millions CLP										
2000 Cotisations de sécurité sociale										
Administration fédérale ou centrale	..	..	..	43 210	107 911	148 006	186 652	205 125	254 883	270 571
Administration d'un Etat/Länder	..	..	..	..	..	..	..	..	..	..
Administrations locales	..	..	..	11 317	30 218	41 518	51 114	63 603	95 270	104 484
Administrations de sécurite sociale	..	..	..	106	263	449	550	600	815	825
Total	**..**	**..**	**..**	**54 633**	**138 392**	**189 974**	**238 315**	**269 328**	**350 968**	**375 881**
3000 Impôts sur les salaires										
Administration fédérale ou centrale	..	..	..	..	..	..	..	..	..	..
Administration d'un Etat/Länder	..	..	..	..	..	..	..	..	..	..
Administrations locales	..	..	..	..	..	..	..	..	..	..
Administrations de sécurite sociale	..	..	..	..	..	..	..	..	..	..
Total	**..**	**..**	**..**	**..**	**..**	**..**	**..**	**..**	**..**	**..**
2000+3000 Total	**..**	**..**	**..**	**54 633**	**138 392**	**189 974**	**238 315**	**269 328**	**350 968**	**375 881**
Colombie, millions COP										
2000 Cotisations de sécurité sociale										
Administration fédérale ou centrale	..	..	..	..	..	..	0	0	0	0
Administration d'un Etat/Länder	..	..	..	..	..	..	0	0	0	0
Administrations locales	..	..	..	..	..	..	0	0	0	0
Administrations de sécurite sociale	..	..	..	..	..	..	1 007 283	1 255 666	1 778 257	1 889 685
Total	**..**	**..**	**..**	**..**	**..**	**..**	**1 007 283**	**1 255 666**	**1 778 257**	**1 889 685**
3000 Impôts sur les salaires										
Administration fédérale ou centrale	..	..	..	..	..	..	372 476	436 646	563 148	589 456
Administration d'un Etat/Länder	..	..	..	..	..	..	0	0	0	0
Administrations locales	..	..	..	..	..	..	0	0	0	0
Administrations de sécurite sociale	..	..	..	..	..	..	0	0	0	0
Total	**..**	**..**	**..**	**..**	**..**	**..**	**372 476**	**436 646**	**563 148**	**589 456**
2000+3000 Total	**..**	**..**	**..**	**..**	**..**	**..**	**1 379 759**	**1 692 312**	**2 341 405**	**2 479 141**
Costa Rica, millions CRC										
2000 Cotisations de sécurité sociale										
Administration fédérale ou centrale	..	..	3 219	35 099	102 041	197 340	258 663	301 475	347 115	358 848
Administration d'un Etat/Länder	..	..	0	0	0	0	0	0	0	0
Administrations locales	..	..	228	2 214	5 357	9 866	14 042	17 177	21 750	23 092
Administrations de sécurite sociale	..	..	0	0	0	0	0	0	0	0
Total	**..**	**..**	**3 447**	**37 313**	**107 398**	**207 206**	**272 706**	**318 652**	**368 865**	**381 940**
3000 Impôts sur les salaires										
Administration fédérale ou centrale	..	..	91	2 666	5 320	12 405	15 059	17 321	20 054	20 795
Administration d'un Etat/Länder	..	..	0	0	0	0	0	0	0	0
Administrations locales	..	..	0	0	0	0	0	0	0	0
Administrations de sécurite sociale	..	..	0	0	0	0	0	0	0	0
Total	**..**	**..**	**91**	**2 666**	**5 320**	**12 405**	**15 059**	**17 321**	**20 054**	**20 795**
2000+3000 Total	**..**	**..**	**3 538**	**39 979**	**112 718**	**219 611**	**287 765**	**335 973**	**388 918**	**402 736**
République tchèque, millions CZK										
2000 Cotisations de sécurité sociale										
Administration fédérale ou centrale	..	..	..	28 050	44 437	45 439	46 360	37 553	48 579	52 185
Administration d'un Etat/Länder	..	..	..	..	..	..	..	..	..	..
Administrations locales	..	..	..	5 660	8 253	9 394	9 448	41 954	54 940	61 791
Administrations de sécurite sociale	..	..	..	510	791	938	881	975	1 148	1 275
Total	**..**	**..**	**..**	**34 220**	**53 481**	**55 771**	**56 689**	**80 482**	**104 666**	**115 252**
3000 Impôts sur les salaires										
Administration fédérale ou centrale	..	..							..	..
Administration d'un Etat/Länder	..	..	..	..	..	..	..	..	..	..
Administrations locales	..	..	..	..	..	..	..	..	..	..
Administrations de sécurite sociale	..	..	..	..	..	..	..	..	..	..
Total	**..**	**..**	**..**	**0**	**0**	**0**	**0**	**0**	**0**	**0**
2000+3000 Total	**..**	**..**	**..**	**34 220**	**53 481**	**55 771**	**56 689**	**80 482**	**104 666**	**115 252**
Danemark, millions DKK										
2000 Cotisations de sécurité sociale										
Administration fédérale ou centrale	..	179	..							..
Administration d'un Etat/Länder	..	..	..	..	..	..	..	..	..	..
Administrations locales	..	0	..	..	..	..	..	..	..	..
Administrations de sécurite sociale	..	0	..	..	..	..	..	..	..	..
Total	**..**	**179**	**0**	**0**	**0**	**0**	**0**	**0**	**0**	**0**
3000 Impôts sur les salaires										
Administration fédérale ou centrale	..	..	..	..	..	..	..	..	..	..
Administration d'un Etat/Länder	..	..	..	..	..	..	..	..	..	..
Administrations locales	..	..	..	..	..	..	..	..	..	..
Administrations de sécurite sociale	..	..	..	..	..	..	..	..	..	..

	1965	1980	1990	2000	2007	2010	2013	2015	2018	2019
Total	**..**	**0**	**0**	**0**	**0**	**0**	**0**	**0**	**0**	**0**
2000+3000 Total	**..**	**179**	**0**	**0**	**0**	**0**	**0**	**0**	**0**	**0**
Estonie, millions EUR										
2000 Cotisations de sécurité sociale										
Administration fédérale ou centrale	..	..	..	129	257	315	371	451	531	577
Administration d'un Etat/Länder	..	..	..	..	..	..	..	..	..	..
Administrations locales	..	..	..	48	156	175	206	235	304	338
Administrations de sécurite sociale	..	..	..	0	3	41	24	24	76	88
Total	**..**	**..**	**..**	**177**	**417**	**532**	**601**	**710**	**911**	**1 003**
3000 Impôts sur les salaires										
Administration fédérale ou centrale	..	..	..	..	..	..	..	..	..	..
Administration d'un Etat/Länder	..	..	..	..	..	..	..	..	..	..
Administrations locales	..	..	..	..	..	..	..	..	..	..
Administrations de sécurite sociale	..	..	..	..	..	..	..	..	..	..
Total	**..**	**..**	**..**	**0**	**0**	**0**	**0**	**0**	**0**	**0**
2000+3000 Total	**..**	**..**	**..**	**177**	**417**	**532**	**601**	**710**	**911**	**1 003**
Finlande, millions EUR										
2000 Cotisations de sécurité sociale										
Administration fédérale ou centrale	..	61	196	908	1 057	1 138	1 227	1 229	1 055	1 104
Administration d'un Etat/Länder	..	..	..	..	..	..	..	..	..	..
Administrations locales	..	170	1 709	2 786	4 061	4 352	4 881	4 868	4 251	4 270
Administrations de sécurite sociale	..	9	34	75	88	89	101	109	121	114
Total	**..**	**239**	**1 939**	**3 769**	**5 206**	**5 579**	**6 209**	**6 206**	**5 427**	**5 488**
3000 Impôts sur les salaires										
Administration fédérale ou centrale	..	1	..	..	..	..	..	..	..	..
Administration d'un Etat/Länder	..	..	..	..	..	..	..	..	..	..
Administrations locales	..	4	..	..	..	..	..	..	..	..
Administrations de sécurite sociale	..	0	..	..	..	..	..	..	..	..
Total	**..**	**5**	**0**	**0**	**0**	**0**	**0**	**0**	**0**	**0**
2000+3000 Total	**..**	**245**	**1 939**	**3 769**	**5 206**	**5 579**	**6 209**	**6 206**	**5 427**	**5 488**
France, millions EUR										
2000 Cotisations de sécurité sociale										
Administration fédérale ou centrale	..	3 816	8 063	10 466	12 426	12 841	12 825	12 999	14 107	14 275
Administration d'un Etat/Länder	..	..	..	..	..	..	..	..	..	..
Administrations locales	..	2 369	5 542	10 372	15 925	18 065	20 050	21 553	21 911	22 157
Administrations de sécurite sociale	..	2 594	6 940	10 827	14 035	15 427	16 614	17 399	17 790	17 548
Total	**..**	**8 779**	**20 545**	**31 665**	**42 386**	**46 333**	**49 489**	**51 951**	**53 808**	**53 980**
3000 Impôts sur les salaires										
Administration fédérale ou centrale	..	836	494	854	1 558	1 611	1 697	1 768	1 927	1 968
Administration d'un Etat/Länder	..	..	..	..	..	..	..	..	..	..
Administrations locales	..	27	107	324	549	698	791	852	921	962
Administrations de sécurite sociale	..	629	2 234	3 413	4 531	5 028	5 374	5 522	5 681	5 782
Total	**..**	**1 492**	**2 835**	**4 591**	**6 638**	**7 337**	**7 862**	**8 142**	**8 529**	**8 712**
2000+3000 Total	**..**	**10 271**	**23 380**	**36 256**	**49 024**	**53 670**	**57 351**	**60 093**	**62 337**	**62 692**
Allemagne>, millions EUR										
2000 Cotisations de sécurité sociale										
Administration fédérale ou centrale	775	1 324	2 376	1 554	1 377	1 649	1 631	1 766	2 080	2 283
Administration d'un Etat/Länder	293	2 611	4 647	5 664	6 045	6 781	7 231	7 749	8 746	9 272
Administrations locales	325	3 140	5 791	6 920	8 296	9 499	9 967	10 767	12 701	13 672
Administrations de sécurite sociale	1 495	456	767	1 806	2 131	2 446	2 614	2 840	3 150	3 327
Total	**2 887**	**7 531**	**13 581**	**15 945**	**17 849**	**20 374**	**21 443**	**23 123**	**26 677**	**28 553**
3000 Impôts sur les salaires										
Administration fédérale ou centrale	..	..	..	..	..	..	..	..	..	..
Administration d'un Etat/Länder	..	..	..	..	..	..	..	..	..	..
Administrations locales	..	..	..	..	..	..	..	..	..	..
Administrations de sécurite sociale	..	..	..	..	..	..	..	..	..	..
Total	**0**	**0**	**0**	**0**	**0**	**0**	**0**	**0**	**0**	**0**
2000+3000 Total	**2 887**	**7 531**	**13 581**	**15 945**	**17 849**	**20 374**	**21 443**	**23 123**	**26 677**	**28 553**
Grèce, millions EUR										
2000 Cotisations de sécurité sociale										
Administration fédérale ou centrale	..	..	124	1 542	2 888	3 217	2 372	2 337	1 469	1 745
Administration d'un Etat/Länder	..	..	..	..	..	..	..	..	..	..
Administrations locales	..	..	0	0	0	0	0	0	0	0
Administrations de sécurite sociale	..	..	0	200	440	387	350	265	392	403
Total	**..**	**..**	**124**	**1 742**	**3 328**	**3 604**	**2 722**	**2 602**	**1 861**	**2 148**
3000 Impôts sur les salaires										
Administration fédérale ou centrale	..	..	..	..	..	..	..	..	..	..

	1965	1980	1990	2000	2007	2010	2013	2015	2018	2019
Administration d'un Etat/Länder	..	..	..	..	..	..	..	..	..	..
Administrations locales	..	..	..	..	..	..	..	..	..	..
Administrations de sécurite sociale	..	..	..	..	..	..	..	..	..	..
Total	**..**	**..**	**0**	**0**	**0**	**0**	**0**	**0**	**0**	**0**
2000+3000 Total	**..**	**..**	**124**	**1 742**	**3 328**	**3 604**	**2 722**	**2 602**	**1 861**	**2 148**
Hongrie, millions HUF										
2000 Cotisations de sécurité sociale										
Administration fédérale ou centrale	..	..	..	148 251	293 684	352 354	449 428	539 106	521 151	530 607
Administration d'un Etat/Länder	..	..	..	..	..	..	..	..	..	..
Administrations locales	..	..	..	173 475	343 306	291 375	124 111	152 189	142 851	147 213
Administrations de sécurite sociale	..	..	..	4 936	8 052	6 763	2 781	2 977	730	876
Total	**..**	**..**	**..**	**326 661**	**645 042**	**650 492**	**576 320**	**694 272**	**664 732**	**678 696**
3000 Impôts sur les salaires										
Administration fédérale ou centrale	..	..	..	13 901	7 287	5 419	12 435	12 876	18 145	19 481
Administration d'un Etat/Länder	..	..	..	..	..	..	..	..	..	..
Administrations locales	..	..	..	25 990	11 928	9 275	4 224	3 357	4 134	4 617
Administrations de sécurite sociale	..	..	..	406	162	194	101	110	38	37
Total	**..**	**..**	**..**	**40 297**	**19 377**	**14 888**	**16 760**	**16 342**	**22 317**	**24 135**
2000+3000 Total	**..**	**..**	**..**	**366 958**	**664 420**	**665 380**	**593 080**	**710 614**	**687 049**	**702 831**
Islande, millions ISK										
2000 Cotisations de sécurité sociale										
Administration fédérale ou centrale	..	..	..	..	..	..	..	..	..	..
Administration d'un Etat/Länder	..	..	..	..	..	..	..	..	..	..
Administrations locales	..	..	..	..	..	..	..	..	..	..
Administrations de sécurite sociale	..	..	..	..	..	..	..	..	..	..
Total	**..**	**..**	**..**	**..**	**..**	**..**	**..**	**..**	**..**	**..**
3000 Impôts sur les salaires										
Administration fédérale ou centrale	..	..	..	..	..	..	..	..	..	..
Administration d'un Etat/Länder	..	..	..	..	..	..	..	..	..	..
Administrations locales			..	..	..	..	..	..	..	..
Administrations de sécurite sociale	..	..	..	..	..	..	..	..	..	..
Total	**..**	**..**	**..**	**..**	**..**	**..**	**..**	**..**	**..**	**..**
2000+3000 Total	**..**	**..**	**..**	**..**	**..**	**..**	**..**	**..**	**..**	**..**
Irlande, millions EUR										
2000 Cotisations de sécurité sociale										
Administration fédérale ou centrale	..	21	65	166	460	395	426	497	619	680
Administration d'un Etat/Länder	..	..	..	..	..	..	..	..	..	..
Administrations locales	..	25	83	277	862	740	799	932	1 160	1 274
Administrations de sécurite sociale	..	0	1	4	6	6	6	6	6	6
Total	**..**	**46**	**149**	**447**	**1 328**	**1 140**	**1 231**	**1 435**	**1 785**	**1 960**
3000 Impôts sur les salaires										
Administration fédérale ou centrale	..	..	..	..	..	..	..	..	..	..
Administration d'un Etat/Länder	..	..	..	..	..	..	..	..	..	..
Administrations locales	..	..	..	..	..	..	..	..	..	..
Administrations de sécurite sociale	..	..	..	..	..	..	..	..	..	..
Total	**..**	**0**	**0**	**0**	**0**	**0**	**0**	**0**	**0**	**0**
2000+3000 Total	**..**	**46**	**149**	**447**	**1 328**	**1 140**	**1 231**	**1 435**	**1 785**	**1 960**
Israël, millions ILS										
2000 Cotisations de sécurité sociale										
Administration fédérale ou centrale	..		..	840	1 030	1 180	1 550	1 780	2 240	2 380
Administration d'un Etat/Länder	..	..	..	..	..	..	..	..	..	..
Administrations locales	..	..	..	200	340	300	510	600	740	790
Administrations de sécurite sociale	..	..	..	5	12	15	0	0	0	0
Total	**..**	**..**	**..**	**1 120**	**1 370**	**1 570**	**2 060**	**2 370**	**2 980**	**3 170**
3000 Impôts sur les salaires										
Administration fédérale ou centrale	..	..	..	2 330	3 600	4 180	5 220	5 650	6 540	6 850
Administration d'un Etat/Länder	..	..	..	..	..	..	..	..	..	..
Administrations locales	..	..	..	660	880	960	1 190	1 290	1 490	1 570
Administrations de sécurite sociale			..	5	12	15	0	0	0	0
Total	**..**	**..**	**..**	**2 990**	**4 480**	**5 140**	**6 410**	**6 940**	**8 030**	**8 420**
2000+3000 Total	**..**	**..**	**..**	**4 110**	**5 850**	**6 710**	**8 470**	**9 310**	**11 010**	**11 590**

	1965	1980	1990	2000	2007	2010	2013	2015	2018	2019
Italie, millions EUR										
2000 Cotisations de sécurité sociale										
Administration fédérale ou centrale	..	..	..	0	0	0	0	0	0	0
Administration d'un Etat/Länder	..	..	..	..	..	..	..	..	..	..
Administrations locales	..	..	..	0	0	0	0	0	0	0
Administrations de sécurite sociale	..	..	..	36 679	47 394	50 627	49 827	49 251	52 194	52 364
Total	**..**	**..**	**..**	**36 679**	**47 394**	**50 627**	**49 827**	**49 251**	**52 194**	**52 364**
3000 Impôts sur les salaires										
Administration fédérale ou centrale	..	..	..	..	..	..	..	..	..	..
Administration d'un Etat/Länder	..	..	..	..	..	..	..	..	..	..
Administrations locales	..	..	..	..	..	..	..	..	..	..
Administrations de sécurite sociale	..	..	..	..	..	..	..	..	..	..
Total	**..**	**..**	**..**	**0**	**0**	**0**	**0**	**0**	**0**	**0**
2000+3000 Total	**..**	**..**	**..**	**36 679**	**47 394**	**50 627**	**49 827**	**49 251**	**52 194**	**52 364**
Japon, billions JPY										
2000 Cotisations de sécurité sociale										
Administration fédérale ou centrale	..	..	507	732	766	758	810	881	928	932
Administration d'un Etat/Länder	..	..	..	..	..	..	..	..	..	..
Administrations locales	..	..	1 510	2 168	2 216	2 223	2 392	2 524	2 607	2 615
Administrations de sécurite sociale	..	..	0	0	0	0	0	0	0	0
Total	**..**	**..**	**2 017**	**2 900**	**2 982**	**2 981**	**3 202**	**3 405**	**3 535**	**3 547**
3000 Impôts sur les salaires										
Administration fédérale ou centrale	..	..	..	..	..	..	..	..	..	..
Administration d'un Etat/Länder	..	..	..	..	..	..	..	..	..	..
Administrations locales	..	..	..	..	..	..	..	..	..	..
Administrations de sécurite sociale	..	..	..	..	..	..	..	..	..	..
Total	**..**	**..**	**0**	**0**	**0**	**0**	**0**	**0**	**0**	**0**
2000+3000 Total	**..**	**..**	**2 017**	**2 900**	**2 982**	**2 981**	**3 202**	**3 405**	**3 535**	**3 547**
Corée, billions KRW										
2000 Cotisations de sécurité sociale										
Administration fédérale ou centrale	..	..	..	..	..	..	..	..	..	..
Administration d'un Etat/Länder	..	..	..	..	..	..	..	..	..	..
Administrations locales	..	..	..	..	..	..	..	..	..	..
Administrations de sécurite sociale	..	..	..	..	..	..	..	..	..	..
Total	**..**	**..**	**..**	**..**	**..**	**..**	**..**	**..**	**..**	**..**
3000 Impôts sur les salaires										
Administration fédérale ou centrale	..	..	..	..	..	..	..	..	..	..
Administration d'un Etat/Länder	..	..	..	..	..	..	..	..	..	..
Administrations locales	..	..	..	..	..	..	..	..	..	..
Administrations de sécurite sociale	..	..	..	..	..	..	..	..	..	..
Total	**..**	**..**	**..**	**..**	**..**	**..**	**..**	**..**	**..**	**..**
2000+3000 Total	**..**	**..**	**..**	**..**	**..**	**..**	**..**	**..**	**..**	**..**
Lettonie, millions EUR										
2000 Cotisations de sécurité sociale										
Administration fédérale ou centrale	..	..	..	..	..	..	..	..	..	..
Administration d'un Etat/Länder	..	..	..	..	..	..	..	..	..	..
Administrations locales	..	..	..	..	..	..	..	..	..	..
Administrations de sécurite sociale	..	..	..	..	..	..	..	..	..	..
Total	**..**	**..**	**..**	**40**	**156**	**174**	**228**	**262**	**339**	**358**
3000 Impôts sur les salaires										
Administration fédérale ou centrale	..	..	..	..	..	..	..	..	..	..
Administration d'un Etat/Länder	..	..	..	..	..	..	..	..	..	..
Administrations locales	..	..	..	..	..	..	..	..	..	..
Administrations de sécurite sociale	..	..	..	..	..	..	..	..	..	..
Total	**..**	**..**	**..**	**0**	**0**	**0**	**0**	**0**	**0**	**0**
2000+3000 Total	**..**	**..**	**..**	**40**	**156**	**174**	**228**	**262**	**339**	**358**
Lituanie, millions EUR										
2000 Cotisations de sécurité sociale										
Administration fédérale ou centrale	..	..	..	179	327	335	395	426	529	50
Administration d'un Etat/Länder	..	..	..	..	..	..	..	..	..	..
Administrations locales	..	..	..	174	294	351	348	375	462	40
Administrations de sécurite sociale	..	..	..	5	14	16	15	16	16	1
Total	**..**	**..**	**..**	**358**	**635**	**701**	**758**	**818**	**1 006**	**91**
3000 Impôts sur les salaires										
Administration fédérale ou centrale	..	..	..	..	..	..	..	..	..	..
Administration d'un Etat/Länder	..	..	..	..	..	..	..	..	..	..
Administrations locales	..	..	..	..	..	..	..	..	..	..
Administrations de sécurite sociale	..	..	..	..	..	..	..	..	..	..

	1965	1980	1990	2000	2007	2010	2013	2015	2018	2019
Total	..	..	..	**0**	**0**	**0**	**0**	**0**	**0**	**0**
2000+3000 Total	..	..	..	**358**	**635**	**701**	**758**	**818**	**1 006**	**91**
Luxembourg, millions EUR										
2000 Cotisations de sécurité sociale										
Administration fédérale ou centrale	..	..	257	273	413	488	587	648	751	787
Administration d'un Etat/Länder	..	..	..	..	..	..	..	..	..	..
Administrations locales	..	..	2	4	4	4	4	4	4	4
Administrations de sécurite sociale	..	..	7	11	12	13	14	17	21	22
Total	..	..	**267**	**288**	**429**	**505**	**605**	**669**	**775**	**813**
3000 Impôts sur les salaires										
Administration fédérale ou centrale	..	..	..	..	..	..	..	..	..	..
Administration d'un Etat/Länder	..	..	..	..	..	..	..	..	..	..
Administrations locales	..	..	..	..	..	..	..	..	..	..
Administrations de sécurite sociale	..	..	..	..	..	..	..	..	..	..
Total	..	..	**0**	**0**	**0**	**0**	**0**	**0**	**0**	**0**
2000+3000 Total	..	..	**267**	**288**	**429**	**505**	**605**	**669**	**775**	**813**
Mexique, millions MXN										
2000 Cotisations de sécurité sociale										
Administration fédérale ou centrale	..	25	2 952	44 879	94 251	103 440	126 518	145 329	169 788	183 462
Administration d'un Etat/Länder	..	0	0	0	0	0	0	0	0	0
Administrations locales	..	0	0	0	0	0	0	0	0	0
Administrations de sécurite sociale	..	0	0	0	0	0	0	0	0	0
Total	..	**25**	**2 952**	**44 879**	**94 251**	**103 440**	**126 518**	**145 329**	**169 788**	**183 462**
3000 Impôts sur les salaires										
Administration fédérale ou centrale	..	..	..	..	..	..	..	..	..	..
Administration d'un Etat/Länder			..	..	..	..	..	..	..	..
Administrations locales	..	..	..	..	..	..	..	..	..	..
Administrations de sécurite sociale	..	..	..	..	..	..	..	..	..	..
Total	..	**0**	**0**	**0**	**0**	**0**	**0**	**0**	**0**	**0**
2000+3000 Total	..	**25**	**2 952**	**44 879**	**94 251**	**103 440**	**126 518**	**145 329**	**169 788**	**183 462**
Pays-Bas, millions EUR										
2000 Cotisations de sécurité sociale										
Administration fédérale ou centrale	63	1 366	286	..	..	..	..	..	..	..
Administration d'un Etat/Länder	..	..	..	..	..	..	..	..	..	..
Administrations locales	0	0	0	..	..	..	..	..	..	..
Administrations de sécurite sociale	7	91	59	..	..	..	..	..	..	..
Total	**70**	**1 457**	**345**	**2 006**	**4 310**	..	..	..	..	..
3000 Impôts sur les salaires										
Administration fédérale ou centrale	..	..	..	..	..	..	..	..	..	..
Administration d'un Etat/Länder	..	..	..	..	..	..	..	..	..	..
Administrations locales	..	..	..	..	..	..	..	..	..	..
Administrations de sécurite sociale	..	..	..	..	..	..	..	..	..	..
Total	**0**	**0**	**0**	**0**	**0**	**0**	**0**	**0**	**0**	**0**
2000+3000 Total	**70**	**1 457**	**345**	**2 006**	**4 310**	**0**	**0**	**0**	**0**	**0**
Nouvelle-Zélande, millions NZD										
2000 Cotisations de sécurité sociale										
Administration fédérale ou centrale	..	..	..	..	..	..	..	..	..	..
Administration d'un Etat/Länder	..	..	..	..	..	..	..	..	..	..
Administrations locales	..	..	..	..	..	..	..	..	..	..
Administrations de sécurite sociale	..	..	..	..	..	..	..	..	..	..
Total	**0**	**0**	**0**	**0**	**0**	**0**	**0**	**0**	**0**	**0**
3000 Impôts sur les salaires										
Administration fédérale ou centrale	..	..	..	..	..	..	..	..	..	..
Administration d'un Etat/Länder	..	..	..	..	..	..	..	..	..	..
Administrations locales	..	..	..	..	..	..	..	..	..	..
Administrations de sécurite sociale	..	..	..	..	..	..	..	..	..	..
Total	**0**	**0**	**0**	**0**	**0**	**0**	**0**	**0**	**0**	**0**
2000+3000 Total	**0**	**0**	**0**	**0**	**0**	**0**	**0**	**0**	**0**	**0**

	1965	1980	1990	2000	2007	2010	2013	2015	2018	2019
Norvège, millions NOK										
2000 Cotisations de sécurité sociale										
Administration fédérale ou centrale	..	1 242	2 859	11 895	28 233	33 746	40 145	46 487	50 073	52 458
Administration d'un Etat/Länder	..	..	..	..	..	..	..	..	..	..
Administrations locales	..	4 538	11 964	24 831	32 110	41 024	53 123	59 556	67 171	71 600
Administrations de sécurite sociale	..	1 222	3 064	0	0	0	0	0	0	0
Total	**..**	**7 002**	**17 887**	**36 726**	**60 343**	**74 770**	**93 268**	**106 043**	**117 244**	**124 058**
3000 Impôts sur les salaires										
Administration fédérale ou centrale	..	..	..	..	..	..	..	..	..	..
Administration d'un Etat/Länder	..	..	..	..	..	..	..	..	..	..
Administrations locales	..	..	..	..	..	..	..	..	..	..
Administrations de sécurite sociale	..	..	..	..	..	..	..	..	..	..
Total	**..**	**0**	**0**	**0**	**0**	**0**	**0**	**0**	**0**	**0**
2000+3000 Total	**..**	**7 002**	**17 887**	**36 726**	**60 343**	**74 770**	**93 268**	**106 043**	**117 244**	**124 058**
Pologne, millions PLN										
2000 Cotisations de sécurité sociale										
Administration fédérale ou centrale	..	..	..	4 566	6 023	6 643	8 145	9 840	11 693	12 587
Administration d'un Etat/Länder	..	..	..	..	..	..	..	..	..	..
Administrations locales	..	..	..	6 756	9 856	11 411	13 702	14 796	17 308	18 662
Administrations de sécurite sociale	..	..	..	279	426	499	536	518	627	658
Total	**..**	**..**	**..**	**11 601**	**16 305**	**18 553**	**22 383**	**25 154**	**29 628**	**31 907**
3000 Impôts sur les salaires										
Administration fédérale ou centrale	..	..	..	..	..	..	..	..	..	..
Administration d'un Etat/Länder	..	..	..	..	..	..	..	..	..	..
Administrations locales	..	..	..	..	..	..	..	..	..	..
Administrations de sécurite sociale	..	..	..	..	..	..	..	..	..	..
Total	**..**	**..**	**..**	**0**	**0**	**0**	**0**	**0**	**0**	**0**
2000+3000 Total	**..**	**..**	**..**	**11 601**	**16 305**	**18 553**	**22 383**	**25 154**	**29 628**	**31 907**
Portugal, millions EUR										
2000 Cotisations de sécurité sociale										
Administration fédérale ou centrale	..	0	0	0	..	..	..	..	..	..
Administration d'un Etat/Länder	..	..	..	..	..	..	..	..	..	..
Administrations locales	..	0	33	197	..	..	..	..	..	..
Administrations de sécurite sociale	..	4	0	0	..	..	..	..	..	..
Total	**..**	**4**	**33**	**197**	**0**	**0**	**0**	**0**	**0**	**0**
3000 Impôts sur les salaires										
Administration fédérale ou centrale	..	..	..	..	..	..	..	..	..	..
Administration d'un Etat/Länder	..	..	..	..	..	..	..	..	..	..
Administrations locales	..	..	..	..	..	..	..	..	..	..
Administrations de sécurite sociale	..	..	..	..	..	..	..	..	..	..
Total	**..**	**0**	**0**	**0**	**0**	**0**	**0**	**0**	**0**	**0**
2000+3000 Total	**..**	**4**	**33**	**197**	**0**	**0**	**0**	**0**	**0**	**0**
République slovaque, millions EUR										
2000 Cotisations de sécurité sociale										
Administration fédérale ou centrale	..	..	..	489	602	797	944	1 069	1 126	1 340
Administration d'un Etat/Länder	..	..	..	..	..	..	..	..	..	..
Administrations locales	..	..	..	130	427	515	587	658	769	921
Administrations de sécurite sociale	..	..	..	22	26	43	33	36	43	49
Total	**..**	**..**	**..**	**642**	**1 056**	**1 354**	**1 564**	**1 763**	**1 937**	**2 310**
3000 Impôts sur les salaires										
Administration fédérale ou centrale	..	..	..	..	..	..	..	..	..	..
Administration d'un Etat/Länder	..	..	..	..	..	..	..	..	..	..
Administrations locales	..	..	..	..	..	..	..	..	..	..
Administrations de sécurite sociale	..	..	..	..	..	..	..	..	..	..
Total	**..**	**..**	**..**	**0**	**0**	**0**	**0**	**0**	**0**	**0**
2000+3000 Total	**..**	**..**	**..**	**642**	**1 056**	**1 354**	**1 564**	**1 763**	**1 937**	**2 310**

	1965	1980	1990	2000	2007	2010	2013	2015	2018	2019
Slovénie, millions EUR										
2000 Cotisations de sécurité sociale										
Administration fédérale ou centrale	..	..	..	178	339	409	387	375	449	488
Administration d'un Etat/Länder	..	..	..	..	..	..	..	..	..	..
Administrations locales	..	..	..	94	175	195	187	189	225	243
Administrations de sécurite sociale	..	..	..	3	7	8	7	6	8	8
Total	**..**	**..**	**..**	**275**	**521**	**612**	**582**	**571**	**682**	**739**
3000 Impôts sur les salaires										
Administration fédérale ou centrale	..	..	..	56	77	6	7	7	7	9
Administration d'un Etat/Länder	..	..	..	..	..	..	..	..	..	..
Administrations locales	..	..	..	29	36	3	4	4	4	4
Administrations de sécurite sociale	..	..	..	1	2	0	0	0	0	0
Total	**..**	**..**	**..**	**86**	**114**	**9**	**11**	**11**	**12**	**13**
2000+3000 Total	**..**	**..**	**..**	**361**	**636**	**621**	**593**	**582**	**693**	**752**
Espagne, millions EUR										
2000 Cotisations de sécurité sociale										
Administration fédérale ou centrale	..	387	989	1 408	1 966	2 201	2 014	2 234	2 486	2 700
Administration d'un Etat/Länder	..	2	0	4 411	9 426	10 996	10 212	11 245	12 987	14 126
Administrations locales	..	252	1 819	2 524	4 098	4 781	4 617	4 797	5 128	5 552
Administrations de sécurite sociale	..	396	1 202	1 284	484	527	498	496	494	517
Total	**..**	**1 037**	**4 010**	**9 627**	**15 974**	**18 505**	**17 341**	**18 772**	**21 095**	**22 895**
3000 Impôts sur les salaires										
Administration fédérale ou centrale	..	..	..	..	..	..	..	..	..	..
Administration d'un Etat/Länder	..	..	..	..	..	..	..	..	..	..
Administrations locales	..	..	..	..	..	..	..	..	..	..
Administrations de sécurite sociale	..	..	..	..	..	..	..	..	..	..
Total	..	**0**	**0**	**0**	**0**	**0**	**0**	**0**	**0**	**0**
2000+3000 Total	**..**	**1 037**	**4 010**	**9 627**	**15 974**	**18 505**	**17 341**	**18 772**	**21 095**	**22 895**
Suède, millions SEK										
2000 Cotisations de sécurité sociale										
Administration fédérale ou centrale	..	7 543	12 430	21 153	25 164	24 729	24 595	25 707	28 594	28 554
Administration d'un Etat/Länder	..	..	..	..	..	..	..	..	..	..
Administrations locales	..	18 149	49 298	66 215	83 877	82 141	78 774	85 373	98 662	98 072
Administrations de sécurite sociale	..	0	0	0	0	0	0	0	0	0
Total	**..**	**25 692**	**61 728**	**87 367**	**109 040**	**106 870**	**103 370**	**111 079**	**127 256**	**126 625**
3000 Impôts sur les salaires										
Administration fédérale ou centrale	..	..	1 527	3 453	5 394	6 912	11 242	12 326	15 122	16 584
Administration d'un Etat/Länder	..	..	..	..	..	..	..	..	..	..
Administrations locales	..	..	6 060	10 808	17 980	22 958	36 005	40 935	52 177	56 961
Administrations de sécurite sociale	..	..	0	0	0	0	0	0	0	0
Total	**..**	**0**	**7 587**	**14 261**	**23 374**	**29 870**	**47 247**	**53 261**	**67 299**	**73 545**
2000+3000 Total	**..**	**25 692**	**69 315**	**101 628**	**132 414**	**136 740**	**150 616**	**164 340**	**194 555**	**200 170**
Suisse, millions CHF										
2000 Cotisations de sécurité sociale										
Administration fédérale ou centrale	13	91	224	293	381	448	494	530	553	584
Administration d'un Etat/Länder	34	380	770	971	1 269	1 520	1 695	1 766	1 898	1 943
Administrations locales	22	270	460	595	745	823	867	911	957	947
Administrations de sécurite sociale	2	21	4	14	18	23	25	26	26	28
Total	**71**	**762**	**1 458**	**1 873**	**2 413**	**2 813**	**3 080**	**3 234**	**3 434**	**3 502**
3000 Impôts sur les salaires										
Administration fédérale ou centrale			..	..	..	..	..	..	..	..
Administration d'un Etat/Länder	..	..	..	..	..	..	..	..	..	..
Administrations locales	..	..	..	..	..	..	..	..	..	..
Administrations de sécurite sociale	..	..	..	..	..	..	..	..	..	..
Total	**0**	**0**	**0**	**0**	**0**	**0**	**0**	**0**	**0**	**0**
2000+3000 Total	**71**	**762**	**1 458**	**1 873**	**2 413**	**2 813**	**3 080**	**3 234**	**3 434**	**3 502**

	1965	1980	1990	2000	2007	2010	2013	2015	2018	2019
Turquie, millions TRY										
2000 Cotisations de sécurité sociale										
Administration fédérale ou centrale	..	..	9	3 619	20 442	39 363	71 184	95 067	151 373	178 345
Administration d'un Etat/Länder	..	..	..	..	..	..	..	..	..	..
Administrations locales	..	..	0	0	0	0	0	0	0	0
Administrations de sécurite sociale	..	..	0	0	0	0	0	0	0	0
Total	**..**	**..**	**9**	**3 619**	**20 442**	**39 363**	**71 184**	**95 067**	**151 373**	**178 345**
3000 Impôts sur les salaires										
Administration fédérale ou centrale	..	..	..	..	..	..	..	..	..	..
Administration d'un Etat/Länder	..	..	..	..	..	..	..	..	..	..
Administrations locales	..	..	..	..	..	..	..	..	..	..
Administrations de sécurite sociale	..	..	..	..	..	..	..	..	..	..
Total	**..**	**..**	**0**	**0**	**0**	**0**	**0**	**0**	**0**	**0**
2000+3000 Total	**..**	**..**	**9**	**3 619**	**20 442**	**39 363**	**71 184**	**95 067**	**151 373**	**178 345**
Royaume-Uni, millions GBP										
2000 Cotisations de sécurité sociale										
Administration fédérale ou centrale	87	920	2 134	3 146	5 842	6 456	7 052	7 814	9 579	10 287
Administration d'un Etat/Länder	..	..	..	..	..	..	..	..	..	..
Administrations locales	83	926	1 957	2 924	4 862	5 340	4 667	4 536	4 810	4 951
Administrations de sécurite sociale	0	0	0	0	0	0	0	0	0	0
Total	**170**	**1 846**	**4 091**	**6 070**	**10 704**	**11 796**	**11 719**	**12 350**	**14 389**	**15 238**
3000 Impôts sur les salaires										
Administration fédérale ou centrale	..	360	..	..	..	..	..	..	..	..
Administration d'un Etat/Länder	..	..	..	..	..	..	..	..	..	..
Administrations locales	..	410	..	..	..	..	..	..	..	..
Administrations de sécurite sociale	..	0	..	..	..	..	..	..	..	..
Total	**0**	**770**	**0**	**0**	**0**	**0**	**0**	**0**	**0**	**0**
2000+3000 Total	**170**	**2 616**	**4 091**	**6 070**	**10 704**	**11 796**	**11 719**	**12 350**	**14 389**	**15 238**
État-Unis, millions USD										
2000 Cotisations de sécurité sociale										
Administration fédérale ou centrale	301	2 053	9 059	11 323	19 628	25 434	25 938	26 722	27 793	28 755
Administration d'un Etat/Länder	699	7 585	19 802	32 814	44 061	45 936	46 832	49 105	54 050	55 966
Administrations locales	0	0	0	0	0	0	0	0	0	0
Administrations de sécurite sociale	0	0	0	0	0	0	0	0	0	0
Total	**1 000**	**9 638**	**28 861**	**44 137**	**63 689**	**71 370**	**72 770**	**75 827**	**81 843**	**84 721**
3000 Impôts sur les salaires										
Administration fédérale ou centrale	..	..	..	..	..	..	..	..	..	..
Administration d'un Etat/Länder	..	..	..	..	..	..	..	..	..	..
Administrations locales	..	..	..	..	..	..	..	..	..	..
Administrations de sécurite sociale	..	..	..	..	..	..	..	..	..	..
Total	**0**	**0**	**0**	**0**	**0**	**0**	**0**	**0**	**0**	**0**
2000+3000 Total	**1 000**	**9 638**	**28 861**	**44 137**	**63 689**	**71 370**	**72 770**	**75 827**	**81 843**	**84 721**

.. Non disponible

1. Le secteur multi-juridictionnel contient des unités où la juridiction est partagée entre deux administrations publiques au moins, ou contient des unités dont le classement dans une juridiction n'est pas clair. Les universités publiques sont le principal type d'unités appartenant actuellement à cette catégorie.

2. Il y a une rupture dans les séries en 1990. À partir de cette année, les données se fondent sur le SEC 2010.

StatLink https://stat.link/l17ehu

6 Recettes fiscales par sous-secteur d'administration

Le Chapitre 6 fournit des aperçus sur les recettes fiscales par sous-secteur d'administration pour chaque pays membre de l'OCDE.

6.1 Tableaux par pays 1975, 1985, 1995, 2005 et 2019

Ce chapitre présente pour chaque pays des informations détaillées sur les recettes fiscales par niveau d'administration. Les données ont été réparties entre les sous-secteurs d'administration identifiés dans la section A.12 du Guide d'interprétation (voir Annexe A) et les critères d'attribution utilisés sont ceux indiqués dans cette annexe.

Tableau 6.1. Australie, recettes fiscales par sous-secteurs d'administration

Million AUD

	Administration fédérale					Administration d'État/Régions				
	1975	1995	2005	2015	2019	1975	1995	2005	2015	2019
1000 Impôts sur revenu, bénéfices et gains en capital	**11 831**	**82 615**	**175 695**	**261 345**	**325 116**	**0**	**0**	**0**	**0**	**0**
1100 Des personnes physiques	9 213	60 602	118 239	191 720	230 932	..	..	..	..	..
1200 Des sociétés	2 618	22 013	57 456	69 625	94 184	..	..	..	..	..
1300 Non-ventilables entre 1100 et 1200	0	0	0	0	0	0	..	..	..	..
2000 Cotisations de sécurité sociale	**0**	**0**	**0**	**0**	**0**	**0**	**0**	**0**	**0**	**0**
2100 A la charge des salariés	0	0	0	0	0	0	0	0	0	0
2200 A la charge des employeurs	0	0	0	0	0	0	0	0	0	0
2300 A charge des travailleurs indép. ou sans emploi	0	0	0	0	0	0	0	0	0	0
2400 Non-ventilables entre 2100, 2200 et 2300	0	0	0	0	0	0	0	0	0	0
3000 Sur salaires ou main d'oeuvre	**54**	**3 065**	**369**	**670**	**1 034**	**1 171**	**7 120**	**13 095**	**22 684**	**24 993**
4000 Impôts sur le patrimoine	**103**	**8**	**14**	**15**	**15**	**883**	**7 988**	**16 940**	**32 533**	**34 389**
4100 Impôts périodiques sur la propriété immobilière	12	0	0	0	0	217	1 840	4 559	10 029	14 225
4200 Impôts périodiques sur l'actif net	0	0	0	0	0	0	0	0	0	0
4300 Impôts sur mut. par décès, succ. et donations	87	0	0	0	0	227	0	0	0	0
4400 Impôts sur transact. mobilières et immob.	4	8	14	15	15	439	6 148	12 381	22 504	20 164
4500 Impôts non-périodiques	0	0	0	0	0	0	0	0	0	0
4600 Autres impôts périodiques sur patrimoine	0	0	0	0	0	0	0	0	0	0
5000 Impôts sur les biens et services	**4 932**	**30 004**	**68 710**	**103 455**	**117 978**	**1 262**	**13 295**	**14 479**	**23 407**	**26 433**
5100 Impôts sur production, vente, transfert, etc.	4 919	29 613	67 172	97 166	110 772	532	4 923	8 188	11 884	12 867
5110 Impôts généraux	1 408	12 970	39 436	60 680	65 720	0	0	0	0	0
5120 Impôts sur biens et services déterminés	3 511	16 643	27 736	36 486	45 052	532	4 923	8 188	11 884	12 867
5130 Non-ventilables entre 5110 et 5120	0	0	0	0	0	0	0	0	0	0
5200 Impôts sur utilisation des biens et exerc. activites	13	391	1 538	6 289	7 206	730	8 372	6 291	11 523	13 566
5300 Non-ventilables entre 5100 et 5200	0	0	0	0	0	0	0	0	0	0
6000 Autres impôts	**0**	**0**	**0**	**0**	**0**	**0**	**0**	**0**	**0**	**0**
6100 A la charge exclusive des entreprises	..	..	..	..	..	..	..	..	..	..
6200 A la charge d'autres agents	..	..	..	..	..	..	..	..	..	..
Recettes fiscales totales	**16 920**	**115 692**	**244 788**	**365 485**	**444 143**	**3 316**	**28 403**	**44 514**	**78 624**	**85 815**

	Administrations locales					Administrations de sécurite sociale				
	1975	1995	2005	2015	2019	1975	1995	2005	2015	2019
1000 Impôts sur revenu, bénéfices et gains en capital	**0**	**0**	**0**	**0**	**0**	**0**	**0**	**0**	**0**	**0**
1100 Des personnes physiques	..	..	..	..	..	..	..	..	..	..
1200 Des sociétés	..	..	..	..	..	..	..	..	..	..
1300 Non-ventilables entre 1100 et 1200	0	..	..	..	..	0	..	..	..	..
2000 Cotisations de sécurité sociale	**0**	**0**	**0**	**0**	**0**	**0**	**0**	**0**	**0**	**0**
2100 A la charge des salariés	0	0	0	0	0	0	0	0	0	0
2200 A la charge des employeurs	0	0	0	0	0	0	0	0	0	0
2300 A charge des travailleurs indép. ou sans emploi	0	0	0	0	0	0	0	0	0	0
2400 Non-ventilables entre 2100, 2200 et 2300	0	0	0	0	0	0	0	0	0	0
3000 Sur salaires ou main d'oeuvre	**0**	**0**	**0**	**0**	**0**	**0**	**0**	**0**	**0**	**0**
4000 Impôts sur le patrimoine	**883**	**5 134**	**8 726**	**16 620**	**19 578**	**0**	**0**	**0**	**0**	**0**
4100 Impôts périodiques sur la propriété immobilière	883	5 134	8 726	16 620	19 578	..	..	..	..	..
4200 Impôts périodiques sur l'actif net	0	0	0	0	0	..	..	..	..	..
4300 Impôts sur mut. par décès, succ. et donations	0	0	0	0	0	..	..	..	..	..
4400 Impôts sur transact. mobilières et immob.	0	0	0	0	0	..	..	..	..	..
4500 Impôts non-périodiques	0	0	0	0	0	..	..	..	..	..
4600 Autres impôts périodiques sur patrimoine	0	0	0	0	0	..	..	..	..	..
5000 Impôts sur les biens et services	**0**	**0**	**0**	**0**	**0**	**0**	**0**	**0**	**0**	**0**
5100 Impôts sur production, vente, transfert, etc.	0	0	0	0	0	0	0	0	0	0
5110 Impôts généraux	0	0	0	0	0	0	0	0	0	0
5120 Impôts sur biens et services déterminés	0	0	0	0	0	0	0	0	0	0
5130 Non-ventilables entre 5110 et 5120	0	0	0	0	0	0	0	0	0	0
5200 Impôts sur utilisation des biens et exerc. activites	0	0	0	0	0	0	0	0	0	0
5300 Non-ventilables entre 5100 et 5200	0	0	0	0	0	0	0	0	0	0
6000 Autres impôts	**0**	**0**	**0**	**0**	**0**	**0**	**0**	**0**	**0**	**0**
6100 A la charge exclusive des entreprises	..	..	..	..	..	..	..	..	..	..
6200 A la charge d'autres agents	..	..	..	..	..	..	..	..	..	..
Recettes fiscales totales	**883**	**5 134**	**8 726**	**16 620**	**19 578**	**0**	**0**	**0**	**0**	**0**

.. Non disponible

StatLink https://stat.link/efl9w7

Tableau 6.2. Autriche, recettes fiscales par sous-secteurs d'administration

Million EUR

	Administration fédérale					Administration d'État/Régions				
	1975	1995	2005	2015	2019	1975	1995	2005	2015	2019
1000 Impôts sur revenu, bénéfices et gains en capital	**3 064**	**18 452**	**28 781**	**43 714**	**48 600**	**865**	**547**	**742**	**1 081**	**1 264**
1100 Des personnes physiques	2 381	14 649	22 126	34 901	37 123	834	459	637	941	1 116
1200 Des sociétés	655	2 267	5 341	7 519	10 647	31	88	104	141	148
1300 Non-ventilables entre 1100 et 1200	27	1 536	1 313	1 295	830	0	0	0	0	0
2000 Cotisations de sécurité sociale	**352**	**4 243**	**5 720**	**7 547**	**8 535**	**34**	**311**	**409**	**496**	**465**
2100 A la charge des salariés	225	2 379	2 978	3 911	4 404	34	310	395	465	435
2200 A la charge des employeurs	127	1 830	2 498	3 350	3 852	0	0	0	0	0
2300 A charge des travailleurs indép. ou sans emploi	0	34	243	286	279	0	1	14	31	29
2400 Non-ventilables entre 2100, 2200 et 2300	0	0	0	0	0	0	0	0	0	0
3000 Sur salaires ou main d'oeuvre	**1 217**	**3 394**	**4 384**	**6 861**	**5 845**	**0**	**132**	**156**	**203**	**1 101**
4000 Impôts sur le patrimoine	**282**	**655**	**801**	**1 247**	**1 383**	**35**	**31**	**36**	**44**	**51**
4100 Impôts périodiques sur la propriété immobilière	18	32	32	43	54	15	31	36	44	51
4200 Impôts périodiques sur l'actif net	226	58	0	0	0	10	0	0	0	0
4300 Impôts sur mut. par décès, succ. et donations	24	82	140	12	1	10	0	0	0	0
4400 Impôts sur transact. mobilières et immob.	14	483	629	1 116	1 318	0	0	0	0	0
4500 Impôts non-périodiques	0	0	0	76	11	0	0	0	0	0
4600 Autres impôts périodiques sur patrimoine	0	0	0	0	0	0	0	0	0	0
5000 Impôts sur les biens et services	**4 554**	**19 894**	**29 646**	**39 720**	**44 992**	**1 013**	**222**	**234**	**362**	**464**
5100 Impôts sur production, vente, transfert, etc.	4 549	18 639	27 613	36 693	41 407	926	158	139	216	288
5110 Impôts généraux	2 545	13 436	19 421	26 282	30 426	662	0	0	0	0
5120 Impôts sur biens et services déterminés	1 991	5 159	8 148	10 408	10 977	264	158	139	216	288
5130 Non-ventilables entre 5110 et 5120	14	44	45	4	5	0	0	0	0	0
5200 Impôts sur utilisation des biens et exerc. activites	5	1 255	2 033	3 027	3 585	87	64	95	146	176
5300 Non-ventilables entre 5100 et 5200	0	0	0	0	0	0	0	0	0	0
6000 Autres impôts	**52**	**486**	**699**	**517**	**554**	**8**	**50**	**61**	**91**	**99**
6100 A la charge exclusive des entreprises	..	..	..	..	..	..	..	..	..	..
6200 A la charge d'autres agents	..	..	..	..	..	..	..	..	..	..
Recettes fiscales totales	**9 521**	**47 124**	**70 031**	**99 606**	**109 910**	**1 955**	**1 294**	**1 638**	**2 277**	**3 444**

	Administrations locales					Administrations de sécurite sociale				
	1975	1995	2005	2015	2019	1975	1995	2005	2015	2019
1000 Impôts sur revenu, bénéfices et gains en capital	**887**	**46**	**0**	**0**	**0**	**0**	**0**	**0**	**0**	**0**
1100 Des personnes physiques	771	19	0	0	0	..	..	..	..	..
1200 Des sociétés	115	26	0	0	0	..	..	..	..	..
1300 Non-ventilables entre 1100 et 1200	0	0	0	0	0	..	..	..	..	..
2000 Cotisations de sécurité sociale	**29**	**258**	**267**	**266**	**245**	**4 667**	**21 173**	**28 912**	**41 557**	**49 832**
2100 A la charge des salariés	29	207	240	241	226	1 840	8 110	10 751	15 499	18 706
2200 A la charge des employeurs	0	50	27	26	20	2 375	10 912	14 037	19 906	23 955
2300 A charge des travailleurs indép. ou sans emploi	0	0	0	0	0	453	2 151	4 125	6 153	7 171
2400 Non-ventilables entre 2100, 2200 et 2300	0	0	0	0	0	0	0	0	0	0
3000 Sur salaires ou main d'oeuvre	**262**	**1 492**	**2 035**	**2 977**	**3 833**	**0**	**0**	**0**	**0**	**0**
4000 Impôts sur le patrimoine	**254**	**395**	**539**	**675**	**724**	**0**	**0**	**0**	**0**	**0**
4100 Impôts périodiques sur la propriété immobilière	139	395	539	675	724	..	..	..	..	..
4200 Impôts périodiques sur l'actif net	35	0	0	0	0	..	..	..	..	..
4300 Impôts sur mut. par décès, succ. et donations	0	0	0	0	0	..	..	..	..	..
4400 Impôts sur transact. mobilières et immob.	81	0	0	0	0	..	..	..	..	..
4500 Impôts non-périodiques	0	0	0	0	0	..	..	..	..	..
4600 Autres impôts périodiques sur patrimoine	0	0	0	0	0	..	..	..	..	..
5000 Impôts sur les biens et services	**792**	**738**	**302**	**353**	**392**	**0**	**0**	**0**	**0**	**0**
5100 Impôts sur production, vente, transfert, etc.	769	582	134	96	101	..	..	..	..	..
5110 Impôts généraux	448	0	0	0	0	..	..	..	..	..
5120 Impôts sur biens et services déterminés	321	582	134	96	101	..	..	..	..	..
5130 Non-ventilables entre 5110 et 5120	0	0	0	0	0	..	..	..	..	..
5200 Impôts sur utilisation des biens et exerc. activites	24	155	168	258	291	..	..	..	..	..
5300 Non-ventilables entre 5100 et 5200	0	0	0	0	0	..	..	..	..	..
6000 Autres impôts	**55**	**60**	**103**	**129**	**155**	**0**	**0**	**0**	**0**	**0**
6100 A la charge exclusive des entreprises	..	..	..	..	..	..	..	..	..	..
6200 A la charge d'autres agents	..	..	..	..	..	..	..	..	..	..
Recettes fiscales totales	**2 279**	**2 987**	**3 246**	**4 400**	**5 349**	**4 667**	**21 173**	**28 912**	**41 557**	**49 832**

.. Non disponible

Note : Y compris les droits de douane perçus pour le compte de l'Union européenne.

StatLink https://stat.link/42k01f

Tableau 6.3. Belgique, recettes fiscales par sous-secteurs d'administration

Million EUR

	Administration fédérale					Administration d'État/Régions				
	1975	1995	2005	2015	2019	1975	1995	2005	2015	2019
1000 Impôts sur revenu, bénéfices et gains en capital	**8 534**	**30 905**	**45 859**	**57 131**	**57 006**	**..**	**79**	**0**	**4 283**	**10 013**
1100 Des personnes physiques	6 929	25 997	36 007	43 436	39 199	..	79	..	4 283	10 013
1200 Des sociétés	1 596	4 867	9 811	13 644	17 736	..	0	..	0	0
1300 Non-ventilables entre 1100 et 1200	10	41	42	51	71	..	0	..	0	0
2000 Cotisations de sécurité sociale	**299**	**1 181**	**1 904**	**2 336**	**65**	**..**	**0**	**34**	**11**	**255**
2100 A la charge des salariés	264	854	1 125	1 372	0	..	..	7	2	246
2200 A la charge des employeurs	36	228	608	715	65	..	..	27	9	9
2300 A charge des travailleurs indép. ou sans emploi	0	99	171	249	0	..	..	0	0	0
2400 Non-ventilables entre 2100, 2200 et 2300	0	0	0	0	0	..	..	0	0	0
3000 Sur salaires ou main d'oeuvre	**0**	**0**	**0**	**0**	**0**	**..**	**0**	**0**	**0**	**0**
4000 Impôts sur le patrimoine	**583**	**1 340**	**873**	**1 861**	**2 245**	**..**	**1 168**	**4 669**	**7 087**	**8 085**
4100 Impôts périodiques sur la propriété immobilière	12	25	41	41	47	..	83	192	249	374
4200 Impôts périodiques sur l'actif net	0	8	189	661	922	..	0	0	0	0
4300 Impôts sur mut. par décès, succ. et donations	178	42	0	0	0	..	647	1 749	2 996	2 936
4400 Impôts sur transact. mobilières et immob.	393	1 193	521	596	623	..	438	2 728	3 763	4 755
4500 Impôts non-périodiques	0	73	123	563	435	..	0	0	79	20
4600 Autres impôts périodiques sur patrimoine	0	0	0	0	217	..	0	0	0	0
5000 Impôts sur les biens et services	**5 813**	**20 951**	**29 984**	**39 004**	**44 465**	**..**	**412**	**2 044**	**2 678**	**3 172**
5100 Impôts sur production, vente, transfert, etc.	5 562	19 767	29 742	38 985	44 415	..	58	76	227	355
5110 Impôts généraux	3 776	13 894	21 533	27 952	32 181	..	0	0	0	0
5120 Impôts sur biens et services déterminés	1 785	5 872	8 208	11 034	12 234	..	58	76	227	355
5130 Non-ventilables entre 5110 et 5120	0	0	0	0	0	..	0	0	0	0
5200 Impôts sur utilisation des biens et exerc. activités	249	1 178	234	10	37	..	355	1 968	2 451	2 817
5300 Non-ventilables entre 5100 et 5200	3	6	8	9	13	..	0	0	0	0
6000 Autres impôts	**0**	**0**	**0**	**0**	**0**	**..**	**0**	**68**	**40**	**0**
6100 A la charge exclusive des entreprises	..	..	..	..	..	..	..	0	0	..
6200 A la charge d'autres agents	..	..	..	..	..	..	..	68	40	..
Recettes fiscales totales	**15 230**	**54 377**	**78 621**	**100 332**	**103 780**	**..**	**1 659**	**6 816**	**14 099**	**21 526**
	Administrations locales					Administrations de sécurite sociale				
	1975	1995	2005	2015	2019	1975	1995	2005	2015	2019
1000 Impôts sur revenu, bénéfices et gains en capital	**683**	**3 058**	**2 249**	**3 052**	**3 517**	**0**	**335**	**825**	**1 106**	**1 267**
1100 Des personnes physiques	675	3 058	2 249	3 052	3 517	..	335	825	1 106	1 267
1200 Des sociétés	8	0	0	0	0	..	0	0	0	0
1300 Non-ventilables entre 1100 et 1200	0	0	0	0	0	..	0	0	0	0
2000 Cotisations de sécurité sociale	**27**	**80**	**20**	**27**	**19**	**6 709**	**28 479**	**39 537**	**56 438**	**62 864**
2100 A la charge des salariés	27	80	18	21	19	1 749	8 268	11 558	15 640	18 806
2200 A la charge des employeurs	0	0	3	6	0	4 347	17 746	24 613	35 510	37 828
2300 A charge des travailleurs indép. ou sans emploi	0	0	0	0	0	612	2 465	3 366	5 289	6 230
2400 Non-ventilables entre 2100, 2200 et 2300	0	0	0	0	0	0	0	0	0	0
3000 Sur salaires ou main d'oeuvre	**0**	**0**	**0**	**0**	**0**	**0**	**0**	**5**	**8**	**9**
4000 Impôts sur le patrimoine	**154**	**815**	**3 599**	**5 142**	**5 724**	**0**	**121**	**229**	**318**	**305**
4100 Impôts périodiques sur la propriété immobilière	154	815	3 599	5 142	5 724	..	0	0	0	0
4200 Impôts périodiques sur l'actif net	0	0	0	0	0	..	0	0	0	0
4300 Impôts sur mut. par décès, succ. et donations	0	0	0	0	0	..	0	0	0	0
4400 Impôts sur transact. mobilières et immob.	0	0	0	0	0	..	0	0	0	0
4500 Impôts non-périodiques	0	0	0	0	0	..	0	0	0	0
4600 Autres impôts périodiques sur patrimoine	0	0	0	0	0	..	121	229	318	305
5000 Impôts sur les biens et services	**166**	**332**	**523**	**715**	**739**	**14**	**330**	**1 237**	**1 575**	**2 330**
5100 Impôts sur production, vente, transfert, etc.	150	295	437	694	716	14	330	1 237	1 575	2 330
5110 Impôts généraux	0	0	0	0	0	0	29	373	219	381
5120 Impôts sur biens et services déterminés	150	295	437	694	716	14	301	865	1 356	1 949
5130 Non-ventilables entre 5110 et 5120	0	0	0	0	0	0	0	0	0	0
5200 Impôts sur utilisation des biens et exerc. activités	16	37	87	22	23	0	0	0	0	0
5300 Non-ventilables entre 5100 et 5200	0	0	0	0	0	0	0	0	0	0
6000 Autres impôts	**0**	**0**	**0**	**0**	**0**	**0**	**0**	**0**	**0**	**0**
6100 A la charge exclusive des entreprises	..	..	..	..	..	..	..	..	..	..
6200 A la charge d'autres agents	..	..	..	..	..	..	..	..	..	..
Recettes fiscales totales	**1 029**	**4 284**	**6 392**	**8 937**	**9 999**	**6 723**	**29 265**	**41 833**	**59 445**	**66 775**

.. Non disponible

Note : Y compris les droits de douane perçus pour le compte de l'Union européenne.

StatLink https://stat.link/6cdyu1

Tableau 6.4. Canada, recettes fiscales par sous-secteurs d'administration

Million CAD

	Administration fédérale					Administration d'État/Régions				
	1975	1995	2005	2015	2019	1975	1995	2005	2015	2019
1000 Impôts sur revenu, bénéfices et gains en capital	**19 047**	**82 237**	**140 013**	**191 684**	**239 115**	**8 165**	**52 373**	**78 331**	**123 157**	**148 453**
1100 Des personnes physiques	12 822	65 384	102 366	143 315	169 476	6 074	43 428	62 435	96 989	111 898
1200 Des sociétés	5 741	14 739	32 197	41 726	59 605	2 091	8 944	15 896	26 168	36 555
1300 Non-ventilables entre 1100 et 1200	484	2 114	5 450	6 643	10 034	0	0	0	0	0
2000 Cotisations de sécurité sociale	**0**	**0**	**17 936**	**23 603**	**23 403**	**0**	**0**	**11 759**	**13 892**	**14 587**
2100 A la charge des salariés	..	..	7 429	9 772	9 680	..	..	1 858	1 128	1 357
2200 A la charge des employeurs	..	..	10 507	13 831	13 723	..	..	9 901	12 764	13 230
2300 A charge des travailleurs indép. ou sans emploi	..	..	0	0	0	..	..	0	0	0
2400 Non-ventilables entre 2100, 2200 et 2300	..	..	0	0	0	..	..	0	0	0
3000 Sur salaires ou main d'oeuvre	**0**	**0**	**0**	**0**	**0**	**0**	**6 498**	**9 230**	**13 256**	**17 245**
4000 Impôts sur le patrimoine	**13**	**0**	**0**	**0**	**0**	**428**	**6 492**	**9 298**	**11 809**	**15 019**
4100 Impôts périodiques sur la propriété immobilière	0	..	..	..	..	85	2 960	2 934	5 410	7 050
4200 Impôts périodiques sur l'actif net	0	..	..	..	..	200	2 914	3 456	372	441
4300 Impôts sur mut. par décès, succ. et donations	13	..	..	..	..	143	3	0	268	347
4400 Impôts sur transact. mobilières et immob.	0	..	..	..	..	0	0	1 965	3 912	5 087
4500 Impôts non-périodiques	0	..	..	..	..	0	615	943	1 847	2 094
4600 Autres impôts périodiques sur patrimoine	0	..	..	..	..	0	0	0	0	0
5000 Impôts sur les biens et services	**8 180**	**31 160**	**48 551**	**53 837**	**63 133**	**10 128**	**42 076**	**67 537**	**95 289**	**113 502**
5100 Impôts sur production, vente, transfert, etc.	8 180	31 136	48 506	53 797	63 095	6 800	37 961	61 316	86 827	103 631
5110 Impôts généraux	3 504	19 167	35 069	36 958	43 337	3 664	21 328	33 353	53 577	66 287
5120 Impôts sur biens et services déterminés	4 676	11 969	13 437	16 839	19 758	3 136	16 633	27 963	33 250	37 344
5130 Non-ventilables entre 5110 et 5120	0	0	0	0	0	0	0	0	0	0
5200 Impôts sur utilisation des biens et exerc. activites	0	24	45	40	38	3 328	4 115	6 221	8 462	9 871
5300 Non-ventilables entre 5100 et 5200	0	0	0	0	0	0	0	0	0	0
6000 Autres impôts	**198**	**0**	**0**	**0**	**0**	**0**	**0**	**0**	**0**	**0**
6100 A la charge exclusive des entreprises	0	..	..	..	..	..	..	..	..	..
6200 A la charge d'autres agents	198	..	..	..	..	..	..	..	..	..
Recettes fiscales totales	**27 438**	**113 397**	**206 500**	**269 124**	**325 651**	**18 721**	**107 439**	**176 156**	**257 403**	**308 806**

	Administrations locales					Administrations de sécurite sociale				
	1975	1995	2005	2015	2019	1975	1995	2005	2015	2019
1000 Impôts sur revenu, bénéfices et gains en capital	**0**	**0**	**0**	**0**	**0**	**0**	**0**	**0**	**0**	**0**
1100 Des personnes physiques	..	..	..	..	..	..	..	..	..	..
1200 Des sociétés	..	..	..	..	..	..	..	..	..	..
1300 Non-ventilables entre 1100 et 1200	..	..	..	..	..	..	..	..	..	..
2000 Cotisations de sécurité sociale	**0**	**0**	**0**	**0**	**0**	**5 787**	**40 559**	**38 834**	**58 876**	**70 374**
2100 A la charge des salariés	..	..	..	..	..	2 142	15 028	18 328	27 785	33 220
2200 A la charge des employeurs	..	..	..	..	..	3 527	24 765	18 328	27 785	33 220
2300 A charge des travailleurs indép. ou sans emploi	..	..	..	..	..	118	766	2 177	3 307	3 933
2400 Non-ventilables entre 2100, 2200 et 2300	..	..	..	..	..	0	0	0	0	0
3000 Sur salaires ou main d'oeuvre	**0**	**0**	**0**	**0**	**0**	**0**	**0**	**0**	**0**	**0**
4000 Impôts sur le patrimoine	**5 018**	**24 415**	**40 495**	**65 969**	**74 074**	**0**	**0**	**0**	**0**	**0**
4100 Impôts périodiques sur la propriété immobilière	4 770	23 150	37 409	57 241	63 386	..	..	..	..	..
4200 Impôts périodiques sur l'actif net	0	0	0	0	0	..	..	..	..	..
4300 Impôts sur mut. par décès, succ. et donations	0	0	0	0	0	..	..	..	..	..
4400 Impôts sur transact. mobilières et immob.	0	0	375	1 063	1 702	..	..	..	..	..
4500 Impôts non-périodiques	248	1 265	2 711	7 665	8 986	..	..	..	..	..
4600 Autres impôts périodiques sur patrimoine	0	0	0	0	0	..	..	..	..	..
5000 Impôts sur les biens et services	**142**	**406**	**833**	**1 149**	**1 401**	**0**	**0**	**0**	**0**	**0**
5100 Impôts sur production, vente, transfert, etc.	22	51	104	126	206	..	..	..	..	..
5110 Impôts généraux	10	40	88	63	76	..	..	..	..	..
5120 Impôts sur biens et services déterminés	12	11	16	63	130	..	..	..	..	..
5130 Non-ventilables entre 5110 et 5120	0	0	0	0	0	..	..	..	..	..
5200 Impôts sur utilisation des biens et exerc. activites	120	355	729	1 023	1 195	..	..	..	..	..
5300 Non-ventilables entre 5100 et 5200	0	0	0	0	0	..	..	..	..	..
6000 Autres impôts	**525**	**3 662**	**1 483**	**748**	**894**	**0**	**0**	**0**	**0**	**0**
6100 A la charge exclusive des entreprises	437	2 946	541	0	0	..	..	..	..	..
6200 A la charge d'autres agents	88	716	942	748	894	..	..	..	..	..
Recettes fiscales totales	**5 685**	**28 483**	**42 811**	**67 866**	**76 369**	**5 787**	**40 559**	**38 834**	**58 876**	**70 374**

.. Non disponible

StatLink https://stat.link/7j2kay

Tableau 6.5. Chili, recettes fiscales par sous-secteurs d'administration

Million CLP

	Administration centrale					Administration d'État/Régions				
	1975	1995	2005	2015	2019	1975	1995	2005	2015	2019
1000 Impôts sur revenu, bénéfices et gains en capital	**..**	**1 359 694**	**5 171 293**	**11 840 521**	**14 283 183**	**..**	**..**	**..**	**..**	**..**
1100 Des personnes physiques	..	281 293	738 620	3 199 876	2 937 532	..	..	..	..	..
1200 Des sociétés	..	836 725	3 155 480	6 839 133	9 597 472	..	..	..	..	..
1300 Non-ventilables entre 1100 et 1200	..	241 676	1 277 193	1 801 512	1 748 179	..	..	..	..	..
2000 Cotisations de sécurité sociale	**..**	**155 855**	**287 422**	**434 658**	**495 073**	**..**	**..**	**..**	**..**	**..**
2100 A la charge des salariés	..	142 001	249 526	370 744	394 892	..	..	..	..	..
2200 A la charge des employeurs	..	13 854	37 896	63 914	100 181	..	..	..	..	..
2300 A charge des travailleurs indép. ou sans emploi	..	0	0	0	0	..	..	..	..	..
2400 Non-ventilables entre 2100, 2200 et 2300	..	0	0	0	0	..	..	..	..	..
3000 Sur salaires ou main d'oeuvre	**..**	**0**	**0**	**0**	**0**	**..**	**..**	**..**	**..**	**..**
4000 Impôts sur le patrimoine	**..**	**181 432**	**490 120**	**379 603**	**759 291**	**..**	**..**	**..**	**..**	**..**
4100 Impôts périodiques sur la propriété immobilière	..	13 044	4 909	15 249	23 912	..	..	..	..	..
4200 Impôts périodiques sur l'actif net	..	0	0	0	0	..	..	..	..	..
4300 Impôts sur mut. par décès, succ. et donations	..	13 245	23 184	92 236	62 824	..	..	..	..	..
4400 Impôts sur transact. mobilières et immob.	..	155 143	462 027	272 118	672 555	..	..	..	..	..
4500 Impôts non-périodiques	..	0	0	0	0	..	..	..	..	..
4600 Autres impôts périodiques sur patrimoine	..	0	0	0	0	..	..	..	..	..
5000 Impôts sur les biens et services	**..**	**3 179 304**	**6 831 482**	**16 181 720**	**19 837 629**	**..**	**..**	**..**	**..**	**..**
5100 Impôts sur production, vente, transfert, etc.	..	3 169 645	6 811 389	16 129 953	19 656 251	..	..	..	..	..
5110 Impôts généraux	..	2 187 602	5 391 285	13 273 958	16 348 944	..	..	..	..	..
5120 Impôts sur biens et services déterminés	..	982 043	1 420 104	2 855 995	3 307 307	..	..	..	..	..
5130 Non-ventilables entre 5110 et 5120	..	0	0	0	0	..	..	..	..	..
5200 Impôts sur utilisation des biens et exerc. activites	..	9 659	20 094	51 767	181 379	..	..	..	..	..
5300 Non-ventilables entre 5100 et 5200	..	0	0	0	0	..	..	..	..	..
6000 Autres impôts	**..**	**-29 554**	**-85 954**	**-579 308**	**-250 523**	**..**	**..**	**..**	**..**	**..**
6100 A la charge exclusive des entreprises	..	0	0	0	0	..	..	..	..	..
6200 A la charge d'autres agents	..	-29 554	-85 954	-579 308	-250 523	..	..	..	..	..
Recettes fiscales totales	**..**	**4 846 730**	**12 694 362**	**28 257 194**	**35 124 653**	**..**	**..**	**..**	**..**	**..**

	Administrations locales					Administrations de sécurite sociale				
	1975	1995	2005	2015	2019	1975	1995	2005	2015	2019
1000 Impôts sur revenu, bénéfices et gains en capital	**..**	**0**	**0**	**0**	**0**	**..**	**0**	**0**	**0**	**0**
1100 Des personnes physiques	..	..	..	..	..	..	..	..	..	..
1200 Des sociétés	..	..	..	..	..	..	..	..	..	..
1300 Non-ventilables entre 1100 et 1200	..	..	..	..	..	..	..	..	..	..
2000 Cotisations de sécurité sociale	**..**	**0**	**0**	**0**	**0**	**..**	**193 269**	**644 295**	**1 817 831**	**2 499 833**
2100 A la charge des salariés	..	..	..	..	..	..	193 269	644 295	1 817 831	2 499 833
2200 A la charge des employeurs	..	..	..	..	..	..	0	0	0	0
2300 A charge des travailleurs indép. ou sans emploi	..	..	..	..	..	..	0	0	0	0
2400 Non-ventilables entre 2100, 2200 et 2300	..	..	..	..	..	..	0	0	0	0
3000 Sur salaires ou main d'oeuvre	**..**	**0**	**0**	**0**	**0**	**..**	**0**	**0**	**0**	**0**
4000 Impôts sur le patrimoine	**..**	**157 193**	**411 656**	**1 041 671**	**1 483 271**	**..**	**0**	**0**	**0**	**0**
4100 Impôts périodiques sur la propriété immobilière	..	157 193	411 656	1 041 671	1 483 271	..	..	..	..	..
4200 Impôts périodiques sur l'actif net	..	0	0	0	0	..	..	..	..	..
4300 Impôts sur mut. par décès, succ. et donations	..	0	0	0	0	..	..	..	..	..
4400 Impôts sur transact. mobilières et immob.	..	0	0	0	0	..	..	..	..	..
4500 Impôts non-périodiques	..	0	0	0	0	..	..	..	..	..
4600 Autres impôts périodiques sur patrimoine	..	0	0	0	0	..	..	..	..	..
5000 Impôts sur les biens et services	**..**	**192 325**	**514 952**	**1 415 658**	**1 917 752**	**..**	**0**	**0**	**0**	**0**
5100 Impôts sur production, vente, transfert, etc.	..	52 690	140 703	385 532	510 761	..	..	..	..	..
5110 Impôts généraux	..	0	0	0	0	..	..	..	..	..
5120 Impôts sur biens et services déterminés	..	52 690	140 703	385 532	510 761	..	..	..	..	..
5130 Non-ventilables entre 5110 et 5120	..	0	0	0	0	..	..	..	..	..
5200 Impôts sur utilisation des biens et exerc. activites	..	139 635	374 249	1 030 126	1 406 990	..	..	..	..	..
5300 Non-ventilables entre 5100 et 5200	..	0	0	0	0	..	..	..	..	..
6000 Autres impôts	**..**	**0**	**0**	**0**	**0**	**..**	**0**	**0**	**0**	**0**
6100 A la charge exclusive des entreprises	..	..	..	..	..	..	..	..	..	..
6200 A la charge d'autres agents	..	..	..	..	..	..	..	..	..	..
Recettes fiscales totales	**..**	**349 518**	**926 608**	**2 457 329**	**3 401 022**	**..**	**193 269**	**644 295**	**1 817 831**	**2 499 833**

.. Non disponible

StatLink https://stat.link/3qmzp8

Tableau 6.6. Colombie, recettes fiscales par sous-secteurs d'administration

Million COP

	Administration fédérale					Administration d'État/Régions				
	1975	1995	2005	2015	2019	1975	1995	2005	2015	2019
1000 Impôts sur revenu, bénéfices et gains en capital	**..**	**3 393 700**	**17 348 618**	**52 656 876**	**67 519 599**	**..**	**0**	**0**	**0**	**0**
1100 Des personnes physiques	..	131 405	3 594 441	9 215 137	14 155 111	..	..	..	..	..
1200 Des sociétés	..	988 082	13 044 361	41 401 857	50 242 515	..	..	..	..	..
1300 Non-ventilables entre 1100 et 1200	..	2 274 213	709 816	2 039 882	3 121 974	..	..	..	..	..
2000 Cotisations de sécurité sociale	**..**	**0**	**0**	**0**	**0**	**..**	**0**	**0**	**0**	**0**
2100 A la charge des salariés	..	..	..	..	..	..	..	..	..	..
2200 A la charge des employeurs	..	..	..	..	..	..	..	..	..	..
2300 A charge des travailleurs indép. ou sans emploi	..	..	..	..	..	..	..	..	..	..
2400 Non-ventilables entre 2100, 2200 et 2300	..	..	..	..	..	..	..	..	..	..
3000 Sur salaires ou main d'oeuvre	**..**	**599 198**	**2 179 842**	**2 797 308**	**3 604 071**	**..**	**0**	**0**	**0**	**0**
4000 Impôts sur le patrimoine	**..**	**0**	**2 863 946**	**12 094 140**	**10 241 299**	**..**	**0**	**0**	**0**	**0**
4100 Impôts périodiques sur la propriété immobilière	..	..	0	0	0	..	..	..	..	..
4200 Impôts périodiques sur l'actif net	..	..	462 720	5 352 940	923 255	..	..	..	..	..
4300 Impôts sur mut. par décès, succ. et donations	..	..	0	0	0	..	..	..	..	..
4400 Impôts sur transact. mobilières et immob.	..	..	2 401 226	6 741 200	8 190 516	..	..	..	..	..
4500 Impôts non-périodiques	..	..	0	0	1 127 528	..	..	..	..	..
4600 Autres impôts périodiques sur patrimoine	..	..	0	0	0	..	..	..	..	..
5000 Impôts sur les biens et services	**..**	**4 773 500**	**21 645 318**	**51 831 190**	**70 637 076**	**..**	**771 560**	**2 507 423**	**4 986 314**	**7 496 594**
5100 Impôts sur production, vente, transfert, etc.	..	4 773 500	21 645 318	51 831 190	70 637 076	..	771 560	2 228 909	4 456 650	6 494 522
5110 Impôts généraux	..	3 427 600	17 427 948	41 659 696	61 936 282	..	0	0	0	0
5120 Impôts sur biens et services déterminés	..	1 345 900	4 217 370	10 171 494	8 700 794	..	771 560	2 228 909	4 456 650	6 494 522
5130 Non-ventilables entre 5110 et 5120	..	0	0	0	0	..	0	0	0	0
5200 Impôts sur utilisation des biens et exerc. activites	..	0	0	0	0	..	0	278 514	529 665	1 002 072
5300 Non-ventilables entre 5100 et 5200	..	0	0	0	0	..	0	0	0	0
6000 Autres impôts	**..**	**17 900**	**682 084**	**419 939**	**619 651**	**..**	**0**	**575 919**	**2 624 769**	**2 975 868**
6100 A la charge exclusive des entreprises	..	0	0	0	0	..	..	0	0	0
6200 A la charge d'autres agents	..	17 900	682 084	419 939	619 651	..	..	575 919	2 624 769	2 975 868
Recettes fiscales totales	**..**	**8 784 297**	**44 719 808**	**119 799 453**	**152 621 696**	**..**	**771 560**	**3 083 342**	**7 611 084**	**10 472 462**

	Administrations locales					Administrations de sécurite sociale				
	1975	1995	2005	2015	2019	1975	1995	2005	2015	2019
1000 Impôts sur revenu, bénéfices et gains en capital	**..**	**0**	**0**	**0**	**0**	**..**	**0**	**0**	**0**	**0**
1100 Des personnes physiques	..	..	..	..	..	..	..	..	..	..
1200 Des sociétés	..	..	..	..	..	..	..	..	..	..
1300 Non-ventilables entre 1100 et 1200	..	..	..	..	..	..	..	..	..	..
2000 Cotisations de sécurité sociale	**..**	**0**	**0**	**0**	**0**	**..**	**3 159 328**	**7 845 000**	**13 585 138**	**19 875 398**
2100 A la charge des salariés	..	..	..	..	..	..	..	..	..	..
2200 A la charge des employeurs	..	..	..	..	..	..	..	..	..	..
2300 A charge des travailleurs indép. ou sans emploi	..	..	..	..	..	..	..	..	..	..
2400 Non-ventilables entre 2100, 2200 et 2300	..	..	..	..	..	..	3 159 328	7 845 000	13 585 138	19 875 398
3000 Sur salaires ou main d'oeuvre	**..**	**0**	**0**	**0**	**0**	**..**	**0**	**0**	**0**	**0**
4000 Impôts sur le patrimoine	**..**	**365 051**	**1 974 213**	**6 061 965**	**8 743 115**	**..**	**0**	**0**	**0**	**0**
4100 Impôts périodiques sur la propriété immobilière	..	365 051	1 974 213	6 061 965	8 743 115	..	..	..	..	..
4200 Impôts périodiques sur l'actif net	..	0	0	0	0	..	..	..	..	..
4300 Impôts sur mut. par décès, succ. et donations	..	0	0	0	0	..	..	..	..	..
4400 Impôts sur transact. mobilières et immob.	..	0	0	0	0	..	..	..	..	..
4500 Impôts non-périodiques	..	0	0	0	0	..	..	..	..	..
4600 Autres impôts périodiques sur patrimoine	..	0	0	0	0	..	..	..	..	..
5000 Impôts sur les biens et services	**..**	**471 710**	**3 496 411**	**8 899 062**	**11 664 256**	**..**	**0**	**0**	**0**	**0**
5100 Impôts sur production, vente, transfert, etc.	..	471 710	3 496 411	8 400 241	10 932 488	..	..	..	..	..
5110 Impôts généraux	..	471 710	2 506 452	7 025 204	9 298 856	..	..	..	..	..
5120 Impôts sur biens et services déterminés	..	0	989 959	1 375 037	1 633 632	..	..	..	..	..
5130 Non-ventilables entre 5110 et 5120	..	0	0	0	0	..	..	..	..	..
5200 Impôts sur utilisation des biens et exerc. activites	..	0	0	498 821	731 768	..	..	..	..	..
5300 Non-ventilables entre 5100 et 5200	..	0	0	0	0	..	..	..	..	..
6000 Autres impôts	**..**	**355 943**	**588 614**	**4 200 992**	**5 694 388**	**..**	**0**	**0**	**0**	**0**
6100 A la charge exclusive des entreprises	..	0	0	0	0	..	..	..	..	..
6200 A la charge d'autres agents	..	355 943	588 614	4 200 992	5 694 388	..	..	..	..	..
Recettes fiscales totales	**..**	**1 192 705**	**6 059 238**	**19 162 019**	**26 101 758**	**..**	**3 159 328**	**7 845 000**	**13 585 138**	**19 875 398**

.. Non disponible

StatLink https://stat.link/cp2xyr

Tableau 6.7. Costa Rica, recettes fiscales par sous-secteurs d'administration

Million CRC

	Administration centrale					Administration d'État/Régions				
	1975	1995	2005	2015	2019	1975	1995	2005	2015	2019
1000 Impôts sur revenu, bénéfices et gains en capital	..	**47 678**	**324 224**	**1 247 308**	**1 854 866**	..	..	..	..	..
1100 Des personnes physiques	..	..	16 438	386 241	540 954	..	..	..	..	..
1200 Des sociétés	..	..	288 355	659 951	1 058 086	..	..	..	..	..
1300 Non-ventilables entre 1100 et 1200	..	47 678	19 430	201 116	255 827	..	..	..	..	..
2000 Cotisations de sécurité sociale	..	**11 096**	**30 854**	**63 458**	**77 472**	..	..	..	..	..
2100 A la charge des salariés	..	..	..	..	..	..	..	..	..	..
2200 A la charge des employeurs	..	0	0	0	0	..	..	..	..	..
2300 A charge des travailleurs indép. ou sans emploi	..	..	..	..	..	..	..	..	..	..
2400 Non-ventilables entre 2100, 2200 et 2300	..	11 096	30 854	63 458	77 472	..	..	..	..	..
3000 Sur salaires ou main d'oeuvre	..	**0**	**0**	**0**	**0**	..	..	..	..	..
4000 Impôts sur le patrimoine	..	**2 023**	**10 846**	**37 334**	**47 254**	..	..	..	..	..
4100 Impôts périodiques sur la propriété immobilière	..	440	0	4 076	4 699	..	..	..	..	..
4200 Impôts périodiques sur l'actif net	..	0	0	0	0	..	..	..	..	..
4300 Impôts sur mut. par décès, succ. et donations	..	0	0	0	0	..	..	..	..	..
4400 Impôts sur transact. mobilières et immob.	..	1 583	10 846	33 258	42 554	..	..	..	..	..
4500 Impôts non-périodiques	..	0	0	0	0	..	..	..	..	..
4600 Autres impôts périodiques sur patrimoine	..	0	0	0	0	..	..	..	..	..
5000 Impôts sur les biens et services	..	**185 943**	**917 118**	**2 536 562**	**2 940 121**	..	..	..	..	..
5100 Impôts sur production, vente, transfert, etc.	..	177 808	884 359	2 385 807	2 752 919	..	..	..	..	..
5110 Impôts généraux	..	84 034	485 168	1 368 601	1 662 503	..	..	..	..	..
5120 Impôts sur biens et services déterminés	..	93 774	399 192	1 017 206	1 090 415	..	..	..	..	..
5130 Non-ventilables entre 5110 et 5120	..	0	0	0	0	..	..	..	..	..
5200 Impôts sur utilisation des biens et exerc. activites	..	8 135	32 758	150 755	187 202	..	..	..	..	..
5300 Non-ventilables entre 5100 et 5200	..	0	0	0	0	..	..	..	..	..
6000 Autres impôts	..	**11 010**	**54 338**	**162 200**	**201 844**	..	..	..	..	..
6100 A la charge exclusive des entreprises	..	0	0	0	0	..	..	..	..	..
6200 A la charge d'autres agents	..	11 010	54 338	162 200	201 844	..	..	..	..	..
Recettes fiscales totales	..	**257 751**	**1 337 380**	**4 046 862**	**5 121 557**	..	..	..	..	..

	Administrations locales					Administrations de sécurite sociale				
	1975	1995	2005	2015	2019	1975	1995	2005	2015	2019
1000 Impôts sur revenu, bénéfices et gains en capital	..	**0**	**0**	**0**	**0**	..	**0**	**0**	**0**	**0**
1100 Des personnes physiques	..	..	..	..	..	..	..	..	..	..
1200 Des sociétés	..	..	..	..	..	..	..	..	..	..
1300 Non-ventilables entre 1100 et 1200	..	..	..	..	..	..	..	..	..	..
2000 Cotisations de sécurité sociale	..	**0**	**0**	**0**	**0**	..	**106 727**	**586 829**	**2 241 674**	**2 949 219**
2100 A la charge des salariés	..	..	..	..	..	..	..	..	..	..
2200 A la charge des employeurs	..	..	..	..	..	..	14 654	84 988	318 652	381 940
2300 A charge des travailleurs indép. ou sans emploi	..	..	..	..	..	..	..	..	..	..
2400 Non-ventilables entre 2100, 2200 et 2300	..	..	..	..	..	..	92 073	501 841	1 923 022	2 567 279
3000 Sur salaires ou main d'oeuvre	..	**0**	**0**	**0**	**0**	..	**22 992**	**115 730**	**423 616**	**522 529**
4000 Impôts sur le patrimoine	..	**2 037**	**14 264**	**85 927**	**120 698**	..	**0**	**0**	**0**	**0**
4100 Impôts périodiques sur la propriété immobilière	..	2 037	14 264	85 927	120 698	..	..	..	..	..
4200 Impôts périodiques sur l'actif net	..	0	0	0	0	..	..	..	..	..
4300 Impôts sur mut. par décès, succ. et donations	..	0	0	0	0	..	..	..	..	..
4400 Impôts sur transact. mobilières et immob.	..	0	0	0	0	..	..	..	..	..
4500 Impôts non-périodiques	..	0	0	0	0	..	..	..	..	..
4600 Autres impôts périodiques sur patrimoine	..	0	0	0	0	..	..	..	..	..
5000 Impôts sur les biens et services	..	**1 214**	**27 506**	**125 341**	**141 820**		**0**	**0**	**0**	**0**
5100 Impôts sur production, vente, transfert, etc.	..	0	94	3 093	3 841	..	..	..	..	..
5110 Impôts généraux	..	..	0	0	0	..	..	..	..	..
5120 Impôts sur biens et services déterminés	..	..	94	3 093	3 841				..	..
5130 Non-ventilables entre 5110 et 5120	..	..	0	0	0	..	..	..	..	..
5200 Impôts sur utilisation des biens et exerc. activites	..	1 214	27 411	122 248	137 979	..	..	..	..	..
5300 Non-ventilables entre 5100 et 5200	..	0	0	0	0	..	..	..	..	..
6000 Autres impôts	..	**2 935**	**3 207**	**155**	**62**	..	**0**	**0**	**0**	**0**
6100 A la charge exclusive des entreprises	..	0	0	0	0	..	..	..	..	..
6200 A la charge d'autres agents		2 935	3 207	155	62	..	..	..	..	..
Recettes fiscales totales	..	**6 185**	**44 976**	**211 422**	**262 580**	..	**129 718**	**702 559**	**2 665 291**	**3 471 748**

.. Non disponible

StatLink https://stat.link/uxzqpa

Tableau 6.8. République tchèque, recettes fiscales par sous-secteurs d'administration

Million CZK

	Administration centrale[1]					Administration d'État/Régions				
	1975	1995	2005	2015	2019	1975	1995	2005	2015	2019
1000 Impôts sur revenu, bénéfices et gains en capital	**..**	**137 616**	**273 549**	**329 768**	**458 514**	**..**	**..**	**..**	**..**	**..**
1100 Des personnes physiques	..	70 361	137 937	164 678	255 398	..	..	..	..	..
1200 Des sociétés	..	67 255	135 611	165 090	203 116	..	..	..	..	..
1300 Non-ventilables entre 1100 et 1200	..	0	0	0	0	..	..	..	..	..
2000 Cotisations de sécurité sociale	**..**	**0**	**0**	**0**	**0**	**..**	**..**	**..**	**..**	**..**
2100 A la charge des salariés	..	..	..	..	..	..	..	..	..	..
2200 A la charge des employeurs	..	..	..	..	..	..	..	..	..	..
2300 A charge des travailleurs indép. ou sans emploi	..	..	..	..	..	..	..	..	..	..
2400 Non-ventilables entre 2100, 2200 et 2300	..	..	..	..	..	..	..	..	..	..
3000 Sur salaires ou main d'oeuvre	**..**	**0**	**0**	**0**	**0**	**..**	**..**	**..**	**..**	**..**
4000 Impôts sur le patrimoine	**..**	**3 857**	**8 050**	**11 607**	**13 145**	**..**	**..**	**..**	**..**	**..**
4100 Impôts périodiques sur la propriété immobilière	..	0	5	20	32	..	..	..	..	..
4200 Impôts périodiques sur l'actif net	..	0	0	0	0	..	..	..	..	..
4300 Impôts sur mut. par décès, succ. et donations	..	393	728	20	1	..	..	..	..	..
4400 Impôts sur transact. mobilières et immob.	..	3 464	7 317	11 566	13 113	..	..	..	..	..
4500 Impôts non-périodiques	..	0	0	0	0	..	..	..	..	..
4600 Autres impôts périodiques sur patrimoine	..	0	0	0	0	..	..	..	..	..
5000 Impôts sur les biens et services	**..**	**175 869**	**343 554**	**505 085**	**624 512**	**..**	**..**	**..**	**..**	**..**
5100 Impôts sur production, vente, transfert, etc.	..	162 913	325 662	487 086	603 852	..	..	..	..	..
5110 Impôts généraux	..	91 673	215 118	333 274	435 463	..	..	..	..	..
5120 Impôts sur biens et services déterminés	..	71 240	110 544	153 812	168 389	..	..	..	..	..
5130 Non-ventilables entre 5110 et 5120	..	0	0	0	0	..	..	..	..	..
5200 Impôts sur utilisation des biens et exerc. activites	..	12 956	17 892	17 999	20 660	..	..	..	..	..
5300 Non-ventilables entre 5100 et 5200	..	0	0	0	0	..	..	..	..	..
6000 Autres impôts	**..**	**545**	**55**	**387**	**220**	**..**	**..**	**..**	**..**	**..**
6100 A la charge exclusive des entreprises	..	0	0	0	0	..	..	..	..	..
6200 A la charge d'autres agents	..	545	55	387	220	..	..	..	..	..
Recettes fiscales totales	**..**	**317 887**	**625 207**	**846 847**	**1 096 391**	**..**	**..**	**..**	**..**	**..**

	Administrations locales					Administrations de sécurite sociale				
	1975	1995	2005	2015	2019	1975	1995	2005	2015	2019
1000 Impôts sur revenu, bénéfices et gains en capital	**..**	**0**	**0**	**0**	**0**	**..**	**0**	**0**	**0**	**0**
1100 Des personnes physiques	..	..	..	..	..	..	..	..	..	..
1200 Des sociétés	..	..	..	..	..	..	..	..	..	..
1300 Non-ventilables entre 1100 et 1200	..	..	..	..	..	..	..	..	..	..
2000 Cotisations de sécurité sociale	**..**	**0**	**0**	**0**	**0**	**..**	**227 871**	**481 626**	**659 743**	**889 237**
2100 A la charge des salariés	..	..	..	..	..	..	54 536	108 316	133 878	184 563
2200 A la charge des employeurs	..	..	..	..	..	..	148 342	307 618	417 778	569 522
2300 A charge des travailleurs indép. ou sans emploi	..	..	..	..	..	..	24 993	65 692	108 088	135 153
2400 Non-ventilables entre 2100, 2200 et 2300	..	..	..	..	..	..	0	0	0	0
3000 Sur salaires ou main d'oeuvre	**..**	**0**	**0**	**0**	**0**	**..**	**0**	**0**	**0**	**0**
4000 Impôts sur le patrimoine	**..**	**3 778**	**4 987**	**10 313**	**10 935**	**..**	**0**	**0**	**0**	**0**
4100 Impôts périodiques sur la propriété immobilière	..	3 778	4 987	10 313	10 935	..	..	..	..	..
4200 Impôts périodiques sur l'actif net	..	0	0	0	0	..	..	..	..	..
4300 Impôts sur mut. par décès, succ. et donations	..	0	0	0	0	..	..	..	..	..
4400 Impôts sur transact. mobilières et immob.	..	0	0	0	0	..	..	..	..	..
4500 Impôts non-périodiques	..	0	0	0	0	..	..	..	..	..
4600 Autres impôts périodiques sur patrimoine	..	0	0	0	0	..	..	..	..	..
5000 Impôts sur les biens et services	**..**	**1 150**	**7 395**	**7 749**	**8 584**	**..**	**0**	**0**	**0**	**0**
5100 Impôts sur production, vente, transfert, etc.	..	124	199	292	380	..	..	..	..	..
5110 Impôts généraux	..	0	0	0	0	..	..	..	..	..
5120 Impôts sur biens et services déterminés	..	124	199	292	380	..	..	..	..	..
5130 Non-ventilables entre 5110 et 5120	..	0	0	0	0	..	..	..	..	..
5200 Impôts sur utilisation des biens et exerc. activites	..	1 026	7 196	7 457	8 204	..	..	..	..	..
5300 Non-ventilables entre 5100 et 5200	..	0	0	0	0	..	..	..	..	..
6000 Autres impôts	**..**	**0**	**0**	**0**	**0**	**..**	**0**	**0**	**0**	**0**
6100 A la charge exclusive des entreprises	..	..	..	..	..	..	..	..	..	..
6200 A la charge d'autres agents	..	..	..	..	..	..	..	..	..	..
Recettes fiscales totales	**..**	**4 928**	**12 382**	**18 063**	**19 519**	**..**	**227 871**	**481 626**	**659 743**	**889 237**

.. Non disponible

Note : Y compris les droits de douane perçus pour le compte de l'Union européenne.

1. Tax revenues of the regions are reported under the heading of central government up to and including 1995 and under local government thereafter.

StatLink https://stat.link/u09ny3

Tableau 6.9. Danemark, recettes fiscales par sous-secteurs d'administration

Million DKK

	Administration centrale					Administration d'État/Régions				
	1975	1995	2005	2015	2019	1975	1995	2005	2015	2019
1000 Impôts sur revenu, bénéfices et gains en capital	**28 694**	**164 962**	**258 922**	**384 883**	**457 825**	**..**	**..**	**..**	**..**	**..**
1100 Des personnes physiques	25 904	124 613	167 082	304 329	321 690	..	..	..	..	..
1200 Des sociétés	2 790	23 803	54 597	57 723	72 724	..	..	..	..	..
1300 Non-ventilables entre 1100 et 1200	0	16 546	37 244	22 832	63 411	..	..	..	..	..
2000 Cotisations de sécurité sociale	**143**	**562**	**1 180**	**836**	**686**	**..**	**..**	**..**	**..**	**..**
2100 A la charge des salariés	0	559	1 177	826	684	..	..	..	..	..
2200 A la charge des employeurs	142	3	3	10	3	..	..	..	..	..
2300 A charge des travailleurs indép. ou sans emploi	0	0	0	0	0	..	..	..	..	..
2400 Non-ventilables entre 2100, 2200 et 2300	0	0	0	0	0	..	..	..	..	..
3000 Sur salaires ou main d'oeuvre	**0**	**2 262**	**2 907**	**5 894**	**6 534**	**..**	**..**	**..**	**..**	**..**
4000 Impôts sur le patrimoine	**1 779**	**7 094**	**11 801**	**11 084**	**15 785**	**..**	**..**	**..**	**..**	**..**
4100 Impôts périodiques sur la propriété immobilière	16	170	0	0	0	..	..	..	..	..
4200 Impôts périodiques sur l'actif net	414	930	0	0	0	..	..	..	..	..
4300 Impôts sur mut. par décès, succ. et donations	336	2 372	3 154	5 177	8 571	..	..	..	..	..
4400 Impôts sur transact. mobilières et immob.	936	3 584	8 613	5 907	7 214	..	..	..	..	..
4500 Impôts non-périodiques	77	38	34	0	0	..	..	..	..	..
4600 Autres impôts périodiques sur patrimoine	0	0	0	0	0	..	..	..	..	..
5000 Impôts sur les biens et services	**29 014**	**156 578**	**253 352**	**301 504**	**330 244**	**..**	**..**	**..**	**..**	**..**
5100 Impôts sur production, vente, transfert, etc.	27 338	149 393	239 951	277 791	304 823	..	..	..	..	..
5110 Impôts généraux	15 117	94 368	154 654	191 479	222 730	..	..	..	..	..
5120 Impôts sur biens et services déterminés	12 221	55 026	85 298	86 312	82 093	..	..	..	..	..
5130 Non-ventilables entre 5110 et 5120	0	0	0	0	0	..	..	..	..	..
5200 Impôts sur utilisation des biens et exerc. activites	1 676	4 739	9 379	16 537	16 099	..	..	..	..	..
5300 Non-ventilables entre 5100 et 5200	0	2 446	4 021	7 177	9 322	..	..	..	..	..
6000 Autres impôts	**0**	**0**	**203**	**320**	**289**	**..**	**..**	**..**	**..**	**..**
6100 A la charge exclusive des entreprises	..	..	203	320	289	..	..	..	..	..
6200 A la charge d'autres agents	..	..	0	0	0	..	..	..	..	..
Recettes fiscales totales	**59 630**	**331 457**	**528 366**	**704 520**	**811 362**	**..**	**..**	**..**	**..**	**..**
	Administrations locales					Administrations de sécurite sociale				
	1975	1995	2005	2015	2019	1975	1995	2005	2015	2019
1000 Impôts sur revenu, bénéfices et gains en capital	**22 171**	**140 762**	**214 581**	**220 815**	**247 583**	**0**	**0**	**0**	**0**	**0**
1100 Des personnes physiques	22 170	140 758	214 581	220 815	247 583	..	..	..	..	..
1200 Des sociétés	1	5	0	0	0	..	..	..	..	..
1300 Non-ventilables entre 1100 et 1200	0	0	0	0	0	..	..	..	..	..
2000 Cotisations de sécurité sociale	**0**	**0**	**0**	**0**	**0**	**58**	**0**	**529**	**542**	**305**
2100 A la charge des salariés	..	..	..	..	..	0	..	0	0	0
2200 A la charge des employeurs	..	..	..	..	..	58	..	529	542	305
2300 A charge des travailleurs indép. ou sans emploi	..	..	..	..	..	0	..	0	0	0
2400 Non-ventilables entre 2100, 2200 et 2300	..	..	..	..	..	0	..	0	0	0
3000 Sur salaires ou main d'oeuvre	**0**	**0**	**0**	**0**	**0**	**0**	**0**	**0**	**0**	**0**
4000 Impôts sur le patrimoine	**3 518**	**10 155**	**17 466**	**28 085**	**30 567**	**0**	**0**	**0**	**0**	**0**
4100 Impôts périodiques sur la propriété immobilière	3 518	10 155	17 466	28 085	30 567	..	..	..	..	..
4200 Impôts périodiques sur l'actif net	0	0	0	0	0	..	..	..	..	..
4300 Impôts sur mut. par décès, succ. et donations	0	0	0	0	0	..	..	..	..	..
4400 Impôts sur transact. mobilières et immob.	0	0	0	0	0	..	..	..	..	..
4500 Impôts non-périodiques	0	0	0	0	0	..	..	..	..	..
4600 Autres impôts périodiques sur patrimoine	0	0	0	0	0	..	..	..	..	..
5000 Impôts sur les biens et services	**0**	**0**	**0**	**0**	**0**	**0**	**0**	**0**	**0**	**0**
5100 Impôts sur production, vente, transfert, etc.	0	..	..	..	..	..	..	..	..	..
5110 Impôts généraux	0	..	..	..	..	..	..	..	..	..
5120 Impôts sur biens et services déterminés	0	..			..	..	..	..	..	..
5130 Non-ventilables entre 5110 et 5120	0	..	..	..	..	..	..	..	..	..
6200 Impôts sur utilisation des biens et exerc. activites	..	..	..	..	..	..	..	..	..	..
5300 Non-ventilables entre 5100 et 5200	0	..	..	..	..	..	..	..	..	..
6000 Autres impôts	**0**	**0**	**0**	**0**	**0**	**0**	**0**	**0**	**0**	**0**
6100 A la charge exclusive des entreprises	..	..	..	..	..	..	..	..	..	..
6200 A la charge d'autres agents	..	..	..	..	..	..	..	..	..	..
Recettes fiscales totales	**25 689**	**150 918**	**232 047**	**248 900**	**278 150**	**58**	**0**	**529**	**542**	**305**

.. Non disponible

Note : Y compris les droits de douane perçus pour le compte de l'Union européenne.

StatLink https://stat.link/nirp1z

Tableau 6.10. Estonie, recettes fiscales par sous-secteurs d'administration

Million EUR

	Administration centrale					Administration d'État/Régions				
	1975	1995	2005	2015	2019	1975	1995	2005	2015	2019
1000 Impôts sur revenu, bénéfices et gains en capital	..	**301**	**782**	**1 607**	**2 041**	..	..	..	..	..
1100 Des personnes physiques	..	234	622	1 182	1 532	..	..	..	..	..
1200 Des sociétés	..	67	160	424	509	..	..	..	..	..
1300 Non-ventilables entre 1100 et 1200	..	0	0	0	0	..	..	..	..	..
2000 Cotisations de sécurité sociale	..	**191**	**636**	**1 191**	**1 716**	..	..	..	..	..
2100 A la charge des salariés	..	0	0	0	0	..	..	..	..	..
2200 A la charge des employeurs	..	191	636	1 179	1 704	..	..	..	..	..
2300 A charge des travailleurs indép. ou sans emploi	..	0	0	12	12	..	..	..	..	..
2400 Non-ventilables entre 2100, 2200 et 2300	..	0	0	0	0	..	..	..	..	..
3000 Sur salaires ou main d'oeuvre	..	**0**	**0**	**0**	**0**	..	..	..	..	..
4000 Impôts sur le patrimoine	..	**3**	**0**	**0**	**0**	..	..	..	..	..
4100 Impôts périodiques sur la propriété immobilière	..	3	..	..	..	..	..	..	..	..
4200 Impôts périodiques sur l'actif net	..	0	..	..	..	..	..	..	..	..
4300 Impôts sur mut. par décès, succ. et donations	..	0	..	..	..	..	..	..	..	..
4400 Impôts sur transact. mobilières et immob.	..	0	..	..	..	..	..	..	..	..
4500 Impôts non-périodiques	..	0	..	..	..	..	..	..	..	..
4600 Autres impôts périodiques sur patrimoine	..	0	..	..	..	..	..	..	..	..
5000 Impôts sur les biens et services	..	**350**	**1 385**	**2 864**	**3 871**	..	..	..	..	..
5100 Impôts sur production, vente, transfert, etc.	..	345	1 348	2 790	3 660	..	..	..	..	..
5110 Impôts généraux	..	266	908	1 873	2 483	..	..	..	..	..
5120 Impôts sur biens et services déterminés	..	79	440	917	1 177	..	..	..	..	..
5130 Non-ventilables entre 5110 et 5120	..	0	0	0	0	..	..	..	..	..
5200 Impôts sur utilisation des biens et exerc. activites	..	5	37	74	211	..	..	..	..	..
5300 Non-ventilables entre 5100 et 5200	..	0	0	0	0	..	..	..	..	..
6000 Autres impôts	..	**0**	**0**	**0**	**0**	..	..	..	..	..
6100 A la charge exclusive des entreprises	..	..	..	..	..	..	..	..	..	..
6200 A la charge d'autres agents	..	..	..	..	..	..	..	..	..	..
Recettes fiscales totales	..	**845**	**2 803**	**5 662**	**7 628**	..	..	..	..	..

	Administrations locales					Administrations de sécurite sociale				
	1975	1995	2005	2015	2019	1975	1995	2005	2015	2019
1000 Impôts sur revenu, bénéfices et gains en capital	..	**0**	**0**	**0**	**0**	..	**0**	**0**	**0**	**0**
1100 Des personnes physiques	..	0	0	0	0	..	0	0	0	0
1200 Des sociétés	..	0	0	0	0	..	0	0	0	0
1300 Non-ventilables entre 1100 et 1200	..	0	0	0	0	..	0	0	0	0
2000 Cotisations de sécurité sociale	..	**0**	**0**	**0**	**0**	..	**149**	**511**	**1 110**	**1 541**
2100 A la charge des salariés	..	..	..	..	..	..	0	31	99	136
2200 A la charge des employeurs	..	..	..	..	..	..	143	466	1 002	1 397
2300 A charge des travailleurs indép. ou sans emploi	..	..	..	..	..	..	6	14	8	8
2400 Non-ventilables entre 2100, 2200 et 2300	..	..	..	..	..	..	0	0	0	0
3000 Sur salaires ou main d'oeuvre	..	**0**	**0**	**0**	**0**	..	**0**	**0**	**0**	**0**
4000 Impôts sur le patrimoine	..	**7**	**32**	**58**	**58**	..	**0**	**0**	**0**	**0**
4100 Impôts périodiques sur la propriété immobilière	..	7	32	58	58	..	..	..	..	..
4200 Impôts périodiques sur l'actif net	..	0	0	0	0	..	..	..	..	..
4300 Impôts sur mut. par décès, succ. et donations	..	0	0	0	0	..	..	..	..	..
4400 Impôts sur transact. mobilières et immob.	..	0	0	0	0	..	..	..	..	..
4500 Impôts non-périodiques	..	0	0	0	0	..	..	..	..	..
4600 Autres impôts périodiques sur patrimoine	..	0	0	0	0	..	..	..	..	..
5000 Impôts sur les biens et services	..	**1**	**7**	**11**	**13**	..	**0**	**0**	**0**	**0**
5100 Impôts sur production, vente, transfert, etc.	..	0	2	4	6	..	..	..	..	..
5110 Impôts généraux	..	0	0	0	0	..	..	..	..	..
5120 Impôts sur biens et services déterminés	..	0	2	4	6	..	..	..	..	..
5130 Non-ventilables entre 5110 et 5120	..	0	0	0	0	..	..	..	..	..
5200 Impôts sur utilisation des biens et exerc. activites	..	1	5	7	6	..	..	..	..	..
5300 Non-ventilables entre 5100 et 5200	..	0	0	0	0	..	..	..	..	..
6000 Autres impôts	..	**0**	**0**	**0**	**0**	..	**0**	**0**	**0**	**0**
6100 A la charge exclusive des entreprises	..	..	..	..	..	..	..	..	..	..
6200 A la charge d'autres agents	..	..	..	..	..	..	..	..	..	..
Recettes fiscales totales	..	**8**	**40**	**69**	**71**	..	**149**	**511**	**1 110**	**1 541**

.. Non disponible

Note : Y compris les droits de douane perçus pour le compte de l'Union européenne.

StatLink https://stat.link/lr4iea

Tableau 6.11. Finlande, recettes fiscales par sous-secteurs d'administration

Million EUR

	Administration centrale					Administration d'État/Régions				
	1975	1995	2005	2015	2019	1975	1995	2005	2015	2019
1000 Impôts sur revenu, bénéfices et gains en capital	**1 304**	**6 538**	**12 885**	**12 127**	**14 176**	..	..	..	..	..
1100 Des personnes physiques	1 146	5 320	8 791	9 248	10 025	..	..	..	..	..
1200 Des sociétés	157	1 218	4 094	2 879	4 151	..	..	..	..	..
1300 Non-ventilables entre 1100 et 1200	0	0	0	0	0	..	..	..	..	..
2000 Cotisations de sécurité sociale	**0**	**25**	**0**	**0**	**0**	..	..	..	..	..
2100 A la charge des salariés	..	0	..	..	..	..	..	..	..	..
2200 A la charge des employeurs	..	25	..	..	..	..	..	..	..	..
2300 A charge des travailleurs indép. ou sans emploi	..	0	..	..	..	..	..	..	..	..
2400 Non-ventilables entre 2100, 2200 et 2300	..	0	..	..	..	..	..	..	..	..
3000 Sur salaires ou main d'oeuvre	**153**	**0**	**0**	**0**	**0**	..	..	..	..	..
4000 Impôts sur le patrimoine	**127**	**533**	**1 169**	**1 414**	**1 606**	..	..	..	..	..
4100 Impôts périodiques sur la propriété immobilière	0	0	0	0	0	..	..	..	..	..
4200 Impôts périodiques sur l'actif net	33	35	129	0	0	..	..	..	..	..
4300 Impôts sur mut. par décès, succ. et donations	14	167	486	631	749	..	..	..	..	..
4400 Impôts sur transact. mobilières et immob.	80	331	554	783	857	..	..	..	..	..
4500 Impôts non-périodiques	0	0	0	0	0	..	..	..	..	..
4600 Autres impôts périodiques sur patrimoine	0	0	0	0	0	..	..	..	..	..
5000 Impôts sur les biens et services	**2 099**	**13 241**	**21 768**	**29 650**	**33 746**	..	..	..	..	..
5100 Impôts sur production, vente, transfert, etc.	2 082	12 937	21 178	28 592	32 267	..	..	..	..	..
5110 Impôts généraux	1 030	7 621	13 748	18 974	21 974	..	..	..	..	..
5120 Impôts sur biens et services déterminés	1 052	5 316	7 430	9 618	10 293	..	..	..	..	..
5130 Non-ventilables entre 5110 et 5120	0	0	0	0	0	..	..	..	..	..
5200 Impôts sur utilisation des biens et exerc. activites	16	304	590	1 058	1 479	..	..	..	..	..
5300 Non-ventilables entre 5100 et 5200	0	0	0	0	0	..	..	..	..	..
6000 Autres impôts	**10**	**90**	**68**	**81**	**51**	..	..	..	..	..
6100 A la charge exclusive des entreprises	0	0	0	0	0	..	..	..	..	..
6200 A la charge d'autres agents	10	90	68	81	51	..	..	..	..	..
Recettes fiscales totales	**3 693**	**20 427**	**35 890**	**43 272**	**49 579**	..	..	..	..	..

	Administrations locales					Administrations de sécurite sociale				
	1975	1995	2005	2015	2019	1975	1995	2005	2015	2019
1000 Impôts sur revenu, bénéfices et gains en capital	**1 547**	**9 313**	**13 574**	**20 244**	**21 294**	**0**	**0**	**0**	**0**	**0**
1100 Des personnes physiques	1 393	8 319	12 420	18 576	19 376	..	..	..	..	..
1200 Des sociétés	154	994	1 154	1 668	1 918	..	..	..	..	..
1300 Non-ventilables entre 1100 et 1200	0	0	0	0	0	..	..	..	..	..
2000 Cotisations de sécurité sociale	**0**	**0**	**0**	**0**	**0**	**1 347**	**13 493**	**18 879**	**26 639**	**28 295**
2100 A la charge des salariés	..	..	..	..	..	278	2 537	3 464	6 364	8 546
2200 A la charge des employeurs	..	..	..	..	..	990	9 447	14 127	18 232	17 778
2300 A charge des travailleurs indép. ou sans emploi	..	..	..	..	..	79	1 509	1 288	2 043	1 971
2400 Non-ventilables entre 2100, 2200 et 2300	..	..	..	..	..	0	0	0	0	0
3000 Sur salaires ou main d'oeuvre	**0**	**0**	**0**	**0**	**0**	**0**	**0**	**0**	**0**	**0**
4000 Impôts sur le patrimoine	**0**	**441**	**725**	**1 603**	**1 871**	**0**	**0**	**0**	**0**	**0**
4100 Impôts périodiques sur la propriété immobilière	0	441	725	1 603	1 871	..	..	..	..	..
4200 Impôts périodiques sur l'actif net	0	0	0	0	0	..	..	..	..	..
4300 Impôts sur mut. par décès, succ. et donations	0	0	0	0	0	..	..	..	..	..
4400 Impôts sur transact. mobilières et immob.	0	0	0	0	0	..	..	..	..	..
4500 Impôts non-périodiques	0	0	0	0	0	..	..	..	..	..
4600 Autres impôts périodiques sur patrimoine	0	0	0	0	0	..	..	..	..	..
5000 Impôts sur les biens et services	**3**	**7**	**8**	**2**	**1**	**0**	**0**	**0**	**0**	**0**
5100 Impôts sur production, vente, transfert, etc.	1	1	4	1	1	..	..	..	..	..
5110 Impôts généraux	0	0	0	0	0	..	..	..	..	..
5120 Impôts sur biens et services déterminés	1	1	4	1	1				..	..
5130 Non-ventilables entre 5110 et 5120	0	0	0	0	0	..	..	..	..	..
5200 Impôts sur utilisation des biens et exerc. activites	2	6	4	1	0	..	..	..	..	..
5300 Non-ventilables entre 5100 et 5200	0	0	0	0	0	..	..	..	..	..
6000 Autres impôts	**0**	**0**	**0**	**0**	**0**	**0**	**0**	**0**	**0**	**0**
6100 A la charge exclusive des entreprises	..	..	..	..	..	..	..	..	..	..
6200 A la charge d'autres agents	..				..	..	..	..	..	..
Recettes fiscales totales	**1 550**	**9 761**	**14 307**	**21 849**	**23 166**	**1 347**	**13 493**	**18 879**	**26 639**	**28 295**

.. Non disponible

Note : Y compris les droits de douane perçus pour le compte de l'Union européenne.

StatLink https://stat.link/7bfrp4

Tableau 6.12. France, recettes fiscales par sous-secteurs d'administration

Million EUR

	Administration centrale					Administration d'État/Régions				
	1975	1995	2005	2015	2019	1975	1995	2005	2015	2019
1000 Impôts sur revenu, bénéfices et gains en capital	**13 106**	**69 134**	**98 623**	**121 529**	**144 069**	**..**	**..**	**..**	**..**	**..**
1100 Des personnes physiques	8 743	43 963	56 862	75 366	89 804	..	..	..	..	..
1200 Des sociétés	4 282	25 172	41 761	46 163	54 265	..	..	..	..	..
1300 Non-ventilables entre 1100 et 1200	80	0	0	0	0	..	..	..	..	..
2000 Cotisations de sécurité sociale	**419**	**3 733**	**5 796**	**7 941**	**8 101**	**..**	**..**	**..**	**..**	**..**
2100 A la charge des salariés	419	3 733	4 812	6 048	6 973	..	..	..	..	..
2200 A la charge des employeurs	0	0	984	1 893	1 128	..	..	..	..	..
2300 A charge des travailleurs indép. ou sans emploi	0	0	0	0	0	..	..	..	..	..
2400 Non-ventilables entre 2100, 2200 et 2300	0	0	0	0	0	..	..	..	..	..
3000 Sur salaires ou main d'oeuvre	**1 194**	**10 299**	**13 117**	**4 796**	**11 257**	**..**	**..**	**..**	**..**	**..**
4000 Impôts sur le patrimoine	**1 372**	**7 356**	**13 945**	**20 362**	**20 510**	**..**	**..**	**..**	**..**	**..**
4100 Impôts périodiques sur la propriété immobilière	26	9	30	100	124	..	..	..	..	..
4200 Impôts périodiques sur l'actif net	0	1 309	3 053	5 224	2 054	..	..	..	..	..
4300 Impôts sur mut. par décès, succ. et donations	616	4 261	9 006	12 317	15 252	..	..	..	..	..
4400 Impôts sur transact. mobilières et immob.	731	1 777	1 856	2 721	3 080	..	..	..	..	..
4500 Impôts non-périodiques	0	0	0	0	0	..	..	..	..	..
4600 Autres impôts périodiques sur patrimoine	0	0	0	0	0	..	..	..	..	..
5000 Impôts sur les biens et services	**26 154**	**129 457**	**167 750**	**178 755**	**172 398**	**..**	**..**	**..**	**..**	**..**
5100 Impôts sur production, vente, transfert, etc.	25 618	126 699	163 729	173 782	166 286	..	..	..	..	..
5110 Impôts généraux	19 077	89 768	127 096	141 371	124 777	..	..	..	..	..
5120 Impôts sur biens et services déterminés	6 540	36 931	36 633	32 411	41 509	..	..	..	..	..
5130 Non-ventilables entre 5110 et 5120	0	0	0	0	0	..	..	..	..	..
5200 Impôts sur utilisation des biens et exerc. activites	536	2 758	4 021	4 973	6 112	..	..	..	..	..
5300 Non-ventilables entre 5100 et 5200	..	0	0	0	0	..	..	..	..	..
6000 Autres impôts	**49**	**924**	**3 522**	**1 683**	**1 122**	**..**	**..**	**..**	**..**	**..**
6100 A la charge exclusive des entreprises	32	871	3 502	1 677	1 099	..	..	..	..	..
6200 A la charge d'autres agents	17	53	21	6	23	..	..	..	..	..
Recettes fiscales totales	**42 294**	**220 903**	**302 753**	**335 066**	**357 457**	**..**	**..**	**..**	**..**	**..**

	Administrations locales					Administrations de sécurite sociale				
	1975	1995	2005	2015	2019	1975	1995	2005	2015	2019
1000 Impôts sur revenu, bénéfices et gains en capital	**0**	**0**	**0**	**20**	**28**	**0**	**14 997**	**80 173**	**112 983**	**137 989**
1100 Des personnes physiques	0	0	0	13	13	0	14 997	80 173	112 978	137 989
1200 Des sociétés	0	0	0	7	15	0	0	0	5	0
1300 Non-ventilables entre 1100 et 1200	0	0	0	0	0	0	0	0	0	0
2000 Cotisations de sécurité sociale	**0**	**0**	**0**	**0**	**0**	**33 089**	**217 995**	**275 433**	**362 434**	**355 716**
2100 A la charge des salariés	..	..	..	..	..	6 683	65 964	65 369	87 719	80 967
2200 A la charge des employeurs	..	..	..	..	..	24 236	135 892	190 090	246 280	246 309
2300 A charge des travailleurs indép. ou sans emploi	..	..	..	..	..	2 170	16 139	19 975	28 435	28 440
2400 Non-ventilables entre 2100, 2200 et 2300	..	..	..	..	..	0	0	0	0	0
3000 Sur salaires ou main d'oeuvre	**299**	**2 529**	**5 437**	**9 278**	**11 101**	**107**	**36**	**1 767**	**20 500**	**21 164**
4000 Impôts sur le patrimoine	**2 876**	**27 105**	**44 534**	**68 949**	**74 292**	**0**	**0**	**0**	**0**	**0**
4100 Impôts périodiques sur la propriété immobilière	2 626	23 117	35 989	57 331	57 448	..	..	..	..	..
4200 Impôts périodiques sur l'actif net	..	0	0	0	0	..	..	..	..	..
4300 Impôts sur mut. par décès, succ. et donations	0	0	0	0	0	..	..	..	..	..
4400 Impôts sur transact. mobilières et immob.	250	3 988	8 545	11 618	16 844	..	..	..	..	..
4500 Impôts non-périodiques	0	0	0	0	0	..	..	..	..	..
4600 Autres impôts périodiques sur patrimoine	..	0	0	0	0	..	..	..	..	..
5000 Impôts sur les biens et services	**496**	**8 056**	**14 708**	**43 987**	**52 521**	**301**	**5 708**	**12 776**	**36 159**	**72 895**
5100 Impôts sur production, vente, transfert, etc.	297	4 168	12 233	39 742	47 740	301	5 429	12 393	35 202	71 827
5110 Impôts généraux	0	0	0	12 973	19 483	248	1 810	4 271	15 569	50 001
5120 Impôts sur biens et services déterminés	297	4 168	12 233	26 769	28 257	53	3 620	8 122	19 633	21 826
5130 Non-ventilables entre 5110 et 5120	..	0	0	0	0	..	0	0	0	0
5200 Impôts sur utilisation des biens et exerc. activites	198	3 888	2 475	4 245	4 781	0	279	383	957	1 068
5300 Non-ventilables entre 5100 et 5200	..	0	0	0	0	..	0	0	0	0
6000 Autres impôts	**2 577**	**18 971**	**22 334**	**9 120**	**10 489**	**0**	**0**	**0**	**568**	**639**
6100 A la charge exclusive des entreprises	2 577	18 970	22 334	9 120	10 489	..	..	..	568	639
6200 A la charge d'autres agents	0	1	0	0	0	..	..	..	0	0
Recettes fiscales totales	**6 248**	**56 661**	**87 013**	**131 354**	**148 431**	**33 497**	**238 737**	**370 149**	**532 644**	**588 403**

.. Non disponible

Note : Y compris les droits de douane perçus pour le compte de l'Union européenne.

StatLink https://stat.link/2gbesd

Tableau 6.13. Allemagne, recettes fiscales par sous-secteurs d'administration

Million EUR

	Administration fédérale					Administration d'État/Régions				
	1975	1995	2005	2015	2019	1975	1995	2005	2015	2019
1000 Impôts sur revenu, bénéfices et gains en capital	**26 782**	**90 688**	**89 383**	**143 677**	**179 603**	**26 428**	**77 258**	**83 503**	**133 880**	**166 705**
1100 Des personnes physiques	23 469	83 710	77 468	129 731	159 432	23 267	71 598	70 916	118 873	145 891
1200 Des sociétés	3 314	6 978	11 915	13 946	20 171	3 160	5 659	12 587	15 007	20 814
1300 Non-ventilables entre 1100 et 1200	0	0	0	0	..	0	0	0	0	..
2000 Cotisations de sécurité sociale	**0**	**0**	**0**	**0**	**0**	**0**	**0**	**0**	**0**	**0**
2100 A la charge des salariés	..	..	..	..	..	..	..	..	..	..
2200 A la charge des employeurs	..	..	..	..	..	..	..	..	..	..
2300 A charge des travailleurs indép. ou sans emploi	..	..	..	..	..	..	..	..	..	..
2400 Non-ventilables entre 2100, 2200 et 2300	..	..	..	..	..	..	..	..	..	..
3000 Sur salaires ou main d'oeuvre	**0**	**0**	**0**	**0**	**0**	**0**	**0**	**0**	**0**	**0**
4000 Impôts sur le patrimoine	**1 225**	**175**	**0**	**324**	**1 466**	**2 606**	**9 080**	**8 985**	**17 537**	**24 280**
4100 Impôts périodiques sur la propriété immobilière	0	0	..	0	0	0	0	0	0	1 505
4200 Impôts périodiques sur l'actif net	920	147	..	324	1 466	1 993	4 163	97	-2	0
4300 Impôts sur mut. par décès, succ. et donations	0	0	..	0	0	271	1 815	4 097	6 290	6 986
4400 Impôts sur transact. mobilières et immob.	305	28	..	0	0	342	3 102	4 791	11 249	15 789
4500 Impôts non-périodiques	0	0	..	0	0	0	0	0	0	0
4600 Autres impôts périodiques sur patrimoine	0	0	..	0	..	0	0	0	0	..
5000 Impôts sur les biens et services	**35 370**	**125 377**	**147 967**	**199 445**	**212 527**	**13 082**	**62 564**	**82 093**	**107 822**	**128 093**
5100 Impôts sur production, vente, transfert, etc.	35 370	125 377	147 967	188 868	200 404	10 371	55 506	66 406	99 805	120 246
5110 Impôts généraux	18 458	67 178	74 361	110 451	119 184	9 194	52 783	62 851	96 751	116 924
5120 Impôts sur biens et services déterminés	16 913	58 200	73 170	78 125	80 932	1 177	2 723	3 555	3 054	3 322
5130 Non-ventilables entre 5110 et 5120	0	0	436	292	288	0	0	0	0	0
5200 Impôts sur utilisation des biens et exerc. activites	0	0	0	10 577	12 123	2 711	7 058	15 687	8 017	7 847
5300 Non-ventilables entre 5100 et 5200	0	0	0	0	0	0	0	0	0	0
6000 Autres impôts	**0**	**0**	**-1**	**0**	**0**	**0**	**0**	**0**	**0**	**0**
6100 A la charge exclusive des entreprises	..	..	0	..	..	..	..	..	..	..
6200 A la charge d'autres agents	..	..	-1	0	0	..	..	0	0	0
Recettes fiscales totales	**63 378**	**216 240**	**237 349**	**343 446**	**393 596**	**42 116**	**148 902**	**174 581**	**259 239**	**319 078**
	Administrations locales					**Administrations de sécurite sociale**				
	1975	1995	2005	2015	2019	1975	1995	2005	2015	2019
1000 Impôts sur revenu, bénéfices et gains en capital	**11 819**	**40 295**	**46 725**	**73 916**	**90 454**	**0**	**0**	**0**	**0**	**0**
1100 Des personnes physiques	9 931	33 761	31 261	50 775	61 999	..	..	..	..	..
1200 Des sociétés	1 888	6 534	15 464	23 141	28 455	..	..	..	..	..
1300 Non-ventilables entre 1100 et 1200	0	0	0	0	..	..	..	..	..	..
2000 Cotisations de sécurité sociale	**0**	**0**	**0**	**0**	**0**	**64 290**	**268 052**	**311 530**	**424 841**	**508 124**
2100 A la charge des salariés	..	..	..	..	..	28 106	117 916	134 939	186 305	220 204
2200 A la charge des employeurs	..	..	..	..	..	34 609	133 120	148 507	196 679	238 358
2300 A charge des travailleurs indép. ou sans emploi	..	..	..	..	..	1 575	17 016	28 084	41 857	49 562
2400 Non-ventilables entre 2100, 2200 et 2300	..	..	..	..	..	0	0	0	0	0
3000 Sur salaires ou main d'oeuvre	**1 533**	**0**	**0**	**0**	**0**	**0**	**0**	**0**	**0**	**0**
4000 Impôts sur le patrimoine	**3 461**	**9 794**	**10 247**	**13 215**	**12 934**	**0**	**0**	**0**	**0**	**0**
4100 Impôts périodiques sur la propriété immobilière	2 122	7 027	10 247	13 215	12 934	..	..	..	..	..
4200 Impôts périodiques sur l'actif net	911	2 615	0	0	0	..	..	..	..	..
4300 Impôts sur mut. par décès, succ. et donations	0	0	0	0	0	..	..	..	..	..
4400 Impôts sur transact. mobilières et immob.	428	151	0	0	0	..	..	..	..	..
4500 Impôts non-périodiques	0	0	0	0	0	..	..	..	..	..
4600 Autres impôts périodiques sur patrimoine	0	0	0	0	..	..	..	..	..	..
5000 Impôts sur les biens et services	**162**	**448**	**3 395**	**5 947**	**9 700**	**0**	**0**	**0**	**0**	**0**
5100 Impôts sur production, vente, transfert, etc.	94	271	3 136	5 615	9 322	..	..	..	..	..
5110 Impôts généraux	0	0	2 909	4 734	8 325	..	..	..	..	..
5120 Impôts sur biens et services déterminés	94	271	227	881	997	..	..	..	..	..
5130 Non-ventilables entre 5110 et 5120	0	0	0	0	0	..	..	..	..	..
5200 Impôts sur utilisation des biens et exerc. activites	68	176	259	332	378	..	..	..	..	..
5300 Non-ventilables entre 5100 et 5200	0	0	0	0	0	..	..	..	..	..
6000 Autres impôts	**67**	**130**	**79**	**216**	**319**	**0**	**0**	**0**	**0**	**0**
6100 A la charge exclusive des entreprises	0	0	0	0	..	..	..	..	..	..
6200 A la charge d'autres agents	67	130	79	216	319	..	..	..	..	..
Recettes fiscales totales	**17 042**	**50 666**	**60 446**	**93 294**	**113 407**	**64 290**	**268 052**	**311 530**	**424 841**	**508 124**

.. Non disponible

Note : Y compris les droits de douane perçus pour le compte de l'Union européenne.

StatLink https://stat.link/vkewyf

Tableau 6.14. Grèce, recettes fiscales par sous-secteurs d'administration

Million EUR

	Administration centrale					Administration d'État/Régions				
	1975	1995	2005	2015	2019	1975	1995	2005	2015	2019
1000 Impôts sur revenu, bénéfices et gains en capital	**64**	**5 456**	**16 101**	**14 577**	**15 632**	..	..	..	..	..
1100 Des personnes physiques	43	3 011	8 719	10 146	10 991	..	..	..	..	..
1200 Des sociétés	17	2 067	6 487	3 800	4 071	..	..	..	..	..
1300 Non-ventilables entre 1100 et 1200	4	378	895	631	570	..	..	..	..	..
2000 Cotisations de sécurité sociale	**0**	**380**	**1 048**	**745**	**58**	..	..	..	..	..
2100 A la charge des salariés	..	380	1 031	744	58	..	..	..	..	..
2200 A la charge des employeurs	..	0	17	1	0	..	..	..	..	..
2300 A charge des travailleurs indép. ou sans emploi	..	0	0	0	0	..	..	..	..	..
2400 Non-ventilables entre 2100, 2200 et 2300	..	0	0	0	0	..	..	..	..	..
3000 Sur salaires ou main d'oeuvre	**1**	**0**	**0**	**0**	**0**	..	..	..	..	..
4000 Impôts sur le patrimoine	**47**	**1 060**	**2 263**	**3 931**	**3 977**	..	..	..	..	..
4100 Impôts périodiques sur la propriété immobilière	1	0	0	3 046	2 646	..	..	..	..	..
4200 Impôts périodiques sur l'actif net	0	138	284	180	190	..	..	..	..	..
4300 Impôts sur mut. par décès, succ. et donations	5	274	258	134	244	..	..	..	..	..
4400 Impôts sur transact. mobilières et immob.	41	641	1 469	509	869	..	..	..	..	..
4500 Impôts non-périodiques	0	0	73	0	0	..	..	..	..	..
4600 Autres impôts périodiques sur patrimoine	0	7	179	62	28	..	..	..	..	..
5000 Impôts sur les biens et services	**224**	**10 586**	**21 526**	**25 088**	**28 266**	..	..	..	..	..
5100 Impôts sur production, vente, transfert, etc.	205	9 953	19 454	20 899	24 296	..	..	..	..	..
5110 Impôts généraux	90	5 504	13 605	12 904	15 395	..	..	..	..	..
5120 Impôts sur biens et services déterminés	114	4 413	5 772	7 901	8 867	..	..	..	..	..
5130 Non-ventilables entre 5110 et 5120	0	36	77	94	34	..	..	..	..	..
5200 Impôts sur utilisation des biens et exerc. activites	20	385	1 780	3 187	3 237	..	..	..	..	..
5300 Non-ventilables entre 5100 et 5200	0	248	292	1 002	733	..	..	..	..	..
6000 Autres impôts	**0**	**0**	**0**	**0**	**0**	..	..	..	..	..
6100 A la charge exclusive des entreprises	..	..	..	..	..	..	..	..	..	..
6200 A la charge d'autres agents	..	..	..	..	..	..	..	..	..	..
Recettes fiscales totales	**337**	**17 482**	**40 938**	**44 341**	**47 933**	..	..	..	..	..

	Administrations locales					Administrations de sécurite sociale				
	1975	1995	2005	2015	2019	1975	1995	2005	2015	2019
1000 Impôts sur revenu, bénéfices et gains en capital	**3**	**0**	**0**	**0**	**0**	**0**	**0**	**0**	**9**	**10**
1100 Des personnes physiques	2	..	..	..	..	0	..	..	9	10
1200 Des sociétés	0	..	..	..	..	0	..	..	0	0
1300 Non-ventilables entre 1100 et 1200	1	..	..	..	..	0	..	..	0	0
2000 Cotisations de sécurité sociale	**0**	**0**	**0**	**0**	**0**	**148**	**7 991**	**20 288**	**18 062**	**22 235**
2100 A la charge des salariés	..	..	..	..	..	62	4 181	10 206	10 351	12 022
2200 A la charge des employeurs	..	..	..	..	..	62	3 810	10 082	7 711	10 213
2300 A charge des travailleurs indép. ou sans emploi	..	..	..	..	..	0	0	0	0	0
2400 Non-ventilables entre 2100, 2200 et 2300	..	..	..	..	..	24	0	0	0	0
3000 Sur salaires ou main d'oeuvre	**0**	**0**	**0**	**0**	**0**	**0**	**0**	**0**	**0**	**0**
4000 Impôts sur le patrimoine	**1**	**447**	**1 208**	**1 449**	**1 625**	**0**	**66**	**361**	**38**	**0**
4100 Impôts périodiques sur la propriété immobilière	0	180	420	546	622	..	32	83	0	..
4200 Impôts périodiques sur l'actif net	0	267	788	903	1 003	..	0	0	0	..
4300 Impôts sur mut. par décès, succ. et donations	0	0	0	0	0	..	0	0	0	..
4400 Impôts sur transact. mobilières et immob.	0	0	0	0	0	..	34	278	38	..
4500 Impôts non-périodiques	0	0	0	0	0	..	0	0	0	..
4600 Autres impôts périodiques sur patrimoine	0	0	0	0	0	..	0	0	0	..
5000 Impôts sur les biens et services	**10**	**89**	**197**	**96**	**118**	**0**	**124**	**248**	**240**	**115**
5100 Impôts sur production, vente, transfert, etc.	7	87	185	82	102	..	102	195	224	111
5110 Impôts généraux	2	32	26	3	2	..	86	85	170	77
5120 Impôts sur biens et services déterminés	6	55	159	79	100	..	16	110	47	23
5130 Non-ventilables entre 5110 et 5120	0	0	0	0	0	..	0	0	7	11
5200 Impôts sur utilisation des biens et exerc. activites	3	2	12	14	16	..	22	53	16	4
5300 Non-ventilables entre 5100 et 5200	0	0	0	0	0	..	0	0	0	0
6000 Autres impôts	**0**	**0**	**0**	**0**	**0**	**0**	**0**	**0**	**0**	**0**
6100 A la charge exclusive des entreprises	..	..	..	..	..	..	..	..	..	..
6200 A la charge d'autres agents	..	..	..	..	..	..	..	..	..	..
Recettes fiscales totales	**17**	**536**	**1 405**	**1 545**	**1 743**	**148**	**8 181**	**20 897**	**18 349**	**22 360**

.. Non disponible

Note : Y compris les droits de douane perçus pour le compte de l'Union européenne.

StatLink https://stat.link/0venx9

Tableau 6.15. Hongrie, recettes fiscales par sous-secteurs d'administration

Million HUF

	Administration centrale					Administration d'État/Régions				
	1975	1995	2005	2015	2019	1975	1995	2005	2015	2019
1000 Impôts sur revenu, bénéfices et gains en capital	..	**498 608**	**1 915 178**	**2 299 697**	**3 059 375**	..	..	..	..	..
1100 Des personnes physiques	..	383 744	1 449 552	1 698 410	2 445 549	..	..	..	..	..
1200 Des sociétés	..	106 259	465 626	601 287	613 826	..	..	..	..	..
1300 Non-ventilables entre 1100 et 1200	..	8 605	0	0	0	..	..	..	..	..
2000 Cotisations de sécurité sociale	..	**69 554**	**235 148**	**148 044**	**286 910**	..	..	..	..	..
2100 A la charge des salariés	..	18 468	53 611	144 868	285 475	..	..	..	..	..
2200 A la charge des employeurs	..	51 086	175 013	3 176	1 435	..	..	..	..	..
2300 A charge des travailleurs indép. ou sans emploi	..	0	0	0	0	..	..	..	..	..
2400 Non-ventilables entre 2100, 2200 et 2300	..	0	6 524	0	0	..	..	..	..	..
3000 Sur salaires ou main d'oeuvre	..	**5 474**	**39 459**	**231 467**	**484 827**	..	..	..	..	..
4000 Impôts sur le patrimoine	..	**11 463**	**63 007**	**292 329**	**279 539**	..	..	..	..	..
4100 Impôts périodiques sur la propriété immobilière	..	0	0	55 906	54 509	..	..	..	..	..
4200 Impôts périodiques sur l'actif net	..	0	0	135 661	44 894	..	..	..	..	..
4300 Impôts sur mut. par décès, succ. et donations	..	1 364	7 678	7 373	11 428	..	..	..	..	..
4400 Impôts sur transact. mobilières et immob.	..	10 099	55 329	93 389	168 708	..	..	..	..	..
4500 Impôts non-périodiques	..	0	0	0	0	..	..	..	..	..
4600 Autres impôts périodiques sur patrimoine	..	0	0	0	0	..	..	..	..	..
5000 Impôts sur les biens et services	..	**924 906**	**2 870 189**	**5 168 034**	**6 723 041**	..	..	..	..	..
5100 Impôts sur production, vente, transfert, etc.	..	919 500	2 854 738	5 060 613	6 543 339	..	..	..	..	..
5110 Impôts généraux	..	423 954	1 972 998	3 485 479	4 683 055	..	..	..	..	..
5120 Impôts sur biens et services déterminés	..	495 546	881 740	1 575 134	1 860 284	..	..	..	..	..
5130 Non-ventilables entre 5110 et 5120	..	0	0	0	0	..	..	..	..	..
5200 Impôts sur utilisation des biens et exerc. activites	..	5 406	15 451	107 421	179 702	..	..	..	..	..
5300 Non-ventilables entre 5100 et 5200	..	0	0	0	0	..	..	..	..	..
6000 Autres impôts	..	**8 901**	**25 403**	**30 665**	**25 780**	..	..	..	..	..
6100 A la charge exclusive des entreprises	..	0	4 240	9 156	8 143	..	..	..	..	..
6200 A la charge d'autres agents	..	0	0	0	0	..	..	..	..	..
Recettes fiscales totales	..	**1 518 905**	**5 148 383**	**8 170 236**	**10 859 472**	..	..	..	..	..

	Administrations locales					Administrations de sécurite sociale				
	1975	1995	2005	2015	2019	1975	1995	2005	2015	2019
1000 Impôts sur revenu, bénéfices et gains en capital	..	**0**	**173**	**45**	**27**	..	**0**	**26 307**	**126 216**	**11 991**
1100 Des personnes physiques	..	0	173	45	27	..	0	26 307	126 216	11 991
1200 Des sociétés	..	0	0	0	0	..	0	0	0	0
1300 Non-ventilables entre 1100 et 1200	..	0	0	0	0	..	0	0	0	0
2000 Cotisations de sécurité sociale	..	**0**	**0**	**0**	**0**	..	**778 467**	**2 452 562**	**4 285 420**	**5 257 914**
2100 A la charge des salariés	..	..	..	..	..	..	116 824	530 098	1 626 055	2 485 557
2200 A la charge des employeurs	..	..	..	..	..	..	632 478	1 894 306	2 634 154	2 744 392
2300 A charge des travailleurs indép. ou sans emploi	..	..	..	..	..	..	27 466	2 080	0	0
2400 Non-ventilables entre 2100, 2200 et 2300	..	..	..	..	..	..	1 699	26 078	25 211	27 965
3000 Sur salaires ou main d'oeuvre	..	**1 075**	**1 153**	**0**	**0**	..	**0**	**44 397**	**10 283**	**10 179**
4000 Impôts sur le patrimoine	..	**17 531**	**123 929**	**145 000**	**166 932**	..	**0**	**0**	**0**	**0**
4100 Impôts périodiques sur la propriété immobilière	..	6 068	58 836	145 000	166 932	..	..	..	..	..
4200 Impôts périodiques sur l'actif net	..	0	0	0	0	..	..	..	..	..
4300 Impôts sur mut. par décès, succ. et donations	..	1 364	7 932	0	0	..	..	..	..	..
4400 Impôts sur transact. mobilières et immob.	..	10 099	57 162	0	0	..	..	..	..	..
4500 Impôts non-périodiques	..	0	0	0	0	..	..	..	..	..
4600 Autres impôts périodiques sur patrimoine	..	0	0	0	0	..	..	..	..	..
5000 Impôts sur les biens et services	..	**41 970**	**388 385**	**625 571**	**839 233**	..	**0**	**0**	**103 105**	**111 355**
5100 Impôts sur production, vente, transfert, etc.	..	39 240	337 935	594 855	804 557	..	..	..	103 105	111 355
5110 Impôts généraux		38 472	334 077	584 380	788 308	..	..	..	29 882	54 912
5120 Impôts sur biens et services déterminés	..	768	3 868	10 475	16 249	..			73 223	56 443
5130 Non-ventilables entre 5110 et 5120	..	0	0	0	0	..	..	..	0	0
5200 Impôts sur utilisation des biens et exerc. activites	..	2 730	50 450	30 716	34 676	..	..	..	0	0
5300 Non-ventilables entre 5100 et 5200	..	0	0	0	0	..	..	..	0	0
6000 Autres impôts		**0**	**0**	**0**	**0**	..	**21 605**	**9 616**	**14 021**	**8 114**
6100 A la charge exclusive des entreprises	..	..	..	..	..	..	0	0	0	0
6200 A la charge d'autres agents	..	..				..	0	0	0	0
Recettes fiscales totales	..	**60 576**	**513 641**	**770 616**	**1 006 192**	..	**800 072**	**2 532 882**	**4 539 045**	**5 399 553**

.. Non disponible

Note : Y compris les droits de douane perçus pour le compte de l'Union européenne.

StatLink https://stat.link/ge2xla

Tableau 6.16. Islande, recettes fiscales par sous-secteurs d'administration

Million ISK

	Administration centrale					Administration d'État/Régions				
	1975	1995	2005	2015	2019	1975	1995	2005	2015	2019
1000 Impôts sur revenu, bénéfices et gains en capital	**68**	**27 156**	**105 705**	**210 536**	**288 811**	**..**	**..**	**..**	**..**	**..**
1100 Des personnes physiques	55	22 914	70 944	127 535	193 971	..	..	..	..	..
1200 Des sociétés	13	4 242	20 297	52 544	62 972	..	..	..	..	..
1300 Non-ventilables entre 1100 et 1200	0	0	14 464	30 457	31 868	..	..	..	..	..
2000 Cotisations de sécurité sociale	**17**	**11 452**	**32 777**	**79 707**	**97 423**	**..**	**..**	**..**	**..**	**..**
2100 A la charge des salariés	0	460	..	..	..	..	..	..	..	..
2200 A la charge des employeurs	17	10 992	..	..	..	..	..	..	..	..
2300 A charge des travailleurs indép. ou sans emploi	0	0	..	..	..	..	..	..	..	..
2400 Non-ventilables entre 2100, 2200 et 2300	0	0	32 777	79 707	97 423	..	..	..	..	..
3000 Sur salaires ou main d'oeuvre	**27**	**0**	**324**	**6 638**	**9 124**	**..**	**..**	**..**	**..**	**..**
4000 Impôts sur le patrimoine	**15**	**7 198**	**13 340**	**8 786**	**11 353**	**..**	**..**	**..**	**..**	**..**
4100 Impôts périodiques sur la propriété immobilière	0	47	0	178	240	..	..	..	..	..
4200 Impôts périodiques sur l'actif net	5	3 191	2 887	657	10	..	..	..	..	..
4300 Impôts sur mut. par décès, succ. et donations	0	389	866	2 919	4 668	..	..	..	..	..
4400 Impôts sur transact. mobilières et immob.	9	3 571	9 073	4 327	5 269	..	..	..	..	..
4500 Impôts non-périodiques	0	0	248	362	623	..	..	..	..	..
4600 Autres impôts périodiques sur patrimoine	0	0	266	343	542	..	..	..	..	..
5000 Impôts sur les biens et services	**392**	**66 356**	**168 295**	**259 996**	**335 801**	**..**	**..**	**..**	**..**	**..**
5100 Impôts sur production, vente, transfert, etc.	387	62 140	157 941	250 095	320 533	..	..	..	..	..
5110 Impôts généraux	182	42 358	113 897	183 674	243 285	..	..	..	..	..
5120 Impôts sur biens et services déterminés	205	19 782	44 044	66 421	77 248	..	..	..	..	..
5130 Non-ventilables entre 5110 et 5120	0	0	0	0	0	..	..	..	..	..
5200 Impôts sur utilisation des biens et exerc. activites	5	4 216	10 354	9 901	15 268	..	..	..	..	..
5300 Non-ventilables entre 5100 et 5200	0	0	0	0	0	..	..	..	..	..
6000 Autres impôts	**0**	**0**	**1 504**	**38 364**	**18 594**	**..**	**..**	**..**	**..**	**..**
6100 A la charge exclusive des entreprises	..	..	565	32 477	11 629	..	..	..	..	..
6200 A la charge d'autres agents	..	..	939	5 887	6 966	..	..	..	..	..
Recettes fiscales totales	**519**	**112 162**	**321 944**	**604 026**	**761 108**	**..**	**..**	**..**	**..**	**..**

	Administrations locales					Administrations de sécurite sociale				
	1975	1995	2005	2015	2019	1975	1995	2005	2015	2019
1000 Impôts sur revenu, bénéfices et gains en capital	**78**	**21 170**	**74 455**	**170 443**	**241 350**	**0**	**0**	**0**	**0**	**0**
1100 Des personnes physiques	74	21 170	74 455	170 443	241 350	..	..	..	..	..
1200 Des sociétés	4	0	0	0	0	..	..	..	..	..
1300 Non-ventilables entre 1100 et 1200	0	0	0	0	0	..	..	..	..	..
2000 Cotisations de sécurité sociale	**0**	**0**	**0**	**0**	**0**	**0**	**0**	**0**	**0**	**0**
2100 A la charge des salariés	..	..	..	..	..	..	..	..	..	..
2200 A la charge des employeurs	..	..	..	..	..	..	..	..	..	..
2300 A charge des travailleurs indép. ou sans emploi	..	..	..	..	..	..	..	..	..	..
2400 Non-ventilables entre 2100, 2200 et 2300	..	..	..	..	..	..	..	..	..	..
3000 Sur salaires ou main d'oeuvre	**0**	**0**	**0**	**0**	**0**	**0**	**0**	**0**	**0**	**0**
4000 Impôts sur le patrimoine	**18**	**5 674**	**13 931**	**34 701**	**52 282**	**0**	**0**	**0**	**0**	**0**
4100 Impôts périodiques sur la propriété immobilière	18	5 674	13 931	34 701	52 282	..	..	..	..	..
4200 Impôts périodiques sur l'actif net	0	0	0	0	0	..	..	..	..	..
4300 Impôts sur mut. par décès, succ. et donations	0	0	0	0	0	..	..	..	..	..
4400 Impôts sur transact. mobilières et immob.	0	0	0	0	0	..	..	..	..	..
4500 Impôts non-périodiques	0	0	0	0	0	..	..	..	..	..
4600 Autres impôts périodiques sur patrimoine	0	0	0	0	0	..	..	..	..	..
5000 Impôts sur les biens et services	**9**	**2 585**	**6 904**	**2 832**	**7 208**	**0**	**0**	**0**	**0**	**0**
5100 Impôts sur production, vente, transfert, etc.	9	2 585	0	0	0	..	..	..	..	..
5110 Impôts généraux	0	2 585	..	..	..	..	..	..	..	..
5120 Impôts sur biens et services déterminés	9	0	..	..	..	..	..	..	..	..
5130 Non-ventilables entre 5110 et 5120	0	0	..	..	..	..	..	..	..	..
5200 Impôts sur utilisation des biens et exerc. activites	0	0	6 904	2 832	7 208	..	..	..	..	..
5300 Non-ventilables entre 5100 et 5200	0	0	0	0	0	..	..	..	..	..
6000 Autres impôts	**14**	**0**	**93**	**0**	**0**	**0**	**0**	**0**	**0**	**0**
6100 A la charge exclusive des entreprises	14	..	93	..	..	..	..	..	..	..
6200 A la charge d'autres agents	0	..	0	..	..	..	..	..	..	..
Recettes fiscales totales	**119**	**29 429**	**95 383**	**207 976**	**300 840**	**0**	**0**	**0**	**0**	**0**

.. Non disponible

StatLink https://stat.link/thno41

Tableau 6.17. Irlande, recettes fiscales par sous-secteurs d'administration

Million EUR

	Administration centrale					Administration d'État/Régions				
	1975	1995	2005	2015	2019	1975	1995	2005	2015	2019
1000 Impôts sur revenu, bénéfices et gains en capital	**456**	**7 022**	**21 186**	**26 599**	**35 646**	..	..	..	..	..
1100 Des personnes physiques	382	5 563	15 674	19 722	24 753	..	..	..	..	..
1200 Des sociétés	73	1 458	5 511	6 873	10 894	..	..	..	..	..
1300 Non-ventilables entre 1100 et 1200	0	0	0	4	0	..	..	..	..	..
2000 Cotisations de sécurité sociale	**11**	**87**	**217**	**1 340**	**1 355**	..	..	..	..	..
2100 A la charge des salariés	10	87	217	1 340	1 355	..	..	..	..	..
2200 A la charge des employeurs	0	0	0	0	0	..	..	..	..	..
2300 A charge des travailleurs indép. ou sans emploi	1	0	0	0	0	..	..	..	..	..
2400 Non-ventilables entre 2100, 2200 et 2300	0	0	0	0	0	..	..	..	..	..
3000 Sur salaires ou main d'oeuvre	**0**	**209**	**332**	**357**	**774**	..	..	..	..	..
4000 Impôts sur le patrimoine	**37**	**370**	**2 741**	**2 530**	**2 976**	..	..	..	..	..
4100 Impôts périodiques sur la propriété immobilière	0	15	0	475	474	..	..	..	..	..
4200 Impôts périodiques sur l'actif net	5	0	0	169	0	..	..	..	..	..
4300 Impôts sur mut. par décès, succ. et donations	17	76	255	401	531	..	..	..	..	..
4400 Impôts sur transact. mobilières et immob.	15	279	2 486	1 484	1 971	..	..	..	..	..
4500 Impôts non-périodiques	0	0	0	0	0	..	..	..	..	..
4600 Autres impôts périodiques sur patrimoine	0	0	0	0	0	..	..	..	..	..
5000 Impôts sur les biens et services	**671**	**6 763**	**19 122**	**19 686**	**23 632**	..	..	..	..	..
5100 Impôts sur production, vente, transfert, etc.	639	6 419	18 106	17 709	21 816	..	..	..	..	..
5110 Impôts généraux	223	3 666	12 373	11 831	15 281	..	..	..	..	..
5120 Impôts sur biens et services déterminés	416	2 753	5 733	5 878	6 535	..	..	..	..	..
5130 Non-ventilables entre 5110 et 5120	0	0	0	0	0	..	..	..	..	..
5200 Impôts sur utilisation des biens et exerc. activites	33	344	1 015	1 977	1 815	..	..	..	..	..
5300 Non-ventilables entre 5100 et 5200	0	0	0	0	0	..	..	..	..	..
6000 Autres impôts	**0**	**0**	**0**	**12**	**5**	..	..	..	..	..
6100 A la charge exclusive des entreprises	..	..	..	0	0	..	..	..	..	..
6200 A la charge d'autres agents	..	..	..	12	5	..	..	..	..	..
Recettes fiscales totales	**1 175**	**14 451**	**43 598**	**50 525**	**64 388**	..	..	..	..	..

	Administrations locales					Administrations de sécurite sociale				
	1975	1995	2005	2015	2019	1975	1995	2005	2015	2019
1000 Impôts sur revenu, bénéfices et gains en capital	**0**	**0**	**0**	**0**	**0**	**0**	**0**	**0**	**0**	**0**
1100 Des personnes physiques	..	..	..	..	..	..	..	..	..	..
1200 Des sociétés	..	..	..	..	..	..	..	..	..	..
1300 Non-ventilables entre 1100 et 1200	0	..	..	..	..	0	..	..	..	..
2000 Cotisations de sécurité sociale	**0**	**56**	**90**	**125**	**82**	**198**	**2 215**	**6 230**	**8 527**	**11 702**
2100 A la charge des salariés	..	56	90	125	82	73	576	1 415	1 856	2 575
2200 A la charge des employeurs	..	0	0	0	0	125	1 528	4 427	6 211	8 495
2300 A charge des travailleurs indép. ou sans emploi	..	0	0	0	0	0	111	388	460	632
2400 Non-ventilables entre 2100, 2200 et 2300	..	0	0	0	0	0	0	0	0	0
3000 Sur salaires ou main d'oeuvre	**0**	**0**	**0**	**0**	**0**	**0**	**0**	**0**	**0**	**0**
4000 Impôts sur le patrimoine	**110**	**408**	**1 020**	**1 389**	**1 459**	..	**0**	**0**	**0**	**0**
4100 Impôts périodiques sur la propriété immobilière	110	408	1 020	1 389	1 459	..	..	..	..	..
4200 Impôts périodiques sur l'actif net	0	0	0	0	0	..	..	..	..	..
4300 Impôts sur mut. par décès, succ. et donations	0	0	0	0	0	..	..	..	..	..
4400 Impôts sur transact. mobilières et immob.	0	0	0	0	0	..	..	..	..	..
4500 Impôts non-périodiques	0	0	0	0	0	..	..	..	..	..
4600 Autres impôts périodiques sur patrimoine	0	0	0	0	0	..	..	..	..	..
5000 Impôts sur les biens et services	**0**	**0**	**0**	**0**	**0**	**0**	**0**	**0**	**0**	**0**
5100 Impôts sur production, vente, transfert, etc.	..	..	..	..	..	..	..	..	..	..
5110 Impôts généraux	..	..	..	..	..	..	..	..	..	..
5120 Impôts sur biens et services déterminés			..	..	..	..	..	..	..	..
5130 Non-ventilables entre 5110 et 5120	0	..	..	..	..	0	..	..	..	..
5200 Impôts sur utilisation des biens et exerc. activites	..	..	..	..	..	0	..	..	..	..
5300 Non-ventilables entre 5100 et 5200	0	..	..	..	..	0	..	..	..	..
6000 Autres impôts	**0**	**0**	**0**	**0**	**0**	**0**	**0**	**0**	**0**	**0**
6100 A la charge exclusive des entreprises	..	..	..	..	..	..	..	..	..	..
6200 A la charge d'autres agents	..	..	..	..	..	..	..	..	..	..
Recettes fiscales totales	**110**	**464**	**1 110**	**1 513**	**1 541**	**198**	**2 215**	**6 230**	**8 527**	**11 702**

.. Non disponible

Note : Y compris les droits de douane perçus pour le compte de l'Union européenne. The personal income tax data shown for the country table for Ireland is different to the ESA2010 presentation as the expenditure component of the payable tax credits are excluded in accordance with the OECD Interpretative Guide.

StatLink https://stat.link/0653rs

Tableau 6.18. Israël, recettes fiscales par sous-secteurs d'administration

Million ILS

	Administration centrale					Administration d'État/Régions				
	1975	1995	2005	2015	2019	1975	1995	2005	2015	2019
1000 Impôts sur revenu, bénéfices et gains en capital	**..**	**37 422**	**73 082**	**113 966**	**140 453**	**..**	**..**	**..**	**..**	**..**
1100 Des personnes physiques	..	28 399	47 062	70 885	89 493	..	..	..	..	..
1200 Des sociétés	..	8 514	21 909	34 676	43 291	..	..	..	..	..
1300 Non-ventilables entre 1100 et 1200	..	509	4 111	8 405	7 669	..	..	..	..	..
2000 Cotisations de sécurité sociale	**..**	**0**	**0**	**0**	**0**	**..**	**..**	**..**	**..**	**..**
2100 A la charge des salariés	..	..	..	..	..	..	..	..	..	..
2200 A la charge des employeurs	..	..	..	..	..	..	..	..	..	..
2300 A charge des travailleurs indép. ou sans emploi	..	..	..	..	..	..	..	..	..	..
2400 Non-ventilables entre 2100, 2200 et 2300	..	..	..	..	..	..	..	..	..	..
3000 Sur salaires ou main d'oeuvre	**..**	**5 007**	**9 920**	**13 770**	**16 168**	**..**	**..**	**..**	**..**	**..**
4000 Impôts sur le patrimoine	**..**	**4 122**	**5 547**	**10 593**	**11 426**	**..**	**..**	**..**	**..**	**..**
4100 Impôts périodiques sur la propriété immobilière	..	786	322	44	25	..	..	..	..	..
4200 Impôts périodiques sur l'actif net	..	0	0	0	0	..	..	..	..	..
4300 Impôts sur mut. par décès, succ. et donations	..	0	0	0	0	..	..	..	..	..
4400 Impôts sur transact. mobilières et immob.	..	2 049	3 591	6 732	6 923	..	..	..	..	..
4500 Impôts non-périodiques	..	1 287	1 634	3 817	4 478	..	..	..	..	..
4600 Autres impôts périodiques sur patrimoine	..	0	0	0	0	..	..	..	..	..
5000 Impôts sur les biens et services	**..**	**38 673**	**75 877**	**136 829**	**152 118**	**..**	**..**	**..**	**..**	**..**
5100 Impôts sur production, vente, transfert, etc.	..	36 637	70 741	128 277	143 066	..	..	..	..	..
5110 Impôts généraux	..	31 975	59 374	107 765	120 541	..	..	..	..	..
5120 Impôts sur biens et services déterminés	..	4 662	11 367	20 512	22 525	..	..	..	..	..
5130 Non-ventilables entre 5110 et 5120	..	0	0	0	0	..	..	..	..	..
5200 Impôts sur utilisation des biens et exerc. activites	..	2 036	5 137	8 552	9 052	..	..	..	..	..
5300 Non-ventilables entre 5100 et 5200	..	0	0	0	0	..	..	..	..	..
6000 Autres impôts	**..**	**0**	**0**	**0**	**0**	**..**	**..**	**..**	**..**	**..**
6100 A la charge exclusive des entreprises	..	..	..	..	..	..	..	..	..	..
6200 A la charge d'autres agents	..	..	..	..	..	..	..	..	..	..
Recettes fiscales totales	**..**	**85 224**	**164 426**	**275 158**	**320 165**	**..**	**..**	**..**	**..**	**..**

	Administrations locales					Administrations de sécurite sociale				
	1975	1995	2005	2015	2019	1975	1995	2005	2015	2019
1000 Impôts sur revenu, bénéfices et gains en capital	**..**	**0**	**0**	**0**	**0**	**..**	**0**	**0**	**0**	**0**
1100 Des personnes physiques	..	0	0	0	0	..	0	0	0	0
1200 Des sociétés	..	..	..	..	..	..	..	..	..	..
1300 Non-ventilables entre 1100 et 1200	..	0	0	0	0	..	0	0	0	0
2000 Cotisations de sécurité sociale	**..**	**0**	**0**	**0**	**0**	**..**	**14 958**	**34 597**	**59 561**	**74 420**
2100 A la charge des salariés	..	..	..	..	..	..	7 953	19 720	34 692	41 852
2200 A la charge des employeurs	..	..	..	..	..	..	4 672	10 679	17 247	23 105
2300 A charge des travailleurs indép. ou sans emploi	..	..	..	..	..	..	2 334	4 198	7 622	9 464
2400 Non-ventilables entre 2100, 2200 et 2300	..	..	..	..	..	..	0	0	0	0
3000 Sur salaires ou main d'oeuvre	**..**	**0**	**0**	**0**	**0**	**..**	**0**	**0**	**0**	**0**
4000 Impôts sur le patrimoine	**..**	**6 445**	**15 689**	**28 148**	**32 347**	**..**	**0**	**0**	**0**	**0**
4100 Impôts périodiques sur la propriété immobilière	..	5 489	13 962	23 658	27 080	..	..	..	..	..
4200 Impôts périodiques sur l'actif net	..	0	0	0	0	..	..	..	..	..
4300 Impôts sur mut. par décès, succ. et donations	..	0	0	0	0	..	..	..	..	..
4400 Impôts sur transact. mobilières et immob.	..	0	0	0	0	..	..	..	..	..
4500 Impôts non-périodiques	..	956	1 727	4 490	5 267	..	..	..	..	..
4600 Autres impôts périodiques sur patrimoine	..	0	0	0	0	..	..	..	..	..
5000 Impôts sur les biens et services	**..**	**361**	**650**	**1 314**	**1 601**	**..**	**0**	**0**	**0**	**0**
5100 Impôts sur production, vente, transfert, etc.	..	0	0	0	0	..	..	..	..	..
5110 Impôts généraux	..	0	0	0	0	..	..	..	..	..
5120 Impôts sur biens et services déterminés	..	0	0	0	0	..	..	..	..	..
5130 Non-ventilables entre 5110 et 5120	..	0	0	0	0	..	..	..	..	..
5200 Impôts sur utilisation des biens et exerc. activites	..	361	650	1 314	1 601	..	..	..	..	..
5300 Non-ventilables entre 5100 et 5200	..	0	0	0	0	..	..	..	..	..
6000 Autres impôts	**..**	**0**	**0**	**0**	**0**	**..**	**0**	**0**	**0**	**0**
6100 A la charge exclusive des entreprises	..	..	..	..	..	..	..	..	..	..
6200 A la charge d'autres agents	..	..	..	..	..	..	..	..	..	..
Recettes fiscales totales	**..**	**6 806**	**16 339**	**29 462**	**33 948**	**..**	**14 958**	**34 597**	**59 561**	**74 420**

.. Non disponible

StatLink https://stat.link/9dksbo

Tableau 6.19. Italie, recettes fiscales par sous-secteurs d'administration

Million EUR

	Administration centrale					Administration d'État/Régions				
	1975	1995	2005	2015	2019	1975	1995	2005	2015	2019
1000 Impôts sur revenu, bénéfices et gains en capital	**3 897**	**128 458**	**165 580**	**195 451**	**222 961**	..	..	..	..	..
1100 Des personnes physiques	2 767	98 695	131 047	156 320	179 297	..	..	..	..	..
1200 Des sociétés	1 131	32 890	31 969	31 421	35 264	..	..	..	..	..
1300 Non-ventilables entre 1100 et 1200	0	-3 127	2 564	7 710	8 399	..	..	..	..	..
2000 Cotisations de sécurité sociale	**0**	**0**	**0**	**0**	**0**	..	..	..	..	..
2100 A la charge des salariés	..	..	..	..	..	..	..	..	..	..
2200 A la charge des employeurs	..	..	..	..	..	..	..	..	..	..
2300 A charge des travailleurs indép. ou sans emploi	..	..	..	..	..	..	..	..	..	..
2400 Non-ventilables entre 2100, 2200 et 2300	..	..	..	..	..	..	..	..	..	..
3000 Sur salaires ou main d'oeuvre	**0**	**1 136**	**0**	**0**	**0**	..	..	..	..	..
4000 Impôts sur le patrimoine	**587**	**13 546**	**15 717**	**22 226**	**24 490**	..	..	..	..	..
4100 Impôts périodiques sur la propriété immobilière	4	0	0	3 892	3 866	..	..	..	..	..
4200 Impôts périodiques sur l'actif net	0	4 494	0	231	226	..	..	..	..	..
4300 Impôts sur mut. par décès, succ. et donations	39	587	56	638	798	..	..	..	..	..
4400 Impôts sur transact. mobilières et immob.	544	8 464	13 794	16 310	18 800	..	..	..	..	..
4500 Impôts non-périodiques	0	0	1 322	303	137	..	..	..	..	..
4600 Autres impôts périodiques sur patrimoine	0	0	545	852	663	..	..	..	..	..
5000 Impôts sur les biens et services	**5 506**	**95 323**	**123 870**	**157 330**	**185 302**	..	..	..	..	..
5100 Impôts sur production, vente, transfert, etc.	5 306	92 042	121 824	154 713	179 199	..	..	..	..	..
5110 Impôts généraux	2 685	52 531	80 619	93 282	111 533	..	..	..	..	..
5120 Impôts sur biens et services déterminés	2 621	39 245	41 205	61 431	67 666	..	..	..	..	..
5130 Non-ventilables entre 5110 et 5120	0	323	0	0	0	..	..	..	..	..
5200 Impôts sur utilisation des biens et exerc. activites	200	2 802	1 535	2 191	4 739	..	..	..	..	..
5300 Non-ventilables entre 5100 et 5200	0	479	511	426	1 364	..	..	..	..	..
6000 Autres impôts	**1**	**0**	**0**	**0**	**0**	..	..	..	..	..
6100 A la charge exclusive des entreprises	0	..	..	..	..	..	..	..	..	..
6200 A la charge d'autres agents	1	..	..	..	..	..	..	..	..	..
Recettes fiscales totales	**9 991**	**238 462**	**305 167**	**375 007**	**432 753**	..	..	..	..	..

	Administrations locales					Administrations de sécurite sociale				
	1975	1995	2005	2015	2019	1975	1995	2005	2015	2019
1000 Impôts sur revenu, bénéfices et gains en capital	**134**	**5 658**	**18 494**	**30 483**	**16 838**	**0**	**0**	**0**	**0**	**0**
1100 Des personnes physiques	81	145	16 995	28 302	16 838	..	..	..	..	..
1200 Des sociétés	54	97	1 491	2 109	0	..	..	..	..	..
1300 Non-ventilables entre 1100 et 1200	0	5 416	8	72	0	..	..	..	..	..
2000 Cotisations de sécurité sociale	**0**	**0**	**0**	**0**	**0**	**8 607**	**119 612**	**179 362**	**214 376**	**237 346**
2100 A la charge des salariés	..	..	..	..	..	1 692	23 036	31 998	39 805	44 486
2200 A la charge des employeurs	..	..	..	..	..	6 915	79 716	125 099	143 273	158 611
2300 A charge des travailleurs indép. ou sans emploi	..	..	..	..	..	0	16 860	22 265	31 298	34 249
2400 Non-ventilables entre 2100, 2200 et 2300	..	..	..	..	..	0	0	0	0	0
3000 Sur salaires ou main d'oeuvre	**0**	**0**	**0**	**0**	**0**	**0**	**0**	**0**	**0**	**0**
4000 Impôts sur le patrimoine	**29**	**7 915**	**13 484**	**24 033**	**18 730**	**0**	**0**	**0**	**0**	**0**
4100 Impôts périodiques sur la propriété immobilière	29	7 449	11 736	21 666	18 131	..	..	..	..	..
4200 Impôts périodiques sur l'actif net	0	0	0	0	0	..	..	..	..	..
4300 Impôts sur mut. par décès, succ. et donations	0	0	5	36	0	..	..	..	..	..
4400 Impôts sur transact. mobilières et immob.	0	466	904	935	0	..	..	..	..	..
4500 Impôts non-périodiques	0	0	481	6	90	..	..	..	..	..
4600 Autres impôts périodiques sur patrimoine	0	0	358	1 390	509	..	..	..	..	..
5000 Impôts sur les biens et services	**4**	**6 041**	**30 231**	**34 551**	**26 528**	**0**	**0**	**0**	**0**	**0**
5100 Impôts sur production, vente, transfert, etc.	0	1 505	17 114	15 138	5 364	..	..	..	..	..
5110 Impôts généraux	..	0	4 698	7 410	0	..	..	..	..	..
5120 Impôts sur biens et services déterminés	..	1 606	12 416	7 728	5 364				..	..
5130 Non-ventilables entre 5110 et 5120	..	0	0	0	0	..	..	..	..	..
5200 Impôts sur utilisation des biens et exerc. activites	4	2 838	7 512	8 939	9 354	..	..	..	..	..
5300 Non-ventilables entre 5100 et 5200	0	2 597	5 605	10 474	11 810	..	..	..	..	..
6000 Autres impôts	**0**	**0**	**34 690**	**28 072**	**24 278**	**0**	**0**	**0**	**0**	**0**
6100 A la charge exclusive des entreprises	..	..	34 690	28 072	24 278	..	..	..	..	..
6200 A la charge d'autres agents	..		0	0	0	..	..	..	..	..
Recettes fiscales totales	**168**	**20 514**	**96 899**	**117 139**	**86 374**	**8 607**	**119 612**	**179 362**	**214 376**	**237 346**

.. Non disponible

Note : Y compris les droits de douane perçus pour le compte de l'Union européenne.

StatLink https://stat.link/uny6km

Tableau 6.20. Japon, recettes fiscales par sous-secteurs d'administration

Billion JPY

	Administration centrale					Administration d'État/Régions				
	1975	1995	2005	2015	2019	1975	1995	2005	2015	2019
1000 Impôts sur revenu, bénéfices et gains en capital	**9 747**	**33 255**	**29 975**	**31 607**	**33 016**	**..**	**..**	**..**	**..**	**..**
1100 Des personnes physiques	5 482	19 515	16 702	18 178	19 571	..	..	..	..	..
1200 Des sociétés	4 265	13 740	13 274	13 429	13 445	..	..	..	..	..
1300 Non-ventilables entre 1100 et 1200	0	0	0	0	0	..	..	..	..	..
2000 Cotisations de sécurité sociale	**0**	**0**	**0**	**0**	**0**	**..**	**..**	**..**	**..**	**..**
2100 A la charge des salariés	..	..	..	..	..	..	..	..	..	..
2200 A la charge des employeurs	..	..	..	..	..	..	..	..	..	..
2300 A charge des travailleurs indép. ou sans emploi	..	..	..	..	..	..	..	..	..	..
2400 Non-ventilables entre 2100, 2200 et 2300	..	..	..	..	..	..	..	..	..	..
3000 Sur salaires ou main d'oeuvre	**0**	**0**	**0**	**0**	**0**	**..**	**..**	**..**	**..**	**..**
4000 Impôts sur le patrimoine	**871**	**5 561**	**2 735**	**3 018**	**3 324**	**..**	**..**	**..**	**..**	**..**
4100 Impôts périodiques sur la propriété immobilière	0	406	0	0	0	..	..	..	..	..
4200 Impôts périodiques sur l'actif net	0	0	0	0	0	..	..	..	..	..
4300 Impôts sur mut. par décès, succ. et donations	310	2 690	1 566	1 968	2 301	..	..	..	..	..
4400 Impôts sur transact. mobilières et immob.	561	2 464	1 169	1 050	1 023	..	..	..	..	..
4500 Impôts non-périodiques	0	0	0	0	0	..	..	..	..	..
4600 Autres impôts périodiques sur patrimoine	0	0	0	0	0	..	..	..	..	..
5000 Impôts sur les biens et services	**3 888**	**16 147**	**19 580**	**25 345**	**25 835**	**..**	**..**	**..**	**..**	**..**
5100 Impôts sur production, vente, transfert, etc.	3 579	15 083	18 424	24 673	25 141	..	..	..	..	..
5110 Impôts généraux	0	7 238	10 583	17 426	18 353	..	..	..	..	..
5120 Impôts sur biens et services déterminés	3 579	7 845	7 840	7 247	6 788	..	..	..	..	..
5130 Non-ventilables entre 5110 et 5120	0	0	0	0	0	..	..	..	..	..
5200 Impôts sur utilisation des biens et exerc. activites	309	1 065	1 157	671	694	..	..	..	..	..
5300 Non-ventilables entre 5100 et 5200	0	0	0	0	0	..	..	..	..	..
6000 Autres impôts	**0**	**0**	**0**	**0**	**1**	**..**	**..**	**..**	**..**	**..**
6100 A la charge exclusive des entreprises	..	..	..	..	0	..	..	..	..	..
6200 A la charge d'autres agents	..	..	..	..	1	..	..	..	..	..
Recettes fiscales totales	**14 506**	**54 963**	**52 290**	**59 969**	**62 175**	**..**	**..**	**..**	**..**	**..**

	Administrations locales					Administrations de sécurite sociale				
	1975	1995	2005	2015	2019	1975	1995	2005	2015	2019
1000 Impôts sur revenu, bénéfices et gains en capital	**4 472**	**17 752**	**16 655**	**19 362**	**20 978**	**0**	**0**	**0**	**0**	**0**
1100 Des personnes physiques	2 147	10 283	8 520	12 669	13 376	..	..	..	..	..
1200 Des sociétés	2 325	7 470	8 135	6 693	7 602	..	..	..	..	..
1300 Non-ventilables entre 1100 et 1200	0	0	0	0	0	..	..	..	..	..
2000 Cotisations de sécurité sociale	**0**	**0**	**0**	**0**	**0**	**9 253**	**44 794**	**50 848**	**64 465**	**71 993**
2100 A la charge des salariés	..	..	..	..	..	3 436	18 404	20 982	28 224	31 954
2200 A la charge des employeurs	..	..	..	..	..	4 825	21 432	23 154	29 479	33 488
2300 A charge des travailleurs indép. ou sans emploi	..	..	..	..	..	992	4 958	6 712	6 763	6 552
2400 Non-ventilables entre 2100, 2200 et 2300	..	..	..	..	..	0	0	0	0	0
3000 Sur salaires ou main d'oeuvre	**0**	**0**	**0**	**0**	**0**	**0**	**0**	**0**	**0**	**0**
4000 Impôts sur le patrimoine	**2 029**	**10 653**	**10 593**	**10 382**	**11 016**	**0**	**0**	**0**	**0**	**0**
4100 Impôts périodiques sur la propriété immobilière	1 848	9 865	10 116	10 005	10 612	..	..	..	..	..
4200 Impôts périodiques sur l'actif net	0	0	0	0	0	..	..	..	..	..
4300 Impôts sur mut. par décès, succ. et donations	0	0	0	0	0	..	..	..	..	..
4400 Impôts sur transact. mobilières et immob.	181	788	477	377	404	..	..	..	..	..
4500 Impôts non-périodiques	0	0	0	0	0	..	..	..	..	..
4600 Autres impôts périodiques sur patrimoine	0	0	0	0	0	..	..	..	..	..
5000 Impôts sur les biens et services	**1 636**	**4 941**	**7 206**	**8 942**	**8 764**	**0**	**0**	**0**	**0**	**0**
5100 Impôts sur production, vente, transfert, etc.	1 234	3 245	5 299	7 198	6 905	..	..	..	..	..
5110 Impôts généraux	0	0	2 551	4 974	4 796	..	..	..	..	..
5120 Impôts sur biens et services déterminés	1 234	3 245	2 747	2 223	2 110	..	..	..	..	..
5130 Non-ventilables entre 5110 et 5120	0	0	0	0	0	..	..	..	..	..
5200 Impôts sur utilisation des biens et exerc. activites	402	1 697	1 907	1 744	1 858	..	..	..	..	..
5300 Non-ventilables entre 5100 et 5200	0	0	0	0	0	..	..	..	..	..
6000 Autres impôts	**20**	**329**	**351**	**413**	**454**	**0**	**0**	**0**	**0**	**0**
6100 A la charge exclusive des entreprises	15	307	297	361	387	..	..	..	..	..
6200 A la charge d'autres agents	5	22	54	52	67	..	..	..	..	..
Recettes fiscales totales	**8 157**	**33 675**	**34 805**	**39 099**	**41 211**	**9 253**	**44 794**	**50 848**	**64 465**	**71 993**

.. Non disponible

StatLink https://stat.link/qjen02

Tableau 6.21. Corée, recettes fiscales par sous-secteurs d'administration

Billion KRW

	Administration centrale					Administration d'État/Régions				
	1975	1995	2005	2015	2019	1975	1995	2005	2015	2019
1000 Impôts sur revenu, bénéfices et gains en capital	**344**	**23 000**	**55 109**	**106 162**	**156 298**	..	..	..	..	..
1100 Des personnes physiques	134	13 713	24 766	60 828	83 701	..	..	..	..	..
1200 Des sociétés	139	8 988	30 343	45 334	72 597	..	..	..	..	..
1300 Non-ventilables entre 1100 et 1200	71	300	0	0	0	..	..	..	..	..
2000 Cotisations de sécurité sociale	**0**	**0**	**0**	**0**	**0**	..	..	..	..	..
2100 A la charge des salariés	..	..	..	..	..	..	..	..	..	..
2200 A la charge des employeurs	..	..	..	..	..	..	..	..	..	..
2300 A charge des travailleurs indép. ou sans emploi	..	..	..	..	..	..	..	..	..	..
2400 Non-ventilables entre 2100, 2200 et 2300	..	..	..	..	..	..	..	..	..	..
3000 Sur salaires ou main d'oeuvre	**0**	**0**	**0**	**0**	**0**	..	..	..	..	..
4000 Impôts sur le patrimoine	**65**	**2 482**	**6 769**	**15 164**	**19 406**	..	..	..	..	..
4100 Impôts périodiques sur la propriété immobilière	0	106	535	1 666	3 176	..	..	..	..	..
4200 Impôts périodiques sur l'actif net	0	0	0	0	0	..	..	..	..	..
4300 Impôts sur mut. par décès, succ. et donations	11	1 029	1 873	5 044	8 329	..	..	..	..	..
4400 Impôts sur transact. mobilières et immob.	49	1 258	4 363	8 454	7 901	..	..	..	..	..
4500 Impôts non-périodiques	5	89	-2	0	0	..	..	..	..	..
4600 Autres impôts périodiques sur patrimoine	0	0	0	0	0	..	..	..	..	..
5000 Impôts sur les biens et services	**920**	**29 170**	**63 480**	**93 127**	**111 877**	..	..	..	..	..
5100 Impôts sur production, vente, transfert, etc.	920	29 170	63 480	93 127	111 877	..	..	..	..	..
5110 Impôts généraux	198	14 637	36 118	54 159	70 828	..	..	..	..	..
5120 Impôts sur biens et services déterminés	722	14 533	27 362	38 968	41 049	..	..	..	..	..
5130 Non-ventilables entre 5110 et 5120	0	0	0	0	0	..	..	..	..	..
5200 Impôts sur utilisation des biens et exerc. activites	0	0	0	0	0	..	..	..	..	..
5300 Non-ventilables entre 5100 et 5200	0	0	0	0	0	..	..	..	..	..
6000 Autres impôts	**64**	**2 121**	**2 108**	**3 435**	**5 873**	..	..	..	..	..
6100 A la charge exclusive des entreprises	0	0	0	0	0	..	..	..	..	..
6200 A la charge d'autres agents	64	2 121	2 108	3 435	5 873	..	..	..	..	..
Recettes fiscales totales	**1 393**	**56 774**	**127 466**	**217 888**	**293 454**	..	..	..	..	..

	Administrations locales					Administrations de sécurite sociale				
	1975	1995	2005	2015	2019	1975	1995	2005	2015	2019
1000 Impôts sur revenu, bénéfices et gains en capital	**36**	**1 704**	**5 500**	**12 989**	**17 742**	**0**	**0**	**0**	**0**	**0**
1100 Des personnes physiques	0	1 137	2 804	6 772	8 013	..	..	..	..	..
1200 Des sociétés	0	565	2 696	6 217	9 729	..	..	..	..	..
1300 Non-ventilables entre 1100 et 1200	36	3	0	0	0	..	..	..	..	..
2000 Cotisations de sécurité sociale	**0**	**0**	**0**	**0**	**0**	**13**	**9 913**	**43 902**	**104 693**	**140 071**
2100 A la charge des salariés	..	..	..	..	..	0	4 539	17 632	44 281	60 682
2200 A la charge des employeurs	..	..	..	..	..	13	3 918	18 486	47 846	63 780
2300 A charge des travailleurs indép. ou sans emploi	..	..	..	..	..	0	1 456	7 784	12 566	15 609
2400 Non-ventilables entre 2100, 2200 et 2300	..	..	..	..	..	0	0	0	0	0
3000 Sur salaires ou main d'oeuvre	**0**	**237**	**514**	**1 122**	**1 597**	**0**	**0**	**0**	**0**	**0**
4000 Impôts sur le patrimoine	**87**	**8 960**	**17 928**	**33 461**	**40 326**	**0**	**0**	**0**	**0**	**0**
4100 Impôts périodiques sur la propriété immobilière	45	2 636	4 495	10 820	14 574	..	..	..	..	..
4200 Impôts périodiques sur l'actif net	0	0	0	0	0	..	..	..	..	..
4300 Impôts sur mut. par décès, succ. et donations	0	0	0	0	0	..	..	..	..	..
4400 Impôts sur transact. mobilières et immob.	42	6 324	13 433	22 641	25 752	..	..	..	..	..
4500 Impôts non-périodiques	0	0	0	0	0	..	..	..	..	..
4600 Autres impôts périodiques sur patrimoine	0	0	0	0	0	..	..	..	..	..
5000 Impôts sur les biens et services	**36**	**4 218**	**7 561**	**17 199**	**23 399**	**0**	**0**	**0**	**0**	**0**
5100 Impôts sur production, vente, transfert, etc.	19	2 464	5 589	10 127	15 674	..	..	..	..	..
5110 Impôts généraux	0	0	0	6 003	11 346	..	..	..	..	..
5120 Impôts sur biens et services déterminés	19	2 464	5 589	4 124	4 328	..	..	..	..	..
5130 Non-ventilables entre 5110 et 5120	0	0	0	0	0	..	..	..	..	..
5200 Impôts sur utilisation des biens et exerc. activites	17	1 754	1 972	7 072	7 725	..	..	..	..	..
5300 Non-ventilables entre 5100 et 5200	0	0	0	0	0	..	..	..	..	..
6000 Autres impôts	**0**	**198**	**4 474**	**6 207**	**7 396**	**0**	**0**	**0**	**0**	**0**
6100 A la charge exclusive des entreprises	..	0	0	0	0	..	..	..	..	..
6200 A la charge d'autres agents		198	4 474	6 207	7 396	..	..	..	..	..
Recettes fiscales totales	**159**	**15 316**	**35 977**	**70 978**	**90 460**	**13**	**9 913**	**43 902**	**104 693**	**140 071**

.. Non disponible

StatLink https://stat.link/v4gkea

Tableau 6.22. Lettonie, recettes fiscales par sous-secteurs d'administration

Million EUR

	Administration centrale					Administration d'État/Régions				
	1975	1995	2005	2015	2019	1975	1995	2005	2015	2019
1000 Impôts sur revenu, bénéfices et gains en capital	**..**	**68**	**453**	**677**	**438**	**..**	**..**	**..**	**..**	**..**
1100 Des personnes physiques	..	0	195	289	390	..	..	..	..	..
1200 Des sociétés	..	68	258	389	48	..	..	..	..	..
1300 Non-ventilables entre 1100 et 1200	..	0	0	0	0	..	..	..	..	..
2000 Cotisations de sécurité sociale	**..**	**0**	**0**	**0**	**100**	**..**	**..**	**..**	**..**	**..**
2100 A la charge des salariés	..	..	..	..	100	..	..	..	..	..
2200 A la charge des employeurs	..	..	..	..	0	..	..	..	..	..
2300 A charge des travailleurs indép. ou sans emploi	..	..	..	..	0	..	..	..	..	..
2400 Non-ventilables entre 2100, 2200 et 2300	..	..	..	..	0	..	..	..	..	..
3000 Sur salaires ou main d'oeuvre	**..**	**0**	**4**	**3**	**3**	**..**	**..**	**..**	**..**	**..**
4000 Impôts sur le patrimoine	**..**	**4**	**48**	**44**	**48**	**..**	**..**	**..**	**..**	**..**
4100 Impôts périodiques sur la propriété immobilière	..	0	0	0	0	..	..	..	..	..
4200 Impôts périodiques sur l'actif net	..	0	0	0	0	..	..	..	..	..
4300 Impôts sur mut. par décès, succ. et donations	..	0	0	3	3	..	..	..	..	..
4400 Impôts sur transact. mobilières et immob.	..	4	48	42	45	..	..	..	..	..
4500 Impôts non-périodiques	..	0	0	0	0	..	..	..	..	..
4600 Autres impôts périodiques sur patrimoine	..	0	0	0	0	..	..	..	..	..
5000 Impôts sur les biens et services	**..**	**453**	**1 553**	**3 156**	**4 213**	**..**	**..**	**..**	**..**	**..**
5100 Impôts sur production, vente, transfert, etc.	..	453	1 510	2 997	3 921	..	..	..	..	..
5110 Impôts généraux	..	343	1 002	2 130	2 783	..	..	..	..	..
5120 Impôts sur biens et services déterminés	..	110	508	867	1 139	..	..	..	..	..
5130 Non-ventilables entre 5110 et 5120	..	0	0	0	0	..	..	..	..	..
5200 Impôts sur utilisation des biens et exerc. activites	..	1	43	159	291	..	..	..	..	..
5300 Non-ventilables entre 5100 et 5200	..	0	0	0	0	..	..	..	..	..
6000 Autres impôts	**..**	**0**	**0**	**0**	**0**	**..**	**..**	**..**	**..**	**..**
6100 A la charge exclusive des entreprises	..	..	..	..	..	..	..	..	..	..
6200 A la charge d'autres agents	..	..	..	..	..	..	..	..	..	..
Recettes fiscales totales	**..**	**525**	**2 058**	**3 881**	**4 801**	**..**	**..**	**..**	**..**	**..**

	Administrations locales					Administrations de sécurite sociale				
	1975	1995	2005	2015	2019	1975	1995	2005	2015	2019
1000 Impôts sur revenu, bénéfices et gains en capital	**..**	**197**	**538**	**1 156**	**1 588**	**..**	**0**	**0**	**0**	**0**
1100 Des personnes physiques	..	197	538	1 156	1 588	..	..	..	..	..
1200 Des sociétés	..	0	0	0	0	..	..	..	..	..
1300 Non-ventilables entre 1100 et 1200	..	0	0	0	0	..	..	..	..	..
2000 Cotisations de sécurité sociale	**..**	**0**	**0**	**0**	**0**	**..**	**445**	**1 079**	**2 030**	**2 811**
2100 A la charge des salariés	..	..	..	..	..	..	12	292	585	747
2200 A la charge des employeurs	..	..	..	..	..	..	433	781	1 432	2 037
2300 A charge des travailleurs indép. ou sans emploi	..	..	..	..	..	..	1	7	12	27
2400 Non-ventilables entre 2100, 2200 et 2300	..	..	..	..	..	..	0	0	0	0
3000 Sur salaires ou main d'oeuvre	**..**	**0**	**0**	**0**	**0**	**..**	**0**	**0**	**0**	**0**
4000 Impôts sur le patrimoine	**..**	**37**	**88**	**197**	**226**	**..**	**0**	**0**	**4**	**9**
4100 Impôts périodiques sur la propriété immobilière	..	37	88	197	226	..	..	0	0	0
4200 Impôts périodiques sur l'actif net	..	0	0	0	0	..	..	0	0	0
4300 Impôts sur mut. par décès, succ. et donations	..	0	0	0	0	..	..	0	4	9
4400 Impôts sur transact. mobilières et immob.	..	0	0	0	0	..	..	0	0	0
4500 Impôts non-périodiques	..	0	0	0	0	..	..	0	0	0
4600 Autres impôts périodiques sur patrimoine	..	0	0	0	0	..	..	0	0	0
5000 Impôts sur les biens et services	**..**	**2**	**8**	**18**	**23**	**..**	**0**	**0**	**0**	**0**
5100 Impôts sur production, vente, transfert, etc.	..	0	5	7	10	..	..	..	..	..
5110 Impôts généraux	..	0	0	0	0	..	..	..	..	..
5120 Impôts sur biens et services déterminés	..	0	5	7	10	..	..	..	..	..
5130 Non-ventilables entre 5110 et 5120	..	0	0	0	0	..	..	..	..	..
5200 Impôts sur utilisation des biens et exerc. activites	..	2	3	11	13	..	..	..	..	..
5300 Non-ventilables entre 5100 et 5200	..	0	0	0	0	..	..	..	..	..
6000 Autres impôts	**..**	**0**	**0**	**0**	**0**	**..**	**0**	**0**	**0**	**0**
6100 A la charge exclusive des entreprises	..	..	..	..	..	..	..	..	..	..
6200 A la charge d'autres agents	..	..	..	..	..	..	..	..	..	..
Recettes fiscales totales	**..**	**236**	**634**	**1 371**	**1 838**	**..**	**445**	**1 079**	**2 034**	**2 820**

.. Non disponible

Note : Y compris les droits de douane perçus pour le compte de l'Union européenne.

StatLink https://stat.link/t7uod3

Tableau 6.23. Lituanie, recettes fiscales par sous-secteurs d'administration

Million EUR

	Administration centrale					Administration d'État/Régions				
	1975	1995	2005	2015	2019	1975	1995	2005	2015	2019
1000 Impôts sur revenu, bénéfices et gains en capital	..	**646**	**1 871**	**2 013**	**4 288**	..	..	..	..	..
1100 Des personnes physiques	..	487	1 435	1 440	3 529	..	..	..	..	..
1200 Des sociétés	..	160	437	574	759	..	..	..	..	..
1300 Non-ventilables entre 1100 et 1200	..	0	0	0	0	..	..	..	..	..
2000 Cotisations de sécurité sociale	..	**0**	**0**	**0**	**0**	..	..	..	..	..
2100 A la charge des salariés	..	..	..	..	..	..	..	..	..	..
2200 A la charge des employeurs	..	..	..	..	..	..	..	..	..	..
2300 A charge des travailleurs indép. ou sans emploi	..	..	..	..	..	..	..	..	..	..
2400 Non-ventilables entre 2100, 2200 et 2300	..	..	..	..	..	..	..	..	..	..
3000 Sur salaires ou main d'oeuvre	..	**0**	**0**	**0**	**0**	..	..	..	..	..
4000 Impôts sur le patrimoine	..	**0**	**0**	**1**	**3**	..	..	..	..	..
4100 Impôts périodiques sur la propriété immobilière	..	..	..	1	3	..	..	..	..	..
4200 Impôts périodiques sur l'actif net	..	..	..	0	0	..	..	..	..	..
4300 Impôts sur mut. par décès, succ. et donations	..	..	..	0	0	..	..	..	..	..
4400 Impôts sur transact. mobilières et immob.	..	..	..	0	0	..	..	..	..	..
4500 Impôts non-périodiques	..	..	..	0	0	..	..	..	..	..
4600 Autres impôts périodiques sur patrimoine	..	..	..	0	0	..	..	..	..	..
5000 Impôts sur les biens et services	..	**892**	**2 273**	**4 220**	**5 484**	..	..	..	..	..
5100 Impôts sur production, vente, transfert, etc.	..	869	2 235	4 164	5 411	..	..	..	..	..
5110 Impôts généraux	..	635	1 584	2 913	3 876	..	..	..	..	..
5120 Impôts sur biens et services déterminés	..	234	651	1 252	1 535	..	..	..	..	..
5130 Non-ventilables entre 5110 et 5120	..	0	0	0	0	..	..	..	..	..
5200 Impôts sur utilisation des biens et exerc. activites	..	24	38	56	73	..	..	..	..	..
5300 Non-ventilables entre 5100 et 5200	..	0	0	0	0	..	..	..	..	..
6000 Autres impôts	..	**0**	**0**	**0**	**0**	..	..	..	..	..
6100 A la charge exclusive des entreprises	..	..	..	..	..	..	..	..	..	..
6200 A la charge d'autres agents	..	..	..	..	..	..	..	..	..	..
Recettes fiscales totales	..	**1 539**	**4 145**	**6 235**	**9 775**	..	..	..	..	..
	Administrations locales					**Administrations de sécurite sociale**				
	1975	1995	2005	2015	2019	1975	1995	2005	2015	2019
1000 Impôts sur revenu, bénéfices et gains en capital	..	**0**	**0**	**0**	**0**	..	**0**	**0**	**0**	**0**
1100 Des personnes physiques	..	..	..	..	..	..	..	..	..	..
1200 Des sociétés	..	..	..	..	..	..	..	..	..	..
1300 Non-ventilables entre 1100 et 1200	..	..	..	..	..	..	..	..	..	..
2000 Cotisations de sécurité sociale	..	**0**	**0**	**0**	**0**	..	**559**	**1 864**	**4 338**	**4 706**
2100 A la charge des salariés	..	..	..	..	..	..	17	154	873	3 574
2200 A la charge des employeurs	..	..	..	..	..	..	537	1 522	2 916	359
2300 A charge des travailleurs indép. ou sans emploi	..	..	..	..	..	..	4	188	549	773
2400 Non-ventilables entre 2100, 2200 et 2300	..	..	..	..	..	..	0	0	0	0
3000 Sur salaires ou main d'oeuvre	..	**0**	**0**	**0**	**0**	..	**0**	**0**	**0**	**0**
4000 Impôts sur le patrimoine	..	**25**	**72**	**125**	**143**	..	**0**	**0**	**0**	**0**
4100 Impôts périodiques sur la propriété immobilière	..	25	71	124	141	..	..	..	..	..
4200 Impôts périodiques sur l'actif net	..	0	0	0	0	..	..	..	..	..
4300 Impôts sur mut. par décès, succ. et donations	..	0	1	1	2	..	..	..	..	..
4400 Impôts sur transact. mobilières et immob.	..	0	0	0	0	..	..	..	..	..
4500 Impôts non-périodiques	..	0	0	0	0	..	..	..	..	..
4600 Autres impôts périodiques sur patrimoine	..	0	0	0	0	..	..	..	..	..
5000 Impôts sur les biens et services	..	**23**	**17**	**18**	**27**		**0**	**0**	**0**	**0**
5100 Impôts sur production, vente, transfert, etc.	..	0	0	0	0	..	..	..	..	..
5110 Impôts généraux		..	..	..	..	..	..	..	..	..
5120 Impôts sur biens et services déterminés	..	..	..	..	..	..	..	..	..	..
5130 Non-ventilables entre 5110 et 5120	..	..	..	..	..	..	..	..	..	..
5200 Impôts sur utilisation des biens et exerc. activites	..	23	17	18	27		..	..	..	..
5300 Non-ventilables entre 5100 et 5200	..	0	0	0	0	..	..	..	..	..
6000 Autres impôts		**0**	**0**	**0**	**0**	..	**0**	**0**	**0**	**0**
6100 A la charge exclusive des entreprises	..	..	..	..	..	..	..	..	..	..
6200 A la charge d'autres agents	..	..	..	..	..	..	..	..	..	..
Recettes fiscales totales	..	**48**	**89**	**143**	**169**	..	**559**	**1 864**	**4 338**	**4 706**

.. Non disponible

Note : Y compris les droits de douane perçus pour le compte de l'Union européenne.

StatLink https://stat.link/ae7xbp

Tableau 6.24. Luxembourg, recettes fiscales par sous-secteurs d'administration

Million EUR

	Administration centrale					Administration d'État/Régions				
	1975	1995	2005	2015	2019	1975	1995	2005	2015	2019
1000 Impôts sur revenu, bénéfices et gains en capital	**353**	**1 873**	**3 454**	**6 405**	**8 568**	**..**	**..**	**..**	**..**	**..**
1100 Des personnes physiques	254	1 214	2 161	4 716	5 917	..	..	..	..	..
1200 Des sociétés	99	659	1 293	1 689	2 652	..	..	..	..	..
1300 Non-ventilables entre 1100 et 1200	0	0	0	0	0	..	..	..	..	..
2000 Cotisations de sécurité sociale	**4**	**20**	**89**	**150**	**180**	**..**	**..**	**..**	**..**	**..**
2100 A la charge des salariés	3	15	89	150	180	..	..	..	..	..
2200 A la charge des employeurs	0	0	0	0	0	..	..	..	..	..
2300 A charge des travailleurs indép. ou sans emploi	1	5	0	0	0	..	..	..	..	..
2400 Non-ventilables entre 2100, 2200 et 2300	0	0	0	0	0	..	..	..	..	..
3000 Sur salaires ou main d'oeuvre	**0**	**0**	**0**	**0**	**0**	**..**	**..**	**..**	**..**	**..**
4000 Impôts sur le patrimoine	**42**	**371**	**928**	**1 661**	**2 351**	**..**	**..**	**..**	**..**	**..**
4100 Impôts périodiques sur la propriété immobilière	0	0	0	0	0	..	..	..	..	..
4200 Impôts périodiques sur l'actif net	21	268	698	1 318	1 844	..	..	..	..	..
4300 Impôts sur mut. par décès, succ. et donations	3	15	44	74	114	..	..	..	..	..
4400 Impôts sur transact. mobilières et immob.	18	88	186	269	393	..	..	..	..	..
4500 Impôts non-périodiques	0	0	0	0	0	..	..	..	..	..
4600 Autres impôts périodiques sur patrimoine	0	0	0	0	0	..	..	..	..	..
5000 Impôts sur les biens et services	**189**	**1 374**	**3 241**	**4 466**	**5 596**	**..**	**..**	**..**	**..**	**..**
5100 Impôts sur production, vente, transfert, etc.	182	1 350	3 202	4 381	5 501	..	..	..	..	..
5110 Impôts généraux	112	670	1 812	2 946	3 699	..	..	..	..	..
5120 Impôts sur biens et services déterminés	70	680	1 390	1 435	1 803	..	..	..	..	..
5130 Non-ventilables entre 5110 et 5120	0	0	0	0	0	..	..	..	..	..
5200 Impôts sur utilisation des biens et exerc. activites	7	23	39	85	95	..	..	..	..	..
5300 Non-ventilables entre 5100 et 5200	0	0	0	0	0	..	..	..	..	..
6000 Autres impôts	**0**	**6**	**11**	**27**	**28**	**..**	**..**	**..**	**..**	**..**
6100 A la charge exclusive des entreprises	..	6	10	27	28	..	..	..	..	..
6200 A la charge d'autres agents	..	0	0	0	0	..	..	..	..	..
Recettes fiscales totales	**588**	**3 644**	**7 722**	**12 708**	**16 724**	**..**	**..**	**..**	**..**	**..**

	Administrations locales					Administrations de sécurite sociale				
	1975	1995	2005	2015	2019	1975	1995	2005	2015	2019
1000 Impôts sur revenu, bénéfices et gains en capital	**46**	**331**	**460**	**606**	**1 110**	**0**	**0**	**0**	**0**	**0**
1100 Des personnes physiques	0	0	0	0	0	..	..	..	..	..
1200 Des sociétés	46	331	460	606	1 110	..	..	..	..	..
1300 Non-ventilables entre 1100 et 1200	0	0	0	0	0	..	..	..	..	..
2000 Cotisations de sécurité sociale	**0**	**0**	**0**	**0**	**0**	**268**	**1 460**	**3 086**	**5 399**	**6 674**
2100 A la charge des salariés	..	..	..	..	..	102	577	1 321	2 348	2 979
2200 A la charge des employeurs	..	..	..	..	..	150	684	1 378	2 335	2 844
2300 A charge des travailleurs indép. ou sans emploi	..	..	..	..	..	16	200	387	715	851
2400 Non-ventilables entre 2100, 2200 et 2300	..	..	..	..	..	0	0	0	0	0
3000 Sur salaires ou main d'oeuvre	**9**	**0**	**0**	**0**	**0**	**0**	**0**	**0**	**0**	**0**
4000 Impôts sur le patrimoine	**6**	**21**	**35**	**54**	**65**	**0**	**0**	**0**	**0**	**0**
4100 Impôts périodiques sur la propriété immobilière	6	17	26	36	38	..	..	..	..	..
4200 Impôts périodiques sur l'actif net	0	0	0	0	0	..	..	..	..	..
4300 Impôts sur mut. par décès, succ. et donations	0	0	0	0	0	..	..	..	..	..
4400 Impôts sur transact. mobilières et immob.	0	4	10	18	27	..	..	..	..	..
4500 Impôts non-périodiques	0	0	0	0	0	..	..	..	..	..
4600 Autres impôts périodiques sur patrimoine	0	0	0	0	0	..	..	..	..	..
5000 Impôts sur les biens et services	**1**	**4**	**8**	**10**	**11**	**0**	**0**	**0**	**0**	**0**
5100 Impôts sur production, vente, transfert, etc.	1	3	7	8	9	..	..	..	..	..
5110 Impôts généraux	0	0	0	0	0	..	..	..	..	..
5120 Impôts sur biens et services déterminés	1	3	7	8	9	..	..	..	..	..
5130 Non-ventilables entre 5110 et 5120	0	0	0	0	0	..	..	..	..	..
5200 Impôts sur utilisation des biens et exerc. activites	0	1	1	1	1	..	..	..	..	..
5300 Non-ventilables entre 5100 et 5200	0	0	0	0	0	..	..	..	..	..
6000 Autres impôts	**0**	**1**	**2**	**1**	**2**	**0**	**0**	**0**	**0**	**0**
6100 A la charge exclusive des entreprises	..	1	2	1	2	..	..	..	..	..
6200 A la charge d'autres agents	..	0	0	0	0	..	..	..	..	..
Recettes fiscales totales	**62**	**357**	**505**	**671**	**1 186**	**268**	**1 460**	**3 086**	**5 399**	**6 674**

.. Non disponible

Note : Y compris les droits de douane perçus pour le compte de l'Union européenne.

StatLink https://stat.link/59h4ys

Tableau 6.25. Mexique, recettes fiscales par sous-secteurs d'administration

Million MXN

	Administration fédérale					Administration d'État/Régions				
	1975	1995	2005	2015	2019	1975	1995	2005	2015	2019
1000 Impôts sur revenu, bénéfices et gains en capital	..	**76 148**	**402 036**	**1 230 555**	**1 694 143**	..	**1**	**0**	**0**	**0**
1100 Des personnes physiques	..	..	195 869	609 384	829 501	..	..	..	..	..
1200 Des sociétés	..	..	135 840	592 443	803 643	..	..	..	..	..
1300 Non-ventilables entre 1100 et 1200	..	76 148	70 327	28 728	60 999	..	1	..	..	..
2000 Cotisations de sécurité sociale	..	**0**	**0**	**0**	**0**	..	**0**	**0**	**0**	**0**
2100 A la charge des salariés	..	..	..	..	..	..	..	..	..	..
2200 A la charge des employeurs	..	..	..	..	..	..	..	..	..	..
2300 A charge des travailleurs indép. ou sans emploi	..	..	..	..	..	..	..	..	..	..
2400 Non-ventilables entre 2100, 2200 et 2300	..	..	..	..	..	..	..	..	..	..
3000 Sur salaires ou main d'oeuvre	..	**0**	**0**	**0**	**0**	..	**2 976**	**20 429**	**70 221**	**101 284**
4000 Impôts sur le patrimoine	..	**0**	**0**	**0**	**0**	..	**2 927**	**10 905**	**22 481**	**29 206**
4100 Impôts périodiques sur la propriété immobilière	..	..	..	..	..	..	2 198	6 544	14 245	19 059
4200 Impôts périodiques sur l'actif net	..	..	..	..	..	..	0	0	0	0
4300 Impôts sur mut. par décès, succ. et donations	..	..	..	..	..	..	2	0	0	0
4400 Impôts sur transact. mobilières et immob.	..	..	..	..	..	..	727	4 361	8 235	10 147
4500 Impôts non-périodiques	..	..	..	..	..	..	0	0	0	0
4600 Autres impôts périodiques sur patrimoine	..	..	..	..	..	..	0	0	0	0
5000 Impôts sur les biens et services	..	**91 452**	**416 533**	**1 116 026**	**1 477 876**	..	**441**	**2 124**	**24 355**	**25 198**
5100 Impôts sur production, vente, transfert, etc.	..	88 372	401 580	1 115 525	1 477 157	..	22	1 364	4 357	8 443
5110 Impôts généraux	..	51 785	318 432	707 213	933 327	..	0	0	0	0
5120 Impôts sur biens et services déterminés	..	36 587	83 148	408 312	543 831	..	22	1 364	4 357	8 443
5130 Non-ventilables entre 5110 et 5120	..	0	0	0	0	..	0	0	0	0
5200 Impôts sur utilisation des biens et exerc. activites	..	3 080	14 954	501	719	..	419	760	19 998	16 754
5300 Non-ventilables entre 5100 et 5200	..	0	0	0	0	..	0	0	0	0
6000 Autres impôts	..	**5 149**	**8 616**	**27 379**	**41 142**	..	**228**	**1 537**	**6 489**	**8 061**
6100 A la charge exclusive des entreprises	..	0	0	0	0	..	0	0	0	0
6200 A la charge d'autres agents	..	5 149	8 616	27 379	41 142	..	228	1 537	6 489	8 061
Recettes fiscales totales (collecting government)	..	**172 749**	**827 186**	**2 373 960**	**3 213 161**	..	**6 573**	**34 995**	**123 545**	**163 749**
Adjustment[1]	..	**-49 115**	**-278 892**	**-629 130**	**0**	..	**39 225**	**218 291**	**494 239**	**688 920**
Recettes fiscales totales (beneficiary government)	..	..	..	..	..	..	..	..	..	..

	Administrations locales					Administrations de sécurite sociale				
	1975	1995	2005	2015	2019	1975	1995	2005	2015	2019
1000 Impôts sur revenu, bénéfices et gains en capital	..	**16**	**0**	**0**	**0**	..	**0**	**0**	**0**	**0**
1100 Des personnes physiques	..	..	..	..	..	..	..	..	..	..
1200 Des sociétés	..	..	..	..	..	..	..	..	..	..
1300 Non-ventilables entre 1100 et 1200	..	16	..	..	..	..	..	..	..	..
2000 Cotisations de sécurité sociale	..	**0**	**0**	**0**	**0**	..	**50 871**	**206 551**	**409 249**	**552 058**
2100 A la charge des salariés	..	..	..	..	..	..	..	..	..	..
2200 A la charge des employeurs	..	..	..	..	..	..	..	..	..	..
2300 A charge des travailleurs indép. ou sans emploi	..	..	..	..	..	..	..	..	..	..
2400 Non-ventilables entre 2100, 2200 et 2300	..	..	..	..	..	..	50 871	206 551	409 249	552 058
3000 Sur salaires ou main d'oeuvre	..	**6**	**32**	**1**	**0**	..	**0**	**0**	**0**	**0**
4000 Impôts sur le patrimoine	..	**2 702**	**15 891**	**35 193**	**50 056**	..	**0**	**0**	**0**	**0**
4100 Impôts périodiques sur la propriété immobilière	..	1 854	10 098	23 715	31 481	..	..	..	..	..
4200 Impôts périodiques sur l'actif net	..	0	0	0	0	..	..	..	..	..
4300 Impôts sur mut. par décès, succ. et donations	..	0	0	0	0	..	..	..	..	..
4400 Impôts sur transact. mobilières et immob.	..	848	5 793	11 477	18 575	..	..	..	..	..
4500 Impôts non-périodiques	..	0	0	0	0	..	..	..	..	..
4600 Autres impôts périodiques sur patrimoine	..	0	0	0	0	..	..	..	..	..
5000 Impôts sur les biens et services	..	**582**	**288**	**789**	**1 179**	..	**0**	**0**	**0**	**0**
5100 Impôts sur production, vente, transfert, etc.	..	575	214	728	1 158			..	..	..
5110 Impôts généraux	..	0	0	0	0	..	..	..	..	..
5120 Impôts sur biens et services déterminés	..	572	214	728	1 158	..	..	..	..	..
5130 Non-ventilables entre 5110 et 5120	..	3	0	0	0	..	..	..	..	..
5200 Impôts sur utilisation des biens et exerc. activites	..	7	74	61	21	..	..	..	..	..
5300 Non-ventilables entre 5100 et 5200	..	0	0	0	0	..	..	..	..	..
6000 Autres impôts		**179**	**1 539**	**10 743**	**15 451**	..	**0**	**0**	**0**	**0**
6100 A la charge exclusive des entreprises	..	0	0	0	0	..	..	..	..	..
6200 A la charge d'autres agents	..	179	1 539	10 743	15 451	..	..	..	..	..
Recettes fiscales totales (collecting government)	..	**3 485**	**17 750**	**46 726**	**66 686**	..	**50 871**	**206 551**	**409 249**	**552 058**
Adjustment[1]	..	**9 890**	**60 601**	**134 892**	**190 425**	..	**0**	**0**	**0**	**0**
Recettes fiscales totales (beneficiary government)	..	..	..	..	..	..	..	..	..	..

.. Non disponible

1. This adjustment is for taxes collected by Federal government in which States and Local governments have a share. Sub-central government's shares cannot be identified by type of tax.

StatLink https://stat.link/pkjviy

Tableau 6.26. Pays-Bas, recettes fiscales par sous-secteurs d'administration

Million EUR

	Administration centrale					Administration d'État/Régions				
	1975	1995	2005	2015	2019	1975	1995	2005	2015	2019
1000 Impôts sur revenu, bénéfices et gains en capital	**15 075**	**33 520**	**52 640**	**70 849**	**99 003**	**..**	**..**	**..**	**..**	**..**
1100 Des personnes physiques	11 713	23 557	33 905	52 405	68 968	..	..	..	..	..
1200 Des sociétés	3 361	9 963	18 735	18 444	30 035	..	..	..	..	..
1300 Non-ventilables entre 1100 et 1200	0	0	0	0	0	..	..	..	..	..
2000 Cotisations de sécurité sociale	**0**	**0**	**0**	**0**	**0**	**..**	**..**	**..**	**..**	**..**
2100 A la charge des salariés	..	..	..	..	..	..	..	..	..	..
2200 A la charge des employeurs	..	..	..	..	..	..	..	..	..	..
2300 A charge des travailleurs indép. ou sans emploi	..	..	..	..	..	..	..	..	..	..
2400 Non-ventilables entre 2100, 2200 et 2300	..	..	..	..	..	..	..	..	..	..
3000 Sur salaires ou main d'oeuvre	**0**	**0**	**0**	**0**	**0**	**..**	**..**	**..**	**..**	**..**
4000 Impôts sur le patrimoine	**767**	**2 880**	**6 235**	**4 731**	**6 480**	**..**	**..**	**..**	**..**	**..**
4100 Impôts périodiques sur la propriété immobilière	50	0	0	1 345	1 686	..	..	..	..	..
4200 Impôts périodiques sur l'actif net	231	671	60	0	0	..	..	..	..	..
4300 Impôts sur mut. par décès, succ. et donations	163	773	1 709	1 614	1 777	..	..	..	..	..
4400 Impôts sur transact. mobilières et immob.	323	1 436	4 466	1 772	3 017	..	..	..	..	..
4500 Impôts non-périodiques	0	0	0	0	0	..	..	..	..	..
4600 Autres impôts périodiques sur patrimoine	0	0	0	0	0	..	..	..	..	..
5000 Impôts sur les biens et services	**9 716**	**31 892**	**57 116**	**70 161**	**89 225**	**..**	**..**	**..**	**..**	**..**
5100 Impôts sur production, vente, transfert, etc.	9 113	29 728	54 658	65 990	84 464	..	..	..	..	..
5110 Impôts généraux	6 257	19 832	36 950	44 879	58 115	..	..	..	..	..
5120 Impôts sur biens et services déterminés	2 856	9 896	17 708	21 111	26 349	..	..	..	..	..
5130 Non-ventilables entre 5110 et 5120	0	0	0	0	0	..	..	..	..	..
5200 Impôts sur utilisation des biens et exerc. activites	604	2 164	2 458	4 171	4 761	..	..	..	..	..
5300 Non-ventilables entre 5100 et 5200	0	0	0	0	0	..	..	..	..	..
6000 Autres impôts	**109**	**491**	**989**	**416**	**778**	**..**	**..**	**..**	**..**	**..**
6100 A la charge exclusive des entreprises	109	448	372	0	0	..	..	..	..	..
6200 A la charge d'autres agents	0	43	617	416	778	..	..	..	..	..
Recettes fiscales totales	**25 667**	**68 783**	**116 980**	**146 157**	**195 486**	**..**	**..**	**..**	**..**	**..**

	Administrations locales					Administrations de sécurite sociale				
	1975	1995	2005	2015	2019	1975	1995	2005	2015	2019
1000 Impôts sur revenu, bénéfices et gains en capital	**77**	**0**	**0**	**0**	**0**	**0**	**0**	**0**	**0**	**0**
1100 Des personnes physiques	77	0	0	0	0	0	0	0	0	0
1200 Des sociétés	0	0	0	0	0	0	0	0	0	0
1300 Non-ventilables entre 1100 et 1200	0	0	0	0	0	0	0	0	0	0
2000 Cotisations de sécurité sociale	**0**	**0**	**0**	**0**	**0**	**16 732**	**48 532**	**66 547**	**96 426**	**109 298**
2100 A la charge des salariés	..	..	..	..	..	7 139	32 795	35 383	48 213	40 695
2200 A la charge des employeurs	..	..	..	..	..	7 687	5 941	20 595	34 614	43 693
2300 A charge des travailleurs indép. ou sans emploi	..	..	..	..	..	1 905	9 796	10 569	13 599	24 910
2400 Non-ventilables entre 2100, 2200 et 2300	..	..	..	..	..	0	0	0	0	0
3000 Sur salaires ou main d'oeuvre	**0**	**0**	**0**	**0**	**0**	**0**	**0**	**0**	**0**	**0**
4000 Impôts sur le patrimoine	**272**	**2 287**	**4 341**	**5 037**	**5 699**	**0**	**0**	**0**	**0**	**0**
4100 Impôts périodiques sur la propriété immobilière	272	2 287	4 341	5 037	5 699	..	..	..	..	..
4200 Impôts périodiques sur l'actif net	0	0	0	0	0	..	..	..	..	..
4300 Impôts sur mut. par décès, succ. et donations	0	0	0	0	0	..	..	..	..	..
4400 Impôts sur transact. mobilières et immob.	0	0	0	0	0	..	..	..	..	..
4500 Impôts non-périodiques	0	0	0	0	0	..	..	..	..	..
4600 Autres impôts périodiques sur patrimoine	0	0	0	0	0	..	..	..	..	..
5000 Impôts sur les biens et services	**153**	**1 533**	**3 330**	**4 652**	**5 169**	**0**	**0**	**0**	**0**	**0**
5100 Impôts sur production, vente, transfert, etc.	14	59	118	249	413	..	..	..	..	..
5110 Impôts généraux	0	6	10	43	71	..	..	..	..	..
5120 Impôts sur biens et services déterminés	14	53	108	206	342	..	..	..	..	..
5130 Non-ventilables entre 5110 et 5120	0	0	0	0	0	..	..	..	..	..
5200 Impôts sur utilisation des biens et exerc. activites	139	1 474	3 212	4 403	4 756	..	..	..	..	..
5300 Non-ventilables entre 5100 et 5200	0	0	0	0	0	..	..	..	..	..
6000 Autres impôts	**0**	**0**	**0**	**0**	**0**	**0**	**0**	**0**	**0**	**0**
6100 A la charge exclusive des entreprises	..	..	..	..	..	..	..	..	..	..
6200 A la charge d'autres agents	..	..	..	..	..	..	..	..	..	..
Recettes fiscales totales	**502**	**3 820**	**7 671**	**9 689**	**10 868**	**16 732**	**48 532**	**66 547**	**96 426**	**109 298**

.. Non disponible

Note : Y compris les droits de douane perçus pour le compte de l'Union européenne.

StatLink https://stat.link/0e9dgs

Tableau 6.27. Nouvelle-Zélande, recettes fiscales par sous-secteurs d'administration

Million NZD

	Administration centrale					Administration d'État/Régions				
	1975	1995	2005	2015	2019	1975	1995	2005	2015	2019
1000 Impôts sur revenu, bénéfices et gains en capital	**2 296**	**21 253**	**37 379**	**44 723**	**55 016**	..	..	..	..	..
1100 Des personnes physiques	1 874	15 626	24 373	30 297	39 677	..	..	..	..	..
1200 Des sociétés	407	4 122	9 957	11 407	12 415	..	..	..	..	..
1300 Non-ventilables entre 1100 et 1200	16	1 505	3 049	3 019	2 924	..	..	..	..	..
2000 Cotisations de sécurité sociale	**0**	**0**	**0**	**0**	**0**	..	..	..	..	..
2100 A la charge des salariés	..	0	0	0	0	..	..	..	..	..
2200 A la charge des employeurs	..	0	0	0	0	..	..	..	..	..
2300 A charge des travailleurs indép. ou sans emploi	..	0	0	0	0	..	..	..	..	..
2400 Non-ventilables entre 2100, 2200 et 2300	..	0	0	0	0	..	..	..	..	..
3000 Sur salaires ou main d'oeuvre	**0**	**0**	**0**	**0**	**0**	..	..	..	..	..
4000 Impôts sur le patrimoine	**83**	**218**	**86**	**84**	**101**	..	..	..	..	..
4100 Impôts périodiques sur la propriété immobilière	3	-1	0	0	0	..	..	..	..	..
4200 Impôts périodiques sur l'actif net	0	0	0	0	0	..	..	..	..	..
4300 Impôts sur mut. par décès, succ. et donations	54	3	3	0	0	..	..	..	..	..
4400 Impôts sur transact. mobilières et immob.	25	216	83	84	101	..	..	..	..	..
4500 Impôts non-périodiques	0	0	0	0	0	..	..	..	..	..
4600 Autres impôts périodiques sur patrimoine	0	0	0	0	0	..	..	..	..	..
5000 Impôts sur les biens et services	**807**	**11 395**	**18 744**	**31 146**	**37 771**	..	..	..	..	..
5100 Impôts sur production, vente, transfert, etc.	770	10 833	17 792	29 551	35 829	..	..	..	..	..
5110 Impôts généraux	311	7 895	14 133	24 587	30 259	..	..	..	..	..
5120 Impôts sur biens et services déterminés	459	2 938	3 659	4 964	5 570	..	..	..	..	..
5130 Non-ventilables entre 5110 et 5120	0	0	0	0	0	..	..	..	..	..
5200 Impôts sur utilisation des biens et exerc. activites	37	562	952	1 595	1 942	..	..	..	..	..
5300 Non-ventilables entre 5100 et 5200	0	0	0	0	0	..	..	..	..	..
6000 Autres impôts	**0**	**0**	**14**	**2**	**2**	..	..	..	..	..
6100 A la charge exclusive des entreprises	..	..	0	0	0	..	..	..	..	..
6200 A la charge d'autres agents	..	..	14	2	2	..	..	..	..	..
Recettes fiscales totales	**3 186**	**32 866**	**56 223**	**75 955**	**92 890**	..	..	..	..	..

	Administrations locales					Administrations de sécurite sociale				
	1975	1995	2005	2015	2019	1975	1995	2005	2015	2019
1000 Impôts sur revenu, bénéfices et gains en capital	**0**	**0**	**0**	**0**	**0**	**0**	**0**	**0**	**0**	**0**
1100 Des personnes physiques	0	..	..	..	..	0	..	..	..	..
1200 Des sociétés	0	..	..	..	..	0	..	..	..	..
1300 Non-ventilables entre 1100 et 1200	0	..	..	..	..	0	..	..	..	..
2000 Cotisations de sécurité sociale	**0**	**0**	**0**	**0**	**0**	**0**	**0**	**0**	**0**	**0**
2100 A la charge des salariés	..	0	0	0	0	..	0	0	0	0
2200 A la charge des employeurs	..	0	0	0	0	..	0	0	0	0
2300 A charge des travailleurs indép. ou sans emploi	..	0	0	0	0	..	0	0	0	0
2400 Non-ventilables entre 2100, 2200 et 2300	..	0	0	0	0	..	0	0	0	0
3000 Sur salaires ou main d'oeuvre	**0**	**0**	**0**	**0**	**0**	**0**	**0**	**0**	**0**	**0**
4000 Impôts sur le patrimoine	**237**	**1 646**	**2 825**	**4 962**	**6 055**	**0**	**0**	**0**	**0**	**0**
4100 Impôts périodiques sur la propriété immobilière	237	1 646	2 825	4 962	6 055	..	..	..	..	..
4200 Impôts périodiques sur l'actif net	0	0	0	0	0	..	..	..	..	..
4300 Impôts sur mut. par décès, succ. et donations	0	0	0	0	0	..	..	..	..	..
4400 Impôts sur transact. mobilières et immob.	0	0	0	0	0	..	..	..	..	..
4500 Impôts non-périodiques	0	0	0	0	0	..	..	..	..	..
4600 Autres impôts périodiques sur patrimoine	0	0	0	0	0	..	..	..	..	..
5000 Impôts sur les biens et services	**29**	**184**	**310**	**582**	**847**	**0**	**0**	**0**	**0**	**0**
5100 Impôts sur production, vente, transfert, etc.	18	33	30	33	175	..	..	..	..	..
5110 Impôts généraux	0	0	0	0	0	..	..	..	..	..
5120 Impôts sur biens et services déterminés	18	33	30	33	175	..	..	..	..	..
5130 Non-ventilables entre 5110 et 5120	0	0	0	0	0	..	..	..	..	..
5200 Impôts sur utilisation des biens et exerc. activites	11	151	280	549	672	..	..	..	..	..
5300 Non-ventilables entre 5100 et 5200	0	0	0	0	0	..	..	..	..	..
6000 Autres impôts	**0**	**0**	**0**	**0**	**0**	**0**	**0**	**0**	**0**	**0**
6100 A la charge exclusive des entreprises	..	..	..	..	..	..	..	..	..	..
6200 A la charge d'autres agents	..	..	..	..	..	..	..	..	..	..
Recettes fiscales totales	**266**	**1 830**	**3 135**	**5 544**	**6 902**	**0**	**0**	**0**	**0**	**0**

.. Non disponible

StatLink https://stat.link/1zv8jl

Tableau 6.28. Norvège, recettes fiscales par sous-secteurs d'administration

Million NOK

	Administration centrale[1]					Administration d'État/Régions				
	1975	1995	2005	2015	2019	1975	1995	2005	2015	2019
1000 Impôts sur revenu, bénéfices et gains en capital	**6 495**	**67 402**	**316 851**	**314 792**	**389 115**	..	..	..	..	..
1100 Des personnes physiques	5 424	38 059	87 503	174 617	179 459	..	..	..	..	..
1200 Des sociétés	1 071	29 343	229 348	140 175	209 656	..	..	..	..	..
1300 Non-ventilables entre 1100 et 1200	0	0	0	0	0	..	..	..	..	..
2000 Cotisations de sécurité sociale	**1 341**	**6 013**	**173 151**	**325 130**	**377 427**	..	..	..	..	..
2100 A la charge des salariés	331	1 233	58 320	112 662	131 039	..	..	..	..	..
2200 A la charge des employeurs	1 010	4 780	104 794	190 923	221 175	..	..	..	..	..
2300 A charge des travailleurs indép. ou sans emploi	0	0	10 037	21 545	25 213	..	..	..	..	..
2400 Non-ventilables entre 2100, 2200 et 2300	0	0	0	0	0	..	..	..	..	..
3000 Sur salaires ou main d'oeuvre	**0**	**0**	**0**	**0**	**2 011**	..	..	..	..	..
4000 Impôts sur le patrimoine	**771**	**3 497**	**11 178**	**12 209**	**17 741**	..	..	..	..	..
4100 Impôts périodiques sur la propriété immobilière	0	0	0	0	0	..	..	..	..	..
4200 Impôts périodiques sur l'actif net	490	1 172	4 741	3 488	7 387	..	..	..	..	..
4300 Impôts sur mut. par décès, succ. et donations	146	975	1 768	295	44	..	..	..	..	..
4400 Impôts sur transact. mobilières et immob.	135	1 350	4 669	8 426	10 310	..	..	..	..	..
4500 Impôts non-périodiques	0	0	0	0	0	..	..	..	..	..
4600 Autres impôts périodiques sur patrimoine	0	0	0	0	0	..	..	..	..	..
5000 Impôts sur les biens et services	**25 056**	**141 645**	**232 462**	**359 255**	**417 237**	..	..	..	..	..
5100 Impôts sur production, vente, transfert, etc.	24 367	134 965	220 898	342 410	399 022	..	..	..	..	..
5110 Impôts généraux	13 670	81 772	153 820	256 029	308 280	..	..	..	..	..
5120 Impôts sur biens et services déterminés	10 697	53 193	67 078	86 381	90 742	..	..	..	..	..
5130 Non-ventilables entre 5110 et 5120	0	0	0	0	0	..	..	..	..	..
5200 Impôts sur utilisation des biens et exerc. activites	689	6 680	11 564	16 845	18 215	..	..	..	..	..
5300 Non-ventilables entre 5100 et 5200	0	0	0	0	0	..	..	..	..	..
6000 Autres impôts	**130**	**15**	**0**	**0**	**0**	..	..	..	..	..
6100 A la charge exclusive des entreprises	124	1	..	..	..	..	..	..	..	..
6200 A la charge d'autres agents	6	14	..	..	..	..	..	..	..	..
Recettes fiscales totales	**33 793**	**218 572**	**733 642**	**1 011 386**	**1 203 531**	..	..	..	..	..

	Administrations locales					Administrations de sécurite sociale				
	1975	1995	2005	2015	2019	1975	1995	2005	2015	2019
1000 Impôts sur revenu, bénéfices et gains en capital	**13 725**	**67 978**	**100 512**	**160 582**	**190 941**	**2 728**	**0**	**0**	**0**	**0**
1100 Des personnes physiques	12 877	61 784	100 512	160 582	190 941	2 728	..	..	..	..
1200 Des sociétés	848	6 194	0	0	0	0	..	..	..	..
1300 Non-ventilables entre 1100 et 1200	0	0	0	0	0	0	..	..	..	..
2000 Cotisations de sécurité sociale	**0**	**0**	**0**	**0**	**0**	**15 224**	**84 563**	**0**	**0**	**0**
2100 A la charge des salariés	..	..	..	..	..	2 949	30 417	..	..	..
2200 A la charge des employeurs	..	..	..	..	..	11 315	48 396	..	..	..
2300 A charge des travailleurs indép. ou sans emploi	..	..	..	..	..	960	5 750	..	..	..
2400 Non-ventilables entre 2100, 2200 et 2300	..	..	..	..	..	0	0	..	..	..
3000 Sur salaires ou main d'oeuvre	**0**	**0**	**0**	**0**	**0**	**0**	**0**	**0**	**0**	**0**
4000 Impôts sur le patrimoine	**772**	**7 352**	**10 283**	**21 812**	**27 910**	**0**	**0**	**0**	**0**	**0**
4100 Impôts périodiques sur la propriété immobilière	278	2 792	4 324	11 177	14 748	..	..	..	..	..
4200 Impôts périodiques sur l'actif net	494	4 560	5 959	10 635	13 162	..	..	..	..	..
4300 Impôts sur mut. par décès, succ. et donations	0	0	0	0	0	..	..	..	..	..
4400 Impôts sur transact. mobilières et immob.	0	0	0	0	0	..	..	..	..	..
4500 Impôts non-périodiques	0	0	0	0	0	..	..	..	..	..
4600 Autres impôts périodiques sur patrimoine	0	0	0	0	0	..	..	..	..	..
5000 Impôts sur les biens et services	**0**	**431**	**2 281**	**1 574**	**1 676**	**51**	**267**	**0**	**0**	**0**
5100 Impôts sur production, vente, transfert, etc.	0	0	0	0	0	51	267	..	..	..
5110 Impôts généraux	0	..	..	..	..	0	0	..	..	..
5120 Impôts sur biens et services déterminés	0	..	..	..	..	51	267	..	..	..
5130 Non-ventilables entre 5110 et 5120	0	..	..	..	..	0	0	..	..	..
5200 Impôts sur utilisation des biens et exerc. activites	0	431	2 281	1 574	1 676	0	0	..	..	..
5300 Non-ventilables entre 5100 et 5200	0	0	0	0	0	0	0	..	..	..
6000 Autres impôts	**432**	**0**	**0**	**0**	**0**	**0**	**0**	**0**	**0**	**0**
6100 A la charge exclusive des entreprises	0	..	..	..	..	..	..	..	..	..
6200 A la charge d'autres agents	432	..	..	..	..	..	..	..	..	..
Recettes fiscales totales	**14 929**	**75 761**	**113 076**	**183 968**	**220 527**	**18 003**	**84 830**	**0**	**0**	**0**

.. Non disponible

1. The Norwegian National Insurance has been integrated into the Central government sector from the year 2000 onwards.

StatLink https://stat.link/yrhz9v

Tableau 6.29. Pologne, recettes fiscales par sous-secteurs d'administration

Million PLN

	Administration centrale					Administration d'État/Régions				
	1975	1995	2005	2015	2019	1975	1995	2005	2015	2019
1000 Impôts sur revenu, bénéfices et gains en capital	..	**32 774**	**40 398**	**71 381**	**105 141**	..	..	..	..	..
1100 Des personnes physiques	..	23 937	24 518	45 462	65 386	..	..	..	..	..
1200 Des sociétés	..	8 837	15 880	25 919	39 755	..	..	..	..	..
1300 Non-ventilables entre 1100 et 1200	..	0	0	0	0	..	..	..	..	..
2000 Cotisations de sécurité sociale	..	**0**	**0**	**0**	**0**	..	..	..	..	..
2100 A la charge des salariés	..	..	..	..	..	..	..	..	..	..
2200 A la charge des employeurs	..	..	..	..	..	..	..	..	..	..
2300 A charge des travailleurs indép. ou sans emploi	..	..	..	..	..	..	..	..	..	..
2400 Non-ventilables entre 2100, 2200 et 2300	..	..	..	..	..	..	..	..	..	..
3000 Sur salaires ou main d'oeuvre	..	**831**	**2 555**	**4 028**	**5 928**	..	..	..	..	..
4000 Impôts sur le patrimoine	..	**0**	**0**	**0**	**0**	..	..	..	..	..
4100 Impôts périodiques sur la propriété immobilière	..	..	..	..	..	..	..	..	..	..
4200 Impôts périodiques sur l'actif net	..	..	..	..	..	..	..	..	..	..
4300 Impôts sur mut. par décès, succ. et donations	..	..	..	..	..	..	..	..	..	..
4400 Impôts sur transact. mobilières et immob.	..	..	..	..	..	..	..	..	..	..
4500 Impôts non-périodiques	..	..	..	..	..	..	..	..	..	..
4600 Autres impôts périodiques sur patrimoine	..	..	..	..	..	..	..	..	..	..
5000 Impôts sur les biens et services	..	**43 483**	**120 207**	**207 129**	**285 675**	..	..	..	..	..
5100 Impôts sur production, vente, transfert, etc.	..	42 863	119 805	203 303	277 324	..	..	..	..	..
5110 Impôts généraux	..	21 051	75 783	125 895	182 147	..	..	..	..	..
5120 Impôts sur biens et services déterminés	..	21 812	44 022	77 408	95 177	..	..	..	..	..
5130 Non-ventilables entre 5110 et 5120	..	0	0	0	0	..	..	..	..	..
5200 Impôts sur utilisation des biens et exerc. activites	..	620	402	3 826	8 351	..	..	..	..	..
5300 Non-ventilables entre 5100 et 5200	..	0	0	0	0	..	..	..	..	..
6000 Autres impôts	..	**99**	**18**	**0**	**0**	..	..	..	..	..
6100 A la charge exclusive des entreprises	..	0	0	..	..	..	..	..	..	..
6200 A la charge d'autres agents	..	99	18	..	..	..	..	..	..	..
Recettes fiscales totales	..	**77 187**	**163 178**	**282 538**	**396 744**	..	..	..	..	..

	Administrations locales					Administrations de sécurite sociale				
	1975	1995	2005	2015	2019	1975	1995	2005	2015	2019
1000 Impôts sur revenu, bénéfices et gains en capital	..	**4 896**	**23 093**	**45 697**	**67 398**	..	**0**	**0**	**0**	**0**
1100 Des personnes physiques	..	4 427	17 916	38 512	56 546	..	..	..	..	..
1200 Des sociétés	..	469	5 177	7 185	10 852	..	..	..	..	..
1300 Non-ventilables entre 1100 et 1200	..	0	0	0	0	..	..	..	..	..
2000 Cotisations de sécurité sociale	..	**0**	**0**	**0**	**0**	..	**38 808**	**121 522**	**225 711**	**305 354**
2100 A la charge des salariés	..	..	..	..	..	..	16 722	50 150	92 046	127 377
2200 A la charge des employeurs	..	..	..	..	..	..	19 370	46 738	88 490	118 629
2300 A charge des travailleurs indép. ou sans emploi	..	..	..	..	..	..	2 716	24 634	45 175	59 348
2400 Non-ventilables entre 2100, 2200 et 2300	..	..	..	..	..	..	0	0	0	0
3000 Sur salaires ou main d'oeuvre	..	**0**	**0**	**0**	**0**	..	**0**	**0**	**0**	**0**
4000 Impôts sur le patrimoine	..	**4 370**	**14 723**	**24 637**	**28 993**	..	**0**	**0**	**0**	**0**
4100 Impôts périodiques sur la propriété immobilière	..	3 579	12 718	22 206	25 201	..	..	..	..	..
4200 Impôts périodiques sur l'actif net	..	0	0	0	0	..	..	..	..	..
4300 Impôts sur mut. par décès, succ. et donations	..	44	242	246	325	..	..	..	..	..
4400 Impôts sur transact. mobilières et immob.	..	747	1 763	2 185	3 467	..	..	..	..	..
4500 Impôts non-périodiques	..	0	0	0	0	..	..	..	..	..
4600 Autres impôts périodiques sur patrimoine	..	0	0	0	0	..	..	..	..	..
5000 Impôts sur les biens et services		**1 340**	**3 492**	**4 139**	**4 005**	..	**0**	**0**	**0**	**0**
5100 Impôts sur production, vente, transfert, etc.	..	0	0	0	0	..	..	..	..	..
5110 Impôts généraux	..	..	..	..	..	..	..	..	..	..
5120 Impôts sur biens et services déterminés	..	..	..	..	..	..	..	..	..	..
5130 Non-ventilables entre 5110 et 5120	..	..	..	..	..	..	..	..	..	..
5200 Impôts sur utilisation des biens et exerc. activites	..	1 340	3 492	4 139	4 005	..	..	..	..	..
5300 Non-ventilables entre 5100 et 5200	..	0	0	0	0	..	..	..	..	..
6000 Autres impôts	..	**158**	**278**	**647**	**1 123**	..	**0**	**0**	**0**	**0**
6100 A la charge exclusive des entreprises	..	0	0	0	0	..	..	..	..	..
6200 A la charge d'autres agents	..	158	278	647	1 123	..	..	..	..	..
Recettes fiscales totales	..	**10 764**	**41 586**	**75 120**	**101 519**	..	**38 808**	**121 522**	**225 711**	**305 354**

.. Non disponible

Note : Y compris les droits de douane perçus pour le compte de l'Union européenne.

StatLink https://stat.link/qw2uyo

Tableau 6.30. Portugal, recettes fiscales par sous-secteurs d'administration

Million EUR

	Administration centrale					Administration d'État/Régions				
	1975	1995	2005	2015	2019	1975	1995	2005	2015	2019
1000 Impôts sur revenu, bénéfices et gains en capital	**81**	**6 557**	**11 576**	**17 516**	**18 896**	..	..	..	..	..
1100 Des personnes physiques	..	4 691	7 694	12 316	12 760	..	..	..	..	..
1200 Des sociétés	..	1 866	3 761	5 199	6 136	..	..	..	..	..
1300 Non-ventilables entre 1100 et 1200	81	0	121	0	0	..	..	..	..	..
2000 Cotisations de sécurité sociale	**0**	**1 560**	**1 887**	**2 064**	**2 052**	..	..	..	..	..
2100 A la charge des salariés	..	941	1 629	1 867	1 939	..	..	..	..	..
2200 A la charge des employeurs	..	619	259	198	114	..	..	..	..	..
2300 A charge des travailleurs indép. ou sans emploi	..	0	0	0	0	..	..	..	..	..
2400 Non-ventilables entre 2100, 2200 et 2300	..	0	0	0	0	..	..	..	..	..
3000 Sur salaires ou main d'oeuvre	**12**	**0**	**0**	**0**	**0**	..	..	..	..	..
4000 Impôts sur le patrimoine	**12**	**226**	**308**	**202**	**508**	..	..	..	..	..
4100 Impôts périodiques sur la propriété immobilière	0	0	0	6	152	..	..	..	..	..
4200 Impôts périodiques sur l'actif net	0	0	0	0	0	..	..	..	..	..
4300 Impôts sur mut. par décès, succ. et donations	4	57	68	0	0	..	..	..	..	..
4400 Impôts sur transact. mobilières et immob.	7	169	240	196	356	..	..	..	..	..
4500 Impôts non-périodiques	0	0	0	0	0	..	..	..	..	..
4600 Autres impôts périodiques sur patrimoine	0	0	0	0	0	..	..	..	..	..
5000 Impôts sur les biens et services	**198**	**10 402**	**19 495**	**21 488**	**26 533**	..	..	..	..	..
5100 Impôts sur production, vente, transfert, etc.	187	10 195	19 233	20 881	25 501	..	..	..	..	..
5110 Impôts généraux	52	5 481	11 846	13 745	17 170	..	..	..	..	..
5120 Impôts sur biens et services déterminés	135	4 714	7 387	7 136	8 331	..	..	..	..	..
5130 Non-ventilables entre 5110 et 5120	0	0	0	0	0	..	..	..	..	..
5200 Impôts sur utilisation des biens et exerc. activites	12	178	235	594	1 025	..	..	..	..	..
5300 Non-ventilables entre 5100 et 5200	0	30	27	13	6	..	..	..	..	..
6000 Autres impôts	**2**	**98**	**431**	**570**	**560**	..	..	..	..	..
6100 A la charge exclusive des entreprises	1	18	143	333	305	..	..	..	..	..
6200 A la charge d'autres agents	0	81	288	237	255	..	..	..	..	..
Recettes fiscales totales	**304**	**18 844**	**33 697**	**41 840**	**48 549**	..	..	..	..	..

	Administrations locales					Administrations de sécurite sociale				
	1975	1995	2005	2015	2019	1975	1995	2005	2015	2019
1000 Impôts sur revenu, bénéfices et gains en capital	**0**	**307**	**725**	**1 246**	**1 346**	**0**	**0**	**0**	**0**	**0**
1100 Des personnes physiques	..	156	298	832	820	..	..	..	..	..
1200 Des sociétés	..	151	427	414	526	..	..	..	..	..
1300 Non-ventilables entre 1100 et 1200	0	0	0	0	0	..	..	..	..	..
2000 Cotisations de sécurité sociale	**0**	**2**	**7**	**19**	**0**	**161**	**5 267**	**11 133**	**14 099**	**18 497**
2100 A la charge des salariés	..	2	7	19	..	62	2 100	4 053	5 106	6 234
2200 A la charge des employeurs	..	0	0	0	..	97	3 167	7 080	8 993	12 264
2300 A charge des travailleurs indép. ou sans emploi	..	0	0	0	..	2	0	0	0	0
2400 Non-ventilables entre 2100, 2200 et 2300	..	0	0	0	..	0	0	0	0	0
3000 Sur salaires ou main d'oeuvre	**0**	**0**	**0**	**0**	**0**	**0**	**0**	**0**	**0**	**0**
4000 Impôts sur le patrimoine	**0**	**599**	**1 541**	**2 105**	**2 538**	**0**	**0**	**0**	**0**	**0**
4100 Impôts périodiques sur la propriété immobilière	..	310	827	1 529	1 512	..	..	..	..	..
4200 Impôts périodiques sur l'actif net	..	0	0	0	0	..	..	..	..	..
4300 Impôts sur mut. par décès, succ. et donations	..	0	1	0	0	..	..	..	..	..
4400 Impôts sur transact. mobilières et immob.	..	289	713	576	1 026	..	..	..	..	..
4500 Impôts non-périodiques	..	0	0	0	0	..	..	..	..	..
4600 Autres impôts périodiques sur patrimoine	..	0	0	0	0	..	..	..	..	..
5000 Impôts sur les biens et services	**0**	**499**	**962**	**1 132**	**1 420**	**0**	**335**	**823**	**1 179**	**1 102**
5100 Impôts sur production, vente, transfert, etc.	0	442	827	876	1 123	..	335	823	1 179	1 093
5110 Impôts généraux	0	318	563	629	761	..	276	592	994	854
5120 Impôts sur biens et services déterminés	0	124	264	247	362	..	59	231	184	239
5130 Non-ventilables entre 5110 et 5120	0	0	0	0	0	..	0	0	0	0
5200 Impôts sur utilisation des biens et exerc. activites	0	57	133	256	297	..	0	0	0	9
5300 Non-ventilables entre 5100 et 5200	0	0	1	0	0	..	0	0	0	0
6000 Autres impôts	**0**	**3**	**28**	**10**	**13**	**0**	**1**	**0**	**0**	**0**
6100 A la charge exclusive des entreprises	..	0	25	8	11	..	0	..	..	..
6200 A la charge d'autres agents	..	3	3	2	2	..	1	..	..	..
Recettes fiscales totales	**0**	**1 410**	**3 262**	**4 512**	**5 317**	**161**	**5 603**	**11 956**	**15 278**	**19 599**

.. Non disponible

Note : Y compris les droits de douane perçus pour le compte de l'Union européenne.

StatLink https://stat.link/k80mgi

Tableau 6.31. République slovaque, recettes fiscales par sous-secteurs d'administration

Million EUR

	Administration centrale					Administration d'État/Régions				
	1975	1995	2005	2015	2019	1975	1995	2005	2015	2019
1000 Impôts sur revenu, bénéfices et gains en capital	..	**1 993**	**2 968**	**5 542**	**6 628**	..	..	..	..	..
1100 Des personnes physiques	..	695	1 496	2 464	3 535	..	..	..	..	..
1200 Des sociétés	..	1 166	1 345	2 917	2 848	..	..	..	..	..
1300 Non-ventilables entre 1100 et 1200	..	132	128	162	246	..	..	..	..	..
2000 Cotisations de sécurité sociale	..	**85**	**240**	**253**	**367**	..	..	..	..	..
2100 A la charge des salariés	..	10	104	58	113	..	..	..	..	..
2200 A la charge des employeurs	..	75	136	195	252	..	..	..	..	..
2300 A charge des travailleurs indép. ou sans emploi	..	0	0	0	1	..	..	..	..	..
2400 Non-ventilables entre 2100, 2200 et 2300	..	0	0	0	0	..	..	..	..	..
3000 Sur salaires ou main d'oeuvre	..	**0**	**0**	**0**	**0**	..	..	..	..	..
4000 Impôts sur le patrimoine	..	**27**	**28**	**0**	**0**	..	..	..	..	..
4100 Impôts périodiques sur la propriété immobilière	..	8	9	0	0	..	..	..	..	..
4200 Impôts périodiques sur l'actif net	..	0	0	0	0	..	..	..	..	..
4300 Impôts sur mut. par décès, succ. et donations	..	2	1	0	0	..	..	..	..	..
4400 Impôts sur transact. mobilières et immob.	..	16	18	0	0	..	..	..	..	..
4500 Impôts non-périodiques	..	0	0	0	0	..	..	..	..	..
4600 Autres impôts périodiques sur patrimoine	..	0	0	0	0	..	..	..	..	..
5000 Impôts sur les biens et services	..	**2 782**	**6 031**	**8 974**	**11 010**	..	..	..	..	..
5100 Impôts sur production, vente, transfert, etc.	..	2 594	5 773	8 442	10 362	..	..	..	..	..
5110 Impôts généraux	..	1 616	3 880	5 423	6 830	..	..	..	..	..
5120 Impôts sur biens et services déterminés	..	978	1 893	3 020	3 532	..	..	..	..	..
5130 Non-ventilables entre 5110 et 5120	..	0	0	0	0	..	..	..	..	..
5200 Impôts sur utilisation des biens et exerc. activites	..	189	256	532	648	..	..	..	..	..
5300 Non-ventilables entre 5100 et 5200	..	0	2	0	0	..	..	..	..	..
6000 Autres impôts	..	**0**	**0**	**0**	**0**	..	..	..	..	..
6100 A la charge exclusive des entreprises	..	..	..	..	..	..	..	..	..	..
6200 A la charge d'autres agents	..	..	..	..	..	..	..	..	..	..
Recettes fiscales totales	..	**4 887**	**9 267**	**14 770**	**18 005**	..	..	..	..	..

	Administrations locales					Administrations de sécurite sociale				
	1975	1995	2005	2015	2019	1975	1995	2005	2015	2019
1000 Impôts sur revenu, bénéfices et gains en capital	..	**0**	**0**	**0**	**0**	..	**0**	**0**	**0**	**0**
1100 Des personnes physiques	..	..	..	..	..	..	..	..	..	..
1200 Des sociétés	..	..	..	..	..	..	..	..	..	..
1300 Non-ventilables entre 1100 et 1200	..	..	..	..	..	..	..	..	..	..
2000 Cotisations de sécurité sociale	..	**0**	**0**	**0**	**0**	..	**2 817**	**6 037**	**10 643**	**13 718**
2100 A la charge des salariés	..	..	..	0	0	..	540	1 377	2 352	3 322
2200 A la charge des employeurs	..	..	..	0	0	..	1 774	3 356	6 124	8 286
2300 A charge des travailleurs indép. ou sans emploi	..	..	..	0	0	..	503	1 304	2 168	2 109
2400 Non-ventilables entre 2100, 2200 et 2300	..	..	..	0	0	..	0	0	0	0
3000 Sur salaires ou main d'oeuvre	..	**0**	**0**	**0**	**0**	..	**0**	**0**	**0**	**0**
4000 Impôts sur le patrimoine	..	**84**	**220**	**335**	**378**	..	**0**	**0**	**0**	**0**
4100 Impôts périodiques sur la propriété immobilière	..	72	220	335	378	..	..	..	..	..
4200 Impôts périodiques sur l'actif net	..	0	0	0	0	..	..	..	..	..
4300 Impôts sur mut. par décès, succ. et donations	..	0	0	0	0	..	..	..	..	..
4400 Impôts sur transact. mobilières et immob.	..	12	0	0	0	..	..	..	..	..
4500 Impôts non-périodiques	..	0	0	0	0	..	..	..	..	..
4600 Autres impôts périodiques sur patrimoine	..	0	0	0	0	..	..	..	..	..
5000 Impôts sur les biens et services	..	**17**	**198**	**182**	**215**	..	**0**	**0**	**0**	**0**
5100 Impôts sur production, vente, transfert, etc.	..	10	9	12	17	..	..	..	..	..
5110 Impôts généraux	..	0	0	0	0	..	..	..	..	..
5120 Impôts sur biens et services déterminés	..	10	9	12	17	..	..	..	..	..
5130 Non-ventilables entre 5110 et 5120	..	0	0	0	0	..	..	..	..	..
5200 Impôts sur utilisation des biens et exerc. activites	..	1	94	17	17	..	..	..	..	..
5300 Non-ventilables entre 5100 et 5200	..	6	95	153	181	..	..	..	..	..
6000 Autres impôts	..	**0**	**0**	**0**	**0**	..	**0**	**0**	**0**	**0**
6100 A la charge exclusive des entreprises	..	..	..	..	..	..	..	..	..	..
6200 A la charge d'autres agents	..	..	..	..	..	..	..	..	..	..
Recettes fiscales totales	..	**101**	**418**	**517**	**593**	..	**2 817**	**6 037**	**10 643**	**13 718**

.. Non disponible

Note : Y compris les droits de douane perçus pour le compte de l'Union européenne.

StatLink https://stat.link/8umdqt

Tableau 6.32. Slovenie, recettes fiscales par sous-secteurs d'administration

Million EUR

	Administration centrale					Administration d'État/Régions				
	1975	1995	2005	2015	2019	1975	1995	2005	2015	2019
1000 Impôts sur revenu, bénéfices et gains en capital	**..**	**479**	**1 828**	**1 528**	**2 301**	**..**	**..**	**..**	**..**	**..**
1100 Des personnes physiques	..	413	1 029	958	1 345	..	..	..	..	..
1200 Des sociétés	..	54	795	568	954	..	..	..	..	..
1300 Non-ventilables entre 1100 et 1200	..	12	5	2	3	..	..	..	..	..
2000 Cotisations de sécurité sociale	**..**	**38**	**42**	**59**	**77**	**..**	**..**	**..**	**..**	**..**
2100 A la charge des salariés	..	20	24	31	40	..	..	..	..	..
2200 A la charge des employeurs	..	17	15	23	31	..	..	..	..	..
2300 A charge des travailleurs indép. ou sans emploi	..	1	3	5	6	..	..	..	..	..
2400 Non-ventilables entre 2100, 2200 et 2300	..	0	0	0	0	..	..	..	..	..
3000 Sur salaires ou main d'oeuvre	**..**	**14**	**521**	**20**	**23**	**..**	**..**	**..**	**..**	**..**
4000 Impôts sur le patrimoine	**..**	**5**	**3**	**2**	**3**	**..**	**..**	**..**	**..**	**..**
4100 Impôts périodiques sur la propriété immobilière	..	0	0	0	0	..	..	..	..	..
4200 Impôts périodiques sur l'actif net	..	0	3	0	0	..	..	..	..	..
4300 Impôts sur mut. par décès, succ. et donations	..	0	0	0	0	..	..	..	..	..
4400 Impôts sur transact. mobilières et immob.	..	0	0	0	0	..	..	..	..	..
4500 Impôts non-périodiques	..	5	0	2	2	..	..	..	..	..
4600 Autres impôts périodiques sur patrimoine	..	0	0	0	0	..	..	..	..	..
5000 Impôts sur les biens et services	**..**	**1 554**	**3 805**	**5 541**	**6 399**	**..**	**..**	**..**	**..**	**..**
5100 Impôts sur production, vente, transfert, etc.	..	1 524	3 624	5 203	5 972	..	..	..	..	..
5110 Impôts généraux	..	1 192	2 467	3 222	3 891	..	..	..	..	..
5120 Impôts sur biens et services déterminés	..	332	1 156	1 981	2 081	..	..	..	..	..
5130 Non-ventilables entre 5110 et 5120	..	0	0	0	0	..	..	..	..	..
5200 Impôts sur utilisation des biens et exerc. activites	..	31	181	338	427	..	..	..	..	..
5300 Non-ventilables entre 5100 et 5200	..	0	0	0	0	..	..	..	..	..
6000 Autres impôts	**..**	**0**	**0**	**0**	**0**	**..**	**..**	**..**	**..**	**..**
6100 A la charge exclusive des entreprises	..	..	..	..	..	..	..	..	..	..
6200 A la charge d'autres agents	..	..	..	..	..	..	..	..	..	..
Recettes fiscales totales	**..**	**2 090**	**6 199**	**7 150**	**8 803**	**..**	**..**	**..**	**..**	**..**

	Administrations locales					Administrations de sécurite sociale				
	1975	1995	2005	2015	2019	1975	1995	2005	2015	2019
1000 Impôts sur revenu, bénéfices et gains en capital	**..**	**194**	**559**	**1 019**	**1 204**	**..**	**0**	**0**	**0**	**0**
1100 Des personnes physiques	..	192	556	1 019	1 204	..	..	..	..	..
1200 Des sociétés	..	0	0	0	0	..	..	..	..	..
1300 Non-ventilables entre 1100 et 1200	..	2	2	0	0	..	..	..	..	..
2000 Cotisations de sécurité sociale	**..**	**0**	**0**	**0**	**0**	**..**	**1 795**	**4 354**	**5 924**	**7 510**
2100 A la charge des salariés	..	..	..	..	..	..	812	2 124	2 879	3 710
2200 A la charge des employeurs	..	..	..	..	..	..	806	1 579	2 112	2 750
2300 A charge des travailleurs indép. ou sans emploi	..	..	..	..	..	..	177	652	933	1 049
2400 Non-ventilables entre 2100, 2200 et 2300	..	..	..	..	..	..	0	0	0	0
3000 Sur salaires ou main d'oeuvre	**..**	**2**	**0**	**0**	**0**	**..**	**0**	**0**	**0**	**0**
4000 Impôts sur le patrimoine	**..**	**53**	**167**	**239**	**296**	**..**	**0**	**0**	**0**	**0**
4100 Impôts périodiques sur la propriété immobilière	..	37	122	199	234	..	..	..	..	..
4200 Impôts périodiques sur l'actif net	..	0	0	0	0	..	..	..	..	..
4300 Impôts sur mut. par décès, succ. et donations	..	1	5	8	16	..	..	..	..	..
4400 Impôts sur transact. mobilières et immob.	..	12	40	29	44	..	..	..	..	..
4500 Impôts non-périodiques	..	3	0	3	1	..	..	..	..	..
4600 Autres impôts périodiques sur patrimoine	..	0	0	0	0	..	..	..	..	..
5000 Impôts sur les biens et services	**..**	**7**	**91**	**96**	**105**	**..**	**0**	**0**	**0**	**0**
5100 Impôts sur production, vente, transfert, etc.	..	7	43	57	70	..	..	..	..	..
5110 Impôts généraux	..	0	0	0	0	..	..	..	..	..
5120 Impôts sur biens et services déterminés	..	7	43	57	70	..	..	..	..	..
5130 Non-ventilables entre 5110 et 5120	..	0	0	0	0	..	..	..	..	..
5200 Impôts sur utilisation des biens et exerc. activites	..	0	48	39	34	..	..	..	..	..
5300 Non-ventilables entre 5100 et 5200	..	0	0	0	0	..	..	..	..	..
6000 Autres impôts	**..**	**0**	**0**	**0**	**0**	**..**	**0**	**0**	**0**	**0**
6100 A la charge exclusive des entreprises	..	..	..	..	..	..	..	..	..	..
6200 A la charge d'autres agents	..	..	..	..	..	..	..	..	..	..
Recettes fiscales totales	**..**	**256**	**817**	**1 354**	**1 604**	**..**	**1 795**	**4 354**	**5 924**	**7 510**

.. Non disponible

Note : Y compris les droits de douane perçus pour le compte de l'Union européenne.

StatLink https://stat.link/uwczrq

Tableau 6.33. Espagne, recettes fiscales par sous-secteurs d'administration

Million EUR

	Administration fédérale					Administration d'État/Régions				
	1975	1995	2005	2015	2019	1975	1995	2005	2015	2019
1000 Impôts sur revenu, bénéfices et gains en capital	**1 388**	**38 846**	**71 598**	**62 198**	**69 612**	**..**	**588**	**19 503**	**34 814**	**46 997**
1100 Des personnes physiques	897	31 789	38 219	39 659	45 510	..	457	19 104	34 600	46 726
1200 Des sociétés	490	7 057	33 379	22 539	24 102	..	131	399	214	271
1300 Non-ventilables entre 1100 et 1200	1	0	0	0	0	..	0	0	0	0
2000 Cotisations de sécurité sociale	**0**	**2 027**	**3 027**	**3 505**	**3 481**	**..**	**0**	**0**	**0**	**0**
2100 A la charge des salariés	..	1 017	1 369	1 541	1 406	..	..	..	..	..
2200 A la charge des employeurs	..	1 010	1 658	1 964	2 075	..	..	..	..	..
2300 A charge des travailleurs indép. ou sans emploi	..	0	0	0	0	..	..	..	..	..
2400 Non-ventilables entre 2100, 2200 et 2300	..	0	0	0	0	..	..	..	..	..
3000 Sur salaires ou main d'oeuvre	**0**	**0**	**0**	**0**	**0**	**..**	**0**	**0**	**0**	**0**
4000 Impôts sur le patrimoine	**421**	**405**	**77**	**1 197**	**284**	**..**	**4 050**	**19 031**	**10 286**	**12 772**
4100 Impôts périodiques sur la propriété immobilière	1	3	5	4	2	..	0	2	38	49
4200 Impôts périodiques sur l'actif net	0	166	38	32	61	..	419	1 246	961	1 202
4300 Impôts sur mut. par décès, succ. et donations	56	1	24	222	-19	..	835	2 315	2 454	2 410
4400 Impôts sur transact. mobilières et immob.	364	235	10	6	6	..	2 796	15 468	6 833	9 111
4500 Impôts non-périodiques	0	0	0	933	234	..	0	0	0	0
4600 Autres impôts périodiques sur patrimoine	0	0	0	0	0	..	0	0	0	0
5000 Impôts sur les biens et services	**1 609**	**32 388**	**71 536**	**89 031**	**100 156**	**..**	**2 556**	**7 956**	**6 553**	**6 890**
5100 Impôts sur production, vente, transfert, etc.	1 599	32 206	70 895	87 536	98 077	..	2 387	7 637	6 022	6 279
5110 Impôts généraux	990	20 331	51 583	61 839	72 145	..	786	1 980	2 571	2 912
5120 Impôts sur biens et services déterminés	608	11 875	19 312	25 697	25 932	..	1 601	5 657	3 451	3 367
5130 Non-ventilables entre 5110 et 5120	0	0	0	0	0	..	0	0	0	0
5200 Impôts sur utilisation des biens et exerc. activites	10	182	641	1 495	2 079	..	169	319	531	611
5300 Non-ventilables entre 5100 et 5200	0	0	0	0	0	..	0	0	0	0
6000 Autres impôts	**0**	**0**	**0**	**101**	**116**	**..**	**0**	**1**	**19**	**12**
6100 A la charge exclusive des entreprises	0	..	..	0	0	..	..	0	0	0
6200 A la charge d'autres agents	0	..	..	101	116	..	..	1	19	12
Recettes fiscales totales	**3 418**	**73 666**	**146 238**	**156 032**	**173 649**	**..**	**7 194**	**46 491**	**51 672**	**66 671**

	Administrations locales					Administrations de sécurite sociale				
	1975	1995	2005	2015	2019	1975	1995	2005	2015	2019
1000 Impôts sur revenu, bénéfices et gains en capital	**175**	**2 514**	**4 892**	**5 633**	**7 069**	**0**	**0**	**0**	**0**	**0**
1100 Des personnes physiques	131	2 137	3 426	4 637	5 724	..	..	..	..	..
1200 Des sociétés	0	377	1 466	996	1 345	..	..	..	..	..
1300 Non-ventilables entre 1100 et 1200	44	0	0	0	0	..	..	..	..	..
2000 Cotisations de sécurité sociale	**0**	**0**	**0**	**0**	**0**	**3 367**	**49 851**	**106 040**	**119 330**	**149 046**
2100 A la charge des salariés	..	..	..	..	..	645	7 372	15 332	17 242	21 866
2200 A la charge des employeurs	..	..	..	..	..	2 722	35 137	77 989	86 024	110 199
2300 A charge des travailleurs indép. ou sans emploi	..	..	..	..	..	0	7 342	12 719	16 064	16 981
2400 Non-ventilables entre 2100, 2200 et 2300	..	..	..	..	..	0	0	0	0	0
3000 Sur salaires ou main d'oeuvre	**0**	**0**	**0**	**0**	**0**	**0**	**0**	**0**	**0**	**0**
4000 Impôts sur le patrimoine	**26**	**3 759**	**8 869**	**16 372**	**17 441**	**0**	**0**	**0**	**0**	**0**
4100 Impôts périodiques sur la propriété immobilière	26	2 754	6 038	12 581	13 393	..	..	..	..	..
4200 Impôts périodiques sur l'actif net	0	177	431	911	978	..	..	..	..	..
4300 Impôts sur mut. par décès, succ. et donations	0	19	79	114	122	..	..	..	..	..
4400 Impôts sur transact. mobilières et immob.	0	166	423	145	210	..	..	..	..	..
4500 Impôts non-périodiques	0	643	1 898	2 621	2 738	..	..	..	..	..
4600 Autres impôts périodiques sur patrimoine	0	0	0	0	0	..	..	..	..	..
5000 Impôts sur les biens et services	**104**	**6 072**	**12 810**	**13 067**	**15 000**	**0**	**0**	**0**	**0**	**0**
5100 Impôts sur production, vente, transfert, etc.	104	1 976	5 946	6 846	8 019	..	..	..	..	..
5110 Impôts généraux	95	1 805	4 186	5 068	6 029	..	..	..	..	..
5120 Impôts sur biens et services déterminés	10	171	1 760	1 778	1 990	..	..	..	..	..
5130 Non-ventilables entre 5110 et 5120	0	0	0	0	0	..	..	..	..	..
5200 Impôts sur utilisation des biens et exerc. activites	0	4 096	6 864	6 221	6 981	..	..	..	..	..
5300 Non-ventilables entre 5100 et 5200	0	0	0	0	0	..	..	..	..	..
6000 Autres impôts	**0**	**8**	**6**	**69**	**25**	**0**	**0**	**0**	**0**	**0**
6100 A la charge exclusive des entreprises	..	0	0	0	0	..	..	..	..	..
6200 A la charge d'autres agents	..	8	6	69	25	..	..	..	..	..
Recettes fiscales totales	**305**	**12 353**	**26 577**	**35 141**	**39 535**	**3 367**	**49 851**	**106 040**	**119 330**	**149 046**

.. Non disponible

Note : Y compris les droits de douane perçus pour le compte de l'Union européenne.

StatLink https://stat.link/q34pmc

Tableau 6.34. Suède, recettes fiscales par sous-secteurs d'administration

Million SEK

	Administration centrale					Administration d'État/Régions				
	1975	1995	2005	2015	2019	1975	1995	2005	2015	2019
1000 Impôts sur revenu, bénéfices et gains en capital	**28 216**	**72 342**	**123 698**	**21 820**	**23 924**	**..**	**..**	**..**	**..**	**..**
1100 Des personnes physiques	25 626	22 541	21 708	-102 059	-128 036	..	..	..	..	..
1200 Des sociétés	2 590	49 801	101 989	123 878	151 960	..	..	..	..	..
1300 Non-ventilables entre 1100 et 1200	0	0	0	0	0	..	..	..	..	..
2000 Cotisations de sécurité sociale[1]	**0**	**50 560**	**212 964**	**180 723**	**196 344**	**..**	**..**	**..**	**..**	**..**
2100 A la charge des salariés	..	0	0	0	0	..	..	..	..	..
2200 A la charge des employeurs	..	49 222	209 370	179 056	195 686	..	..	..	..	..
2300 A charge des travailleurs indép. ou sans emploi	..	1 338	4 639	1 875	1 321	..	..	..	..	..
2400 Non-ventilables entre 2100, 2200 et 2300	..	0	-1 044	-209	-662	..	..	..	..	..
3000 Sur salaires ou main d'oeuvre	**5 723**	**17 800**	**62 432**	**194 121**	**268 832**	**..**	**..**	**..**	**..**	**..**
4000 Impôts sur le patrimoine	**1 469**	**23 260**	**40 116**	**27 917**	**28 633**	**..**	**..**	**..**	**..**	**..**
4100 Impôts périodiques sur la propriété immobilière	11	15 263	25 139	16 509	15 758	..	..	..	..	..
4200 Impôts périodiques sur l'actif net	647	3 583	4 998	0	0	..	..	..	..	..
4300 Impôts sur mut. par décès, succ. et donations	335	1 388	1 092	0	0	..	..	..	..	..
4400 Impôts sur transact. mobilières et immob.	476	3 026	8 887	11 408	12 874	..	..	..	..	..
4500 Impôts non-périodiques	0	0	0	0	0	..	..	..	..	..
4600 Autres impôts périodiques sur patrimoine	0	0	0	0	0	..	..	..	..	..
5000 Impôts sur les biens et services	**31 985**	**237 720**	**354 724**	**508 210**	**603 320**	**..**	**..**	**..**	**..**	**..**
5100 Impôts sur production, vente, transfert, etc.	29 820	233 671	343 704	489 458	582 670	..	..	..	..	..
5110 Impôts généraux	15 806	166 557	250 470	383 002	459 825	..	..	..	..	..
5120 Impôts sur biens et services déterminés	14 014	67 114	93 234	106 456	122 845	..	..	..	..	..
5130 Non-ventilables entre 5110 et 5120	0	0	0	0	0	..	..	..	..	..
5200 Impôts sur utilisation des biens et exerc. activites	2 165	4 049	11 019	18 752	20 650	..	..	..	..	..
5300 Non-ventilables entre 5100 et 5200	0	0	0	0	0	..	..	..	..	..
6000 Autres impôts	**260**	**1 438**	**1 347**	**1 356**	**1 665**	**..**	**..**	**..**	**..**	**..**
6100 A la charge exclusive des entreprises	0	0	0	0	0	..	..	..	..	..
6200 A la charge d'autres agents	260	1 438	1 347	1 356	1 665	..	..	..	..	..
Recettes fiscales totales	**67 653**	**403 120**	**795 281**	**934 146**	**1 122 719**	**..**	**..**	**..**	**..**	**..**

	Administrations locales					Administrations de sécurite sociale				
	1975	1995	2005	2015	2019	1975	1995	2005	2015	2019
1000 Impôts sur revenu, bénéfices et gains en capital	**38 415**	**265 068**	**435 577**	**635 719**	**748 197**	**0**	**0**	**0**	**0**	**0**
1100 Des personnes physiques	35 269	265 068	435 577	635 719	748 197	..	..	..	..	..
1200 Des sociétés	3 146	0	0	0	0	..	..	..	..	..
1300 Non-ventilables entre 1100 et 1200	0	0	0	0	0	..	..	..	..	..
2000 Cotisations de sécurité sociale[1]	**0**	**0**	**0**	**0**	**0**	**25 756**	**186 992**	**151 019**	**224 129**	**266 516**
2100 A la charge des salariés	..	..	..	..	..	0	28 989	74 178	108 356	128 161
2200 A la charge des employeurs	..	..	..	..	..	24 203	154 154	74 438	112 589	135 379
2300 A charge des travailleurs indép. ou sans emploi	..	..	..	..	..	1 553	3 849	2 403	3 183	2 977
2400 Non-ventilables entre 2100, 2200 et 2300	..	..	..	..	..	0	0	0	0	0
3000 Sur salaires ou main d'oeuvre	**0**	**0**	**0**	**0**	**0**	**0**	**0**	**0**	**0**	**0**
4000 Impôts sur le patrimoine	**0**	**0**	**0**	**15 935**	**18 632**	**0**	**0**	**0**	**0**	**0**
4100 Impôts périodiques sur la propriété immobilière	..	..	..	15 935	18 632	..	..	..	..	..
4200 Impôts périodiques sur l'actif net	..	..	..	0	0	..	..	..	..	..
4300 Impôts sur mut. par décès, succ. et donations	..	..	..	0	0	..	..	..	..	..
4400 Impôts sur transact. mobilières et immob.	..	..	..	0	0	..	..	..	..	..
4500 Impôts non-périodiques	..	..	..	0	0	..	..	..	..	..
4600 Autres impôts périodiques sur patrimoine	..	..	..	0	0	..	..	..	..	..
5000 Impôts sur les biens et services	**149**	**786**	**0**	**0**	**0**	**0**	**0**	**0**	**0**	**0**
5100 Impôts sur production, vente, transfert, etc.	119	732	0	0	0	..	..	..	..	..
5110 Impôts généraux	0	0	0	0	0	..	..	..	..	..
5120 Impôts sur biens et services déterminés	119	732	0	0	0	..	..	..	..	..
5130 Non-ventilables entre 5110 et 5120	0	0	0	0	0	..	..	..	..	..
5200 Impôts sur utilisation des biens et exerc. activites	30	54	0	0	0	..	..	..	..	..
5300 Non-ventilables entre 5100 et 5200	0	0	0	0	0	..	..	..	..	..
6000 Autres impôts	**0**	**0**	**0**	**0**	**0**	**0**	**0**	**0**	**0**	**0**
6100 A la charge exclusive des entreprises	..	..	..	..	..	..	..	..	..	..
6200 A la charge d'autres agents	..	..	..	..	..	..	..	..	..	..
Recettes fiscales totales	**38 564**	**265 854**	**435 577**	**651 654**	**766 829**	**25 756**	**186 992**	**151 019**	**224 129**	**266 516**

.. Non disponible

Note : Y compris les droits de douane perçus pour le compte de l'Union européenne.

1. From 1985, social security contributions are classified using the SNA definition of Social security Funds which means that a proportion of these payments are shown under the heading of Central Government. Prior to that year, all such payments were classified under the heading of Social Security.

StatLink https://stat.link/gtx90p

Tableau 6.35. Suisse, recettes fiscales par sous-secteurs d'administration

Million CHF

	Administration fédérale					Administration d'État/Régions				
	1975	1995	2005	2015	2019	1975	1995	2005	2015	2019
1000 Impôts sur revenu, bénéfices et gains en capital	**3 422**	**10 468**	**16 341**	**26 841**	**33 278**	**7 756**	**19 408**	**26 544**	**34 657**	**38 075**
1100 Des personnes physiques	2 712	5 699	7 823	10 567	11 622	6 342	16 182	21 289	27 156	29 672
1200 Des sociétés	710	2 678	4 519	9 731	11 813	1 414	2 628	4 627	6 294	6 900
1300 Non-ventilables entre 1100 et 1200	0	2 092	4 000	6 543	9 842	0	598	628	1 207	1 503
2000 Cotisations de sécurité sociale	**0**	**0**	**0**	**0**	**0**	**0**	**0**	**0**	**0**	**0**
2100 A la charge des salariés	..	..	..	..	..	..	..	..	..	..
2200 A la charge des employeurs	..	..	..	..	..	..	..	..	..	..
2300 A charge des travailleurs indép. ou sans emploi	..	..	..	..	..	..	..	..	..	..
2400 Non-ventilables entre 2100, 2200 et 2300	..	..	..	..	..	..	..	..	..	..
3000 Sur salaires ou main d'oeuvre	**0**	**0**	**0**	**0**	**0**	**0**	**0**	**0**	**0**	**0**
4000 Impôts sur le patrimoine	**463**	**1 703**	**2 703**	**1 674**	**1 434**	**1 428**	**4 116**	**5 523**	**7 191**	**8 674**
4100 Impôts périodiques sur la propriété immobilière	0	0	0	0	0	60	162	230	349	395
4200 Impôts périodiques sur l'actif net	89	0	0	0	0	988	2 467	3 683	4 992	6 180
4300 Impôts sur mut. par décès, succ. et donations	0	0	0	0	0	270	974	824	964	1 065
4400 Impôts sur transact. mobilières et immob.	374	1 703	2 703	1 674	1 434	110	103	157	177	207
4500 Impôts non-périodiques	0	0	0	0	0	0	0	0	0	0
4600 Autres impôts périodiques sur patrimoine	0	0	0	0	0	0	411	629	709	827
5000 Impôts sur les biens et services	**7 431**	**20 854**	**28 489**	**35 508**	**36 500**	**795**	**1 706**	**2 373**	**2 901**	**3 000**
5100 Impôts sur production, vente, transfert, etc.	7 431	19 763	27 114	33 093	33 641	154	266	447	615	584
5110 Impôts généraux	3 205	12 428	18 429	22 791	22 915	0	0	0	0	0
5120 Impôts sur biens et services déterminés	4 226	7 335	8 685	10 302	10 727	154	236	410	594	565
5130 Non-ventilables entre 5110 et 5120	0	0	0	0	0	0	29	37	20	19
5200 Impôts sur utilisation des biens et exerc. activites	0	1 092	1 375	2 415	2 859	641	1 440	1 927	2 286	2 416
5300 Non-ventilables entre 5100 et 5200	0	0	0	0	0	0	0	0	0	0
6000 Autres impôts	**0**	**0**	**0**	**0**	**71**	**0**	**19**	**23**	**230**	**344**
6100 A la charge exclusive des entreprises	..	..	..	..	0	..	6	7	64	72
6200 A la charge d'autres agents	..	..	..	..	71	..	13	16	165	272
Recettes fiscales totales	**11 316**	**33 026**	**47 533**	**64 023**	**71 283**	**9 979**	**25 249**	**34 462**	**44 979**	**50 093**

	Administrations locales					Administrations de sécurite sociale				
	1975	1995	2005	2015	2019	1975	1995	2005	2015	2019
1000 Impôts sur revenu, bénéfices et gains en capital	**6 403**	**15 575**	**18 091**	**22 865**	**25 281**	**0**	**0**	**0**	**0**	**0**
1100 Des personnes physiques	5 398	13 340	15 326	18 651	20 040	..	..	..	..	..
1200 Des sociétés	1 005	1 624	2 316	3 407	3 994	..	..	..	..	..
1300 Non-ventilables entre 1100 et 1200	0	611	450	806	1 248	..	..	..	..	..
2000 Cotisations de sécurité sociale	**0**	**0**	**0**	**0**	**0**	**8 111**	**28 019**	**32 332**	**44 285**	**47 234**
2100 A la charge des salariés	..	..	..	..	..	3 589	13 115	15 133	20 445	21 906
2200 A la charge des employeurs	..	..	..	..	..	3 618	13 126	15 146	20 671	22 197
2300 A charge des travailleurs indép. ou sans emploi	..	..	..	..	..	840	1 778	2 053	3 169	3 131
2400 Non-ventilables entre 2100, 2200 et 2300	..	..	..	..	..	64	0	0	0	0
3000 Sur salaires ou main d'oeuvre	**0**	**0**	**0**	**0**	**0**	**0**	**0**	**0**	**0**	**0**
4000 Impôts sur le patrimoine	**1 068**	**2 614**	**3 251**	**4 275**	**5 235**	**0**	**0**	**0**	**0**	**0**
4100 Impôts périodiques sur la propriété immobilière	182	443	588	789	934	..	..	..	..	..
4200 Impôts périodiques sur l'actif net	809	1 873	2 393	3 104	3 813	..	..	..	..	..
4300 Impôts sur mut. par décès, succ. et donations	27	89	79	124	168	..	..	..	..	..
4400 Impôts sur transact. mobilières et immob.	50	42	38	52	64	..	..	..	..	..
4500 Impôts non-périodiques	0	0	0	0	0	..	..	..	..	..
4600 Autres impôts périodiques sur patrimoine	0	168	153	206	256	..	..	..	..	..
5000 Impôts sur les biens et services	**22**	**97**	**78**	**132**	**210**	**0**	**0**	**0**	**0**	**0**
5100 Impôts sur production, vente, transfert, etc.	17	55	26	63	112	..	..	..	..	..
5110 Impôts généraux	0	0	0	0	0	..	..	..	..	..
5120 Impôts sur biens et services déterminés	17	29	20	15	15	..	..	..	..	..
5130 Non-ventilables entre 5110 et 5120	0	25	6	48	97	..	..	..	..	..
5200 Impôts sur utilisation des biens et exerc. activites	5	42	52	70	98	..	..	..	..	..
5300 Non-ventilables entre 5100 et 5200	0	0	0	0	0	..	..	..	..	..
6000 Autres impôts	**0**	**164**	**223**	**569**	**634**	**0**	**0**	**0**	**0**	**0**
6100 A la charge exclusive des entreprises	..	49	67	277	325	..	..	..	..	..
6200 A la charge d'autres agents	..	115	156	292	309	..	..	..	..	..
Recettes fiscales totales	**7 493**	**18 451**	**21 643**	**27 841**	**31 361**	**8 111**	**28 019**	**32 332**	**44 285**	**47 234**

.. Non disponible

StatLink https://stat.link/u95mly

Tableau 6.36. Turquie, recettes fiscales par sous-secteurs d'administration

Million TRY

	Administration centrale					Administration d'État/Régions				
	1975	1995	2005	2015	2019	1975	1995	2005	2015	2019
1000 Impôts sur revenu, bénéfices et gains en capital	**..**	**433**	**30 324**	**104 699**	**212 320**	**..**	**..**	**..**	**..**	**..**
1100 Des personnes physiques	..	330	20 458	75 426	143 163	..	..	..	..	..
1200 Des sociétés	..	103	9 866	29 272	69 157	..	..	..	..	..
1300 Non-ventilables entre 1100 et 1200	..	0	0	0	0	..	..	..	..	..
2000 Cotisations de sécurité sociale	**..**	**0**	**0**	**0**	**0**	**..**	**..**	**..**	**..**	**..**
2100 A la charge des salariés	..	..	..	..	..	..	..	..	..	..
2200 A la charge des employeurs	..	..	..	..	..	..	..	..	..	..
2300 A charge des travailleurs indép. ou sans emploi	..	..	..	..	..	..	..	..	..	..
2400 Non-ventilables entre 2100, 2200 et 2300	..	..	..	..	..	..	..	..	..	..
3000 Sur salaires ou main d'oeuvre	**..**	**0**	**0**	**0**	**0**	**..**	**..**	**..**	**..**	**..**
4000 Impôts sur le patrimoine	**..**	**49**	**3 626**	**20 211**	**28 288**	**..**	**..**	**..**	**..**	**..**
4100 Impôts périodiques sur la propriété immobilière	..	0	0	0	0	..	..	..	..	..
4200 Impôts périodiques sur l'actif net	..	0	0	0	0	..	..	..	..	..
4300 Impôts sur mut. par décès, succ. et donations	..	1	78	379	982	..	..	..	..	..
4400 Impôts sur transact. mobilières et immob.	..	29	3 548	19 832	27 306	..	..	..	..	..
4500 Impôts non-périodiques	..	19	0	0	0	..	..	..	..	..
4600 Autres impôts périodiques sur patrimoine	..	0	0	0	0	..	..	..	..	..
5000 Impôts sur les biens et services	**..**	**574**	**71 956**	**231 227**	**346 102**	**..**	**..**	**..**	**..**	**..**
5100 Impôts sur production, vente, transfert, etc.	..	567	69 266	222 702	332 559	..	..	..	..	..
5110 Impôts généraux	..	475	30 343	107 451	159 379	..	..	..	..	..
5120 Impôts sur biens et services déterminés	..	92	38 923	115 251	173 180	..	..	..	..	..
5130 Non-ventilables entre 5110 et 5120	..	0	0	0	0	..	..	..	..	..
5200 Impôts sur utilisation des biens et exerc. activites	..	8	2 691	8 526	13 543	..	..	..	..	..
5300 Non-ventilables entre 5100 et 5200	..	0	0	0	0	..	..	..	..	..
6000 Autres impôts	**..**	**259**	**4 181**	**3 779**	**6 361**	**..**	**..**	**..**	**..**	**..**
6100 A la charge exclusive des entreprises	..	0	0	0	0	..	..	..	..	..
6200 A la charge d'autres agents	..	259	4 181	3 779	6 361	..	..	..	..	..
Recettes fiscales totales	**..**	**1 316**	**110 088**	**359 915**	**593 072**	**..**	**..**	**..**	**..**	**..**

	Administrations locales					Administrations de sécurite sociale				
	1975	1995	2005	2015	2019	1975	1995	2005	2015	2019
1000 Impôts sur revenu, bénéfices et gains en capital	**..**	**63**	**4 011**	**14 445**	**29 213**	**..**	**0**	**0**	**0**	**0**
1100 Des personnes physiques	..	48	2 706	10 330	19 541	..	..	..	..	..
1200 Des sociétés	..	15	1 305	4 116	9 672	..	..	..	..	..
1300 Non-ventilables entre 1100 et 1200	..	0	0	0	0	..	..	..	..	..
2000 Cotisations de sécurité sociale	**..**	**0**	**0**	**0**	**0**	**..**	**212**	**35 321**	**170 282**	**312 808**
2100 A la charge des salariés	..	..	..	..	..	..	82	12 128	64 214	120 108
2200 A la charge des employeurs	..	..	..	..	..	..	110	16 132	95 067	178 345
2300 A charge des travailleurs indép. ou sans emploi	..	..	..	..	..	..	19	7 061	11 001	14 356
2400 Non-ventilables entre 2100, 2200 et 2300	..	..	..	..	..	..	0	0	0	0
3000 Sur salaires ou main d'oeuvre	**..**	**0**	**0**	**0**	**0**	**..**	**0**	**0**	**0**	**0**
4000 Impôts sur le patrimoine	**..**	**4**	**1 627**	**8 371**	**13 433**	**..**	**0**	**0**	**0**	**0**
4100 Impôts périodiques sur la propriété immobilière	..	0	1 148	5 882	9 681	..	..	..	..	..
4200 Impôts périodiques sur l'actif net	..	0	0	0	0	..	..	..	..	..
4300 Impôts sur mut. par décès, succ. et donations	..	0	10	56	121	..	..	..	..	..
4400 Impôts sur transact. mobilières et immob.	..	4	469	2 433	3 631	..	..	..	..	..
4500 Impôts non-périodiques	..	0	0	0	0	..	..	..	..	..
4600 Autres impôts périodiques sur patrimoine	..	0	0	0	0	..	..	..	..	..
5000 Impôts sur les biens et services	**..**	**84**	**5 649**	**28 737**	**42 990**	**..**	**0**	**0**	**0**	**0**
5100 Impôts sur production, vente, transfert, etc.	..	82	5 295	27 560	41 132	..	..	..	..	..
5110 Impôts généraux	..	69	4 014	13 619	21 350	..	..	..	..	..
5120 Impôts sur biens et services déterminés	..	13	1 281	13 940	19 782	..	..	..	..	..
5130 Non-ventilables entre 5110 et 5120	..	0	0	0	0	..	..	..	..	..
5200 Impôts sur utilisation des biens et exerc. activites	..	1	354	1 177	1 857	..	..	..	..	..
5300 Non-ventilables entre 5100 et 5200	..	0	0	0	0	..	..	..	..	..
6000 Autres impôts	**..**	**73**	**721**	**4 971**	**6 035**	**..**	**0**	**0**	**0**	**0**
6100 A la charge exclusive des entreprises	..	0	0	0	0	..	..	..	..	..
6200 A la charge d'autres agents	..	73	721	4 971	6 035	..	..	..	..	..
Recettes fiscales totales	**..**	**224**	**12 008**	**56 525**	**91 670**	**..**	**212**	**35 321**	**170 282**	**312 808**

.. Non disponible

StatLink https://stat.link/qjpkv4

Tableau 6.37. Royaume-Uni, recettes fiscales par sous-secteurs d'administration

Million GBP

	Administration centrale					Administration d'État/Régions				
	1975	1995	2005	2015	2019	1975	1995	2005	2015	2019
1000 Impôts sur revenu, bénéfices et gains en capital	**16 716**	**92 147**	**177 149**	**212 633**	**251 489**	..	..	..	..	..
1100 Des personnes physiques	14 936	71 973	130 135	168 873	200 486	..	..	..	..	..
1200 Des sociétés	2 310	20 174	47 014	43 760	51 003	..	..	..	..	..
1300 Non-ventilables entre 1100 et 1200	-530	0	0	0	0	..	..	..	..	..
2000 Cotisations de sécurité sociale	**0**	**0**	**0**	**0**	**0**	..	..	..	..	..
2100 A la charge des salariés	..	..	..	..	..	..	..	..	..	..
2200 A la charge des employeurs	..	..	..	..	..	..	..	..	..	..
2300 A charge des travailleurs indép. ou sans emploi	..	..	..	..	..	..	..	..	..	..
2400 Non-ventilables entre 2100, 2200 et 2300	..	..	..	..	..	..	..	..	..	..
3000 Sur salaires ou main d'oeuvre	**-1**	**0**	**0**	**0**	**2 764**	..	..	..	..	..
4000 Impôts sur le patrimoine	**619**	**15 730**	**32 583**	**46 622**	**52 715**	..	..	..	..	..
4100 Impôts périodiques sur la propriété immobilière	44	12 369	19 523	28 389	31 588	..	..	..	..	..
4200 Impôts périodiques sur l'actif net	0	0	0	0	0	..	..	..	..	..
4300 Impôts sur mut. par décès, succ. et donations	307	1 441	3 150	4 442	5 165	..	..	..	..	..
4400 Impôts sur transact. mobilières et immob.	266	1 920	9 910	13 791	15 962	..	..	..	..	..
4500 Impôts non-périodiques	2	0	0	0	0	..	..	..	..	..
4600 Autres impôts périodiques sur patrimoine	0	0	0	0	0	..	..	..	..	..
5000 Impôts sur les biens et services	**8 982**	**85 507**	**136 758**	**204 693**	**234 170**	..	..	..	..	..
5100 Impôts sur production, vente, transfert, etc.	8 502	81 175	131 362	197 250	225 633	..	..	..	..	..
5110 Impôts généraux	3 515	47 539	84 649	133 064	154 754	..	..	..	..	..
5120 Impôts sur biens et services déterminés	4 987	33 636	46 713	64 186	70 879	..	..	..	..	..
5130 Non-ventilables entre 5110 et 5120	0	0	0	0	0	..	..	..	..	..
5200 Impôts sur utilisation des biens et exerc. activites	698	4 332	5 396	7 443	8 537	..	..	..	..	..
5300 Non-ventilables entre 5100 et 5200	-218	0	0	0	0	..	..	..	..	..
6000 Autres impôts	**0**	**0**	**0**	**0**	**0**	..	..	..	..	..
6100 A la charge exclusive des entreprises	..	..	..	..	..	..	..	..	..	..
6200 A la charge d'autres agents	..	..	..	..	..	..	..	..	..	..
Recettes fiscales totales	**26 316**	**193 384**	**346 490**	**463 948**	**541 138**	..	..	..	..	..

	Administrations locales					Administrations de sécurite sociale				
	1975	1995	2005	2015	2019	1975	1995	2005	2015	2019
1000 Impôts sur revenu, bénéfices et gains en capital	**0**	**0**	**0**	**0**	**0**	**0**	**0**	**0**	**0**	**0**
1100 Des personnes physiques	0	..	..	..	..	0	..	..	..	..
1200 Des sociétés	0	..	..	..	..	0	..	..	..	..
1300 Non-ventilables entre 1100 et 1200	0	..	..	..	..	0	..	..	..	..
2000 Cotisations de sécurité sociale	**0**	**0**	**0**	**0**	**0**	**6 540**	**44 397**	**84 459**	**114 173**	**143 255**
2100 A la charge des salariés	..	..	..	..	..	2 562	18 646	35 159	44 488	56 200
2200 A la charge des employeurs	..	..	..	..	..	4 068	24 210	46 475	66 491	82 699
2300 A charge des travailleurs indép. ou sans emploi	..	..	..	..	..	195	1 541	2 825	3 194	4 356
2400 Non-ventilables entre 2100, 2200 et 2300	..	..	..	..	..	-285	0	0	0	0
3000 Sur salaires ou main d'oeuvre	**0**	**0**	**0**	**0**	**0**	**0**	**0**	**0**	**0**	**0**
4000 Impôts sur le patrimoine	**4 127**	**9 303**	**21 255**	**29 943**	**37 543**	**0**	**0**	**0**	**0**	**0**
4100 Impôts périodiques sur la propriété immobilière	3 978	9 303	21 255	29 796	37 160	..	..	..	..	..
4200 Impôts périodiques sur l'actif net	0	0	0	0	0	..	..	..	..	..
4300 Impôts sur mut. par décès, succ. et donations	0	0	0	0	0	..	..	..	..	..
4400 Impôts sur transact. mobilières et immob.	0	0	0	0	0	..	..	..	..	..
4500 Impôts non-périodiques	0	0	0	147	383	..	..	..	..	..
4600 Autres impôts périodiques sur patrimoine	149	0	0	0	0	..	..	..	..	..
5000 Impôts sur les biens et services	**0**	**0**	**0**	**0**	**0**	**0**	**0**	**0**	**0**	**0**
5100 Impôts sur production, vente, transfert, etc.	..	..	..	..	..	..	..	..	..	..
5110 Impôts généraux	..	..	..	..	..	..	..	..	..	..
5120 Impôts sur biens et services déterminés	..			..	..	..	..	..	..	..
5130 Non-ventilables entre 5110 et 5120	..	..	..	..	..	..	..	..	..	..
5200 Impôts sur utilisation des biens et exerc. activites	..	..	..	..	..	..	..	..	..	..
5300 Non-ventilables entre 5100 et 5200	..	..	..	..	..	..	..	..	..	..
6000 Autres impôts	**0**	**0**	**0**	**0**	**0**	**0**	**0**	**0**	**0**	**0**
6100 A la charge exclusive des entreprises	..	..	..	..	..	..	..	..	..	..
6200 A la charge d'autres agents	..	..	..	..	..	..	..	..	..	..
Recettes fiscales totales	**4 127**	**9 303**	**21 255**	**29 943**	**37 543**	**6 540**	**44 397**	**84 459**	**114 173**	**143 255**

.. Non disponible

Note : Y compris les droits de douane perçus pour le compte de l'Union européenne.

StatLink https://stat.link/pjqm0h

Tableau 6.38. États-Unis, recettes fiscales par sous-secteurs d'administration

Million USD

	Administration fédérale					Administration d'État/Régions				
	1975	1995	2005	2015	2019	1975	1995	2005	2015	2019
1000 Impôts sur revenu, bénéfices et gains en capital	**163 072**	**750 144**	**1 268 412**	**1 883 845**	**1 957 991**	**25 509**	**157 598**	**275 728**	**391 166**	**476 013**
1100 Des personnes physiques	122 386	594 213	948 921	1 554 757	1 740 684	..	128 429	226 576	343 101	415 361
1200 Des sociétés	40 686	155 931	319 490	329 088	217 307	..	29 169	49 152	48 065	60 652
1300 Non-ventilables entre 1100 et 1200	0	0	0	0	0	..	0	0	0	0
2000 Cotisations de sécurité sociale	**0**	**0**	**0**	**0**	**0**	**0**	**0**	**0**	**0**	**0**
2100 A la charge des salariés	..	..	..	..	..	..	..	..	..	..
2200 A la charge des employeurs	..	..	..	..	..	..	..	..	..	..
2300 A charge des travailleurs indép. ou sans emploi	..	..	..	..	..	..	..	..	..	..
2400 Non-ventilables entre 2100, 2200 et 2300	..	..	..	..	..	..	..	..	..	..
3000 Sur salaires ou main d'oeuvre	**0**	**0**	**0**	**0**	**0**	**0**	**0**	**0**	**1 751**	**2 760**
4000 Impôts sur le patrimoine	**4 613**	**14 948**	**24 989**	**20 191**	**16 177**	**3 284**	**16 880**	**28 808**	**31 133**	**35 975**
4100 Impôts périodiques sur la propriété immobilière	0	0	0	0	0	1 451	7 240	9 037	13 286	15 494
4200 Impôts périodiques sur l'actif net	0	0	0	0	0	0	0	0	0	0
4300 Impôts sur mut. par décès, succ. et donations	4 611	14 948	24 989	20 191	16 177	1 418	5 061	5 322	5 143	5 216
4400 Impôts sur transact. mobilières et immob.	2	0	0	0	0	415	2 386	11 711	8 679	10 572
4500 Impôts non-périodiques	0	0	0	0	0	0	0	0	0	0
4600 Autres impôts périodiques sur patrimoine	0	0	0	0	0	0	2 193	2 738	4 025	4 694
5000 Impôts sur les biens et services	**20 773**	**75 553**	**99 411**	**140 319**	**173 679**	**52 032**	**232 033**	**377 795**	**502 682**	**586 830**
5100 Impôts sur production, vente, transfert, etc.	20 442	75 553	99 411	140 319	173 679	43 960	200 495	323 137	438 463	508 797
5110 Impôts généraux	0	0	0	0	0	24 916	135 132	218 917	289 600	337 356
5120 Impôts sur biens et services déterminés	20 442	75 553	99 411	140 319	173 679	19 044	65 363	104 220	148 863	171 441
5130 Non-ventilables entre 5110 et 5120	0	0	0	0	0	0	0	0	0	0
5200 Impôts sur utilisation des biens et exerc. activites	331	0	0	0	0	8 072	31 538	54 658	64 219	78 033
5300 Non-ventilables entre 5100 et 5200	0	0	0	0	0	0	0	0	0	0
6000 Autres impôts	**0**	**0**	**0**	**0**	**0**	**0**	**0**	**0**	**0**	**0**
6100 A la charge exclusive des entreprises	..	..	..	..	..	..	..	..	..	..
6200 A la charge d'autres agents	..	..	..	..	..	..	..	..	..	..
Recettes fiscales totales	**188 458**	**840 645**	**1 392 812**	**2 044 356**	**2 147 847**	**80 825**	**406 511**	**682 331**	**926 733**	**1 101 578**

	Administrations locales					Administrations de sécurite sociale				
	1975	1995	2005	2015	2019	1975	1995	2005	2015	2019
1000 Impôts sur revenu, bénéfices et gains en capital	**2 635**	**15 795**	**28 272**	**39 531**	**44 493**	**0**	**0**	**0**	**0**	**0**
1100 Des personnes physiques	..	13 308	22 481	31 357	35 632	..	..	..	..	..
1200 Des sociétés	..	2 487	5 791	8 174	8 861	..	..	..	..	..
1300 Non-ventilables entre 1100 et 1200	..	0	0	0	0	..	..	..	..	..
2000 Cotisations de sécurité sociale	**0**	**0**	**0**	**0**	**0**	**85 039**	**510 476**	**831 410**	**1 125 493**	**1 305 959**
2100 A la charge des salariés	..	..	..	..	..	36 382	221 800	362 829	502 103	595 561
2200 A la charge des employeurs	..	..	..	..	..	45 241	261 805	423 936	561 936	642 189
2300 A charge des travailleurs indép. ou sans emploi	..	..	..	..	..	3 416	26 871	44 645	61 454	68 209
2400 Non-ventilables entre 2100, 2200 et 2300	..	..	..	..	..	0	0	0	0	0
3000 Sur salaires ou main d'oeuvre	**0**	**0**	**0**	**0**	**0**	**0**	**0**	**0**	**0**	**0**
4000 Impôts sur le patrimoine	**50 040**	**197 392**	**359 344**	**488 409**	**560 723**	**0**	**0**	**0**	**0**	**0**
4100 Impôts périodiques sur la propriété immobilière	50 040	195 339	342 203	477 124	548 532	..	..	..	..	..
4200 Impôts périodiques sur l'actif net	0	0	0	0	0	..	..	..	..	..
4300 Impôts sur mut. par décès, succ. et donations	0	30	114	249	316	..	..	..	..	..
4400 Impôts sur transact. mobilières et immob.	0	50	13 570	6 217	6 334	..	..	..	..	..
4500 Impôts non-périodiques	0	0	0	0	0	..	..	..	..	..
4600 Autres impôts périodiques sur patrimoine	0	1 973	3 457	4 819	5 541	..	..	..	..	..
5000 Impôts sur les biens et services	**8 389**	**57 507**	**108 696**	**149 160**	**175 857**	**0**	**0**	**0**	**0**	**0**
5100 Impôts sur production, vente, transfert, etc.	6 518	42 269	76 976	117 002	134 447	..	..	..	..	..
5110 Impôts généraux	4 322	29 316	53 842	84 573	97 440	..	..	..	..	..
5120 Impôts sur biens et services déterminés	2 196	12 953	23 134	32 429	37 007	..	..	..	..	..
5130 Non-ventilables entre 5110 et 5120	0	0	0	0	0	..	..	..	..	..
5200 Impôts sur utilisation des biens et exerc. activites	1 871	15 238	31 720	32 158	41 410	..	..	..	..	..
5300 Non-ventilables entre 5100 et 5200	0	0	0	0	0	..	..	..	..	..
6000 Autres impôts	**0**	**0**	**0**	**0**	**0**	**0**	**0**	**0**	**0**	**0**
6100 A la charge exclusive des entreprises	..	..	..	..	..	..	..	..	..	..
6200 A la charge d'autres agents	..	..	..	..	..	..	..	..	..	..
Recettes fiscales totales	**61 064**	**270 695**	**496 313**	**677 099**	**781 073**	**85 039**	**510 476**	**831 410**	**1 125 493**	**1 305 959**

.. Non disponible

StatLink https://stat.link/rgm7sj

Annexe A. Classification des impôts de l'OCDE et guide d'interprétation

Table des matières

A1. Classification des impôts de l'OCDE

1. 1000 Impôts sur le revenu, les bénéfices et les gains en capital
   - 1100 Impôts sur le revenu, les bénéfices et les gains en capital des personnes physiques
     - 1110 Sur le revenu et les bénéfices
     - 1120 Sur les gains en capital
   - 1200 Impôts sur le revenu, les bénéfices et les gains en capital des sociétés
     - 1210 Sur le revenu et les bénéfices
     - 1220 Sur les gains en capital
   - 1300 Non ventilables entres les rubriques 110 et 1200
2. 2000 Cotisations de sécurité sociale
   - 2100 A la charge des salariés
     - 2110 Sur la base du salaire
     - 2120 Sur la base de l'impôt sur le revenu
   - 2200 A la charge des employeurs
     - 2210 Sur la base du salaire
     - 2220 Sur la base de l'impôt sur le revenu
   - 2300 A la charge des travailleurs indépendants ou des personnes n'occupant pas d'emploi
     - 2310 Sur la base du salaire
     - 2320 Sur la base de l'impôt sur le revenu
   - 2400 Non ventilables entre les rubriques 2100, 2200 et 2300
     - 2410 Sur la base du salaire
     - 2420 Sur la base de l'impôt sur le revenu
3. 3000 Impôts sur les salaires et la main-d'œuvre
4. 4000 Impôts sur le patrimoine
   - 4100 Impôts périodiques sur la propriété immobilière
     - 4110 Ménages
     - 4120 Autres agents
   - 4200 Impôts périodiques sur l'actif net
     - 4210 Personnes physiques
     - 4220 Sociétés
   - 4300 Impôts sur les mutations par décès, les successions et les donations
     - 4310 Impôts sur les mutations par décès et les successions
     - 4320 Impôts sur les donations

4400 Impôts sur les transactions mobilières et immobilières

4500 Autres impôts non périodiques sur le patrimoine

4510 Impôts sur l'actif net

4520 Autres impôts non périodiques

4600 Autres impôts périodiques sur le patrimoine

5. 5000 Impôts sur les biens et services

5100 Impôts sur la production, la vente, le transfert, la location et la livraison des biens et la prestation de services

5110 Impôts généraux

5111 Taxes sur la valeur ajoutée

5112 Impôts sur les ventes

5113 Impôts sur le chiffre d'affaires et autres impôts généraux sur les biens et services

5120 Impôts sur des biens et des services déterminés

5121 Accises

5122 Bénéfices des monopoles fiscaux

5123 Droits de douane et autres droits à l'importation

5124 Taxes à l'exportation

5125 Impôts sur les biens d'équipement

5126 Impôts sur des services déterminés

5127 Autres impôts sur les transactions et les échanges internationaux

5128 Autres impôts sur des biens et services déterminés

5130 Non ventilables entre les rubriques 5110 et 5120

5200 Impôts sur l'utilisation des biens ou l'autorisation d'utiliser des biens ou d'exercer des activités

5210 Impôts périodiques

5211 A la charge des ménages au titre de véhicules à moteur

5212 A la charge d'autres agents au titre de véhicules à moteur

5213 Autres impôts périodiques

5220 Impôts non périodiques

5300 Non ventilables entre les rubriques 5100 et 5200

6. 6000 Autres impôts

6100 A la charge exclusive des entreprises

6200 A la charge d'autre agents que les entreprises ou non identifiables

A2. Champ couvert

Principes généraux

1. Dans la classification de l'OCDE, le terme « impôts » désigne uniquement les versements obligatoires effectués sans contrepartie au profit des administrations publiques ou à une autorité supranationale. Les impôts n'ont pas de contrepartie en ce sens que, normalement, les prestations fournies par les administrations au contribuable ne sont pas proportionnelles à ses versements.

2. Le terme « impôts » ne couvre pas les amendes, les pénalités, ni les prêts obligatoires aux administrations. Les cas dans lesquels la délimitation entre recettes fiscales et non fiscales est délicate à tracer, pour certains droits et taxes d'utilisation, sont examinés dans les § 12 à 15.

3. Les administrations publiques comprennent l'administration centrale et les organismes dont les opérations sont sous son contrôle effectif, les administrations régionales et locales et leurs services, les organismes de sécurité sociale et les entités publiques autonomes, à l'exception des entreprises publiques. Cette définition des administrations est calquée sur celle du Système de comptabilité nationale 2008 (SCN)[1]. Dans cette publication, les administrations publiques et leurs sous-secteurs sont décrits dans le chapitre 4, paragraphes 4.117 à 4.165.

4. Les unités extrabudgétaires sont des composantes du système des administrations publiques. Il s'agit d'entités d'administration publique dotées de budgets distincts, qui ne sont pas intégralement financés par le budget central ou général. Ces organismes fonctionnent sous l'autorité ou le contrôle d'une administration centrale, d'un État fédéré ou d'une collectivité locale. Les entités extrabudgétaires peuvent disposer de leurs propres sources de recettes, qui peuvent être complétées par des dotations (transferts) provenant du budget général ou d'autres sources. Même si leurs budgets peuvent être soumis à l'approbation du corps législatif, comme les comptes budgétaires, elles disposent d'une certaine latitude quant au volume et à la composition de leurs dépenses. Ces entités peuvent être mises en place pour exercer des fonctions spécifiques des administrations publiques, telles que la construction de routes ou la production non marchande de services de santé ou d'éducation. Les dispositions budgétaires peuvent varier grandement suivant les pays, et différents termes sont utilisés pour décrire ces entités, mais elles sont souvent qualifiées de « fonds extrabudgétaires » ou d'« organismes autonomes ».

5. Les paiements obligatoires, sans contrepartie, perçus par les gouvernements nationaux et versés aux autorités supranationales sont également traitées comme des impôts au titre de la définition du paragraphe 1. Les recettes fiscales qui sont perçues par les gouvernements nationaux et payées à une autorité supranationale sont attribuées en tant que recettes fiscales à l'autorité supranationale dans le SCN 2008 (voir paragraphes 22.60-61, 22.88 et 22.99) et le SEC 2010 (voir paragraphe 20.165). Dans les Statistiques des recettes publiques, ces recettes fiscales comprennent les droits de douane, les contributions au Fonds de résolution unique de l'UE et toute autre taxe perçue par les États membres de l'UE au nom de l'Union européenne. Elles sont incluses dans les montants des recettes fiscales dans les tableaux par pays (chapitre 5) du pays dans lequel elles sont perçues et sont attribuées à l'autorité supranationale (voir § 101).

6. Dans les pays où les églises font partie des administrations publiques, les impôts sur les cultes sont inclus dans ces paiements, à condition qu'ils répondent aux critères énoncés au § 1 ci-dessus. Comme les données se réfèrent aux montants encaissés par les administrations publiques et les autorités

supranationales, les contributions versées à des organismes privés, aux organismes sociaux ou régimes de sécurité sociale extérieurs aux administrations publiques, aux syndicats ou aux associations professionnelles sont exclues, même si elles sont obligatoires. Sont toutefois inclus les versements obligatoires aux administrations publiques dont le montant est affecté à ces organismes, à condition que l'administration ne fasse pas simplement office d'agent collecteur[2]. On a distingué les bénéfices des monopoles fiscaux de ceux d'autres entreprises publiques et on les a considérés comme des impôts parce qu'ils reflètent l'exercice du pouvoir d'imposition de l'État par l'intermédiaire du monopole (voir § 66 à 68), comme le sont les bénéfices de l'État provenant de l'achat et de la vente de monnaies étrangères à des taux différents (voir § 76).

7. Les impôts payés par les administrations elles-mêmes (tels que les cotisations de sécurité sociale et les impôts sur les salaires payés par les administrations en tant qu'employeurs (2200 et 3000), les impôts sur la consommation qu'elles acquittent à l'occasion de leurs achats ou les impôts sur leur patrimoine) sont inclus dans les données présentées. Toutefois, lorsqu'il est possible de les isoler, les montants provenant de ces impôts[3] sont indiqués dans le Tableau 5.40 de ce Rapport.

8. Les rapports entre cette classification et celle du Système de comptabilité nationale (SCN) sont indiqués dans les sections A.9 et A.11. À cause des différences qui existent entre les deux classifications, les statistiques de la comptabilité nationale ne sont pas toujours établies ou classées suivant la pratique adoptée dans le présent guide. Ces différences et d'autres encore sont mentionnées dans les cas appropriés (voir par exemple § 31), mais il est impossible de toutes les signaler. Il peut y avoir aussi certaines différences entre cette classification et celle utilisée par certaines administrations nationales (voir par exemple § 13), aussi les statistiques nationales et celles de l'OCDE ne peuvent pas toujours être compatibles ; ces différences, cependant, sont vraisemblablement très insignifiantes dans les montants des recettes en cause.

Cotisations de sécurité sociale

9. Les cotisations obligatoires de sécurité sociale, définies au § 40, qui sont versées aux administrations publiques, font partie des recettes fiscales. Mais elles peuvent différer toutefois des autres impôts du fait que le paiement des prestations de sécurité sociale dépend dans la plupart des pays du versement des cotisations appropriées, encore qu'il n'y ait pas forcément un lien entre l'importance des prestations et le montant des cotisations. La comparabilité entre les pays sera meilleure si on considère les cotisations de sécurité sociale comme des impôts ; elles figurent cependant sous une rubrique distincte de façon à permettre un traitement séparé pour n'importe quelle analyse.

10. La distinction stricte entre les recettes fiscales (qui sont des paiements obligatoires sans contrepartie aux administrations publiques ou à une autorité supranationale) et les prélèvements obligatoires non fiscaux (PONF) (qui sont soit des paiements avec contrepartie aux administrations publiques, soit des paiements destinés à d'autres organismes) est clairement définie. Néanmoins, dans la palette des divers prélèvements obligatoires destinés aux administrations publiques qui existent dans les différents pays, il n'est pas toujours évident de déterminer en pratique si tel ou tel prélèvement est un impôt ou un PONF. Ainsi, l'épargne-retraite obligatoire qui est placée sous le contrôle des administrations publiques et qui s'accumule sur un compte individuel rémunéré à un taux correspondant au rendement du marché ou destiné à compenser l'inflation semble, à première vue, constituer une forme de PONF, et non d'impôt. Toutefois, ces paiements peuvent encore être considérés comme « sans contrepartie » et, par conséquent, être classés dans les impôts et non dans les PONF (par exemple si cette épargne-retraite n'est pas remboursée au cas où le contribuable décède avant d'atteindre l'âge de la retraite, et si les fonds en question sont utilisés ensuite pour verser une pension minimale à tous les contribuables qui sont assurés). En conséquence, les chiffres relatifs aux recettes de sécurité sociale indiqués pour la plupart des pays reposent sur l'hypothèse que l'on considère que tous les types de prélèvements obligatoires destinés aux administrations publiques comportent, dans une certaine mesure, un élément redistributif. Il

convient de noter que cette conclusion découle d'une interprétation généralement large du terme « sans contrepartie » dans la définition de l'impôt.

11. Les cotisations de sécurité sociale qui sont facultatives ou qui ne sont pas versées à des administrations publiques (voir § 1) ne sont pas considérées comme des impôts, bien que dans certains pays (comme il est indiqué dans les notes correspondantes), il soit difficile d'éliminer complètement les cotisations facultatives et certains versements obligatoires au secteur privé des statistiques relatives aux recettes publiques. Les cotisations de sécurité sociale imputées ne sont pas considérées comme des impôts.

Droits, taxes d'utilisation et droits de licence

12. Si l'on excepte les droits perçus sur les permis de circulation des véhicules à moteur, qui sont universellement considérés comme des impôts, il n'est pas facile de distinguer les droits et taxes d'utilisation qui doivent être traitées comme des impôts de celles qui ne doivent pas l'être. Si, en effet, un droit ou une taxe est perçu au titre d'un service ou d'une activité déterminée, le lien entre ce prélèvement et la prestation fournie peut être plus ou moins important, de même que la relation entre le montant du prélèvement et le coût de la prestation. Lorsque le bénéficiaire d'une prestation acquitte un droit dont le montant est clairement lié au coût de la prestation fournie, on peut considérer que le prélèvement comporte une contrepartie, et d'après la définition donnée au § 1, il ne sera pas traité comme un impôt. Toutefois, dans les cas suivants, les prélèvements seraient 'sans contrepartie':

a) lorsque le prélèvement est très supérieur au coût de la prestation fournie ;

b) lorsque le redevable de la contribution n'est pas le bénéficiaire de la prestation correspondante (par exemple, un droit perçu sur l'abattage du bétail pour financer un service qui est fourni aux agriculteurs) ;

c) lorsque l'État ne fournit pas un service déterminé en contrepartie du droit qu'il perçoit, même si un permis est délivré à celui qui acquitte le droit (par exemple, lorsque l'État délivre des permis de chasse, de pêche ou de port d'armes qui ne sont pas assortis du droit d'utiliser une parcelle déterminée de terres appartenant à l'État) ;

d) lorsque les bénéficiaires de la prestation sont les personnes qui ont acquitté le droit, mais que la prestation dont chacun bénéficie n'est pas nécessairement en rapport avec le montant de ses propres versements (par exemple, le droit de commercialisation du lait acquitté par les fermiers qui sert à promouvoir la consommation de lait.

13. Dans des cas limites, cependant, l'application des critères énoncés au § 1 peut être particulièrement difficile. La solution adoptée, dans un souci d'uniformité entre les pays et eu égard aux montants relativement faibles des recettes en cause, consiste à s'en tenir à la pratique prépondérante des administrations fiscales plutôt que de laisser chaque pays décider si ces prélèvements sont des impôts ou des recettes non fiscales[4].

14. On trouvera ci-après la liste des principaux droits et taxes en question et leur traitement normal[5] dans la présente publication .

Recettes non fiscales :	frais de justice ; droits de délivrance de permis de conduire ; droits portuaires ; redevances de passeport ; redevances de radio et de télévision lorsque le service est assuré par les pouvoirs publics
Impôts du sous-groupe 5200:	autorisation d'exercer certaines activités telles que : distribution de films ; chasse, pêche et utilisation d'armes à feu ; organisation de spectacles ou de jeux et paris ; vente de boissons alcoolisées ou de tabacs ; autorisation de posséder des chiens et d'utiliser ou posséder des véhicules à moteur ou des armes à feu ; taxes d'extraction.

15. Dans la pratique, il se peut qu'il ne soit pas toujours possible d'isoler les recettes fiscales des recettes non fiscales quand elles sont enregistrées ensemble. Si l'on estime qu'il s'agit surtout de recettes

non fiscales, l'ensemble sera traité comme tel ; dans le cas contraire, les recettes seront comptabilisées et classées conformément aux règles énoncées au § 33.

Redevances

16. La propriété des gisements prenant la forme de minéraux ou de combustibles fossiles (charbon, pétrole ou gaz naturel) dépend de la façon dont les droits de propriété sont définis par la loi, et aussi par les conventions internationales quand les gisements sont situés sous les eaux internationales. Dans certains cas, soit le terrain sous lequel les gisements sont situés, soit les gisements eux-mêmes, soit les deux peuvent appartenir à une administration publique centrale ou locale.

17. Ces unités des administrations publiques peuvent alors consentir un bail à d'autres unités institutionnelles en les autorisant à exploiter ces gisements pendant une période déterminée, en contrepartie d'un paiement ou d'une série de paiements. Ces paiements sont souvent qualifiés de redevances (« royalties »), mais ils n'en constituent pas moins essentiellement des loyers, qui reviennent aux propriétaires des ressources naturelles considérées parce qu'ils mettent ces actifs à la disposition d'autres unités institutionnelles pour des durées déterminées. Ces loyers peuvent prendre la forme de versements périodiques d'un montant fixe, indépendant du rythme d'extraction ; plus vraisemblablement, ils peuvent être fonction de la quantité, du volume ou de la valeur des actifs extraits. Les entreprises engagées dans des activités de prospection sur des terrains publics peuvent effectuer des paiements aux unités de l'administration publique concernées, en contrepartie de l'autorisation de procéder à des forages d'essai ou de réaliser par d'autres moyens des recherches concernant l'existence et la localisation de gisements. Ces paiements sont également considérés comme des loyers, même en l'absence d'extraction. Ils sont donc classés dans les recettes non fiscales.

18. Les mêmes principes s'appliquent lorsque d'autres unités institutionnelles se voient consentir un bail leur permettant de couper du bois dans des forêts naturelles sur des terrains appartenant à des unités des administrations publiques. Ces paiements sont également classés dans les recettes non fiscales.

19. Ces loyers ou redevances versés aux administrations publiques ne doivent pas être confondus avec les impôts sur le revenu et les bénéfices, les taxes d'extraction, les taxes professionnelles ou d'autres impôts. Si ces paiements sont prélevés sur les bénéfices tirés des activités d'extraction, ils doivent être classés dans les impôts sur le revenu, les bénéfices et les gains en capital (1000). En outre, toute taxe d'extraction relative à des minéraux ou des combustibles fossiles extraits de réserves privées ou appartenant à d'autres administrations publiques doit être classée dans les impôts. Les paiements liés à la valeur brute de la production doivent être classés dans les autres impôts sur des biens et services déterminés (5128). Les paiements effectués en contrepartie d'une autorisation ou d'un permis d'extraction doivent être classés dans les impôts sur l'utilisation des biens ou l'autorisation d'utiliser des biens ou d'exercer des activités (5200).

Amendes et pénalités

20. En principe, les amendes et pénalités portant sur les impôts impayés ou les pénalités appliquées en cas de tentative d'évasion fiscale ne doivent pas être enregistrées comme des recettes fiscales. Cependant, il se peut qu'il ne soit pas possible de séparer le versement des amendes et pénalités des recettes correspondant aux impôts auxquels ces amendes et pénalités se rattachent. Dans ce cas, les amendes et pénalités associés à un impôt particulier sont enregistrées avec les recettes correspondant à cet impôt alors que les amendes et pénalités liées à des recettes correspondant à des impôts non-identifiés sont classées comme autres impôts dans la catégorie 6000. Les amendes qui ne concernent pas des infractions fiscales (comme les infractions au stationnement), ou qui ne sont pas identifiables en tant que telles, ne sont pas non plus considérées comme des recettes fiscales.

A3. Bases de comptabilisation

Droits constatés

21. Les données enregistrées dans cette publication pour les années récentes sont essentiellement indiquées en droits constatés, c'est-à-dire qu'elles sont enregistrées au moment du fait générateur de l'impôt. D'autres informations sont fournies dans les notes des tableaux par pays au chapitre 5 de ce Rapport.

22. Toutefois, les données des années antérieures sont encore principalement comptabilisées sur la base des décaissements, c'est-à-dire au moment où l'administration reçoit le versement. Ainsi, les impôts retenus à la source par les employeurs au cours d'un exercice, mais versés à l'administration au cours de l'exercice suivant, et les impôts dus au titre d'une année mais effectivement versés l'année suivante, figurent les uns et les autres dans les recettes du second exercice. Les restitutions, remboursements et retraits résultant d'opérations rectificatives sont déduits des recettes brutes de la période au cours de laquelle ces opérations sont effectuées.

23. Les données relatives aux recettes fiscales sont comptabilisées, sans déduction compensatoire des dépenses administratives liées au recouvrement de l'impôt. De même, lorsque le produit d'un impôt sert à subventionner certains membres de la collectivité, la subvention n'est pas déduite du rendement de l'impôt, encore que certains pays fassent figurer dans leurs données l'impôt après déduction des subventions.

24. Pour les monopoles fiscaux (sous-groupe 5122), seul le montant effectivement transféré à l'État est inclus dans les recettes publiques. Toutefois, les dépenses des monopoles fiscaux qui sont considérées comme des dépenses publiques (par exemple, des dépenses de caractère social engagées par les monopoles fiscaux à l'instigation de l'État) sont ajoutées après coup pour calculer le montant des recettes fiscales (voir § 66).

La distinction entre dispositions fiscales et dépenses directes[6]

25. Étant donné que la présente publication ne vise que les recettes publiques en faisant abstraction des dépenses, il convient de distinguer entre les dispositions fiscales et les dépenses directes. Normalement, cette distinction ne soulève aucune difficulté, car les dépenses directes sont effectuées en dehors du système fiscal et des comptes fiscaux et en vertu de dispositions législatives distinctes. Dans les cas limites, on recourt, pour établir la distinction, au principe de la comptabilisation sur la base des paiements. Dans la mesure où une disposition affecte le montant des paiements du contribuable à l'État, elle est considérée comme une disposition fiscale dont il est tenu compte dans les données figurant dans cette publication. Une disposition qui n'affecte pas ce montant est considérée comme une dépense directe dont il n'est pas tenu compte dans les données reproduites dans cette publication.

26. Il est clair que les abattements fiscaux, exonérations et déductions de l'assiette de l'impôt modifient le montant de l'impôt acquitté à l'État ; il s'agit donc de dispositions fiscales. Inversement, les formes d'aides qui ne sont pas imputables sur l'impôt et n'ont donc aucun lien avec le processus d'imposition, ne réduisent pas les recettes publiques qui sont consignées dans ce volume. Les crédits d'impôt sont des montants déductibles de l'impôt à acquitter (par opposition aux déductions, qui sont opérées sur l'assiette de l'impôt). On distingue deux catégories de crédits d'impôt : ceux (que l'on qualifiera ici de 'non récupérables') qui sont limités au montant de l'impôt à acquitter et ne peuvent donc donner lieu à un versement de l'administration au contribuable, et ceux (qualifiés ici de 'récupérables') qui n'ont pas cette limite, de sorte que l'excédent du crédit sur l'impôt peut être versé au contribuable[7]. Le crédit d'impôt non récupérable, comme un abattement fiscal, affecte évidemment le montant de l'impôt acquitté à l'État ; aussi est-il considéré comme une disposition fiscale. La solution adoptée pour les crédits d'impôts récupérables[8] consiste à distinguer l'élément de « dépense fiscale »[9], qui est la part du crédit utilisée pour réduire ou

supprimer l'impôt dû par le contribuable, et l'« élément de transfert », qui correspond à la part excédant l'impôt dû par le contribuable et qui lui est reversée. Les recettes fiscales rapportées doivent être diminuées du montant de l'élément de dépense, mais non de l'élément de transfert. En outre, les montants de l'élément de dépense fiscale et de l'élément de transfert doivent être indiqués pour mémoire dans les tableaux par pays. Les pays qui ne sont pas en mesure de faire la distinction entre l'élément de dépense fiscale et l'élément de transfert doivent indiquer si leurs recettes fiscales ont été ou non diminuées du montant total de ces éléments, et fournir toutes les estimations dont ils disposent concernant les montants de ces deux éléments. Des informations complémentaires figurent dans le chapitre 1 de ce Rapport, qui fait apparaître les effets des différents traitements possibles des crédits d'impôts récupérables sur les ratios impôt rapportant les impôts au PIB.

Année civile et année fiscale (exercice budgétaire)

27. Les autorités nationales dont l'exercice budgétaire ne correspond pas à l'année civile fournissent, autant que possible, leurs données sur la base de l'année civile afin de faciliter au maximum la comparaison avec les données des autres pays. Les données d'un petit nombre de pays se réfèrent à l'exercice budgétaire. Pour ceux-ci, les statistiques de PIB utilisées dans les tableaux comparatifs portent aussi sur les exercices budgétaires.

A4. Principes généraux de classification

Les fondements essentiels de la classification

28. Les recettes sont classées par groupes principaux (1000, 2000, 3000, 4000, 5000, 6000) suivant l'assiette de l'impôt : 1000 revenus, bénéfices et gains en capital ; 2000 et 3000 salaires et nombre d'employés ; 4000 patrimoine ; 5000 biens et services ; 6000 assiettes diverses, autres ou non identifiables. Lorsqu'un impôt est calculé en fonction de plusieurs assiettes, les recettes sont, chaque fois que c'est possible, réparties entre les divers groupes (voir § 33 et § 83). Les groupes 4000 et 5000 ne comprennent pas seulement les impôts ayant pour assiette le patrimoine, les biens ou les services eux-mêmes, mais aussi certains impôts connexes. Ainsi, les impôts sur les mutations du patrimoine sont classés dans le groupe 4400[10] et les impôts sur l'utilisation des biens, ou l'autorisation d'exercer une activité, dans le groupe 5200. Dans les groupes 4000 et 5000, une distinction est faite dans certains sous-groupes entre impôts périodiques et impôts non périodiques : on entend par impôts périodiques ceux qui sont perçus à intervalles réguliers (ordinairement tous les ans) et par impôts non périodiques ceux qui ne sont perçus qu'une seule fois (voir aussi les § 48 à 51, § 54, § 55, et § 81 pour une application particulière de cette distinction).

29. L'affectation spéciale de certaines recettes fiscales n'influe pas sur leur classification. Toutefois comme explicité au § 40 sur la classification des cotisations de sécurité sociale, l'octroi d'un droit aux prestations sociales est crucial dans la définition de la rubrique principale 2000.

30. La manière selon laquelle un impôt est perçu ou recouvré (par exemple, au moyen de timbres) n'affecte pas sa classification.

Classification des contribuables

31. Dans certains sous-groupes, des distinctions sont faites entre les différentes catégories de contribuables. Ces distinctions varient d'un impôt à l'autre :

a) Ventilation des impôts sur le revenu et sur l'actif net entre personnes physiques et sociétés

La distinction fondamentale entre les impôts sur le revenu des sociétés et les impôts sur le revenu des personnes physiques est que les premiers sont perçus sur la société en tant qu'entité et non sur les personnes physiques qui en sont propriétaires, donc sans tenir compte de la situation personnelle de celles-ci. La même distinction est applicable aux impôts sur l'actif net des sociétés et des personnes physiques. Les impôts perçus sur les bénéfices des sociétés de personnes et sur le revenu de certaines institutions comme les caisses d'assurance-vie ou de retraite, sont classés selon le même principe. Ils sont compris dans les impôts sur les sociétés (1200) lorsqu'ils sont perçus sur la société de personnes ou l'institution en tant qu'entité sans que la situation personnelle des propriétaires entre en ligne de compte ; dans les autres cas, ils sont considérés comme des impôts sur les personnes physiques (1100). Ordinairement, les impôts sur les sociétés et les impôts sur les personnes physiques sont régis par des dispositions législatives différentes[11]. La distinction qui est faite ici entre personnes physiques et sociétés ne reprend pas la classification par secteur (ménages, entreprises, etc.) adoptée dans les comptes de revenus et de dépenses du SCN. Cette dernière classification exclut du secteur des ménages certaines entreprises non constituées en sociétés[12] et les fait figurer parmi les entreprises non financières et les institutions financières. Toutefois, l'impôt sur les bénéfices de ces entreprises ne peut pas toujours être isolé de l'impôt sur les autres revenus des propriétaires de ces entreprises, ou ne peut l'être que d'une façon arbitraire. On n'a pas cherché ici à faire la distinction et l'impôt sur le revenu des personnes physiques figure globalement, quelle que soit la nature du revenu imposable.

b) *Ventilation des impôts sur les biens immobiliers entre ménages et autres agents*

En l'occurrence, la distinction est celle qui a été adoptée par le SCN dans les comptes de production et de consommation. On distingue, en effet, les ménages en tant que consommateurs d'une part (c'est-à-dire à l'exclusion des entreprises individuelles), et les producteurs d'autre part. Cependant, les impôts sur les logements occupés par les ménages, qu'ils soient à la charge des propriétaires qui les occupent, du locataire ou du propriétaire, sont classés comme étant à la charge des ménages. C'est la distinction faite habituellement entre les impôts sur les biens des personnes et les impôts sur les biens des entreprises. Toutefois, certains pays ne sont pas en mesure d'établir cette distinction.

c) *Ventilation des permis de circuler des véhicules à moteur entre taxes à la charge des ménages et à la charge d'autres agents*

On distingue ici les ménages en tant que consommateurs d'une part, et producteurs d'autre part, comme dans les comptes de production et de consommation du SCN.

d) *Ventilation des autres impôts (6000) entre les entreprises et les autres agents*

Il est fait la même distinction qu'au point (*c*) ci-dessus entre les producteurs, d'une part, et les ménages consommateurs d'autre part. Les impôts qui figurent dans le groupe 6000 parce qu'ils ne comportent pas une assiette unique ou parce que leur assiette ne relève d'aucune des catégories précédentes, mais qui ne sont manifestement perçus que sur les producteurs et non sur les ménages, sont classés comme étant 'à la charge des entreprises'. Les autres impôts du groupe 6000 figurent sous la rubrique 'à la charge d'autres agents' ou 'non identifiés'.

Surtaxes

32. Les recettes des surtaxes relatives à des impôts particuliers sont classées ordinairement avec les recettes de l'impôt correspondant, que la surtaxe ait ou non un caractère temporaire. Toutefois, si l'une des caractéristiques de la surtaxe permet de la classer sous une rubrique différente de la classification de l'OCDE, les recettes de cette surtaxe sont classées sous cette rubrique et non pas avec les recettes de l'impôt correspondant

Recettes fiscales non identifiables et sous-groupes résiduels

33. Il arrive parfois qu'on ne puisse déterminer si des impôts relèvent entièrement d'un groupe ou d'un sous-groupe de la classification de l'OCDE ; dans ces cas on applique les méthodes suivantes :

a) le groupe est connu, mais on ne sait pas comment répartir les recettes entre les sous-groupes ; les recettes sont alors classées dans le sous-groupe résiduel approprié (1300, 2400, 4520, 4600, 5130, 5300 ou 6200) ;

b) on sait que l'ensemble des recettes d'un groupe d'impôts (ordinairement des impôts locaux) provient d'impôts relevant d'un groupe ou sous-groupe particulier, mais certains impôts du groupe, dont le montant ne peut être déterminé avec précision, peuvent être classés dans d'autres groupes ou sous-groupes ; dans ce cas les recettes sont comptabilisées dans le groupe ou sous-groupe dont relève l'essentiel des recettes ;

c) il est impossible d'identifier le groupe ou le sous-groupe d'un impôt (ordinairement un impôt local) ; l'impôt est alors classé dans le groupe 6200, à moins qu'il ne s'agisse d'un impôt manifestement à la charge des entreprises, auquel cas il est classé dans le sous-groupe 6100.

A5. Commentaires sur les postes de la liste

1000 — Impôts sur le revenu, les bénéfices et les gains en capital

34. Ce groupe couvre les impôts prélevés sur le revenu ou le bénéfice net (c'est-à-dire le revenu brut déduction faite des abattements autorisés) des personnes physiques et des entreprises. Sont aussi couverts les impôts prélevés sur les gains en capital des personnes physiques et des entreprises et sur les gains provenant de jeux.

35. Ce groupe comprend :

a) les impôts perçus principalement sur les revenus ou les bénéfices, bien qu'ils puissent l'être partiellement sur d'autres bases. Les impôts qui ont une autre assiette principale que le revenu ou les bénéfices sont classés selon les principes énoncés aux § 33 et § 83 ;

b) les impôts sur la propriété immobilière, qui sont perçus sur la base d'un revenu présumé ou estimé faisant partie de l'assiette de l'impôt sur le revenu (voir aussi § 48 (a), (c) et (d)) ;

c) les versements obligatoires aux caisses de sécurité sociale qui sont prélevés sur les revenus mais ne donnent pas droit à des prestations sociales. Lorsque ces contributions donnent droit à des prestations sociales, elles figurent à la rubrique 2000 (voir § 40) ;

d) les recettes provenant d'impôts cédulaires sur le revenu intégrés dans le régime général qui sont globalement classés dans ce groupe, bien que certains de ces impôts soient sur le revenu brut et ne tiennent pas toujours compte de la situation personnelle du contribuable.

36. Les impôts figurant dans ce groupe sont subdivisés en deux grands sous-groupes, les impôts sur le revenu des personnes physiques (1100) et les impôts sur le revenu des sociétés (1200), une ventilation étant faite dans chacun d'eux entre les impôts sur le revenu et les bénéfices (1110 et 1210) et les impôts sur les gains en capital (1120 et 1220). Si certaines recettes ne peuvent être identifiées comme relevant soit du sous-groupe 1100, soit du sous-groupe 1200, ou si cette distinction ne peut être faite dans la pratique (parce qu'il n'y a pas de données fiables sur les bénéficiaires des paiements sur lesquels la retenue à la source est faite), elles sont classées dans le sous-groupe 1300 (non ventilables).

Traitement des crédits d'impôt dans les systèmes d'imputation

37. Dans les régimes d'imputation de l'impôt sur les bénéfices des sociétés, les actionnaires bénéficient d'une compensation totale ou partielle d'imposition sur les dividendes que la société leur a versés et pour lesquels elle a acquitté l'impôt sur le revenu des sociétés. Dans les pays qui appliquent un tel régime,[13] une fraction de l'impôt sur les bénéfices des sociétés sert à alléger l'impôt dû par l'actionnaire. Cet allégement prend la forme d'un crédit d'impôt, dont le montant peut être inférieur, égal ou supérieur au montant total de l'impôt dont il est redevable. Si le crédit d'impôt dépasse ce montant, l'excédent peut être versé à l'actionnaire. Comme ce type de crédit d'impôt fait partie intégrante des systèmes d'imputation de l'impôt sur le revenu des sociétés, tout paiement à l'actionnaire est considéré comme un remboursement d'impôt et non comme une dépense (se référer au traitement des autres crédits d'impôt exposé au § 26).

38. Puisque, dans les systèmes d'imputation, le crédit d'impôt (même lorsqu'il dépasse l'impôt dû) est censé être une disposition fiscale, on peut se demander s'il doit être déduit des recettes de l'impôt sur le revenu des personnes physiques (1110) ou de celles de l'impôt sur les bénéfices de sociétés (1210). Dans ce Rapport le montant intégral de l'impôt acquitté sur les bénéfices des sociétés figure sous le poste 1210 et aucun impôt imputé n'est inclus dans le poste 1110. Le montant total du crédit d'impôt réduit donc le montant des recettes du poste 1110, que ce crédit se traduise par une réduction de l'impôt dû sur le revenu des personnes physiques ou par un remboursement réel du fait que le crédit dépasse le montant de l'impôt. (Cependant, lorsque ces crédits sont déduits de l'impôt sur les sociétés au titre de dividendes versés à des sociétés, le montant est déduit des recettes du poste 1210).

1120 et 1220 — Impôts sur les gains en capital

39. Ces postes comprennent les impôts perçus sur les gains en capital, le sous-groupe 1120 comptabilisant les impôts prélevés sur les gains des personnes physiques et le sous-groupe 1220 ceux qui sont perçus sur les gains des entreprises constituées sous forme de sociétés, lorsque ces recettes peuvent être ventilées. Ce n'est pas le cas dans de nombreux pays et les recettes de ces impôts sont alors classées avec celles de l'impôt sur le revenu. Les impôts sur les gains provenant de jeux sont aussi classés sous le poste 1120.

2000 — Cotisations de sécurité sociale

40. Figurent dans ce groupe tous les versements obligatoires aux administrations publiques qui donnent le droit de bénéficier d'une prestation sociale future (éventuelle). Ces versements sont généralement affectés au financement de prestations sociales et souvent effectués au profit d'institutions ou d'administrations publiques qui fournissent de telles prestations. Cependant, cette affectation n'entre pas dans la définition des cotisations de sécurité sociale et n'est pas nécessaire pour qu'un impôt soit classé dans cette rubrique. Cependant, il faut qu'un impôt confère un droit pour être classé dans cette rubrique. Par conséquent, les prélèvements sur les revenus ou la masse salariale qui sont affectés aux caisses de sécurité sociale mais ne donnent aucun droit à des prestations sont exclus de cette rubrique et figurent à celle des impôts sur le revenu des personnes physiques (1100) ou des impôts sur les salaires et la main-d'œuvre (3000). Les impôts assis sur d'autres bases, telles que les biens et services, qui sont affectés à des prestations de sécurité sociale, ne sont pas indiqués ici, mais sont classés en fonction de leurs bases respectives parce qu'en général ils ne donnent pas droit à des prestations de sécurité sociale.

41. Seraient entre autres incluses les cotisations au titre des catégories suivantes de prestations de sécurité sociale : les allocations d'assurance-chômage et les compléments, les allocations pour accidents, blessures et maladie, les pensions de retraite, d'invalidité et de survivant, les allocations familiales, les remboursements de dépenses médicales et d'hospitalisation ou la fourniture de services médicaux ou hospitaliers. Les cotisations peuvent être collectées à la fois auprès des employés et des employeurs.

42. Les cotisations peuvent être assises sur les gains ou la masse salariale (« sur la base du salaire ») ou sur le revenu net après déductions et exemptions en fonction de la situation personnelle (« sur la base de l'impôt sur le revenu ») et les recettes correspondant à ces deux bases doivent être identifiées séparément si possible. Cependant, lorsque les cotisations à un régime général de sécurité sociale sont assises sur la masse salariale, mais que les cotisations de groupes particuliers (tels que les travailleurs indépendants) ne peuvent être évaluées sur cette base et que le revenu net est utilisé comme valeur rapprochée des gains bruts, les recettes peuvent encore être considérées comme assises sur la masse salariale. En principe, cette rubrique exclut les cotisations facultatives à des régimes de sécurité sociale. Lorsqu'elles peuvent être identifiées séparément, elles figurent pour mémoire dans le tableau indiquant le financement des prestations de sécurité sociale. Toutefois, en pratique, elles ne peuvent pas toujours être distinguées des cotisations facultatives, et dans ce cas elles figurent à cette rubrique.

43. Les cotisations à des régimes d'assurance sociale qui ne relèvent pas des pouvoirs publics et à d'autres régimes d'assurance ou de prévoyance, aux caisses de retraite, sociétés de secours mutuel ou autres systèmes d'épargne, ne sont pas considérées comme des cotisations de sécurité sociale. Les caisses de prévoyance résultant d'arrangements aux termes desquels les cotisations de chaque salarié et celles que l'employeur verse en son nom sont comptabilisées séparément dans un compte productif d'intérêts d'où elles peuvent être retirées dans des conditions biens déterminées. Les caisses de retraite sont des régimes autonomes organisés par négociations entre salariés et employeurs, qui comportent diverses contributions et prestations, parfois liées plus directement au salaire et à la durée d'activité que dans les régimes de sécurité sociale. Lorsque les cotisations à ces régimes sont obligatoires ou quasi obligatoires (par exemple en vertu d'un accord entre organisations professionnelles et syndicales), elles sont comptabilisées dans le poste pour mémoire (voir le Tableau 5.39 du Rapport).

44. Les cotisations versées par les agents des administrations et par les administrations au titre de leurs agents à des régimes de sécurité sociale relevant des pouvoirs publics sont incluses dans ce groupe. Sont aussi assimilées à des impôts les cotisations à des régimes particuliers réservés aux agents des administrations qui sont censés remplacer un régime général de la sécurité sociale[14]. Par contre, lorsqu'un régime distinct n'est pas censé remplacer un régime général et résulte de négociations entre l'administration, agissant en qualité d'employeur, et ses agents, il n'est pas considéré comme un régime de sécurité sociale et les cotisations à ce titre ne sont pas assimilées à des impôts, même si le régime a été institué par des dispositions législatives.

45. Cette rubrique ne comprend pas les cotisations 'imputées', qui correspondent aux prestations sociales versées directement par les employeurs à leurs salariés, ou anciens salariés, ou à leurs représentants (par exemple, lorsque des employeurs sont légalement tenus de verser des prestations maladies pendant une certaine période).

46. Le groupe comprend les cotisations à la charge des salariés (2100), à la charge des employeurs (2200), et à la charge des travailleurs indépendants ou des personnes n'occupant pas d'emploi (2300). À cet effet, on entend par salariés toutes les personnes qui exercent une activité dans des entreprises, des administrations, des institutions privées sans but lucratif, ou qui occupent d'autres emplois rémunérés, à l'exception des propriétaires et des membres de leur famille non rémunérés dans le cas d'entreprises individuelles. Sont également compris les membres des forces armées, quelle que soit la durée et la nature de leurs services, s'ils cotisent à un régime de sécurité sociale. Par cotisations à la charge des employeurs, on entend les versements qu'ils effectuent au régime de sécurité sociale pour le compte de leurs salariés. Si, en cas de chômage, les salariés ou employeurs sont tenus de continuer à effectuer ces versements, ces derniers doivent figurer respectivement dans les sous-groupes 2100 et 2200. En conséquence, le sous-groupe 2300 est réservé aux cotisations versées par les travailleurs indépendants et par ceux qui n'appartiennent pas à la population active (comme les handicapés ou les retraités).

3000 — Impôts sur les salaires et la main-d'œuvre

47. Il s'agit d'impôts que doivent acquitter les entreprises, déterminés en proportion des salaires et des traitements payés, ou d'après un montant fixe par personne employée. Ils ne comprennent pas les cotisations obligatoires de sécurité sociale payées par les employeurs, ni les impôts payés par les salariés sur leurs traitements et leurs salaires.

4000 — Impôts sur le patrimoine

48. Ce groupe couvre les impôts périodiques et non périodiques sur l'utilisation, la propriété ou la mutation des biens. Sont comptabilisés ici les impôts sur la propriété immobilière et sur l'actif net, les impôts sur les mutations par décès, les successions et les donations, et les impôts sur les transactions mobilières et immobilières. Sont exclus de ce groupe :

a) les impôts sur les gains en capital provenant de la vente d'un bien (1120 ou 1220) ;

b) les impôts sur l'utilisation des biens ou l'autorisation d'utiliser des biens ou d'exercer des activités (5200) [voir § 78] ;

c) les impôts immobiliers perçus sur la base d'un revenu net présumé qui tiennent compte de la situation personnelle du contribuable. Ces impôts sont classés dans le groupe 1100 en tant qu'impôts sur le revenu, avec les impôts sur le revenu et les gains en capital provenant des biens immobiliers ;

d) les impôts sur l'utilisation de biens immobiliers aux fins d'habitation qui sont à la charge du propriétaire ou du locataire et dont le montant est fonction de la situation personnelle de l'utilisateur (salaire, personnes à charge, etc.). Ils sont classés dans le groupe 1100 en tant qu'impôts sur le revenu ;

e) les impôts sur les constructions dépassant la densité autorisée, les impôts sur l'extension, la construction ou la modification de certains immeubles au-delà d'une valeur autorisée et les impôts sur la construction d'immeubles. Ces impôts sont classés dans le poste 5200 en tant qu'impôts sur l'autorisation d'exercer certaines activités ;

f) les impôts sur l'utilisation de biens immobiliers par le propriétaire à des fins commerciales particulières, comme la vente de boissons alcoolisées, de tabac, de viande, ou pour l'exploitation de sols ou terrains (par exemple aux États-Unis, les taxes d'extraction). Ils sont classés dans le poste 5200 en tant qu'impôts sur l'autorisation d'exercer certaines activités.

4100 — Impôts périodiques sur la propriété immobilière

49. Ce sous-groupe comprend les impôts prélevés régulièrement au titre de l'utilisation ou de la propriété de biens immobiliers.

- ces impôts sont prélevés sur les terrains et les bâtiments ;
- ces impôts sont calculés en pourcentage de la valeur du bien évalué d'après un revenu locatif fictif, le prix de vente ou le rendement capitalisé, ou en fonction d'autres caractéristiques du bien, comme sa dimension ou son emplacement, d'où l'on peut déduire une valeur locative présumée ou la valeur du capital.
- ces impôts sont à la charge du propriétaire, du locataire ou des deux. Ils peuvent également être payés par une administration à une autre administration au titre d'un bien relevant de la compétence de cette dernière.
- il n'est pas tenu compte des dettes pour la détermination de l'assiette de ces impôts, contrairement aux impôts sur l'actif net.

50. Les impôts sur la propriété immobilière sont en outre subdivisés en impôts acquittés par les ménages (4110) et impôts acquittés par d'autres agents (4120), suivant les critères exposés au § 31(*b*) ci-dessus.

4200 — Impôts périodiques sur l'actif net

51. Ce sous-groupe comprend les impôts prélevés régulièrement (dans la plupart des cas annuellement) sur l'actif net, c'est-à-dire les impôts perçus sur un large éventail de biens mobiliers et immobiliers, endettement déduit. Il est subdivisé en impôts acquittés par des personnes physiques (4210), et en impôts acquittés par des sociétés (4220) selon les critères exposés plus haut au § 31(a). Si les recettes provenant des institutions sont comptabilisées à part, les paiements concernés doivent être ajoutées aux impôts des entreprises.

4300 — Impôts sur les mutations par décès, les successions et les donations

52. Ce sous-groupe comprend les impôts sur les mutations par décès et les successions (4310) et les impôts sur les donations (4320).[15] Les impôts sur les mutations par décès sont calculés soit sur l'ensemble de la masse successorale, soit en fonction de la part de chacun des bénéficiaires (« part héréditaire ») ; en outre, ces derniers impôts peuvent tenir compte du degré de parenté entre chacun des bénéficiaires et le défunt.

4400 — Impôts sur les transactions mobilières et immobilières

53. Sont compris, entre autres, dans ce sous-groupe les impôts sur l'émission, le transfert, l'achat et la vente de valeurs mobilières, les impôts sur les chèques, ainsi que les droits perçus à l'occasion d'actes juridiques déterminés, comme la validation de contrats et la vente de biens immobiliers. Sont exclus :

- *a)* les impôts sur l'utilisation de biens, mobiliers ou immobiliers, ou l'autorisation d'exercer certaines activités (5200) ;
- *b)* les droits acquittés au titre de frais de justice, ou pour la délivrance de certificats de naissance, de mariage ou de décès, car ces droits sont considérés comme des recettes non fiscales (voir § 12) ;
- *c)* les impôts sur les gains en capital (1000) ;
- *d)* les impôts périodiques sur la propriété immobilière (4100) ;
- *e)* les impôts périodiques sur l'actif net (4200) ;
- *f)* les prélèvements sur le patrimoine ou sur l'actif net effectués une fois pour toutes (4500) ;

4500 — Autres impôts non périodiques sur le patrimoine

54. Ce sous-groupe comprend les prélèvements sur le patrimoine effectués une fois pour toutes (par opposition aux prélèvements périodiques). Il est subdivisé en impôts sur l'actif net (4510) et en autres impôts non périodiques sur le patrimoine (4520). Le poste 4510 inclurait les impôts perçus pour couvrir des dépenses exceptionnelles ou à des fins de redistribution. Le poste 4520 comprendrait les impôts prélevés pour tenir compte d'une plus-value prise par les terrains du fait que les administrations publiques ont autorisé l'extension ou l'aménagement d'installations locales, ainsi que les impôts sur la réévaluation du capital ou les impôts perçus une seule fois sur certains biens déterminés.

4600 — Autres impôts périodiques sur le patrimoine

55. Ils sont rares dans des pays Membres de l'OCDE ; ce sous-groupe comprendrait les impôts sur des biens tels que le cheptel, les bijoux, les fenêtres et les signes extérieurs de richesse.

5000 — Impôts sur les biens et services

56. Ce poste couvre tous les impôts et droits perçus sur la production, l'extraction, la vente, le transfert, la location ou la livraison de biens et la prestation de services (5100), ou sur l'utilisation ou l'autorisation d'utiliser des biens ou d'exercer des activités (5200). Ce groupe comprend donc :

a) les taxes cumulatives en cascade ;

b) les taxes générales sur les ventes — perçues au stade de la production ou de la fabrication, du gros ou du détail ;

c) les taxes sur la valeur ajoutée ;

d) les accises ;

e) les taxes perçues à l'importation et à l'exportation de biens ;

f) les impôts perçus sur l'utilisation de biens et sur l'autorisation d'utiliser des biens ou d'exercer certaines activités ;

g) les impôts sur l'extraction, le traitement ou la production de minéraux et autres produits.

57. Les cas douteux de délimitation entre ce groupe et le groupe 4000 (impôts sur le patrimoine) et le sous-groupe 6100 (autres impôts à la charge des entreprises) sont examinés aux § 48, § 53 et § 80. Des postes résiduels (5300 et 5130) ont été prévus pour comptabiliser les recettes fiscales qui ne peuvent être ventilées respectivement entre les postes 5100 et 5200 et entre les postes 5110 et 5120 (voir § 33).

5100 — Impôts sur la production, la vente, le transfert, la location et la livraison de biens et la prestation de services

58. Ce sous-groupe comprend tous les impôts perçus sur les transactions afférentes à des biens ou services, en fonction de leurs caractéristiques propres (comme la valeur, le poids du tabac, le degré d'alcool, etc.), à la différence des impôts perçus au titre de l'utilisation ou de l'autorisation d'utiliser des biens ou d'exercer des activités, qui entrent dans le sous-groupe 5200.

5110 — Impôts généraux sur les biens et services

59. Ce sous-groupe comprend tous les impôts, autres que les droits à l'importation et à l'exportation (5123 et 5124), perçus sur la production, la location, le transfert, la livraison ou la vente d'une gamme de biens ou la prestation d'une gamme de services, qu'ils soient produits dans le pays ou importés, et quel que soit le stade de la production ou de la distribution aux quel ils sont perçus. Il couvre ainsi les taxes sur la valeur ajoutée, les taxes sur les ventes et les taxes de caractère cumulatif en cascade. On a ajouté aux recettes brutes de cette catégorie les recettes provenant de la compensation à la frontière de ces impôts lorsque les biens sont importés, et déduit les remboursements d'impôts effectués lorsque les marchandises sont exportées. Ces impôts sont ventilés en : taxes sur la valeur ajoutée (5111), impôts sur les ventes (5112), impôts sur le chiffre d'affaires et autres impôts généraux sur les biens et services (5113).

60. Certains cas se trouvent à la limite entre ce sous-groupe et celui des impôts sur des biens et services déterminés (5120) lorsque ces impôts sont perçus sur un grand nombre de biens, comme dans le cas de la « *purchase tax* » au Royaume-Uni (abrogée en 1973) et l'impôt japonais sur les biens marchands (abrogé en 1988). Conformément aux options nationales, la « *purchase tax* » britannique est classée impôt général (5112) et l'impôt japonais dans les accises (5121).

5111 — Taxes sur la valeur ajoutée

61. Sont classés dans ce sous-groupe tous les impôts généraux sur la consommation prélevée sur la valeur ajoutée, quels que soient le mode de déduction et les stades auxquels ils sont perçus. En pratique, tous les pays de l'OCDE où existe une taxe sur la valeur ajoutée autorisent normalement la déduction immédiate des taxes sur les achats par tous les redevables, à l'exception du consommateur final, et imposent la taxe à tous les stades. Dans certains pays, le poste peut inclure aussi certains impôts, comme les taxes sur les activités financières et les assurances, soit parce que les recettes correspondantes ne peuvent être dissociées de celles de la taxe sur la valeur ajoutée, soit parce qu'elles sont considérées comme faisant partie intégrante de la taxe sur la valeur ajoutée, même si les taxes similaires qui existent dans d'autres pays peuvent être classées autrement (par exemple, sous le poste 5126 comme impôts sur les services ou sous le poste 4400 comme impôts sur les transactions mobilières et immobilières).

5112 — Impôts sur les ventes

62. Sont classés ici tous les impôts perçus à un stade unique, que ce soit celui de la fabrication, de la production, du gros ou du détail.

5113 — Impôts sur le chiffre d'affaires et autres impôts généraux sur les biens et services

63. Il s'agit des taxes cumulatives en cascade et des taxes qui combinent des éléments de taxe sur la consommation et des taxes en cascade. Ces impôts sont prélevés sur chaque transaction sans déduction des taxes acquittées en amont. Les taxes en cascade peuvent être combinées avec des éléments de taxe sur la valeur ajoutée ou d'impôts sur les ventes.

5120 — Impôts sur des biens et des services déterminés

64. Ce sous-groupe couvre les accises, les bénéfices engendrés et transférés par les monopoles fiscaux, et les droits de douane et à l'importation, ainsi que les taxes à l'exportation, les opérations de change, les biens d'équipement et les paris, et aussi les impôts spéciaux sur les services qui ne font pas partie d'un impôt général du sous-groupe 5110.

5121 — Accises

65. Les accises sont des impôts spécifiques perçus par unité produite sur une gamme limitée de biens prédéfinie. Les accises sont généralement prélevées à des taux différenciés sur des biens non essentiels ou de luxe, les boissons alcoolisées, les produits à base de tabac et l'énergie. Les accises peuvent être perçues à un stade quelconque de la production ou de la distribution et sont calculées généralement sur la base d'un prélèvement spécifique par unité correspondant aux caractéristiques du produit considéré, par référence à sa valeur, son poids, son degré ou son volume. Cette subdivision couvre ainsi les impôts spéciaux sur certains produits tels que le sucre, la betterave, les allumettes et le chocolat ; les impôts prélevés à des taux variables sur une gamme déterminée de produits ; ainsi que les impôts perçus sur les produits à base de tabac, les boissons alcoolisées, les combustibles et les hydrocarbures. Si un impôt frappant principalement des produits importés doit ou devrait également être perçu sur des produits nationaux comparables, suivant la même législation, les recettes de cet impôt doivent alors être classées dans la catégorie des accises et non dans celle des droits à l'importation. Ce principe vaut également même s'il n'existe pas, ou ne peut exister, de production nationale comparable. Les impôts prélevés sur la consommation de services d'utilité publique (eau, électricité, gaz et autres formes d'énergie) sont considérés comme des accises, et non comme des impôts sur des services déterminés (5126). Ne sont pas inclus dans les accises les prélèvements entrant dans les catégories des impôts généraux sur les

biens et services (5110), des bénéfices des monopoles fiscaux (5122), des droits de douane et autres droits à l'importation (5123) ou des taxes à l'exportation (5124).

5122 — Bénéfices des monopoles fiscaux

66. Ce sous-groupe couvre la fraction des bénéfices des monopoles fiscaux qui est transférée aux administrations publiques ou qui sert à financer des dépenses considérées comme dépenses publiques (voir § 24). Les montants sont comptabilisés lorsqu'ils sont transférés aux administrations publiques ou utilisés pour effectuer des dépenses considérées comme des dépenses publiques.

67. Les monopoles fiscaux reflètent l'exercice du pouvoir d'imposition de l'État par l'intermédiaire du monopole. Les monopoles fiscaux sont des entreprises publiques non financières, qui exercent dans la plupart des cas un monopole sur la production ou la distribution du tabac, des boissons alcoolisées, du sel, des allumettes, des cartes à jouer et des produits pétroliers ou agricoles (c'est-à-dire, sur le genre de produits qui peuvent être soumis, principalement ou accessoirement, aux accises du poste 5121), pour procurer des recettes publiques qui, dans d'autres pays, sont obtenues par le biais d'impôts frappant les transactions sur ces produits d'entreprises privées. Le monopole d'État peut être exercé au stade de la production, ou au stade de la distribution comme dans le cas des magasins de vente de boissons alcoolisées qui appartiennent à l'État et sont contrôlés par lui.

68. Les monopoles fiscaux sont différents des services publics, comme les chemins de fer, l'électricité, les postes et autres moyens de communication, qui peuvent avoir une position de monopole ou de quasi-monopole, mais dont l'objet principal est, normalement, de fournir des services essentiels et non pas de procurer des recettes à l'État. Les transferts à l'administration de ces autres entreprises publiques sont considérés comme des recettes non fiscales. La notion traditionnelle de monopole fiscal n'a généralement pas été élargie pour inclure les loteries nationales, dont les bénéfices sont habituellement considérés comme des recettes non fiscales. Cependant, ces bénéfices peuvent être considérés comme des recettes fiscales quand la raison principale de la mise en œuvre de ces loteries est l'augmentation des recettes pour financer les dépenses publiques. On distingue les bénéfices des monopoles fiscaux des bénéfices des monopoles d'exportation et d'importation (5127), qui sont transférés des offices de commercialisation ou d'autres entreprises s'occupant du commerce international.

5123 — Droits de douane et autres droits à l'importation

69. Figurent ici les taxes, droits de timbre et surtaxes qui, selon la loi sont perçus exclusivement sur des produits importés. Sont aussi inclus dans ce poste les droits perçus sur l'importation de denrées agricoles dans les pays Membres de l'Union Européenne et les montants acquittés par certains de ces pays en vertu du Système de Montants Compensatoires[16]. Les droits de douane collectés par les États membres de l'Union européenne pour le compte de l'Union européenne sont reportés sous cette rubrique au niveau de l'autorité supranationale dans les tableaux par pays (chapitre 5 de ce Rapport). Sont exclues ici les taxes perçues sur les importations au titre d'un impôt général sur les biens et les services ou d'une accise applicable aussi bien aux produits importés qu'aux produits fabriqués dans le pays.

5124 — Taxes à l'exportation

70. Pendant les années 70, les droits à l'exportation étaient perçus normalement en Australie, au Canada et au Portugal, et ils étaient utilisés en Finlande à des fins conjoncturelles. Certains pays Membres de l'Union Européenne acquittent, dans le cadre du système des montants compensatoires, une taxe sur les exportations (voir la note 16 du § 69). Lorsque ces montants sont identifiables, ils sont inclus dans ce poste. Ce dernier ne comprend pas les remboursements effectués au titre d'impôts généraux sur la consommation d'accises ou de droits de douane sur des biens exportés, qui doivent être déduits des recettes brutes comptabilisées, selon le cas, sous le poste 5110, 5121 ou 5123.

5125 — Impôts sur les biens d'équipement

71. Ce sous-groupe comprend les impôts perçus sur les biens d'équipement, comme les machines. Ils peuvent exister depuis un certain nombre d'années ou avoir un caractère temporaire et être prélevés à des fins conjoncturelles. Ne sont pas inclus les impôts sur les 'inputs' industriels qui frappent aussi les consommateurs (comme l'impôt suédois sur l'énergie qui est classé sous le poste 5121).

5126 — Impôts sur des services déterminés

72. Sous ce poste figurent tous les impôts calculés sur la rémunération de services spécifiques, comme les taxes sur les primes d'assurance, les taxes sur les services bancaires, sur les jeux et paris (par exemple : courses de chevaux, pronostics de football, billets de loterie nationale), les transports, les spectacles, les restaurants et la publicité. Les impôts prélevés sur le revenu brut des sociétés prestataires d'un service (exemple : primes d'assurance brutes, mises de jeux encaissées par les sociétés) sont classés sous ce poste.

73. Les recettes fiscales provenant des prélèvements sur les banques et des contributions aux mécanismes de garantie des dépôts et de stabilité financière sont également classés ici :

- Les redevances de stabilité, les prélèvements sur les banques et les contributions à la garantie des dépôts, qu'il est obligatoire d'acquitter, doivent généralement être traitées comme des recettes fiscales lorsque les versements sont effectués au profit de l'administration publique ou d'une autorité supranationale et affectés au budget consolidé ou général des administrations de sorte que les pouvoirs publics soient libres d'utiliser les fonds sans délai aux fins qu'ils jugent opportunes. Ce principe s'appliquerait indépendamment du fait que l'administration promette ou non d'effectuer des versements pour garantir les dépôts des clients des établissements bancaires si la situation l'exigeait à l'avenir.
- Si les paiements obligatoires sont effectués au profit de l'administration publique et imputés à des budgets dont les ressources doivent être entièrement réaffectées au secteur de l'économie qui englobe les entreprises assujetties à ces paiements, ceux-ci seront toujours traités, en règle générale, comme des recettes fiscales étant donné que les fonds seraient disponibles pour l'administration et réduiraient son déficit budgétaire, que la redevance est sans contrepartie pour les entités individuelles et que les montants collectés pourraient être dissociés de tout versement en faveur des déposants ou de toute dépense visant à soutenir plus largement le secteur financier.
- Les contributions aux mécanismes traditionnels de moindre envergure destinés à garantir les dépôts de détail, contributions dont le montant est aligné sur le coût de la garantie, doivent être classées en tant que redevances pour services rendus.
- Tout versement au titre de la réalisation par une administration des actifs d'un établissement en faillite ou du recouvrement par cette administration d'une créance prioritaire sur les actifs de l'établissement en cours de liquidation, effectué en vue de financer l'indemnisation des clients ayant perdu leurs dépôts, serait traité comme une redevance par opposition aux recettes fiscales.
- Les versements obligatoires effectués à des fonds gérés en dehors du secteur public et à des institutions non étatiques soutenues par les déposants, ainsi que tous les versements à des régimes volontaires, ne doivent pas être traités comme des recettes fiscales.
- Les contributions au Fonds de résolution unique de l'UE sont également incluses ici et attribuées à l'autorité supranationale dans les tableaux par pays.

74. Ne figurent pas sous ce poste :

a) les impôts sur les services qui font partie d'un impôt général sur les biens et services et sont classés sous le poste 5110 ;

b) les taxes sur l'électricité, le gaz et l'énergie (classées sous le poste 5121 en tant qu'accises) ;

c) les taxes sur les gains personnels tirés de jeux et paris (qui sont classées sous le poste 1120, en tant qu'impôts sur les gains en capital des personnes physiques et entreprises individuelles) et les montants forfaitaires perçus sur le transfert de loteries privées ou sur l'autorisation de créer des loteries (5200)[17] ;

d) les impôts sur les chèques et sur l'émission, le transfert ou le remboursement de valeurs mobilières, (qui sont classés sous le poste 4400, en tant qu'impôts sur les transactions mobilières et immobilières).

5127 — Autres impôts sur les transactions et les échanges internationaux

75. Ce sous-groupe couvre les recettes perçues par l'État sur l'achat et la vente de monnaies étrangères à des taux différents. Lorsque l'État exerce le privilège exclusif dont il dispose pour s'assurer une marge entre le prix d'achat et le prix de vente de devises qui ne se réduit pas à la simple couverture des frais administratifs, ce bénéfice représente un prélèvement obligatoire imposé dans des proportions indéterminées à l'acheteur et au vendeur des monnaies étrangères. Il équivaut normalement au droit à l'importation et au droit à l'exportation perçus dans un système de taux de change unique, ou à une taxe sur la vente ou l'achat de monnaies étrangères. Comme les bénéfices des monopoles fiscaux et des monopoles d'importation ou d'exportation transférés à l'État, il représente l'exercice d'un monopole aux fins d'imposition et est inclus dans les recettes fiscales.

76. Ce sous-groupe comprend aussi les bénéfices des monopoles d'exportation ou d'importation, bien qu'il n'en existe pas dans les pays de l'OCDE, les impôts sur l'achat ou la vente de devises et tous les autres impôts perçus spécifiquement sur les opérations ou les échanges internationaux.

5128 — Autres impôts sur des biens et services déterminés

77. Cette rubrique comprend les impôts sur l'extraction de minéraux, combustibles fossiles et autres ressources non renouvelables provenant de gisements privés ou détenus par une autre administration, ainsi que toute autre recette non ventilable provenant des impôts sur des biens et services déterminés. Les impôts sur l'extraction de ressources non renouvelables correspondent généralement à un montant forfaitaire par unité de qualité ou de poids, mais peuvent être calculés ad valorem. Les impôts sont comptabilisés à la date d'extraction des ressources. Les versements tirés de l'extraction de ressources non renouvelables issues de gisements appartenant à l'administration publique qui perçoit ces versements sont classés en tant que loyers.

5200 — Impôts sur l'utilisation des biens ou l'autorisation d'utiliser des biens ou d'exercer des activités

78. Ce sous-groupe comprend les taxes prélevées en raison de l'utilisation de biens, indépendamment des impôts frappant les biens eux-mêmes. Contrairement à ceux-ci (5100), les impôts du sous-groupe 5200 ne sont pas calculés d'après la valeur des biens, mais ordinairement d'après un montant forfaitaire. Sont aussi couverts les impôts perçus au titre du droit d'utiliser des biens ou d'exercer des activités, comme les taxes sur la pollution qui ne reposent pas sur la valeur de biens déterminés. Il est parfois difficile de distinguer les taxes d'utilisation et droits de licence obligatoires, qui sont considérés comme des impôts, de ceux qui ne le sont pas parce qu'ils sont assimilés à des recettes non fiscales ; les critères appliqués sont ceux indiqués aux § 12 et 13.

79. Bien que le sous-groupe se réfère à l'utilisation des biens, le fait générateur de l'impôt peut être aussi bien l'enregistrement de la propriété, de sorte que les impôts relevant de ce sous-groupe peuvent viser la possession d'animaux ou de biens plutôt que leur utilisation (par exemple, les chevaux de course,

les chiens, les véhicules à moteur) et même s'appliquer à des biens inutilisables (comme les véhicules à moteur ou les fusils inutilisables).

80. Les cas limites concernent :

a) les impôts sur l'autorisation d'exercer des activités commerciales, qui sont classés selon les règles exposées au § 83 lorsqu'ils ont une assiette mixte associant le revenu, les salaires versés ou le chiffre d'affaires ;

b) les impôts sur la propriété ou l'utilisation de la propriété de biens visés par les postes 4100, 4200 et 4600. Le poste 4100 ne vise que les impôts sur la propriété ou la location de biens immobiliers et, contrairement aux impôts du sous-groupe 5200, ils sont fonction de la valeur du bien. Les impôts sur l'actif net et les impôts sur les biens meubles des sous-groupes 4200 et 4600 visent la propriété et non pas l'utilisation des biens, couvrent un groupe d'actifs et non pas de biens particuliers et sont aussi fonction de la valeur du bien.

5210 — Impôts périodiques sur l'utilisation de biens ou sur l'autorisation d'utiliser des biens ou d'exercer certaines activités

81. Ces impôts ont pour principale caractéristique d'être perçus à intervalles réguliers et de représenter ordinairement des montants forfaitaires. Le poste le plus important, du point de vue du volume des recettes, est constitué par les permis de circulation des véhicules. Ce sous-groupe inclut aussi les taxes perçues lors de la délivrance de permis de chasse, de tir ou de pêche, ou l'autorisation de vendre certains produits, ainsi que les taxes sur la possession de chiens et sur la prestation de certains services à condition qu'elles répondent aux critères définis aux § 12 et 13. Les subdivisions du poste 5210 comprennent les taxes d'utilisation de véhicules à moteur à la charge des ménages (5211) et à la charge d'autres agents (5212). Le poste 5213 couvre les plaques de chiens et les taxes perçues pour l'autorisation d'exercer certaines activités, comme la vente de viande et d'alcool, lorsque les prélèvements ont un caractère périodique. Il couvre aussi les permis généraux de chasse, de port d'armes et de pêche, lorsque le droit d'exercer ces activités n'est pas accordé au titre d'une opération commerciale normale (par exemple, la délivrance du permis ne comporte pas le droit d'utiliser une parcelle déterminée de terrain appartenant à l'État).

5220 — Impôts non périodiques sur l'utilisation de biens ou sur l'autorisation d'utiliser des biens ou d'exercer certaines activités

82. Cette rubrique recouvre les taxes non périodiques perçues sur l'utilisation de biens ou sur l'autorisation d'utiliser des biens ou d'exercer certaines activités et celles qui sont prélevées chaque fois que des biens sont utilisés.

- Les impôts prélevés sur l'émission ou le rejet dans l'environnement de gaz toxiques, liquides nocifs ou autres substances dangereuses figurent ici. Les paiements au titre des permis d'émission négociables délivrés par les administrations publiques dans le cadre des dispositifs de plafonnement et d'échange doivent également être comptabilisés sous cette rubrique au moment où les émissions sont produites. Les permis délivrés gratuitement par les administrations ne donnent lieu à aucun enregistrement comptable de recettes.
- La comptabilisation en droits constatés implique un éventuel délai entre la date à laquelle l'administration perçoit le règlement des permis et la date à laquelle les émissions sont produites. Dans les comptes nationaux, ce délai se traduit pour l'administration par un engagement financier sur la période.

- Il convient d'exclure les paiements effectués au titre de la collecte et de l'élimination de déchets ou de substances nocives par les autorités publiques, étant donné qu'il s'agit là de vente de services aux entreprises.

83. D'autres impôts non périodiques qui relèvent du poste 5200 sont aussi classés dans cette rubrique. Ainsi figurent les paiements uniques effectués au titre de l'autorisation de vendre des boissons alcoolisées ou des tabacs ou d'ouvrir des guichets de « paris mutuels », à condition qu'ils répondent aux critères définis aux § 12 et 13.

6000 — Autres impôts

84. Ce groupe couvre les impôts prélevés sur une ou plusieurs assiettes différentes de celles qui sont indiquées pour les groupes 1000, 3000, 4000 et 5000, ou sur des assiettes qui ne peuvent être considérées comme liées à l'une de celles afférentes à ces groupes. Lorsque des impôts sont perçus sur plusieurs assiettes différentes, et qu'il est possible d'évaluer les recettes liées à chaque assiette, les montants correspondants sont inclus dans le groupe approprié. S'il est impossible d'évaluer le montant correspondant à chaque assiette, et si l'on sait que l'essentiel des recettes provient des impôts perçus sur une assiette donnée, la totalité des recettes est classée en fonction de cette assiette. Sinon, les impôts sont classés dans le présent groupe. Sont également inclus dans ce groupe les impôts forfaitaires non inclus ailleurs dans le système de classification, les impôts prélevés sur les personnes physiques sous la forme de taxe civique ou d'impôt de capitation, les droits de timbre qui ne sont pas liés à des transactions mobilières ou immobilières et qui n'entrent pas exclusivement dans une catégorie de transactions, les impôts sur les dépenses dès lors qu'ils s'accompagnent d'abattements et d'exonérations individuels, ainsi que les recettes fiscales non identifiables. Ce poste est divisé en impôts exclusivement ou principalement à la charge des entreprises (6100) et en impôts à la charge d'autres contribuables (6200).

A6. Conciliation avec les comptes nationaux

85. Cette section des tableaux permet de concilier les calculs des recettes fiscales totales de l'OCDE et l'ensemble des impôts et cotisations sociales versés aux administrations publiques qui sont enregistrés dans les comptes nationaux par pays. Lorsque le pays en question est membre de l'Union européenne (UE) la comparaison est effectuée entre les calculs des recettes fiscales totales des pays de l'OCDE et la somme des recettes fiscales et cotisations de sécurité sociale perçues par les administrations publiques et les institutions des secteurs de l'Union européenne des comptes nationaux.

A7. Poste pour mémoire relatif au financement des prestations de sécurité sociale

86. Le rapport entre les impôts et les cotisations de sécurité sociale étant variable, et en raison des problèmes évoqués aux § 40 à 46, on a réuni dans un poste pour mémoire l'ensemble des versements affectés à des prestations du type sécurité sociale, en dehors des versements facultatifs au secteur privé. Les données sont présentées de la façon suivante (voir le Tableau 5.39 du Rapport)

a) impôts du groupe 2000 ;

b) impôts affectés aux prestations de sécurité sociale ;

c) cotisations facultatives à l'administration ;

d) cotisations obligatoires au secteur privé.

Les § 40 à 46 ci-dessus contiennent des directives pour la ventilation entre ces quatre catégories

A8. Poste pour mémoire relatif aux impôts identifiables payés par les administrations

87. Les impôts effectivement payés par les administrations elles-mêmes et que l'on peut identifier sont indiqués dans un poste pour mémoire et classés suivant les grandes rubriques de la classification des impôts de l'OCDE. Dans la très grande majorité des pays, seuls peuvent être identifiées en l'occurrence les cotisations de sécurité sociale et les impôts sur les salaires, mais il s'agit là en général des impôts les plus importants acquittés par les administrations (voir le Tableau 5.40 du Rapport).

A9. Rapport de la classification des impôts de l'OCDE avec les systèmes nationaux de comptabilité nationale

88. Un système de comptabilité nationale (SCN) tend à fournir un cadre cohérent pour enregistrer et présenter les principaux flux relatifs à la production, à la consommation, à l'accumulation et aux transactions extérieures d'une zone économique donnée, d'ordinaire un pays ou une grande région d'un pays. Les recettes publiques sont une partie importante des transactions enregistrées dans le SCN. La version finale du SCN 2008 a été diffusée conjointement par cinq organisations internationales : les Nations Unies, le Fonds Monétaire International, l'Union européenne, l'Organisation de Coopération et de Développement Économiques et la Banque Mondiale, en août 2009. Le *Système* est un ensemble complet, cohérent et souple de comptes macro-économiques. Il est élaboré pour être utilisé dans les pays à économie de marché quel que soit leur niveau de développement économique ainsi que dans les pays en transition vers l'économie de marché. De larges extraits du cadre théorique ainsi que les définitions des divers secteurs de l'économie du SCN figurent dans la classification des impôts de l'OCDE.

89. Il existe cependant un certain nombre de différences entre la classification des impôts de l'OCDE et les concepts du SCN qui sont indiqués ci-dessous. Ils proviennent du fait que l'objectif de cette classification est de permettre une ventilation aussi large que possible des données statistiques pour ce que les administrations fiscales conviennent de considérer de manière générale comme des impôts.

a) l'OCDE inclut les cotisations obligatoires de sécurité sociale payées aux administrations publiques dans les recettes fiscales totales. Les cotisations sociales facultatives et imputées ainsi que celles versées aux caisses privées ne sont pas considérées comme des impôts (§ 9 et 11 ci-dessus) ;

b) les avis diffèrent sur la question de savoir s'il y a lieu de classer certains prélèvements et redevances dans les impôts (§ 12 et 13 ci-dessus) ;

c) l'OCDE exclut les impôts imputés ou les subventions résultant d'opérations de taux de change officiels multiples et ceux résultant du fait que la banque centrale paye un taux d'intérêt sur les réserves obligatoires différent des autres taux du marché ;

d) il existe des différences dans le traitement des crédits d'impôt récupérables.

90. Comme on l'a noté aux § 1 et 2, les groupes 1000 à 6000 de la classification de l'OCDE comprennent tous les versements sans contrepartie aux administrations publiques ou à une autorité supranationale, à l'exclusion des prêts obligatoires et des amendes. On peut obtenir le total de ces versements sans contrepartie, amendes incluses, mais prêts obligatoires exclus, en additionnant les postes suivants du SCN 2008 :

- impôts du type valeur ajoutée (D.211) ;
- droits et taxes sur les importations à l'exclusion de la TVA (D.212) ;
- droits sur les exportations (D.213) ;

- taxes sur les produits, à l'exclusion de la TVA, des droits sur les importations et les exportations (D.214) ;
- autres impôts sur la production (D.29) ;
- impôts sur le revenu (D.51) ;
- autres impôts périodiques (D.59) ;
- cotisations de sécurité sociale effectives (D.611 et D613), à l'exclusion des cotisations volontaires et des versements à des régimes d'assurance sociale liés à l'emploi qui ne sont pas des régimes de sécurité sociale ;
- impôts sur le capital (D.91).

A10. La classification des impôts de l'OCDE et le système du Fonds monétaire international (SFP)

91. Le périmètre et l'évaluation des recettes fiscales dans le système de statistiques de finances publiques (SFP) et dans le système de comptabilité nationale de 2008 (SCN 2008) sont très proches. Par conséquent, les différences entre la classification de l'OCDE et celle du SCN 2008 (voir § 89 ci-dessus) sont également valables pour les SFP. En outre, le Fonds monétaire international subdivise le groupe 5000 de la classification de l'OCDE en une section iv (Taxes intérieures sur les biens et services) et une section v (Taxes sur les transactions et les échanges internationaux). Cela tient à ce que le rendement de ces dernières taxes représente généralement des sommes infimes dans les pays de l'OCDE ce qui n'est pas le cas dans beaucoup de pays non membres.

A11. Comparaison de la classification des impôts de l'OCDE et des autres classifications internationales des recettes publiques

92. Le tableau ci-dessous décrit point par point la comparaison entre la classification des impôts de l'OCDE et les classifications suivantes :

a) Système des comptes nationaux (SCN 2008) ;

b) Système européen des comptes (SEC 2010) ;

c) Manuel de statistiques des finances publiques du Fonds monétaire international (MSFP 2014).

93. Ces comparaisons correspondent à celles qui devraient s'appliquer dans la majorité des cas. Toutefois, en pratique il faut faire preuve d'une certaine souplesse dans leur application. En effet, dans certains cas, les pays peuvent adopter des méthodes diverses de classification des recettes dans les comptes nationaux.

			Classification de l'OCDE	SCN 2008	SEC 2010	MSFP 2014
1000			Impôts sur le revenu, les bénéfices et les gains en capital			
	1100		Personnes physiques			
		1110	Sur le revenu et les bénéfices	D51-8.61a	D51A	1111
		1120	Sur les gains en capital	D51-8.61c, d	D51C, D	1111
	1200		Sociétés			
		1210	Sur le revenu et les bénéfices	D51-8.61b	D51B	1112
		1220	Sur les gains en capital	D51-8.61c	D51C	1112
	1300		Non ventilables entre les rubriques 1100 et 1200			1113
2000			Cotisations de sécurité sociale			
	2100		Salariés	D613-8.85	D613	1211
	2200		Employeurs	D611-8.83	D611	1212
	2300		A la charge des travailleurs indépendants ou des personnes sans occupation	D613-8.85	D613	1213

	2400			Non ventilables entre les rubriques 2100, 2200 et 2300			1214
3000				Impôts sur les salaires et la main-d'œuvre	D29-7.97a	D29C	112
4000				Impôts sur le patrimoine			
	4100			Impôts périodiques sur la propriété immobilière			
		4110		Ménages	D59-8.63a	D59A	1131
		4120		Autres agents	D29-7.97b	D29A	1131
	4200			Impôts périodiques sur l'actif net			
		4210		Personnes physiques	D59-8.63b	D59A	1132
		4220		Sociétés	D59-8.63b	D59A	1132
	4300			Impôts sur les mutations par décès, les successions et les donations			
		4310		Impôts sur les mutations par décès et les successions	D91-10.207b	D91A	1133
		4320		Impôts sur les donations	D91-10.207b	D91A	1133
	4400			Impôts sur les transactions mobilières et immobilières	D59-7.96d; D29-7.97e	D214B, C	114114; 1161
	4500			Autres impôts non périodiques sur le patrimoine	D91-10.207a	D91B	1135
	4600			Autres impôts périodiques sur le patrimoine	D59-8.63c	D59A	1136
5000				Impôts sur les biens et services			
	5100			Impôts sur les biens et services			
		5110		Impôts généraux sur les biens et services			
			5111	Taxes sur la valeur ajoutée	D211-7.89	D211; D29G	11411
			5112	Impôts sur les ventes	D2122-7.94a; D214-7.96a	D21224; D214I	11412
			5113	Autres impôts généraux sur les biens et services	D214-7.96a	D214I	11413
		5120		Impôts sur des biens et services déterminés			
			5121	Accises	D2122-7.94b; D214-7.96b	D21223; D214A, B, D	1142
			5122	Bénéfices des monopoles fiscaux	D214-7.96e	D214J	1143
			5123	Droits de douane et autres droits à l'importation	D2121-7.93	D2121; D21221, 2	1151
			5124	Taxes à l'exportation	D213-7.95a	D214K	1152-4
			5125	Impôts sur les biens d'équipements			
			5126	Impôts sur les services déterminés	D2122-7.94c; D214-7.96c	D21225; D214E, F, G, H; D29F	1144; 1156
			5127	Autres impôts sur les transactions et les échanges internationaux	D2122-7.94d D29-7.95b D29-7.97g D59-8.64d	D21226; D29D; D59E	1153; 1155-6
			5128	Autres impôts sur des et services déterminés			1146
		5130		Non ventilable entre les rubriques 5110 et 5120			
	5200			Impôts sur l'utilisation des biens ou l'autorisation d'utiliser des biens ou d'exercer des activités			
		5210		Impôts périodiques sur l'utilisation des biens ou l'autorisation d'utiliser des biens ou d'exercer des activités			
			5211	A la charge des ménages au titre de véhicules à moteurs	D59-8.64c	D59D	11451
			5212	A la charge d'autres agents au titre de véhicules à moteurs	D29-7.97d	D214D; D29B	11451
			5213	Autres impôts périodiques sur l'utilisation des biens u l'autorisation d'utiliser des biens ou d'exercer des activités	D29-7.97c, d, f D59-8.64c	D29B, E, F; D59D	11452
		5220		Impôts non périodiques			11452
	5300			Non ventilable entre les rubriques 5100 et 5200			
6000				Autres impôts			
	6100			A la charge exclusive des entreprises			1161
	6200			A la charge d'autres agents que les entreprises ou non identifiables	D59-8.64a, b	D59B, C	1162

A12. Répartition des recettes fiscales par sous-secteurs d'administration publique

94. La classification de l'OCDE appelle une ventilation des recettes fiscales par sous-secteurs d'administration. On trouvera ci-après la définition de chaque sous-secteur et les critères à utiliser pour répartir entre eux les recettes fiscales. Ces définitions et critères suivent les orientations qui figurent dans le SCN 2008 et le MSFP 2014.

Sous-secteurs des administrations publiques à identifier

Administration centrale

95. Le sous-secteur des administrations centrales groupe tous les ministères, bureaux, établissements et autres organismes qui sont des services ou des moyens d'action du pouvoir central et dont la compétence s'étend à la totalité du territoire, à l'exception de l'administration des caisses de sécurité sociale. L'administration centrale a donc le pouvoir de prélever des impôts sur toutes les unités résidentes et non résidentes exerçant des activités économiques à l'intérieur du pays.

Administration d'un État fédéré, d'une province ou d'une région

96. Ce sous-secteur comprend les unités administratives intermédiaires et inclut toutes les unités administratives dont la compétence s'exerce indépendamment de l'Administration centrale sur une partie du territoire englobant un certain nombre de petites localités, à l'exception des caisses de sécurité sociale. Dans les pays unitaires, les administrations régionales peuvent être considérées comme dotées d'une existence distincte lorsqu'elles disposent d'une autonomie substantielle pour percevoir une part importante de leurs recettes de sources placées sous leur contrôle et lorsque leurs agents ne sont pas soumis à un contrôle administratif externe dans l'exercice des activités de l'unité.

97. Actuellement, les pays à structure fédérale représentent la majorité des cas dans lesquels les recettes attribuées aux unités administratives intermédiaires sont identifiées séparément. La Colombie et l'Espagne sont les deux seuls pays à structure unitaire qui se trouvent dans cette situation. Dans les autres pays unitaires, les recettes des administrations régionales sont incluses dans celles des administrations locales.

Collectivités locales

98. Ce sous-secteur comprend toutes les autres unités administratives exerçant une compétence indépendante sur une partie du territoire d'un pays, à l'exception des administrations des caisses de sécurité sociale. Il englobe les diverses circonscriptions urbaines et/ou rurales (par exemple les collectivités locales, les municipalités, les villes, les bourgs ou les districts).

Caisses de sécurité sociale

99. Les caisses de sécurité sociale constituent un sous-secteur distinct des administrations publiques. Le sous-secteur de la sécurité sociale est défini dans le SCN de 2008 par les extraits suivants des paragraphes 4.124 à 4.126 et 4.147 :

> « Les systèmes de sécurité sociale sont des systèmes d'assurance sociale qui couvrent l'ensemble de la collectivité ou d'importants sous-ensembles de la collectivité : ces systèmes sont imposés et contrôlés par les administrations publiques. Ces systèmes couvrent une grande variété de programmes qui consistent à fournir des prestations, en espèces ou en nature, au titre des circonstances suivantes : vieillesse, invalidité ou décès, survie, maladie et maternité, accident du

travail, chômage, allocations familiales, soins de santé etc. Il n'existe pas nécessairement de lien direct entre le montant de la cotisation versée par un particulier et les prestations qu'il est susceptible de recevoir » (paragraphe 4.124).

« Lorsque les systèmes de sécurité sociale ont une organisation distincte des autres activités des administrations publiques et détiennent des actifs et des engagements indépendamment de ces dernières et effectuent des opérations financières pour leur propre compte, ils peuvent être considérés comme des unités institutionnelles désignées sous le nom de caisses de sécurité sociale » (paragraphe 4.125).

« Il est possible de faire varier de façon discrétionnaire les montants prélevés et versés sous forme de cotisations de sécurité sociale et de prestations afin d'atteindre des objectifs de politique publique qui n'ont pas de lien direct avec la notion de sécurité sociale en tant que système visant à fournir des prestations à des membres de la collectivité. Ainsi, ces cotisations ou prestations peuvent être augmentées ou diminuées afin d'influer sur le niveau de la demande globale au sein de l'économie. Néanmoins, tant que ces caisses restent indépendantes, elles doivent être traitées comme des unités institutionnelles distinctes dans le SCN ». (paragraphe 4.126).

« Le sous-secteur des administrations de sécurité sociale comprend les administrations de sécurité sociale opérant à tous les niveaux des administrations publiques. Les administrations de sécurité sociale sont des systèmes couvrant l'ensemble de la collectivité ou d'importants sous-ensembles de la collectivité qui sont rendus obligatoires et contrôlés par des administrations publiques » (paragraphe 4.147).

100. Cette définition des administrations de sécurité sociale est suivie dans la classification de l'OCDE à l'exception des régimes suivants :

- Les régimes imposés par l'administration et exploités par des organismes extérieurs au secteur des administrations publiques, tel qu'il est défini au § 3 de ce manuel et
- Les régimes qui perçoivent des cotisations facultatives.

Autorités supranationales

101. Ce sous-secteur s'applique aux activités de collecte de recettes publiques des autorités supranationales sur le territoire d'un pays. En pratique, le seul cas d'autorité supranationale de la zone de l'OCDE est celui des institutions de l'Union européenne (UE). Les recettes fiscales collectées par les pays membres et versées à l'UE sont incluses dans les statistiques des recettes publiques au niveau de l'autorité supranationale. Les impôts sur le revenu et les cotisations de sécurité sociale perçus par les institutions européennes et payés par les fonctionnaires européens qui résident dans les pays membres de l'UE ne doivent pas être inclus.

Critères à utiliser pour l'attribution des recettes fiscales

102. Lorsqu'une administration collecte l'impôt et le reverse, en totalité ou en partie, à d'autres administrations, il est nécessaire de déterminer si ces recettes doivent être considérées comme étant celles de l'administration qui les perçoit et les répartit entre d'autres administrations ou celles des administrations bénéficiaires auxquelles l'administration qui les a perçues les a transférées en simple qualité d'agent. Les critères à utiliser dans l'attribution des recettes sont indiqués aux § 103 à 106, qui reprennent les paragraphes 3.70 à 3.73 du SCN 2008.

103. En général, un impôt est attribué à l'Unité administrative qui :

a) exerce le pouvoir de percevoir l'impôt (soit en tant que détenteur de ce pouvoir soit par délégation de l'autorité qui le détient), *b)* dispose du pouvoir discrétionnaire final de fixer et de faire varier le taux de l'impôt.

104. Lorsqu'une somme est collectée par une administration au profit d'une autre administration et en son nom, et que cette dernière a le pouvoir de percevoir l'impôt et de fixer et de faire varier son taux, la première intervient comme agent pour le compte de la dernière et l'impôt est réaffecté. Toute somme retenue par l'administration collectrice au titre des frais de recouvrement doit être considérée comme la rémunération d'un service rendu. Toute autre somme conservée par l'administration collectrice, notamment dans le cadre d'un accord de partage d'impôt, doit être considérée comme une subvention courante. Si l'administration collectrice s'est vu déléguer le pouvoir de fixer et de faire varier le taux, le montant recouvré doit être considéré comme une recette fiscale de cette administration.

105. Lorsque des administrations différentes fixent conjointement et sur un pied d'égalité la répartition du produit de cet impôt, aucune administration ne disposant d'un pouvoir prépondérant en dernier ressort, les recettes fiscales sont attribuées à chaque administration en fonction de sa part respective du produit de l'impôt. Si un accord permet à une unité administrative d'exercer un pouvoir prépondérant en dernier ressort, la totalité des recettes fiscales est attribuée à cette unité.

106. Dans certains cas aussi, un impôt est perçu dans le cadre des compétences d'une administration qui résulte de la constitution ou d'autres dispositions mais d'autres administrations fixent individuellement le taux d'imposition sur leurs territoires. Le produit de l'impôt généré sur les territoires respectifs de chaque administration est attribué à l'administration en question comme constituant ses recettes fiscales.

107. Les versements effectués par les États membres de l'Union européenne prennent la forme de prélèvements spécifiques qui comprennent :

- *a)* les droits de douane et les prélèvements agricoles (5123),
- *b)* les montants compensatoires monétaires bruts (5123 si relatifs aux importations et 5124 si relatifs aux exportations),
- *c)* les contributions au Fonds de résolution unique (5126), et
- *d)* les prélèvements de la CECA, les cotisations sucre et les taxes de coresponsabilité sur le lait (5128).

108. Les droits de douane collectés par les États membres pour le compte de l'Union européenne sont comptabilisés :

- *a)* sur une base qui ne tient pas compte des droits d'encaissement,
- *b)* en utilisant des chiffres corrigés de manière à exprimer les droits sur la base de la « destination finale » et non du « pays de première entrée » lorsque de telles corrections sont possibles. Ces corrections concernent en particulier les droits prélevés dans des ports (maritimes) importants. Bien que les droits de l'UE soient prélevés par les autorités du pays de première entrée, ces droits doivent être dans la mesure du possible déduits des recettes du pays qui les recouvre et inclus dans les recettes du pays de destination finale.

109. Ce sont les prélèvements spécifiques de l'UE qui se conforment le plus clairement au critère d'attribution décrit au § 101 ci-dessus. Par conséquent, ces montants sont indiqués en note de bas de page dans les tableaux par pays des États membres de l'UE (au chapitre 5) et figurent en tant que recettes supranationales dans chacune des rubriques fiscales identifiées au § 107.

Notes

1. Toutes les références au SCN concernent l'édition de 2008.

2. Se reporter à la section A.12 de ce manuel pour l'examen de cette notion.

3. Il est en général possible d'identifier les montants des cotisations de sécurité sociale et les impôts sur les salaires, mais pas les autres impôts payés par les administrations.

4. En revanche, si un ou plusieurs pays considèrent comme un impôt un droit que la plupart des pays font entrer dans les recettes non fiscales ou qui procure des recettes substantielles, les montants ainsi perçus figureront dans une note de renvoi à la fin des tableaux par pays correspondants, même s'ils ne sont pas inclus dans le total des recettes fiscales.

5. Les appellations peuvent cependant être souvent trompeuses. Ainsi, une redevance de passeport sera normalement considérée comme une recette non fiscale, alors qu'un prélèvement additionnel sur les passeports (comme c'est le cas au Portugal), qui a pour but de procurer un montant substantiel de recettes eu égard au coût de délivrance du passeport, sera considéré comme un impôt du sous-groupe 5200.

6. On trouvera des précisions sur cette distinction dans l'étude spéciale intitulée « L'information sur les recettes fiscales : problèmes actuels », de l'édition de 2001 des *Statistiques des recettes publiques*.

7. On utilise parfois les expressions « non remboursable » et « remboursable » mais il peut paraître illogique de parler de « remboursement » lorsque rien n'a été versé.

8. Toutefois, dans les systèmes d'imputation de l'impôt sur les sociétés, les crédits d'impôts récupérables sont traités différemment (§ 37 à 39).

9. Il ne s'agit pas d'une véritable dépense fiscale au sens strict. De telles dépenses fiscales supposent que l'on identifie un système fiscal de référence pour chaque pays ou, de préférence, une norme internationale commune. En pratique, il n'a pas été possible de parvenir à un accord sur une norme internationale commune.

10. Sauf s'ils sont calculés sur le bénéfice résultant de la vente, auquel cas ils seraient classés parmi les impôts sur les gains en capital dans le sous-groupe 1120 ou 1220.

11. Dans certains pays, la même législation est applicable aux personnes physiques et aux entreprises dans le cas d'impôts sur le revenu particulier. Cependant, les recettes procurées par ces impôts peuvent, en général, être ventilées et figurent donc dans les deux sous-groupes appropriés.

12. Ainsi, « celles qui sont suffisamment autonomes et indépendantes pour que leur fonctionnement soit comparable à celui d'une société… (y compris) la tenue de comptes complets » (2008 SCN section 4.44).

13. Au Canada - un pays également désigné comme ayant un système d'imputation - le crédit d'impôt (récupérable) pour l'actionnaire concerne l'impôt sur les sociétés national considéré comme payé, qu'un impôt sur les sociétés ait été créé ou non. Comme il n'existe pas de lien essentiel entre l'impôt

sur les sociétés à payer et le crédit imputé sur l'impôt sur le revenu selon ces systèmes, ces crédits pour dividendes sont traités, avec d'autres crédits d'impôt, selon les lignes décrites au § 26.

14. Il peut en être ainsi lorsqu'un régime en faveur des administrations existait avant l'instauration d'un régime général de sécurité sociale.

15 Dans le SCN 2008, ces transferts sont considérés comme des transferts de capital et non comme des impôts (voir section A.8).

16. Système selon lequel l'Union Européenne ajuste les effets des différences entre les taux de change utilisés pour fixer les prix des produits agricoles dans le cadre de la politique agricole commune, et le taux de change réel. Les paiements effectués selon ce système portent sur les importations ou les exportations; lorsqu'ils sont identifiables, ces montants figurent dans la rubrique appropriée (5123 ou 5124). Dans ce guide, sont inclus les montants bruts, c'est-à-dire sans déduction d'aucune prime payée dans le cadre du système des montants compensatoires.

17. Les transferts de bénéfices de loteries d'État sont considérés comme des recettes non fiscales (voir aussi § 68).

www.ingramcontent.com/pod-product-compliance
Lightning Source LLC
LaVergne TN
LVHW080635011026
849160LV00014B/1230